U0693990

"一带一路"建设：
新形势、新挑战及发展机遇

米　军　夏周培　陆剑雄　等著

中国金融出版社

责任编辑：吕　楠
责任校对：孙　蕊
责任印制：程　颖

图书在版编目（CIP）数据

"一带一路"建设：新形势、新挑战及发展机遇／米军等著．—北京：中国金融出版社，2023.5

ISBN 978-7-5220-2003-7

Ⅰ.①一… Ⅱ.①米… Ⅲ.①"一带一路"—国际合作—研究 Ⅳ.①F125

中国国家版本馆 CIP 数据核字（2023）第 080533 号

"一带一路"建设：新形势、新挑战及发展机遇
"YIDAIYILU" JIANSHE：XINXINGSHI，XINTIAOZHAN JI FAZHAN JIYU

出版
发行　**中国金融出版社**

社址　北京市丰台区益泽路 2 号
市场开发部　（010）66024766，63805472，63439533（传真）
网上书店　www.cfph.cn
　　　　　　（010）66024766，63372837（传真）
读者服务部　（010）66070833，62568380
邮编　100071
经销　新华书店
印刷　北京九州迅驰传媒文化有限公司
尺寸　185 毫米×260 毫米
印张　30.25
字数　688 千
版次　2023 年 5 月第 1 版
印次　2023 年 5 月第 1 次印刷
定价　120.00 元
ISBN 978-7-5220-2003-7
如出现印装错误本社负责调换　联系电话（010）63263947

目 录 CONTENTS

第三部分　专题篇

绪　论

一、研究背景及意义

自 2013 年提出"一带一路"倡议以来，中国与"一带一路"沿线国家的经济合作进入全面发展的新阶段。然而，最近几年国际形势不断发生新的变化，首先是 2016 年英国公投脱欧通过，这是对欧洲一体化的一个严重打击，同年美国产生了非正统的政治家特朗普并掀起中美全面脱钩；其次是 2019 年底新冠疫情暴发，2022 年初俄乌冲突爆发。特别是随着疫情和俄乌冲突的不断深入，世界局势变得更加错综复杂。未来 3~5 年，"一带一路"建设不仅面临新一轮发展机遇，而且各种不确定性、挑战性和潜在风险也空前增加，加强跟踪重点区域国别风险和识别重点领域的国际合作风险刻不容缓。

本书之所以聚焦于欧亚非区域共建"一带一路"所面临的机遇、风险及挑战的研究，主要是基于两个方面考量：一是欧亚地区不仅是全球最活跃的板块，也因其涵盖六大经济走廊而在"一带一路"区域合作中占据极其重要的地位，特别是中国周边国家以其独特的地缘优势成为"一带一路"先行先试区。二是非洲是中国重要的战略合作伙伴，既是中国实现能源多元化的重要来源，也是世界上最具发展潜力的巨大消费市场，在当前全球化渐成碎片化的趋势下，中非高质量共建"一带一路"有助于进一步夯实中非友好合作基础，提升发展中国家在全球治理中的话语权和影响力，构筑全球和平发展统一战线。中国提出"一带一路"倡议，横向贯穿中国东部、中部和西部，通过海陆方向的互动，将发展格局延伸到欧亚非更广阔区域，目的是布局未来。因此，加强对未来 3~5 年"一带一路"在欧亚非地区所面临的风险、机遇及应对机制建设的研究，具有重大的政治价值和实践价值。

其一，通过深刻把握未来 3~5 年国际形势变化，挖掘共建"一带一路"所面临的机遇及其新的投资合作发展趋势，紧紧围绕国际形势变化给"一带一路"建设带来的新挑战，研究防控投资合作风险的具体有效的办法和策略，在当前国际形势发展变化的趋势下具有重大的现实意义，不仅能提升企业投资合作的综合风险防范能力，而且相关政策建议可以直接服务于国家常态化风险防范和紧迫突出问题应急响应的实践需要。

其二，通过研究识别"一带一路"建设在重点区域国别所面临的风险种类及风险传导机理剖析，以及所面临的发展机遇及发展潜力剖析，为政府和企业、社会决策提供科学的依据。一方面，有助于完善"一带一路"在欧亚非地区的海外利益保护机制建设，提升话语权、议题设置能力、国际合作制度体系介入能力、法律与司法协调能力等方面的建设；另一方面，为新形势下的"一带一路"建设布局提供发展思路。

其三，本书加强了对合规风险管理这一重大现实问题的研究，为我国政府及"走出去"企业合规经营提供重要参考。

二、研究内容及重要观点

本书分为三个部分：第一部分为总论篇；第二部分为区域国别篇，重点研究欧亚非区域板块，即"一带一路"在欧洲区域、东盟区域、上合组织区域、南亚区域、中蒙俄经济走廊区域、非洲区域所面临的风险挑战、机遇及应对；第三部分为专题篇，该部分属于研究计划之外的内容，本书根据形势需要增补相关内容，研究主题为"一带一路"合规管理风险识别、影响及应对。

（一）研判未来3~5年国际政治经济形势变化特征及其影响

1. 未来3~5年国际政治经济形势变化呈现四个方面特征

其一，中美地缘政治经济博弈走向进一步紧张和加剧态势。美国以安全与价值观为由捆绑相关国家，试图结成"遏华"的政治安全同盟与经济同盟。一方面，在安全问题上，中美围绕安全观念、安全伙伴、安全议题、地区安全秩序等方面展开安全竞争。2022年2月拜登政府出台首份印太战略报告，将印太地区的重要性提高到关乎地区与国际秩序形态的层次，并将中国的挑战视为最核心挑战。另一方面，美国对中国的经济、科技、教育事务提升了安全性审查水平并进行对抗性博弈，如2022年5月公布了印太经济框架，重构了美国及其在印太地区的战略同盟和伙伴与中国的经济关系，这是美国遏制中国的其中一个最为重要的区域经济安排。

其二，俄乌冲突凝聚西方同盟共识，也预示着美欧之间权力博弈进入新一轮重塑期。一方面，战争的爆发将在一定程度上使同盟政策释放新活力，西方世界重新成为一致行动人，推动跨大西洋联盟重新团结。另一方面，从长远发展看，欧洲追求独立性的努力和美国对欧洲的控制相互作用，同盟内斗争难以平息，美欧裂痕同样存在加深的风险。

其三，世界经济陷入滞胀困境，国际经济联系安全性考量显著上升。一方面，世界经济陷入滞胀困境，2008年国际金融危机爆发后，世界经济处于相对低迷状态。新冠疫情和俄乌冲突像是推倒的"多米诺骨牌"，使新老问题叠加爆发，特别是俄乌冲突再次重创欧洲，其全球溢出效应给受疫情影响的世界经济复苏进程增添了巨大的困难和不确定性，而全球通胀预测值被继续上调且存在长时间维持高位的趋势。另一方面，世界各国在国际经济合作中对安全的考虑显著提升，国际经济合作的非经济因素的影响越来越大，仅仅考虑供应链效率与投资利润率的思考方式将会被修正，全球价值链的基础已经从效率优先转向韧性优先，或者是效率与韧性同样重要，这标志着国际经济合作的微观基础已经发生变化。跨国公司很可能或极有可能在未来三年内将其供应链本地化和多样化，沿着地缘政治断层线重新调整它们。

其四，全球化向区域化、群体化、诸边化转变的特征明显，全球治理"回归区域"使全球治理朝"共同但有差别的治理"方向发展。新冠疫情与俄乌冲突证明现行国际机构和组织的效率低下甚至"过时"。更为重要的是，俄乌冲突加速了世界新规则的形成，大型区域集聚将会出现，诞生新的贸易与货币规则。如WTO多边协商机制的作用将被弱化，双边、区域性贸易协议越来越多地协调贸易以替代大部分WTO功能。但是，我们仍然认为，全球分工合作依然是大趋势，特别是"双冲击"推动国际贸易数字化倾向加剧并促进数字服务全球化。

2. 国际形势变化对共建"一带一路"产生多方面的重大影响

其一，加剧西方国家对"一带一路"的负面认知与对冲行动，使"一带一路"项目不客观传播，损害中国的国际形象，欧洲公开场合甚少愿意表态支持中国，甚至拿出实际举措协同美国要与"一带一路"竞争，冲减中国的影响力。

其二，国际形势变化影响"一带一路"建设在欧亚非区域的发展环境。未来3~5年亚洲周边区域的不稳定因素显著上升，特别是围绕南海和中国台湾，来自美方同盟的挑衅引发的地区紧张呈现持续升温的状态。非洲地区政局总体平稳的态势在未来几年内可能被打破，非洲将迎来疫情、选情、俄乌冲突多重叠加冲击的政局动荡和社会问题高发时期，应主动应对非洲可能诱发的各类风险。俄乌冲突给欧洲地区的和平带来新的挑战和隐患，战争影响中欧班列的供应链稳定性和"一带一路"在欧洲的互联互通环境，也影响到投资者信心。

其三，"一带一路"建设的合作难度加大，主要表现在以下方面：一是新冠疫情及俄乌冲突引发的供应格局被打破，对"一带一路"项目造成严重影响；二是"债务危机"被认为是未来3~5年内世界面临的问题，债务困境使新的"一带一路"项目合作难度加大；三是多种因素导致中国在境外的大量煤电项目取消或暂停；四是在美国的第三方干预下，"一带一路"沿线国家不少洽谈中的或即将进入施工的项目被迫终止；此外，"一带一路"共建国家政局动荡极大地破坏企业活动，特别是部分非洲国家武装冲突频发和军事政变卷土重来，无论是政变上台的新政府还是换届选举造成的社会混乱，以及军阀武装割据冲突，使原有的贸易投资项目被迫延期，部分国家的新政府上台单方面终止合同或严格审查，严重的社会秩序动荡极大地破坏企业活动，尤其是一旦爆发战争，企业的损失无法得到补偿。

其四，俄乌冲突再布局"一带一路"发展的地缘空间。一是短期内欧洲布局面临局部调整，中长期欧洲仍是可以团结的重要力量。二是中国将加大投入亚洲周边区域，其中，中亚、西亚国家的地缘意义将借由俄乌冲突得到凸显，最为高效的选择是"一带一路"将经由中国—中亚—西亚走廊（CAWA）进入欧洲市场，这一走廊的地位提升；中美贸易摩擦的爆发和新冠疫情的发展，已经使"一带一路"倡议的重心转移至东亚和东南亚区域，俄乌冲突进一步加深这一发展轨迹，一方面，中蒙俄经济走廊地缘经济关系增强，如不断推进能源、交通等设施联通，贸易投资金融联系将强化；另一方面，当下中国开放的重点是RCEP区域及与相关国家制度的落实。三是未来3~5年中非合作依然是我国"一带一路"对外布局发展的重要区域，中非高质量共建"一带一路"有助于进一步夯实中非友好合作基础，强化我国构筑全球和平发展统一战线和影响国际形势的能力。

（二）研判欧亚非主要区域面临的风险挑战及发展机遇

1. 共建"一带一路"在东盟地区面临的风险挑战及发展机遇

中国与东南亚国家山水相连、人文相亲，早在2000多年前就已经有了商业、文化往来，并在相当长的历史时期内通过海上丝绸之路建立了密切的经贸联系。目前双方建立起全面战略伙伴关系，同时也互为最大贸易伙伴。在"一带一路"建设上，东盟始终被作为优先推进地区。随着中国与东盟国家基础设施互联互通建设的稳步推进，以及人文领域的交流全面开花，双方高质量共建"一带一路"相比其他国家而言更具地缘、人缘优势。

在新的国际形势下，中国与东盟国家共建"一带一路"在政治、经济、社会、公共卫生等方面面临一系列风险挑战。在政治与社会方面，东盟国家对中国崛起的认知担忧总体处于较高水平，各国政权更替、腐败及恐怖主义带来的风险挑战也依然存在。值得注意的是，未来3~5年，美日等域外国家加大介入东盟地区将严重挑战"一带一路"在该地区的高质量推进。新冠疫情与俄乌冲突对东盟经济造成了不利冲击，俄乌冲突的爆发不仅普遍推高东盟国家通胀水平，也增大东盟国家金融脆弱性。在环境与公共卫生方面，热带气候导致细菌和病毒极易在该地区滋生和传播，且多数国家公共卫生治理能力弱，日益密切的跨国合作将加速传染病传播。

随着中国与东盟国家间的政治关系逐步向好，合作意愿逐渐增强，RCEP签署并生效，同时依托东盟各国巨大的发展潜力及双方在经贸领域合作存在的互补性和潜力，中国与东盟国家共建"一带一路"具备坚实的基础和有利的时机。新冠疫情和俄乌冲突的"双重冲击"，也推动了中国—东盟命运共同体建设。未来，中国与东盟国家在数字经济、绿色经济领域的合作将迎来重要窗口期，人民币国际化在该区域将迎来新的机遇。另外，后疫情时代中国与东盟国家间的旅游合作也大有可为。因此，为应对风险挑战，把握合作机遇，需以高质量推进中国—东盟共建"一带一路"为基本要求，加强机制化建设；尊重并支持东盟中心地位；差异化分层经略东盟国家；以城市外交促经贸人文合作；通过理性、客观的外宣方式消解东盟国家"中国威胁论"；加强抗疫合作，打造中国—东盟卫生健康共同体；结合中国减贫经验，促进中国与东盟国家减贫合作；根植东亚共同价值观，构筑中国与东盟国家安全共同体。

2. 上海合作组织区域共建"一带一路"面临的风险挑战及发展机遇

随着印度、巴基斯坦的正式加入，上合组织现有八个成员国、四个观察员国、九个对话伙伴国，已发展成为世界上幅员最广、涵盖人口最多的综合性区域组织。目前除印度外，其他国家均与中国签订了共建"一带一路"合作文件，并在"五通"方面取得系列进展，多国对华合作也呈现稳中向好的势头。

由于新冠疫情的影响、俄乌冲突的持续发酵以及美国与中俄地缘博弈的加剧，未来3~5年，无论是上合组织各国发展还是共建"一带一路"在上合组织区域的推进都将面临诸多风险与挑战。其一，在上合组织框架内，部分国家因国内周期性选举和政党轮替而易造成政策不连续、不稳定，腐败问题普遍存在；俄罗斯、中亚及南亚国家既面临不同程度的恐怖主义威胁，也面临阿富汗恐怖主义的外溢风险；中印、印巴及中亚、外高加索国家间的争端与冲突为和平稳定的区域环境增添了更多不确定性因素；多个上合组织国家经济结构单一，金融发展普遍滞后，贸易投资便利化水平普遍较低；上合组织发展受到内外诸多因素的限制。其二，俄罗斯、美国、印度、欧盟、土耳其等多股势力涉足中亚，进一步激发了多元竞争的态势，该地区或将迎来新的"大博弈"时代。其三，新冠疫情、俄乌冲突等因素相互交织，重创了各国经济社会的发展。此外，气候变化也将是上合组织区域国家未来面临的主要挑战。

虽然俄乌冲突打乱、打断了"一带一路"欧洲区域北线发展，但挑战中孕育机遇，"一带一路"上合组织区域可能迎来重要契机，远期可能会刺激通过中亚和里海地区的过境贸易的潜力增长，西亚相关沿线国家和地区地缘价值提升，可以预期的是，俄乌冲突后中国将与西亚的伊朗、阿富汗、土耳其及中亚的土库曼斯坦、乌兹别克斯坦、吉尔吉斯斯坦以及东南亚国家建立更为紧密的联系。例如，伊朗对中国实施"一带一路"倡议的联通地位以及对欧盟油气出口的吸引力，可能会提升伊朗在当前情况下的地缘经济作用；土耳其在亚欧地区两头发力，在地缘政治中的格局也将得到相应提升；吉尔吉斯斯坦和乌兹别克斯坦的铁路过境国地位将提升。可见，中国与上合组织国家合作意愿不断增强，合作能力稳步提升，同时也具备最佳的合作时机，如上合组织扩员为增进区域安全、促进务实合作创造了新的机遇；美国霸权的滥用促使上合组织国家"抱团取暖"。未来，中国与上合组织在能源转型、气候治理、绿色经济等新兴领域的合作也将迎来重大机遇。为此，需构建风险预警应急机制及"一带一路"商事争端解决机制，强化上合组织机制化建设；深化公共卫生、安全、经济、人文领域的合作，构建更为紧密的上海合作组织命运共同体；通过开展外宣工作和对外经济援助，积极参与区域气候治理，增强中国在上合组织区域的软实力建设；进一步拓宽融资渠道，加快推动上合组织开发银行的建设。

3. 南亚区域共建"一带一路"面临的风险挑战及发展机遇

南亚是世界上安全问题最复杂的地区之一，传统安全问题与非传统安全问题叠加影响该地区稳定。特别是近年来大国在南亚地区地缘政治竞争加剧，加上 2020 年以来的新冠疫情与俄乌冲突等因素的影响，"一带一路"在该地区的推进面临更为严重的安全挑战。一是南亚地区政局动荡高发，政府换届、政党更迭交织，政策频繁变动，治理能力不足，违约风险高，政治稳定预期不明朗。二是地区内部冲突与大国博弈强化南亚地缘政治风险，南亚域内资源领土纠纷严重、水文政治争端剧烈，加上印度和南亚小国之间的控制与反控制之争，推动地区冲突高发。三是来自印度对"一带一路"的对冲挑战，美国、欧盟等西方国家直接涉入南亚地区政治格局，试图实现对中国及"一带一路"的围堵和遏制。四是"一带一路"在南亚地区面临较高的经济风险，如南亚经济复苏势头被遏制、增速显著放缓，预计南亚经济体将出现 40 年来最为严峻的经济形势；南亚各国的贸易保护主义进一步加剧，经济政策的内倾化趋势显著；南亚经济体债务困境加剧。五是受到美国等西方国家及印度的引导，国际负面舆论使各国滋生对"一带一路"的负面认同，饥饿和贫困化进一步威胁南亚社会稳定，南亚地区文化宗教冲突及恐怖主义风险较高。六是南亚地区生态环境脆弱、复原力低，公共卫生风险显著，对"一带一路"项目的运营造成巨大影响。

面对上述风险和挑战，与南亚国家共建"一带一路"时，要增强风险意识，精准评估各类风险，构建切实可行的风险防范体系和机制。其一，多途径增强政治互信，打造双方深度信任的基础。其二，加强双边多边经济合作，持续推进贸易投资自由化便利化，深化经贸投资合作质量和水平，同时强化产业链供应链合作，共同打造"世界工厂"，我国还可以积极参与多边债务治理合作，促使"一带一路"成为南亚走出债务困境的新助力，促进其经济的可持续发展，增强抗风险能力。其三，强化风险争端的预防、转移及解决机制建设，既要做好风险预防，构建风险预警平台，又要扎实推进在南亚地区的双边投资谈判，同时强化风险转移体制机制建设，建立健全风险事后救济机制，最大限度地挽回企业投资损失。其四，我国在南亚地区应实现"创造性介入"，发挥上合组织的安全维稳作用，多手段创新南亚水文政治合作，推动构建"一带一路"框架下的南亚地区安全综合体。其五，多管齐下强化南亚各国对我国企业的认同，如我国企业应承担必要的社会责任，妥善处理所面对的当地宗教文化问题，注重公共卫生环境治理，推动多主体绿色参与，避免南亚地区生态环境与社会风险。其六，加强舆情管理，增强海外形象建设和议题设置，引导国际舆论走向，如中资企业应合理利用当地媒体的力量，善于发声、勇于发声、合理发声，使当地媒体为我所用。

未来我国与南亚国家共建"一带一路"仍面临重大机遇，具有巨大的发展潜力。其一，双方政治关系逐步向好，合作的政治意愿强烈，我国与南亚各国在地缘政治层面、经济层面等多个层面互有战略需求。其二，双方具备相应的合作能力。其三，双方具备相应的合作时机。当前，世界格局之变与地缘政治之争奠定双方合作基调，全球治理之变与产业变革潮流深化双方产业合作前景，公共卫生和数字经济领域合作出现新机遇，中国—南亚绿色能源合作迎来新契机，中国—南亚合作在挑战中继续发展。其四，双方在多个领域具有深化合作的潜力。未来基础设施互联互通将具备更为坚实的基础；双方应深化绿色经济合作，以抗疫开拓双边公共卫生合作，加强数字经济发展以拉动经济增长；面对南亚地区的高度贫困化，我国应以自身经验为指导，推进南亚地区脱贫减贫工程建设。

4. 中蒙俄经济走廊共建"一带一路"面临的风险挑战及发展机遇

自 2013 年以来，中蒙俄经济走廊在"五通"方面取得广泛成果，以高层会晤为引领，推进构建政策沟通和联动机制，为深化政府间合作并提高三方政治互信营造良好的政策环境；贸易规模和经贸园区等方面的建设加速发展；跨国交通、能源、通信基础设施互联互通水平不断提升，形成了一批具有代表性的基础设施项目；中俄还联手加快推动本币结算机制和去美元化进程，同时基础设施融资顺利推进；其他如人员往来、旅游及人文交流也快速增长，尤其是中蒙俄友好人文交流成效显著，疫情背景下的社会民意基础不断稳固加深。然而，新冠疫情和俄乌冲突发生以来，一些来自政治、经济金融、社会与话语认同、自然环境等的新老风险十分突出，这些影响因素会给中蒙俄经济走廊的高质量发展带来不确定性因素。为此，我们应从提供政治互信等理念性产品供给、打造多层次多主体的公共卫生跨境合作机制、强化第三方市场合作机制建设、推动清洁能源产业发展和支持绿色融资、构建产业链供应链安全体系、加强发展规划和规制标准对接联通六个方面提出应对中蒙俄经济走廊安全风险的策略选择。未来 3~5 年，中蒙俄经济走廊地缘经济关系将增强，如不断推进能源、交通等设施联通，贸易投资金融联系将强化。

5. 在欧洲地区共建"一带一路"面临的风险挑战及发展机遇

中欧共建"一带一路"在经贸投资、互联互通、资金融通等领域取得积极进展且显著成效，形成了全方位、宽领域、多层次、互利共赢的合作格局。27 个欧盟成员国中已有 18 个与中国签署"一带一路"合作协议，欧盟及德国、法国、英国等主要大国虽未公开表态支持"一带一路"倡议，但均不同程度地参与到多个"一带一路"项目中。未来 3~5 年，中欧共建"一带一路"面临多重挑战和风险。

其一，复杂交织的政治风险是共建"一带一路"在欧洲地区面临的最大风险。在欧盟层面，疫情冲击与俄乌冲突进一步侵蚀本就陷入停顿的欧洲一体化进程，"疑欧"情绪引致的一体化倒退风险将冲击"一带一路"合作；民粹主义上升、日益碎片化的政党格局进一步冲击欧盟内部本就脆弱的共识与团结基础，致使中欧关系不确定性上升；同时，欧盟政治体制中的结构性难题将长期困扰中欧合作。在成员国层面，未来几年将是欧洲各国换届选举高峰期，需警惕政治环境改变和政策不确定性带来的风险；东欧及部分中欧国家政治局势云谲波诡，对华关系恐将持续恶化；同时，还需留意与欧洲传统友好国家双边关系的反复性。在对华关系方面，欧洲转变对华战略定位，在对华新认知中强调竞争和对抗，俄乌冲突令中欧战略互信进一步承压，中欧关系步入"碰撞期"；在可预见的未来，欧盟对"一带一路"的猜忌与疑虑将长期持续，政策消极面将会增多；同时，欧盟对华政策地缘政治化倾向日趋明显，中欧共建"一带一路"将面临更加频繁的波折与起伏。其二，多重风险叠加共振的经济风险挑战仍将持续困扰中欧合作。在通胀高企、能源危机、连续加息等多重因素的持续施压下，欧洲经济面临"滞胀危机"；同时，在疫情冲击、俄乌冲突叠加外部金融环境持续收紧的背景下，欧元区潜在风险暗流涌动，欧债危机可能再度重演。此外，双重冲击加速欧洲强化经济主权的战略部署和实际行动，未来3~5年，中欧经贸合作依然存在较大发展空间，但欧盟将在"战略自主"框架内加速推动对华经济选择性脱钩，双方经贸关系政治化倾向将会越发凸显。其三，社会文化差异带来的挑战不容忽视。中欧之间在文化背景、意识形态、制度属性、价值观念和人权意识等方面存在较大差异，一方面，这些差异增加了跨文化商贸合作的复杂性；另一方面，这些差异始终阻碍双方深度互信，致使中欧间难以建立起真正的全面战略伙伴关系。在欧盟通过市场"硬化""规范性力量"的背景下，中欧价值观、意识形态领域的冲突形式将会更加复杂多变，价值观利益与经贸利益的界限将模糊难辨，中欧关系也会因此变得更加脆弱。其四，欧洲从根本上消除极端主义和恐怖主义仍然面临严峻挑战，恐怖主义风险对"一带一路"倡议的实施造成的不利影响值得关注。

同时，中欧之间没有地缘政治的根本冲突，互不构成安全威胁，且相互间具有较强的互补性，"合作"仍是中欧关系的主流基调。在合作意愿方面，中欧彼此间存在长期的战略需求，双方合作的政治意愿较为强烈。在合作能力方面，中欧经济体量相当，彼此的营商环境优越且市场空间广阔，在贸易投资等领域存在较强的互补性。在合作时机方面，国际秩序治理之变为中欧合作提供了战略机遇期；新科技新产业之变为中欧产能合作提供了新契机。未来，中欧双方可在"一带一路"框架下深化多领域合作：以抗疫与公共卫生合作开拓新领域；以国际绿色发展合作引领新发展方向；以国际数字发展合作打造新引擎；以第三方市场合作开启新空间；以全球治理合作深化伙伴关系；以科技创新合作培育新增长点。

对此，多渠道深化政治互信仍是推进中欧关系的重要基础。通过"杠杆化"双边经贸关系和对欧单边开放深化经贸合作；构建涵盖政府、第三方服务机构和企业层面的风险防范与争端解决机制，将各类风险的有效防范、管控和解决贯穿于中欧共建"一带一路"的全过程；以复合型制度体系的构建推动高质量共建"一带一路"；提升话语权和议题设置能力，主动塑造和引导中欧关系健康发展。

6. 在非洲地区共建"一带一路"面临的风险挑战及发展机遇

非洲处在"一带一路"经济带上，是中国向西推进"一带一路"建设的重要方向和落脚点。在新冠疫情叠加俄乌冲突的双重冲击下，共建"一带一路"在非洲区域面临政治、经济和社会等方面的多重风险。其一，非洲政局总体平稳态势在后疫情时代被打破，步入疫情、恐情和选情及与俄乌冲突所引发的国际局势高度不确定叠加的政局动荡期，这种政治秩序的重建过程导致的政治环境不稳定，成为中非共建"一带一路"过程中面临的重大政治风险。同时，非洲和平赤字加剧，部分地区的分裂主义和极端主义猖獗，恐怖主义泛滥，对相关合作项目造成威胁。此外，在百年未有之大变局和大国博弈加剧的背景下，非洲逐渐成为美国、欧洲等西方国家，以及俄罗斯、日本和印度等域外大国竞相争取的对象，加剧了非洲区域的地缘政治博弈风险。其二，在双重冲击之下，非洲产业结构和经济发展路径的脆弱性和高风险性再次凸显，其脆弱的经济复苏放缓；此外，非洲本就严重的债务风险进一步加剧，且国际债务减免和国际援助难以逆转其债务困境。其三，由于殖民、移民等历史原因，非洲形成了错综复杂的社会结构，宗教文化冲突频发，中非文化差异带来的挑战不容小觑。同时，叠加疫情冲击和俄乌冲突的影响，非洲经济民族主义不断崛起，收入不平等趋势及人道主义危机加剧，粮食安全和公共卫生风险突出。

双重冲击叠加百年未有之大变局在对中非合作造成冲击的同时，也为中非共建"一带一路"创造了新机遇，赋予了新动能。一方面，中非合作仍然处于重要战略机遇期，双方发展战略高度契合，彼此间互补性的战略机遇不变，且双方关系处于历史最好时期。同时，中非合作意愿强烈，在政治、经济层面互有长期战略需求，双方从政府到民间都有进一步深化合作的强烈意愿与共识。另一方面，双方的经贸关系和产能优势互补，非洲国家资源禀赋优越，人口红利巨大，市场广阔，发展潜力无限，其凭借自身资源要素比较优势，在"一带一路"框架下与中国探索产能合作大有可为。未来，双方可在基础设施互联互通、数字经济、绿色可持续发展、能源矿产、减贫脱贫和公共卫生等多个领域持续深化合作。

为推动和保障中非高质量共建"一带一路"，双方应提升国际安全治理领域的合作；加强中国与非洲间的债务处理机制建设；积极推进全方位的第三方市场合作；扎牢中非共建"一带一路"的风险防控网络；以加强人文教育交流和承担社会责任为抓手深化树立国家品牌形象；加强中非环境、气候治理合作建设。

（三）研判我国企业在"一带一路"主要区域面临的合规风险及应对

一是从劳工权益保护、环境保护、知识产权保护、项目腐败问题、政治违约风险等角度，以我国同"一带一路"欧亚非各国的合作项目案例作为支撑，识别合规风险的类型，分析引发风险的原因。其中，政治规制风险主要由东道国政治环境不稳定、政策不确定、第三国干预或多种因素综合引发；劳工权益问题多因忽视工会力量、薪酬福利矛盾、不符合东道国用工制度等行为而导致；知识产权风险主要包括知识产权诉讼应对不力风险、知识产权壁垒和安全审查程序引发的风险以及全球知识产权保护体系不确定性加剧的风险；引发项目欺诈和腐败风险的原因是未认识到制裁的严格和严重性、项目透明度较低以及积极应诉意识不强，导致我国企业经常遭到世界银行的制裁；引发环境规制风险的原因包括项目本身环境风险较高、企业环保意识薄弱及国际社会密切关注碳排放问题；数字规制的冲突在于各国数字规制纷繁复杂，美国规制模式主张数据自由流动、以"自由贸易"为核心，欧盟规制模式倡导人权保护、以"人权保障"为理念，东盟规制模式注重加强区域内的个人数据保护、强调在安全的前提下促进数据跨境自由流动，而中国模式则是以维护国家安全、"主权保护"为重点，因此存在冲突隐患。

二是识别欧亚非三大区域突出的合规风险特征。我国企业在非洲面临的政治违约风险较为严峻，由于非洲国别差异显著，而我国企业在非洲投资时往往缺乏对当地法律、法规、习俗的熟悉，从而容易引发合规风险。不同于非洲，欧洲地区法律体系完善，具有各项完备的规制，中国企业在欧洲地区投资面临高标准高规制，特别是在数据保护、标准制定、外资准入等多个领域，常以知识产权壁垒、人权和环保等问题阻碍我国企业进入市场。而中国企业在东南亚面临的合规风险则表现为：东南亚国家经济法律发展水平差异较大，普遍存在因法制体系不完善、政权更迭、国际势力介入等而引发的规制风险；我国企业与东道国在语言、文化、习俗等方面的差异导致企业面临违反当地风俗习惯的风险；此外，我国企业还面临环境合规风险。

三是从国家和企业两个层面提出可操作性强的对策建议。就国家层面而言，政府可实行多部门统筹管理，健全合规管理顶层设计，同时完善境外合规体系评估标准，推动国内与国际规则标准对接，建立不良投资退出机制。就企业层面而言，不仅要贯彻落实国内合规管理要求，也要把握国际合规监管的趋势，对标国内外合规标准，建立起企业内部的合规管理体系，深化企业全员的合规管理意识，加强海外投资保障。

三、研究特色

1. 本书从国际形势发展趋势切入，力图准确把握新冠疫情和俄乌冲突爆发后的国际政治经济新格局，以及国际形势发展变化对共建"一带一路"的影响。

2. 考虑到各区域/国别的异质性，本书分别研究了共建"一带一路"在东南亚区域、上合组织区域、非洲区域、欧洲区域面临的风险、机遇及应对策略。

3. 对于"一带一路"风险的评估，本书认为定性分析是基础和前提，已有的定量分析只是从数理统计逻辑的角度对风险进行局部反映。现有研究大多重定量、轻定性，定量研究不仅严重依赖数据的可得性，所能获取的风险信息有限，而且大部分文献在对"一带一路"风险进行评估的过程中，通常使用同一套指标体系和相同的指标权重，难以体现出各区域风险的独特性、异质性，导致分析出的结果千篇一律，缺乏现实指导意义。

4. 本书结合世界经济学、国际政治经济学、国际关系学等多个学科的相关理论，对风险及机遇问题进行系统性研究，跨学科研究是本书的一大特色。

第一部分　总论篇

第一章　国际形势发展趋势及对"一带一路"建设的影响

2017 年习近平总书记首次对外提出当今世界正处于"百年未有之大变局"，2021 年 9 月习近平主席在联合国大会上明确提出"世界进入新的动荡变革期"，这是对大变局在当前阶段性特征的最好阐述。世界格局迎来新一轮的大发展、大变革、大动荡，随着大国博弈全面加剧，国际体系和秩序必然出现新的调整，原有国际体系加速演变发展，而新的世界秩序尚未形成，人类文明发展面临的新机遇、新挑战层出不穷，不确定、不稳定因素明显增多。

对百年未有之大变局的理解：一种观点认为，大变局是国际关系领域内大国力量对比变化态势以及国家间"游戏规则"的变化，这一变化是过去至少百年间世界范围内从未见过的质变现象，覆盖技术、制度、知识、权力等更广泛的领域；另一种观点则将大变局概括为"四新"：新的国际格局、新的现代化模式、新的世界生产力布局以及人类面临的新问题。我们认为，中国作为最主要的国际政治经济行为体，只有深刻认识国际社会的发展规律和轨迹，摸清国际政治经济形势的发展特征和发展趋势，把握时代发展的脉络，才能顺应时代发展潮流，在国际社会上找准自身的定位和发展方向，抓住时代的发展机遇，妥善处理时代发展过程中面临的问题和挑战，为国家发展营造更有利的外部环境。

关于国际政治经济形势的发展特征与演化趋势，国内学者主要通过对大国博弈、全球经济发展、地区斗争和国际组织间互动以及政治思潮的研究来探究当今时代发展的本质。2018 年，习近平总书记指出："当前，我国处于近代以来最好的发展时期，世界处于百年未有之大变局，两者同步交织、相互激荡。"新冠疫情和俄乌冲突的爆发则加速了世界变局，使当前世界存在的问题和矛盾暴露得更加彻底，为国际政治经济秩序的转型提供了催化剂。总的来说，新时代国际政治经济形势最本质的特征表现为"不确定性"，这表现为虽然世界仍处于相互联系之中，但却处在越发复杂的、新旧秩序交替的"灰色"发展期，各国陷入"既不能回到过去，又不能预测未来"的两难境地。由于缺少透明的"游戏规则"以及对于构建国际体系共同原则的共识，冲突、矛盾将会成为全球交流的重要形式，国际体系的碎片化趋势将不断强化。

第一，国际秩序转型进入重组酝酿期。当前的国际社会正处于失序状态，且失序的趋势呈长期性。随着西方发达经济体与新兴经济体力量对比变化，现存国际秩序的主导者在全球权力结构中的影响力日益下降，美国领导意愿不强或胡乱作为，其他国家又无力领导，中国作为正在崛起中的大型新兴经济体，正前所未有地接近世界舞台中央，而中国的治理体系和治理能力尚未能适应这一巨变。主要国家对国际制度和国际规则制定权的争夺加深，大国斗争领域拓宽、战略博弈加剧。人类在应对传统安全威胁与非传统安全威胁方面面临全球治理规则缺失的困境。

第二，全球经济发展的不确定性。全球经济治理 "失序"，逆全球化潮流上升，贸易保护主义加剧，多边主义赤字严重；全球经济持续低迷，西方在经济领域的主导权逐渐 "交棒"，非西方世界实现群体性崛起；新冠疫情的暴发和俄乌冲突等 "黑天鹅" 事件的出现，强化了世界经济发展的不确定性，全球经济剧烈波动；国际贸易也呈现发展新趋势，未来的国际贸易可能经历重构；欧美国家的经济政策也表现出不确定性，影响世界经济的发展方向。

第三，世界和平发展面临新挑战。大国竞争中蕴含安全隐患，战争仍是当今世界的主要隐患，恐怖主义也持续地在世界范围内扩散。过分强调市场作用的西方自由主义经济发展模式导致贫富差距拉大，中产阶级萎缩，引发世界各国政治不稳定和社会动荡，据统计，最富的 0.1% 人群大约拥有全球财富总额的 20%，最富的 1% 人群约拥有财富总额的 50%，而最富的 10% 人群则拥有财富总额的 80%～90%；西方制度出现危机，社会层面上重点体现为民粹主义上升，加剧世界不稳定。国际安全制度 "滞后"，国际制度性安全保障未能适应时代发展变化。新冠疫情的持续蔓延和俄乌冲突爆发，进一步恶化国际安全环境，使世界安全发展面临新挑战。

总之，正如 2022 年 7 月 26 日习近平总书记在省部级主要领导干部专题研讨班开班式上指出，10 年来，我们遭遇的风险挑战风高浪急，有时甚至是惊涛骇浪，各种风险挑战接踵而至，其复杂性严峻性前所未有。未来 3～5 年，各种新情况、新变化层出不穷，主要大国激烈博弈和残酷斗争，世界陷入新的动荡时期。

第一节　国际政治经济形势变化趋势

一、国际秩序转型进入重组酝酿期

冷战结束后世界处于 "一超多强" 的大国关系格局内，伴随新兴经济体的崛起，国际社会进入新一轮秩序转型时期。尤其是 2020 年以来，在新冠疫情蔓延、俄乌冲突、经济低迷等多重事态的冲击下，"二战" 后形成的国际秩序陷入前所未有的赤字困境，国际秩序的演进与未来发展变得具有高度不确定性，一系列重组方案或许在动荡之后会逐渐显现。

（一）原有国际秩序的结构性弊端显现

在国际格局的过渡期，国际秩序和全球治理往往得不到保障，国际组织的效力发挥难以得到保证，国际规则也常常面临被破坏的风险。

1. 美国全球公共产品供给乏力使既有国际制度安排的效力减弱

作为战后的霸权国和领导国，美国负有供给全球性公共产品的责任，但现实情况是美国的全球性公共产品供给乏力，难以支撑其霸权的维系。伴随这一衰退而来的是在美国霸权下制定的国际制度效力的衰退：美国的 "撤退" 直接导致全球治理机构的效力减弱，特别是特朗普政府强调 "美国优先" 和实质性利益，以极限施压为谈判手段，严重冲击现有国际规则，削弱国际制度的制约力和行动力。更为严重的是，美国还对国际制度造成了一定程度上的破坏：美国对国际"硬规则"和"软规则"的违反，执行双重标准，都对国际秩序产生了摧毁性的影响。总体来看，美国作为世界上以"现状国家"自居的国家，实际上正在对国际秩序进行"负向修正"，美国对国际制度的支撑效力大幅衰退。大变局时期，美国的政策导向将对国际制度、国际秩序以及国际安全产生严重影响，这也充分暴露了当下国际制度的弊病，国际制度改革迫在眉睫。

2. 原有国际制度安排的结构性弊端显现，国际治理机制不足暴露

其一，长期以来的"中心—外围"结构下，发达国家牢牢掌握制定国际规则的话语权，后发国家在全球治理中处于不公正的地位，其政治经济权益表达不足。当前国际分工的不公平，一方面使发展中国家总是承担更多风险和成本，未能获取公平的利益分配；另一方面使国际经济体系相应存在分配不公平现象，发展中国家的诉求难以得到满足。在这种国际形势下，发展中国家的经济实力和经济权利不均衡越发显现。随着新兴力量的发展，其参与全球治理的能力和意愿不断增强，国际制度亟待改革与完善以与新兴国家的需求相匹配。

其二，现有国际制度的制约性特征和惩罚功能难以公正地发挥作用，主要是为主导成员国服务，特别是 2022 年初爆发的俄乌冲突，大量国际组织协同美国对俄实施制裁，破坏现有全球经济治理体系的公信力，动摇现有全球治理体系的基础。俄乌冲突证明现行国际机构和组织的效率低下甚至"过时"，联合国未能对俄罗斯的军事行动采取有效行动，充分表明现有国际制度的失败。

总之，现有全球治理面临发展困境，存在治理权力失衡，治理体系发展滞后并落后于时代需求，以及全球治理机构缺位、虚位等结构性缺陷。全球共同体意识薄弱，导致全球合作不足，使加强全球合作困难重重。未来，在政治方面，联合国安理会等传统的多边主义制度安排可能被西方冷落，另起炉灶打造更具行动力的、由西方主导的国际决策机制，非正式安排和区域安排将起更大作用；在军事方面，北约将会扮演更加积极的角色；在金融方面，国际货币基金组织将遭遇挑战，世界银行将进一步边缘化，以美联储为中心的央行货币互换网络将走到前台；在法律方面，国际法庭将被更加频繁地使用。

（二）新兴国家和发达国家的力量对比变化及中美博弈是推动国际秩序转型的重要动力

1. 发展中国家和新兴经济体的群体性崛起是推动国际秩序转型的决定性力量，也是世界百年未有之大变局的本质特征

世界格局的"东升西降"趋势明显，西方秩序受到霸权分散、资本主义危机加重、恐怖主义等的威胁，而新兴国家在经济、政治、法律、军事等多个领域的力量增长，与发达国家的差距不断缩小，从而使国际格局呈现一种新的去中心化。中美间实力、地位差距的缩小是推动世界格局变化的关键变量，但新的全球秩序形成需要较长的时间。西方自由意识形态会继续存在，但不再主导国际秩序，正在形成的新国际秩序以"财富、权力和文化权威更分散"为主要特征。中国的快速崛起缩小了中美差距，改变了世界权力的分布格局，且没有其他国家强大到能与这两个国家抗衡。美国和中国的对抗加剧，推动世界秩序趋于日益严重的两极化，未来 10 年，国际格局将转变为以中国和美国为主导的两极格局，但这种两极格局下的小国将会选择平衡战略，即根据具体问题在中美两国之间选边站。

2. 中美地缘政治经济博弈走向进一步紧张和加剧态势

关于中美对国际秩序领导权的争夺问题，一种观点认为，中国尚未根本触及美国的领导地位，美国目前对中国的打压是"预防性"的，还未体现在对领导权的竞争上。目前中国仅有较大的物质力量，但这种力量并不足以使世界体系的政治经济属性转型，而且中国尚未形成合法化的意识形态，因此不足以对霸权国形成根本性的挑战。另一种观点则认为，中美在塑造新世界秩序方面的领导权争夺已经采取公开的非暴力对抗的形式，体现在技术和贸易摩擦以及科学和文化竞争中。中美贸易摩擦作为中美结构性矛盾暴露和中美竞争的直接体现，本质上是中美对于高新技术领域主导权的争夺。

我们认为，未来3~5年，中美地缘政治经济博弈走向进一步紧张和加剧态势。美国以安全与价值观为由捆绑相关国家，"遏华"的政治安全同盟与经济同盟得到持续强化。其一，美国对中国的经济科技教育事务强化了安全性审查和对抗性博弈，未来几年将进一步加剧。美国仍有可能继续打压中国并与中国在文化教育科技、供应链等核心领域脱钩，为了遏制中国高科技发展和产业升级，在未来相当长的一段时间内，在5G技术、人工智能和半导体以及基于网络发展服务的高新技术领域激烈竞争及对科技人才的争夺，将会持续存在并成为中美博弈的主战场和两国互动的主要形式。其二，美国与中国在金融领域存在根本性竞争，中美金融失衡、分歧严重，美国将竭力维护自身在国际金融领域的主导地位。其三，"遏华"的政治安全同盟与经济同盟得到持续强化。在安全问题上，中美围绕安全观念、安全伙伴、安全议题、地区安全秩序等方面展开安全竞争。2022年2月12日，拜登政府出台首份"印太战略"报告，该报告的总体目标是维护印太地区的自由开放，将印太地区的重要性提高到关乎地区与国际秩序形态的层次，并将中国的挑战视为最核心的挑战。从奥巴马、特朗普到拜登，美国战略重心"东移"始终存在一个问题，就是"印太战略"目标很多，但手段很少，尤其是缺乏经济支柱，为此其加快准备印度—太平洋经济框架（以下简称IPEF）。拜登于2021年10月在东亚峰会上首次提出IPEF，2022年2月在"印太战略"报告中更加具体地描述了IPEF，2022年5月正式公布了IPEF，美国国家安全顾问沙利文认为"IPEF是21世纪的经济安排"。我们认为这一安排重构了美国及其在印太地区的战略同盟和伙伴及与中国的经济关系，是美国区域战略中的一个最为重要的区域经济安排。拜登政府认为现有的包括WTO在内的（旧的全球化）世界经济秩序可能在21世纪的今天走到终点，美国精英试图通过IPEF准备下一代（未来的）全球经济（贸易）体系，回归新的WTO，如果是这样的话，美国是在通过联合其盟友打造一套新的国际规则，实现对中国的"规锁"，防止中国在规则层面对美国产生挑战。总体来说，中美关系的恶化正在成为后危机世界秩序中的常态。

中国必须牢牢坚持代表发展中国家的利益，欧洲仍是可以团结的重要力量，这将有利于中国吸纳更广泛的国际支持，为对美博弈创造更大韧性。当前国际制度规范中大国关系存在较大"不确定性"，因此要抓住中美国际制度关系的转变，挖掘、放大制度中的合作因素促进国家合理互动，将"不确定性"转换为"确定性"，保证以更优化的制度保障国际安全，以更先进的理念维系国际安全，重塑国际安全不仅要依托经济领域开放、互惠互利秩序的建立，还要致力于构建新型安全制度体系以及"积极有为"的国际安全理念。

（三）新冠疫情和俄乌冲突加速国际秩序转型

早在 2008 年国际金融危机爆发后，全球治理体系逐渐衰落，国际格局便进入新一轮转型时期。新冠疫情和俄乌冲突的爆发，为大国关系格局的变迁提供了加速器，加速世界主要力量的重新组合和国际格局转型，催化新旧世界秩序的过渡和交替，推动后霸权时代加速到来。

1. 新冠疫情推动世界权力格局去中心化

一是新冠疫情使世界格局重心加速向东亚倾斜。新冠疫情对于世界秩序是一个历史性的分野，此前的世界可以被称为"新冠前世界"，此后的世界则是"新冠后世界"。疫情使世界性"权力转移"步伐加快，西太平洋成为世界地缘政治中心的国际政治态势进一步凸显。东亚国家在控制疫情和复工复产方面表现良好，疫情期间 RCEP 全面推进，强化东亚引领全球经济复苏的势头，世界格局重心加速向东亚倾斜。相反，美国在抗疫方面的糟糕表现极大地影响了美国在全球卫生安全领域的领导权力，相比之下，中国在疫情中的合理应对增强了中国在世界秩序中的地位。中国在新冠疫情中的表现，使美国学界再度强化中国的"竞争者"形象，称中国正在填补美国在卫生领域退出后的真空地带，在世界的"集体恐慌"中以援助者的身份出现，将自身定义为全球领导者，这种政治关系可能会改变力量平衡，为中国获得全球领导权铺平道路。

二是新冠疫情的暴发不能根本扭转当前国际体系中的主导性力量，但美国（尤其是美元）的主导地位遭受疫情影响是客观存在的。这是因为新冠疫情对全球皆造成重创，美国经济可能率先反弹，美联储主导的双边美元互换机制将在疫情后得到强化与扩展，且美国在经济存量、货币权利、创新能力、协商货币地位等方面存在优势，加上货币多极化的实现难度，美元体系的主导地位是可持续的。但同样不能否认美国及美元主导地位受到的影响。在新冠疫情的冲击下，美国政治极化和扩张性的经济政策削弱了美元霸权，人民币和欧元正逐渐成为美元的竞争者，国际货币体系格局转入变革时刻，特别是由于美国国内矛盾深重、美元体系"武器化"以及美联储货币政策独立性被破坏，美元国际地位或者霸权地位可能面临的最大威胁恰恰来自美元（国）自身。自新冠疫情暴发以来，没有出现各国把美元资产作为保值增值的一个资本流动的趋势；同时，2020 年底美元作为全球储备资产出现下降趋势，2001 年为 71.5%，到 2019 年底接近 62%，新冠疫情暴发 2 年来降至 59%，是 20 多年来最低。

三是新冠疫情推动全球治理体系改革。新冠疫情暴发前，全球治理赤字问题业已存在，国际制度变革的趋势不可阻挡，全球治理在新冠疫情中的失败暴露无遗，国际治理体系改革迫在眉睫。新冠疫情期间世界缺乏有效的合作机制和统一的信息交换机制，加上部分国家公然"退群"，导致全球公共卫生治理供给不足。行动迟缓、功能几乎失灵的传统协调机制是新冠疫情不断蔓延的罪魁祸首，这表明战后建立的主要大国主导的全球治理体系越来越不适应当今高度全球化的世界，越来越无法满足对有效治理的需求。自新冠疫情暴发以来，国家间猜忌对立和零和博弈现象凸显，疫情政治化、病毒标签化，"疫苗鸿沟""疫苗民族主义"成为新的不平等。在全球化的今天，新冠疫情是人类面临的全球性挑战，任何国家都不能不受别国影响而独存，阻断疫情传播、促进经济复苏需要世界各国携手并进。对此，不少学者为后疫情时代全球治理提供新选项：其一，全球团结是强化全球治理的重要基石，建立全球共同管控的国际机构是全球治理的必由之路;其二,区域政策协调对于减轻疫情带来的冲击至关重要,"区域转向"的治理模式将成为后疫情时代更好的全球治理选择,在地缘上比较接近的国家,通过区域性的合作与交流,促进治理能力的提升与共享,然后以区域为单位的治理结构嵌入全球治理框架中,由地区层面制度构建逐步扩展至全球是当前治理机制革新的优先思路。

2. 俄乌冲突深刻再塑国际关系秩序

俄乌冲突的爆发,既源于俄乌之间的历史渊源,也来自俄罗斯在地缘上的极度"不安全感",俄罗斯对于安全战略重要性的考量超过了对于发展的考量。俄乌冲突将在全球地缘上进一步造成紧张局势。战争的长期影响可能会改变全球地缘经济和地缘政治秩序。俄乌冲突爆发于百年未有之大变局与疫情的交织阶段,这场冲突打破了旧有国际关系的僵化外壳,可能改变大国力量平衡关系,全球地缘政治进入新一轮"洗牌期"。地缘政治紧张局势加剧进一步增加了地缘经济分裂的风险,从长远来看,如果能源贸易转移、供应链重组、支付网络分裂以及各国重新考虑持有储备货币,俄乌冲突必然重塑国际地缘经济秩序。俄乌冲突爆发及其引发的国际政治经济的连锁影响,标志"二战"以来形成的世界秩序的全面崩塌,我们应警惕这场冲突的危险性,严防俄乌冲突被拖成冷战,甚至是"三战"的可能。

一是美国通过俄乌冲突不断隐喻世界面临来自中俄的共同挑战,加剧中国与西方国家间的紧张关系。随着国际力量对比加速变化及美国霸权体系相对衰弱,大国权力博弈加剧,国际秩序进入混乱、动荡、混合无序的巨变期。未来,世界新秩序将沿着"北约东扩对俄罗斯战略空间的极度挤压和由此而来的俄罗斯的极度不安全感"以及"中国崛起和美国对中国的防范"这两条历史主线同步展开,两主线共同作用、交织,使全球的安全稳定蒙上阴影。就中国所面临的外部环境来说,不管有没有俄乌冲突,中国都是美国决心要遏制的头号"系统性对手",中美在地缘政治、安全、经济、技术和意识形态上的对抗,与世界失序、世界秩序重构或新世界秩序的发展息息相关。借俄乌冲突,美国以为找到了"一石二鸟"的方法,对俄罗斯施加了一系列制裁,通过将中俄"捆绑"的宣传手法,趁机提升全球对中国的负面认知,不断通过俄乌冲突隐喻世界面临来自中俄的共同挑战,强行拉拢中俄同盟关系,让世界加速走向裂变。这无形中加剧了中国与世界主要经济体,特别是西方国家的紧张关系。中国的中立态度被解读为中国不愿批评俄罗斯的侵略,被描述为偏向俄罗斯并支持俄罗斯的扩张,使国际社会对中国的认知偏向消极。欧洲部分精英群体认为中国在俄乌冲突上过于偏袒甚至纵容俄罗斯,地缘政治影响极大地降低了中欧信任关系,使中欧合作陷入紧张状态。

俄乌冲突改变了欧洲,改变了世界,改变了中国"一带一路"建设所处的国际环境。一方面,俄乌冲突进一步推动俄罗斯"脱欧入亚",俄罗斯战略的转向为地缘权势向东转移加大筹码,地缘权势的东升西降趋势得到进一步巩固。另一方面,中国的中立态度,可能会刺激美国政治建制派和美国的盟友,导致美国及其盟友与中国(和俄罗斯)更强有力的竞争,并对与中国的关系施加更多限制,乌克兰危机有可能引发的对华二次制裁将带来分裂世界的威胁。对于中国而言,应重视"以美制美",唤醒美国国内的理性力量来制衡其非理性力量,为中国的发展创造一个和平的环境;同时也要加强对欧洲国家的对外关系,通过增信释疑扩大欧洲对华的友好与理性力量的支持。

二是俄乌冲突凝聚西方同盟共识,预示着美欧之间的权力博弈进入新一轮重塑期。

一方面，冲突的爆发将在一定程度上使同盟政策释放新活力。俄乌冲突使俄罗斯的"他者"形象在同盟内凝聚更大共识和认同，同时使美国及其在北半球的任何盟国都不能忽视俄罗斯的现状和所作所为，美国重新意识到俄罗斯对世界秩序的威胁。经此民意整合，西方世界重新成为一致行动人，推动跨大西洋联盟重新团结，进一步强化俄罗斯是北约共同敌人的共同体意识，可能导致乌克兰其他地区进一步融入欧洲—大西洋机构，并可能增加北约在其东侧的存在。西方霸权主义者借俄乌冲突重振军事同盟，推动世界向以意识形态划线的集团化方向转变，俄乌冲突必将引发世界各国间新的分化组合，加速世界变局的演进过程。

另一方面，从长远发展大势看，欧洲追求独立性的努力和美国对欧洲的控制相互作用，同盟内斗争难以平息。在美国看来，通过俄乌冲突，美国能分化、消耗并牵制俄罗斯和欧洲，让俄罗斯和欧洲陷入持续博弈的被动局面而不能自拔，打破欧洲地区的平衡，同时切断欧洲对俄罗斯在天然气等能源方面的依赖，提高欧洲对美国的依赖性和美国对欧洲地区的主导权。但在欧盟看来，美国主导的北约东扩却由欧洲来"埋单"，导致欧洲民众因此失去俄罗斯的粮食和能源供应，使欧洲在客观上不得不更加依赖北约和美国，加速暴露了欧盟对美国的持续、强烈依赖，而这正是大多数欧盟国家无法忍受的。随着局势的定格和理性的恢复，欧洲对摆脱美国控制的自主要求必然增强，持续的安全威胁和沉重的"制裁"代价必然使欧美之间的利益冲突不断发酵，美欧裂痕进一步加深。随着世界格局向多极化发展，德法等陆权国家及其主导下的欧洲为摆脱安全困境、谋求继续发展，将追求战略自主。

三是俄乌冲突使全球化向区域化、群体化、诸边化转变的趋向更加明显。进入21世纪以来，全球化向区域化、诸边化转变的趋向已经显现，俄乌冲突使该转变更加明显，甚至进一步导致阵营化，从不同群体的竞争可能演化到冲突，这种阵营化的趋势对未来影响深远。如果欧美对俄罗斯的经济制裁长期化，世界经济的区域化、集团化趋势将明显加快，世界正在走向"新冷战"。欧美对俄罗斯的经济、金融制裁将使全球化分裂进程加快，出现"规则分层化""范围区域化"。其一，欧盟继续扩大并获得新的发展动力。应对外部危机和冲击一直是欧盟前行的动力，俄乌冲突提升了欧盟扩大的意愿与动力，不仅在很大程度上淡化了欧盟内部矛盾，欧盟内部协调水平有望提升，而且欧盟的扩大将会波及巴尔干地区与苏联继承国，俄乌冲突爆发前，苏联继承国不在欧盟议程之中，现在已纳入欧盟议程，苏联空间扩大是一个漫长的进程，当然会优先推进巴尔干地区。同时，俄乌冲突为欧盟创造了新的增长机会，增加国防开支，摆脱对俄罗斯的能源依赖，促进产业链调整，使欧盟获得新的发展动力。其二，在全球治理问题上，新冠疫情和大国地缘政治关系相互作用，推动"区域化"成为未来全球治理的主流，全球治理"回归区域"使全球治理朝"共同但有差别的治理"方向发展。分别支持或反对对俄罗斯进行制裁的国家间经济联系可能会加强，加速世界在两个对立的两极之间的分裂。

二、世界经济发展的不确定性增强且治理困境加剧

2008年国际金融危机爆发后，世界经济处于相对低迷状态。欧洲生态经济学学会前

主席克莱夫·斯帕什指出，世界经济低迷问题与世界经济体系存在结构性弱点相关，如供应链不稳定、不公正社会必需品供应、牟取暴利、就业不稳定、不平等和污染等问题。新冠疫情和俄乌冲突像是推倒的"多米诺骨牌"，使新老问题叠加爆发，加剧全球经济发展的不确定性。在俄乌冲突的背景下，全球经济中的问题被进一步放大，投资者信心减弱。在贸易争端和新冠疫情之后，价格上涨早已削弱消费者和企业的信心；俄乌冲突及美欧对俄制裁使石油和大宗商品价格及食品价格上涨，进一步助长通胀，严重的通货膨胀将对所有人产生负面影响，全球供应链问题继续存在，甚至可能恶化，多国债务攀升，经济增长将放缓，滞胀风险上升。上述多重因素影响及产生的问题进一步推升经济的不确定性，成为全球化的另一个潜在挑战。全球经济仍受到新冠疫情和俄乌冲突的影响，前景越发暗淡且充满不确定性。根据 IMF 在 2022 年 7 月发布的《世界经济展望》，世界三大经济体（美国、中国、欧元区）增长停滞，2022 年和 2023 年两年的增速预测值继续下调，这给全球经济增长前景带来重要影响，而全球通胀预测值继续上调且存在长时间维持高位的趋势。"长期停滞"成为国际经济学界最热议的话题之一。

（一）全球经济"东升西降"趋势增强

大变局时期，全球经济发展势能变化显著，"北退南进""东升西降"的全球经济去中心化趋势越发明显，欧美发达国家经济发展不确定性显著增强，经济格局越发难以预测。

1. 西方发达国家经济发展不确定性增强

在当今经济格局下，欧美国家经济发展呈现不确定性，表现出"西降"的趋势。根据世界银行的数据，近 30 年间，西方 GDP 占比从 80% 跌至 40%，特别是 2008 年国际金融危机爆发后，西方经济整体规模呈现明显下降态势。根据世界银行的数据，从 1990 年到 2020 年，美国 GDP 占世界 GDP 的比例从 27.3% 下降到 23.5%；从 2008 年到 2012 年，欧盟 GDP 占世界 GDP 的份额由世界第一的 30.4% 逐步衰落至 23%，英国脱欧使欧盟 2020 年 GDP 为 13.886 万亿欧元，占世界 GDP 的 16.9%，其整体规模开始落后于中国。2008 年国际金融危机爆发后，发达国家经济发展信心受损，逆全球化思潮上升，保护主义势力不断抬头。西方贸易保护主义的盛行以及逆全球化思潮的流行，根源于西方发达国家经济实力、市场竞争力、产业竞争力的相对下降，发展潜力的逐步减弱及其伴生的制度自信弱化和意识形态话语权弱化，试图以保护主义维护西方发达国家在全球的经济主导地位。

从欧盟来看，欧盟的总体实力处于下降趋势，在传统制造业和数字经济领域中呈现竞争颓势，特别是 2008 年以后一些欧洲国家受到高预算赤字和主权债务不断增加的困扰，如希腊深陷债务危机，意大利的债务负担在 GDP 中的占比高达 130%，许多欧盟国家面临经济增长疲软和持续高失业率，经济发展动能不足，面临多重挑战。在欧盟 Sentix 投资者信心指数上，这一数值常年为负，多次跌破 -30；新冠疫情的暴发再次拉低投资者信心，在 2020 年 4 月创下 -42.9 的历史纪录。究其原因，其一，欧盟内部经济治理体系存在结构性问题。一是欧盟内长期存在经济发展不平衡性，而欧盟统一的货币联盟和各国不同的财政政策，进一步造成资本流动及成员国经济发展失衡，提升交易风险，如果欧洲未来不推出进一步的结构性改革措施，继续维持医疗、养老方面的高福利制度，中长期内债务率仍然存在上升压力；二是欧元区经济内生增长动力不足，欧盟国家的老龄化带来人力资本不足和劳动生产率下降，知识生产放缓导致创新动力不足，新经济新产业领域推进迟缓；三是欧洲经济与货币联盟应对危机乏力，使欧元区乃至整个联盟的合法性遭受质疑。其二，政治不稳定和外部事件给欧洲经济恢复制造外部阻力，削减欧洲经济发展动能。一是英国脱欧冲击欧洲一体化，进一步削弱欧盟在国际格局中的竞争力。2016—2020年英国脱欧，使欧洲一体化发展面临严峻挑战，削弱了欧盟在国际中的地位，欧洲的危机轨迹从经济起源转向日益政治化，潜藏更深层次的民主危机。二是新冠疫情和俄乌冲突恶化欧洲外部发展环境，推升欧洲经济发展的不确定性。欧盟各国的对外贸易依存度较高，随着全球贸易摩擦的加剧以及新冠疫情和俄乌冲突的爆发，恶化了欧盟的外贸环境，欧盟经济赖以发展的国际供应链、需求链萎缩、停滞，进而直接引起欧盟生产能力的下降和整体经济的萎靡。同时，双重冲击下欧洲大陆经历能源荒以及供应链紧张导致的通胀上涨严重，而为了控制通胀欧洲央行预期将收紧货币政策，可能使欧洲地区经济增长进一步放缓甚至滞胀，极有可能导致一些国家陷入主权债务泥潭。如乌克兰危机进一步恶化意大利经济，导致通胀加剧与政府债务负担继续攀升到150%。三是难民危机也对欧洲地区产生长期影响。难民问题持续发酵，给欧洲相关国家和地区带来动荡和不安，在最坏的情况下，还可能会造成人道主义危机，不利于欧洲以及世界的长期安全。难民潮暴露了欧盟内部的深刻分歧，对欧盟大团结形成挑战。申根地区（欧洲一体化项目的核心）也面临难民潮带来的流动规模的考验和恐怖主义的威胁，不利于欧洲一体化的发展；难民激增也使欧洲地区教育和住房紧张，欧洲国家的福利政策面临更大危机。总之，当下的欧盟地区通胀严重而经济修复不足，加上英国脱欧、新冠疫情及俄乌冲突带来的进一步影响，一旦欧洲一体化处理失当，内部危机将进一步加剧，未来或面临衰落或分裂的风险。

从美国来看，自20世纪80年代开始，金融资本全面控制美国社会再生产，高科技—金融资本力量的崛起、生产自动化和产业空心化等导致"资产剥离"和大规模裁员，种族正义问题悬而未决、收入不平等加剧、社会流动性下降、政治两极分化、公共伦理精神缺失，美国国内危机层出不穷。更值得我们警惕的是，由于美国在世界经济体系中的地位，使其能够将美国的经济危机分散至世界其他国家，世界经济主要潜在危险来自美国。为转嫁国内危机，减少对外国资源的依赖和重振制造业，美国转向保护主义、树立中国的"他者"形象以及发动贸易摩擦。2018年4月，美国对中国进口商品征收高额关税，打响贸易摩擦第一枪。这不仅对中美经贸造成直接冲击，还以多种方式冲击全球经济，威胁国际多边贸易体制。2021年拜登执政后延续了特朗普政府的对华遏制策略，受限于国内党派政治压力继续维持惩罚性高关税，但更多对中国采用非关税壁垒方式继续贸易摩擦。重点针对特定技术和研究领域实施更大力度的封锁，高科技产品供应链将成为中美经贸摩擦的主轴。2022年8月，美国总统拜登正式签署《芯片和科学法案》，拟投入500多亿美元补助推动本土芯片产业的研发制造，且规定未来10年内将不能在中国增产小于28纳米的先进制程芯片，这意味着美国立法胁迫国际芯片商在中美之间选边站。同时，构建反华包围圈，牵引中美关系从高频贸易摩擦转向全方位战略竞争，从美国一家的行动转变为美国与欧洲和其他盟友的共同行动。如2022年5月拜登正式启动"印太经济框架"，通过联合欧日及亚太地区国家，在全球范围内重组世界贸易格局，重构世界制造业分工和供应链，试图利用市场优势和技术优势，实现对中国经济的遏制。未来 3~5 年，中美经贸摩擦总体处于高压状态，美国与中国在科技、供应链等核心领域的脱钩博弈将陷入紧张和加剧态势。中美关系的发展将使未来不确定性显著增加，对市场主体的心理冲击较大。我们需要有足够的定力和韧性，以及充分的准备，有进有退，攻防兼具。

2. 新兴经济体实现群体性崛起

当今时代，全球政治和经济中心正在向充满活力的印太地区转移，全球政治经济治理也将沿袭"去西方化"、去中心化的路径发展，世界权势逐渐向东偏移。研究表明，到 2050 年，世界经济结构将发生巨大变化，中国、印度、巴西、印度尼西亚、墨西哥、俄罗斯和土耳其的 GDP 合计将占全球 GDP 的 50%，而 G7 国家的总 GDP 将降至全球 GDP 的 20%。

在保守主义、逆全球化大行其道的浪潮下，多数新兴经济体与发展中国家逆势扩大开放，奉行多边主义原则开展全球经济合作。新兴工业化国家的崛起增强了对欠发达国家的发展援助，促进欠发达国家更好地积累资本、发展转型，新兴市场和发展中经济体实现群体性崛起赶超，全球权力经历从西向东的转移，促成国际格局的转变。从 2000 年到 2020 年，发展中国家 GDP 在全球的占比从 18% 跃升至 40.55%，其中，中国对世界经济的贡献率从 1992 年的 18.91% 增长到 2020 年的 30%。即使处在疫情中，新兴经济体和发展中国家依然保持更为稳定的经济增长，国际经济实力对比继续朝着有利于新兴市场和发展中国家的方向发展。新兴市场的全球产出和贸易扩张使"东升西降"成为经济格局的最突出趋势，促使国际格局力量对比趋于均衡化，推动国际政治经济重构。亚太地区新兴经济体通过增强自身实力提升其在全球经济治理中的地位，以金砖国家为代表的新兴经济体也正在驱动世界经济格局的转变，新兴经济体在全球贸易格局中的占比不断增长，在全球分工中的不利地位也在逐渐扭转，冲击着当前的世界格局和经济秩序。

（二）新冠疫情和俄乌冲突双重冲击严重阻碍全球经济发展与合作

在俄乌冲突爆发之前，全球民族主义和民粹主义兴起，美中之间持续不断地发生冲突，逆全球化早已在全球蔓延，俄乌冲突和对俄制裁进一步扰乱全球供应链和减缓疫情冲击下的全球供应链恢复速度，全球合作与协调的政治意愿薄弱，促使各国转向地区化，远离全球化，世界可能再度面临冷战时期东西方分化的风险。

1. 新冠疫情对世界各国产生的冲击及后遗症不容忽视

2020 年初暴发的新冠疫情是全球面临的最大"黑天鹅"事件，并对世界各国的政治、经济、社会发展产生了多方面的冲击，特别是疫情初始阶段冲击非常大，但进入 2022 年新冠疫情的影响减弱，尤其是致死率显著降低，放松管控政策成为新的趋势，不少国家上调了新冠病毒传染性的标准（以抗原自测代替核酸检测），多数国家的防疫重点关注疫苗接种和药物保障方面。但新冠疫情对世界各国产生的冲击及后遗症不容忽视。

一方面，它进一步加剧了疫情前世界经济业已出现的经济复苏乏力的困境，放缓全球经济发展与合作，扰乱全球发展预期，给世界经济、人民生活带来了不可估量的影响。

进入 2022 年，随着新冠病毒变体的传播，各国重新实施了行动管制，能源价格上涨和供应中断导致通货膨胀率高于预期，这一情况在许多新兴市场和发展中经济体中尤为明显，因疫情因素影响，2022 年的世界经济展望继续将经济增长预期下调。总体来看，新冠疫情妨碍世界经济增长，全球产业链突发性中断、全球贸易需求萎缩、新兴经济体资本外流、财政刺激政策隐患凸显；特别是国际大公司、大银行在新冠疫情中遭受重创，对运输和旅游业等关键部门产生广泛的不利影响，疫情的传播造成消费者需求冲击，并日益成为一种经济威胁，这种冲击对贸易依赖型国家的影响尤为突出，世界经济在短期内全面恢复难成现实。对于未来经济发展态势，新冠疫情为经济增长添加巨大的不确定性，未来经济将会继续遵循这一发展路径，"平庸增长"或成世界经济常态，未来全球经济发展趋势可以称为"伴随波动的低迷"。另一方面，新冠疫情引致逆全球化和不同社会制度的对立冲突。它不仅打破了多年来形成的全球化产业链布局的平衡状态，还导致各国在社会制度、意识形态、价值观等方面形成对立和竞争，国家不仅面临恢复经济发展的压力，贯彻开放政策的能力和意愿也受到严重抑制，逆全球化越发大行其道，甚至还有学者指出新冠疫情会终结全球化。

此外，新冠疫情将进一步扩大全球不平等。这场疫情不仅改变了世界经济发展轨迹，疫情以及后疫情综合征的长期存在，将会对低收入国家和新兴市场经济体造成更大的影响，各国间的分化可能长期化。由于大部分南方国家持续的贫困和巨大的南北差距，发展中国家在面对新冠疫情时特别脆弱。2020 年度贸易与投资报告也指出，新冠疫情加剧发展中国家失业问题，约 1 亿人口陷入极端贫困，世界经济差距进一步扩大。疫苗获取的极度不平等使新兴市场经济体和低收入国家疫苗接种显著落后于发达国家，将受到疫情更持久的影响，可能导致各国比大流行前更大的经济分化，严重拖累其与发达经济体经济发展趋同的步伐，后发展国家将面临更为严峻的经济赶超压力。疫情给低收入国家造成的教育缺失等伤痕效应更加显著，对经济的负面影响更加持久。疫情已消耗新兴市场经济体和低收入国家大量的政策空间，将导致其难以在疫情结束后有效推动经济转型，教育和收入轨迹分化有可能进一步分裂全球经济。由于数字鸿沟的存在，发展中国家缺乏电子基础设施和数字能力，使新冠疫情对发达国家和发展中国家产生不均衡和不对称的影响，二者之间的经济差距将进一步放大，在世界经济论坛的高管意见调查中，"数字不平等"是拉丁美洲和撒哈拉以南非洲地区以及更广泛的低收入国家的首要短期风险，新的数字技术推动不平等加剧，这些技术已经自动化，以前由低技能和中等技能工人执行的工作，随着人工智能技术的兴起，这些趋势正在进一步加剧。已经面临债务状况恶化的发展中国家将没有与富裕国家相同的储备缓冲，无法承受新冠疫情对其经济造成的潜在影响。

2. 疫情背景下爆发的俄乌冲突深刻影响世界经济

俄乌冲突再次重创欧洲，其全球溢出效应给疫情影响下的世界经济复苏进程增添了巨大的困境和不确定性，造成全球通货膨胀加剧，预期经济增速连续下调，特别是能源、粮食、供应链等方面的危机深度影响世界经济，由此触发全球难民危机、贫困化增长危机及社会动荡。

一是不仅重创俄乌两国经济，而且影响全球大宗商品价格并滋生全球次生风险。从商品供需层面看，俄罗斯和乌克兰是重要的大宗商品资源国：乌克兰和俄罗斯是全球重要的谷物出口国，根据美国农业部的数据，俄罗斯和乌克兰的小麦出口量约占全球总量的1/4，俄罗斯和乌克兰还生产飞机用海绵钛，约占全球供应量的15%。俄罗斯是钯的主要生产国，其产量占全球矿产的40%；占全球铂供应量的约10%；占全球化肥供应量的13%。这些商品的全球供应中断，加上现有的供应链问题，严重扰乱并加剧世界经济社会动荡。标普全球2022年6月1日报告指出，乌克兰局势不仅仅会在2022年影响全球粮价，相关国家粮食贸易保护主义及对化肥和机械等粮食生产投入品的出口限制所带来的粮食供应的冲击将持续到2024年甚至以后。

二是全球经济活动缩减和通胀攀升。俄乌冲突爆发在新冠疫情这一大背景下，世界正处于通货膨胀的压力之中，2021年以来，受全球货币政策宽松、供求缺口、能源转型等因素影响，油气价格不断上涨，国际油价创近七年来的历史高点，美国的通胀水平已升至40年来最高纪录。随着俄乌冲突的持续升级，通货膨胀压力可能会继续加剧，无论是发达经济体、新兴市场经济体还是发展中经济体，现在预计的通胀比之前预测的将在更长的时间内保持高位。同时，俄乌冲突提升地缘经济碎片化风险，如贸易投资壁垒升高，目前已有超过30个国家限制了粮食、能源和其他重要大宗商品的贸易，美元区与非美元区支付系统的分裂趋势加强，出于安全考虑的供应链本地化和多样化重构调整继续强化，所有这些都推高各国经济成本，导致全球许多国家的GDP出现不同程度的缩减。根据国际货币基金组织2022年10月发布的《世界经济展望》，预计2022年和2023年全球经济增长率分别进一步下调到3.2%和2.7%，反映了战争对俄罗斯和乌克兰的直接影响以及全球溢出效应。除中国和东亚外的所有市场均出现较高的通货膨胀，其中最严重的主要在美洲、非洲和欧洲。如2022年5月欧元区通胀率高达8.1%，尽管美联储已开始加息，美国通胀持续，从2021年6月到2022年6月，能源和食品价格分别上涨30.4%和10%，2022年4月核心个人消费支出（PCE）价格指数同比上涨4.9%。欧美央行可能因通胀持续攀升和经济收缩预期而选择先加息后降息，全球经济运行的不确定性大幅上升。

当然，俄乌冲突对世界各国经济增长造成了不同的负面影响。根据世界经济论坛《首席经济学家展望》报告研究，2022年本就疲弱的欧洲经济前景更加堪忧，其他主要经济体如美国、中国及南亚、东亚、非洲、中东区域只会出现温和增长。对于欧洲经济来说，表现出对俄乌冲突的极大敏感性，欧元区经济正在急剧下滑，Sentix经济指数猛跌34.75点，为20年历史上的最大跌幅，甚至超过新冠疫情和国际金融危机的影响，其中东欧地区陷入深度衰退，Sentix经济指数暴跌至-31点。究其原因，主要是俄罗斯是欧洲天然气和石油进口的重要来源地，切断能源来源成为欧洲经济风险上升的主要溢出渠道；更大范围的供应链中断也将助长通货膨胀，减缓疫情后的复苏，加上欧洲各国政府还可能面临能源安全和国防预算额外支出带来的财政压力。

对于中东和非洲地区的发展中国家和新兴经济体而言，食品和能源价格上涨以及全球金融状况收紧可能会产生重大连锁反应，加剧社会经济压力、公共债务脆弱性以及已经困扰数百万家庭和企业的疫情造成的创伤；不断恶化的外部融资条件可能会刺激资本外流，提高债务水平上升，增加融资需求巨大的国家的融资增长阻力。对于拉丁美洲而言，不断加剧的冲突可能导致全球金融困境，随着国内货币政策收紧，这将对经济增长造成压力，Sentix经济指数降至-8.8点，是2021年4月以来的最低点。对于亚太地区而言，俄乌冲突的溢出效应可能有限，Sentix 经济指数仍维持在 17 点，但欧洲和全球经济增长放缓将对主要出口国造成重大损失。可以说，俄乌冲突既放大了世界经济业已面临的威胁，又使潜在的解决方案复杂化。

3. 双重冲击推动国际贸易数字化倾向加剧并促进数字服务全球化

疫情下的人员隔离状态推动国际贸易数字化倾向加剧，俄乌冲突使实体融合下降并进一步加速这一趋势。国际贸易数字化主要依赖数字经济的发展。数字经济是与计算机技术发展相关的活动，其核心是生产数字商品和提供与数字技术相关的服务。数字技术使国际贸易更加方便并成为经济增长的重要引擎。更多的公司经历快速的数字化，将增强人与机器结合的必要性，使工人转向远程工作以保证贸易的正常运行，推动许多国家的电子商务大幅增加。由于中央银行数字货币具有使支付系统更具成本效益、竞争力和弹性的潜力，未来数字技术将改变国际货币体系。数字化的活力正在影响创新、生产、贸易、消费和一系列业务流程，使参与国际贸易的国家正在形成过去未知的相对优势，世界经济正在经历一个结构和技术转型时期，导致全球贸易发生根本性转变。在数字技术创新的驱动下，世界将进入数字贸易时代，与之相伴的是贸易内容、方式以及规则的数字化；数字服务贸易会带动新一轮的数字服务全球化进程，推动多边贸易规则更新以适应全球数字治理的新诉求。

国际贸易数字化改变全球经济格局。一是数字技术有利于克服贫困和社会不平等，在全球经济去中心化发展上发挥重要作用。数字技术有助于发展中国家更积极地参与世界贸易，特别是增加其商品和服务的出口，中国的数字化发展便是一个最典型的例子。二是数字技术可能会巩固西方世界在全球贸易中的主导地位。就传统而言，全球非商品出口市场极为集中，平均而言，超过50%的出口由1%的企业垄断，国际贸易数字化进一步增强了西方国家垄断企业的这一趋势。可以说，在未来的世界，谁站在数字技术的尖端，谁就赢得了经济勃发的先利，对于发展中国家而言，这不仅是挑战，更是实现"弯道超车"的机遇。

（三）双重冲击提升了世界各国在国际经济合作中对安全和政治的考虑

2008 年国际金融危机爆发以后，世界经济发展中出现了明显的贸易保护主义、单边主义等逆全球化趋向。近三年受疫情及 2022 年俄乌冲突双重冲击的影响，美国等西方国家泛化安全概念，掀起全球产业链供应链非常规调整，全球价值链面临中断、缩短和内化的风险，全球经济合作与交流困难加大，经济全球化面临严峻挑战。上述因素导致近年来国际经济合作不再是一个单纯的经济议题的倾向越来越严重，非经济因素的影响越来越大，如大国力量对比因素乃至意识形态等。很多现象难以用纯粹的经济利益逻辑来解释。比如全球价值链的基础已经从效率优先与利益最大化转向韧性优先，或者是效率与韧性同样重要。韧性的核心就是安全。这标志着国际经济合作的微观基础已经发生变化。同时，很多国家对外开放把建立区域经济一体化作为重要形式，开始注重区域价值链的构建，由原来追求提升全球产业链中的地位，开始注重在区域价值链中的地位。

1. 加剧"去全球化"趋势，推动产业链供应链重构

一方面，疫情使西方国家认识到全球分工体系的脆弱性和确保产业链安全的紧迫性，进而由供应链脆弱性问题延伸到国家安全问题上，推动西方国家重新权衡产业发展的经济效率与社会安全效益。如施加出口限制、实施更加严格的外资审核标准、鼓励企业回迁，更加强调国家安全、供应链弹性和关键供应自主，尤其是牢牢把握高端产业链安全的重要性，这加剧了全球经贸交流的难度，经济安全化倾向进一步加剧。安全成为各国产业链布局的最优考量。新冠疫情将导致国际分工不再以效率为第一优先级，在建立国际经济合作时，地理上和政治上的接近可能变得更加重要，效率的重要性降低。全球价值链在空间布局上将呈现短链化和区域化的特征，本土化和区域化生产分工一定时期内成为主流导向，这其中不仅有疫情的催化作用，也因为多边体制改革没有取得较大进展，而生产、分工和合作更多地向区域化转变。国际产业短链化、地区化将不可避免地威胁到全球性经济活动，若干保护主义政策兴起，全球价值链重构难度增大。新冠疫情造成的经济中断不仅对发达国家产生了更强烈的刺激，对新兴市场经济体的影响也不可低估，由于经济发展优先考虑弹性而不是成本最小化，政府和行业可能会以牺牲全球一体化为代价来推动区域融合，它们试图最大限度地减少供应链中断，这种脱钩将使新兴经济体更难利用年轻劳动力、庞大的消费市场和有竞争力的资本。比如印度和日本在疫情期间实施了保护主义政策，美国总统拜登 2021 年 2 月 24 日签署"美国供应链"第 14017 号行政命令，指示政府对美国关键供应链进行全面审查，以识别风险、解决脆弱性并制定战略，提高恢复力；西方国家本身也在限制地缘政治竞争对手在战略领域的投资。在经济乏力和疫情的双重作用下，全球产业链可能会经历重构、转型，甚至有观点指出，后疫情时代将出现两个平行的区域价值链，一个是以欧美为最终消费市场的区域价值链，另一个是以中国为主的区域价值链。

另一方面，俄乌冲突使供应链、产业链面临新一轮缩短、重构。全球性冲突使经济安全成为各国最主要的关切。冲突和战争更使多数国家将安全利益置于经济利益之上，对安全的关注超过对开放的关注。俄乌冲突将加速由于新冠疫情（甚至更早）而开始的逆全球化，世界经济联系减少，全球产业链、供应链遭遇"瓶颈"而进一步缩短、重构，这意味着冷战结束后 30 年的全球化终结，全球化将再一次经历倒退，逆全球化迈上新的台阶。对（西方）全球资本的产业布局而言，俄乌冲突与中美贸易摩擦、新冠疫情冲击一同指向一个方向：仅仅考虑供应链效率与投资利润率的思考方式将会被修正，供应链安全性、弹性与冗余度得到更高的关注，迫使全球资本重新调整其产业链布局。值得高度关注的是，西方集体发动的针对俄罗斯的"混合战争"，为扩大中俄之间的合作开辟了新机遇，双方正在为扩大中俄务实合作创造条件，积极发展独立的金融基础设施，系统地实施所有审批的合作计划，在能源、工业、农业和交通及相关投资领域正在实施重大项目。

2. 俄乌冲突提升全球货币体系安全性考量

俄乌冲突不会在根本上扭转当前货币格局，美元在未来较长一段时间内仍将是全球的主导货币，但俄乌冲突的爆发使美元的主导地位受到挑战，全球货币体系将追求更多元的货币储备和更安全的货币体系。美欧对俄罗斯采取全方位、强有力的金融、经济制裁，这向世界传递了一个信号，即任何与西方集团发生冲突的国家，都可能立即被排除在美元体系外，不能指望美元的安全性。

美元体系的"武器化"使用，很大程度上是在透支美国自身的权力，将使部分国家不再愿意大量储备美元，全球储备货币多元化进程将有所加快，这无疑会影响到未来美元的国际地位（甚至可能失去其作为全球记账单位和支付手段的地位）以及国际货币体系格局的变化。从理论上讲，如果美国过于频繁地实施制裁，可能会促使其他国家提出更好的美元及其支付系统的替代方案，从长远来看，在制裁威胁下的世界经济将朝着分裂这个方向演进。面对美国的制裁，2022年3月俄罗斯提出以卢布结算能源。能源贸易的去美元化，既向世界展示了美元的霸权性和不可靠性，也开启了国际结算多元化的新趋势，将在一定程度上动摇美元的国际地位。随着美元的全球霸权逐步削弱，在互利的金融和全球贸易安排下，以美元、欧元和人民币为主的区域货币集团正在形成。有学者指出，俄乌冲突还有可能促使东亚区域货币金融合作进程再次启动，即以东盟"10+3"的AMRO机制框架为基础，协调印度等周边国家的立场，重新启动东亚（或亚洲）货币金融合作的时机正在趋于成熟。

总之，受新冠疫情和俄乌冲突的影响，全球经贸合作面临前所未有的挑战。同时我们要认识到，无论是来自自然灾害、政策冲突，还是来自新冠疫情和俄乌冲突的冲击，都意味着在未来一段时期内，各国政府和企业将更加重视增强产业链供应链的韧性，以及全球消费的韧性化和安全性，如采购的多元化、产业布局的集群化、支付结算的多元化，这些都将促进提高国际贸易的韧性和金融结算的安全性。在某些行业和贸易内，企业将调整其治理体系，通过远程工作、参与全球价值链降低自身的脆弱性，并创造有利于持续创造价值的治理环境，这将推动国际贸易工作方式的改变和对全球价值链的认知重构。根据世界经济论坛《首席经济学家展望》报告，自2020年初新冠疫情暴发以来，供应链中断风险和重构调整持续了近三年，而2022年初爆发的俄乌冲突叠加疫情双重冲击加速供应链发展趋势，该报告指出，跨国公司很可能或极有可能在未来三年内将其供应链本地化和多样化，沿着地缘政治断层线重新调整它们。

三、世界安全发展的不确定

2021年9月习近平主席在联合国大会上明确提出"世界进入新的动荡变革期"，这是对大变局在当前阶段性特征的最好阐述。在动荡变革期，世界和平是不稳定和不完全的和平，各国人民面临维护世界和平、防止局部地区战争演变为新的世界战争的艰巨任务。即使在国家间经济相互依赖不断加深的全球化时代，同样无法阻止国家间的战争，也不会减少邻国间的领土冲突。世界一些主要大国对于地区主导权的争夺依然激烈，大国间的地缘政治较量和军备竞赛仍在继续，2022年爆发的俄乌冲突更是开启了欧洲国家军费增加和军备竞赛的时代，主要大国加快发展和部署反弹道导弹防御系统、反卫星武器和高超音速导弹，世界陷入武器扩散和针锋相对的军备升级的不稳定循环。当前一些延续多年的热点问题依然难解，地区冲突难以消弭，地区安全形势错综复杂，特别是新冠疫情和俄乌冲突的爆发更使全球面临传统安全与非传统安全的交织挑战，全球协作以应对安全问题的共识削弱，全球安全形势呈现复杂图景。

（一）极端恐怖主义在全球肆虐

当前，在一些西方发达国家出现了民粹主义与极端民族主义合流的趋势，并产生了很大负面效应。在许多发展中国家，极端民族主义与恐怖主义结合在一起，造成严重的民族冲突。随着极端民族主义泛滥，全球恐怖主义极端事件数量更是成倍增长。恐怖主义是威胁人类生命安全、阻碍社会进步与发展、威胁世界和平的最主要因素。"9·11"恐怖事件之后，恐怖主义越来越被国际社会所关注。在新冠疫情和俄乌冲突的双重冲击下，能源危机、粮食危机及经济衰退，容易引发并加剧全球经济不平等和贫困化以及对政府的不满，增加社会动荡的风险，恐怖主义有增无减。未来 3~5 年，随着新冠疫情和俄乌冲突外溢效应的深入扩散，2023 年以后世界经济进入"高通胀、高利率、高债务、低增长"的滞胀阶段已是大概率事件，在此背景下极易加剧社会动荡和贫困化危机，滋生新的恐怖袭击，更要警惕其带给世界的危害。

当前，恐怖主义在全球肆虐，呈现出新发展趋势和新特征。一是恐怖主义走出中东、走向世界的趋势更加明显。地缘上与中东地区接近的欧洲成为恐怖主义"迁徙"的重灾区；恐怖活动的上升还加强了部分欧洲人民对在欧洲穆斯林群体的潜在焦虑。二是地区间恐怖势力逐渐合流共振，日益全球化的恐怖主义将持续威胁东南亚地区和非洲地区的安全稳定。三是网络恐怖主义成为其新衍生形式，危害性增强。网络恐怖主义寄生于现代服务的数字化及现代生活对数字系统的依赖，是非国家行为者有预谋的攻击或威胁，通过诱发恐惧、打击平民、煽动民众强烈的愤怒和压力来引起媒体的强烈反应并传播其意识形态的行为。较之传统恐怖主义，网络恐怖主义更加灵活，全方位植入社会，不仅会对人民身体心理造成更大伤害，还会威胁关键基础设施，不利于社会的稳定。当前，面对恐怖主义在全球肆虐，全球反恐治理与合作存在不足。大国战略竞争、各国在反恐问题上难以达成共识和全球治理危机都会使反恐战线收缩，投入在打击恐怖主义和极端主义上的资源减少，国际反恐合作难以形成合力。联合国反恐中心存在成员国后勤支持不足、情报机制更新落后等问题，使其反恐效率较为低下，难以形成及时、有效的反恐行动。

（二）大国竞争的广度和深度不断扩展

在世界新秩序的孕育期，由于对未来世界秩序的利益诉求，各个大国难以达成战略共识，甚至缺乏做出战略妥协的意愿，一些西方国家固守冷战思维，热衷于在国际社会制造矛盾和分歧，挑起军事对抗。不断扩大的地缘政治裂痕有可能成为全球分歧的另一股力量，"地缘经济对抗"被视为未来十年潜在的最严重的中长期威胁。此外，随着新一轮科技革命的不断深入，新老问题对国家安全和国家实力的影响不断渗透，大国竞争的领域不断扩展。大国竞争领域趋向多层次化，大国竞争的广度扩展，产生的非传统安全问题与传统安全问题相互交织。

1. 由于互联网转向数字化和智能化，网络空间成为各方势力博弈的新领域。各国关键基础设施遭遇黑客攻击的事件大幅增加，产生巨大的经济成本并导致重大的公众伤害；随着国际社会持续数字化，网络犯罪分子基地全球化，"网络安全故障"成为对世界的关键短期威胁。快速网络化使美国等网络主导国拥有巨大的网络权力，从而产生监控和阻断他国的优势，且这种优势可能被作为武器使用。"信息控制权"成为保障国家安全的关键，"网络军备竞赛"不断崛起，"战场互联网"这一概念也应运而生，"网络空间软实力"是未来国力竞争的焦点领域，网络空间成为各国争夺国际主导地位的战场。俄乌冲突进一步对全球网络安全局势产生颠覆性影响，推动各国加大对网络安全的资金、技术投入，网络空间军事化的步伐加快、军事应用领域拓宽，深刻影响未来战场。

2. 高新技术领域的主导权竞争加剧，人工智能不仅是大国博弈的领域，也成为军事领域的介入手段。人工智能技术的未来发展是新一轮科技与产业革命的驱动力量，人工智能的发展正在从根本上改变国际社会的发展方式与发展进程，并对国家安全有重要影响。因人工智能技术嵌入，国家安全极有可能在国家竞争的稳定性、社会治理的有序性与技术应用的稳定性三方面遭受巨大的冲击，导致国家力量失衡以及安全格局转变。为巩固其霸权地位，遏制中国发展，美国运用国家人工智能战略以在全球战略竞争中获取"数字霸权"，保证其经济繁荣和国家安全。此外，人工智能技术介入军事领域，加剧全球的不安全态势。人工智能技术的高速发展正在催化主要大国对新军事技术与装备的研发与部署，新军事技术的发展使国际冲突的门槛大大降低，管控传统安全风险、危机和冲突的难度日益提升，对新军事革命的竞逐破坏了原有国际安全体系。如人工智能及其诞生的无人机业已成为"机器杀手"，人工智能技术的发展及其在战争中的致命应用，将从根本上改变战争和执法的性质，不仅引发世界对于其社会、政治后果的担忧，更会对国际安全造成不良影响。

3. 数据安全延伸至国家安全域内，数据及其分析技术成为国家谋求优势地位的关键因素。大国"数据战"频发冲击全球数字经济秩序，"数据武器化"进程威胁全球安全。新冠疫情与俄乌冲突刺激了数字化的飞跃发展，但快速的数字化与技术和财政资源的不匹配，使各国无法加强网络防御或数据隐私保护。

4. 大国间海洋竞争加剧，海上不稳定影响世界和平发展。随着传统海洋强国与新兴海洋强国的利益冲突加剧以及主权国家海上活动的日益多样化，海上军事活动的界定越发复杂，海洋大国的竞争越发激烈。近年来，各国加大深海力量投送，在国际深海领域造成一系列传统和非传统安全问题，严重影响国际海洋资源的良性开放。

5. 全球太空经济是未来经济增长的引擎，太空技术进步和地缘政治竞争不可避免地齐头并进，主要国家太空军事化步伐加快，太空军事竞赛已出现升温趋势。美国是推动太空竞争博弈的主力军，将太空视为作战领域，其战略目标与技术发展相结合，对他国国防安全和信息主权以及太空的和平利用构成威胁，加剧国际社会对太空资源的竞争，催生国际安全新问题。随着中美关系在预期几十年的继续恶化，激烈的太空竞争将为中美竞争开辟新的领域。

（三）气候问题成为人类最大的生存威胁

人类处于一个以深刻、加速和可能不可逆转的环境变化为标志的世界，没有任何人类活动领域不受环境变化的影响，气候变化成为人类生存最大的迫在眉睫的威胁，不仅对全球和平与安全构成严重风险，日益恶化的极端天气还可能造成人道主义危机，不利于世界的长期安全。虽然国际社会面临严峻的气候问题压力，但全球性气候行动依然面临一定程度上的障碍，及时实现碳中和目标的难度加大。一方面，主要发达国家在全球气候治理中缺位，致使国际气候谈判未能达成满意结果。另一方面，全球突发性公共问题以及地缘政治经济紧张局势将使应对气候变化的行动复杂化。短期来看，新冠疫情以及俄乌冲突使国际社会凝聚力减弱，许多领导人将注意力转移到恢复经济增长的短期问题上，可用于气候行动的金融和政治资本受限，气候行动将被延缓。冲突的爆发可能导致气候变化议程脱轨，威胁新能源的全球供应进而刺激化石燃料的进口。但长远来看，俄乌冲突将倒逼欧盟成员国提高能源效率，增加可再生能源投资，推动全球能源政策"结构性转变"。

（四）新冠疫情和俄乌冲突加剧全球人道主义危机

在新冠疫情叠加俄乌冲突的双重冲击下，供应链中断、停产、持续的战争、基础设施被毁、制裁和经济下滑，显著增加社会动荡，许多受灾人民流离失所，导致大量的人道主义危机产生。国际慈善组织乐施会 2022 年上半年发出警告，由于新冠疫情和俄乌冲突叠加，全球陷入极度贫困（生活费不到 1.9 美元/天）的人口总数将达到 8.6 亿，其中，2.6 亿人为 2022 年新增，相当于英国、法国、德国和西班牙的人口总和。截至 2022 年，新冠疫情的暴发使全球饥饿人数急剧上升 1700 万，2022 年有 2.74 亿人需要人道主义援助，同比增长 17%。俄乌冲突进一步引发全球粮食安全威胁，而此前全球粮食不安全已经处于 10 年来的最高水平，受冲突影响的大多是已饱受食品成本上涨煎熬的发展中经济体，中东、北非、高加索和中亚地区首当其冲。相关研究显示，粮食价格每上涨一个百分点，预计将额外有 1000 万人陷入极端贫困。新冠疫情及俄乌冲突的持续发酵，导致购买粮食的额外费用超过全球人道主义援助所有资金，扩大了人道主义援助资金的缺口，处于严重粮食不安全或高风险状态的人群数值创下历史纪录；即使人道主义援助资金不断增加，资金也入不敷出，预计额外会有 760 万至 1310 万人面临营养不良的风险。

总之，世界安全发展面临多重不确定性，这就需要各国的共同努力，保障世界安全发展。不仅要建立新型观念来管控安全，也要建立广泛有效的安全机制，保障有效的国际安全公共产品供给，保证大国竞争限定在和平和制度的框架内进行，降低战争爆发的可能性。中国提出"共同、综合、合作、可持续"的安全观以及"人类命运共同体"的观念，通过构建合作、共享情报、发展技术等手段共同铲除其对人类生存发展的不利影响，能有效避免大国陷入冲突，维护世界和平发展；类似地，以"共生"安全代替霸权稳定论下的"寄生"安全，这种观念指导下的"建制"可以有效保障国际安全公共产品不受大国供给缺失的制约。

第二节　国际形势变化影响"一带一路"倡议发展

世界百年未有之大变局正在加速演变，新一轮科技革命和产业变革带来的激烈竞争前所未有，气候变化、疫情防控等全球性问题以及俄乌冲突对地缘政治版图的冲击，都将对人类社会带来前所未有的影响，共建"一带一路"面临的国际环境日趋复杂。其中，面对美国"一超独霸"、中美关系不断紧张化的局势，美国因素成为"一带一路"顺利推进的重要考虑指标；新冠疫情的冲击远远超出人们的预料，它不仅引起了对卫生健康领域前所未有的关注，而且对国际合作与治理、国际格局变化产生了重大影响；俄乌冲突的爆发对"一带一路"及其共建国皆产生重大影响。在当前国际形势下，未来 3~5 年，地缘政治冲突以及当地的反华情绪滋生成为"一带一路"面临的最大挑战。

一、西方国家不断主导推动对"一带一路"的有偏叙述

（一）欧美国家叫嚣"'一带一路'自利论"和"债务威胁论"

第一种观点诬称中国在全球推行"霸权主义"和新殖民主义。如美国国际战略研究中心（CSIS）学者 Blanchette（2021）认为，"一带一路"是充斥殖民风格的单边的非自由贸易计划，是中国通过对发展中国家的剥削来实现其霸权的举措，该研究机构的另一学者 Risberg（2019）则诬称"一带一路"在非洲地区就是为了不断扩大军事议程、宣扬专制主义、策划政治影响运动、利用电信技术监视其他政府，以实现中国在非洲地区的霸权；英国兰卡斯特大学学者 Sum（2019）也指出，中国的"一带一路"项目利用地缘经济网络创建了一个以中国为中心的欧亚体系，这种基于基础设施而非军事征服的体系实质上是中国在行使"非正式帝国权力"。英国学者 Thomas（2018）针对中国的 BRI 相关项目在吉布提、巴基斯坦、斯里兰卡等发展中国家出现的基建项目融资债务违约危机（这本来属于正常的国际债权债务关系问题，却被过分歪曲甚至将其引向国际安全冲突领域），指出 BRI 项目融资损害受援国主权和国际形象，使其沦为中国的附庸国或新殖民地。当然，也有部分欧美学者及机构对"一带一路"持正面看法。如美国学者 Papadimi-triou（2019）指出，"一带一路"关注基础设施和经济战略，促进区域内互联互通和相互依存，通过增加各国间贸易自由化程度从而促进各国繁荣，"一带一路"绝非新殖民主义，而是区域经济主义，是当下国际体系的未来发展方向。2020 年 8 月英国皇家国际问题研究所发表题为《破除"债务陷阱外交"迷思——沿线国家如何影响中国"一带一路"倡议》的长篇报告，其结论是：有关"一带一路"是"债务陷阱外交"的说法有误，相关项目遵循的是经济学逻辑，而非地缘政治，几乎所有的"一带一路"项目都是由东道国出于本国政治和经济的需要而发起的，以便将中国企业的利益与东道国的发展相结合，并非简单依照中国的单边战略实施，也绝非中国出于强迫性地缘政治目的和主宰世界的野心而实施的；有关批评者总喜欢将斯里兰卡和马来西亚作为"债务陷阱外交"受害者的典型代表，但这存在许多误解，因为项目运营一直都是商业性行为，斯里兰卡的债务危机与中国的贷款无关，而是由"当地精英和西方主导的金融市场的不当行为"造成的。美国荣鼎集团对中国在 24 个国家进行的 40 项债务重新谈判进行了分析，结论是中国在债务谈判中的杠杆作用往往被夸大了，"一带一路"不是所谓的"掠夺性贷款"，反而有利于借款人。

第二种观点将"一带一路"视作中国产能修复的主要手段，虽有自利论调，但积极或中性观点增强。部分欧洲国家学者指责"一带一路"的出发点并不是构建"人类命运共同体"，而是构建有利于自身发展的国际环境。罗马尼亚科学院世界经济研究所学者 Pencea（2022）指出，面临中国经济增长下滑、长期过度投资导致工业产能过剩、过时的工业技术带来严重污染的背景，"一带一路"作为一个以中国为中心的战略被及时推出，主要目的在于推进有利于中国发展的国内供给侧结构性改革、结构性再平衡和技术进步，并重塑世界经济和全球规则。瑞典斯德哥尔摩国际和平研究所（SIPRI）的多位学者（2020）也持有上述类似观点，但他们同样注意到中国加速开拓海外市场，大力推进基础设施建设等方面的过剩产能转移符合中欧、东欧、东南欧和南欧经济需求的积极方

面。伦敦玛丽女王大学教授 Lee Jones 指出，"一带一路"倡议的规范性内容是亲市场和多元化的，其对现有全球规范的挑战大多是无意的，未对现有自由秩序产生攻击。

（二）欧美国家蔑称或夸大"一带一路"对全球合规管理的威胁

在项目合规层面，美国学者 Skidmore（2021）声称"一带一路"的政策性银行、国有建筑公司和外国政府之间存在裙带腐败关系，由腐败引发的合规问题导致项目定价过高和债务可持续性问题。英国全球顶尖智库 Chatham House 的学者 Kampfner（2022）撰文指责中国为 BRI 项目提供的发展融资缺乏透明度，把项目合同约定的受援国须与中国企业合作、购买中国设备，或保证商品销往中国作为还款等正常合作关系，称为不符合项目合规要求的"掠夺性经济活动"。法国学者 Rigaudeau（2022）的研究也指责中国企业在肯尼亚的采购不公开招标，不符合肯尼亚 2005 年的公共采购法。在环境和人权领域，欧美国家学者和官员都强调"一带一路"的劳工和环境标准往往较低。美国副国家安全顾问 Daleep Singh（2021）指责"一带一路"项目是建立在保密协议或附属协议基础上的不透明融资，不符国际标准，还会导致参与国债务依赖、劳工和环境标准降低。耶鲁大学学者 Lorenzo（2021）在柏林波茨坦研究机构发布的 KFG 工作文件也指出，国际社会普遍认为"一带一路"项目中中国政府对海外投资的整体监管不到位，造成中国企业的社会责任政策执行力度不足，导致中国发展援助项目存在环境危害和劳工问题。但纽约大学学者 Carrai（2021）对中国在海外履行社会责任则有更中肯的看法，她认为在非洲的中国企业有意愿实施社会责任，问题出在东道国往往缺乏适当的地方法规和实施标准，投资者往往采取"适应性处理"以避免与当地法规和惯例发生冲突，做到尊重东道国主权和履行不干涉原则。

（三）欧美国家还强调"一带一路"损害全球价值观、安全与秩序

美国学者大多从战略博弈角度对"一带一路"进行关注。美国学者 Barton（2021）认为，中国的"一带一路"倡议是为了团结邻国，扩展中国在全球的影响力；Pearl 等学者认为，"一带一路"倡议是将中国社会主义传播到其他国家的工具，是增加中国的地缘政治影响力的战略，资助成功与否在于一国是否愿意与中国的价值、利益保持一致。美国学者 Robert（2021）指出，欧盟和美国共同意识到中国快速增长的经济和军事实力正在损害其经济利益，对基于自由主义的西方价值观造成了较大的威胁，并特别强调随着"一带一路"与欧洲贸易和投资联系的增强，欧盟国家对华立场的不同会削弱欧盟内部团结，加剧欧洲一体化分化的风险。英国 Chatham House 智库的学者 Wallace 等（2021）对"一带一路"表示担忧，认为"一带一路"将不可避免地象征着建立一个由中国主导的世界新秩序，对西方利益构成威胁。英国国际战略研究所（IISS）的多名学者（2020）也发布报告称"一带一路"会建立一个由中国主导的世界新秩序，尤其是数字丝绸之路的持续发展给西方主导的国际秩序带来了三大挑战：一是中国政府将能够获取大量个人数据、商业信息以及政府和军事情报，西方国家信息安全将遭受威胁；二是数字丝绸之路能助力中国建立和主导新的市场供应链，推动国际社会广泛接受中国的数字技术；三是数字丝绸之路的提出使现有的技术标准和互联网治理的既定原则受到中国日益增强的网络影响力的挑战，这将颠覆全球技术标准和互联网治理的既定原则，对

全球信息安全造成挑战，对西方利益造成威胁。美国媒体对"一带一路"的新闻报道遵循美国的外交政策和国家利益，将"一带一路"框定在"中国的马歇尔计划"这一大框架下，称其进行"全球扩张"、促进"威胁与冲突"，会对地区稳定造成破坏性影响。

（四）非西方国家对"一带一路"的负面认知

大多数亚非发展中国家的政府和学术界对"一带一路"倡议总体上持欢迎态度，对中国话题的负面认知主要出现在部分国家政客选举捞取选票时或迎合欧美大国政治需要以炒作"中国威胁论"，如东南亚的泰国、印度尼西亚以及菲律宾等多位国家领导人曾出现"一带一路"会主宰伙伴国的经济发展和政治主权的论调，蒙古国和非洲一些"一带一路"倡议的伙伴国经常把中国话题作为大选的政治议题之一来炒作。当然在欧美的话语权主导下，不少亚非国家学者认为"一带一路"具有霸权性质，是"中国的马歇尔计划"。如新加坡国立大学学者 Hans（2020）将"一带一路"界定为"中国的马歇尔计划"，但他同时也表明"一带一路"有望拉动全球需求、弥补因国际金融危机造成的损失。印度尼西亚学者 Indraswari 等（2022）批评"一带一路"项目的实施优先考虑与中国企业合作并优先考虑雇用中国劳动力，并认为该项目是构建以中国为枢纽的区域基础设施网络和贸易网络，推动中国经济和外交政策成功向外围延伸。在亚洲地区，印度学者对"一带一路"项目的负面认知较多，如新德里大学的学者 Bhattacharya（2021）认为，中国推行"一带一路"主要是为了建立一个使其能够实现国内稳定的安全圈，克服中国经济和地缘政治的脆弱性，同时帮助其重新获得全球政治中心地位，这使"一带一路"天生具有侵略性和好战性，对地区和全球稳定造成破坏性影响。这里我们要明晰，"一带一路"倡议与"马歇尔计划"有本质差别，"一带一路"以共商、共建、共享为原则，强调共同发展、平等互利的务实合作，而"马歇尔计划"本质上是一项政治与安全战略，是美国为了巩固霸权而实行的具有严格附加条件的援助。

总之，自"一带一路"倡议提出以来，一直是在以西方国家为主导兼具部分非西方国家的批评、质疑和污蔑中成长起来的。2020 年新冠疫情的暴发为欧美部分学者抹黑"一带一路"倡议提供了新素材，国际社会上一些"有心之士"借疫情抹黑和唱衰"一带一路"倡议。如荷兰阿姆斯特丹跨国研究所的研究员 Bello（2020）指责"一带一路"建设导致野生动物流离失所，病毒经由野生动物传播至人类；美国皮尤研究中心的学者 Silver（2020）等也坚称是中国的不负责任导致病毒向全球传播，渲染"一带一路"未来发展的脆弱性。2022 年俄乌冲突爆发后，美国政客和媒体通过俄乌冲突不断隐喻世界面临来自中俄的共同挑战，加剧中国与西方国家之间的紧张关系。借俄乌冲突，美国以为找到了"一石二鸟"的方法，对俄罗斯施加了一系列制裁，以中俄"捆绑"的宣传手法，趁机提升全球对中国的负面认知和叙事框定，由此造成欧洲国家对中方的认知危机。欧美国家不仅对"一带一路"项目加强有偏叙述传播，而且政府在实践中不断提出类似倡议冲减中国的影响力，试图在事实上形成对"一带一路"的"规锁"。如 2021 年 G7 集团发布"清洁绿色倡议"，一些西方学者称其是向新兴国家承诺的一个更可持续、附加条件更少的替代方案，紧接着 G7 国家提出 B3W 倡议，学者 Kampfner（2022）认为，这是专注于环境和气候、劳工、透明度、反腐败及其他相关领域的全新的"规则范式"。拜登政府在 2022 年推行的印太战略经济架构，强调"符合高劳工和环境标准的新贸易方式"。同时，部分大国凭借其军事存在制造南海地区安全问题、挑起现有领土争端，以对"一带一路"施加压力，使共建国家尤其是东南亚对与能源有关的问题抱有审慎态度。作为最大的新兴国家，中国的崛起冲击了西方治下的国际秩序，由此欧美国家对"一带一路"展开充满对抗和博弈的有偏叙述，营造对华竞争的舆论氛围，对此我们要有足够的心理准备并采用多种方法做好错误认知的解释工作，勇于接受批评增信释疑，但对污蔑之词要给予坚决有理有据的反击。对 G7 集团发布的"清洁绿色倡议"和 B3W 倡议以及拜登政府在 2022 年 5 月推行新的印太战略经济架构，我们应该高度警惕并加强研究应对。

二、国际环境复杂变化加大"一带一路"建设的合作难度

多重因素导致部分共建国家"一带一路"项目被搁置、延缓甚至取消。当下的世界形势变得更加错综复杂，源于影响长中短周期变化的各种因素在当下集中交织，"一带一路"项目面临各方面挑战及影响。

（一）疫情及俄乌冲突引发的供应格局被打破对"一带一路"项目造成严重影响

与疫情相关的人员流动限制、防疫和安全措施推迟了大量项目的正常运营。例如，在越南，这样的防疫措施推迟了河内一条新地铁线为期 20 天的测试——参与建设的 100 多名中国专家无法再次进入越南，由于疫情该项目已经比原计划延迟至少 4 年，8 英里轨道的造价接近 8 亿美元，大大超出预算。受俄乌冲突影响，"一带一路"沿线相关国家面临供应链中断和粮价飙升的双重打击，同样大量延迟相关项目建设。俄罗斯和乌克兰在谷物、食用油料、油气、煤炭、金属矿物、化肥等大宗商品国际市场上扮演着主要供应商的角色，从而使与俄罗斯贸易更紧密的相关国家或地区受到更大的直接影响。西亚非洲在谷物与化肥的进口上严重依赖俄罗斯和乌克兰，因而成为遭受冲击最为严重的地区之一。国际危机组织发表的一篇评论文章指出，谷物和燃料价格的飙升（俄乌两国约 40% 的小麦和玉米出口销往西亚非洲），以及不确定的政治影响，是俄乌冲突迄今为止对西亚非洲国家的主要影响，这将进一步破坏该地区已经脆弱的经济，给我国在非洲地区的"一带一路"项目建设带来严峻挑战。

（二）债务困境使"一带一路"项目合作难度加大

双重冲击对低收入和中等收入国家的财政金融产生破坏性影响。新冠疫情暴发给"一带一路"伙伴国家履行债务义务带来了经济挑战，共建国家对这一倡议更加保守，而俄乌冲突进一步加剧共建国债务困境。"债务危机"被认为是未来 3~5 年内世界面临的迫在眉睫的威胁，"一带一路"沿线的共建国政府财政空间、公共预算继续捉襟见肘；受双重冲击影响，一些"一带一路"项目面临支付违约风险，甚至有一些上下游企业在此期间破产，导致中国境外承包工程企业无法按期收回款项，中国等多方债权方为亚非发展中国家相关项目提供资金这个问题变得更加尖锐，从而使"一带一路"项目合作难度加大。

其一，非洲经历了最为严重的债务危机。新冠疫情暴发前，"一带一路"对非洲的大部分贷款已经表现出质量较差的问题，中国一直在寻求对新的开发贷款进行更优控制，并更多地关注债务可持续性。新冠疫情和俄乌冲突进一步恶化非洲债务问题，加上在全球层面上，全球注意力从疫情对非洲的影响转移至全球军备领域，导致海外对非发展援助（ODA）呈现不断下降的趋势。国际货币基金组织发布的撒哈拉以南非洲的区域报告指出，大多数非洲国家的财政状况恶化，将公共债务推高至21世纪初以来的最高水平，从2015年到2021年，处于债务困境的低收入国家增加到14个，处于高风险困境的国家增加到6个，相比2015年增长40%。世界银行和国际货币基金组织的数据显示，2020年撒哈拉以南非洲低收入至中等收入国家的债务水平达到7020亿美元，为十年来的最高水平，2021年已经有超过20个低收入非洲国家陷入债务困境或面临债务困境的风险。俄乌冲突进一步加重非洲债务风险的脆弱性。截至2022年8月底，国际货币基金组织将8个非洲国家归类为陷入债务困境，并将另外15个列入濒临债务困境的高风险国家。在此压力下，赞比亚、加纳和塞内加尔等非洲领导人呼吁包括中国在内的主权债权人紧急免除债务，其中涉及"一带一路"项目的贷款约为80亿美元。

其二，部分中亚、南亚、东南亚国家风险剧增。新冠疫情和俄乌冲突使东南亚、南亚部分国家脆弱性倍增，有关"一带一路"的大型项目面临较高风险。新加坡瀚亚投资公司指出，在俄乌冲突背景下，亚洲各地依然具备足够的能力来提供相关支撑，大部分亚洲国家的政府负债率低于70%，债务状况良好，意味着政府有增加开支的空间。但值得注意的是，在疫情和俄乌冲突的共同作用下，部分中亚、南亚、东南亚区域的大多数低收入或中等收入的"一带一路"成员国外汇储备在经济衰退期间进一步减少，外汇市场更加不稳定。如吉尔吉斯斯坦，截至2022年2月底，其外债为51亿美元，其中42%是来自中国进出口银行的融资，但目前吉尔吉斯斯坦面临严重的经济萎缩，难以偿还债款。斯里兰卡等"一带一路"伙伴国家目前都面临"强势美元、高油价和高粮价"以及疫情期间税基崩溃等压力，并引发了严重的债务危机和政治危机，这使"一带一路"在俄罗斯的投资和支持能力受到削弱。在此压力下，马尔代夫总统于2020年3月致函中国国家主席，请求减免债务；巴基斯坦要求中国对价值300亿美元的电力项目提供更宽松的还款条件。中国还是汤加和老挝人民民主共和国最大的单一债权国，其对华债务分别占其所有公共外债的55%和52%。2020年7月，汤加向中国寻求债务重组援助，该国目前欠中国1.08亿美元，约占其国内生产总值的1/4；2020年9月，老挝人民民主共和国的外汇储备降至10亿美元以下，该国没有足够的资金来支付其年度债务，老挝同样提出债务重组需求。

其三，欧洲面临的债务问题不容忽视。在疫情冲击下，一些欧洲国家面临严重的债务问题，预计俄乌冲突会继续给欧洲带来相当大的财政问题。荷兰央行原行长Nout-Wellink估计新冠疫情之后，整个欧元区的公共债务占GDP的比重很可能会快速上涨（甚至提高50个百分点），德国将提高到90%，法国则近150%，意大利将提高到200%左右（希腊的数字会更高）。俄乌冲突使欧洲继续面临巨大的难民危机和经济衰退，财政状况进一步恶化。

（三）　多种因素导致中国在境外的大量煤电项目取消或暂停

一是东道国出于对产能过剩的担忧及能源转型考量取消了部分煤电项目。例如，2020 年埃及无限期推迟了由中国资助的哈姆拉温世界第二大燃煤电厂的建设。2019 年巴基斯坦暂停了 1329 兆瓦的中巴经济走廊煤电项目，同期孟加拉国也暂停了煤电项目。部分煤电项目在习近平总书记 2021 年宣布禁令前就已暂停，主要是东道国经济下行导致需求增长下滑、供需不平衡的结构问题异常突出，加上相关国家的电力配套设施发展滞后，使项目经济效益不佳，又面临当地阻力，或者在获得融资或审批方面出现困难，颁布禁令前大多数被取消的项目都由东道国发起，当然部分国家也有对规划发展可再生能源的考量。

二是大量煤电项目的取消或暂停源于中方禁令因素。中国作为负责任大国，为应对全球气候变化和减少碳排放以及践行绿色"一带一路"理念而主动作为与担当，取消了所有海外在建的煤电项目。2021 年 9 月，习近平主席在第 76 届联合国大会上宣布，中国将大力支持发展中国家能源绿色低碳发展，不再新建境外煤电项目，涉及中方融资或 EPC 协议参与的大约有东南亚、南亚、西亚、非洲等 26 个国家的 104 座燃煤项目。相关研究表明，这一举措有助于每年减少 3.41 亿吨的二氧化碳排放，相当于英国能源领域 2021 年的二氧化碳排放量。禁令要求要么转换为可再生能源（RE）项目，要么重新协商以使用最环保、最有利于气候的能源；已建成电厂的需根据中国国家发展和改革委员会的指导建议，努力升级减排技术，达到最高效率水平并遵守国际最佳惯例。这对中国规划中的境外煤电项目建设产生了重大影响。根据相关资料，2021 年 9 月禁令颁布至 2022 年 4 月有 15 个中方参与投资或建设的煤电项目被取消，其他已签约和实现融资关闭但还未开工的项目以及位于工业园区的自备燃煤电厂项目中方与东道国仍在协商解决方案。在当前能源体系朝着可再生能源转型的趋势下，减少煤电项目固然是一个选择，但俄乌冲突引发的能源问题，中短期内让人们重新考量传统能源与新能源的抉择问题。我们发现"一带一路"沿线发展中国家仍有意愿继续推进中国投建的燃煤电站，只要提供技术升级并增加碳排放的减排安排，煤电项目作为过渡能源仍有存在的必要性，尤其是世界能源体系受双重冲击影响，人们认识到传统能源的稳定性价值进一步凸显，绿色能源只能有计划、分步骤地推进，不能冒进。

（四）　地缘政治或国内政局变化对相关项目的影响

"一带一路"共建国家政局动荡严重破坏企业活动。自新冠疫情暴发以来，部分非洲国家武装冲突频发，军事政变卷土重来，无论是通过政变上台的新政府还是换届选举造成的社会混乱，以及军阀割据，均使原有的贸易投资项目被迫延期，部分国家的新政府上台后单方面终止合同或严格审查，严重的社会秩序动荡严重破坏企业活动，尤其是一旦发生战争，企业的损失无法得到补偿。疫情前非洲多个国家都曾出现过此类事件，如 2008 年尼日利亚新当选的政府单方面宣布终止前政府与中方签署的铁路建设合同，导致之前的所有中国投资项目合同面临失效风险；2011 年北非地区出现政局动荡，利比亚、尼日尔、阿尔及利亚的新政府终止项目，给长城钻探工程公司造成了高达 12 亿元的损失。自新冠疫情暴发以来，类似事件也有发生，如西非马里在 2020 年 8 月至

2021 年 2 月的短短半年多时间里经历了两次军事政变，造成了严重的社会秩序动荡，严重破坏企业活动。2021 年 10 月发生了苏丹军事政变，互联网被切断，军方关闭了桥梁，对货物的流通形成了极大的阻碍。同时一些非洲国家重新燃起的内战对非洲地区产生了较大的外溢影响，也给中非"一带一路"合作带来不小的困扰。

政治因素使中欧共建"一带一路"项目受阻。欧洲部分精英群体认为中国在俄乌冲突上过于偏袒甚至纵容俄罗斯，地缘政治影响极大地降低了中欧信任关系，使中欧合作陷入紧张状态。俄乌冲突发生后，欧盟将其对俄罗斯能源依赖问题进一步映射到中欧经贸关系中，在与中国的关系上实现长期再平衡的意识不断强化。2022 年 7 月德国外交部部长贝尔博克公开强调应在对外产业链和供应链上避免重蹈类似在能源上对俄罗斯的依赖，就是在映射中国。最近欧盟外交部门正在准备一份文件，称中国"已成为欧盟、美国和其他志同道合的伙伴国家更强大的全球竞争对手"，呼吁加强其网络和混合威胁防御，使其供应链远离中国，并加深与其他印太大国的联系。在欧洲地区特别是中东欧国家，伴随着国际形势的发展变化，政党之间的博弈异常尖锐，政局变动频繁，导致重大合作项目不断被搁置或宣布终止。同时，俄乌冲突导致中东欧地缘政治激烈博弈的态势上升，未来中国—中东欧国家合作机制建设面临前所未有的挑战。

三、"一带一路"在欧亚非区域的不稳定因素上升

（一）系统性困境恶化亚洲安全局势

由于存在时空错位、结构性矛盾、理念分歧等交互性困境，亚洲安全局势仍面临系统性困境，亚洲安全格局的构建任重道远。随着国家能力和力量的变化，包括中国崛起、中俄关系友好化、朝鲜引发的核威胁以及日韩关系裂隙拉大，国家认知差异不断扩大，亚洲安全局势日益复杂。双重冲击下，未来 3~5 年亚洲周边区域的不稳定因素显著上升。

一是朝鲜半岛并未走出敏感时期，而且美朝之间缺乏战略互信，美国的"战略忍耐"政策和强力制裁使美朝谈判进展缓慢，美国目前处理朝核问题的方式容易导致东北亚地区走向核灾难。美国推动南海和我国台湾地区"安全化"，威胁"一带一路"海上建设环境。南海问题由美国亚太再平衡战略导致形成，使中国内政问题演化成了"地区安全问题"乃至"国际安全问题"，成为"一带一路"倡议全面发展的障碍。美国还不断推进印太战略、出台 AUKUS 美英澳三边安全防务伙伴关系，高度重视南海问题，力求通过谋求制海权来长期制衡中国的发展，在海上斩断中国的全球布局能力和发展空间。同时，台海问题逐渐走向敏感态势，中美在台海地区的博弈逐渐白热化。美日同盟视我国台湾为制衡中国的重要"棋子"，台海问题的压力也在不断增大。特别是特朗普政府上台以来，逐渐将台湾这张"暗牌"打成战略清晰的"明牌"，欲以台海问题来牵制中国的发展。拜登政府上台后，美国声称"一个中国原则"是以《与台湾关系法》、"六项保证"为附加条件，这暗示美国有意将台湾海峡纳入其防卫圈，这不仅是台湾扩展影响力的重要基础，也是中美间不可调和的矛盾，中美之间爆发战争的可能性和迫切性皆在加深。未来 3~5 年，中美围绕南海和台海问题爆发系统性冲突的概率不大，但因美方同盟的挑衅而引发的地区紧张呈现持续升温的状态。

二是在南亚地区，地缘政治争端、国内政治不确定性、恐怖主义等威胁是"一带一路"建设面临的主要挑战，特别是部分"一带一路"共建国家腐败猖獗、政治稳定性较差、政治风险较高，个别国家治理能力薄弱导致一些项目推进困难。南亚地区长期是地缘政治竞争的舞台，这使南亚国家普遍采取大国平衡外交战略，国际政治风险较高。

三是中东地区是"一带一路"建设的交汇点和枢纽中心，面临严峻多样的地缘政治挑战。大国之间的权力角逐以及国家之间的争端持续存在，而且中东地区持续存在传统与现实之争、世俗与宗教之争、身份认同问题以及发展问题，动荡得以延续。如以色列与阿拉伯国家之间的分歧争端持续存在；伊核问题推动美国与伊朗的紧张关系不断升温，美国运用灰色区域战略对伊朗持续进行制裁，两国间的对峙为地区安全蒙上阴影，拜登政府上台后虽有意重返伊核协议，但双方在释放和谈信号的同时仍保持对抗姿态，使中东地区稳定与安全秩序的重建受限，对欧亚大陆地缘政治关系形成长期影响。美国自阿富汗撤军的后续影响持续发酵，各方势力争夺美国撤出后的权力真空，未来阿富汗政局稳定与否同样有重要影响。若阿富汗政府持续陷入腐败或局势不稳定，可能带来重大的人道主义危机，或将为全球恐怖主义提供肥沃的土壤，恐怖主义势力或将再次抬头。疫情和俄乌冲突双重冲击引起的经济衰退加剧地区民族冲突、种族矛盾，并引发社会动荡等多重挑战，加上沙特、伊朗、土耳其等地区大国的地缘政治博弈及域外大国介入性博弈不止将不断加剧地区不安全感，有可能进一步推高中东地区的地缘政治风险。

四是高度重视中亚地区地缘政治冲突及引发的反华情绪。长期以来，中亚一直是大国权力竞争的舞台。当前由于俄乌冲突及欧美国家对俄罗斯实行的超大规模制裁，俄罗斯在中亚的影响力有所削弱，部分中亚及高加索国家随之扩大对欧能源出口，并试图摆脱依赖俄罗斯能源输送通道而开发新的独立的输欧油气线路，这不仅易引发中亚国家间的分歧与争端，也为外部势力的干预带来机会。随着美国、欧盟加强对中亚事务的接触，美欧分化中亚的步伐没有停止。同时，中亚国家交织在一起的边界、能源和种族斗争激发区域不信任，如哈萨克斯坦—乌兹别克斯坦长期处于对地区领导权的争夺之中，2022年中亚地区较为稳定的国家哈萨克斯坦发生动乱为地区稳定敲响警钟，使人们对中亚地区秩序和稳定产生担忧。除地缘冲突之外，"一带一路"建设在中亚的相关项目被宣传为中国剥削当地人、破坏环境、掠夺自然资源的证据，使中亚地区滋生高涨的恐华情绪，对"一带一路"建设造成安全威胁。

（二）俄乌冲突严重恶化"一带一路"在欧洲地区的发展环境

俄乌冲突彻底改变了欧洲安全局势，俄罗斯与欧盟走向全面对立，其重大潜在影响重塑了欧洲今后至少两代人对俄罗斯的不信任。欧洲各国还意识到加强防务能力建设的必要性，北约被重新激活，不管乌克兰战局怎样结束，欧洲人已经打破了永久和平的幻想，进入军费增加和军备竞赛的时代，在一定意义上欧洲将终止冷战结束以后的和平共处与和平发展方向，给欧洲地区和平带来新的挑战和隐患。俄乌冲突严重恶化"一带一路"在欧洲地区的发展环境，影响中欧班列的供应链稳定性和"一带一路"在欧洲的互联互通环境，也影响投资者信心。

（三）疫情、选情、俄乌冲突叠加冲击非洲地区的安全局势

近一年内，马里、苏丹、几内亚相继发生多起军事政变；进入2022年，1月布基纳

法索发生军事政变，总统、议长、部长被扣押；2月1日，几内亚比绍发生未遂政变，引发长达5小时的交火，出现较大伤亡。除了西非，人们普遍对非洲其他国家可能出现的军事政变感到担忧。种种迹象表明，非洲地区政局总体平稳的态势在未来几年内可能被打破，非洲将迎来疫情、选情、俄乌冲突叠加冲击的政局动荡时期。一是疫情及俄乌冲突的外溢效应锐化非洲国家固有矛盾，成为未来非洲国家政局持续动荡的深层次根源。在新冠疫情和俄乌冲突的双重冲击下非洲大部分地区复苏之路缓慢而脆弱，持续存在的财政压力、债务水平升高、粮食安全问题、贫困失业高企，加上政府治理能力赤字与腐败、严重的两极分化与长期贫困化积累、民族派系矛盾，以及外国政府的支持与干预、经济周期引发的大宗商品价格冲击等诸多问题的影响，加剧未来局势的不确定性。二是冲突危机持续，"军人干政"或成为非宪政权更迭的主要方式，埃塞俄比亚、利比亚、南苏丹和索马里等地区长期冲突，萨赫勒地区弧形带、非洲之角、大湖地区极端分子活动频繁。非洲地区和平稳定对我国在非投资安全和"一带一路"建设将产生重大影响，我国应主动应对非洲可能诱发的各类风险，最大限度地保护我国在非利益。一方面，非洲本是世界上营商环境最差的区域，继续恶化的营商环境会直接影响中国在当地的投资、工程承包、贸易等经济活动，不可预见因素和成本陡增。另一方面，非洲本就脆弱的安全形势将愈加复杂，特别是针对在非华商的安全事件将会大幅增加，直接威胁到国人的生命和财产安全。

四、俄乌冲突再布局"一带一路"发展的地缘空间

2020年暴发的新冠疫情大概率持续时间长且对世界各国产生持续性负面冲击，2022年爆发的俄乌冲突同样将产生长期而严峻的影响。新冠疫情叠加地缘冲突加剧，必将影响共建"一带一路"的地缘空间布局重心。

（一）中短期内共建"一带一路"在欧洲布局受到严重冲击

由于俄乌冲突及美西方国家制裁，欧洲首当其冲遭受巨大影响，能源和粮食价格上涨叠加地缘政治焦虑，工业生产受到较大制约，同时使欧洲多国从中国进口的需求下降，不仅影响中欧班列的供应链稳定性和全球互联互通，也影响投资者信心，给中欧共建"一带一路"带来严重冲击。其一，俄乌冲突给中欧班列的发展尤其是欧洲业务带来巨大不确定性。欧美制裁使中欧班列的欧洲业务绕道俄罗斯和白俄罗斯，超过90%的货物运输受到影响，与战事爆发前相比，战事爆发仅一个月输往欧洲的货量骤降约50%，有学者认为短期内中欧班列受损的运输量可能需要三年时间才能恢复。其中俄罗斯—白俄罗斯是中国通往欧盟市场最可靠的陆路，由于冲突的爆发和制裁的发生，"一带一路"物流无法途经俄罗斯和白俄罗斯港口进入欧洲，特别是白俄罗斯在中欧陆路运输中的地理位置非常重要，直接对接欧洲腹地市场，经过白俄罗斯的通道占据亚欧之间80%的铁路货运运力，除了铁路之外，白俄罗斯还拥有重要的公路网络，连接欧盟、俄罗斯、中亚和中国的国际过境路线，这个网络还将波罗的海国家和黑海连接起来。如果欧盟对白俄罗斯的制裁扩大到关闭陆路，其对中欧陆路运输服务的影响可能要严重得多。

同时，俄乌冲突使"一带一路"在欧洲地区发展的重要基础遭到动摇，欧洲对中国的负面认知加剧，信任危机提升。俄乌冲突后欧盟不得不更加紧密地追随美国，反战反

俄情绪陡增，欧盟甚至不惜与其最大能源伙伴国俄罗斯全方位脱钩并滥施制裁以达到施压目的，加上美国的政客和媒体营造所谓的"俄罗斯—中国轴心"说法，把中国和俄罗斯捆绑在一起，由此造成欧洲国家对中方的认知危机，在美国等西方国家的宣扬下，东西方的政治对立演变成威权主义与民主体制，这种叙事愈演愈烈，使中国的国际形象有所损伤，欧洲国家在公开场合甚少愿意表态支持中国，甚至拿出实际举措协同美国要与"一带一路"竞争，共建"一带一路"至少在中短期内前景堪忧。

其二，俄乌冲突已经昭示未来几年地缘政治竞争依然是世界大国竞争的主题，地缘安全竞争上升到优先层面，冲突爆发以来的欧洲视国家安全为优先事项，用于经济科技发展的政策资源服务于美国遏制中国崛起的地缘政治竞争需求显著提升，这必然严重冲击"一带一路"建设在欧洲的布局。

其三，未来几年中欧保持常规的经贸关系仍然值得期待。尽管俄乌冲突使欧盟突然变得高效和团结，但美国对欧盟在经济上一直口惠而实不至，美欧的分歧是客观存在的，更何况俄乌冲突中短期内使欧洲遭受的损失更为巨大，欧洲解决自身经济问题主要靠自身及加强与美国以外力量的合作。我们认为，离开以中国为代表的新兴市场，欧洲经济是搞不好的；鉴于欧洲国家对经济复苏的需求，客观上仍然存在继续保持与经济有活力的中国搞好双边合作关系的动力，中国和欧盟关系的修复同样值得期待。从中短期直接影响来看，俄乌冲突将影响"丝绸之路经济带"上的陆路及航空运输，导致中欧班列运输能力减弱；但是考虑到中国与欧洲之间的货物贸易以海运为主，占比仅为 2.66%的铁路运输对中欧贸易的贡献总体上并不大，俄乌冲突对中欧物流运输的影响总体上有限；俄乌冲突影响中欧产业链部分布局，但总体上不改变中欧形成的以产业链为核心的供应链合作的根本情况。从长期发展来看，俄乌冲突爆发后以德、法等为主的欧盟国家将更加关注与中国的联系与合作。中国和欧盟的关系，中国和欧盟成员的关系，还是有运作空间的。尽管欧洲各成员国的利益关切点不可能完全一致，但中国对欧洲国家有较大的利益，欧洲不可能放弃中国市场，欧洲仍是可以拉拢的重要力量。

（二）中国将目光更多投向亚洲周边区域

俄罗斯—白俄罗斯是中国通往欧盟市场最可靠且占有极其重要地位的陆路，2022 年俄乌冲突的爆发和制裁的发生，短期内使"16 + 1"处于停摆状态，"一带一路"铁路物流无法从俄罗斯港口直接进入欧洲，同时途经俄罗斯—白俄罗斯的线路面临越来越大的不确定性。因此，在可预见的未来，俄乌冲突将重新布局"一带一路"倡议的未来发展空间和地理格局，如横跨里海和黑海的中间走廊货运地位提升，"一带一路"倡议的其他走廊将在中欧互联互通中扮演更加重要的角色，相关"一带一路"共建国家在地缘经济秩序中的地位和作用也将被改变。

一方面，中亚、西亚国家的地缘意义将借由俄乌冲突得到凸显。最为高效的选择是"一带一路"将经由中国—中亚—西亚走廊（CAWA）进入欧洲市场，这一走廊地位提升的基础来自以下几个方面。

其一，伊核协议和最近签署的中伊 25 年全面合作协议已经为加强 CAWA 走廊的作用做好了准备，俄乌冲突可能会加速这一进程，并提升这条走廊的地位。目前，伊斯兰堡—伊斯坦布尔铁路已于 2021 年底恢复运行，而中国—巴基斯坦（喀什—瓜达尔港）的铁路建设正处于规划之中。伊朗—阿富汗铁路重新列入规划议程，伊朗向阿富汗承诺，将继续完成两国之间的哈夫（伊朗）—赫拉特（阿富汗）铁路，后续还计划将这条线路向东延伸到阿富汗与塔吉克斯坦的边境，再穿越塔吉克斯坦与中国的路线连接起来，作为整个"一带一路"倡议和中亚—西亚过境的一部分。如果选择一条便捷的线路，直接建设中阿伊铁路，在既有的哈夫—赫拉特铁路基础上，向东一直到阿富汗首都喀布尔，然后向东北延伸，穿越瓦罕走廊至喀什。土库曼斯坦与阿富汗接壤，阿富汗赫拉特长期以来一直是丝绸之路的战略枢纽，目前正在开发一条通往赫拉特的铁路线。

其二，作为中欧班列南部通道的重要组成部分，中吉乌铁路（CKU）已经规划了25年，直到最近俄罗斯才不再对此表示反对，中吉乌铁路有望在短期内进入动工阶段。中国、吉尔吉斯斯坦、乌兹别克斯坦三国经济都将受益于该铁路的修建，加速欧亚大陆货运陆路运输网的形成。从乌兹别克斯坦出发，向北可与乌兹别克斯坦—土库曼斯坦铁路连接，直到里海的土库曼斯坦巴希港，与阿塞拜疆的巴库港相交，并进入格鲁吉亚、土耳其、保加利亚和罗马尼亚等黑海欧盟国家的市场。哈萨克斯坦、阿塞拜疆和格鲁吉亚将建立"欧亚铁路联盟"合资企业，提供固定的多式联运物流服务，有助于充分利用跨里海国际运输路线（TITR）的过境潜力，提升"一带一路"南部运输效率。阿塞拜疆正在加速里海巴库港的建设，提升货运基础设施和转运的能力，从中国到欧洲的货物流量将通过阿塞拜疆得到增加。数据显示，仅2022年1月到5月，巴库港的货运量达到220万吨，比2021年同期（180万吨）增长20%多。一旦中吉乌铁路建成，中国将拓宽抵达伊朗、土耳其、南欧的新路线选择，货运路程缩短900千米，节省7~8天的运输时间，成为"一带一路"运输货物到欧洲和中东的最短路线。

另一方面，中吉乌铁路建成后，国际南北运输走廊（INSTC）在俄乌冲突后作用显著提升。2022年，这条新的货运大动脉正式开始运营。INSTC是东西方之间的主要贸易渠道，经乌兹别克斯坦向南可经国际南北运输走廊（INSTC）通向中东、东非和印度。印度目前正在与欧亚经济联盟谈判一项自由贸易协定，一旦签成后INSTC将发挥更大作用。更具战略意义的是，印度成为中方可争取的重点对象。长期以来中印关系在低位徘徊，俄乌冲突的爆发可能为双方改善关系提供机遇。俄乌冲突及西方国家对俄实施制裁的背景下，印度的表现显示出印度在战略上倒向美西方阵营存有一定"限度"。2015年中俄签署了关于欧亚经济联盟与"一带一路"项目合作的联合声明，随着印度与欧亚经济联盟谈判的深入，中印间的共同利益越发得以彰显，但印度对中国的战略焦虑决定了中印合作中充满了多重挑战。

但需要注意的是，俄乌冲突同时也使"一带一路"建设在中亚的布局和发展受到冲击。长期以来，俄罗斯以"中亚安全保障者"的角色出现，俄乌冲突发生后俄罗斯与部分中亚国家出现了分歧和裂痕，可能导致该地区领导层动荡，政治稳定性降低，推高中亚地区领导人的政治焦虑。随着美国、欧盟加强与中亚事务的接触，如果中亚出现政治不稳定将使中亚国家的安全性降低、商业环境恶化，这必然会影响中国与中亚共建"一带一路"的外部发展环境。

另外，东亚和东南亚区域成为共建"一带一路"的重点。中美贸易摩擦的爆发和新冠疫情的发展，已经使"一带一路"建设重心转移至东亚和东南亚区域，俄乌冲突进一步加深了这一发展轨迹。俄乌冲突导致东欧地区的政治风险显著抬升，中东欧经济增长势能被抑制，短期内我国对中东欧投资项目的谨慎态度提升。当下中国开放的重点是 RCEP 区域及与相关国家制度的落实。RCEP 将使中国与东亚及东南亚国家在制度性开放方面是最好的，能产生多重红利和多方面的发展机遇，如享受商品"零关税"、服务贸易低门槛、以原产地累积规则深化区域内产业分工、有利于高质量"引进来"和"走出去"。只有坚定不移抓好改革、开放、创新这三件大事，重点落实好经营好 RCEP 区域，才能有效对冲诸如疫情冲击、俄乌战争、地缘竞争甚至个别国家对我国的打压等各方面的风险挑战。

当前，维护好东南亚外部环境，对于中国与东盟共建"一带一路"的落实非常重要。其一，中国与东南亚国家存在维护地区安全环境的强烈愿望和坚实基础。如东盟作为一个整体对俄乌冲突保持中立态度，总体来说是低调的；多数东南亚国家与我国不存在系统性的、结构性的矛盾，也没有过多的历史恩怨或剧烈的现实冲突，国别风险相对可控，双方贸易、投资、金融一体化紧密推进。中国与东南亚地区民间交往日趋活跃，为双方合作奠定了社会基础。其二，中美关系的稳定对于东南亚区域的和平与安全具有至关重要性。俄乌冲突后美国继续实施恶化中国周边环境的行为，鼓噪"中国安全威胁论"，拉拢盟友的力度进一步加大，同时以"印太经济框架"加强与东南亚国家的经济联系，这些都对东南亚国家经济环境产生了影响。如 2022 年佩洛西窜访台湾严重挑衅中国的底线，对中美关系造成严重伤害，预示着未来几年围绕台海、南海等问题的中美博弈必将激烈甚至危机重重。对于中美关系仍然要最大可能增加确定性和稳定性，加强沟通对话是两国管控分歧、避免误判的必要途径。当然，我们也要认识到，推动中国和东南亚之间矛盾解决的关键是要管控南海分歧、推动"南海行为准则"早日达成；深化气候变化、反恐、打击跨国犯罪等一些非传统安全领域的合作，增进政治互信；推进制度型开放，以制度红利化解 IPEF 的冲击。一定要精细化经略东南亚，以小而美的民生项目（如减贫、绿色项目）促进民心相通。未来，东亚、东南亚地区经济区域化地位将显著增强。

总之，俄乌冲突打乱、打断"一带一路"建设欧洲区域北线发展，但挑战中孕育机遇，"一带一路"建设南部路线亚洲地区可能迎来重要契机，远期可能会刺激通过中亚和里海地区的过境贸易的增长潜力，CAWA 走廊在"一带一路"建设中的地位跃升。可以预期的是，中国将与西亚的伊朗、阿富汗、土耳其以及中亚的土库曼斯坦、乌兹别克斯坦、吉尔吉斯斯坦以及东南亚等国建立更为紧密的联系。如伊朗对中国"一带一路"倡议实施的联通地位以及对欧盟油气出口的吸引力，可能会提升伊朗在当前情况下的地缘经济作用；土耳其在亚欧地区两头发力，在地缘政治中的格局也将得到相应提升；吉尔吉斯斯坦和乌兹别克斯坦的铁路过境国地位提升；我国与东南亚（尤其是东盟）各国的合作将进一步深化，加快后者新的世界工厂地位的提升进程。"一带一路"在中亚、西亚、东南亚的交通网络建设，将改变我国新疆乃至整个西部的交通格局，加快西部大开发的步伐；也将有利于中亚、里海石油的开发和利用，对开辟我国新的石油进口源，调整我国能源发展战略具有重要意义。更为重要的是，中老泰铁路通车后，东南亚国家能经此运输网抵达中亚、中东、欧洲、俄罗斯，以中国为中心节点的欧亚大陆货运陆路运输网正在形成，这个运输网还能通过东部的港口无缝连接到日本和韩国，形成亚洲经济大整合，带动沿线国家的经贸增长。

（三）未来3~5年中非合作依然是我国"一带一路"对外布局发展的重要区域

在当前全球化渐成碎片化的趋势下，中非高质量共建"一带一路"有助于进一步夯实中非友好合作基础，树立"南南合作"典范，提升发展中国家在全球治理中的话语权和影响力，强化我国构筑全球和平发展统一战线，提升对国际形势的塑造能力。

非洲是中国重要的战略合作伙伴，既是中国实现能源多元化的重要来源，也是中国"一带一路"建设重要的战略贸易通道，同时是世界上最具发展潜力的巨大的消费市场。从资源禀赋来看，非洲无疑是未来具有巨大的经济发展潜力的大陆。非洲开发银行发布的 Industrialise Africa 报告（2019）指出，非洲丰富的自然资源和不断增长的消费基础增强了这一潜力。非洲拥有世界上最丰富的铂、铬、钻石、铝土矿、钴、金、磷酸盐和铀矿床资源。非洲人口资源丰富，非洲人口目前为 12 亿人，预计到 2050 年将增加 1 倍以上，而且年轻人口占非洲人口的比例很大且正在迅速增长，目前非洲 60% 的人口年龄在25 岁以下。非洲开发银行预计，到 2025 年，消费者支出将增至 2.1 万亿美元，城市地区的粮食需求将在十年内增加两倍，达到 1 万亿美元。因此，丰富的自然资源加上强劲的经济增长和消费基础，以及年轻、有创业精神的人口资源，是推动非洲走向发展的机会，帮助非洲吸引多国企业来非投资。然而，由于历史上的殖民剥削，现实中受前宗主国干预，国内民族、宗教问题引发政权更迭及社会动荡，外部环境的溢出效应强，以及经济结构单一，严重的基础设施赤字，人口受教育水平低，缺乏良政等多重因素相互交织作用，非洲的发展潜力被大大限制了。

但 2021 年非洲大陆自由贸易区（ACFTA）的建立，有助于打破非洲的发展困局。ACFTA 旨在将非洲整合为一个拥有 13 亿人口的 2.5 万亿美元市场，将深化非洲经济一体化，降低非洲内部关税和非关税壁垒，使贸易成本显著降低，促进产品规模经济，提升非洲经济体的竞争力。随着非洲碎片化的市场被整合为世界最大的市场之一，我国企业可以非洲的市场优势，加强发展对非区域价值链。然而需要注意的是，释放 ACFTA 的全部潜力将在很大程度上取决于非洲如何重组其出口，目前这些出口多样化程度低，仍然高度依赖初级商品；ACFTA 成员国区域经济共同体（RECs）成员重叠，现有 RECs 的法规将如何与ACFTA 的法规相协调或将成非洲经济一体化的主要挑战；非洲内部贸易仍然由少数大型区域参与者主导，人们越来越担心 ACFTA 的预期收益可能会不均衡地累积，制造业生产能力强或非制成品供应能力较强的国家可能比内陆国家和较小的内陆国家获得更多回报。

未来 3~5 年，中非合作可能进入强化发展的最好时机。其一，新冠疫情暴发时期，数字丝绸之路帮助非洲国家克服疫情对贸易的影响，健康丝绸之路对帮助非洲抗击疫情做出重要贡献。未来几年疫情影响会逐步淡化，对非合作将走向更加持续稳定的轨道。2021 年下半年以来，欧美国家陆续放开疫情管控，随着中国疫情管控政策向精准防控政策调整，未来 3~5 年中国人员流动趋向全面放开；而非洲尽管疫苗接种率低，但超过 60% 是年轻人口，基本与病毒共存了，未来几年疫情对非洲的影响也会逐步降低。其二，加速人民币在非落地正逢其时。一方面，俄乌冲突提升全球货币体系对安全性的考量，美国对俄罗斯的金融制裁逼迫世界各国追求更多元的货币储备和更安全的货币体系，非洲国家也不例外；另一方面，当前，美联储疯狂加息，导致非洲等发展中国家资本外流，面临严重的资本短缺，中国应抓住这个机会，渐进加大人民币投资比重，在关键节点提高有效投资。其三，在疫情大流行的背景下，2021年中非达成了《中非合作2035年愿景》，提出进一步促进中非双方共同把务实合作推向中非共同利益的新高度，表明在当前全球化渐成碎片化的趋势下加强中非合作对双方发展的重要性。

未来几年，我国对非合作应更多聚焦小而美的工程项目。可从以下四个方面着手：其一，随着非洲碎片化的市场被整合为世界最大的市场之一，我国企业以非洲的市场优势，继续保持发展对非区域产业链和供应链对接。其二，非洲面临严重的基础设施赤字，电力、水和运输方面的生产性基础设施不足，这是影响非洲大陆工业化的最大阻碍，"一带一路"建设以"五通"为核心，基础设施是其发展的重中之重，发挥我国基础设施能力优势，对非传统设施和数字基础设施合作潜力巨大。其三，西方国家的援助承诺经常失信，中国可适度加强对非国际发展合作，加大援助力度，创新援助方式。通过小而美的民生项目助力非洲国家消弭数字鸿沟和疫苗鸿沟。其四，通过媒体合作，讲好中非友好合作故事，塑造在非可敬可爱可信的中国形象。

当然，在新冠疫情和俄乌冲突的双重冲击下，地缘政治和经济紧张局势升级，大国代理人战争卷土重来，非洲可能会受到其他重大附带损害，尤其是俄乌冲突的爆发，进一步凸显了这种困境。随着超级大国之间对抗领域的扩大，这种困境的出现只会变得更加频繁。因此，在对非投资过程中，要注重风险防范和安全局势，在中非合作深度融合的基础上保障我国投资安全。

总之，"一带一路"作为一项世纪工程，不是几年就能完成的，需要50~100年的建设周期。当然，"一带一路"发展一定会有曲折、有变化。"一带一路"建设要在相对安全的环境下才能进行，对我们如此，对各国也是如此。近年来，受新冠疫情与俄乌冲突的冲击，共建"一带一路"的安全发展环境遭到破坏，如当前"一带一路"建设面临产业链和供应链的问题，以及债务问题。在此形势下，习近平主席提出两个倡议，一是2021年9月的全球发展倡议，这是中国向世界提供的一项重要的公共产品，该倡议受到广大发展中国家的普遍关切和期待，旨在解决实现联合国2030年可持续发展议程面临的诸多挑战。目前已有100多个国家支持全球发展倡议，60个国家加入中方在联合国成立的"全球发展倡议之友小组"。二是2022年4月提出的全球安全倡议，这不仅是中国向世界提供的又一公共产品，也是人类命运共同体理念在安全领域的生动实践，必将推动全球安全治理体系的改革。未来"一带一路"倡议将在这两个倡议下得到推进。

第二章　共建"一带一路"在欧洲区域的风险、机遇及应对

第一节　"一带一路"在欧洲区域的"五通"建设进展情况

一、资金融通进展

（一）多层级金融合作机制稳步推进

以既有金融合作交流机制为基础，进一步搭建了一系列双边多边和区域性金融合作机制，为中欧高质量共建"一带一路"提供综合配套且多元协同的金融支持，并取得了阶段性成果。

1. 多边金融合作机制建设取得相应突破

从 2000 年开始，中欧双方强化金融领域的合作，搭建起多项高层级多边对话与监管机制。2000 年，中欧双方签署为期三年的"中欧金融服务合作项目"协议，并于 2003 年正式启动，该项目旨在帮助中国的金融机构及从业人员适应加入世贸组织后的国际金融规则。中欧财金对话机制于 2005 年正式启动，是中欧在宏观经济政策、财金领域定期开展政策对话和交流的重要平台之一。2005 年 10 月 28 日，首届中欧金融服务与监管圆桌会议在上海召开，为今后双方在金融服务与监管领域的深入合作开创了新局面。自 2013 年中国提出"一带一路"倡议后，中欧双方在高层级对话机制建设上进一步推进，重点是在中国—中东欧"16+1"合作框架下取得突破。2017 年 11 月，第六次中国—中东欧国家领导人会晤期间，参会各方决定扩大央行间的相互合作，2018 年 11 月在匈牙利首都布达佩斯举行首届中国—中东欧国家央行行长会议，此次会议是中国同中东欧国家深化和升级金融合作的一个里程碑。投融资合作机制建设方面，2014 年 12 月，第三次中国—中东欧国家领导人会晤期间，中国牵头建立了中国—中东欧协同投融资合作框架，各方在该框架下建立起有效的沟通合作机制，如鼓励中东欧国家继续用好 100 亿美元专项贷款，鼓励中东欧国家企业及金融机构在中国境内发行人民币债券，探索设立人民币中东欧合作基金。2017 年 11 月，中国—中东欧银行联合体正式成立，之后分别在国家开发银行和匈牙利开发银行设立银联体秘书处和银联体协调中心，2018 年 7 月，首届中国—中东欧银联体理事会在保加利亚首都索非亚举行，会议表决通过了《中国—中东欧银联体 2018—2020 年合作行动纲领》。金融科技合作多边机制建设方面，2019 年 11 月，中国—中东欧国家高级别"17+1"金融科技协调中心在立陶宛正式成立，有效地推动了多边金融科技合作的发展。

保险、反恐融资方面的多边机制建设取得一定成果。2016 年 6 月,中欧双方签署《中国保险监督管理委员会与欧洲保险和职业养老金管理局谅解备忘录》,双方将通过制订年度共同工作计划、设立专家工作组、举办论坛活动等方式加强现有合作机制。2017 年 6 月,第十九次中国—欧盟领导人会晤期间,中欧双方同意举行反恐特别专家组磋商,通过全球反恐论坛和金融行动特别工作组,在打击暴力极端主义和恐怖主义方面建立多边和双边合作。

2. 中国与各国金融合作的双边机制主要围绕高层对话、金融监管合作等方面展开,已经取得显著进展

其一,已与欧洲四大经济体及其他主要国家建立起常态化的多层级双边财金对话机制。在中英方面,2008 年,首届中英经济财金对话在北京举行,双方同意将中英副部级经济财金对话提升为副总理级经济财金对话,截至 2020 年,中英经济财金对话共举行了 10 次;尽管中英政府在最高层面还没有签署"一带一路"合作框架协议,但是在很多领域都有具体的合作计划。2017 年英方财政部任命了"一带一路"金融与专业服务合作特使,中方则在 2019 年 6 月为中英经济财金对话机制下的中英"一带一路"金融与专业服务合作任命了联络人。同时,为促进双方金融科技合作与发展,中英两国还于 2018 年 12 月举办了中英金融科技桥大会。2019 年 6 月,中国银行业协会英国代表处在伦敦正式开业。在中德方面,中德高级别财金对话成立于 2014 年 3 月,这是中德之间三大高级别对话与合作机制之一,主要就双方在财金领域的战略性、全局性和长期性重大问题进行对话,目前已成功举办两届。在中法方面,中法高级别经济财金对话同样是中法之间三大高级别对话与合作机制之一,首次对话于 2013 年 11 月 26 日在北京举行,2013—2020 年,中法高级别经济财金对话已连续举办 7 次。2013 年 5 月,中国和瑞士签署《中国人民银行与瑞士联邦财政部金融对话谅解备忘录》,双方共同宣布建立中瑞金融对话机制。

其二,金融监管协作机制不断完善。一是证券期货行业的双边监管合作机制建设不断完善。截至 2019 年底,中国证券监督管理委员会与英法德意等 22 个欧洲国家的相关金融监管当局签署了《证券期货监管合作谅解备忘录》(见表 2-1),其中包括欧盟 27 国中的 18 个成员国,以及英国、瑞士、挪威和列支敦士登 4 个非欧盟国家。除签署常规的《证券期货监管合作谅解备忘录》外,近年来,中国还与英法德建立起多元化的证券监管合作机制。2018 年 10 月,中国证监会与英国金融行为监管局签署《上海与伦敦证券市场互联互通机制监管合作谅解备忘录》;2019 年中国证监会与法国金融市场管理局签署《关于金融领域创新合作谅解备忘录》,与德国联邦金融监管局签署《关于期货监管合作与信息交换的谅解备忘录附函》。上述举措为双边建立行之有效的监管合作机制奠定了基础。

表 2-1 中国与欧洲国家签署证券监管合作协议情况

国家/地区	境外监管机构名称	签署日期	签署文件名称
英国	英国财政部、英国证券与投资委员会	1996 年 10 月	证券期货监管合作谅解备忘录
英国(根西岛)	根西岛金融服务委员会	2013 年 11 月	证券期货监管合作谅解备忘录
英国(泽西岛)	泽西岛金融服务委员会	2014 年 4 月	证券期货监管合作谅解备忘录
英国(马恩岛)	马恩岛金融监督管理委员会	2014 年 6 月	证券期货监管合作谅解备忘录

续表

国家/地区	境外监管机构名称	签署日期	签署文件名称
英国	英国金融行为监管局	2018年10月	上海与伦敦证券市场互联互通机制监管合作谅解备忘录
法国	法国证券委员会	1998年3月	证券期货监管合作谅解备忘录
法国	法国金融市场委员会	2006年12月	关于相互合作的函
法国	法国金融市场管理局	2018年12月	关于相互合作的函
法国	法国金融市场管理局	2019年3月	关于金融领域创新合作的谅解备忘录
意大利	意大利国家证券监管委员会	1999年11月	证券期货监管合作谅解备忘录
荷兰	荷兰金融市场委员会	2002年11月	证券期货监管合作谅解备忘录
比利时	比利时银行及金融委员会	2002年11月	证券期货监管合作谅解备忘录
罗马尼亚	罗马尼亚国家证券委员会	2002年6月	证券期货监管合作谅解备忘录
葡萄牙	葡萄牙证券市场委员会	2004年10月	证券期货监管合作谅解备忘录
爱尔兰	爱尔兰金融服务监管局	2008年10月	证券期货监管合作谅解备忘录
奥地利	奥地利金融市场管理局	2008年10月	证券期货监管合作谅解备忘录
西班牙	西班牙国家证券市场委员会	2009年10月	证券期货监管合作谅解备忘录
马耳他	马耳他金融服务局	2010年1月	证券期货监管合作谅解备忘录
瑞典	瑞典金融监管局	2012年4月	证券期货监管合作谅解备忘录
塞浦路斯	塞浦路斯证券交易委员会	2012年5月	证券期货监管合作谅解备忘录
卢森堡	卢森堡金融监管委员会	2012年5月	证券期货监管合作谅解备忘录
立陶宛	立陶宛银行	2013年9月	证券期货监管合作谅解备忘录
波兰	波兰金融监督管理局	2015年3月	证券期货监管合作谅解备忘录
希腊	希腊资本市场委员会	2017年8月	证券期货及其他投资产品监管合作谅解备忘录
德国	德国联邦金融监管局	2019年1月	证券期货监管合作谅解备忘录
德国	德国联邦金融监管局	2019年3月	关于期货监管合作与信息交换的谅解备忘录附函
瑞士	瑞士联邦银行委员会	2003年5月	证券期货监管合作谅解备忘录
挪威	挪威金融监管委员会	2006年9月	证券期货监管合作谅解备忘录
列支敦士登	列支敦士登金融管理局	2008年1月	证券期货监管合作谅解备忘录

资料来源：笔者根据中国证券监督管理委员会官网公开资料整理得到。

其三，银行业监管、合作机制建设取得相应进展。2003—2017年，中国银行业监督管理委员会共与20个欧洲国家金融当局签署了《双边监管合作谅解备忘录和监管合作协议》，且80%左右的签署时间集中在2013年以前（见表2-2）。2019年1月，第二次中德高级别财金对话期间，中国人民银行和德国联邦银行签署《中德央行合作谅解备忘录》等文件。

表 2-2　中国银监会与欧洲国家签署银行监管合作协议情况（截至 2018 年 12 月）

国家/地区	欧盟成员	欧元区成员	机构名称	生效时间	文件类型
英国	0	0	英国金融服务局	2003 年 12 月 10 日	MOU
英国（根西岛）	1	0	根西岛金融服务委员会	2011 年 11 月 15 日	SOC
英国（马恩岛）	1	0	马恩岛金融监督管理委员会	2013 年 4 月 15 日	SOC
德国	1	0	德国联邦金融监理署	2004 年 12 月 6 日	MOU
波兰	1	0	波兰银行监督委员会	2005 年 2 月 27 日	MOU
法国	1	1	法兰西共和国银行委员会	2005 年 3 月 24 日	MOU
意大利	1	1	意大利中央银行	2005 年 10 月 17 日	MOU
匈牙利	1	0	匈牙利金融监管署	2005 年 11 月 14 日	MOU
西班牙	1	1	西班牙中央银行	2006 年 4 月 10 日	MOU
英国（泽西岛）	1	0	泽西岛金融服务委员会	2006 年 4 月 27 日	SOC
荷兰	1	1	荷兰中央银行	2007 年 12 月 25 日	MOU
卢森堡	1	1	卢森堡金融监管委员会	2008 年 2 月 1 日	MOU
比利时	1	1	比利时金融监管委员会	2008 年 9 月 25 日	MOU
爱尔兰	1	1	爱尔兰金融服务监管局	2008 年 10 月 23 日	MOU
捷克	1	0	捷克中央银行	2010 年 1 月 5 日	MOU
马耳他	1	1	马耳他金融服务局	2010 年 2 月 2 日	MOU
塞浦路斯	1	1	塞浦路斯中央银行	2011 年 7 月 15 日	MOU
瑞典	1	0	瑞典金融监管局	2014 年 6 月 25 日	MOU
立陶宛	1	1	立陶宛中央银行	2015 年 6 月 12 日	MOU
英国	1	0	英国审慎监管局	2015 年 10 月 21 日	MOU
匈牙利	1	0	匈牙利中央银行	2016 年 3 月 31 日	MOU
波兰	1	0	波兰金融监管局	2017 年 6 月 9 日	MOU
冰岛	0	0	冰岛金融监管局	2007 年 6 月 11 日	MOU
瑞士	0	0	瑞士联邦银行委员会	2007 年 9 月 29 日	MOU

注："1"代表"是"，"0"代表"否"；MOU 指双边监管合作谅解备忘录和监管合作协议，SOC 指双边监管合作协议。

资料来源：笔者根据中国银行保险监督管理委员会官网公开资料整理得到。

（二）多边开发性金融合作取得积极进展

积极创新多边开发性金融交流合作机制。2015 年中国以非借贷成员国身份加入欧洲复兴开发银行，中国与欧洲复兴开发银行的合作为"一带一路"建设在中东欧地区的推进开辟新的投融资渠道。随着亚行的设立和欧洲国家的加入，亚行成为中国与欧洲国家开展多边金融合作的重要平台。2015 年，英国成为第一个加入亚投行的欧洲国家，其后德、法、意相继加入，欧洲地区已有 24 个国家加入亚投行。目前，亚投行与欧洲投资银行和欧洲复兴开发银行尝试开展联合融资，资助了一批具有代表性的项目。如

2016 年 5 月，亚洲基础设施投资银行与欧洲投资银行（EIB）签署合作谅解备忘录，双方在拓宽合作领域、寻求联合融资、支持具有重要战略意义的投资项目等方面达成重要共识。2019 年 7 月，亚投行分别与欧洲稳定机制（ESM）和国际农业发展基金（IFAD）签署谅解备忘录。

同时，丝路基金也加强与欧洲开发性金融机构的合作。2016 年 6 月，丝路基金与欧洲复兴开发银行签署合作谅解备忘录，双方一致同意寻求共同投资机会并最大化双方机构间的协同效应。2018 年，丝路基金与欧洲投资基金（EIF）成立了中欧共同投资基金，以推动"一带一路"倡议与"欧洲容克"计划的对接。为有效契合中国—中东欧"16+1"合作需求，中方在该地区主导设立了以"银联体"、金融控股有限公司为代表的多边金融合作平台，推动与中东欧国家开展多元化、市场化的投融资。2016 年由中方倡议的中国—中东欧金融控股有限公司（以下简称"金融控股"）正式成立，该多边性金融机构将设立规模达 100 亿欧元的中国—中东欧基金等市场化基金，预计将撬动项目信贷资金 500 亿欧元，市场定位重点在中东欧国家，其重点关注的领域集中于基础设施建设、高新技术制造、大众消费等行业的投资合作机会。不同于亚洲基础设施投资银行、丝路基金等由政府主导的资金平台，"金融控股"既是中国首只非主权类海外投资基金，采用"政府支持、商业运作、市场导向"的运作模式，也是中国尝试市场化融资、探索多元化融资渠道的新实践。2017 年中欧双方跟进设计了以"银联体"为代表的相关配套金融服务，探索多元化融资渠道。

（三）专项贷款和投资基金体系不断丰富

其一，构建了区域性、多边性的投资基金，为中欧共建"一带一路"提供了充足的资金保障。在"16+1"合作框架下，2013 年中国主导设立了中国—中东欧投资合作基金，旨在重点支持中东欧 16 国基础设施、能源、制造、电信、教育及医疗等领域的发展。2018 年 4 月，丝路基金与欧洲投资基金（EIF）签署《中欧共同投资基金共同投资协议》，正式设立中欧共同投资基金，旨在推动中欧企业间合作，目前，该基金投资了法国、爱尔兰、奥地利、波兰、匈牙利等多个欧洲国家的近十个中小企业的交通能源、生命科学、信息科技等项目。

其二，为满足异质化、多样化的投融资需求，在双边国家层面设立了一批具有代表性的国家级联合基金、产业基金，主要用于投资双方高成长中小企业或第三方市场国家。如表 2-3 所示，自 2012 年以来，中方与欧洲国家设立的投资基金无论在数量方面还是种类方面都明显增多，其中，中法两国间的合作较为密切。

表 2-3　中国与欧洲国家间具有代表性的投资基金

成立时间	基金名称	发起主体
1997 年 12 月	中瑞基金	由国家开发银行与瑞士联邦对外经济部根据中华人民共和国政府和瑞士联邦政府于 1996 年 10 月 11 日签署的谅解备忘录，共同出资设立
2004 年 11 月	中比基金	中国财政部、比利时电信、国企及参与部、海通证券和比利时富通银行，作为中比基金的四方发起人，发起、筹备中比基金

成立时间	基金名称	发起主体
2006 年 1 月	中意曼达林基金	由国家开发银行、中国进出口银行和意大利圣保罗银行共同发起组建,是规模最大的中意合资私募股权投资基金
2012 年 9 月	中法(中小企业)基金	由国家开发银行旗下子公司国开金融和法国信托储蓄银行旗下子公司 CDC 企业部联合创立
2014 年 5 月	中法(并购)基金	由国家开发银行与法国国家投资银行共同设立
2015 年 7 月	中法创新基金	由国家开发银行与法国国家投资银行共同设立,主要用于投资与互联网有关的数字化初创企业
2016 年 11 月	中法(中小企业)基金二期	国家开发银行携手法国国家投资银行发起设立
2016 年 11 月	中法联合投资基金	中法两国成立"中法联合投资基金",主要用于在第三国共同投资
2018 年 1 月	中法(并购)基金二期	国家开发银行携手法国国家投资银行发起设立
2019 年 6 月	中英基金	第八次中英经济财金对话期间,中国投资有限责任公司与汇丰银行(HSBC)联合设立 10 亿英镑规模的中英基金
2020 年 6 月	中法产业合作基金	中投公司、法国巴黎银行集团和法国欧瑞泽基金宣布启动中法合作基金(该基金为跨境并购基金)
2020 年 10 月	中意产业合作基金	由中国投资有限责任公司、意大利裕信银行和意威基金共同设立,旨在推动意大利企业在中国的业务
2021 年 10 月	中法合作基金	由海峡基金与法国 LBO 共同设立

资料来源:根据网络公开资料整理得到。

其三,专项贷款成为推进中国与中东欧国家间资金融通的重要方式之一。2012 年 4 月,首届中国—中东欧国家领导人会晤期间,中国宣布向中东欧国家提供 100 亿美元专项贷款。2019 年 4 月,第八次中国—中东欧国家领导人会晤期间,国家开发银行与克罗地亚、塞尔维亚、保加利亚、罗马尼亚、匈牙利 5 个中东欧国家签署了相应规模的贷款协议。

(四)金融机构互设分支机构及业务合作

1. 双方金融机构积极互设网点

目前,中国与欧洲国家合作从最简单的互设代表处转向能够提供全套银行服务的海外分行和子行。中资银行从 20 世纪 70 年代末开始便陆续踏足欧洲市场,其网点布局趋于成熟,但主要集中于西欧发达国家。截至 2020 年底,国有五大行已在欧洲地区设立 59 家分行及子行;中国进出口银行和国家开发银行两家政策性银行共开设了 1 个分行和 2 个代表处;自 2015 年以来,招商银行、光大银行、兴业银行等股份制商业银行开始布局欧洲市场,目前已在欧洲地区开设了 1 个子行、3 个分行和 2 家代表处。从表 2-4 可以看出,中资银行在欧洲国家的分支机构主要集中于英国、法国、德国、意大利、卢森堡、比利时等西欧发达国家。其中,卢森堡作为中资银行最早进入的欧洲国家,7 家中资银行(国有五大行及招商银行和光大银行)均把欧洲总部设立于此,成为中资银行在欧洲名副其实的"大本营"。与此同时,欧洲国家也在中国积极设置分支机构,截至 2018 年底,共有 18 家欧洲银行在华设立 23 家分行,但主要是西欧发达国家的银行,如英国的汇丰、渣打,法国的兴业、外贸银行,德国的德意志银行等。

表2-4　中资银行在欧洲开设的分支机构

银行	支行/分行/代表处	数量	覆盖国家
中国银行	伦敦分行、中国银行（英国）有限公司、中国银行（英国）有限公司伦敦中国城分行、中国银行（英国）有限公司曼彻斯特分行、中国银行（英国）有限公司格拉斯哥分行、中国银行（英国）有限公司伯明翰分行、中银国际（英国）有限公司、汉堡分行、法兰克福分行、柏林分行、杜塞尔多夫分行、十三区分行、巴黎分行、罗马分行、里昂分行、匈牙利中国银行、米兰分行、中国银行（卢森堡）有限公司（1991）、卢森堡分行、中国银行（卢森堡）有限公司布鲁塞尔分行、中国银行（卢森堡）有限公司鹿特丹分行、中国银行（卢森堡）有限公司斯德哥尔摩分行、中国银行（卢森堡）有限公司波兰分行、中国银行（卢森堡）有限公司里斯本分行	24	英国、法国、卢森堡、比利时、奥地利、荷兰、葡萄牙、瑞典、德国、意大利、土耳其、匈牙利、波兰、捷克、希腊、塞尔维亚
中国工商银行	阿姆斯特丹分行、布鲁塞尔分行、法兰克福分行、工银奥地利、工银欧洲、工银伦敦、伦敦分行、工银土耳其、卢森堡分行、米兰分行、巴黎分行、华沙分行、布拉格分行、马德里分行、苏黎世分行	15	荷兰、比利时、德国、奥地利、卢森堡、英国、土耳其、意大利、法国、瑞士、西班牙、波兰、捷克
中国建设银行	伦敦分行、巴黎分行、卢森堡分行、巴塞罗那分行、米兰分行、苏黎世分行、法兰克福分行、华沙分行、阿姆斯特丹分行	9	英国、法国、卢森堡、西班牙、意大利、瑞士、德国、波兰、荷兰
交通银行	法兰克福分行、伦敦分行、巴黎分行、卢森堡分行、交通银行（卢森堡）有限公司巴黎分行、交通银行（卢森堡）有限公司罗马分行、布拉格分行	7	德国、英国、法国、卢森堡、意大利、捷克
中国农业银行	法兰克福分行、卢森堡分行、伦敦分行、卢森堡子行	4	德国、卢森堡、英国
中国进出口银行	巴黎分行（2013）、华沙代表处（2020）	2	法国、波兰
国家开发银行	伦敦代表处（2015）	1	英国
招商银行	卢森堡分行（2015）、伦敦分行（2016）、法兰克福分行（筹备中）	2	卢森堡、英国、德国
中国光大银行	中国光大银行股份有限公司（欧洲）（2017）、卢森堡分行（2017）	1	卢森堡
兴业银行	伦敦代表处（2020）	1	英国
中信银行	伦敦分行（2019）	1	英国
浦发银行	浦发银行（欧洲）有限公司（计划）、卢森堡分行（计划）	0	

资料来源：根据各大银行官方网站公开信息及相关新闻报道整理得到。

相比较而言，中国银行机构在中东欧国家的布局相对较晚。自2012年"16+1"合作机制搭建以来，中资银行在中东欧布局的节奏才明显加快。如表2-5所示，截至2020年9月，共有5家中资银行在中东欧地区开设12家分行、代表处和分支机构。但这些银行分支机构的分布并不均匀,主要集中于匈牙利、波兰和捷克三个国家。同时,仅有个别中东欧国家在我国开设银行分支机构。2017年10月,匈牙利储蓄商业银行在北京设立代表处。

表2-5　中资银行在中东欧16国设立的分支机构

类型	设立时间	银行名称	设立国家	代表处/机构/分行
分支机构	2003年2月	中国银行	匈牙利	中国银行(匈牙利)有限公司
	2017年1月	中国银行	塞尔维亚	中国银行(塞尔维亚)有限公司
分行	2012年3月	中国银行	匈牙利	中国银行(匈牙利)八区分行
	2012年6月	中国银行	波兰	中国银行华沙分行
	2012年11月	中国工商银行	波兰	中国工商银行华沙分行
	2014年12月	中国银行	匈牙利	中国银行布达佩斯分行
	2015年8月	中国银行	捷克	中国银行布拉格分行
	2016年12月	中国建设银行	波兰	中国建设银行华沙分行
	2017年4月	中国工商银行	捷克	中国工商银行布拉格分行
	2019年5月	交通银行	捷克	交通银行布拉格分行
	2019年11月	中国银行	希腊	中国银行(卢森堡)有限公司雅典分行
代表处	2019年11月	中国工商银行	希腊	中国工商银行希腊代表处
	2020年4月	中国进出口银行	波兰	中国进出口银行波兰华沙代表处

资料来源:笔者根据各银行官网信息、相关新闻报道整理得到。

国内相关清算结算服务组织加紧布局欧洲金融市场,迈出国际化的重要一步。2017年3月,银行间市场清算所股份有限公司(上海清算所)在伦敦开设首家海外办事处。2017年4月,中国银行伦敦分行成为英镑清算系统CHAPS的第25家直接清算会员,也是首个参加英镑直接清算的亚洲银行,改变了此前中国银行伦敦分行通过英国本地代理行以间接参加行身份参加CHAPS英镑清算的局面。2019年中央国债登记结算公司设立伦敦代表处,这是其首次在境外设点,同年中央国债登记结算公司与欧洲清算银行有限公司签署合作备忘录,有效拓展和深化与海外金融基础设施间的业务合作。2019年,上交所伦敦代表处正式设立,同时,中国外汇交易中心积极筹备在伦敦开设分支机构,不断推进跨境支付结算系统在欧洲地区的相互融通。截至2022年5月,人民币跨境支付清算系统(CIPS)在欧洲地区共有7家直接参与者、169家间接参与者。

2. 不断探索高层次的业务合作

一是中资金融机构不断加强与欧洲国家金融机构的融资合作,合作势头良好。例如,中国人民银行从2016年起就与欧洲复兴开发银行(EBRD)开展联合融资,中国工商银行先后多次与EBRD携手开展联合融资。二是共同开展金融产品创新合作。如2019年4月,中国建设银行与瑞士冯托贝尔银行共同研发了中瑞之间首个、也是目前唯一一款投资于"一带一路"主题的权益类票据产品。三是不断拓宽合作领域,推出双币借记卡和推广银联支付等。为适应人民币日益加快的国际化步伐,同时更好地吸引中国投资和中国游客,2017年1月,中国银联与中国银行(匈牙利)有限公司合作发行匈牙利福林、人民币双币芯片银联借记卡,此卡是欧洲地区发行的首张人民币银行卡,也是欧洲人民币国际化的重要标志；同时，中国银行计划通过维也纳、布拉格和塞尔维亚等地的分支机构发行人民币和当地货币的双币银行卡。银联国际通过发挥银行卡清算机构的优势，不断深化与中东欧国家各金融机构的合作。2020年6月，银联国际与塞尔维亚最大的国有银行邮政储蓄银行以及匈牙利最大的金融机构OTP银行建立合作伙伴关系，以扩大在整个塞尔维亚的银联卡使用范围。截至2020年6月，欧洲90%的国家和地区已支持银联卡，受理商户数超400万家；"一带一路"沿线的中东欧17国中已有15个国家支持银联卡，其中希腊受理覆盖率已超80%，乌克兰受理覆盖率达60%，匈牙利、爱沙尼亚、拉脱维亚、立陶宛等地超半数商户支持银联卡。四是通过加强与伦敦国际金融中心的合作，中资金融机构在国际金融衍生产品以及贵金属的清算和结算服务等领域取得重要突破。例如，2015年6月，中国银行成为亚洲首家直接参与洲际交易所（ICE）伦敦金定价的银行，也成为伦敦金属交易所清算公司首家中资结算银行，同时，中国银行还在伦敦设立了交易中心。同年10月，中国银行与伦敦清算所签署合作协议，正式成为伦敦清算所首家中资结算银行，在国际金融衍生产品清算和结算服务领域取得重大突破。

（五）本币结算和货币互换网络持续扩大

中欧本币结算和货币互换有利于为我国与欧洲国家的贸易投资提供更加丰富和便利的跨境清算支付服务，为促进欧洲国家使用人民币和维护双方金融稳定发挥重要作用。

其一，货币互换规模不断扩大。自2013年以来，中国人民银行相继与欧洲中央银行及部分非欧元区国家的货币当局签署了总额为2.34万亿元的双边本币互换协议（见表2-6）。截至2019年底，欧元区累计互换额度达1.05万亿元，占整个欧洲地区的44.87%，接近一半。中英之间续签两次，互换总规模达9000亿元，占欧洲地区总额度的38.47%。剩余小规模分布于匈牙利、阿尔巴尼亚和塞尔维亚3个国家。

表2-6 中国人民银行与欧洲国家签署的双边本币互换协议

国家/地区	签署日期	互换规模	首次/续签
欧盟	2013年10月9日	3500亿元人民币/450亿欧元	首次
	2016年9月27日	3500亿元人民币/450亿欧元	续签
	2019年10月8日	3500亿元人民币/450亿欧元	续签
	2022年10月10日	3500亿元人民币/450亿欧元	续签
英国	2013年6月22日	2000亿元人民币/200亿英镑	首次
	2015年10月20日	3500亿元人民币/350亿英镑	续签
	2018年10月13日	3500亿元人民币/400亿英镑	续签
冰岛	2010年6月9日	35亿元人民币/660亿冰岛克朗	首次
	2013年9月11日	35亿元人民币/660亿冰岛克朗	续签
	2016年12月21日	35亿元人民币/660亿冰岛克朗	续签
瑞士	2014年7月21日	1500亿元人民币/210亿瑞士法郎	首次
	2017年7月21日	1500亿元人民币/210亿瑞士法郎	续签

国家/地区	签署日期	互换规模	首次/续签
匈牙利	2013年9月9日	100亿元人民币/4160亿匈牙利福林	首次
	2016年9月12日	100亿元人民币/4160亿匈牙利福林	续签
	2019年12月10日	200亿元人民币/8640亿匈牙利福林	续签
阿尔巴尼亚	2013年9月12日	20亿元人民币/358亿阿尔巴尼亚列克	首次
	2018年4月3日	20亿元人民币/342亿阿尔巴尼亚列克	续签
塞尔维亚	2016年6月17日	15亿元人民币/270亿塞尔维亚第纳尔	首次
合计		23060亿元人民币	

资料来源：笔者根据相关公开资料整理得到。

其二，人民币实现与欧洲主要货币品种的直接交易，有利于形成人民币对欧洲主要币种的直接汇率，降低经济主体汇兑成本。自2014年以来，中国外汇交易中心在银行间外汇市场不断发展和完善人民币对欧洲各类货币的直接交易，相继实现了人民币与英镑、欧元和瑞士法郎等8种欧洲货币的直接交易（见表2-7）。

表2-7　中国银行间外汇市场实现与人民币直接交易的欧洲币种（截至2019年12月）

时间	国家/地区	货币	时间	国家/地区	货币
2014年6月19日	英国	英镑	2016年12月12日	匈牙利	福林
2014年9月30日	欧盟	欧元	2016年12月12日	挪威	挪威克朗
2015年11月9日	瑞士	瑞士法郎	2016年12月12日	丹麦	丹麦克朗
2016年12月12日	波兰	兹罗提	2016年12月12日	瑞典	瑞典克朗

资料来源：笔者根据公开资料整理得到。

其三，众多国家和地区选择把人民币纳入外汇储备。自2017年以来，欧洲央行（2017）以及德国（2018）、法国（2018）、意大利、西班牙、比利时、捷克等欧洲多国相继将人民币纳入其外汇储备篮子；匈牙利则在外汇储备中增加人民币债券组合。虽然人民币资产占比不高，但至少体现了人民币已经初步属于"国际型货币"。此外，塞尔维亚国家银行从2015年1月12日起开始使用人民币进行国际结算。

（六）欧洲人民币离岸中心建设取得重要突破

一是欧洲地区形成"六足鼎立"的人民币离岸中心格局。自2014年以来，中国分别与英国、德国、卢森堡、法国、匈牙利和瑞典签署了人民币清算协议，且6个国家相应的人民币业务清算行也已相继落成并投入运营。其中伦敦凭借国际金融中心地位与外汇交易的传统优势，在人民币外汇交易领域"一枝独秀"。截至2021年8月，英国人民币国际支付交易的全球占比达7.4%，是继我国香港之后的全球第二大离岸人民币中心。中国银行法兰克福分行自2014年担任德国人民币业务清算行以来，积极拓展当地金融机构人民币业务参加行，目前参加行网络已覆盖德国当地80%以上主流银行，包括央行、州立银行、主要商业银行和当地外资银行，并逐步辐射到了欧洲其他国家。

二是搭建了以"中欧所"为代表的离岸人民币金融工具交易平台，丰富了欧洲人民币离岸中心的工具。作为首届中德高级别财金对话（2015 年 3 月）的重要成果，由上海证券交易所、中国金融期货交易所和德意志交易所共同出资设立的中欧国际交易所股份有限公司（以下简称中欧所）于 2015 年 11 月正式运营。中欧所总部设于德国金融中心法兰克福，是中国首家由境内交易所赴境外设立的合资交易平台，也是中国境外首家专注于中国及人民币相关金融产品的离岸交易平台，旨在在欧洲地区建成中国相关以及人民币计价金融产品的交易、风险管理及资产配置中心。作为连接中欧资本市场的重要桥梁和纽带，2020 年，中欧所在青岛设立了首个中国资本市场服务基地，在成都建立中欧国际交易所西部中心，不断为中资企业和金融机构"出海"提供资本市场服务和支持。

三是离岸人民币债券助力欧洲人民币离岸中心发展。由于中国资本项目未完全放开，海外人民币无法回流到国内，海外人民币缺少投资渠道，影响人民币持有意愿。而离岸中心作为人民币"资产池"和"资金池"，通过发行人民币债券建设区域性债券市场，可扩大离岸人民币资产种类，提高人民币收益水平，增强人民币的吸引力，促进人民币离岸中心发展。如表 2-8 所示，自 2012 年以来，各类主体发行了主权级离岸人民币债券、人民币 RQFII 货币市场交易所基金（ETF），以及以人民币计价的央行票据等。

表 2-8　在欧洲人民币离岸中心发行的各类人民币债券（具有代表性的债券）

时间	债券说明
2012 年 4 月	汇丰银行在伦敦证券交易所发行首批离岸人民币债券，打破以往离岸人民币债券均在香港发行的传统，标志着全球离岸人民币债市的启动
2014 年 5 月	中国银行卢森堡分行成功发行 15 亿元"申根"债券，这是中国企业在欧洲大陆上市交易的首只离岸人民币债券
2014 年 10 月	英国政府成功发行 30 亿元以人民币计价的国债，成为首个在中国境外发行人民币计价国债的国家，人民币计价国债也首次成为英国外汇储备的组成部分；同月，中国银行伦敦分行为英国政府承销全球首笔主权级离岸人民币债券
2015 年 3 月	欧洲首只人民币 RQFII 货币市场交易所基金（ETF）在伦敦证券交易所挂牌交易，填补了伦敦人民币货币市场基金的市场空白，推动了欧洲离岸人民币业务的发展
2015 年 10 月	中国人民银行在伦敦采用簿记建档方式成功发行 50 亿元一年期央行票据，这是中国人民银行首次在中国以外地区发行以人民币计价的央行票据（第一张离岸央票），既丰富了离岸市场高信用等级的人民币金融产品，也深化了离岸人民币市场的发展
2016 年 5 月	中国首次在伦敦发行 30 亿元人民币国债，这是中国首次在香港以外的离岸市场发行人民币主权债券
2019 年 11 月	中国财政部在法国发行 40 亿欧元无评级主权债券，这是财政部继 2004 年发行 10 亿欧元主权债券后，时隔 15 年再次在国际市场发行无评级欧元债，标志着中国政府在连续两年发行美元主权债券的基础上，重启欧元融资通道，有利于丰富和完善中国境外主权债券收益率曲线，为中资发行主体欧元融资提供具有市场参考意义的基准

　　四是人民币合格境外机构投资者（RQFII）、合格境外机构投资者（QFII），以及银行间债券市场，成为欧洲投资者参与在岸人民币资本市场的有效渠道，强化了人民币的投资货币功效。如表2-9所示，截至2020年5月，已有101家欧洲金融机构获得QFII资格（60家）和RQFII资格（41家）。其中，在具备上述两类资格的金融机构数量，以及累计审批额度方面，英国具有明显优势。同时，欧洲投资主体通过银行间债券市场参与在岸人民币资本市场。自2014年起，中东欧部分国家相继进入中国银行间债券市场和银行间外汇市场。

表2-9　欧洲国家合格境外机构投资者和人民币合格境外机构投资者汇总

区域	国家	QFII			RQFII		
		机构数量（家）	累计批准额度（亿美元）	最早批准日期	机构数量（家）	累计批准额度（亿元）	最早批准日期
欧元区	英国	25	115.59	2005年11月24日	20	484.84	2014年2月25日
	法国	7	36.75	2005年1月10日	7	240.00	2014年10月30日
	卢森堡	4	4.00	2013年3月28日	7	151.87	2015年11月27日
	德国	4	14.20	2012年8月16日	3	105.43	2015年3月26日
	葡萄牙	2	12.00	2015年12月25日	—	—	—
	意大利	1	0.83	2015年11月27日	—	—	—
	西班牙	1	1.00	2011年12月20日	—	—	—
	立陶宛	1	2.30	2020年1月22日	—	—	—
	比利时	1	2.10	2011年1月7日	—	—	—
	爱尔兰	1	2.00	2014年2月25日	2	18.50	2018年9月29日
非欧元区	瑞士	9	38.25	2012年3月9日	2	96.00	2016年9月29日
	瑞典	3	2.31	2013年10月30日	—	—	—
	挪威	1	25.00	2015年2月13日	—	—	—
合计		60	256.33	—	41	1096.64	—

资料来源：根据国家外汇管理局官网公开数据整理得到。

（七）证券市场合作机制不断强化

　　上海证券交易所和深圳证券交易所与欧洲多国证券交易所签署合作协议，为双方拓展证券市场业务合作提供了机制保障，如表2-10和表2-11所示。熊猫债成为拓展中欧跨境融资渠道的有效方式，且发行主体和种类日益多元化。2019年6月，上海证券交易所与伦敦证券交易所互联互通的机制——沪伦通正式揭牌，符合条件的两地上市公司可以发行存托凭证（DR）并在对方市场上市交易，这是外国公司首次能在中国内地发行股票。当前，沪伦通已扩容接入深圳证券交易所以及德国和瑞士的证券交易所。

表 2-10　上海证券交易所与欧洲交易所签署备忘录、合作协议

时间	境外交易所	备忘录名称	签署地
1994 年 3 月	伦敦证券交易所	谅解备忘录	上海
1998 年 1 月		合作谅解备忘录	上海
2004 年 1 月		谅解备忘录	上海
2004 年 9 月	维也纳证券交易所	谅解备忘录	维也纳
2004 年 11 月	德意志交易所	谅解备忘录	上海
2005 年 4 月	雅加达证券交易所	谅解备忘录	上海
2005 年 6 月	意大利交易所	谅解备忘录	北京
2005 年 6 月	欧洲债券市场	意向书	邮寄
2006 年 9 月	卢森堡证券交易所	谅解备忘录	上海
2006 年 9 月	泛欧证券交易所	谅解备忘录	上海
2008 年 1 月	马耳他证券交易所	谅解备忘录	米兰
2014 年 11 月	爱尔兰证券交易所	谅解备忘录	都柏林
2015 年 6 月	瑞士交易所	谅解备忘录	苏黎世
2015 年 1 月	雅典交易所	谅解备忘录	雅典
2018 年 5 月	布达佩斯证券交易所	合作谅解备忘录	布达佩斯
2021 年 1 月	贝尔格莱德证券交易所	谅解备忘录	视频签约

资料来源：上海证券交易所官网。

表 2-11　深圳证券交易所与欧洲交易所签署备忘录、合作协议

时间	境外交易所	备忘录名称
2004 年 1 月	伦敦证券交易所	合作谅解备忘录
2004 年 9 月	柏林证券交易所	合作备忘录
2005 年 6 月	意大利交易所	合作备忘录
2013 年 11 月	卢森堡证券交易所	合作谅解备忘录
2015 年 5 月	泛欧证券交易所	合作谅解备忘录
2018 年 10 月	华沙证券交易所	合作谅解备忘录
2019 年 9 月	布达佩斯证券交易所	合作谅解备忘录

资料来源：深圳证券交易所官网。

（八）资金融通总体评价

在"一带一路"倡议和"16+1"合作框架下，中欧在资金融通领域的合作结出硕果。双多边及次区域金融合作机制不断健全，搭建起以中国—中东欧协同投融资合作框架、央行行长会议等为代表的多边合作机制；形成以专项贷款、投资基金、银联体等为主，"熊猫债""点心债"等证券融资为辅的多层次投融资合作金融工具；银行分支机构互设形成以点带面、重点突出的网络布局；金融业务合作逐步展开，呈现多元化特征；离岸人民币欧洲

版图形成"六足鼎立"、竞相发展的格局;货币合作渐次推进,成效初显。与此同时,需理性认识到,中欧资金融通领域仍存在不足之处,主要表现在以下几个方面。

一是与西欧、中欧发达国家间相对深厚的金融合作基础相比,中国与中东欧国家间的资金融通合作明显起步晚,且国别分布不平衡。如波罗的海国家和巴尔干大部分国家存在"合作真空"的现象,各分支机构主要集中于维谢格拉德国家。二是政府主导,政策性银行和国有商业银行深度参与,民营资本参与程度不高。这种政府主导型的金融合作模式容易使资金接受国的政府和民众质疑中国官方背景的金融支持具有政治动机,甚至危害其国家经济安全,从而对"一带一路"倡议产生抵触情绪,并出台一些带有防范意图的政策和法规。这种合作模式也不利于中国私人资本"出海"。三是传统投融资渠道为主,资本市场利用有限。债券市场虽有互动,且部分欧洲国家多次发行熊猫债、点心债,但起步较晚,融资融券规模和实际效果有限,更多的是为了拉近与中国政府的关系。这往往导致投融资压力和风险主要由中国政府承担。2020年,中国—中东欧国家联合商会中方理事会专家指导委员会调研了中国企业在中东欧17国已开展项目的经营情况,发现大部分项目的融资来源主要依靠国内(企业自筹和中国政府优惠性质专项贷款占大部分),在中东欧地区获得的融资不多,获取欧盟融资的机会则更少,统计显示只有1例。四是货币金融合作处于初级阶段。中欧之间的货币金融合作具有明显的双边特性和非制度性,欧洲人民币离岸中心建设虽已初具雏形,但仍任重道远。以最具代表性的伦敦人民币离岸中心为例,目前仍存在多方面的不足,包括人民币资金池规模相对较小;伦敦人民币债券上市数量虽显著增加,但上市交易的人民币债券交易频率较低,投资者以买入持有到期为主,二级市场的流通需求并不明显;人民币理财产品等在种类上仍有欠缺;人民币债券作为担保品的利用率仍然较低,跨境使用实践尚处在起步阶段。五是监管合作薄弱。虽然中国与大部分欧洲国家签署了银行、证券监管谅解备忘录,但上述合作尚处于初级阶段,尚未开展实质性的金融监管和风险防御。

二、贸易畅通进展

虽然"贸易畅通"一词直到2013年才得以正式提出,但中欧间的经贸合作早已伴随着中欧政治外交关系的不断改善而得到发展。

(一) 多层级经贸合作机制不断完善

中欧经贸合作机制从无到有,由浅入深,已成为中欧之间规则机制建设最为完备的合作领域。目前已搭建起以中欧领导人会晤、中欧经贸高层对话、中欧经贸混合委员会等多边合作机制为主体,以中英、中法、中德经贸对话等双边合作机制为支撑,以中东欧"16+1"、中国—中东欧国家经贸促进部长级会议等次区域合作机制为补充的全方位、多层级和多渠道的沟通对话机制。此外,中欧企业家大会、中德经济顾问委员会、中法企业家委员会等企业层面的直接交流机制为推动中欧经贸合作开辟了第二轨道。这些从多边到双边、从官方到企业的多元对话机制为中欧经贸合作提供了较为稳固的规则和机制基础。

1. 多边经贸合作机制在中欧共建经济贸易议程中发挥重要作用

领导人会晤夯实双边经贸合作基础。1998—2020年,中欧峰会已连续举办22次。中欧领导人会晤作为中国和欧盟官方最高级别的定期沟通机制，每年轮流在欧洲和中国举行，双方领导人就双边关系重大议题进行讨论，为双方经贸合作提供了政治动力。多边经贸合作机制从无到有，不断丰富多元。1985年，中欧双方在原中欧经贸混合委员会贸易协定的基础上签订《贸易与经济合作协定》，双方建立了部长级经贸混委会制度；此后，双方陆续在该经贸混委会下设立了经贸、科技、环保、能源和信息通信技术5个工作组，双方已在该框架下开展多次正式对话。自2003年中欧建立全面战略伙伴关系以来，双方经贸合作水平不断提高，经贸交流对话机制日趋成熟。2003年10月，在第19届中欧经贸混委会上，双方一致同意建立中欧贸易与投资政策对话机制。2007年11月，中欧间建立起副总理级经贸对话机制——中欧经贸高层对话，这也是当前中欧经贸领域最高级别的对话机制，2008—2020年，中欧双方已成功举行8次中欧经贸高层对话。2018年7月，中欧建立世贸组织改革副部级联合工作组，双方就WTO组织改革、上诉机构成员遴选等问题开展合作，以实际行动维护全球多边贸易体制。

2. 双边经贸交流渠道为多边合作机制提供有力支撑

在中欧经贸合作规则框架下，中国还与各欧盟成员国搭建起双边对话合作机制。包括经贸议程占较大比重的高级别财金对话，如建立时间相对较早的中英战略对话（2004年）、中英经济财金对话（2008年），以及2013年及以后相继建立的中法高级别经济财金对话（2013年）、中德高级别财金对话（2015年）以及中意财长对话（2019年）等。经济贸易联合（混合）委员会作为两国政府间经贸领域开展对话交流的专门渠道，在稳定和深化双边贸易投资合作过程中发挥着重要作用。当前，中国与欧盟机构及各成员国建有36个经济贸易联合（混合）委员会，包括中英、中法、中德、中意、中芬、中瑞等。同时，双方根据现实需求，不断完善和创新联（混）委会机制，在该混委会框架下设立不同工作小组。例如，中英经贸联委会成立于1996年，其下设有水务、航空、汽车、化工及建筑等各工作组，中英双方在该合作框架下开展贸易投资领域对话，迄今为止，双方已召开13次会议。2016年2月，在第12次中英经贸联委会上，双方一致同意设立中英地方合作联合工作组，这是中国与欧洲国家建立的首个地方经贸合作机制。这些合作机制在中欧经贸合作框架下运行，致力于促进双边经贸关系健康发展。2018年9月，意大利政府在经济发展部下成立了"中国特别工作组"，足见其对借助与中国加强经贸合作带动本国经济发展寄予厚望。此外，中国同罗马尼亚、匈牙利建立了贸易畅通工作组。

3. 次区域经贸合作机制成为有益补充

中国—中东欧次区域经贸合作机制作为中欧合作机制的有益补充发挥着重要作用。自2012年首次中国—中东欧国家领导人会晤在波兰华沙举行并启动"16+1"合作机制以来，中东欧国家与中国经贸合作发展势头良好，双方在中欧经贸合作框架下从无到有地建立起一套系统性的次区域经贸合作机制。中国—中东欧国家领导人定期会晤已举行多次，规划了中国与中东欧16国互利合作的前景与未来。中国—中东欧国家经贸促进部长级会议作为落实中国—中东欧国家领导人会晤成果的重要举措，在推动双方贸易、投资和产能合作方面发挥着重要作用。由双方共同举办的中国—中东欧国家经贸论坛从2011年开始每年一届。特别是2013年中国提出"一带一路"倡议，经贸投资领域的合作机制不断创新完善。如中国—中东欧国家（"16+1"）农业部长会议、中国—中东欧国家农业经贸合作论坛、中国—中东欧国家投资促进机构联系机制、中国—中东欧国家经贸官员研讨交流机制、中国—中东欧国家投资促进研讨会、2019 年升格为"国家级"的中东欧博览会贸易投资促进平台、中国—中东欧国家联合商会、中国—中东欧国家投资促进研讨会、中国—中东欧国家投资推介会等。

4. 工商界交流机制开辟中欧经贸合作"第二轨道"

相对于官方层面的合作机制，工商界的直接交流机制为推动中欧经贸合作开辟了"第二轨道"。企业家委员会、经济顾问委员会等机制，为企业加强交流合作创造平台，进而有效提升企业和地方对欧合作水平，如中欧企业家大会、中欧企业家年终对话、中德经济顾问委员会、中法企业家委员会、中意企业家委员会会议、中希经贸合作论坛、中芬创新企业合作委员会会议、中国—北欧经贸论坛等。此外，还有一些由在欧中资企业或者在华欧资企业在经贸机构支持下或者自主设立的非营利性社团组织，如欧盟中国商会、中国—中东欧国家联合商会等；中英间的英中贸易协会、英国中国商会、英国 48 家集团俱乐部、英国工业联合会；中国和意大利间的意中商会、意大利中资企业商会、意大利中国总商会；中国与中东欧国家间的波中商务联合会、中国—卢森堡商会、中塞企业协会等。还有中东欧（波兰）中国家居品牌博览会、中东欧国家特色商品展、中东欧国家特色产品展、中欧国际贸易数字展览会。

5. 双边自由贸易协定签署取得积极进展

自贸协定的签署可有效消除协议双方之间的关税壁垒和非关税壁垒，提升贸易自由化水平。第一，中国与冰岛、瑞士签署了自由贸易协定。2013 年，中国相继与冰岛和瑞士签署自由贸易协定（FTA），2014 年 7 月，中瑞、中冰两个高水平自贸协定正式生效，这是我国与欧洲大陆国家最早签署的两个 FTA，其货物贸易自由化水平、"零关税"比例较高，瑞方和冰方对中方绝大多数的出口产品实施"零关税"。第二，积极推进自贸协定升级谈判工作。2017 年 1 月，中瑞双方签署《中华人民共和国商务部和瑞士联邦经济、教育和科研部关于中国—瑞士自由贸易协定升级的谅解备忘录》，并宣布启动中瑞自贸协定升级联合研究，双方已就自贸协定升级谈判举行几次会议。第三，2017 年 8 月，中挪两国重新启动此前中断的中挪自由贸易协定（FTA）谈判，截至 2020 年 12 月，双方已进行 16 轮谈判。

6. 知识产权领域合作成效显著

中欧知识产权合作机制日益深化，且在双方经贸合作中的地位不断提高。2003 年 10 月，中欧双方签署了启动中欧知识产权对话机制的文本。2005 年，中欧双方建立中欧知识产权工作组机制，旨在支持中欧知识产权对话。2006 年 11 月，双方签署《关于加强知识产权保护合作的谅解备忘录》。自"一带一路"倡议提出以来，中欧知识产权合作进一步强化和深化。2015 年 5 月，中欧知识产权政府合作正司级对话机制升级为副部级。截至 2020 年 12 月，中欧知识产权工作组已举行 23 次会议。此外，已成功举办三届的中欧知识产权学者论坛为中欧知识产权领域的合作提供了智力支持。2021 年 3 月与地理标志相关的产权保护制度《中欧地理标志协定》正式生效，作为双方知识产权领域合作的标志性成果，既是近年来中欧之间首个重大贸易协定，也是中国对外商签署的第一个全面、高水平的地理标志双边协定。

（二）检验检疫合作稳步推进

第一，建立了旨在破除工业品技术性贸易壁垒的对话磋商机制。国家质检总局与欧洲委员会健康与消费者保护总司高层会议作为中欧开展质检对话交流合作的重要平台，有效地解决了中欧消费品、食品和农产品等贸易中遇到的诸多技术性贸易壁垒问题，保障了互输产品的安全质量水平，切实保护了双方消费者的合法权益。2002 年，国家质检总局和欧盟委员会企业与工业总司签署《关于建立工业产品和 WTO／TBT（技术性贸易壁垒协定）领域磋商机制的会谈纪要》，并成立了中欧工业产品安全和 WTO／TBT 磋商机制，截至 2020 年 12 月，该 TBT 磋商机制已举行 18 次年度会议。该合作机制框架下设合格评定、标准化、机电与承压设备、医疗器械等 13 个工作组，有效地解决了中欧贸易中出现的有关工业产品市场准入技术性贸易措施问题，促进了中欧贸易便利化。特别是自 2002 年中欧标准化工作组合作机制建立以来，有效地强化了中欧双边和国际标准化领域的合作，开通的中欧标准化信息平台，帮助中欧企业及时获取标准信息，对提升中欧贸易便利化发挥了重要作用。同时中国还与法国、德国、英国、西班牙等欧洲主要国家建立了相应的双边标准化合作机制。如 2011 年 6 月，在中德两国总理见证下，双方成立中德标准化合作委员会，每年轮流举办委员会会议，开展标准化磋商合作，不断促进两国经贸发展。截至 2021 年，中德标准化合作委员会会议已连续举办 9 届。

第二，建立动植物、消费品类检验检疫合作机制。2006 年 1 月，中欧双方签署了《关于中华人民共和国国家质量监督检验检疫总局与欧盟健康与消费者保护总司关于管理合作安排谅解备忘录》，并定期举行"中欧食品安全和国际贸易与标准化组织（SPS）联合委员会全会"，此举标志着中欧双方正式建立消费品安全和 WTO／SPS 磋商机制，为今后双方及时解决中欧进出口贸易中出现的 WTO／SPS（实施动植物卫生检疫措施）和消费品类产品的标准、认证、合格评定、风险评估等市场准入技术性贸易措施问题确定了有效的运作方式和工作规则。同时，这也标志着中欧双方在所有进出口产品市场准入方面建立了全面的合作磋商机制。

第三，建立旨在破除市场准入壁垒的多重对话机制。一是高技术贸易领域管制对话持续开展。2010 年前后，中欧双方成立中国—欧盟高技术贸易工作组，旨在就双方关注的出口管制、信息技术标准化等高技术贸易相关议题展开交流合作，并致力于消除阻碍双边高技术贸易发展的因素。二是建立政府采购市场准入对话机制。围绕政府采购议题，中欧双方于 2005 年 11 月建立起中欧政府采购对话机制，并定期召开会议，以促使双方在政府采购领域建立起更加广泛、更加便利、非歧视的市场准入制度，在 2018 年的采购对话中，双方就中国加入 WTO《政府采购协定》（GPA）路线图开展了磋商。

第四，中国—中东欧检验检疫合作从务虚走向务实。在"16+1"合作框架下，双方积极探索市场准入规制互认，推动贸易商品认证体系和标准的建立，逐步搭建起多层次、宽领域的质检合作与检疫准入合作框架。2016 年 6 月，首届中国—中东欧国家质检合作对话会期间，通过了《中国—中东欧质检合作对话会（电子证书与贸易便利化）倡议书》，中国与中东欧国家自此开启电子证书，为打击假冒证书、防止贸易欺骗、推动贸易便利化和改善营商环境提供有力保障。2017 年 6 月，在第二届中国—中东欧国家质检合作对话会上，通过了《第二届中国—中东欧国家及中欧班列沿线国家质检合作对话会联合声明》，同时，"中东欧质检合作办公室""中国—中东欧国家贸易便利化国检试验区""中国—中东欧质检合作信息网"相继揭牌或启动。其中"中国—中东欧国家贸易便利化国检试验区"以贸易便利化为建设核心，是中国首个以贸易便利化为主题的国检试验区，通过创新检验检疫政策和流程、原产地证快速审签、优化进口查验机制等一系列举措提升跨境贸易便利化水平。2021年6月，中国—中东欧国家动植物卫生和食品安全（SPS）工作组落户宁波，并举办了首次工作组会议。

同时，在中国—中东欧国家海关检验检疫合作对话会的推动下，检验检疫合作不断深化。截至2021年7月，中国海关总署已和中东欧国家签署海关检验检疫合作文件95份，涉及15个国家，已批准14国的132种食品、41种活体动物和农产品输入中国。

（三）双边投资自由化取得一定进展，多边投资协定生效遇阻

其一，早期达成的双边投资协定为彼此创造了良好的投资环境。自1982年以来，中国相继与瑞典、德国、法国、比利时、卢森堡等30多个欧洲国家签署或重新签署了双边投资协定（BIT），其中欧盟27个成员国中，除爱尔兰外，其余26个成员国均与我国签署了双边投资协定；此外，中国还与欧洲大部分国家签署了《关于鼓励和相互保护投资协定》。不可否认，这些BIT和相互保护投资协定对促进中欧双向投资发展发挥着重要作用。由于中国与欧洲国家间的BIT大多签署于20世纪80~90年代，主要涵盖投资保护，较少涉及市场开放，且大多侧重于对利用外资的保护，对我国企业"走出去"保护不足。

其二，中欧投资协定将大幅拓宽双方市场准入范围。自2013年11月启动、历经7年35轮谈判、2020年12月底达成的《中欧全面投资协定》（CAI）将进一步清除投资障碍，为双方大幅拓宽市场准入范围，促进中欧跨境贸易投资自由化便利化高水平发展。遗憾的是，受人权问题影响，《中欧全面投资协定》被欧委会冻结。

（四）通关便利化水平持续提升

贸易便利化本质上是通关便利化，即保证进出口货物顺利通关以及进出口企业得到充足的通关信息和公平待遇。随着中欧经贸合作的深入，双方海关不断深化交流合作。当前，中欧之间已建立起以《中欧海关协定》为基础、覆盖欧盟27个成员国的中欧海关合作法律框架。中欧海关合作机制架构共包含三层：第一层为中欧海关部级对话机制——中欧联合海关合作委员会（JCCC），目前已举办10次会议；第二层为指导小组，负责协调推进中欧海关各合作项目；第三层为六个工作组，包括知识产权、安全智能贸易航线试点计划（SSTL）、"经认证的经营者"（AEO）互认、反瞒骗、贸易统计和固体废物监管合作。

1. "安智贸"有效提升中欧贸易安全与便利化水平

"安智贸"成为中欧海关合作推进贸易安全与便利的典范。"安智贸"项目全称为中欧安全智能贸易航线试点计划，是世界范围内第一个全面实施世界海关组织（WCO）《全球贸易安全与便利标准框架》的国际海关合作项目。目前，"安智贸"项目已顺利实施三阶段试点计划，覆盖的国家及港口规模不断增大。第一阶段试点计划于2007年11月在中国深圳港、英国菲利克斯托港和荷兰鹿特丹港之间的航线上开展；第二阶段和第三阶段的试点计划分别于2011年和2019年开展，参与试点计划的国内外口岸和机场数

量不断增多，并实现了海运、铁路、空运全模式合作。截至 2020 年 6 月，中欧"安智贸"航线数量达到 176 条，参与试点的国家和港口由第一阶段的 3 国（地区）3 港扩大至当前的 10 国（地区）18 港（见表 2-12）。目前，中国境内有大连、上海、深圳、重庆、成都等 11 个海关参与试点。2017 年以来，"安智贸"参与助力中欧班列畅通"一带一路"铁路航线。2017 年 3 月，中欧（厦门）班列成为国内首条加入中欧"安智贸"项目的铁路航线；2019 年 3 月，中欧班列（成都—波兰罗兹）及相关企业纳入"安智贸"项目试点，而重庆直达德国、青岛直达匈牙利的中欧班列"安智贸"计划正处于研究推进阶段。"安智贸"项目促进中欧海关之间实现"信息共享、监管互认、执法互助"，有效地避免了不同国家、不同海关多次报关、多次查验，为将中欧班列打造成安全、便利、智能化的国际贸易运输链注入源源不断的动力。

表 2-12 参与"安智贸"的港口统计（截至 2020 年 6 月）

国家（地区）	口岸
中国	大连、重庆、上海港、上海浦东机场、深圳、天津、宁波、厦门、青岛、广州南沙港、广州白云机场、阿拉山口（2019，试点城市）
中国香港特别行政区	香港海港、香港国际机场
比利时	安特卫普、泽布吕赫
法国	勒阿弗尔
德国	汉堡
意大利	热那亚
荷兰	鹿特丹、阿姆斯特丹史基浦机场
波兰	格但斯克、马拉舍维奇
西班牙	巴塞罗那、瓦伦西亚
英国	菲利克斯托、伦敦希斯罗机场

资料来源：中华人民共和国广州海关官网。

2. AEO 认证有效提升中欧贸易安全与便利化水平

AEO 进一步提升中欧贸易的安全与便利化水平，中欧经贸再添"润滑剂"。"经认证的经营者"（AEO）制度由世界海关组织倡导，旨在通过海关对信用状况、守法程度和安全水平较高的企业进行认证，给予企业优惠通关便利。各国海关之间可相互认证，进而给予对方符合资质的企业相关便利。中国海关与欧盟海关于 2014 年签署 AEO 互认的相关决议，并于 2015 年 11 月正式实施。根据协议内容，中欧双方海关相互给予对方 AEO 企业的进出口货物四个方面的便利措施：减少查验或与监管有关的风险评估等手续；安全贸易伙伴身份的承认；货物优先通关；贸易连续运行保障机制。在该合作框架下，中国近 3000 家企业得到 AEO 认证，据估算，认证后的通关平均查验率降低约 50%，通关速度提高 30% 以上。中东欧 17 国中，已有 12 个欧盟成员国在 2014 年签署的中欧 AEO 互认框架下开展 AEO 合作，剩余的 5 个中东欧国家（非欧盟成员国）只有塞尔维亚于 2021 年 2 月和中国正式"牵手"AEO 互认。

3. 中国—中东欧国家通关便利化合作提质增速

中国—中东欧国家海关合作论坛作为"17+1"合作框架下的海关合作机制，依托该对话磋商机制和平台，中国—中东欧国家在推进贸易便利化方面取得了一系列丰硕成果：一是建立中欧陆海快线沿线国家海关通关便利化合作机制。2014年和2015年，中国先后与匈牙利、北马其顿、塞尔维亚三国海关及希腊海关签署了通关便利化合作框架协议，标志着中欧陆海快线沿线国家海关通关便利化合作机制正式建立。2017年，中国海关与捷克海关签署合作谅解备忘录，建立中捷缉私执法合作机制。二是数字清关持续推行，如菜鸟联合匈牙利海关及合作伙伴搭建数字化通关系统，将订单、支付、物流等原始数据线上化，货物落地前就能完成清关。此外，2021年4月，由中方推动建设的中国—中东欧国家海关信息中心正式揭牌，同时双方还将推动建设中欧陆海快线沿线国家通关协调咨询点，探索开展"智慧海关、智能边境、智享联通"合作试点，促进双方海关法规政策的沟通交流，并为双边贸易往来提供咨询和监测预警等便利化服务。

（五）与部分欧洲国家搭建起一批电子商务交流合作平台

"丝路电商"成为中欧经贸合作的新渠道和新亮点。自2017年以来，中国先后与匈牙利、爱沙尼亚、奥地利、冰岛、意大利5个欧洲国家签署了《关于电子商务合作的谅解备忘录》，并建立起相应的双边电子商务合作机制，如中爱、中匈、中冰、中克（克罗地亚）等电子商务（联合）工作组。同时，在"16+1"合作框架下，目前已搭建起一批电子商务交流合作平台。各类跨境电商渠道的不断丰富和完善，将为双边经贸合作开辟新空间（见表2-13）。

表2-13　中欧跨境电子商务代表性合作成果

时间	合作成果
2018年6月	第三次中国—中东欧国家经贸促进部长级会议期间，中方发起"16+1"电子商务合作倡议和"16+1"服务贸易合作倡议，得到中东欧各国的积极响应
2018年11月	中国首家"16+1"农产品电商物流中心与展示馆在深圳盐田启动，该中心旨在通过"M2B+平台运营"模式推动农产品跨境交易，为中东欧国家农产品进入中国市场开辟新航道
2017年11月	中国—中东欧国家首个农产品物流中心及展示馆在保加利亚第二大城市普罗夫迪夫落地，该中心旨在促进保加利亚及其他中东欧国家通过电商平台进行农产品及其他商品的贸易、销售、展示和流通
2018年12月	阿里巴巴集团与比利时联邦政府签署合作谅解备忘录，双方将共建"世界电子贸易平台"（EWTP），旨在为欧洲中小企业从事跨境交易提供更加便利和公平的选择，促进普惠交易
2019年2月	中国—中东欧国家首个电商展示中心在保加利亚第二大城市普罗夫迪夫揭牌，该中心旨在促进保加利亚及其他中东欧国家通过电商平台进行农产品及其他商品的贸易、销售、展示和流通
2019年6月	宁波推出跨境电商中东欧国家拓市行动，京东、网易考拉等国内线上知名平台先后开设中东欧商品联合馆和旗舰店，推动中东欧商品辐射全国
2019年10月	首届"中荷电子商务合作论坛"上成立了欧中跨境电商协会
2021年6月	中方与阿尔巴尼亚、匈牙利、黑山、塞尔维亚、斯洛文尼亚5个有意愿的中东欧国家启动了中国—中东欧国家电子商务合作对话机制

资料来源：根据网络新闻报道整理得到。

（六）打造了一批具有代表性的境内外经贸合作园区

境内外经贸合作园区已成为中欧共建"一带一路"、深化产能合作的重要平台和载体，也为企业开展贸易投资活动提供便利化服务。当前，我国已在德国、法国、意大利和匈牙利等7个欧洲国家建立了9个境外经贸合作园区（见表2-14）。这些经贸合作园区成为企业"集体出海、抱团取暖"、有效规避风险的投资平台。

表2-14 欧洲地区中国境外经济贸易合作园区

所在国家	成立时间	合作园区名称	实施企业
比利时	2016 年	中国—比利时科技园	联投欧洲科技投资有限公司
法国	2012 年	中法经济贸易合作区	中法经济贸易合作区有限公司
德国	—	帕希姆中欧空港产业园	河南林德国际物流有限公司
塞尔维亚	2015 年	塞尔维亚贝尔麦克商贸物流园区	温州外贸工业品有限公司
塞尔维亚	2017 年	塞尔维亚中国工业园	中国路桥集团
匈牙利	2011 年	中匈宝思德经贸合作区	烟台新益投资有限公司
匈牙利	2011 年	中欧商贸物流园	山东帝豪国际投资有限公司
芬兰	2015 年	北欧湖南农业产业园	湖南北欧投资管理有限公司
意大利	—	浙减中意工业园区	浙减威奥斯图有限公司

资料来源：根据中国国际贸易促进委员会官网公开资料整理得到。

另外，为吸引欧洲企业赴华投资，国内各地方政府先后建立了一批境内国际合作园区，它们已经成为中国地方政府面向欧洲国家对外开放的重要窗口，对推动中欧产能合作具有重要的引领作用。从数量来看，针对德国、芬兰、意大利和法国的境内国际合作园区相对较多，从分布位置来看，主要集中于江浙一带（见表2-15）。

表2-15 与欧洲国家（地区）合作的境内国际合作园区

合作国家与地区	级别	所在省（市）	所在市（区）	名称	创建年份
德国	国家级	山东	青岛	中德青岛生态园	2011
	国家级	四川	成都	中德中小企业合作园（蒲江）	2014
	国家级	江苏	苏州	中德（太仓）中小企业工业园	2012
	—	江苏	苏州	中德（太仓）绿色低碳合作园区	—
	国家级	辽宁	沈阳	中德（沈阳）高端装备制造业园区	2015
	国家级	广东	东莞	中德创新产业园（东莞）	2012
	省级	浙江	长兴	浙江中德（长兴）产业合作园	2015
	省级	浙江	嘉兴	浙江中德（嘉兴）产业合作园	2015
	—	湖南	常德	常德德国工业园	在建
	—	河南	许昌	中德（许昌）中小企业合作区	在建

续表

合作国家与地区	级别	所在省（市）	所在市（区）	名称	创建年份
法国	国家级	辽宁	沈阳	中法沈阳生态园	2014
	国家级	四川	成都	成都中法生态园	2015
	省级	浙江	海盐	浙江中法（海盐）产业合作园	2014
瑞士	国家级	江苏	镇江	中瑞镇江生态产业园	2012
	省级	浙江	嘉兴	浙江中瑞（萧山）产业合作园	2015
	国家级	河北	张家口	中瑞（张家口）中小企业国际合作园	2014
奥地利	国家级	江苏	南通	中奥苏通生态园	2012
芬兰	国家级	北京	北京	中芬北京生态园	2015
	国家级	北京	北京	中芬合作共青数字生态城	2010
	国家级	江苏	丹阳	中芬（丹阳）数字生态园区	2010
	国家级	北京	门头沟	中芬生态谷	2010
	国家级	北京	亦庄	中芬北京移动硅谷生态创新园	2014
荷兰	省级	浙江	嘉善	浙江中荷（嘉善）产业合作园	2015
北欧	省级	浙江	宁波	宁波北欧工业园	2002
意大利	国家级	浙江	宁波	中意宁波生态园	2014
	省级	浙江	钱江	意大利之窗	2015
	国家级	江苏	海安	中意海安生态园	2014
捷克	国家级	浙江	慈溪	中捷（宁波）产业合作园	2017
	国家级	浙江	浦江	中捷（浦江）水晶产业园（浦江水晶时尚小镇）	2017
丹麦	省级	浙江	杭州	浙江中丹（杭州湾上虞）生态产业园	2015
中东欧	国家级	河北	沧州	中国—中东欧（沧州）中小企业合作区	2018
欧洲	—	四川	成都	欧洲产业城	2017

（七）贸易畅通总体评价

目前中欧贸易畅通的机制化合作程度不断加深，为企业开展贸易投资活动提供便利化、自由化服务，但大部分是功能性的，制度性较少。贸易畅通建设成果主要集中于贸易领域，但签署的双边自由贸易协定还很少，双边投资自由化取得一定进展，但多边投资协定生效遇阻，这些都和中欧之间的贸易投资规模不相匹配。虽然中欧在许多项目上均有合作，但推动双方营商环境的总体改善还需要做大量的实质性工作，如依然存在严重的贸易投资壁垒、西欧国家基础设施老化严重和中东欧地区基础设施落后等现实问题仍制约着双方经贸合作潜力的释放。此外，自2019年欧盟委员会发表《欧盟—中国战略展望》以来，虽然欧盟仍承认中国是欧洲重要的经济合作伙伴，但认为中国不再是发展中国家，而是追求技术领先的经济竞争者和制度性竞争对手，随着欧洲强调对华关系竞争面的增多，将来推动中欧贸易畅通势必面临更多阻力。

三、设施联通进展

自"一带一路"倡议提出以来，中国与欧洲国家的设施联通合作主要集中在东欧和南欧等国家。我国与中东欧国家的交通基础设施互联互通协作机制已搭建起相应合作平台。2016年成立了"16+1"交通部长会议机制，随即宣布成立中国—中东欧物流合作联合会，并在拉脱维亚交通部内设立秘书处。该机制推动了中国与中东欧国家在基础设施互联互通建设、交通运输便利化服务、交通运输合作机制等领域的务实合作。此外，中匈塞交通基础设施合作联合工作组自2014年成立以来，已连续举办8次会议。塞尔维亚牵头组建了中国—中东欧国家交通基础设施合作联合会，为双方合作企业提供优质服务。目前中国企业在塞尔维亚、波黑、黑山、北马其顿等欧洲国家承建的一系列交通基础设施项目顺利实施。同时，自2012年"16+1"合作机制启动以来，中国与中东欧国家逐步建立起全方位、多层次、跨领域的能源合作机制，有效地推动了双方在能源领域的务实合作。2016年和2018年，中欧班列（渝新欧）首次去程运邮和首次回程运邮分别测试成功，改写了跨国铁路不能运邮的历史，推动构建国际铁路运邮新规则。

（一）一批标志性铁路、公路及地铁等交通基础设施项目在中东欧国家落地

2011年10月，具有"中塞友谊之桥"之称的泽蒙—博尔查跨多瑙河大桥正式开工，2014年12月竣工，这是中国在欧洲修建的第一座大桥。匈塞铁路作为中国—中东欧国家"一带一路"设施联通的旗舰项目，是中国铁路"走出去"的欧洲第一单，也是中国铁路标准与欧盟UIC标准的首次对接，具有重要的标志性意义。2018年开工的克罗地亚佩列沙茨跨海大桥以达到甚至超过欧盟的标准稳步推进，并于2022年竣工，该项目是中克两国最大的合作项目。北马其顿米拉蒂诺维奇—斯蒂普高速公路作为"16+1"合作框架下"中国—中东欧国家合作200亿美元专项贷款"首批落地项目之一，已于2019年7月通车。第三方合作成为推动基础设施互联互通的重要方式之一。例如，中方企业与波兰当地公司组成的联合体成功签约波兰E75铁路现代化改造项目，以及中法企业联合体就建设贝尔格莱德地铁项目与塞尔维亚政府签署谅解备忘录等，开展了三方合作的有益尝试。

表2-16 交通基础设施互联互通项目

国家	项目名称	项目类型	项目说明	时间
塞尔维亚	泽蒙—博尔查跨多瑙河大桥	桥梁	是中国企业在欧洲承建的第一个大桥项目，被誉为"中国第一桥"，全长1.5千米，历时3年完成，这也是塞尔维亚在多瑙河上近70年来的首座新建大桥，由中国路桥工程有限责任公司承建	2011—2014年
北马其顿	基切沃—奥赫里德高速公路	公路	由中国电力建设集团有限公司（中国电建）子企业中国水电建设集团国际工程有限公司承建	2014—2021年

国家	项目名称	项目类型	项目说明	时间
北马其顿	米拉蒂诺维奇—斯蒂普高速公路	公路	由中国电力建设集团有限公司（中国电建）子企业中国水电建设集团国际工程有限公司承建	2019 年
北马其顿	1 号高速	公路	由中国电力建设集团承建	2014 年
北马其顿	克鲁匹斯特—柯查尼快速路项目	—	由中国电力建设公司承建，该项目是横跨北马其顿 A3 公路和泛欧 8 号走廊的重要组成部分	—
匈牙利、塞尔维亚	匈塞铁路改造	铁路	中国与中东欧国家共建"一带一路"的重点项目，匈塞铁路北起布达佩斯，南至贝尔格莱德，全长 350 千米，设计速度和运营速度均为 200 千米/小时；匈塞铁路分为匈牙利段和塞尔维亚段。2020 年 10 月，匈塞铁路贝尔格莱德—泽蒙段左线开通运营；11 月，亚泽蒙—巴塔吉尼卡段左线顺利全线通车运营；2021 年 3 月，贝尔格莱德—旧帕佐瓦段左线全线建成开通	2013 年
塞尔维亚	贝尔格莱德—兹雷尼亚宁高速公路项目	公路	预计 2022 年启动	—
塞尔维亚	贝尔格莱德跨多瑙河大桥	桥梁	—	—
塞尔维亚	E763 高速公路一期、二期	公路	中国交建	2019 年
黑山	南北高速公路	公路	这是黑山首条高速公路建设项目，由中国路桥承建	2015—2021 年
波黑	波黑铁路项目	铁路	波黑铁路项目线路全长约 110 千米，波黑公路项目全长 42 千米，设计时速为 120 千米/小时。山东高速集团近日与波黑塞族共和国签署铁路现代化与重建、高速公路建设等项目合作协议	—
塞尔维亚	贝尔格莱德地铁项目	地铁	由中国电力建设股份有限公司、法国阿尔斯通公司和埃吉斯公司承建	—
波兰	A2 高速公路 Lot4 标段	公路	2021 年，中国电建签下波兰 A2 高速公路 Lot4 标段，合同金额约 1.4 亿美元	2021 年至今
波兰	S14 罗兹西部绕城快速路	公路	2019 年 4 月签约的 S14 罗兹西部绕城快速路设计与施工项目是中国企业此前 10 年在波兰的首个公路项目，建成后将使罗兹市成为波兰第一座具备完整绕城高速公路的城市。由中国电建承建	—
波兰	波兰 E75 奇热夫—比亚韦斯托克段铁路修复项目	铁路	中方企业与波兰当地公司组成的联合体成功签约波兰 E75 铁路现代化改造项目	—
波兰	弗罗茨瓦夫河道整治	—	—	—

国家	项目名称	项目类型	项目说明	时间
克罗地亚	佩列沙茨大桥	桥梁	该桥是中克两国最大的基础设施合作项目，由中国路桥公司牵头的中国企业联合体承建，是欧盟基金出资的单体最大项目	2018—2022 年
德国	德国莱茵河大桥主桥钢箱梁制造项目	桥梁	—	—
波黑	泊奇特利桥项目	桥梁	—	—
波黑	泛欧 5C 走廊	公路	泛欧 5C 走廊高速公路项目连接匈牙利首都布达佩斯和克罗地亚普洛切港，途中穿越波黑。由中国建筑集团有限公司和中国电力建设集团有限公司承建的波黑查普利纳段项目，于 2019 年 11 月开工。波黑查普利纳段将建成双向四车道、智能交通化的高速公路，是中国企业在波黑承建的第一条高速公路与第一座桥梁，也是中国企业第一次在波黑同欧盟开展第三方合作	2019 年
塞尔维亚	诺维萨德—鲁马快速路项目	公路	2020 年，中国路桥工程有限责任公司与塞尔维亚政府签署诺维萨德—鲁马快速路项目	—
波兰	弗罗茨瓦夫防洪工程项目	水利	弗罗茨瓦夫防洪工程项目是中国企业在欧盟市场取得履约证书的首个项目	—
波黑	多博伊医院建设项目	医院	2019 年，中国国际医药卫生有限公司签约该项目，这是中东欧国家与中国企业合作开展的第一个医疗工程项目	2019 年
阿尔巴尼亚	拜拉特绕城高速	公路	—	—
黑山	巴尔—维尔布尼察铁路修复项目	铁路	2021 年，中国路桥与黑山交通与海事部签署黑山巴尔—维尔布尼察铁路修复项目谅解备忘录	—
塞尔维亚	洛兹尼察—瓦列沃—拉扎雷瓦茨公路和伊维拉克—拉伊科瓦茨段公路	公路	2021 年，中国山东对外经济技术合作集团与塞尔维亚建设、交通和基础设施部及塞尔维亚道路公司签署洛兹尼察—瓦列沃—拉扎雷瓦茨公路和伊维拉克—拉伊科瓦茨段设计施工商务合同	—
塞尔维亚	贝尔格莱德—兹雷尼亚宁—诺维萨德高速公路建设项目	公路	2021 年，中国山东对外经济技术合作集团与塞尔维亚建设、交通和基础设施部签署贝尔格莱德—兹雷尼亚宁—诺维萨德高速公路建设项目规划和技术编制谅解备忘录	—
塞尔维亚	贝尔格莱德绕城公路项目（C 段）	公路	2021 年，中国电建与塞尔维亚建设、交通和基础设施部签署贝尔格莱德绕城公路项目（C 段）合作备忘录	—

国家	项目名称	项目类型	项目说明	时间
塞尔维亚	贝尔格莱德市跨萨瓦河新桥项目	桥梁	2021年，中国电建集团与贝尔格莱德国土开发公共机构签署贝尔格莱德市跨萨瓦河新桥项目商务合同	—

资料来源：笔者根据公开资料整理得到。

（二）港区基础设施互联互通取得一定进展

一是"三海合作"倡议取得多方共识。为实现中国"一带一路"倡议与中东欧地区"三海合作"倡议的有效对接，双方于2016年第五次中国—中东欧领导人会晤期间正式发表"三海港区合作"倡议联合声明，并在波兰设立中国—中东欧国家海事秘书处；该倡议旨在推动三海重点港口间的合作，支持临港产业园区建设，鼓励开展港区相关铁路、公路、航道、物流中心等基础设施合作，进而推动欧盟泛欧交通网络建设有效对接。

二是中资企业积极布局欧洲港口，并打造了一批合作样板。中方企业投资了从博斯普鲁斯海峡到波罗的海港口的股份或运营权，大型投资项目不断涌现。如中国远洋海运集团有限公司收购希腊最大港口比雷埃夫斯港67%的股权，北京建工集团承建曼彻斯特机场空港城项目，中国投资有限责任公司收购英国泰晤士水务公司8.68%的股份。2018年1月，"一带一路"框架下的项目落户比利时泽布吕赫港，中远海运港口公司获得该港口集装箱码头的特许经营权协议。2022年，中远集团收购德国汉堡港CTT码头24.9%的股权，目前，该集团在欧洲14大港口拥有自己的码头和股份。这些港口从鹿特丹、安特卫普到勒阿弗尔、毕尔巴鄂、瓦伦西亚、马赛和马耳他等，中国的参与让这些港口焕发生机。同时，宁波舟山港正积极谋划与中东欧四港（康斯坦察港、科佩尔港、里耶卡港、格但斯克港）的合作。

三是在大力发展港口建设的同时，积极实现与欧洲国家海运标准的对接。2002年12月6日，中欧签订《中欧海运协定》，该协定于2008年正式生效。《中欧海运协定》对于改善海上货运作业条件，促进海运合作，尤其在国际海事组织、国际劳工组织和世界贸易组织等国际组织中的合作都有重要意义。2018年中国与欧盟在布鲁塞尔签署了关于《中欧海运协定》适用于克罗地亚的修改议定书，将克罗地亚纳入协定范围，进一步拓展了协定的影响力。

（三）民航合作平台与机制化建设

一是建立民航合作平台，深化中欧民航合作关系。始于1999年的中欧民航合作项目（APP）是由欧盟委员会和欧盟商会共同开展的一项技术援助合作项目。2015年以前，双方已先后在该平台下开展两期民航合作项目。2015年以来，中欧在该平台下以全新模式开展合作，其中第一期APP项目（2015—2020年）已顺利完成，合作内容涵盖航空技术，也涉及民航政策对话。第二期APP项目于2021年4月启动，计划于2024年3月结束。2017年4月首场举办的中欧航空安全年会现已举办两届。国产大飞机C919将纳入中欧适航谈判。2021年4月，欧洲和中国民航监管机构扩展了一份有关空客天津生产的双边协议，涵盖A350的完工。

二是持续推进民航务实合作，共同探索中欧"空中丝绸之路"建设。目前，中国已同欧盟 28 个成员国中的 27 个正式签订或草签了双边航空运输协定，与 15 个成员国开通了直航航线，每周有 600 多个航班往返于中欧之间。2012 年至 2017 年，中国与中东欧国家之间新开通 6 条直航航线。2014 年 6 月，郑州至卢森堡的定期洲际货运航线正式开通。2020 年，郑州机场率先开通直达匈牙利的定期货运航线。2021 年 4 月底，布达佩斯机场公司、河南机场集团以及中欧商贸物流合作园区签署战略合作协议，共同探索开展"空中丝绸之路"中匈航空货运枢纽项目。2021 年 5 月，郑州至匈牙利首都布达佩斯的"菜鸟号"直航货运航线开通。

（四）能源基础设施互联互通

能源基础设施互联互通得益于相关合作机制的推动。2012 年，"16+1"能源合作机制在波兰启动；2017 年，中国—中东欧能源项目对话与合作中心正式成立，该中心秘书处在当年举办的中国—中东欧能源博览会上正式挂牌，其中中方秘书处设在中国电力规划设计总院，欧方秘书处设在罗马尼亚能源中心。2019 年，首届中国—中东欧国家企业能源合作论坛在克罗地亚举行，第二届论坛于 2021 年在北京举行。2018 年，中国—中东欧能源合作第一次技术交流会在北京举行。这些合作机制的建立为推动中欧能源务实合作发挥了重要的支撑作用。

在"16+1"合作框架及上述能源合作机制的引领带动下，双方围绕电网互联互通、核电开发、清洁煤电、风电、水电和太阳能等领域，开展了大量富有成效的合作（见表2-17）。自 2012 年以来，中国企业在中东欧地区开展的风电、光伏等能源投资总额已超过 40 亿欧元，参与建设和提供技术服务的能源项目总规模超过 200 万千瓦。同时还打造了一批能源领域的样板工程项目，获得合作方高度认可。2016 年 8 月正式投产的波黑斯坦纳瑞火电厂是中国与波黑建交后的第一个大型基础设施项目，也是"16+1"合作框架下的第一个竣工投产的项目。中方承建的塞尔维亚潘切沃联合循环电站、波黑达巴尔水电站、黑山的莫祖拉风电站和普列夫利亚热电站一期生态改造等一系列重点能源合作项目落成运营或启动建设，为当地带来巨大的经济效益和环境效益。在建的考波什堡光伏电站是匈牙利目前最大的光伏项目，被考波什堡市市长称为"中匈两国清洁能源合作的典范"。2021 年 7 月，中国电建与波黑鲁普维托罗格公司成功签署 231 兆瓦风电项目 EPC 合同，建成后将成为波黑最大的风力发电基地。

表 2-17　能源基础设施互联互通项目

国家	项目名称	类型	项目说明	建设时间
保加利亚	伊赫蒂曼太阳能光伏电站	光伏	由安徽普乐新能源有限公司出技术设备、南京金智创业投资有限公司出资金、保加利亚公司 SUN-SERVICE 总承建，是中国在保加利亚投资的第一个太阳能光伏电站	—
北马其顿	北马其顿科佳水电站	水电	科佳水电站项目是北马其顿最大的水电项目。中国政府在北马其顿人民比较困难的时期，以贷款的形式，为该项目提供了 8700 万美元的资金支持。中水电公司于 2002 年底正式接手该项目，用时 20 个月成功使项目投入商业运行	—

国家	项目名称	类型	项目说明	建设时间
波黑	波黑库普雷斯风电一期工程总承包项目	电力	中国技术进出口总公司与波黑莫斯塔尔卡门邓特有限公司就库普雷斯风电一期 EPC+OM 工程总承包加 15 年风场运维合同完成了函签。该项目合同金额约 7000 万欧元。项目正式运营后，中方将负责该风电场 15 年运营和维护	—
波黑	波黑卡门格拉德 2×215 兆瓦燃煤电站项目	电力	中国能建与波黑联邦政府在匈牙利首都布达佩斯签署波黑卡门格拉德 2×215 兆瓦燃煤电站项目，装机总容量为 420 兆瓦	—
波黑	波黑图兹拉 7 号火电站项目	电力	中国能建国际分公司、葛洲坝国际公司承建波黑图兹拉 7 号火电站，并于 2020 年 6 月正式开工。图兹拉 7 号火电站是波黑电力行业战后最大的投资项目，由中国进出口银行提供贷款	2020 年至今
波黑	波黑斯坦纳里 1×350 兆瓦火电项目	能源	2016 年 8 月，波黑斯坦纳里火电厂正式建成投产，该项目是中国与波黑建交后的第一个大型基础设施项目，也是"16+1"合作框架下的第一个竣工投产项目。该项目不仅是中国企业在欧洲独立设计和承建的第一个火电总承包项目，也是波黑近 30 年来最大的火电能源项目，还是首个使用中国—中东欧合作机制 100 亿美元专项贷款额度且第一个竣工投产的项目	2013—2016 年
波黑	波黑 231 兆瓦风电项目	能源	2021 年 7 月 1 日，中国电建与波黑鲁普维托罗格公司成功签署 231 兆瓦风电项目 EPC 合同，建成后将成为波黑最大的风力发电基地	—
波黑	优乐高水电站项目	能源	优乐高水电站项目是中资公司在中东欧地区唯一在建的水电站项目，2019 年 10 月该项目正式启动，预计于 2024 年 3 月完工	2019—2024 年
波黑	波黑 Ugljevik Ⅲ 2×300MW CFB 燃煤电厂项目	煤电	—	—
波黑	德里纳河-Buk Bijela 水电站	水电	该项目由塞尔维亚的电力公司和波黑塞族共和国的电力公司共同出资，金额约为 2.2 亿欧元，中航国际工程公司承建，项目施工期为 5 年	2021 年至今
波黑	达巴尔水电站项目	煤电	2021 年 5 月，中国能建葛洲坝集团与波黑塞族共和国电力公司下属达巴尔电力公司在特雷比涅签署达巴尔水电站项目 EPC 合同，总金额约 17 亿元，该水电站是中资企业在中东欧地区承建的最大水电项目	2021—2025 年
波黑	巴诺维奇火电站项目	—	—	—
波黑	乌洛格水电站	水电	该水电站是中国企业在波黑的第一个水电站项目，由中国电建集团承建	2019 年至今

续表

国家	项目名称	类型	项目说明	建设时间
波黑	Banovic 350 兆瓦煤电站	—	由中国东方电气股份有限公司承建	2015 年
波黑	Ugljevik Ⅲ 2×350 兆瓦燃煤发电站	煤电	国机集团中国电力工程有限公司通过视频会议方式，与 Sunningwell International LTD 公司签订波黑 Ugljevik Ⅲ 2×350 兆瓦燃煤发电站及配套 420 万吨露天煤矿建设项目 EPC 合同	2021 年
波黑	德荣拉 168.2 兆瓦风电项目	—	2021 年，中国电建集团与波黑全球绿色能源公司签订波黑德荣拉 168.2 兆瓦风电项目 EPC 合同协议书	—
波黑	伊沃维克 84 兆瓦风电项目	—	2021 年，中国技术进出口集团有限公司、中国电建集团海外投资有限公司与波黑政府签订波黑伊沃维克 84 兆瓦风电项目合作开发协议	—
波黑	普列夫利亚热电站一期生态改造项目	—	2021 年，东方电气与黑山国家电力公司签订黑山普列夫利亚热电站一期生态改造项目 EPC 总包合同	—
波兰	海乌姆—卢布林 400 千伏输变电项目	—	—	—
波兰	400 千伏/220 千伏/110 千伏科杰尼采变电站扩建及改造项目	—	科杰尼采项目是中国企业在欧盟完工的首个输变电工程总承包项目，对深化我国与欧盟在电力领域的产能合作，进一步开拓欧洲电力工程市场具有重要意义	—
波兰	波兰 51.5MWp 光伏电站项目	光伏	由中国—中东欧基金投资、正泰新能源承建的波兰 51.5MWp 光伏电站项目，历经 1 年施工建设，首批 4 个项目已于 2021 年正式竣工并网发电。其余 47.5MWp 计划在 3~4 个月内全部完工并网，总发电量预计为每年 50GWh	—
德国	南都电源德国储能系统项目	能源	初期建设总容量为 50 兆瓦，项目处于待建状态，投资总金额约为 4200 万欧元，预计 2018 年底前完成全部项目建设	—
德国	德国 1 台大型空气声学风洞风机项目	其他	中国电建中标德国 TLT 公司千万欧元风洞项目。其中，德国 1 台大型空气声学风洞风机（直径 6.3 米）项目、美国世界著名汽车制造商 2 台空气声学风洞风机（直径 8 米）项目	—
黑山	黑山莫祖拉风电项目	风电	该项目由上海电力控股，联合马耳他能源公司、英国 Vestig 基金和中国远景能源共同投资，是环地中海地区"三方合作"的能源投资经典案例	2017—2019 年
葡萄牙	收购葡萄牙国家能源网公司网 25%的股份	电力	2012 年，国家电网以 3.87 亿欧元（约合 32 亿元）收购葡萄牙国家能源网公司 25%的股份，这是中国企业首次在欧洲收购国家级电网公司	2012 年

国家	项目名称	类型	项目说明	建设时间
塞尔维亚	科斯托拉茨热电站二期项目	能源	中国机械设备工程股份有限公司于 2013 年同塞尔维亚电力公司及科斯托拉茨热电站签署了有关该热电站二期项目的商务合同,工程项目合同金额约为 7.15 亿美元,使用中国政府优惠贷款,于 2019 年投入使用	—
塞尔维亚	Plandiste 100 兆瓦风电站	风电	2014 年,金风科技在塞尔维亚签下 100 兆瓦机组订单	2014—2015 年
希腊	希腊 115.9 MWp 光伏电站	光伏	—	—
希腊	收购希腊国家电网公司 24%的股权	电力	2017 年 6 月,国家电网以 3.2 亿欧元收购希腊国家电网公司 24%的股权	2016—2017 年
匈牙利	考波什堡光伏电站	光伏	考波什堡光伏电站是匈牙利目前最大的光伏项目,被考波什堡市市长卡洛里称为"中匈两国清洁能源合作的典范"	2019—2021 年
意大利	收购意大利能源网公司 35%的股权	电力	2014 年,国家电网以 24 亿欧元从意大利存贷款公司收购意大利能源网公司 35%的股权	2014 年
英国	欣克利角 C 核电项目	能源	欣克利角 C 核电项目是中国在欧洲的最大一笔单笔投资,也是中国在欧洲参与建设的第一个核电项目,被称为中英关系"黄金时代的黄金项目"	—
塞尔维亚	潘切沃燃气联合循环电站	—	由上海电气集团承建	2019 年
阿尔巴尼亚	沙拉河流域水电站	—	2021 年,葛洲坝集团与爱尔兰沙拉能源公司及阿尔巴尼亚 3Power 沙拉公司签订阿尔巴尼亚共和国沙拉河流域水电站框架合同	—
北马其顿	德米尔卡皮亚 34 兆瓦风电项目	—	2021 年,中国电建与 Kaltun 北马其顿能源公司签订北马其顿德米尔卡皮亚 34 兆瓦风电项目商务合同	—

资料来源:笔者根据网络新闻报道整理得到。

(五)数字基础设施互联互通

一是数字基础设施互联互通成果初显。1998 年建成开通的亚欧光缆干线东起上海,西至德国法兰克福,经中国穿越俄罗斯陆境到达欧洲,途经 20 个国家,成为中欧信息部门友好合作的典范。由中国企业牵头承建的洲际"信息高速公路"海底光缆项目(也称为"和平"光缆项目)于 2018 年开工建设,于 2021 年底竣工。该光缆长达 15000 千米,承接中国与非洲和欧洲之间的数据传输,途经巴基斯坦、非洲之角,终点为法国马赛,其在欧洲区域的主要节点位于塞浦路斯、马耳他和法国。2019 年 12 月,中国移动国际有限公司在欧洲的首个自有数据中心落户英国。2021 年 2 月,中国移动国际有限公司在欧洲的第二个数据中心在德国法兰克福正式启用,积极为"一带一路"沿线地区打造全方位通信网络资源体系，带动区域内通信及经济社会发展。

二是信息和通信技术领域合作不断深化。2016 年 10 月，华为改造塞尔维亚固定网络项目正式启动；2021 年 2 月，华为与塞尔维亚签署电信固网现代化改造二期项目的合作协议。2021 年，中国—中东欧国家领导人峰会期间，华为与希腊和塞尔维亚签署了多项通信数字设施领域的合作项目，包括《华为公司与希腊国家银行关于希腊国家银行园区智慧网络项目协议》《华为公司与沃达丰匈牙利公司关于匈牙利沃达丰 Spring 5G 项目合作协议》《华为公司与塞尔维亚电信公司关于塞尔维亚电信固网现代化改造二期项目建设合作协议》。

三是双方产业界以 2015 年中欧签订的 5G 联合声明为引领，积极开展交流与合作。2015 年 9 月，中国 IMT-2020（5G）推进组与欧盟 5G 基础设施协会（5G PPP）签署 5G 合作备忘录。2022 年 6 月，中国 IMT-2030（6G）推进组与欧洲 6G 智慧网络和业务产业协会（6G-IA）签署 6G 合作备忘录，促进 6G 领域的进一步合作。双方围绕 5G、6G 技术开展了富有成效的交流合作。2019 年 7 月，华为同希腊 Wind 电信公司联合进行希腊首个商用 5G 业务的发布。

总之，虽然中欧基础设施建设合作起步较早，但有关设施联通的合作机制建设仍然比较缓慢。中国基础设施建设主要集中在中东欧，在相对更发达的西欧布局较少。欧洲基础设施市场一直较难进入，不仅是中国企业自身的实力问题，也是欧美市场中较容易设定为敏感的部分。而相对落后的中东欧成为中国与欧洲设施联通的主要阵地。此外，尽管中欧一直致力于基础设施互联互通，但由于沿线国家众多，技术标准、基础设施不平衡对设施联通水平形成制约。以中欧班列运输铁路为例，中国和欧洲国家采用 1435 毫米的标准轨，而俄罗斯、哈萨克斯坦、蒙古国等采用的却是 1520 毫米的宽轨，所以中欧班列途经这些国家时需进行换装、换车等复杂操作。此外，在欧盟境内，标准的货运列车长度为 740 米，但德国的货运列车长度往往达不到这个标准，超过 700 米的仅占 11%，短于 600 米的占到 64%，这意味着途经德国的班列需要通过重新编组来克服货运列车长度的限制，无疑增加了班列的运输时间和成本。

四、民心相通进展

民心相通是"一带一路"建设的民意基础和社会根基，沿线国家对"一带一路"倡议的认知、认可和认同，需要我们通过人文交流、人员往来、媒体合作等不同方式去努力推动，否则民众就会对我们不了解、不理解、产生偏见以致不能获得支持。因此，做好民心相通工作具有非常重大的现实意义和政治价值。我们现在所做的"民心相通"通常包括：扩大相互间留学生规模，开展合作办学；加强旅游合作，扩大旅游规模；强化公共卫生合作；加强科技合作，共建联合实验室等；加强沿线国家之间立法机构、主要党派和政治组织的友好往来；沿线国家民间组织的交流合作。

(一) 人文交流合作多元丰富

近年来,中欧文化交流不断加深,各种合作机制不断涌现。中欧人文交流从以前单一政府层面的文化对话,向政府与民间多种形式的方向发展。

其一,人文交流合作机制不断健全。自 2011 年以来,中国与英国、法国、德国和意大利等国相继建立了高级别人文交流对话机制或文化合作机制。2012 年,中国与欧盟也建立了高级别人文交流对话机制,迄今已举行几次。目前,已有超过 15 个欧盟成员国同中国签署了文化合作协议,中国已在 15 个欧盟国家设立了海外中国文化中心,文化中心已成为双方人民了解彼此生活、认知彼此文化的重要平台。同时,在"16+1"合作框架下,中国构建了较为清晰的对中东欧国家人文交流路线,如中国—中东欧国家文化合作协调中心在马其顿设立,中国—中东欧国家文创产业交流合作中心落户成都,还建立了中国—中东欧国家青年艺术人才培训和实践中心等多种人文交流平台。

其二,人文交流对象不再仅限于政府层面的官方合作,民间交流增多,民间艺术交流学习成为风潮。例如,2016 年被确定为"中国—中东欧国家人文交流年",出现了中国演出行业代表团赴斯洛文尼亚、斯洛伐克和克罗地亚 3 国选购节目,中东欧 16 国知名画家赴贵州写生创作等多种活动情景。2016 年 7~8 月,第二届中国—中东欧国家舞蹈夏令营在云南、贵州举行。

其三,人文交流形式向着多元化方向发展。不再受限于艺术领域,中欧人文交流还向文创产业大力进发,搭建中欧文化创意产业合作平台。以文化交流的方式促进和推动文化产业的发展,进一步加强中欧文化交流,创造更多的产业贸易机会,促进中国与欧盟各成员国扩大文化贸易规模,支持中国文化企业和项目参加欧盟各成员国举办的文化展会和重大文化交流活动,鼓励更多的中国文化企业前往欧盟投资合作。

(二) 中欧旅游合作走向纵深

中欧推动建立多种旅游合作机制。以 2004 年中国与欧盟签署的《中国旅游团队赴欧共体旅游签证及相关事宜的谅解备忘录》(ADS) 为引领,中欧旅游政府主管部门、学术机构、旅游企业、地方间探索建立了多层次、多渠道的合作机制。我国先后与希腊、葡萄牙、保加利亚、匈牙利、丹麦、意大利等多个欧盟国家和地区签署旅游合作谅解备忘录。同时,研究机构间互动频繁,举办中国—欧盟旅游合作研讨会,如 2017 年中国旅游研究院与欧洲旅游委员会签署了战略合作协议。为了推进对中东欧国家的旅游合作,2014 年,成立了中国—中东欧国家旅游促进机构和旅游企业联合会。中国不仅在伦敦、巴黎、法兰克福、马德里设立旅游办事处,而且 2016 年中国首个驻中东欧地区旅游办事处落户匈牙利首都布达佩斯。2018 年,中东欧首家中国签证申请服务中心落户罗马尼亚布加勒斯特,中国在欧洲开设的签证申请服务中心达到 21 家。同时,旅游年系列活动助推中欧旅游领域合作不断升温。迄今为止,除"中国—欧盟旅游年",还举办了 2015 年"中国—中东欧国家旅游合作促进年"系列活动,与瑞士、丹麦、克罗地亚和意大利等国家举办旅游年活动,举办主体涵盖多个欧洲国家和区域性国际政治经济实体。上述旅游合作机制有效促进了双方旅游业的发展,使中国与欧洲国家的旅游人数成倍增长。如与 2011 年相比,2020 年中国与中东欧国家双向旅游交流人数增长近 4 倍。此外,共同开展文化遗产保护合作，探索旅游业可持续发展。2018 年 10 月，中国—欧盟世界遗产和可持续旅游高级别会议在巴黎联合国教科文组织总部举行。2018 年，国家旅游局与意大利文化遗产、活动与旅游部签署了两国旅游战略合作谅解备忘录，双方将在可持续旅游、世界遗产开发保护等方面加强合作。

（三）中欧教育合作呈现良好发展局面

与欧盟及欧洲国家建立了稳定的教育交流与合作关系。2013 年中欧高等教育合作与交流平台正式启动，目前已成功举办多次年度会议。2016 年，中方主办了中国—欧盟国家教育部长会议，此次会议上中国与欧盟国家签署的双边教育合作协议达 80 多项。2020 年，中欧联合发布了"中欧高等院校学分互认指导纲要"。目前，我国已与 22 个欧盟成员国签订了相互承认学位、学历和文凭的协议。2019 年，在欧盟（不含英国）留学的中国人达 19.3 万人；2020 年，在华学习的欧盟国家（不含英国）学生接近 1.8 万人。中欧还支持建立了中欧国际工商学院、中欧法学院、中欧清洁与可再生能源学院等合作办学项目，我国与欧盟各成员国在华合作成立本科以上层次的办学机构 33 个、项目 239 个。欧盟国家在华建立了歌德学院、法语联盟、塞万提斯学院等语言教学机构；中国在欧盟 27 个成员国合作建立了开展国际中文教学的孔子学院和孔子课堂，加上其他非欧盟国家，欧洲成为全球设立孔子学院和孔子课堂最多的地区之一。

值得高度关注的是，在 2012 年开启的中国—中东欧国家领导人峰会推动下，形成了中国—中东欧国家教育合作交流的主体运作机制，即中国—中东欧国家教育主管部门部长（副部长）级的教育政策对话，在中国—中东欧国家教育政策对话会议框架下，2014 年，中国—中东欧国家高校联合会机制正式成立。截至 2021 年，中国—中东欧国家教育政策对话会议已举办 8 届，中国—中东欧国家高校联合会已连续举办 7 届。中国—中东欧国家教育合作交流机制推动双方在教学资源利用、学历学位互认、双方高校开展人才联合培养合作、搭建双方职业院校产教合作联盟、建立教育合作联络人制度等方面取得了丰硕成果。

（四）智库交往合作不断扩大

智库交往有利于带动人文交流，消融国家间的文化差异和心理隔阂，也是增进民心相通、筑牢社会基础的重要手段。一是双方合建了一批代表性智库。中国—中东欧国家全球伙伴中心成立于 2019 年 4 月，它是非官方、非营利性质的智库咨询机构，实行双主席制，由中国国际问题研究院和保加利亚市场营销研究所分别担任，首批成员单位包括来自中国和中东欧国家的 24 家智库、科研机构和高等院校。为期三年的"中欧智库交流"项目由欧盟委员会于 2020 年发起，旨在通过加强有影响力的中欧双方智库与学术机构之间的交流和学术对话，促进中国与欧盟全面战略伙伴关系的进一步发展。参与该项目的中方机构为全球化智库（CCG）和中国国际问题研究院（CIIS），欧方机构为欧盟委员会下属的欧洲政策中心和比利时皇家国际关系研究所。此外，为落实《中国—中东欧国家合作苏州纲要》，建立了中国—中东欧国家智库交流与合作网络。二是双方智库通过论坛交流、联合发布研究报告等多种方式为中欧合作提供智力支持。2017 年 9 月，中国国际经济交流中心、欧盟布鲁盖尔研究所、英国皇家国际事务研究所、香港中文大学全球经济及金融研究所四家全球高端智库联合发布《中国—欧盟经济关系2025：共建未来》研究报告。由中国社会科学院联合中东欧智库共同举办的中国—中东欧国家高级别智库研讨会至2021年已举办7届。

总体来说，尽管中欧民心相通建设取得了显著的成果，但存在的诸多不足值得高度重视。一是对民心相通建设的重视程度不够。与"一带一路"建设其他"四通"取得的显著成就相比，民心相通建设还相对滞后，中欧民众彼此了解程度还很有限。同时，民心相通建设与其他"四通"建设脱节，例如匈塞快线，其影响力仅仅停留在经济项目层面，尚未触及深层次的区域文明以实现民心相通。从学术关注度看，中国学术界对民心相通建设的关注程度低，学术研究成果非常少。二是民心相通建设意愿相对不足。由于民心相通建设不如其他"四通"建设具备显著的可视性成果，中国过去几年在"一带一路"建设中相对重视经济效益、扩大市场、做大品牌，对民心相通建设的投入意愿相对较小。三是未能充分利用媒体力量，民心相通因此受阻。从媒体关注度看，国内媒体偏重于报道合作项目规模、数字上的成就，对当地民众生活、观念上的变化未能全面及时有效宣传。国际媒体更为关注"一带一路"建设的政治内涵、项目合作等，对民心相通建设则鲜有提及。中国未能利用好自身的媒体资源优势，反而因为"中国威胁论""新疆人权"等话题在欧洲蔓延，在欧洲人民心中树立了中国的负面形象。四是政府主导的文化合作项目存在水土不服的现象。孔子学院作为中华文化对外输出的重要形式，在海外受阻。一方面是对学术自由的影响表示担忧，认为孔子学院"被中国政府控制"，会避免谈论个别敏感话题，同时认为孔子学院充当了"宣传机器"，是中国增强软实力的文化布局。另一方面则是孔子学院本身教学形式的问题，主要是中式教育与西式教育融合碰撞所产生的冲突，而这导致近年来欧洲关于关闭孔子学院的报道屡见不鲜。

五、政策沟通进展

在"一带一路"视角下，依托政策沟通的协调、磋商机制，实现国家间政治互信的提升，合作意愿的达成，以及战略决策和发展规划的有效对接，将中国倡导的新型合作理念传达给沿线国家，得到沿线国家的认同和共同参与，真正做到"共商、共建、共享"。自"一带一路"倡议提出以来，中欧之间的政策沟通机制得到进一步健全和深化，为推动中欧高质量共建"一带一路"提供了重要保障。

（一）建立起一套完备的多边立体合作机制

当前，中欧之间以政治、经贸、人文、科技、能源、环境等各领域的对话磋商机制为支撑的多边立体合作机制逐步建立起来。

1. 中欧已形成了以领导人会晤机制为战略引领，高级别战略对话、经贸高层对话、高级别人文交流对话和中欧环境与气候高层对话机制为四大支柱的"1+4"高层对话格局。其一，中国—欧盟领导人会晤是中欧双方最高级别的政治磋商机制。该机制建立于1998年1月，是中欧关系制度化发展的主要标志，对中欧关系发展起到了独特的战略引领作用；双方领导人每年定期举行会晤，截至2020年6月，中欧领导人已举行了22次会晤。其二，中欧高级别战略对话，也称中欧战略对话。它是中欧就宏观战略问题进行深入沟通的重要平台，其前身是 2005 年启动的中国与欧盟副外长级定期战略对话机制，2005—2009 年共举行了四轮战略对话；2010 年 4 月，该对话机制升级为外长级，此后，历次对话由欧方轮值主席国外长与中方外交部部长共同主持，2010—2021 年共举行了 11 轮战略对话。其三，中欧经贸高层对话机制。该机制建立于 2008 年 4 月，该副总理级的对话平台是中欧经贸领域最高级别的定期磋商机制，旨在讨论中欧贸易、投资和经济合作战略，协调双方在重点领域的项目与研究并制定规划，截至 2021 年，双方已举行了 8 次对话。其四，中欧高级别人文交流对话机制。该机制建立于 2012 年，目前已举办了 5 次会议，对推动中欧民心相通建设发挥了重要作用，同时充实了中欧全面战略伙伴关系的内涵。其五，2020 年中德欧领导人视频会晤决定建立中欧环境与气候高层对话机制，以扩大和深化欧中环境与气候领域对话合作，打造中欧绿色合作伙伴关系；2021年 2 月和 10 月分别举行了中欧环境与气候高层第一次对话和第二次对话。上述高层级的多边对话机制推动中欧关系不断升华，实现由建设性伙伴关系到全面伙伴关系，再到全面战略伙伴关系的转变，同时也为中欧共建"一带一路"提供了全方位的机制保障。

2. 在"1+4"高级别对话机制主体框架下，相应的配套机制逐步建立和完善。迄今为止，中欧双方已建立 70 余个磋商和对话机制，涵盖政治、经贸、人文、科技、能源、环境等多个领域。其一，政治对话机制。如外交部部长每年与欧盟驻华使团团长的会议，全国人大与欧洲议会间的定期交流机制，每半年举办一次的政治司司长层次政治会晤，以及亚欧会议过程中的中欧高官会谈等。2019 年 3 月，中国同欧盟成员国首次举行外长集体对话。

其二，经济金融对话机制。中欧财金对话机制于 2005 年 2 月正式启动，是中欧在宏观经济政策、财金领域定期开展政策对话和交流的重要平台之一，迄今双方共举行了十几次对话。由国家发展改革委和欧盟委员会共同举办的中欧宏观经济政策对话目前已举办了多次。此外，还有 2005 年 10 月启动的中欧金融服务与监管圆桌会议；2007 年 11 月成立的多边央行对话机制——中欧央行工作组（货币问题工作组）。

其三，经贸合作机制。中欧双方在经贸领域建有经贸混委会、贸易政策、知识产权、竞争政策等对话机制，涵盖部长级、副部级和司级等多个层级。其中，中欧部长级经贸混委会制度建立于 1985 年，此后双方陆续在经贸混委会下设立了经贸、科技、环保、能源和信息通信技术 5 个工作组，迄今双方已在该框架下开展多次正式对话。2003 年，双方建立中欧贸易与投资政策对话机制。2018 年，中欧建立世贸组织改革副部级联合工作组，就 WTO 组织改革、上诉机构成员遴选等问题开展合作，以实际行动维护全球多边贸易体制。2002 年，国家质检总局和欧盟委员会企业与工业总司联合成立了中欧工业产品安全和 WTO/TBT 磋商机制，有效地解决了中欧贸易中出现的有关工业产品市场准入技术性贸易措施问题，截至 2020 年 12 月，该 TBT 磋商机制已举行 18 次年度会议。2010 年前后，中欧双方成立中国—欧盟高技术贸易工作组，旨在就双方关注的出口管制、信息技术标准化等高技术贸易相关议题展开交流合作。此外，经贸领域的对话机制还包括中欧经贸工作组会议、中欧知识产权工作组、贸易救济工作组会议、中欧联合海关合作委员会等。

其四，科技领域。1991 年成立中欧科技合作工作组，1998 年改名为"中欧科技合作指导委员会"，定期磋商合作政策和行动措施。中欧创新合作对话是为了落实中欧领导人共识,深化中欧科技创新合作关系而举办的对话,自 2013 年起,每两年举办一次,目前已举行了 4 次对话。20 世纪 90 年代中期,中欧之间开始建立能源对话机制。1994 年创设中欧能源合作大会;1997 年建立能源工作组会议机制;2006 年中欧高层能源对话正式启动,截至 2020 年已举行 9 次对话。2012 年 5 月,中欧高层能源会议在布鲁塞尔举行,宣布建立中欧能源消费国战略伙伴关系。中欧环境政策部长级对话机制发起于 2001 年,截至 2021 年已举行 8 次对话;2006 年,中欧气候变化工作组启动;2010 年 4 月,双方建立气候变化部长级对话。

(二) 双边合作机制建设不断深化

西欧发达国家与中国较早地建立了各类政策沟通的双边合作机制。其一,中德双边合作机制建设。1997 年,中德高技术对话论坛成立;两国总理年度首脑会晤机制在 2004 年启动,在 2010 年 7 月建立了中德政府磋商机制;2002 年中德首轮防务战略磋商启动,2005 年启动中德对话论坛等。其二,中法双边政策沟通机制。服务两国元首的中法战略对话机制为保持中法关系健康发展势头发挥了积极作用,到 2021 年已经举办 21 次中法战略对话。2003 年,两军总参谋部建立年度磋商机制 (我国军队改革后更名为"国防部工作对话"),2005 年建立中法地方政府合作高层论坛。其三,中英双边政策沟通机制。与英国在 1996 年建立经贸联委会;1998 年建立中英科技合作联委会;2002 年建立防务磋商 (2010 年改为防务战略磋商) 机制;2004 年建立中英两国总理年度会晤机制;2005 年启动首轮中英战略对话;2008 年建立中英经济财金对话;2012 年建立中英高级别人文交流机制。其四,中意双边政策沟通机制。与意大利在 1978 年建立了中意政府间科技合作协定,成立中意科技合作混委会;2004 年,时任国务院总理温家宝与意大利总理签署联合公报,决定建立中意政府委员会;2010 年,启动首届中意创新合作论坛 (后更名为中意创新合作周);2010 年建立中意经贸合作论坛;2014 年建立中意企业家委员会。一方面,全国人大与英、法、德、意、葡等欧洲国家的议会建立了定期交流机制。另一方面,相较于西欧发达国家,2013 年以前,中国与中东欧国家建立起的双边合作机制相对单一,且合作级别相对较低,主要集中在经贸、科技合作和人文交流领域,双边政治对话尚未上升到机制化程度。

(三) 中国—中东欧"16+1"政策沟通机制基本成型

自 2012 年"16+1"合作框架确立以来,中国与中东欧国家共同制定了多种务实灵活的合作机制,积极助推"一带一路"倡议在中东欧地区走向深入,从而实现了多层次、宽领域、全方位的政策沟通。目前,双方已建立起以领导人会晤机制为引领,涵盖经贸、投资、农林、文教、青年、旅游、科技、卫生、智库、地方等 20 多个领域的立体合作架构,并在多个领域取得早期收获和重要成果。

1. 双方设立专门的协调机构以推进中国—中东欧国家间合作。2012 年 9 月,外交部设立中国—中东欧国家合作秘书处,秘书处现有 24 家中方成员单位,中东欧各国任命国家协调员与秘书处交流对接,以沟通协调中国—中东欧国家合作事宜、筹备领导人会晤和经贸论坛并落实有关成果。2015 年 4 月还设立了"外交部中国—中东欧国家合作事务特别代表"。

2. 多层次的政治沟通机制趋于成熟，有效地促进了彼此间的政治互信。2012 年，中国与中东欧国家建立了"16+1"年度总理会晤机制，至今，双方领导人已举行了 9 次会晤。同时，一年两次的成员国协调会议、两年一次的部长级会议，以及设在外交部的秘书处与 16 国驻华使馆之间的季度会议等既推动了"16+1"合作，也促进了中国与中东欧国家间的双边关系。此外，从 2013 年开始举办的中国—中东欧国家地方领导人会议已连续举办了 5 次；每两年举办一次的中国—中东欧青年政治家论坛已成功举办了两届，以及 2017 年首次启动的中国—中东欧政党对话会等。这些多维度的政治沟通平台和渠道为增进中国—中东欧国家间的政治共识发挥了积极作用。

3. 建立起一套系统性的次区域经贸合作机制。中国—中东欧国家经贸促进部长级会议作为落实中国—中东欧国家领导人会晤成果的重要举措，在推动双方贸易、投资和产能合作方面发挥着重要作用，2014—2021 年已连续举办 4 届。由双方共同举办的中国—中东欧国家经贸论坛从 2011 年开始每年一届，至今已连续举办 9 届。特别是 2013 年中国提出"一带一路"倡议，加速推动了中国与中东欧国家发展战略对接，经贸投资领域的合作机制不断创新完善，并趋于机制化和常态化。包括中国—中东欧国家（"16+1"）农业部长会议、中国—中东欧国家农业经贸合作论坛、中国—中东欧国家林业合作协调机制、中国—中东欧国家投资促进机构联系机制、中国—中东欧国家经贸官员研讨交流机制、中国—中东欧国家投资促进研讨会、中国—中东欧国家投资推介会、2019 年升格为"国家级"的中东欧博览会贸易投资促进平台、中国—中东欧国家联合商会（2015 年华沙）、中国—中东欧国家投资促进研讨会、中国—中东欧国家投资推介会等。这些日益丰富的合作机制推动着中国—中东欧经贸合作不断迈上新台阶。

4. 在文教、青年、旅游、科技、卫生、智库、地方等其他领域，双方搭建起各式各样的联合会、中心和行业协调机制，以实现彼此间的有效对接。从 2013 年第二次"16+1"领导人会晤开始，历届领导人峰会均发布合作纲要，在总结已有合作成果的同时制定下一年度或中期合作规划，表 2-18 中各领域的相关合作机制正是中国与中东欧国家落实历届领导人会晤及合作纲要的务实成果。

表 2-18　中国—中东欧国家各领域政策沟通协调机制

合作领域	政策沟通协调机制
人文教育	中国—中东欧国家教育政策对话会、中国—中东欧国家文化合作论坛、中国—中东欧国家高校联合会、中国—中东欧国家非物质文化遗产保护专家级论坛、中国—中东欧国家文化创意产业论坛
智库合作	中国—中东欧国家智库交流与合作网络等常设机制、中国—中东欧国家高级别智库研讨会（2014）、中国与中东欧智库建设国际学术论坛（2017）
旅游合作	中国—中东欧国家旅游合作高级别会议、中国—中东欧国家旅游促进机构、中国—中东欧旅游企业联合会（2014）
科技创新	中国—中东欧国家创新技术合作及国际技术转移研讨会（2014）
地方合作	中国—中东欧国家首都市长论坛、中国—中东欧国家市长论坛、中国—中东欧国家地方省州长联合会（2014 年 8 月布拉格）
卫生	中国—中东欧国家卫生部长会议（2015）

续表

合作领域	政策沟通协调机制
其他行业	中国—中东欧国家农业合作促进会（2015年6月索菲亚）、中国—中东欧国家物流合作联合会（2016年5月里加）、中国—中东欧国家环保合作部长级会议、海关信息中心（匈牙利）、信息通信技术协调机制（克罗地亚）、智慧城市中心（罗马尼亚）、创意中心（黑山）、区块链中心（斯洛伐克）；"16+1"能源合作论坛、中国—中东欧国家海关合作论坛、中国—中东欧国家海关检验检疫合作对话会、中欧陆海快线海关通关便利化合作专家研讨会

资料来源：笔者根据公开资料整理得到。

第二节　中欧共建"一带一路"面临的风险和挑战

一、在欧洲区域面临的政治风险复杂交织

政治风险是指由于国内政治环境变动以及外部国际政治环境变化而对某种行为主体的生存或权益造成损失的不确定性。具体而言，政治风险的要义包含两个方面，一方面是一国内部政治环境的变化，包括政局变动、政策变化、党派斗争、恐怖主义等，以及由经济利益、领土争端、宗教矛盾或民族冲突等问题而引发的国家内部或者国家之间的冲突与较量。另一方面是外部政治环境的变化，主要是国际层面的域外大国因素对一国政治政策的干扰。

"一带一路"倡议的顺利推进与"一带一路"共建国家（或区域组织）的国内政局发展密切相关。基于欧盟对外政策体系的双层特征，"一带一路"倡议在欧洲区域的推进要与欧盟层面对接，而具体项目的推进实施是在成员国层面完成，因而既要从欧盟整体出发，又要兼顾中国与欧盟成员国的双边关系。这决定了"一带一路"倡议在欧洲区域面临的政治风险具有多重复杂性，既有来自欧盟层面的政治风险，又有来自成员国层面的风险，还有二者交互作用下产生的政治风险。其中来自欧盟层面的政治风险主要是欧盟政策变动带来的风险或者欧洲一体化倒退的风险，而来自欧盟成员国方面的政治风险主要是选举、更换领导层带来的政策变动风险（政局稳定性风险），以及恐怖主义风险；此外，大国博弈带来的地缘政治风险也是中欧共建"一带一路"面临的政治风险之一。

（一）疑欧情绪引致的欧洲一体化倒退风险将冲击"一带一路"合作

欧盟作为一个集政治和经济实体于一身的区域一体化组织，在欧洲乃至全球都扮演着重要角色，既是推动欧亚两大市场繁荣发展的重要引擎之一，也是中国在欧洲区域推进"一带一路"建设绕不开的关键对象。2008年国际金融危机爆发后，接踵而至的危机不断冲击欧洲一体化进程，欧洲陷入了严重的分裂危机。持续的欧债危机使欧洲一体化进程面临严峻挑战；难民危机和恐怖主义袭击进一步暴露了欧盟内部的深层次和机构性问题；英国脱欧标志着欧洲一体化受阻；民粹主义冲击下，欧洲政治生态发生改变，"疑欧主义"甚嚣尘上，民众对欧洲一体化的前景充满悲观情绪；新冠疫情再次暴露出欧盟

内部的矛盾和欧洲一体化的脆弱性；俄乌冲突不断侵蚀欧洲一体化的努力。展望未来，欧洲一体化进程的引擎动力不足，疑欧论（欧洲怀疑论）弥漫欧洲，巴尔干国家入盟意愿大不如前，众多潜藏的"离欧助推器"一触即燃。当前，欧洲一体化面临巨大的困难和挑战，将对欧洲区域的"一带一路"建设带来重大影响。作为一个体量巨大的单一大市场，如果欧盟分裂或者萎缩了，则中欧双方既有的多双边合作机制将面临直接冲击，"一带一路"建设在欧洲区域的既有成果将难以得到全面保障，未来的推进也将面临重重风险。欧盟作为当今世界格局中的重要一极，一旦欧洲一体化严重倒退，"一带一路"倡议的推进不仅在欧洲，甚至在全球都将面临一个全新的世界政治经济格局。一个团结强大的欧洲是欧洲人的欧洲，一个混乱、分裂、不团结的欧洲是美国人的欧洲。一个团结的欧洲是美国的竞争对手，如果欧洲一体化严重倒退，大部分欧洲国家将沦为美国的附庸，彼时美国介入欧洲事务的能力将大大增强，"一带一路"倡议在欧洲地区将遭遇更多来自美国方面的阻挠，面临的地缘政治风险将进一步加剧。当前，疑欧情绪正在欧洲大陆蔓延，主要表现在以下几个方面。

1. 作为欧洲一体化核心动力的德法两国疑欧情绪初现端倪

"老欧洲"国家是推动欧洲一体化的核心力量，英国脱欧后，英法德三角平衡被打破，德法两国在欧洲一体化议程中扮演的角色更为重要。然而，诸多迹象表明，作为"欧陆双雄"的德法之间"貌合神离"，且疑欧情绪已在两国初现端倪，欧洲一体化的核心动力日渐式微，前景不容乐观。道格拉斯·韦伯从霸权稳定论的视角提出，一旦德国这个欧盟的经济霸权国家由于国内的疑欧情绪，减少甚至不愿为欧盟提供公共产品，将使欧盟制度缺少德国的"霸权支撑"而倒退。事实上，疑欧情绪已在"欧陆双雄"初现端倪。在2017年9月的德国联邦议会选举中，右翼民粹主义政党"选择党"斩获13.1%的选票，得票率一跃成为第三名，这是"二战"后右翼政党首次重回德国联邦议会。此外，德国似乎已在对欧洲一体化前景作最坏打算。2017年11月，德国《明镜周刊》曝光了一份名为《2040年战略预测》的文件，这份由德国国防部起草但未公开发布的秘密文件对直至2040年的社会趋势和国际局势将如何发展并影响德国的安全局势做出情景预测，其中的情景之一便是欧盟解体。在法国，疑欧主义表现同样值得高度关注，如"黄背心"运动席卷法国巴黎，大选时期民粹主义力量与传统政党的空前对决。

2. 欧洲民众对欧盟的支持度不容乐观

美国皮尤研究中心的调查数据显示，在多个欧洲国家，民众看好欧盟的比例不容乐观。如表2-19所示，在英国公投脱欧的2016年，欧盟主要成员国法国、德国、荷兰、西班牙、瑞典的民众对欧盟成员国地位的支持度创历史最低水平，虽然近年来各国对欧盟的支持度有所提高，但情况仍不容乐观，例如，2019年，仍有将近一半的法国民众对欧盟持怀疑态度。依据"欧洲晴雨表"的最新民意调查结果，对欧盟持积极立场的公众占比由2019年7月的45%下降到了2020年7月的40%，同期内对欧盟持否定态度的人群则由17%上升至19%。欧洲对外关系委员会在欧盟14个成员国内进行的民意调查体现出类似的结果。除西班牙外，其他成员国内超过半数的受访者均认为，既有的欧盟有可能在未来10~20年内解体，其中法国持有这一立场的人群占比最高，达到了58%。

表 2-19 欧盟主要成员国的民众对欧盟成员国地位的支持度 单位:%

国家	2004年	2007年	2009年	2010年	2011年	2012年	2013年	2014年	2015年	2016年	2017年	2018年	2019年	2020年
比利时	—	—	—	—	—	—	—	—	—	—	—	—	—	63
丹麦	—	—	—	—	—	—	—	—	—	—	—	—	—	70
法国	69	62	62	64	63	60	41	54	55	38	56	62	51	61
德国	58	68	65	62	66	68	60	66	58	50	68	63	69	73
意大利	—	78	—	—	—	59	58	46	64	58	57	58	58	58
荷兰	—	—	—	—	—	—	—	—	—	51	64	63	66	66
西班牙	—	80	77	77	72	60	46	50	63	47	62	67	66	68
瑞典	—	—	—	—	—	—	—	—	—	54	65	62	72	66
英国	54	52	50	49	51	45	43	52	51	44	54	48	54	60

资料来源:美国皮尤研究中心。

3. 欧盟内部凝聚力不断削弱,其他欧洲国家的入盟意愿大不如前

一方面,欧盟与部分中东欧国家间的长期拉锯僵持不下,将会进一步削弱欧盟内部的凝聚力。随着民粹势力在中东欧的兴起,新老欧洲的分歧难以在短时间内消除。为解决欧洲一体化的困局,2017 年 3 月,欧盟委员会发布的《欧洲未来白皮书》提出了"多速欧洲"的设想,但遭到中东欧国家的反对。波兰等国不愿欧盟有"先进"和"落后"的区别,担心沦为欧盟的"二等公民"。目前匈牙利总理欧尔班、波兰总统杜达和捷克总理巴比什等中东欧国家领导人都是有名的疑欧派,他们正在利用反欧盟的民粹立场巩固执政地位和获得民众支持。2021 年 4 月,波兰总理莫拉维茨基、匈牙利总理欧尔班及意大利联盟党领导人萨尔维尼在匈牙利布达佩斯举行会晤,讨论建立一个平衡欧洲议会权力的政党联盟。意大利联盟党领导人萨尔维尼表示:"这是'二战'结束以来(欧洲)最黑暗的时刻,布鲁塞尔的精英不适合应对当前的挑战。"欧尔班领导的政党"青民盟"、莫拉维茨基所在的波兰执政党"法律与公正党"以及萨尔维尼领导的"联盟党"均属于欧洲右翼政党。三个国家一直以来在移民、司法等问题上与欧盟矛盾重重。

另一方面,西巴尔干国家加入欧盟的意愿大大降低。2021 年 5 月,欧盟一份内部报告指出,当前,西巴尔干地区的普遍看法是,加入欧盟的前景正在衰退,漫长的谈判过程和一系列复杂、烦琐的入欧条件与程序让西巴尔干国家失去加入欧盟的信心,欧盟带来的激励效应正在消失,而欧盟提供的新冠疫苗姗姗来迟,进一步助长了这种情绪。2020 年 5 月举办的欧盟—巴尔干国家视频峰会本想为西巴尔干国家入盟提供新动力,但新启动的进程并不顺利,因历史和身份认同问题,保加利亚以语言和文化争端为由反对启动北马其顿的入盟谈判。短期内,保加利亚和北马其顿在该问题上达成共识的希望渺茫,再加上 2022 年 7 月保加利亚大选带来的不确定性,预计将来欧盟仅会与阿尔巴尼亚会开启入盟谈判。此外,欧盟同塞尔维亚和黑山的入盟谈判进程近乎停滞,而波黑和科索沃还没有被正式指定为欧盟候选国。

4. 极右翼势力在欧洲议会不断崛起的影响不容小觑

被视为欧盟民意"风向标"的欧洲议会选举在 2019 年 5 月完成了最近一次换届选

举，此次选举堪称欧洲"挺欧派"和"疑欧派"的空前对决，虽然民粹主义政党最终没能夺得议会控制权，但包含极右翼势力在内的"疑欧派"党团席位数增加，改变了欧洲议会的内部政治力量结构，而长期联合控制欧洲议会的中左（社会党）和中右（欧洲人民党）两大党团虽然成功守住议会多数席位，但实力明显减弱。除葡萄牙、卢森堡、立陶宛、马耳他、塞浦路斯、罗马尼亚和拉脱维亚外，包括英国在内的其他 21 国均有疑欧主义民粹类政党在本届议会选举中获得席位。在 751 个议席中，具有民粹主义色彩的 33个政党共获得 224 个席位，较 2014 年的 180 个席位增加了 44 个席位。欧洲对外关系委员会外交政策专家丹尼森等因此惊呼欧盟所剩时日不多，必须采取有力措施抵制疑欧主义的蔓延。

展望未来，欧洲民粹主义思潮产生的社会经济条件短期内并不能有效消除，主流政党与民粹主义政党的博弈将更加激烈，民粹主义将以多种形式在欧洲展现自己的力量和影响。此外，欧洲舆论已经右倾化，分裂风险不断加剧。2021 年 5 月，法国智库政治创新基金会开展的一项关于欧洲民众政治立场的调查显示，英法德意四个欧洲大国全部是右翼立场领先，总体上，右翼占 39%，左翼占 27%，中间派占 20%，并且这种右翼立场并未在职业等个人社会特征上表现出异质性。

5. 新冠疫情冲击与俄乌冲突进一步侵蚀欧洲一体化的努力

一方面，疫情冲击之下，欧洲一体化进程被进一步削弱。疫情期间，由于欧盟的多边应对方案不力，没能协调欧洲国家有效应对，其协调处理危机的能力与可信度受损。欧洲区域合作呈现"国起盟落"的现象，欧盟框架只能发挥协调角色，加剧了北欧国家与南欧国家之间的"南北矛盾"，也存在西欧国家与中东欧国家的深刻分歧。俄罗斯瓦尔代俱乐部基金会学术负责人菲奥多尔·卢基扬诺夫表示，疫情过去之后，欧盟的运行机制将成为问题，权力或将进一步弱化，成员国将从欧盟手中夺回更多权力。此外，2021 年 9 月，泛欧智库欧洲对外关系协会（ECFR）发表题为《欧洲的无形鸿沟：新冠疫情如何使欧洲政治两极分化》的研究报告，指出与欧元危机和难民危机类似，新冠疫情将欧洲分裂为两大阵营——受疫情影响较严重的南欧和东欧，以及受影响较小的北欧和西欧；同时，德国、法国和波兰可能成为疫情大流行后欧洲新政治格局的原型。

另一方面，欧洲一体化的努力正在被俄乌冲突所侵蚀。一是对乌克兰危机的战略分歧让欧盟面临分裂危机。随着冲突的持续，德法意等西欧大国希望对俄罗斯妥协，而鹰派东欧国家则希望强化对俄罗斯的遏制以伸张正义，欧盟内部的地缘政治裂痕持续加剧。欧洲改革中心高级研究员路易吉·斯卡齐里指出，俄乌冲突正在滋生欧盟国家之间的不信任，分歧可能会进一步加深，风险在于冲突引发的裂痕可能变得根深蒂固，破坏欧洲在乌克兰战争和对俄政策之外的问题上的凝聚力。二是俄乌冲突爆发后，具有反俄倾向的政党力量上升，欧洲的政治生态进一步分裂化、碎片化，意大利议会第一大党"五星运动党"因此而分裂。同时，随着能源危机和制裁带来的负面效应逐渐显现，社会民生问题凸显，"和平阵营""正义阵营"和"摇摆阵营"正在撕裂欧洲社会，民粹主义和极右翼民族主义政党乘机卷土重来，在法国和意大利 2022 年的大选中已然显现，这将危及欧洲的团结。三是如果乌克兰入盟后得寸进尺，对欧盟进行政治安全要挟，欧盟无异于引火烧身。2022 年 3 月，经济学人智库（EIU）发表了一份名为"乌克兰战争将改变世界的十种方式"的报告，其中的第一大变化便是欧洲将再次分裂，其认为俄罗斯对西方主导的"基于规则的秩序"的否定表明,俄罗斯在柏林墙倒塌30年后与欧洲远离,并导致欧洲再次分裂。

(二)欧盟政治体制难题困扰中欧"一带一路"合作

从微观层面看,欧盟政治体制自身存在的问题,以及欧洲未来深入一体化的"多速欧洲"发展模式等,将会对中欧共建"一带一路"带来多方面的不利影响。

1. 欧盟制度中的结构性缺陷和非平衡式一体化使中欧合作效率低下

欧盟顶层设计天然存在的制度性缺陷导致中欧合作效率低下。欧洲单一市场的创建和管理是成员国部分主权让渡的过程,但其让渡的深度和广度存在诸多局限性,且其中充满了政府间主义与超国家主义的斗争,表现为欧共体/欧盟的超国家机构与政府间机构之间的斗争与妥协。此外,欧盟政策在很大程度上表现出主权国家联合体的特征,即缺少权威的决策权力中心和高度统一的政策利益,再加上过度理想主义、过度强调欧式民主原则和成员国授权的一体化设计,造成欧盟运行效率低下,任何一项一体化政策的出台都需要经过讨价还价的过程。尤其是近年来,成员国离心倾向的加剧使得欧盟不得不将更多精力花在协调内部矛盾和问题上,从而导致在对外合作时更加谨小慎微、效率低下。在对待中国的"一带一路"倡议方面,欧盟一直持谨慎态度。

2. 欧盟非平衡式一体化使中欧关系面临多重不确定性

欧盟非平衡式一体化导致中欧关系具有复杂性、多面性和不确定性,使"一带一路"倡议在欧洲区域面临多重政治不确定性。最近几十年来,欧洲一体化的规模增速远超一体化的深度,扩容后的反作用力不断冲击(反噬)欧盟内部团结。2004年以来,欧洲一体化在规模上取得长足进展,欧盟边界"爆炸式"东扩,12个中东欧国家先后加入欧盟,但在一体化的深度方面却举步维艰,欧元区诸多结构性矛盾尚未得到实质性解决,只有统一的货币,而无统一的财政,政治一体化落后于经济一体化,外交、内政等核心事务的主导权仍牢牢把控在欧盟成员国手中,缺乏统一政治中心和外交决策中心的欧盟在危机应对面前常常处于"捉襟见肘"的窘态(尽显颓势)。由于成员国之间在政治、经济、社会、文化上都存在差异,所以,这种非平衡式一体化加剧了欧盟整体结构的不平衡,在对内和对外问题上经常出现分歧冲击共识,基于自身利益的博弈冲击团结互助精神的窘态。

具体到对华关系以及"一带一路"问题上同样如此。欧盟27个成员国在对待中国的态度、立场和利益方面差异巨大,其中既有对华友好的力量,也有反华势力,且所有这些错综复杂的力量都会在布鲁塞尔的各大机构中发挥作用,使中欧关系不仅具有重要性和战略性,而且具有复杂性和多面性。欧洲在对待"一带一路"问题上同样表现出这样的特点。相较于中东欧国家积极对接中国"一带一路"的合作立场,西欧国家特别是英法德等国则体现出既期盼强化双边合作,又防范自身利益流失的矛盾心态。例如,以德法为代表的欧盟一面抨击意大利拥抱中国的"一带一路"倡议,一面却又积极加入由中国主导成立的亚投行,甚至在公开场合表示支持"一带一路"倡议;布鲁塞尔一面视"一带一路"倡议为分裂欧洲的"特洛伊木马",一面又尝试对接"一带一路"倡议,缺乏对"一带一路"倡议的共同声音。例如,2021年12月,德国智库莫卡托研究中心发布的中欧关系年度报告认为,虽然欧盟内部不同部门和智库都同意欧盟需要在多个层面采用多元化的政策工具与北京交手，但对在哪个层面上先行一步仍有分歧。例如，在最近的决议和报告中，欧洲议会越来越多地提倡对中国采取更加强硬的战略，并逐渐探索扩大与中国台湾往来的可能。但在欧盟内部，欧盟委员会和理事会似乎倾向于"重新接触中国"，以修补因疫情而陷入低谷的双边关系，并将气候问题以及经济往来重新纳入议程。

此外，尽管欧盟在对外政策上一直追求共同战略与一致声音，但"欧盟利益"未必与成员国利益完全重合，再加上欧盟"一致通过"的内部决策机制，容易导致欧盟对华政策存在不确定性。例如，2020年底，中欧迈出历史性步伐，达成中欧投资协定，但仅数月之后，中欧关系急转直下，协定因欧盟制裁而被"搁浅"，虽然德法意等欧盟主要大国仍力推中欧投资协定生效，但短期内出现逆转的可能性不大。在类似的对华问题上，欧盟内部始终存在不同态度所导致的分裂，致使欧盟内部难以形成合力，对华政策"阴晴不定"。

3. "多速欧洲"运作机制恐对中欧合作带来不利影响

欧盟重启"多速欧洲"后，可能导致中国对欧合作受到不利影响。随着务实一体化观和欧盟内部次区域化以及意愿联盟模式凸显，"多速欧洲"主导"欧盟未来"辩论，并成为一体化的方向性选择似乎已成为必然。其对中欧合作带来的不利影响表现在两个方面：一方面，"多速欧洲"可能导致中国对欧盟双轨交往的格局受到不利影响。"多速欧洲"是对成员国之间权能与地位差异的认可与固化，欧洲一体化机制将因此而变得更为复杂，包括中国在内的第三国同欧盟的沟通途径将面临交易成本增加和谈判成效下滑的可能。"多速欧洲"将会使法德之外的中小国家在欧盟机构中的发言权相对下降（"多速欧洲"模式有可能使欧盟变得更加"隐形"，造成中小成员国影响中欧关系的渠道变少），这对于中国来说，或许会减少与欧盟成员国双边关系的灵活性，从而导致整体发展中欧关系的外交努力遇到更多挑战。另一方面，"多速欧洲"发展模式将会强化对欧盟融合与团结的强调，从而可能引发对中国对欧政策批评的上升。自"一带一路"倡议提出以来，中国不断强化"17+1"次区域合作，并在该合作框架下搭建起一整套机制化的合作平台，这些都被布鲁塞尔认为有"分化"欧盟之嫌。未来改革中的欧洲可能会对中国的"一带一路"和"17+1"合作表现出更高的敏感情绪和戒备心态。

（三）日益碎片化的政党格局使中欧关系不确定性上升

自2008年国际金融危机爆发以来，在多重危机的持续冲击下，欧洲社情民意和政党政治发生了深刻变化。老牌主流政党"日渐式微"，新兴政党"粉墨登场"，欧洲政治碎片化趋势愈演愈烈。政党格局的转变造成欧盟成员国政局不稳，进一步冲击欧盟内部本就脆弱的共识与团结基础，继而在中欧共建"一带一路"的背景下，给中欧关系带来诸多不确定性。政党格局碎片化产生的原因在于，欧洲传统政党在经济低迷、失业率高企、社会严重分裂以及身份认同缺失等问题上束手无策，导致众多民众对其失望和不满，转而把选票投给非主流政党，催生政党格局碎片化。而政党格局越是碎片化，越难以执行连贯有效的政策主张，反过来，又进一步助推政党格局碎片化，形成恶性循环。作为建立在欧洲各国基础上的政治共同体，政治碎片化不仅出现在欧盟成员国层面，同样也出现在欧盟层面。具体而言，欧洲政治碎片化的表象及原因反映在以下几个方面。

1. 主流政党与非主流政党力量对比发生逆转，欧盟各国及欧洲议会中中右翼和中左翼传统主流大党轮流执政的格局相继被打破。例如，在德国，2009年联邦议院大选首次打破了联盟党和社民党两大传统全民党轮流执政的传统；2017年德国大选后，联邦议院中首次出现6个政党，政党格局碎片化趋势初现。2021年大选后，德国政坛长期两党独大的格局发生根本性逆转，自1949年以来德国首次没有任何一个政党拿到超过30%选票的情况。在法国，自第五共和国成立以来，2017年首次出现传统的左翼和右翼执政党在总统选举的首轮投票中被双双淘汰出局，共和党和社会党候选人的得票率之和创历史新低。法国就此从两党独大时代进入了一个左翼、右翼、中间派、极右翼和极左翼并存，政党多元化和碎片化的时代。2017年，时隔七年英国下议院选举再度发生第一大党议席不足半数的情况，"二战"后第三次出现"悬浮议会"。上述情况同样在中东欧国家上演。例如，捷克2017年的众议院大选打破了自1993年捷克独立以来中左翼的社会民主党和中右翼的公民民主党轮流主政的政党格局，历史上首次有9个政党进入捷克议会，而且反体制政党在众议院占有多数席位，与传统主流政党分歧严重。在欧洲议会，传统两大党团对欧洲议会和欧洲理事会的控制力减弱，大党团和小党团的差距逐渐缩小。2014年欧洲议会选举后，大党团席位减少，欧洲议会的政党数量增多，欧盟碎片化趋势明显。2019年，两大传统"支柱党团"——人民党和社会党在选举中首次失去议会多数席位，两党把持欧洲议会决策的历史就此打破。而在欧洲理事会，属于两大党团的政党数量由2014年的21个减少至2019年的15个。

2. 欧洲各国政党数量明显增多，政治力量分化严重。由于传统主流政党政策立场趋同，治理行为偏离核心选民，不能有效回应当前欧洲面临的新议题，迫使大量选民开始在主流政党外寻找其他选项，这就催生出大量"单一议题政党"或"有限议题政党"。结果就是"新政党浪潮"席卷欧盟成员国，许多新兴政党异军突起，并进入许多欧洲国家的议会，分散各国政治力量。仅从2015年、2016年和2017年的选举来看，欧盟23个成员国中有31个新政党进入了国家议会。此外，自2000年以来，欧盟各国进入议会的新政党多达94个，仅2015—2017年就有51个。在德国，其近年参加欧洲议会选举的政党数量从2014年的25个增加到2019年的41个，其中在2019年德国政府还拒绝了另外18个参选团体。2021年荷兰大选中，登记参选的政党数量达到创纪录的89个，这种"全民竞选"的趋势势必会对未来组阁的局势带来挑战。在2019年的欧洲议会选举中，一系列小型、单一议题的政党表现异常出色。在英国，脱欧党获得了30.7%的选票。在德国，绿党取得了显著成绩，赢得了20.5%的选票。绿党在法国、瑞典和芬兰等国的表现也不错，反移民的极右翼政党也是如此。这些政党分散了中左翼和中右翼政党的选票，打破了传统的政治格局，使欧盟各国内部权力碎片化加剧。

3. 日益严重的政治碎片化将对中欧合作带来多方面的不利影响。政治力量的分散导致欧洲各国组阁难度增大，其内部政治不稳定，对华政策的延续性和连贯性将变得更差，中欧关系的复杂性和不确定性将会上升。"一带一路"建设在欧洲区域面临的政治环境将更加复杂多变。其一，组阁难题日益凸显，国家治理能力严重削弱。一方面，由于支持率分散在多个政党中，欧盟内各层级政府组阁难度增大。例如，2017年和2021年的选举后，德国分别花了6个月和2个月才拼凑起执政联盟，荷兰组建新政府的时间分别达到创纪录的225天和271天；而比利时在2019年大选后更是经历了长达500多天的组阁僵局。组阁困境同样出现在地方政府层面。2019 年，萨克森州和勃兰登堡州议会选举后，出现组阁困难的问题。2020 年 2 月，德国图林根州经历州政府"组阁闹剧"后陷入严重的执政危机。另一方面，在碎片化的政治状态下，虽然许多政党已经实现了从边缘政党到主流政党甚至执政党的身份转换，但其核心理念与思维模式依然是反建制的，也惯于使用激进的、民粹式的政治手段解决问题。随着这些党派的加入，各国政治都朝着斗争而非合作的方向发展。在此背景下，面对反对派甚至联合政党的掣肘，在国家发展面临的重要议题上，各国执政党往往只能进行小修小补，既无心也无力推动重大的结构性改革。同时，为保住执政地位，许多政党往往激进化地提高社会福利以俘获民心，无形中推高了政府的财政经济负担，成为日后欧洲经济社会顽疾进一步恶化的推波助澜者。

其二，欧洲内部政治不稳定性上升，难以形成稳定的执政联盟。在碎片化的政党格局下，政党谱系中相去甚远的多个政党勉强组成"大杂烩"式的政府成为常态。但由于政党间立场极化对立，在政府维系过程中，往往会龃龉不断、分歧加重，甚至选民对政府更加不满，造成政府解散、更替或重新选举的现象频频发生。例如，2021 年大选后，荷兰任何多数联盟都需要至少四个政党组成；捷克众议院新一届内阁是由 5 个政党组成的。西班牙在 2015—2019 年被迫举行 4 次全国大选，以找到一个稳定的执政联盟。近年来，由于党派斗争激烈，斯洛伐克、西班牙、罗马尼亚、比利时和意大利等欧洲国家的总理或首相先后辞职或被罢免。例如，由于执政联盟内部政党间政策存在分歧，瑞典首相在 2021 年议会不信任投票中落败，尚属瑞典政坛史上首次。上述不确定因素严重影响着欧洲国家内部的政治稳定性。

其三，制约欧洲一体化进程，对华政策不确定性上升。在近几届的欧洲议会选举中，欧盟政党格局碎片化趋势愈演愈烈，尤其在 2019 年的欧洲议会中，两大党团议席之和首次低于半数，绿党、"复兴欧洲"和极右翼认同与民主党的崛起，大大增加了欧洲议会内否决行为体的数量，而否决行为体的增加以及地域分化加剧将增强欧盟形成统一政策的难度。由于小党团的规模和权力不断扩大，其议程设置能力不断增强，甚至议员个人的作用也会进一步增大，政治权力将必须在多个政治团体之间共享。欧盟内部寻求共识和达成妥协进一步复杂化，更难采取一致和连贯的对外行动，内外决策效率将会降低。同时，未来欧盟的不少重要议题将由微弱多数决定，且由微弱多数决定的投票数量会不断增加，这将进一步增加欧盟未来政策的不确定性。例如，德国在 2021 年选举后由社民党、自民党和绿党组成的三党联合政府，在对华问题上存在明显的"红绿之分"，社民党籍总理朔尔茨倾向于保持德国外交政策的连贯性，延续前总理默克尔的既定方针，而绿党籍外长贝尔博克希望在对华政策中赋予人权及环保更重要的地位。

（四）欧洲各国政局稳定性风险冲击共建"一带一路"

"一带一路"倡议的顺利推进与沿线国家的国内政局发展密切相关。我国在欧洲区域的"一带一路"投资项目，绝大多数是投资成本大、时间周期长、风险高的能源、基础设施和产业合作类项目，而这些特点决定了该类项目本身更加依赖相关合作方的政治稳定性、政策延续性和对华关系状况。一旦当地局势不稳定，比如国家分裂、政府换届、领导层更换等，国家政局稳定性将受到冲击，政治环境发生改变，政策延续性难以得到保障,"一带一路"项目的推进、实施及资本回收所面临的不确定性大增。特别是当东道国政府换届选举时,在民粹主义浪潮的席卷之下,往往推升"一带一路"项目面临的政治风险。

1. 未来 3~5 年将是欧洲各国换届选举高峰期,政治风险不确定性上升

欧洲国家政权更迭的过程往往伴随高度的政治不确定性。欧洲国家大多实行多党制的政党制度,国内党派林立,且不同政党之间的政治理念差别较大,一旦政权更迭,对外政策易于发生变化,中方与之建立起的双边合作关系往往难以得到平稳延续,容易出现波折、逆转甚至严重恶化。尤其近年来,遭受民粹主义、政治碎片化和新冠疫情等多重危机冲击的欧洲国家,政党政治改换阵营的频率更加频繁,"一带一路"倡议的推进受此影响的现象更加普遍,这是与欧洲国家共建"一带一路"特别需要留意的风险。未来 3~5 年是欧洲各国下一届议会(总统)换届选举的高峰期,需警惕各类风险的发生。如表 2-20 所示,2022—2025 年,欧洲国家换届最为密集,例如,欧盟新一届议会选举将在 2024 年进行,欧洲大国法国和意大利则分别在 2022 年和 2023 年开展议会选举。总结过往历史,欧洲国家政府换届通常伴随以下政治不确定性,需引起警惕。

表 2-20 欧洲国家下一届议会(总统)选举时间

年份	议会选举	总统选举
2022	波黑、法国、匈牙利、拉脱维亚、马耳他、塞尔维亚、斯洛文尼亚、瑞典	法国、意大利、塞尔维亚、斯洛文尼亚
2023	丹麦、爱沙尼亚、芬兰、希腊、意大利、卢森堡、波兰、西班牙、瑞士	塞浦路斯、捷克共和国、拉脱维亚、黑山
2024	奥地利、比利时、克罗地亚、立陶宛、北马其顿、黑山、罗马尼亚、斯洛伐克、英国、欧盟	克罗地亚、芬兰、冰岛、立陶宛、北马其顿、马耳他、罗马尼亚、斯洛伐克
2025	保加利亚、捷克共和国、德国、冰岛、爱尔兰、科索沃、荷兰、挪威	希腊、爱尔兰、波兰
2026	塞浦路斯、葡萄牙	保加利亚、爱沙尼亚、科索沃、葡萄牙
2027	—	德国、匈牙利

资料来源:笔者根据公开资料整理得到。

其一,政权更迭过程不平稳,甚至出现选举丑闻、内乱和政局动荡。西巴尔干各国的选举往往因选民登记问题或贿赂丑闻而难以正常进行,且经常出现暴乱。例如,在保加利亚,2013 年爆发示威者抗议选举舞弊活动;2020 年,保加利亚政府因受腐败丑闻困扰而导致长达数月的抗议活动,提前举行选举,而选举过程中由于连续两次组阁失败,陷入政治僵局,保加利亚在 2021 年相继举行三次议会选举。北马其顿自 2015 年爆发严重的"窃听风暴"以来,国内政坛陷入一连串的不信任与对立瘫痪,党派间攻击严重;2017 年,由于不满议会选举结果,抗议者袭击北马其顿议会,发生流血事件。2020 年大选后,斯洛文尼亚爆发反政府抗议活动,抗议亚内兹·扬沙第三次出任总理。2020 年议会选举后,塞尔维亚爆发 21 世纪以来最大骚乱,抗议武契奇的权威统治。波黑三族共治下"拼盘式"的政治体制极不稳定,政治问题上内耗严重,选举法改革困难重重，新政府组建推进乏力。2020 年罗马尼亚议会选举后，新政府执政不到 10 个月便被弹劾下台，2021 年，组阁进程一波三折，新政府前景并不乐观。2020 年黑山执政联盟为把长期执政的社会主义者民主党赶下台拼凑而成，内部分歧很大，且缺乏执政经验，政府稳定性堪忧。位于中欧的捷克、斯洛伐克，以及东欧的爱沙尼亚，执政联盟内部也经常因政策倾向差异而发生冲突，选举后组阁困难现象明显。意大利虽为欧洲四大经济强国之一，但"不稳定"却成为意大利政治的代名词。由于南北经济利益分配不均，复杂的社会阶层使意大利党派林立，致使多党联合执政始终在意大利的历届政府中占据主导地位。同时，在意大利现行体制下，政府权力受到议会和两院的极大限制，对于重大问题，两院必须独立进行两轮审核或者做出决议，之间的间隔时间不少于 3 个月。尽管总理组阁拥有国家最高行使权，但内阁受制于议会，总统行使否决权后，内阁就必须解散。这种政治体制导致意大利政坛一直摇摆不定，政府更迭频繁，总理轮换如走马灯一般。自 1946 年意大利共和国建立以来，已先后经历了 63 届内阁和 43 位总理。

其二，炒作中国议题以收割选票。当前，在西方国家的政治氛围中，对华"秀强硬"成为政客提升支持率的典型操作。2020 年德国大选中，中德关系成为议论的焦点，几乎所有政党都在其竞选纲领中提到中国，其中联盟党在竞选纲领中表示，最大的国际挑战来自中国；自民党在竞选纲领中删除"一中"政策；绿党主张对华强硬和合作双管齐下，其在竞选纲领中要求中国停止在新疆、西藏以及香港的"人权践踏"行为。2021 年 8 月，捷克参议院议长维特齐访台，其目的之一就是将台湾问题当作个人政治工具进行政治操弄，"刷存在感"，为两个月后的议会选举及 2023 年的总统选举造势，谋取个人政治利益。2022 年英国大选期间，首相候选人之间开启"反华大赛"，唯恐落后。

其三，新政府上台后改弦易辙，相关"一带一路"合作项目被中断。部分欧洲国家政治形势复杂，政党斗争激烈，政局变动频繁，新阵营上台后，由于执政理念不同，中国与前政府达成的很多合约可能会遭到废弃，许多投资项目不得不终止，在欧洲区域，因此而陷入困境甚至夭折的"一带一路"合作项目屡见不鲜。如表 2-21 所示，近年来，在罗马尼亚、立陶宛、黑山、丹麦、捷克等国都相继发生过因政权更迭而遭遇流产的大型合作项目。除了上述代表性的大项目外，同样存在其他排斥中方企业的行为。例如，立陶宛政府号召国民不要购买中国制造的手机，并单方面废除与同方威视技术股份有限公司的机场监控设备合约，禁用该公司的机场监控设备。捷克则排除中国企业参与杜科瓦尼核电站新机组项目招标。2020 年，爱沙尼亚当局暂停启动连接爱沙尼亚和芬兰的塔林—赫尔辛基铁路海底隧道项目。

表 2-21　在欧洲区域因政权更迭而遭受损失的"一带一路"项目（代表性案例）

年份	国家	详细情况
2019	罗马尼亚	2019 年，中国交通建设集团联合土耳其公司，与罗马尼亚政府就普洛耶什蒂至布拉索夫高速公路项目进行谈判，并取得积极进展。但 2019 年 10 月，当项目合同即将签署之际，罗马尼亚陷入政治危机，社民党政府下台，国家自由党政府上台后宣布终止该项目

年份	国家	详细情况
2020	罗马尼亚	中广核集团自 2010 年开始就与罗马尼亚政府及相关企业接触切尔纳沃达核电站项目,此后相继于 2013 年、2015 年和 2019 年签署了意向书、谅解备忘录和初步投资者协议。但因罗马尼亚政局变动频繁,政党政策连贯性差,该项目不断被搁置并流产。2020 年 1 月,卢多维奇·奥尔班领导的新政府公开表示将终止和中广核在切尔纳沃达核电站建造 3 号和 4 号反应堆上的合作
2019	立陶宛	2019 年 7 月,立陶宛新任总统塔纳斯·瑙塞达刚上任不久便叫停与我国企业合作建设的克莱佩达港项目,理由是中国企业资金进入立陶宛会损坏国家安全,恶化与西方之间的关系,从而限制本国发展
2020	黑山	自 2014 年以来,中国为黑山南北高速公路一期项目提供了近 10 亿欧元贷款,该项目是在黑山前总统米洛·久卡诺维奇任内签订实施的。但 2020 年 8 月,黑山议会大选及年底的地方选举结束后,黑山总统久卡诺维奇所领导的社会主义者民主党长达 30 多年的执政被终结了,反对党联合组建的新政府内阁批评了包括黑山公路项目在内的一系列施政方案,指控由中方施工的黑山南北高速公路存在所谓的环境问题、腐败问题和工期延长问题,最终致使该项目面临偿债难题
2021	丹麦	自 2012 年以来,中国与丹麦自治领地格陵兰岛政府的关系日益紧密,并将其视为"冰上丝绸之路"的重要节点,中国相关企业纷纷布局格陵兰岛稀土和铀矿的开采市场。但好景不长,2021 年 4 月,格陵兰岛议会选举后,主要左派环保政党因纽特人共同体以主张反对大型稀土开发,击败当政的前进党。反对党明确表示,将反对自 2007 年以来一直由澳大利亚格陵兰矿产公司重点开发的科瓦内湾稀土项目,而该公司的第一大股东正是中国盛和资源控股股份有限公司。此外,2021 年 11 月,新任政府撤销了天津俊安集团在 2015 年取得的 Isua 铁矿项目开采权。涉足格陵兰岛这个资源丰富的北极岛屿的中国企业因当地政权更迭而遭受重创,损失惨重

资料来源:笔者根据公开资料整理得到。

2. 东欧及部分中欧国家政治局势波谲云诡,对华关系恐将持续恶化

近年来,欧洲东部的波罗的海三国,以及中欧的捷克、斯洛伐克和斯洛文尼亚等小国密集反华,奉行"价值观外交",频频围绕台湾问题向中国挑衅,甚至扬言退出"17+1"。虽然其背后明显有美国身影的影响,但与这些国家近年来内部政治形势转变,亲美及亲台势力上台不无关系;从各国内部的政治形势来看,未来几年,该区域对华关系进一步恶化的可能性极大。

自中国提出"16+1"合作机制以及"一带一路"倡议以来,中国与波罗的海三国的双边关系稳中向好,且各国都对"一带一路"倡议表现出极大的兴趣和期待,但自 2019 年以来,波罗的海三国转变对华态度,双边关系遇阻。2009—2018 年堪称中国与立陶宛关系的"蜜月期",其间,立陶宛既是"16+1"合作机制的创始成员国,也是"一带一路"倡议的参与方;2016 年和 2018 年,时任立陶宛总理布特克维丘斯和总统格里包斯凯特分别应邀前往中国访问,立方一度将其视为国家外交的一个重大成功。但自 2019 年以来,立陶宛对华态度大逆转,充当反华"急先锋",炒作"中国威胁论",多次在涉疆、涉台等议题上指手画脚。2019 年和 2020 年,立陶宛国家安全部门连续两年发布的年度安全威胁报告均将中国列为立陶宛的国家安全威胁之一。2019 年 7 月,立陶宛总统瑙塞达上任后立即叫停部分与中方合作的项目。2020 年 11 月，立陶宛议会选举刚结束，新的执政联盟还未上任就放言支持"自由奋斗者"——我国台湾。2021 年，立方的一系列行径进一步加剧双边关系恶化。包括在我国台湾开设"贸易代表办公室"；议会通过涉疆决议，污蔑中国在新疆进行"种族灭绝"，要求恢复香港"独立"和西藏的"宗教自由"；宣布退出"16+1"合作等。虽然立陶宛快速变脸的背后有中美博弈因素的影响，但与近年来亲欧美、反中俄的瑙塞达、希莫尼特和兰斯伯格斯相继当选立陶宛总统、总理和外长不无相干。除政府层面外，立陶宛国内的民间反华情绪同样不容小觑。例如，2020 年 4 月，超过 200 位立陶宛的政坛与知识精英致函立陶宛总统瑙塞达，希望支持我国台湾参与国际组织，并建立与我国台湾的"外交关系"。无独有偶，自 2019 年以来，爱沙尼亚、拉脱维亚与中国之间的关系也开始出现不和谐的声音。2018 年 9 月，拉脱维亚总统韦约尼斯和爱沙尼亚总统卡柳莱德曾访华，会晤了习近平主席，并表达了对共建"一带一路"的期待。然而，拉脱维亚国家安全局在 2019 年头一回将中国列入安全威胁名单，将中国与俄罗斯、独联体国家并列为对该国的"主要威胁"。爱沙尼亚主要政治人物则在 2020 年转变对华态度，频频在新疆和香港等问题上无端指责中国，其对外情报局相继在 2020 年和 2021 年发布的年度安全报告中将中国列入"威胁名单"，且措辞越发严厉。此外，2021 年 11 月，波罗的海三国国会议员共同访台，一再挑战中国底线。在中美博弈竞争加剧的背景下，波罗的海三国将面临更多来自美国方面的压力，俄乌冲突则在安全问题方面将波罗的海国家进一步推向美国，展望未来，中国与波罗的海三国的双边关系很可能将持续恶化。

警惕捷克共和国步立陶宛的"后尘"。中捷两国长期以来保持着良好的合作关系，2013 年亲华派总统泽曼上任后，中捷关系显著升温。2016 年 3 月，习近平主席出访捷克，成为两国建交以来首位到访的中国领导人，两国建立战略伙伴关系，为捷中关系迎来历史上最好的时刻，捷克一度成为中欧国家中共建"一带一路"的典范。但近年来，随着捷克国内政治力量对比发生变化，以及中美竞争加剧，中捷关系陷入迷雾。2018 年 11 月，新任布拉格市长贺瑞普上台后，要求删除友好城市协议中有关布拉格"支持一中政策"的条款。2019 年 10 月，捷克首都布拉格单方面终止同北京市签署的友好城市协议，自此两国关系蒙上阴影。2018 年以来，捷克安全部门多次声称中国正强化在捷克的间谍活动，对其国家安全和关键利益构成紧迫的威胁。此外，在最近一次的参议院和众议院选举中，捷克中右翼反对党在参众两院的主导地位更加巩固，其在对华关系上重拾价值外交，中捷关系前景不明。在 2020 年 10 月的参议院改选中，曾于 8 月窜访我国台湾的参议院议长维特奇成功连任，其主导下的参议院向来反对泽曼总统的经济实用主义和亲华立场，是一个"名副其实"的反华机构。而在 2021 年 10 月的众议院选举后，新总理彼得·菲亚拉领导的中间偏右新政府一上台便改旗易帜，签署的执政协议表明，新政府将扭转泽曼总统和前总理安德烈·巴比什对华的温和务实路线，重拾前总统哈维尔以人权价值为导向的外交政策，并强调我国台湾是需要加强关系的"伙伴"。菲亚拉曾多次公开批评捷克总统泽曼对华太过软弱；其内阁成员中被视为对华鹰派的外交部部长扬·利帕夫斯基自上任伊始便毫不掩饰其反华倾向。相关的智库及专家学者表示，随着安德烈·巴比什在众议院选举中未能成功连任，泽曼也在 2023 年初卸任总统职务，种种迹象显示，后共产主义派的势力在捷克共和国逐渐式微。未来几年，中捷关系出现逆转甚至恶化的概率很高，甚至不排除重蹈立陶宛老路的可能，退出"17+1"合作机制。

同属中欧的斯洛文尼亚和斯洛伐克同样存在危险倾向，需格外重视。自斯洛文尼亚独立以来，中斯双方保持相对友好的交往关系，但自2020年斯洛文尼亚亲美派总理亚内兹·扬沙上任以来，中斯关系逐渐交恶。斯洛文尼亚现任总理亚内兹·扬沙是个不折不扣的反华派，2021年9月，斯洛文尼亚担任欧盟轮值主席期间，扬沙呼吁欧盟成员国在立陶宛与中国的外交纷争上支持立陶宛；2022年1月，扬沙高调地公开表示将比照立陶宛与我国台湾互设所谓"代表处"。事实上，扬沙在前两次担任斯洛文尼亚总理期间就已经多次出现挑战"一个中国"原则的涉台言行，曾四五次窜访台湾。如出一辙，2020年议会选举后，斯洛伐克国内政局发生较大变化，开始打"台湾牌"，2021年12月，斯洛伐克访问团窜访台湾，公然叫板中国。这些挑战中国底线的行为必然会导致双边关系不断恶化。

3. 警惕与欧洲传统友好国家双边关系的反复性

必须警惕与欧洲传统友好国家双边关系的反复性。无论从历史还是现实来看，即便传统上与中国关系友好、起主导作用的成员国，出于维护自身国家利益的需要，以及其执政党和领导人的政治意志不同，在特定时期对待中国的态度和立场也会不时出现消极的倒退。同时，这种反复性是由欧洲各国历史、政治制度以及中欧关系、东西方关系决定的，是历史的必然规律。尤其是当下对外面临中美国际竞争压力，对内遭受民粹主义冲击和政治碎片化困扰的欧洲，成员国内外政策出现反复无常的情况更加频繁。中方对此必须要有心理准备，将其对"一带一路"框架内的两国合作的危害降到最低。例如，中德关系历史上曾出现过波折。2007年，时任德国总理默克尔会见达赖致使中德关系出现困难，虽然此次外交风波得以很快消除，且中德关系在默克尔此后的任期内不断得到巩固；但自2022年德国红绿灯联盟上台以来，中德关系间的杂音增多，朔尔茨领导的新政府能否继承默克尔的稳健风格有待观察。21世纪头十年，中国的崛起被视为德国的机遇，但当下情况发生了变化，中国现在越来越被视为对德国国家利益的威胁。2022年5月，英国皇家国际事务研究所表示，德中关系的黄金时代已经结束，虽然两国之间不太可能出现突然或剧烈的裂痕，但两个大国的利益似乎注定会出现分歧。中法关系也并非一帆风顺。2007年，时任法国总统萨科齐应邀访华，从中国带走了上千亿元大单。但第二年，萨科齐的对华态度大转弯，其将涉藏问题与北京奥运会挂钩，以向中国施压，并以欧盟轮值主席和法国总统的双重身份执意会见达赖，这些行为严重损害了中法关系。虽然现任法国总统马克龙对"一带一路"倡议态度积极，但法国境内的反华势力同样不容小觑。中匈友好关系的背后同样潜藏暗礁。自2010年欧尔班·维克托第二次出任匈牙利总理并连任至今，布达佩斯一直奉行对华友好和向东开放路线，坚定支持"一带一路"倡议及"16+1"合作，在联合国和欧盟层面支持中国的核心利益。但中匈友好关系能否在2022年5月大选之后继续保持仍需打上问号，如果欧尔班及其所在的青民盟不能力克马尔基-扎伊领导的由6个反对党组成的反对党联盟，届时，"欧尔班时代"将面临全面终结，中匈关系极可能步入凛冬。因为反对党联盟曾在2021年6月发布联合声明，表示如果当选，将中断连接布达佩斯和贝尔格莱德的匈塞铁路项目，并停止设立复旦大学布达佩斯分校的计划。中塞"铁杆友谊"需理智看待。自1991年南斯拉夫解体后，特别是科索沃战争以来，中塞关系不断升温，2017年武契奇担任塞尔维亚总统后，两国关系更加亲密。但多年来，塞尔维亚国内一再发生针对武契奇总统威权型执政风格的示威抗议；尤其在2020年6月议会选举后，塞尔维亚爆发了2000年以来最大的骚乱，给当局带来不少麻烦，对其未来的执政敲响警钟。同时，长远来看，塞尔维亚一直致力于加入欧盟，这意味着贝尔格莱德必须在政治、经济和法制体系等多个领域开展改革以满足入盟条件，此举产生的影响可能会延伸至中塞双边关系层面，这是中方未来与塞尔维亚打交道时需要留意的地方。

（五）"一带一路"建设在欧洲面临复杂的地缘政治风险

地缘政治风险由地缘因素引起，是国家或非国家行为体对特定地缘空间的开发、塑造、竞争或控制，造成既有地缘结构与利益结构变化而引发的国际政治风险。其生成机制主要包括大国间的战略竞争、海权与陆权力量的斗争、地理敏感地带引发的博弈、地缘经济竞争等。"一带一路"建设贯穿亚欧非大陆，地理覆盖范围广，政治、经济、文化、民族、社会差异性大，在如此广袤的区域开展海外投资，必然面临地缘政治风险，既包括沿线国家的疑虑，又包括域外国家的阻挠，同时还存在不可抗力因素，迫使我国企业不得不面对诸多不确定性，导致政治风险居高不下。中国与欧洲国家开展"一带一路"合作，客观上参与了对欧洲地区的地缘空间开发，打破了该地区原有的地缘利益平衡，因此势必会面临一定的地缘政治风险。"一带一路"倡议在欧洲区域面临多重地缘政治风险。

其一，来自欧盟的猜忌和疑虑。欧盟的二元结构特点使中国在与欧洲国家开展"一带一路"合作时需考虑欧盟层面是否支持。中国在欧洲区域重大的"一带一路"合作项目主要集中在中东欧以及西巴尔干半岛国家，而以西欧发达国家为主导的欧盟历来视这些区域为其"后花园"，对域外大国通过政治、经济和军事等手段与其成员国建立合作关系的动向保持高度警惕，欧洲区域的"一带一路"建设始终牵动着欧盟敏感的神经，影响到中国与欧洲国家间的合作。

其二，来自美国方面的域外大国因素。当前，中美出现全方位"对抗"的迹象越发明显，联合西方盟友"围猎"中国已成为美国的长期策略，欧洲区域俨然已成为中美"冷战"的前沿阵地，阻挠中欧共建"一带一路"成为美国遏华制华的重要抓手。

其三，俄罗斯因素带来的地缘政治风险。俄欧关系的长期不和给"一带一路"倡议在欧洲区域的推进带来挑战；日益紧密的中俄关系令部分欧洲国家面对中国时心存芥蒂；同时，俄乌冲突进一步加剧欧洲地缘政治的复杂性。特别是在中东欧国家中，有13个国家属于欧盟成员国，有12个国家属于美国主导的北约成员国，其余国家都在争取加入这两个区域性组织，而我国在欧洲区域的"一带一路"项目主要集中于中东欧地区，因此，"一带一路"倡议在欧洲地区同时面临来自欧盟方面的压力和美国的影响。而如今，随着欧亚大陆地缘政治的变化，特别是俄乌冲突的爆发，大国博弈更趋激烈，中东欧作为前沿及中间地带，因为其历史、地理及转型期的种种独特性，再度成为欧、美、俄诸大国重点利用、分化或争取的对象。这里，我们重点分析来自欧盟层面的地缘政治风险。

1. 欧洲对华战略定位转变,中欧关系步入"碰撞期"

以往较为单一、发展较为平稳的中欧关系明显进入了新的调适期。同时,由于欧洲在对华新认知中强调与中国进行竞争和对抗,中欧关系的调适期在某种意义上也可能是碰撞期。这意味着未来中欧共建"一带一路"将面临更加频繁的波折与起伏。

首先,近年来欧洲对华认知和政策发生调整变化,对华"三重定位"逐渐被欧洲国家广泛接受。2013 年 11 月中欧共同制定的《中欧合作 2020 战略规划》中,明确中欧关系为"全面战略合作伙伴",该规划奠定了此后 6 年中欧关系平稳发展的基础。但自 2019 年以来,欧盟对华战略定位逐渐发生改变。2019 年 1 月,德国工业界涉华立场发生重大转变,德国工业联合会将中国界定为"制度性对手",该提法得到欧盟认可,并被进一步泛化,最终直接体现在当年 3 月欧盟出台的《欧盟—中国:战略展望》中,首次主张在不同政策领域明确对中国的目标和政策,对中国做出既是合作(谈判)伙伴,同时也是"经济竞争者"和"制度性竞争对手"的"三重定位"。至此,欧盟对华战略新定位正式形成,并在日后不断得到强化。2019 年底上任的新一届欧盟委员会沿用对华新定位,在 2020 年 10 月举行的欧盟特别峰会上强调 2019 年的对华政策方针,并要求进一步落实。2021 年 9 月出炉的《新欧中战略报告》同样沿用议题分割策略,并针对具体议题选取竞争性、对抗性或者合作性的应对措施来处理对华关系,所不同的是,该战略报告比 2019 年的战略展望更倾向于(对华)采取对抗性立场,并在人权、价值观等方面呼吁对华采取更为强硬的应对措施,以及与理念相近的伙伴深化关系,促进战略自主并捍卫欧洲的利益和价值观,同时强调对华政策的一致性。由此可以看出,欧盟对华姿态中的"对抗性"越发明显。

对华战略定位从"伙伴"转变为"对手",是欧盟基于中欧实力对比、国际局势变化以及自我重新定位做出的战略选择,其构成了欧洲对华关系总基调。其一,欧盟相比过去优势在减少,面对快速崛起的中国,欧盟认为经济影响力和政治影响力与日俱增的中国正对自己形成越来越大的威胁。一方面,欧盟担心中国在经济竞争力、科技领导力、战略自主能力等方面对欧盟构成经济安全威胁。另一方面,欧盟忧患于中国的发展模式、政治体制(包括政府与企业的对话和管理模式),以及意识形态和人权等方面将对西方主导的基于规则的国际秩序和"欧式民主体制"形成制度安全挑战。其二,中欧关系的变化也与欧洲重新定义自身的国际角色有关。面对世界大变局,尤其是中美战略竞争,基于对自身地缘敏感性与脆弱性的新认知,将"地缘政治欧洲"作为对欧盟此前"民事力量""规范力量""联系力量"的补充和修正,以此加强欧盟在地缘政治世界中的力量已成为欧洲政治精英的共识。所以,新一届欧盟委员会明确地将自己定位为"地缘政治欧委会"。但欧洲认为,中国的崛起以及中国模式的输出(或被效仿)是欧盟面临的最棘手的挑战,也是"地缘政治欧洲"回归的关键因素。这构成了欧洲以地缘政治逻辑处理中欧关系的总基调,同时也意味着中欧关系的不确定性上升。其三,俄乌冲突导致欧洲对华政治互信降低。2022 年 3 月底,柏林墨卡托中国研究所执行主任米科霍塔里在《国际政治》杂志上发表的文章表示,中国在俄乌冲突中对俄罗斯的立场将对德国新政府的对华战略产生重要影响,德国与中国的接触应该"根据北京对普京的支持程度"进行调整。

其次,中欧关系步入"碰撞期",是当下及未来中欧共建"一带一路"所处政治环境的重要特征。战略定位一旦确立，主观意向将在更大程度上主导各自的战略判断——凡事首先着眼于负面的可能性（无论是就意图还是后果而言），为最坏的情况做好准备，从而使双方在重要议题上存在的分歧看法更加趋于对立化。欧方对华战略定位的转变正不断冲击和侵蚀着"一带一路"经贸合作在欧洲的推进。其一，在"碰撞期"内，欧盟对中国倡议的"一带一路"建设趋于消极，将采取对抗性的地缘政治与经济逻辑来看待中国与欧洲的互联互通发展。站在"地缘战略"的角度夸大中国对西方的"威胁"，而不是用理性的商业考量去分享机遇，甚至将双方在国际市场上的正常竞争上升至"模式之争"和"制度之争"。其二，在处理对华关系时，欧盟力图按不同的议题领域对中国进行不同的战略定位，但在运用政策工具时又在模糊议题的界限，自相矛盾而难以维持一致性，中欧关系稳定性将变差。一方面，欧盟寻求通过分割议题领域，灵活选择与中国合作、竞争还是对抗，实现欧盟利益最大化。另一方面，欧盟委员会将政治条件嵌入一系列经济政策工具中，不断助推经济议题政治化。而中欧政治关系中本就存在意识形态、人权问题等分歧，这种经济议题政治化的做法，很容易与中欧政治关系中的分歧"合流"，冲击和侵蚀中欧经贸关系，为中欧经贸合作制造障碍。中欧投资协定遭冻结便是例证。上述因素将导致中欧合作空间遭到"挤压"，合作所产生的"外溢效应"会被削弱。

2. 欧盟对"一带一路"倡议的猜忌与疑虑将长期持续，政策消极面将会增多

这种矛盾心理既是对中国投资的不适应，也是欧洲国家面对日渐强大的中国时心态失衡的现实表现。虽然中国在中欧、东欧以及西巴尔干国家的投资有利于当地经济的发展，但客观上的确会改变区域内国家实力的分布，削弱这些国家在经济发展上对西欧大国的依赖。这是欧盟所顾忌的方面，也是一直以来欧盟内部对参与"一带一路"建设所持态度存在分化的重要原因，同时也是中欧共建"一带一路"长期面临的现实难题。更重要的是，源于欧盟内部的脆弱性以及主观心态的失衡，导致其对外部因素异常敏感，认为"一带一路"倡议遵循了地缘政治与经济逻辑，在这种警惕心理的驱使下，欧盟对"一带一路"倡议的消极政策层出不穷。

其一，认为"一带一路"倡议改变了欧洲的地缘政治经济格局。欧盟对中国"一带一路"倡议的动机存在怀疑，担心中国试图利用经济杠杆实施"分而治之"政策（将"一带一路"倡议视为分化欧盟的政治工具）。由于以促进欧亚互联互通为重点的"一带一路"合作项目存在投资领域（集中于能源、交通）、投资地区（集中于欧盟"后院"的中东欧国家）和投资主体（以国有企业为主）等多重敏感性，加上合作协商常在"17+1"合作框架下进行，所以，欧盟日渐担忧中国在该地区的投资具有强烈的政治动机，目的是试图建立排他性的次区域集团对欧洲"分而治之"。欧盟担忧中国不仅输出技术、产能与资本，同时还向中东欧输出中国模式的标准与规则，且中国与欧盟成员国次区域合作关系的机制化将削弱欧盟的影响力和话语权；欧盟同样担心"一带一路"倡议将强化中国在欧盟对华关系"双层结构"中的地位，使中国与成员国双边关系的分量更重于中国与欧盟关系的分量，也担心中国以与成员国的双边关系为杠杆增加其在中国与欧盟关系中的话语权。例如，时任德国外长西格玛·加布里尔在多个公开场合声称"一带一路"倡议暗含地缘政治、经济和文化考量，"16+1"是分化欧盟的政治工具，并呼吁其他欧洲国家共同制定对华应对战略。其中，希腊否决欧盟欲在联合国人权理事会批评中国"人权记录"的计划，以及欧盟涉港行动计划多次被匈牙利投下反对票，更是被欧盟视为中国通过"一带一路"倡议削弱欧盟和北约利益共同体的地位及其内部凝聚力的"成功案例"。德国墨卡托中国研究中心则将"17＋1"合作描绘为中国通过"分而治之"策略破坏欧洲统一能力的"特洛伊木马"，认为中国利用区域平台，已经能够从中东欧国家（包括该地区的欧盟成员国）中获得政治利益，并开始重塑该地区的地缘政治。欧洲国际经济学领域的顶尖智库布鲁盖尔研究所表示，"16＋1"合作破坏了欧盟的团结，中国通过对外投资获得的对单个欧盟成员国的影响力将成为左右欧盟有效对外决策的障碍。

其二，欧洲认为中国在巴尔干市场的商业利益是次要的，主要目的是希望扩大其在欧洲的经济和政治影响力，塑造中国作为新兴大国的正面形象。其认为中国利用欧洲敞开的大门，通过在欧洲政治精英、媒体和公众舆论、民间社会及学术界建立稳固的网络，从而在欧洲内部寻得中国利益代言人，在人权、价值观等具体问题和政策议程上赢得欧盟成员国等第三国家的支持，进而削弱欧洲内部和大西洋两岸的西方团结，并实现最终的系统性目标，即形成全球对中国形象积极的看法，推广其政治和经济治理模式，以作为西方"自由民主制度"的替代方案。

在上述主客观双重因素的驱使下，中国在欧洲的投资日益被"泛政治化"。欧盟开始将政治考量运用于经济层面，对"一带一路"商业投资行为"过度敏感"的现象层出不穷。"一带一路"旗舰项目匈塞铁路被欧盟调查便是明证。该项目于2015年中国—中东欧国家领导人第四次会晤期间敲定，因欧盟方面的调查而陷入僵局数年，直至2020年，历经布鲁塞尔—北京—布达佩斯三方反复角力撕扯的匈塞铁路项目才正式获得匈牙利国民议会的批准，并正式进入实施阶段。此外，欧盟通过加强检查和审查来维护自己在巴尔干地区的权威。针对中国在塞尔维亚的投资，2021年1月，欧洲议会的26名成员要求对"中国在塞尔维亚日益增长的经济足迹的影响"进行评估，包括"可能对更广泛的环境和周边人口造成多重破坏性影响的鲁莽项目"。欧盟通过"扩大政策规制"来限制巴尔干半岛国家与中国的合作。2018年2月，欧盟出台"新西巴尔干扩大战略"《西巴尔干地区可信的"入盟"前景与欧盟加大同该地区的联系》，其入盟条件中明确要求巴尔干国家处理好"第三国家"带来的不良地缘政治影响，并为此做出相应努力。而"第三国家"其实就是指中国和俄罗斯。

3. 欧盟对华政策地缘政治化倾向日趋明显

第一，不断强化与中国的系统性竞争。一是加速推行欧洲版的互联互通方案，以期对冲和替代中国的"一带一路"倡议。2018年9月，欧盟发布《连接欧洲和亚洲：对欧盟战略的设想》，首次系统性地提出欧亚互联互通的欧盟战略；2019年9月，与日本签署《可持续互联互通伙伴关系协议》，强调共同推动基于规则和可持续原则的互联互通。2021年4月，与印度、日本达成全球基建协议；7月启动"全球联通欧洲"计划，9月出台"全球门户"倡议，并在G7框架下强化同美国"重建美好世界"方案的协调性。上述一系列举措表现出较为明显的地缘政治思维，即欧盟试图打造由自己主导的全球互联互通方案，与中国的"一带一路"倡议展开竞争，尤其是抗衡中国在巴尔干半岛国家和东欧区域的地缘政治影响力。德国外长马斯甚至在"全球联通欧洲"计划启动会上表示，"中国在利用经济和金融手段增加其在全球的政治影响力，我们光抱怨是没有用的，必须要提供替代选项，最重要的是欧盟与美国要密切协调"。二是推行欧洲版"印太战略"，寻求多方面对抗中国。2021 年 9 月，欧盟发布《印太合作战略》，这也是欧盟委员会主席冯德莱恩倡导的"地缘政治欧委会"在对华政策上的具体体现。欧盟"印太战略"提出要加强在"印太地区"的军事存在，在地区安全上扮演更加积极和有效的角色。这意味着欧盟将其地缘政治抱负扩展至中国的地缘政治敏感地带，将给"印太地区"原本就很复杂的地缘政治形势带来新的挑战。欧盟对华政策的地缘政治化倾向可能会挑战中欧无根本地缘政治冲突的传统叙事，其后续发展方向和影响值得关注。三是2022 年欧盟与北约相继出台《战略指南针》与《战略概念》政策文件，中国成为这些文件的重要讨论对象，欧盟对华政策可能进一步"泛安全化"。

第二，滥用国家安全例外条款。泛化国家安全概念，限定关键领域投资，强化技术安全、核心基础设施安全、产业链安全。为了保持自身竞争力而大搞"科技保护主义"，泛化国家安全概念，将技术问题意识形态化、泛安全化和政治化，以地缘竞争视角看待中欧企业间的科技创新合作。关键核心基础设施投资受阻，且会更加强硬。例如，在 5G 问题上以国家安全为由排斥中国。2019 年推出的欧洲版"CFIUS"——《欧盟外商直接投资审查框架》，通过有形和无形的方式提高外资准入门槛。

第三，竞争性贸易政策增多，将贸易政策转变成在地缘政治上遏制中国的武器（不断充实对华单边工具箱）。推动制定对华"歧视性"经贸政策工具或贸易保护措施，以竭力限制成员国与中国的双边合作。2020 年发布欧盟竞争白皮书，剑指国外政府补贴；2020 年 3 月出台的"新欧洲工业战略一揽子规划"明确将贸易救济政策作为欧洲工业战略的一部分；力推碳边境税，并逐步实施；成员国间打破近 10 年僵局，拟在公共采购领域引入贸易攻势工具——"国际政府采购机制"（IPI）。2022 年欧盟《反经济胁迫工具》（中立争端加速其出台）与《供应链尽职调查法》的出台，可能加剧中欧经贸关系政治化的倾向。德国《国家工业战略 2030》在很大程度上是为了应对来自中国的挑战而推出的。

第四，经济外交和价值观外交叠加，中欧关系稳定性变差。自 2021 年以来，欧盟对华政策中强调所谓"价值观因素"和"人权"的重要性，在人权和中国内部事务上加大干预力度，希望通过贸易维护其价值观，并利用经济杠杆解决人权问题。欧盟"政经分离"策略开始变化，"价值观外交"（政治关切）和"利益外交"（商业利益）叠加。未来与欧盟将更难打交道，政策可预测性变差，在涉及中国核心利益的政治议题上加大批评力度，如新疆问题、香港问题、西藏问题和南海问题未来可能会被欧盟放大，甚至与经贸合作议题相捆绑，以凸显自己的原则和价值观。2021 年 5 月，欧盟出口管制新规中引入新的"人类安全"维度，以防止军民两用物项（尤其是网络监视技术）出口用于危害国家和国际安全，以及侵犯人权的行径。2021 年 3 月，欧洲议会以压倒性多数支持欧盟拟定企业伦理道德法。欧盟、德国相继出台《供应链法案》，将人权和环境标准嵌入企业供应链。

二、多重风险叠加共振的经济挑战仍存

（一）欧洲经济面临"滞胀危机"

1. 持续高企的通胀中短期内回归常态难度较大

2021 年以来，欧洲的通货膨胀率不断走高，当年 6 月开始大部分欧洲国家的通胀率

打破欧洲央行2%的通胀目标，并持续攀升，截至2022年6月，欧盟和欧元区的通胀率分别上升至9.6%和8.6%，如图2-1和表2-22所示。

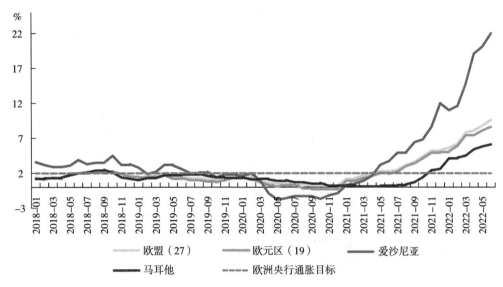

图2-1　欧元区及欧盟的通货膨胀率

（资料来源：Eurostat）

欧洲国家中，中东欧国家的通胀率普遍较高，尤其是波罗的海沿岸国家，如截至2022年6月立陶宛为20.5%，拉脱维亚为19.2%，主导欧洲的四大老牌工业经济强国的通胀率也达到较高的水平，如德国为8.2%，英国为9.4%，法国为6.5%，意大利为8.5%，且欧洲各国的通胀率短期内有继续上升的态势。

表2-22　欧洲国家的通货膨胀率　　　　　　　　　　　　　　　单位：%

国家	2021年2月	2021年4月	2021年6月	2021年8月	2021年10月	2021年12月	2022年1月	2022年2月	2022年3月	2022年4月	2022年5月	2022年6月
欧盟	1.3	2.0	2.2	3.2	4.4	5.3	5.6	6.2	7.8	8.1	8.8	9.6
欧元区	0.9	1.6	1.9	3.0	4.1	5.0	5.1	5.9	7.4	7.4	8.1	8.6
比利时	0.3	2.1	2.6	4.7	5.4	6.6	8.5	9.5	9.3	9.3	9.9	10.5
保加利亚	0.2	2.0	2.4	2.5	5.2	6.6	7.7	8.4	10.5	12.1	13.4	14.8
捷克	2.1	3.1	2.5	3.1	4.8	5.4	8.8	10.0	11.9	13.2	15.2	16.6
丹麦	0.5	1.5	1.9	1.8	3.2	3.4	4.9	5.3	6.0	7.4	8.2	9.1
德国	1.6	2.1	2.1	3.4	4.6	5.7	5.1	5.5	7.6	7.8	8.7	8.2
爱沙尼亚	0.5	1.6	3.7	5.0	6.8	12.0	11.0	11.6	14.8	19.1	20.1	22.0
爱尔兰	−0.4	1.1	1.6	3.0	5.1	5.7	5.0	5.7	6.9	7.3	8.3	9.6
希腊	−1.9	−1.1	0.6	1.2	2.8	4.4	5.5	6.3	8.0	9.1	10.5	11.6
西班牙	−0.1	2.0	2.5	3.3	5.4	6.6	6.2	7.6	9.8	8.3	8.5	10.0
法国	0.8	1.6	1.9	2.4	3.2	3.4	3.3	4.2	5.1	5.4	5.8	6.5
克罗地亚	0.7	2.1	2.2	3.1	3.9	5.2	5.5	6.3	7.3	9.6	10.7	12.1
意大利	1.0	1.0	1.3	2.5	3.2	4.2	5.1	6.2	6.8	6.3	7.3	8.5
塞浦路斯	−0.9	1.2	2.2	3.3	4.4	4.8	5.0	5.8	6.2	8.6	8.8	9.0

国家	2021年2月	2021年4月	2021年6月	2021年8月	2021年10月	2021年12月	2022年1月	2022年2月	2022年3月	2022年4月	2022年5月	2022年6月
拉脱维亚	-0.2	1.7	2.7	3.6	6.0	7.9	7.5	8.8	11.5	13.1	16.8	19.2
立陶宛	0.4	2.4	3.5	5.0	8.2	10.7	12.3	14.0	15.6	16.6	18.5	20.5
卢森堡	-0.5	3.3	3.4	3.5	5.3	5.4	4.6	7.8	7.9	9.0	9.1	10.3
匈牙利	3.3	5.2	5.3	4.9	6.6	7.4	7.9	8.4	8.6	9.6	10.8	12.6
马耳他	0.1	0.1	0.2	0.4	1.4	2.6	4.1	4.2	4.5	5.4	5.8	6.1
荷兰	1.9	1.7	1.7	2.7	3.7	6.4	7.6	7.3	11.7	11.2	10.2	9.9
奥地利	1.4	1.9	2.8	3.2	3.8	3.8	4.5	5.5	6.6	7.1	7.7	8.7
波兰	3.6	5.1	4.1	5.0	6.4	8.0	8.7	8.1	10.2	11.4	12.8	14.2
葡萄牙	0.3	-0.1	-0.6	1.3	1.8	2.8	3.4	4.4	5.5	7.4	8.1	9.0
罗马尼亚	2.5	2.7	3.5	4.0	6.5	6.7	7.2	7.9	9.6	11.7	12.4	13.0
斯洛文尼亚	-1.1	2.2	1.7	2.1	3.5	5.1	6.0	7.0	6.0	7.4	8.7	10.8
斯洛伐克	0.9	1.7	2.5	3.3	4.4	5.1	7.7	8.3	9.6	10.9	11.8	12.6
芬兰	0.9	2.2	1.9	1.8	2.8	3.2	4.1	4.4	5.8	5.8	7.1	8.1
瑞典	1.8	2.8	1.8	2.5	3.3	4.5	3.9	4.4	6.3	6.6	7.5	8.9
冰岛	2.8	3.5	4.0	3.7	4.2	3.9	4.3	4.4	5.0	5.6	5.4	5.4
挪威	3.6	3.2	3.0	3.8	4.0	6.1	3.1	3.5	4.7	5.9	6.2	7.0
瑞士	-0.4	-0.1	0.5	0.8	1.3	1.3	1.4	1.9	2.2	2.3	2.7	3.2
北马其顿	2.5	3.1	2.3	3.3	4.7	4.9	6.7	7.7	9.0	10.6	11.9	14.5
塞尔维亚	1.2	2.6	3.2	4.2	6.5	7.9	8.3	8.8	9.2	9.5	10.1	11.6

欧洲国家通胀形势比较严峻，其形成原因包括以下几个方面。其一，欧美国家的宽松货币政策埋下隐患。2008年以来，发达国家一直遵循着超级宽松的货币政策，如美联储通过没有限期、无限量地购买美元资产大量往经济体里注入流动性，2021年底其持有的资产达到84000亿美元，仅在最近一年多就涨了4万亿美元，直至2022年3月美联储开始加息货币政策才转向；同样，欧元区实行了持续8年之久的负利率货币政策，尤其是2020年欧盟启动1.8万亿欧元经济复苏计划，通过有限量地购买本币资产大量向市场注入流动性，直至2022年7月才开启加息政策。欧美发达国家实施的极度宽松的货币政策，造成全球流动性过剩，不仅使消费价格指数上升，也为全球大宗商品价格走高埋下隐患。

其二，新冠疫情、俄乌冲突等在供给侧造成冲击。一方面，始于2020年的疫情持续至今，造成全球供应链危机尚未完全消除，欧洲各国有效供给不足，强劲增长的社会总需求拉升了总体价格水平。另一方面，俄乌地缘政治局势进一步推升通货膨胀，能源成本成为欧洲通胀的主要驱动因素。由于欧洲的能源供应严重依赖俄罗斯，2022年2月爆发的俄乌冲突及西方对俄制裁，令欧洲本已承压的原材料及能源供应链更加脆弱，导致欧洲能源价格跳跃性攀升，并成为推升通胀的主要驱动因素。自2021年下半年以来，能源成本构成了欧元区HICP的主要部分，其中自2022年3月以来，能源价格上涨几乎贡献了欧元区通胀上涨的40%左右。标准普尔公司预计，2022年欧洲通货膨胀一半左右的压力来自能源价格的上涨，而食品和服务的价格上涨将成为2023年欧洲通货膨胀的最大推动力。

其三，从中短期看，欧洲通胀难言乐观。一是此轮通胀主要由能源和食品供给不足引致涨价驱动，在能源和食品供应链恢复之前，通胀不会很快回落，特别是欧洲能源驱动的通胀短期内可能不会大幅缓解。无论俄乌冲突以何种方式以及何时结束，实现与俄罗斯之间的能源切割已成为欧洲国家的共识，这就意味着美欧西方对俄实施的一系列能源及金融制裁不可能在短期内得以消除，欧洲能源被"卡脖子"的现状仍将持续。虽然当下欧洲政要对实现能源的独立及自给自足高谈阔论，包括推出"REPowerEU"能源计划等，但其他可替代俄罗斯能源缺口的进口渠道有限，而且替代能源的开发需要较长的时间。2022 年 7 月德国能源监管机构联邦网络局负责人穆勒表示，未来两个冬天，天然气短缺的威胁将笼罩德国，其中 2023 年可能会面临 3 倍的天然气价格；德国联邦经济部长罗伯特·哈贝克预计至少要到 2024 年夏季，德国才能独立于俄罗斯的天然气，但能源价格再也不可能回到从前。2022 年 8 月，德国中央银行行长约阿希姆·纳格尔发出警告，由于持续的能源危机，德国经济在 2022 年冬季出现萎缩的可能性上升，预计德国秋季的通胀率将达到 10% 左右，创 70 年来新高；同时，由于供应"瓶颈"和地缘政治紧张局势可能会持续下降，德国通胀问题不会在 2023 年消失。二是欧洲中央银行加息以平抑通货膨胀的效果有待检验，且副作用更多，对欧洲来说缓解能源食品供应的短缺对于改善通胀更加有效，且副作用更少。三是欧盟委员会及外界智库对欧洲通胀预期难言乐观。从表 2-23 可以看出，与春季经济预测报告相比，欧盟委员会 2022 年 7 月发布的夏季经济预测报告上调了 2022 年及 2023 年对欧洲的通胀预期。

表 2-23　欧洲国家年度通货膨胀率及预测　　　　　　　　单位：%

国家	5 年均值			2018 年	2019 年	2020 年	2021 年	2022 年春季预测		2022 年夏季预测	
	2003—2007 年	2008—2012 年	2013—2017 年					2022 年	2023 年	2022 年	2023 年
比利时	2.0	2.5	1.3	2.3	1.2	0.4	3.2	7.8	1.9	9.4	2.9
德国	1.8	1.7	1.0	1.9	1.4	0.4	3.2	6.5	3.1	7.9	4.8
爱沙尼亚	3.9	4.5	1.6	3.4	2.3	-0.6	4.5	11.2	2.5	17.0	4.7
爱尔兰	2.8	0.6	0.2	0.7	0.9	-0.5	2.4	6.1	3.1	7.3	3.3
希腊	3.3	2.9	-0.4	0.8	0.5	-1.3	0.6	6.3	1.9	8.9	3.5
西班牙	3.2	2.3	0.5	1.7	1.3	-0.3	3.0	6.3	1.9	8.1	3.4
法国	2.0	1.9	0.6	2.1	1.3	0.5	2.1	4.9	3.1	5.9	4.1
意大利	2.3	2.4	0.6	1.2	0.6	-0.1	1.9	5.9	2.3	7.4	3.4
塞浦路斯	2.5	2.7	-0.4	0.8	0.5	-1.1	2.3	5.2	2.7	7.0	3.3
拉脱维亚	6.5	4.6	0.8	2.6	2.7	0.1	3.2	9.4	3.5	15.5	6.0
立陶宛	2.4	4.7	1.0	2.5	2.2	1.1	4.6	12.5	3.0	17.0	5.1
卢森堡	3.0	2.7	0.9	2.0	1.6	0.0	3.5	6.8	2.3	8.5	3.0
马耳他	2.1	2.9	1.0	1.7	1.5	0.8	0.7	4.5	2.6	5.6	3.3

续表

国家	5年均值							2022年春季预测		2022年夏季预测	
	2003—2007年	2008—2012年	2013—2017年	2018年	2019年	2020年	2021年	2022年	2023年	2022年	2023年
荷兰	1.7	1.9	0.9	1.6	2.7	1.1	2.8	7.4	2.7	9.4	3.3
奥地利	1.9	2.3	1.5	2.1	1.5	1.4	2.8	6.0	3.0	7.4	4.4
葡萄牙	2.7	1.9	0.6	1.2	0.3	-0.1	0.9	4.4	1.9	6.8	3.6
斯洛文尼亚	3.6	2.7	0.6	1.9	1.7	-0.3	2.0	6.1	3.3	7.6	4.9
斯洛伐克	4.9	2.7	0.4	2.5	2.8	2.0	2.8	9.8	6.8	10.5	8.2
芬兰	1.0	2.7	0.9	1.2	1.1	0.4	2.1	4.5	2.3	6.4	2.8
欧元区	2.2	2.1	0.7	1.8	1.2	0.3	2.6	6.1	2.7	7.6	4.0
保加利亚	5.9	4.6	-0.5	2.6	2.5	1.2	2.8	11.9	5.0	12.5	6.8
捷克	1.8	2.7	1.0	2.0	2.6	3.3	3.3	11.7	4.5	13.9	5.8
丹麦	1.6	2.4	0.4	0.7	0.7	0.3	1.9	5.1	2.7	7.5	3.4
克罗地亚	2.7	2.9	0.6	1.6	0.8	0.0	2.7	6.1	2.8	8.2	3.6
匈牙利	5.4	4.9	0.9	2.9	3.4	3.4	5.2	9.0	4.1	11.8	7.6
波兰	2.1	3.7	0.3	1.2	2.1	3.7	5.2	11.6	7.3	12.2	9.0
罗马尼亚	9.5	5.7	0.8	4.1	3.9	2.3	4.1	8.9	5.1	11.1	7.2
瑞典	1.5	1.9	0.9	2.0	1.7	0.7	2.7	5.3	3.0	6.6	3.6
欧盟	2.4	2.4	0.7	1.8	1.4	0.7	2.9	6.8	3.2	8.3	4.6

2. 欧洲经济衰退风险加剧

自欧债危机以来，欧洲经济持续低迷，负利率政策效果有限，近年来又遭遇全球贸易关系紧张局势以及新冠疫情与俄乌冲突的双重冲击，让疲态凸显的欧洲经济遭遇重创。如表2-24所示，2020年，受新冠疫情冲击，欧元区和欧盟的国民生产总值遭遇历史性衰退，分别萎缩6.4%和5.9%；主要经济体尽数遭遇"二战"以来最大经济浩劫。素有"欧洲经济火车头"之称的德国在经历十年增长期后陷入深度衰退，国内生产总值下降4.6%，法国和意大利分别下降7.8%和9.0%，英国萎缩9.9%，创有记录以来最大跌幅，西班牙则位列经济跌幅的榜首，下降10.8%。2021年，欧洲经济实现强劲反弹，欧元区和欧盟GDP分别实现5.3%和5.4%的正增长；但好景不长，2022年2月骤然升级的俄乌局势中断经济复苏势头。2022年7月14日，欧盟委员会发布的夏季经济预测报告显示，欧洲经济增长将在2022年下半年显著放缓。2022年，欧元区和欧盟GDP增长率下调至2.6%~2.7%；2023年，欧元区和欧盟的GDP增长率分别进一步下调至1.4%和1.5%。成员国层面的增长预期同样出现不同幅度的下调，大部分国家2022年和2023年的分别增长率均不及疫情前的水平。例如，德国2022年和2023年的增长率分别仅为1.4%和1.3%，法国分别为2.4%和1.4%，意大利分别为2.9%和0.9%。

表 2-24 欧洲国家 GDP 增长率及预测

单位：%

国家	5 年均值							2022 年春季预测		2022 年夏季预测	
	2003—2007 年	2008—2012 年	2013—2017 年	2018 年	2019 年	2020 年	2021 年	2022 年	2023 年	2022 年	2023 年
比利时	2.6	0.7	1.4	1.8	2.1	-5.7	6.2	2.0	1.8	2.3	1.3
德国	1.6	0.7	1.8	1.1	1.1	-4.6	2.9	1.6	2.4	1.4	1.3
爱沙尼亚	8.2	-1.7	3.0	4.1	4.1	-3.0	8.3	1.0	2.4	1.6	1.9
爱尔兰	5.2	-1.4	8.9	9.0	4.9	5.9	13.5	5.4	4.4	5.3	4.0
希腊	4.1	-5.5	-0.3	1.7	1.8	-9.0	8.3	3.5	3.1	4.0	2.4
西班牙	3.5	-1.3	1.9	2.3	2.1	-10.8	5.1	4.0	3.4	4.0	2.1
法国	2.0	0.4	1.2	1.9	1.8	-7.8	6.8	3.1	1.8	2.4	1.4
意大利	1.1	-1.4	0.4	0.9	0.5	-9.0	6.6	2.4	1.9	2.9	0.9
塞浦路斯	4.5	0.1	1.3	5.7	5.3	-5.0	5.5	2.3	3.5	3.2	2.1
拉脱维亚	9.9	-2.7	2.7	4.0	2.5	-3.8	4.5	2.0	2.9	3.9	2.2
立陶宛	8.7	-0.4	3.2	4.0	4.6	-0.1	5.0	1.7	2.6	1.9	2.5
卢森堡	4.7	0.6	2.9	2.0	3.3	-1.8	6.9	2.2	2.7	2.6	2.1
马耳他	3.0	2.5	7.4	6.2	5.9	-8.3	10.4	4.2	4.0	4.9	3.8
荷兰	2.3	0.0	1.7	2.4	2.0	-3.9	4.9	3.3	1.6	3.0	1.0
奥地利	2.6	0.6	1.2	2.5	1.5	-6.7	4.8	3.9	1.9	3.7	1.5
葡萄牙	1.1	-1.4	1.4	2.8	2.7	-8.4	4.9	5.8	2.7	6.5	1.9
斯洛文尼亚	4.8	-1.0	2.4	4.4	3.3	-4.2	8.1	3.7	3.1	5.4	1.0
斯洛伐克	7.3	2.0	2.7	3.8	2.6	-4.4	3.0	2.3	3.6	1.9	2.7
芬兰	3.6	-0.7	1.0	1.1	1.2	-2.2	3.0	1.6	1.7	1.8	1.2
欧元区	2.2	-0.3	1.5	1.8	1.6	-6.4	5.3	2.7	2.3	2.6	1.4
保加利亚	6.4	1.4	1.9	2.7	4.0	-4.4	4.2	2.1	3.1	2.8	2.3
捷克	5.5	0.2	3.0	3.2	3.0	-5.5	3.5	1.9	2.7	2.3	2.0
丹麦	2.0	-0.4	2.2	2.0	1.5	-2.0	4.9	2.6	1.8	3.0	1.2
克罗地亚	4.8	-1.8	1.7	2.9	3.5	-8.1	10.2	3.4	3.0	3.4	2.9
匈牙利	3.5	-0.8	3.2	5.4	4.6	-4.5	7.1	3.6	2.6	5.2	2.1
波兰	5.0	3.4	3.3	5.4	4.7	-2.2	5.9	3.7	3.0	5.2	1.5
罗马尼亚	6.5	0.6	4.5	4.5	4.2	-3.7	5.9	2.6	3.6	3.9	2.9
瑞典	3.5	0.7	2.6	2.0	2.0	-2.2	5.1	2.3	1.4	1.3	0.8
欧盟	2.4	-0.1	1.7	2.1	1.8	-5.9	5.4	2.7	2.3	2.7	1.5

　　欧洲经济衰退预期持续发酵。2022 年 7 月 17 日，彭博社的调查数据显示，欧元区 2023 年经济衰退的可能性为 45%，高于上个月的 30%，由于比大多数欧洲国家更依赖俄罗斯的天然气，欧洲最大经济体德国出现经济衰退的可能性更大，高达 55%。

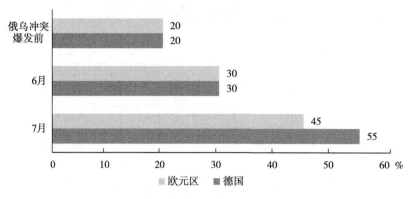

图 2-2　2022 年未来 12 个月经济衰退的概率

未来 3~5 年拖累欧洲经济复苏的重要因素主要表现在以下几个方面。

一是俄乌冲突及西方对俄制裁的负面溢出效应持续放大，让疫情冲击下本就不堪负重的全球供应链遭受新一轮冲击。其一，供应链是欧洲经济的神经中枢，其发生短缺将对欧洲经济带来致命打击。作为外向型经济，欧盟的经济发展严重依赖外部的原材料和外部市场，外部因素对其影响比对中国和美国更大。牛津经济研究院 2022 年 5 月发布的一份研究报告显示，无论是作为投入来源还是作为生产目的地，欧元区高达 30% 的总附加值依赖循环畅通的跨境供应链；尤其是制造业容易受到供应链冲击的影响，其中高科技等行业（80% 的最终附加值来自跨境投入，75% 的最终产品需求来自非国内市场）、汽车和航空航天最容易受到供应链的冲击。未来 3~5 年，欧洲乃至全球的供应链"瓶颈"彻底缓解的难度加大。其二，疫情对欧洲供应链的影响长久而深远，短期内难以消除。自新冠疫情暴发以来，全球供应链受阻的状况日益加剧，2021 年下半年大部分欧洲国家已经放开对疫情的管控，但供应链短缺问题仍未解决。2022 年以来，欧洲面临的供应链短缺问题依然持续存在，如特定半导体供应短缺、海运部门物流局部中断、亚洲中间投入品主要出口国严格的疫情防控措施、增加半导体产能和船舶供应能力所需的时间较长等。其三，骤然升级的俄乌局势与疫情余波共振进一步加剧供应链危机。俄欧间的制裁与反制裁直接影响欧盟的原材料和能源供应链。虽然在欧盟的贸易总额中，与俄罗斯和乌克兰之间的贸易额占比不大（2021 年仅为 7%），但欧盟自俄罗斯进口的货物主要集中于煤炭、石油、天然气、木材和金属原料等初级产品，尤其能源占比高达 62%。俄乌冲突爆发以来，受出口管制及制裁影响，欧盟自俄罗斯进口的上述原材料大幅减少，直接加剧了欧洲本已脆弱的供应链危机。从发展态势看，俄乌冲突已经走向俄罗斯与西方国家持久性的集体博弈，其直接和间接效应与疫情余波交叉共振，形成新一轮的全球供应链危机，且中短期内难以恢复正常。全球知名咨询机构埃森哲首席执行官让·马克·奥拉尼耶 2022 年 5 月表示，在俄乌冲突爆发前，预计疫情导致的欧洲供应链瓶颈冲击将在 2022 年下半年恢复正常，但俄乌局势的恶化推迟了该预期，欧洲供应链完全恢复正常预计不会在 2023 年之前发生，甚至要到 2024 年才会发生。

二是持续蔓延的能源危机将拖累欧洲经济。自俄乌冲突爆发以来，欧洲能源体系固有的脆弱性被进一步激化，摆脱对俄能源依赖已成为欧洲各国的共识，但短期内能源短缺的缺口难以解决，未来 3~5 年，能源危机困扰欧洲的局面难以彻底根除。其一，欧洲国家的能源安全体系存在固有的脆弱性。欧洲国家能源自给率低，高度依赖进口，且俄罗斯是欧盟最大的单一能源来源国。根据相关统计，2021 年，欧盟的能源进口中，40%的天然气、27%的石油、46%的煤炭来自俄罗斯，能源占欧盟从俄罗斯进口总额的62%，耗资 990 亿欧元。作为欧盟最大的经济体，德国一半以上的天然气（58%）和30%以上的原油供应来自俄罗斯。而且，能源基础设施老化严重，能源补充面临缺口。欧洲大部分油气运输管道修建于 20 世纪 60~80 年代，老化严重，北海地区一半的油气平台已超过了使用年限。同时，占欧洲电力能源 1/4 的核能，到 2030 年，至少有 84%的核反应堆将超过 40 年的设计寿命。巴尔干半岛地区依赖度最高的煤电、水电机组年龄大多超过 35 年。欧盟曾明确指出，各国的能源基建无法满足未来的发展需求，需改善现状。此外，近年来，过激的能源转型加剧部分欧洲国家的能源短缺问题。传统石化能源过早退出，清洁能源供给不稳定，而作为碳中和路径下的过渡能源，天然气发电量占比不断抬升，天然气对外依存度高达 90%。

其二，俄与美欧地缘政治博弈的持久性和极端气候等自然灾害因素加重欧洲的能源短缺危机。这方面最主要的影响因素是美欧西方对俄实施的一系列能源及金融制裁不可能在短期内得以消除，意味着俄罗斯以能源武器反击控制欧洲能源的现状仍将持续，因此，中短期内欧洲仍将面临较大的能源安全问题。自俄乌冲突爆发以来，除了北溪 2 号未进入正常运行就被终止外，俄罗斯在北溪 1 号上"拉闸限气"频频上演，欧洲能否平稳过冬仍充满变数。无论俄乌冲突以何种方式以及何时结束，实现与俄罗斯之间的能源切割已成为欧洲国家的共识，为此欧洲对俄能源依赖已削减至极限（尤其是天然气对俄依赖并未得到结构性改变），然而欧洲在填补替代缺口的天然气（多元化进口渠道有限及受制于 LNG 进出口设施短缺，且 LNG 替代俄罗斯天然气已基本达到极限）、煤炭、核能和可再生能源方面的选择极其有限且成本高昂。另外，极端气候等自然灾害因素也在加重欧洲的能源短缺。2022 年入夏以来，持续性的罕见高温推升欧洲的能源需求，同时，极端干旱让欧洲河流湖泊水位大幅下降，严重影响水利、核能和太阳能发电，以及依靠水路输送煤炭的燃煤发电厂，挪威能源咨询机构 Rystad Energy 的统计数据显示，2022 年前七个月，欧洲水力发电量同比下降 20%，核能发电量下降 12%。一些能源行业人士的态度更为悲观，其认为欧洲迅速替代俄罗斯的能源仍是一个未知数，预计未来 5年内，欧洲将处于一个对俄能源需求减少，但难以完全切割，而消费者和制造业持续面临高成本且供应不稳定的能源局面。

其三，持续的能源危机将拖累欧洲经济。一方面，能源成本飙升削弱欧洲制造业竞争力。石油和天然气是欧洲最重要的两大一次性能源。与石油主要用于运输部门不同，天然气是欧洲工业部门、（非运输）服务业以及家庭消费最多的主要能源。过去几十年，低成本的俄罗斯能源一直都是欧洲制造业在全球竞争格局中最大的优势来源之一，俄乌冲突爆发以来，能源价格飙升，将欧洲工业成本推升至不可持续的水平，工厂减产甚至停工的迹象开始在欧盟范围内蔓延。德国工会联合会负责人雅斯敏·法希米发出警告，由于天然气的供应"瓶颈"，德国的铝、玻璃、化工等行业将面临永久性崩溃的危险。《华尔街日报》表示，除非欧洲制造商能够部署大幅减少化石燃料消耗的技术，否则俄罗斯能源供应的逐步淘汰可能会使欧洲工业处于长期竞争劣势。另一方面，对俄罗斯能源依赖度高的欧洲国家将面临更为严重的经济打击。德国作为高度发达的工业国，拥有庞大的产业规模和更长的供应链条，在欧洲国家中最易受供应链瓶颈冲击。意大利属于通过进口原料和中间品来生产并出口高附加值产品的"转化型"经济，其对俄罗斯能源的依赖度也达到一半以上，能源价格上涨会在进口、生产和出口三个环节被多次累加和放大。波兰和拉脱维亚的依赖度在90%以上，北马其顿、波黑、摩尔多瓦的依赖度则接近100%。上述国家受俄罗斯能源减少的影响最大，工业生产成本将大幅提高，工业生产活动将显著放缓，处于能源产业链中下游的化工、建筑、交通运输等行业产出将下降。

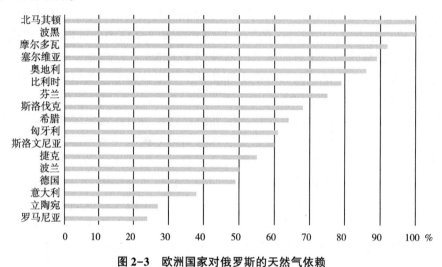

图 2-3　欧洲国家对俄罗斯的天然气依赖

（二）债务危机仍可能再度重演

欧洲债务与发展问题尚未得到根本解决，持续恶化的内外部经济金融环境恐将再度引燃欧债危机。虽然自上一轮债务危机以来，欧元区从多方面强化财政治理，积极推进财政一体化，但总体进展有限，统一货币而分散财政的根本性矛盾依然存在。在新冠疫情持续反复、地缘局势波谲云诡和货币政策加速收紧的三重冲击下，欧洲经济衰退风险不断增高，欧债危机这头"灰犀牛"不容小觑。

1. 欧元区固有的体制性缺陷尚未得到根本性解决

欧元体系自诞生伊始便存在多重制度性、结构性缺陷。其一，统一货币政策和独立财政政策存在目标不一致的结构性矛盾。在欧元区，成员国的货币主权让渡于超国家的欧洲央行，并由其实施统一的货币政策，而财政决策权仍由各主权国家独立掌握，成员国在制定财政政策时只会迎合本国政治及经济发展需求，而不会优先遵守关系欧元区"生死存亡"的"金科玉律"。尤其在经济遭遇冲击时，财政政策和货币政策无法协同的弊端便会暴露并放大。其二，有财政纪律而无有效监督和约束手段的矛盾。虽然《马斯特里赫特条约》和《稳定与增长公约》对政府赤字和公共债务做出了严格规定，但并未在欧盟层面设立明确的监管机构和实施部门，相关金融监管职责仍属于成员国主权范畴，财政纪律常常被破坏。其三，有严格要求而无危机援助机制的矛盾。自上一轮欧债危机以来，欧盟推出一揽子改革措施及紧急救援政策来强化财政治理，以保障欧元区的金融稳定。如2010年创立为期三年的欧洲金融稳定基金（EFSF）、2013年成立欧洲稳定机制（ESM）以替代到期的 EFSF；为巩固财政和加强金融监管，2010 年引进"欧洲学期"机制强化财政纪律，签订《财政契约》以建立欧盟层面可信赖的财政治理框架等；通过欧洲集体举债向财政一体化方面努力，如疫情期间建立 7500 亿欧元的欧盟复苏与韧性基金（2021）援助发展机制，其中 3900 亿欧元无偿提供给受冲击严重的国家，3600 亿欧元以低息贷款分配。不可否认，上述举措在一定程度上改善了欧元区的体制性缺陷，对防范系统性金融风险和债务危机的发生具有重要意义，但总体进展有限；近年来，意大利与欧盟预算之争，就是成员国政策诉求与欧盟统一政策矛盾的集中体现，深刻暴露出财政政策与货币政策在经济低迷时期难以协调的制度性缺陷。

2. 双重冲击下欧洲债务问题不断凸显

新冠疫情叠加俄乌冲突彻底抹去了上一轮债务危机以来欧洲国家为平衡财政所做的努力，欧洲各国的公共财政遭受严重打击，债务状况再度陷入脆弱状态，欧洲债务的不稳定性或将加剧凸显。这主要是由于双重冲击下，财政纪律约束的放松使欧洲政府杠杆率飙升。为应对疫情冲击带来的经济衰退风险，欧盟临时放开财政底线，自 2020 年 3 月开始暂停执行《稳定与增长公约》，即暂停执行各国赤字和公共债务水平分别不能超过 GDP3% 和 60% 的严格规定。在此期间，欧洲各国实施大规模财政刺激计划和一系列政府救助方案，导致债务水平节节攀升，创历史新高。从表 2-25 和表 2-26 可看出，相较于 2019 年，新冠疫情暴发之年（2020 年），欧盟的平均债务上升 13%~90%，平均赤字率由历史较低水平的 -0.6% 飙升至 -6.8%；欧元区的平均债务比重由 83.8% 上升至 97.2%，平均赤字率由 -0.7% 上升至 -7.1%，均超过欧债危机时期的最高值。2021 年以来，随着经济逐渐复苏，欧洲各国逐渐撤销激进的财政刺激政策，公共债务小幅收窄，但总体上仍远超 2010 年欧债危机爆发前的水平。2022 年爆发的俄乌冲突使欧洲主权债务进一步恶化。为应对地缘政治动荡导致的能源价格飙升，欧盟委员会于 2022 年 5 月把恢复赤字和债务约束的时间延后至 2023 年底。

表 2-25　欧洲国家政府债务占 GDP 的比重　　　单位：%

国家	2010 年	2011 年	2012 年	2013 年	2014 年	2015 年	2016 年	2017 年	2018 年	2019 年	2020 年	2021 年
欧盟	80.4	81.7	85.0	86.7	86.8	85.0	84.2	81.6	79.6	77.5	90.0	88.1
欧元区	85.7	87.6	91.0	93.0	93.1	91.2	90.4	87.9	85.8	83.8	97.2	95.6
希腊	147.5	175.2	162.0	178.2	180.3	176.7	180.5	179.5	186.4	180.7	206.3	193.3
意大利	119.2	119.7	126.5	132.5	135.4	135.3	134.8	134.2	134.4	134.1	155.3	150.8
葡萄牙	100.2	114.4	129.0	131.4	132.9	131.2	131.5	126.1	121.5	116.6	135.2	127.4
西班牙	60.5	69.9	90.0	100.5	105.1	103.3	102.5	101.9	100.5	98.3	120.0	118.4
法国	85.3	87.8	90.6	93.4	94.9	95.6	98.0	98.1	97.8	97.4	114.6	112.9
比利时	100.3	103.5	104.8	105.7	107.0	105.2	105.0	102.0	99.8	97.7	112.8	108.2
塞浦路斯	56.4	65.9	80.3	104.0	109.1	107.2	103.1	92.5	98.4	91.1	115.0	103.6
奥地利	82.7	82.4	81.9	81.3	84.0	84.9	82.8	78.5	74.1	70.6	83.3	82.8
斯洛文尼亚	38.3	46.5	53.6	70.0	80.3	82.6	78.5	74.2	70.3	65.6	79.8	74.7

国家	2010年	2011年	2012年	2013年	2014年	2015年	2016年	2017年	2018年	2019年	2020年	2021年
德国	82.0	79.4	80.7	78.3	75.3	71.9	69.0	64.6	61.2	58.9	68.7	69.3
芬兰	46.9	48.3	53.6	56.2	59.8	63.6	63.2	61.2	59.8	59.6	69.0	65.8
斯洛伐克	40.8	43.3	51.9	54.9	53.7	51.8	52.4	51.6	49.6	48.1	59.7	63.1
马耳他	65.5	70.0	66.6	66.4	62.1	56.2	54.7	47.7	43.7	40.7	53.4	57.0
爱尔兰	86.2	110.5	119.7	120.0	104.3	76.7	74.3	67.8	63.1	57.2	58.4	56.0
荷兰	59.2	61.7	66.2	67.7	67.9	64.6	61.9	56.9	52.4	48.5	54.3	52.1
拉脱维亚	47.7	45.1	42.4	40.4	41.6	37.1	40.4	39.0	37.1	36.7	43.3	44.8
立陶宛	36.2	37.1	39.7	38.7	40.5	42.5	39.7	39.1	33.7	35.9	46.6	44.3
卢森堡	19.1	18.5	20.9	22.4	21.9	21.1	19.6	21.8	20.8	22.3	24.8	24.4
爱沙尼亚	6.7	6.2	9.8	10.2	10.6	10.1	10.0	9.1	8.2	8.6	19.0	18.1
克罗地亚*	57.3	63.7	69.4	80.3	83.9	83.3	79.8	76.7	73.3	71.1	87.3	79.8
匈牙利*	80.0	80.3	78.1	77.2	76.5	75.7	74.8	72.1	69.1	65.5	79.6	76.8
波兰*	53.5	54.7	54.4	56.5	51.1	51.3	54.2	50.6	48.8	45.6	57.1	53.8
罗马尼亚*	29.6	34.0	37.1	37.6	39.2	37.8	37.3	35.1	34.7	35.3	47.2	48.8
捷克*	37.1	39.7	44.2	44.4	41.9	39.7	36.6	34.2	32.1	30.1	37.7	41.9
丹麦*	42.6	46.1	44.9	44.0	44.3	39.8	37.2	35.9	34.0	33.6	42.1	36.7
瑞典*	38.1	37.2	37.5	40.3	45.0	43.7	42.3	40.7	38.9	34.9	39.6	36.7
保加利亚*	15.3	15.2	16.6	17.0	27.0	25.9	29.1	25.1	22.1	20.0	24.7	25.1

注：带"*"的国家为欧盟成员国但非欧元区成员国。

资料来源：Eurostat（数据库更新日期2022年4月22日）。

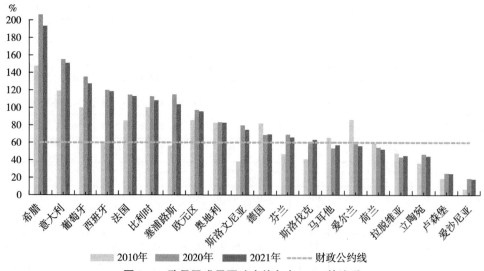

图2-4 欧元区成员国政府债务占GDP的比重

表 2-26 欧盟成员国赤字占 GDP 的比重 单位：%

国家	2008 年	2009 年	2010 年	2011 年	2012 年	2013 年	2014 年	2015 年	2016 年	2017 年	2018 年	2019 年	2020 年	2021 年
欧盟	-2.0	-6.0	-6.0	-4.1	-3.7	-3.0	-2.4	-1.9	-1.4	-0.8	-0.4	-0.6	-6.8	-4.7
欧元区	-2.2	-6.2	-6.3	-4.2	-3.8	-3.1	-2.5	-2.0	-1.5	-0.9	-0.4	-0.7	-7.1	-5.1
马耳他	-4.1	-3.1	-2.2	-3.0	-3.4	-2.2	-1.5	-0.8	1.1	3.3	2.1	0.6	-9.5	-8.0
希腊	-10.2	-15.1	-11.3	-10.5	-9.1	-13.4	-3.6	-5.9	0.2	0.6	0.9	1.1	-10.2	-7.4
拉脱维亚	-4.3	-9.5	-8.6	-4.3	-1.4	-1.2	-1.6	-1.4	0	-0.8	-0.8	-0.6	-4.5	-7.3
意大利	-2.6	-5.1	-4.2	-3.6	-2.9	-2.9	-3.0	-2.6	-2.4	-2.4	-2.2	-1.5	-9.6	-7.2
西班牙	-4.6	-11.3	-9.5	-9.7	-11.6	-7.5	-6.1	-5.3	-4.3	-3.1	-2.6	-3.1	-10.3	-6.9
法国	-3.3	-7.2	-6.9	-5.2	-5.0	-4.1	-3.9	-3.6	-3.6	-3.0	-2.3	-3.1	-8.9	-6.5
斯洛伐克	-2.5	-8.1	-7.5	-4.3	-4.4	-2.9	-3.1	-2.7	-2.6	-1.0	-1.0	-1.3	-5.5	-6.2
奥地利	-1.5	-5.3	-4.4	-2.6	-2.2	-2.0	-2.7	-1.0	-1.5	-0.8	0.2	0.6	-8.0	-5.9
比利时	-1.1	-5.4	-4.1	-4.3	-4.3	-3.1	-3.1	-2.4	-2.4	-0.7	-0.9	-2.0	-9.0	-5.5
斯洛文尼亚	-1.4	-5.8	-5.6	-6.6	-4.0	-14.6	-5.5	-2.8	-1.9	-0.1	0.7	0.4	-7.8	-5.2
德国	-0.1	-3.2	-4.4	-0.9	0	0	0.6	1.0	1.2	1.3	1.9	1.5	-4.3	-3.7
葡萄牙	-3.7	-9.9	-11.4	-7.7	-6.2	-5.1	-7.4	-4.4	-1.9	-3.0	-0.3	0.1	-5.8	-2.8
芬兰	4.2	-2.5	-2.5	-1.0	-2.2	-2.5	-3.0	-2.4	-1.7	-0.7	-0.9	-0.9	-5.5	-2.6
荷兰	0.1	-5.2	-5.3	-4.5	-4.0	-3.0	-2.3	-2.1	0.0	1.3	1.4	1.7	-3.7	-2.5
爱沙尼亚	-2.6	-2.2	0.2	1.1	-0.3	0.2	0.7	0.1	-0.4	-0.4	-0.6	0.1	-5.6	-2.4
爱尔兰	-7.0	-13.9	-32.1	-13.6	-8.5	-6.4	-3.6	-2.0	-0.7	-0.3	0.1	0.5	-5.1	-1.9
塞浦路斯	0.9	-5.4	-4.7	-5.7	-5.8	-5.6	-8.8	-0.9	0.3	1.9	-3.6	1.3	-5.8	-1.7
立陶宛	-3.1	-9.1	-6.9	-8.9	-3.2	-2.6	-0.6	-0.3	0.3	0.4	0.5	0.5	-7.3	-1.0
卢森堡	3.4	-0.2	-0.3	0.7	0.5	0.8	1.3	1.3	1.9	1.4	3.0	2.3	-3.4	0.9
罗马尼亚 *	-5.4	-9.1	-6.9	-5.4	-3.7	-2.1	-1.2	-0.6	-2.6	-2.6	-2.8	-4.3	-9.3	-7.1
匈牙利 *	-3.8	-4.7	-4.4	-5.2	-2.3	-2.6	-2.8	-2.0	-1.8	-2.5	-2.1	-2.1	-7.8	-6.8
捷克 *	-2	-5.4	-4.2	-2.7	-3.9	-1.3	-2.1	-0.6	0.7	1.5	0.9	0.3	-5.8	-5.9
保加利亚 *	1.4	-4.4	-3.7	-1.7	-0.8	-0.7	-5.4	-1.9	0.3	1.6	1.7	2.1	-4.0	-4.1
克罗地亚 *	-2.9	-6.2	-6.4	-7.9	-5.5	-5.5	-5.5	-3.4	-0.9	0.8	0	0.2	-7.3	-2.9
波兰 *	-3.6	-7.3	-7.4	-5.0	-3.8	-4.2	-3.6	-2.6	-2.4	-1.5	-0.2	-0.7	-6.9	-1.9
瑞典 *	1.9	-0.8	-0.1	-0.3	-1.1	-1.5	-1.5	0	1.0	1.4	0.8	0.6	-2.7	-0.2
丹麦 *	3.2	-2.8	-2.7	-2.1	-3.5	-1.2	1.1	-1.2	0.1	1.8	0.8	4.1	-0.2	2.3

注：带"＊"的国家为欧盟成员国但非欧元区成员国。

　　同时，成员国间的债务分化现象依然明显，南欧等边缘国家的债务问题较为严重。希腊从 2010 年的 147.5% 上升至 2021 年的 193.3%；意大利从 2010 年的 119.2% 上升至 2021 年的 150.8%；西班牙从 2010 年的 60.5% 上升至 2021 年的 118.4%。公共赤字方面，大部分欧元区成员国在 2020—2021 年再度打破 3% 的警戒线，总体上较欧债危机期间的状况脆弱。目前来看，欧盟许多成员国的政府负债率短期内不可能重返 60% 以下。欧盟经济和金融事务总局于 2022 年 4 月 25 日发布的《2021 年财政可持续发展报告》对欧洲国家的债务可持续性做出评估预测。报告显示，俄乌冲突使欧洲债务前景蒙上阴影，预计到 2023 年，欧盟的平均总债务比率略有收窄，但比利时、希腊、西班牙、法国、意大利和葡萄牙 6 个成员国的总债务比率仍将维持在远高于 100% 的水平，其债务问题甚至还将进一步加重；从短期、中期及长期来看，各成员国均面临不同程度的债务可持续性风险，如希腊和塞浦路斯两国面临短期债务脆弱性风险，中期内有10个国家（比利时、希腊、西班牙、法国、克罗地亚、意大利、马耳他、葡萄牙、斯洛文尼亚和斯洛伐克）处于高风险区间，长期内主要是7个成员国（比利时、捷克、卢森堡、匈牙利、马耳他、斯洛文尼亚和斯洛伐克）面临较高的财政可持续性风险。

3. 外部金融环境收紧推升欧洲债务风险

在新冠疫情叠加俄乌冲突造成的巨大地缘政治冲击之后，欧洲低利率和温和通胀的时代已经结束。为了对冲不断攀升的通胀，欧洲央行于2022年7月开启2011年以来的首次加息，9月再次加息，并于9月底前停止购买政府债券，结束2014年以来的负利率政策。欧洲央行货币政策收紧将加重欧洲的主权债务风险。紧缩性货币政策不仅加重了融资成本和偿债负担，而且可能进一步恶化财政前景。与此前的欧债危机不同，当前欧元区面临的是实体冲击，且经济陷入"滞胀"的预期不断强化，如果欧洲央行为抗击通胀而大幅加息（r），经济增速（g）将固金融条件收紧而加速下滑，甚至陷入深度衰退，造成$r>g$，那么政府财政前景将会恶化，债务不可持续风险随之增大。德意志银行投资策略师马克西米利安·乌莱尔警告称，如果利率大幅上涨的时间更长，很可能会面临欧元危机2.0时代。

总之，在持续反复的疫情、能源替代危机、高通胀、紧缩货币政策、供应链中断和难民接收等多重危机叠加冲击下，未来几个月或几年内，欧洲政府公共支出水平或将继续处于高位，各成员国面临较为严重的债务可持续性风险。

（三）欧洲强化经济主权带来的风险挑战

新冠疫情和俄乌冲突加快了欧洲强化经济主权的战略部署和实际行动。自新冠疫情暴发以来，欧盟范围内"内向"倾向十分明显，"经济主权"回归、重塑价值链和产业链、"减少依赖"的呼声骤然高涨。强化经济主权是欧盟诉诸"主权欧洲"，以应对全球地缘政治和地缘经济竞争，在经济领域的集中表现，是实现欧盟"战略自主"的重要支柱之一。未来3~5年，中欧经贸合作依然存在较大发展空间，但欧盟将在"战略自主"框架内加速推动对华经济选择性脱钩，双方经贸关系政治化倾向将会越发凸显，这将对中欧共建"一带一路"形成多方面的挑战。

1. 强化经济主权已成为欧洲各界的共识

强化经济主权是欧盟"战略自主"概念的延伸，现已被大部分欧洲国家接受。欧盟在2016年推出的《欧盟外交与安全政策的全球战略》中首次将"战略自主"作为欧盟的重要战略目标。在此基础上，法国总统马克龙和时任欧盟委员会主席容克自2017年以来多次公开提及和阐释"主权欧洲"，认为这是实现欧洲"战略自主"的重要基础，此后该概念逐步被欧洲政治高层及主要国家采纳。2019年欧洲外交关系委员会（ECFR）与布鲁盖尔研究所联合发布一项名为《重新定义欧洲的经济主权》的报告，指出欧盟在全球化背景下表现出的经济独立性一直以来都是建立在将经济利益与地缘政治利益分开的基础上，但在当今世界政治经济体系下，实现经济与地缘政治的分离越来越困难，因此呼吁调整欧盟的政策体系，以更好地整合经济与地缘政治因素，并从国内产业补贴、竞争政策、投资筛选、出口管制、货币金融等多个领域强化欧洲经济主权。2019年以来，以冯德莱恩为代表的新一届欧盟委员会继承上述思想，以实际政治行动逐步推动"战略自主",并向具体的"经济主权""技术主权""数字主权"等领域和产业聚焦。欧盟委员会主席冯德莱恩在 2021 年国情咨文中呼吁实现欧洲"技术主权";同年,德国、爱沙尼亚、芬兰和丹麦等成员国政府呼吁欧洲投资于"数字主权"。从战略内涵来看,"欧洲经济主权与技术主权"的构想源于对欧洲"战略自主"概念的延伸与阐发,其理论基础是传统的地缘政治理论、"经济与技术民族主义"观点和"干预主义"模式;具体内容以产业政策为核心,涵盖贸易、投资、金融、全球治理、战略安全和经济外交等领域;政策抓手是"战略性价值链"。

2. 强化经济主权是欧盟经受内外危机困扰影响的结果

在内外部形势刺激下,欧洲从战略焦虑到战略觉醒,在"战略自主"框架下通过提高战略安全和"战略自主"的权重来强化和提升欧洲的经济主权,即对内强化欧洲单一市场和内部产业链的本土化;对外以地缘政治和经济视角制定经济政策,强调关键产业链的自主可控。从欧盟内部因素看,欧债危机、能源危机、英国脱欧以及供应链危机等多重挑战接踵而至,一体化进程几经受挫,限制了欧盟对外采取一致行动的能力。就外部环境而言,近年来,全球政治经济格局动荡不安,大国竞争成为主导全球政治经济格局的主要力量,"美国优先"颠覆既有国际规则与秩序,贸易保护主义盛行,欧盟赖以发展的多边主义以及全球化遭遇退潮和分裂。处于内部生产与消费不协调困境、成员国间矛盾重重和固有体制性缺陷尚未根本性解决的欧盟,在外部环境变化,尤其是 2020 年以来的新冠疫情和俄乌冲突等因素的急剧冲击下,其内部产业链的脆弱性在短期内被放大,难以发挥对外部依赖的替代作用并有效抵御外部的系统性风险冲击,加剧了欧洲对于战略安全的焦虑,使欧盟更加坚定强化经济主权的重要性。

应该说,早在新冠疫情暴发前,欧盟就根据国际政治经济形势变化提出了"战略自主"和"主权欧洲"目标,2019 年新一届欧委会上任后,公布了诸多与之相关的决策文件、工作报告等,系统阐释欧洲强化经济主权的目标愿景及政策工具。疫情以来,欧盟加快强化经济主权的政策设计和行动落实。2020 年 5 月,法德提出欧盟复苏计划,强化欧盟经济和工业的韧性与主权,支持供应链多样化、发展反补贴机制、确保公共采购的有效互惠,加强对非欧盟投资者在战略部门的投资筛选。2022 年 3 月,欧盟峰会通过《凡尔赛宣言》,其在建立更强大的经济基础部分强调,欧洲需在关键原材料、半导体、健康等 5 个关键领域减少战略依赖,以强化欧洲主权。俄乌冲突爆发以来,欧洲范围内强化经济主权的呼声进一步高涨,2022 年 7 月德国外交部部长贝尔博克公开强调在对外产业链和供应链上应避免重蹈类似在能源上对俄罗斯的依赖(防止被勒索),9 月七国集团经贸部长会议达成协调一致的立场,对中俄采取统一行动。

3. 强化经济主权使中欧经贸关系面临多渠道的冲击

一是欧盟强化经济主权本身便是一种政治逻辑强化的反映,体现在对外关系中便是不断充实经济关系政治化的工具箱。

其一,将贸易政策转变成在地缘政治上遏制中国的武器。在强化经济主权的背景下,虽然欧盟同样强调保持对外开放,但与以往不同的是,欧盟近年来正加紧制定一系列的防御性经贸政策工具,强调基于规则的对外开放,为欧洲经济提供一张"保护网"。以维护经济主权为名,"战略自主"单边工具增多(竞争性、歧视性的贸易政策增多)。2020 年发布的欧盟竞争白皮书剑指国外政府补贴,其针对中国的意图不言而喻;2020 年

3月出台的"新欧洲工业战略一揽子规划"明确将贸易救济政策作为欧洲工业战略的一部分，贸易保护主义回潮。战略性地利用其经济实力，工具化市场力量，开发贸易进攻工具，包括力推碳边境税；2022年成员国间打破近10年僵局，欧委会、欧洲议会和欧洲理事会就国际采购工具达成政治协议，即在公共采购领域引入贸易攻势工具，作为一种向第三国施加压力以开放采购市场的手段，同时在评标时必须考虑社会、环境和劳工要求，拟对来自未向欧洲企业提供同等准入的国家的企业参与公共采购招标进行限制，这意味着今后中方企业获得欧盟境内公路、桥梁、铁路、电网等合同的难度增大，甚至被排除在外。此外，2021年欧盟计划引入《保护联盟及其成员国免受第三国经济胁迫条例》，旨在为欧盟提供必要的法律工具，以解决胁迫方威胁使用贸易或投资手段向欧盟或成员国施压使其改变特定行为的问题，若协商或仲裁未果，胁迫继续存在可考虑使用制裁工具，尽管该条例目前正在欧盟成员国之间进行立法谈判，但可能加剧中欧经贸关系政治化的倾向。其二，滥用国家安全例外。泛化国家安全概念，限定关键领域投资。刻意强调技术安全、核心基础设施安全和产业链安全，为了保持自身竞争力而大搞"科技保护主义"，将技术问题意识形态化、泛安全化和政治化，以地缘竞争视角看待中欧企业间的科技创新合作。例如，在5G问题上以国家安全为由排斥中国。其三，在贸易与投资领域，欧盟会与美国协调，继续维持目前针对中国的美日欧三边最高层贸易官员的磋商机制，借助美国向中国施压，甚至期待美国通过对华贸易摩擦迫使中国做出体制、法规与政策层面的让步，从而使欧洲"火中取栗"。

二是在中美贸易摩擦、新冠疫情及俄乌冲突的接连冲击下，欧盟加速审视自身产业链、供应链短板，基于安全考量，强化经济主权，着力推动产业链价值链重构，特别是俄乌冲突发生后，欧盟将其对俄罗斯能源依赖问题进一步映射到中欧经贸关系中，这对中欧经贸关系造成了多方面的冲击。主要表现在以下三个方面。

其一，基于安全考量，产业链、供应链、价值链重构本土化、区域化及对外依赖多元化，加速摆脱对华经济的过度依赖。近年来，欧盟官方从舆论到政策都反复强调战略产业领域的自主可控，不断鼓励企业把产业链分散化或近岸化，加速审视自身供应链安全。耶鲁大学知名经济学者罗奇指出，在可预见的将来，欧盟将寻求对那些回迁供应链的项目进行直接投资。2020年4月，欧盟外交与安全政策高级代表博雷利撰文呼吁，欧洲需要设计一种新型的全球化制度安排，在保持开放市场和相互依存的同时，又能确保各国的主权与安全，提出通过供应链多样化来摆脱在卫生和医药等领域对中国的依赖；借鉴日本把企业从中国迁往本土和其他亚洲国家的经验，将战略性细分产业保留在欧洲或回迁至离消费端近的区域。2020年5月，欧洲外交关系委员会发表题为《欧洲中国梦的终结》的文章，指出欧盟与中国的关系正在发生范式转变，虽然摆脱对华依赖并非易事，也不会在短期内发生，但欧洲显然已经放弃了与中国建立更紧密的双边经济关系的雄心。欧洲外交关系委员会的安德鲁·斯莫尔认为，新冠疫情后，欧盟与中国接触要以减少欧洲对华贸易和投资依赖的方式构建中欧关系。

同时，在欧盟及主要成员国层面，推动产业链回迁的相关战略部署行动已渐次展开。在欧盟层面，欧盟2020年推出的7500亿欧元经济刺激计划中便包含关键供应链实现高度自给。2020年9月，欧盟委员会（EU）发布了关于关键原材料的行动计划《关键原材料弹性：寻求更高安全和可持续供应的路径》和《欧盟战略技术和行业所需的关键原材料：前瞻性研究》，并成立了欧洲原材料联盟（ERMA），旨在减少对部分国家和地区的原材料依赖，构建具有弹性的原材料供应链。2021年5月，欧委会更新了《欧洲新工业战略》，该战略作为欧盟2020年制定和实施新一轮中长期产业政策的布局，更新后更加强调加强单一市场弹性，并在原材料、电池、半导体等六个战略领域减少对中国和其他供应商的依赖，重构科技供应链体系，强化核心科技主导力。例如，在半导体领域，欧盟于2022年2月出台《芯片法案》，以强化在半导体技术及应用方面的供应链弹性及抗风险能力。在全球范围内，为了多元化供应链，分散对华投资和产业链，2021年以来欧盟推出"印太战略"，其中就包括与印太国家合作以强化价值链，发展多元化贸易关系，特别是寻求与印度和中国台湾达成贸易协定，促进战略领域合作。

在国家层面，自新冠疫情暴发以来，法国推出了"减少对外依赖，战略工业回流""法国制造"等一系列产业回迁计划，以法国公共投资银行信贷扶助和税收减免的方式支持重点行业的生产回归法国本土。在德国，新政府已将强化"欧洲战略主权"确定为一项核心的外交政策目标，承诺将强化欧盟的战略主权，明确提及"数字主权""技术主权""数据主权"等术语。尽管减少对中国依赖的呼声早在默克尔任期内便已出现，但直到现任政府才真正发出明确信号。尤其自俄乌冲突爆发以来，德国高层"摆脱对华依赖"的言论不绝于耳。2022年7月德国外交部部长贝尔博克指出，中国是一个系统性的竞争对手，柏林正在非常深入地研究对中国的依赖性，把从俄罗斯吸取的教训用于对华战略考量。2022年9月德国联邦经济部部长哈贝克指出，德方正在研拟新的对华贸易政策，以降低对中国原材料、电池、半导体的依赖，他呼吁欧洲国家不应支持中国的"一带一路"倡议。对华更为强硬的路线正在转化为实际的政策措施，德国联邦经济部正加紧制定一揽子措施以降低德企对中国市场的依赖，如加强审查德国企业在华投资，减少或取消对华投资出口国家担保，停止在华举办推介活动和管理人员培训，鼓励德国复兴信贷银行减少在华德国企业的信贷额度，同时通过扩大信贷额度以换取扩大在印度尼西亚等亚洲其他国家的投资和经营等。当然，正如2022年5月德国总理朔尔茨所言，德国企业只是实现供应链和国外市场的多元化，而不是完全与中国经济脱钩。

其二，通过民主、人权等相似的价值观来规制技术发展和产业链、价值链的重构。欧盟于2020年2月推出一系列数字战略文件，希望数字技术赋权根植于共同价值观，强调数字治理的民主模式以及用数字技术推广民主价值观，说明人权和民主问题将成为欧盟在处理中欧数字关系时考虑的重点。2022年2月，欧盟正式发布《欧盟标准化战略》，这是首次在欧盟委员会层面制定发布的标准化战略，其强调将欧盟民主价值观深度嵌入标准制定、标准应用以及标准全球推广全过程。2021年6月，美欧联合成立的贸易与技术委员会（TTC）倡导"以价值观规制技术"，声称将以"共同的民主价值观"为基础，在出口管制、外资审查、供应链安全、技术标准和全球贸易挑战五个领域加强协调与合作。2022年3月，德国财政部部长林德纳呼吁重启美欧跨大西洋贸易与投资伙伴协定（TTIP）谈判，并强调俄乌冲突更加证明了"与有共同价值观的伙伴进行自由贸易很重要"。2022年5月，德国联邦经济部以"新疆人权问题"为由，终止向大众公司在新疆的投资提供政府担保。英国皇家国际事务研究所表示，尽管德国经济与中国完全脱钩不可能发生，但德国将会优先考虑加强与拥有共同利益和价值观的印太国家的经济合作，德国现在正试图将其经济关系从中国转向"具有共同价值观的民主国家和伙伴"，德方的印太外交政策指导方针已体现出这一点。

其三，以维护经济主权为名，通过"超国家"层面干预能力推行"经济与技术民族主义"，这无疑增强了中欧经贸关系的竞争强度。推行具有政府干预色彩的"垂直产业政策"。面对近年来在中美博弈、新冠疫情和俄乌冲突中暴露出的经济脆弱性，以及不断下滑的全球经济竞争力，在焦虑心态和竞争心理的驱使下，欧盟及主要成员国不断强调经济主权、"战略自主"，力推对技术与产业的直接干预和纵向扶持。欧盟于2017年提出"战略性价值链"的概念，2019年发布的《为建设面向未来的欧盟产业而强化战略性价值链》研究报告，提出在新能源汽车、工业互联网、低碳等六个领域建设战略性价值链。2019年9月，欧盟设立一只1000亿欧元的"欧洲未来基金"，用于投资发展落后于其全球竞争对手的战略性行业。2020年德法两国联合发表了适应21世纪的欧洲产业政策《德法联合宣言》，重申引入垂直产业政策的必要性。

三、社会文化差异带来的挑战不容忽视

社会文化风险主要指东道国与母国在语言、习俗、政策、宗教信仰等方面存在差异及由此给东道国的投资行为主体造成损失的不确定性风险。社会文化风险对"一带一路"产生的影响值得高度重视。当面对东道国与母国在信仰、文化习俗和价值观等方面存在社会文化差异时，东道国民众往往以自身的选择和偏好作为评判标准，如部分欧洲国家及民众认为西式民主才是真正的民主，受人权问题影响，中欧投资协定（CAI）被欧委会冻结。欧洲社会文化中潜藏的种族歧视导致欧洲各国出现社会分裂的迹象，恶化当地营商环境。

（一）多元的社会文化增加了商贸合作的复杂性

与政治、经济迈向一体化截然相反，欧盟历来倡导文化多元主义，注重各国民族特色和个体思想自由。欧盟27国近5亿人口，由来自不同民族、文化背景，使用不同国家语言的人口组成。各国在不同历史背景下形成了风格迥异的文化、习俗、思想和宗教信仰等社会文化，无形之中增加了跨文化经贸往来的复杂性，这是我国在欧洲地区推进"一带一路"倡议必须直面的现实难题之一。

宗教信仰复杂交错，文化归属差异大。欧洲各国普遍信仰基督教，包括天主教、基督新教和东正教三大流派，只有东南欧的波黑、阿尔巴尼亚属于伊斯兰国家，主要信仰伊斯兰教。中东欧16国中，立陶宛、拉脱维亚、爱沙尼亚、波兰、捷克、斯洛伐克、匈牙利、斯洛文尼亚、克罗地亚主要信仰天主教和基督新教；罗马尼亚、保加利亚、塞尔维亚、北马其顿、黑山主要信仰东正教；阿尔巴尼亚和波黑则是伊斯兰教、东正教和天主教并存，但信仰伊斯兰教的人占多数。此外，近年来，众多来自中东、北非的穆斯林难民持续涌入欧洲大陆，使欧洲国家的宗教信仰格局更加复杂。统计数据显示，随着外来移民的持续涌入，法国信仰伊斯兰教的民众已达7.5%，成为欧洲大陆穆斯林人口最多的国家，伊斯兰教成为法国第二大宗教。而穆斯林移民在宗教信仰、风俗习惯上与法国传统的天主教差异较大，使法国境内的宗教文化日趋复杂。

在不同的历史背景下，欧洲各国、各地区孕育了独具本土特色的文化和习俗。例如，中东欧地区地理面积狭小但国家众多，民族多样且关系复杂，各民族语言文字、宗教背景和生活习俗有很大差异，被称为"各种民族、种族集团、语言、方言、宗教、文化的万花筒"。中东欧 17 国语言十分多样，17 国官方语言中，15 个属于印欧语系，2 个属于乌拉尔语系。15 个印欧语系语言分属 5 个语族。巴尔干半岛历史悠久，民族成分复杂，9 个国家汇聚了近 20 个民族，各民族在历史传统、宗教信仰、文化习俗和经济发展程度等方面皆存在差异。此外，与中东欧的北部和中部地区相比，巴尔干半岛的民族文化更具有欧亚的特性。它虽然与西方社会同宗同源，都是在古希腊、古罗马文明基础上生长起来的，但两者之间明显存在文化基因的差异。而巴尔干半岛历史上更是"文明冲突"的热点地区，其中一个重要原因是地理环境格局造成了巴尔干缘文明的碎片化及断层线，随着"一带一路"建设在巴尔干地区向纵深推进，必然会触及该地区的文明敏感处和历史文化痛点。

多元的欧洲社会文化增加了跨文化商贸合作的复杂性。社会习俗或者特定的行为准则会潜移默化地影响生活在这种文化氛围中的个体，并进一步延伸到商务交际领域。在跨文化的商务交际活动中，文化差异使交际中的双方形成了不同的义利观、价值观及思维方式，左右着相互间的交际模式，最终对商务交际活动中的谈判、礼仪及契约等形成阻碍和影响。据调查，一个亚洲商人平均要花上 108 天才能与一家欧洲公司达成协议，但和美国公司只需要 57 天。此外，《中国企业对中东欧国家营商环境看法调研报告（2020）》的调研结果显示，中国企业在中东欧地区遭遇的最大障碍和准入门槛主要是文化差异带来的文化壁垒，中国企业如何融入当地社会仍是一大挑战。实际商业实践中，在中国企业开拓欧洲市场的早期，因为经验不足，没有深入了解对方的文化习俗和商业惯例而遭受损失的案例屡见不鲜。例如，2009 年，中海外联合体中标连接波兰华沙和德国柏林的 A2 高速公路项目，这是中国企业在欧盟地区承建的第一个基础设施项目，虽然多方面的原因致使该项目最终折戟，但其中的部分原因便是忽视了双方社会文化差异所带来的影响。

（二）价值观和制度文化差异阻碍中欧深度互信

1. 中欧在价值观和制度文化方面存在客观差异

价值观、意识形态等社会文化制度方面的差异问题，始终是一条横亘在中欧关系间的无形"鸿沟"。中欧文化关系是中欧关系的第三支柱，相对于政治关系和经济关系，中欧文化合作的重要性经常被低估。事实上，中欧之间在文化背景、意识形态、制度属性、价值观念和人权意识等方面都存在较大差异，且这些差异始终阻碍着双方深度互信（缺乏政治互信），致使中欧间难以建立起真正的全面战略伙伴关系。中欧关系发展的历史也印证了这一点，当双方经贸发展得如火如荼的时候，价值观和制度文化差异问题往往被搁置一旁，而当经贸关系恶化的时候，意识形态问题往往会浮出水面。如图 2-5 和图 2-6 所示，自 2020 年底以来，人权、价值观和意识形态问题成为左右中欧关系的重要因素。正如匈牙利驻华大使库绍伊·山多尔所言："价值观的差异是中国与中东欧乃至整个中欧关系最大的障碍。"

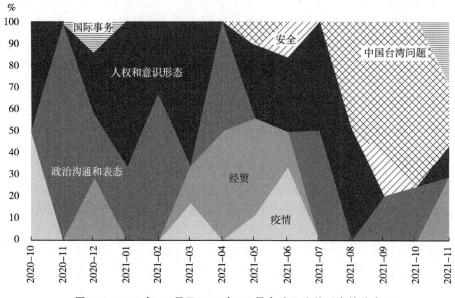

图 2-5 2020 年 10 月至 2021 年 11 月中欧双边关系事件分布

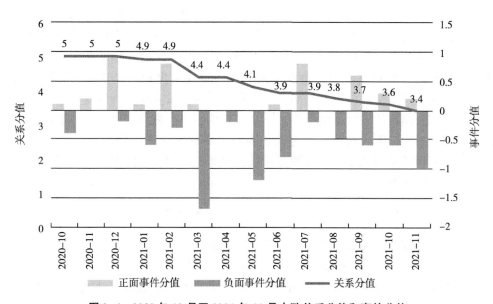

图 2-6 2020 年 10 月至 2021 年 11 月中欧关系分值和事件分值

共同利益的存在无法掩盖中欧之间在价值观和制度文化等方面客观存在的差异。这些差异体现在多个方面，包括制度属性、人权意识、经济治理模式、全球治理和对外政策等。

其一，在制度属性方面。欧洲国家大多认为中国的政治体制是一党专政和强权政治，认为共产党治理下的中国没有民主、人权和自由可言，并对西方的民主体制构成了威胁。并认为保卫欧洲安全的有效途径是营造一个保护人权、建立法治的民主国家世界。现实中的调研数据也表明，中西方对民主的认知存在较大差异。2021 年 5 月，由国际非营利性组织民主联盟基金会委托德国民调机构 Latana 负责的一项名为"民主认知指数"

的全球民调项目结果显示,尽管中国的民主指数多年来一直在全球排名倒数,但71%的中国受访者认为中国已实现民主,且足够民主。

其二,在人权方面。中国强调集体主义精神,欧盟人权观则以个人主义为基础;中国人权观主张丰富多彩的相对主义,欧盟则带有欧洲中心主义,强调人权的普遍性;中国主张权利与义务统一于 "个人",欧盟将二者割裂开来;中国主张人权问题本质上属于一国内部管辖问题,欧盟人权观则带有反对公共权力的性质;中国仍十分重视从道德而非制度角度看待人权问题,欧盟则有将制度置于道德之上的传统。欧洲国家以个人权利为中心,虽然理论上主张经济、社会和文化权利同政治权、公民权都应受到重视,但在实践中特别重视政治权、公民权,不认同生存权和发展权是首要的基本人权。这种人权意识上的差异造成欧盟视中国为压制人权的国家,中国则认为欧盟打着人权旗号敌视中国。实践中,中欧在人权问题上的意见分歧集中表现在涉藏、涉疆、涉港和对华军售等多个敏感问题上。2020年12月,欧盟通过了被称作欧洲版 "马格尼茨基法案" 的 "欧盟全球人权制裁制度",用来对全球范围内严重侵犯和践踏人权的个人、实体、机构实施制裁。

其三,在经济治理模式方面。欧盟认为中国推行的特色社会主义市场经济是国家资本主义,指责中国拒绝对等开放市场、强制技术转让以及压价倾销等,破坏了以规则为基础的全球市场经济,并一直拒绝承认中国 "完全市场经济地位"。实践中主要表现为对华设置贸易壁垒、"双反措施" 增多、限制对华高技术领域出口、抨击中国没有知识产权保护。

其四,在全球治理方面。中国倡导在追求本国利益时兼顾他国合理关切,在谋求本国发展中促进各国共同发展的人类命运共同体意识。而欧盟在扮演全球政治角色时则期望通过展现其规范性权力,利用制度与规范来影响其他国家,进而建构一个符合欧盟价值体系的世界观。谴责中国对多边主义的参与是有选择的,中国 "并不总是愿意接受反映其作用日益增强的责任和问责的新规则,而是有选择地坚持某些规则而牺牲其他会削弱国际秩序可持续性的规则"。

其五,在对外政策方面。中国主张以超越社会制度和意识形态的原则发展国家间关系,反对意识形态外交,主张文明的多样性和包容性,尊重别国选择的发展道路。欧洲国家则热衷于价值观外交,不仅把推广西方民主、人权和法治作为其对外政策的一大内容,而且将其置于主权之上。例如,欧盟在提供对外援助时习惯附加政治条件,以改变或限制受援国的某些政治行为及政策。

2. 意识形态与文化差异阻碍中欧共建 "一带一路"

在中欧交往过程中,双方都会基于各自的价值观和意识形态偏好来审视、评论和回应对方的事务,这样一来,双方之间容易产生矛盾和误解,甚至出现某种程度的 "逆向选择"。当前,这种价值观和意识形态矛盾导致的 "逆向选择" 已成为阻碍中欧共建 "一带一路" 的重要因素,其造成的不利影响主要体现在以下方面:

一是 "一带一路" 倡议本身的歧义令欧方对其疑虑重重。

虽然欧方对中方的 "一带一路" 倡议持怀疑态度,是欧盟基于地缘政治利益、经济利益和安全利益等多重因素综合考量下的结果,但价值观、制度文化差异造成双方对 "一带一路" 倡议的理解出现分歧,也是其中的影响因素之一。"一带一路" 倡议的提出、宣传和推进过程无不渗透着这种富有中国特色的渐进性决策模式的思维范式。所以，当习惯解析性和精确性思维方式的西方人面对中国以整体性和模糊性思维提出的"一带一路"倡议时，必然难以理解。虽然"一带一路"倡议至今已提出9年有余，但无论在国内还是在国外，无论是在学术界、新闻媒体还是政府决策层面，围绕"一带一路"倡议的许多重大理论及现实问题远未达成共识，所以欧方对"一带一路"倡议的理解充满质疑和误解也就难以避免。主要表现在以下几点。

其一，国内学术界和新闻媒体界对"一带一路"倡议的界定和对外宣传存在"泛化"和"虚化"的现象，容易引发欧方质疑中方的"带路倡议"战略动机。以"一带一路"的定位和目标为例，国内学者对其赋予了至少十几类目标，包括：转移过剩产能或推动国际产能合作；推行经济外交战略；服务于中国的周边战略或全球战略；服务于中国政治经济地缘战略的重构；向世界推广中国模式；推动中国参与全球治理并扩大在全球治理中的话语权；推动中华民族复兴的地缘大战略等。中方把如此多的目标都赋予"一带一路"，本身就会给欧洲带来恐慌。此外，国内新闻媒体在宣传"一带一路"倡议时惯用诸如"桥头堡""前沿阵地"和"主战场"等暗含军事意义（色彩）和带有歧义性的字眼，在中国语境下显然能够习惯性地理解其所要表达的深意，但在欧洲人的语境下很可能误解为其表意；加之欧方一直以来对中国和平崛起不信任，必然会质疑中国推进"一带一路"倡议的战略动机。其二，由于国内学术界赋予"一带一路"过多的中国目标，致使欧洲欠发达国家（如中东欧等国）把它看成是中国为实现自己的大国目标而推出的对外援助项目，并对"一带一路"倡议抱过高的期望，出现"等要靠"的现象。近年来，以立陶宛和捷克等为代表的部分中东欧国家时常抱怨"17+1"合作收效甚微，不及预期。其三，中方以"摸着石头过河"的非程序化决策模式推进"一带一路"倡议，在顶层设计、实施细节等方面存在"泛化""模糊"的现象，导致欧方难以理解"一带一路"倡议的内涵、边界及参与细节。2020年1月，中国欧盟商会发布报告称，由于缺乏清晰、透明的招投标和采购流程及合作细节，欧洲企业在"一带一路"项目中的参与度偏低，在132家受访的企业中，只有20家企业表示其真正参与了"一带一路"的相关项目，且只有两家企业是通过公开信息找到参与机会的。欧盟国家一直抱怨"一带一路"倡议的细节不够明确，希望政策可以更透明些，例如，400亿美元的丝路基金成立于2014年，旨在投资于沿线国家，但对于哪些国家有资格获得投资，以及获得投资的相应条件等具体细节，中国尚未提供确切信息。

二是在欧盟通过市场"硬化""规范性力量"的背景之下，中欧价值观、意识形态领域的冲突形式将会更加复杂多变，价值观利益与经贸利益的界限将模糊难辨。

其一，欧盟长期以来试图通过"以贸促变"推动中国纳入西方模式的政策目标宣告失败，且又认定以自我方式崛起的中国必将会挑战西方文明的普世价值。长期以来，欧盟认为中国与其他国家在价值观与标准上不存在无法解决的分歧和矛盾，因为随着中国发展阶段的提升，中国能适应的标准也将日益提高。所以，在中国推进改革开放进程中，欧盟对华人权、民主、法治等领域的关切让位于推动将中国融入世界体系和促进中国经济发展，试图寻求通过以利益为导向的"以贸促变"的方式来让中国变成市场经济和法治国家，并逐渐接受西式价值观体系和人权标准。然而，欧盟发现，虽然中国逐渐融入了国际贸易体系，但中国的体制变化依然遥遥无期。尤其是近年来，面对经济地位和国际影响力日益提升的中国，欧盟心态日渐失衡，认为以自己方式取得成功的中国将挑战西方自由民主市场经济体制和欧洲文明的普世价值。如果说过去价值观之争只是欧盟单向对中国施压，现在则演变成中国的成功也对它的价值观产生了强大的压力，这个层面的博弈已经是双向双重的，双方发生冲突的可能性远超过去。例如，抨击中国利用美国退出联合国教科文组织的机会，通过有针对性的任命，系统性地扩大在教科文组织的影响力，以改变对"和平文化"的理解，从而实现自身利益。担忧中国不仅输出技术、产能与资本，同时还向中东欧输出中国模式的标准与规则，削弱欧盟对于"新成员国"约束力。

其二，欧盟通过市场力量（经济贸易）"硬化""规范性力量"，赋予自身价值观原则更具实质性政策工具的趋势越发明显。近年来，国际格局和国际秩序的深刻重组与欧盟内部多重危机相互叠加，改变了欧盟作为"规范性力量"的存在。在战略自主目标下，欧盟试图将其经济力量和规范性力量融合，以利用市场（经济贸易）力量"硬化"自身软实力，并将人权、民主、法治等价值观"标准化""规则化"，释放出欧盟价值（人权、民主、环保）将更加融入地缘经济活动和地缘政治竞争中的信号。欧盟借助市场"硬化"自身"规范性力量"有诸多例证可循。针对欧盟2019—2024年战略议程，冯德莱恩表示："贸易不是目标，而是实现内部繁荣和对外输出价值观的手段，我将确保所有的贸易协定包含可持续发展章节和最高的气候、环境、劳动保护标准；2020年12月，欧盟通过了被称作欧洲版"马格尼茨基法案"的"欧盟全球人权制裁制度"，用于弥补欧盟在人权领域行动能力不足的问题。2021年3月，防止监控设备和侵入式技术助长侵害人权行为的《两用物项条例》在欧盟议会国际贸易委员会审议通过。同月，欧洲议会以压倒性多数支持欧盟拟定强化企业环境和人权义务的《企业伦理道德法》。欧盟重申承诺致力于推广普世价值，利用各类工具加强欧盟在人权与民主领域的全球领导地位。上述相关立法及文件表明，欧盟正在推动其经济力量和规范性力量的融合，并将成为长期趋势。

其三，"以贸促变"失败和担心中国会挑战西方文明的普世价值，使中欧在价值观、意识形态等领域的冲突形式及表现将会更加复杂和多变，中欧关系也会因此变得更加脆弱。在新的背景下，素有全球"价值观卫士"之称的欧盟必然会调整对华推行的"欧洲模式"的方式，主要表现在以下方面：

（1）中欧在价值观、意识形态等领域的冲突由"对话"走向"对抗"的可能性增大。对于中欧在人权、民主和法治等领域的冲突，欧盟长期寻求以"接触而非惩罚""对话而非对抗"的方式来解决，但2021年3月，欧盟委员会在涉疆问题上动用人权制裁机制，标志着欧盟在对华人权议题上由对话开始走向对抗，这是30年来欧盟首次制裁中国，其标志性意义可见一斑。在欧盟不断开发普世价值观推广政策工具的背景下，受欧盟指责西藏和香港问题难保不会形成类似涉疆议题的对抗局面。欧盟过去一直认为市场经济和与中国的合作能够使中国政治发生变化，但它们现在认为这种变化不可能发生，中欧意识形态的对抗将成为常态化问题。2021年12月16日，德国新任总理朔尔茨首次在国会进行施政报告时表示，德国的中国政策不会对严重的侵犯人权状况视而不见，对违反普世标准时应直言不讳。

（2）价值观议题与经济议题捆绑将成为常态，价值观的冲突对抗更容易波及双边经贸关系。随着欧盟不断推行经济力量和规范性力量的融合，紧密地在相关贸易协定和供应链法中纳入体现欧式价值观原则（人权、劳工标准、环境保护）的条款，以及放弃对华"以贸促变"的希望，中欧之间的价值观议题被捆绑于经济议题将成为常态。例如，2021年，受新疆议题影响，中欧投资协定遭遇欧盟冻结，欧方还将其与中欧投资协定捆绑，提出以中国解除对欧人员和机构制裁作为恢复审议中欧投资协定的前提条件。可以预见，在未来欧盟对华的价值观议题中，价值观利益和经贸利益之间的界限将不会像过往那么清晰可辨。

（3）未来与欧盟将更难打交道，政策可预测性变差。欧盟民意对价值观的问题较为在意，即使双方关系再好，经济合作再多，也仍然不会把它排除在两国之间的问题清单上。在涉及中国核心利益的政治议题上加大批评力度，如新疆问题、香港问题、西藏问题和南海问题未来可能会被欧盟放大，甚至与经贸合作议题相捆绑，以凸显自己的原则和价值观。人权、意识形态价值观等问题始终左右着中欧关系的宏观走向，这些问题处理不好会危及中欧双边政治关系。

（4）中国与中东欧国家之间的意识形态矛盾随着这些国家政权的转移而出现抬头或者被放大的现象表明，中欧之间的意识形态矛盾是"17+1"合作的隐形炸弹。原因如下：中欧意识形态矛盾随着欧洲国家政权转移而抬头，表明欧洲各国的政治阶层对中方意识形态和价值观的认同存在分裂。欧洲国家在政权转移过程中对炒作中国人权和价值观问题来收割选票的手段屡试不爽，表明欧洲各国内部存在相当比例的平民阶层并不认同中国的意识形态和价值观。虽然"17+1"合作取得了长足进展，但中国在中东欧地区的影响力有限，中国的影响力只是掌握了欧洲国家特定领域的精英政治代表，尚未彻底深入这些国家的政治、经济和社会层面，中方的价值观和意识形态远未得到社会各阶层的认同。例如，欧尔班政府领导下的匈牙利十多年来一直是对中国最友好的欧盟国家之一，但2021年的调研数据显示，匈牙利公众对中国的态度与其政府截然不同。受访者中，50%对中国持负面或非常负面的看法，持正面或非常正面的看法只有约25%，而支持欧尔班对华政策的仅占20%左右。近年来中东欧国家，尤其是波罗的海三国频繁地以人权、价值观和意识形态等问题挑战中国，其背后深刻地受中美两国在中东欧地区地缘政治博弈的影响，特别是受到美国的挑拨和教唆；但必须清醒地认识到，正是由于中国与中东欧国家之间存在价值观和意识形态等方面的矛盾与分歧，致使相互之间缺乏政治互信，美国才能轻易将其作为攻击中国的工具，使中国与中东欧国家之间的关系恶化。例如，波兰的一位学者曾明确指出，中国在乌克兰问题上同俄罗斯走得过近，同时，中国在很多国际事务当中同西欧国家的基本价值立场是背道而驰的，假如今后中国在国际事务中继续坚持这样的立场，不排除像波兰这样的国家追随美国，将奉行以价值观为先导的一种国策。展望未来，如果中国与中东欧国家之间的意识形态矛盾问题难以得到有效把控和解决，"17+1"合作将会面临更大的风险和不确定性。中欧意识形态矛盾将是一个长期左右"17+1"合作的不确定性因素。

四、欧洲部分国家仍面临恐怖主义威胁

当前，欧洲从根本上消除极端主义和恐怖主义仍然面临严峻挑战。2020年8月，法

国内政部部长热拉尔德·达尔马宁透露，法国仍面临较高的恐怖主义风险，警方记录在案并受到监控的潜在恐怖主义分子达 8132 人。欧洲恐怖主义风险对"一带一路"倡议的实施造成的不利影响值得高度关注。

（一）欧洲恐怖主义的现状及特点

21 世纪以来，欧洲逐渐沦为恐怖主义暴力袭击的"热点地区"，且渐有常态化之势。欧洲刑警组织发布的数据显示，2007—2013 年，欧盟成员国共发生 2208 起恐怖袭击事件，其中逮捕与恐怖活动有关的犯罪嫌疑人 4348 名。2014—2017 年可以说是欧洲恐怖主义袭击的增长期，年均恐怖次数接近 200 起，虽然 2018—2019 年发生的恐怖主义袭击次数有所下降，但每年逮捕的与恐怖活动有关的犯罪嫌疑人数量仍保持高位（见图 2-7）。

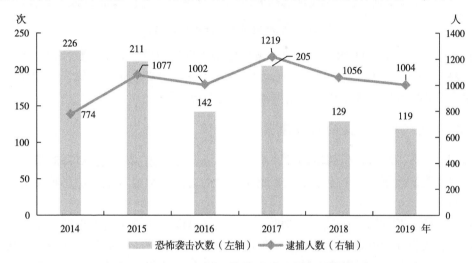

图 2-7　2014—2019 年欧盟恐怖袭击次数和逮捕人数

从恐怖袭击发生的国家分布来看，西欧国家一直以来都是欧洲遭遇恐怖主义威胁的高发地区。2007—2013 年，发生于欧盟成员国的 2208 起恐怖袭击事件中，有九成集中于法国（866 起）、西班牙（937 起）和英国（125 起）三个西欧发达国家。2014 年以来，英国、法国、西班牙和意大利仍然是欧洲恐怖主义袭击频发的主要国家，只是"震中"由法国转移到了英国。法国智库政治创新基金会发布的研究报告显示，1979—2019年，法国是欧盟国家中受到伊斯兰极端主义影响最为严重的国家。北欧国家丹麦、瑞典和芬兰，以及中东欧国家捷克、立陶宛、波兰等相较而言则较少发生恐怖袭击事件。此外，澳大利亚经济与和平研究所发布的全球恐怖主义指数同样显示，英、法、德、意等西欧国家的恐怖主义指数排名连年位列欧盟成员国前列，是欧洲区域遭遇恐怖主义威胁的高危地区（见图 2-8）。

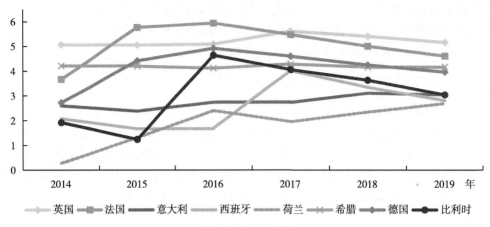

| | 英国 | | 法国 | | 意大利 | | 西班牙 | | 荷兰 | | 希腊 | | 德国 | | 比利时 |

图 2-8 欧洲主要国家恐怖主义指数

从数量上看，似乎自 2017 年以来，欧洲范围内发生的恐怖袭击次数及逮捕人数双双呈下降趋势，但事实上，这并不意味着欧洲遭受的恐怖主义威胁正在减弱，相反，欧洲恐怖主义威胁的性质正在演化，并呈现出一些新趋势。

（二）欧洲恐怖主义的形成原因

欧洲恐怖袭击频繁发生的原因并非突发、孤立，而是地缘环境、对外政策、经济社会问题以及防御政策等多个因素累积影响所产生的恶果，从根源上消除恐怖主义将面临不少挑战。

第一，欧美西方国家在西亚北非的新干涉主义是欧洲恐怖袭击的根源。美西方国家打着民主、人权和价值观的旗号对中东地区横加干涉，埋下了伊斯兰恐怖主义复仇的种子。如 "9·11 事件" 后以消灭基地组织为由在中东发动阿富汗战争和伊拉克战争，并滋生了伊斯兰国（IS）的快速成长。2011 年后以美国为首的北约打着民主旗号趁 "阿拉伯之春" 引致的阿拉伯国家的内乱推翻利比亚卡扎菲政权，后又以反对暴君巴沙尔为由插手叙利亚内战，西方国家对 IS 采取先纵容后打击的策略为今后 IS 的血腥报复埋下了伏笔。在欧美国家的干涉政策和军事参与下，紧邻欧洲的中东地区持续陷入混乱、国家分裂和派系林立的动荡局面，致使难民潮涌、极端主义快速滋长，并越过地中海、巴尔干半岛向欧洲大陆蔓延。而在难民涌入过程中，恐怖分子利用难民身份作为掩护混入欧洲境内，尤其是在中东遭遇沉重打击的 "伊斯兰国"，更激发其流散在外的追随者对欧洲的报复心理。据美国情报机构估计，在近两年抵达欧洲的百万穆斯林难民中，至少有1500 名受过专门训练的恐怖分子。而在法国，平均每 100 个难民中就有 2 个 "伊斯兰国" 恐怖分子混入其中。

第二，极右翼民粹主义与伊斯兰激进势力在欧洲社会形成恶性循环，致使欧洲恐怖主义威胁成为难以根除的痼疾。2008 年国际金融危机后，欧洲各国经济增长乏力，失业率居高不下，极右翼思潮和种族主义势力沉渣泛起，尤其是欧美新干涉主义下导致的欧洲难民危机更是激发了欧洲各国的排外主义和反穆斯林化社会运动，而排外情绪的加剧培育了恐怖主义滋生的土壤。部分难民群体在融入欧洲社会过程中持续遭遇文化冲突、宗教亵渎和政策歧视，难以实现政治身份、公民身份和宗教身份的认同，其对现状不满、仇视社会和政府的心理特点很容易被极端分子蛊惑利用；欧洲部分极端穆斯林激进分子出于同情，甚至直接加入IS恐怖组织，从而滋生了本土恐怖主义势力。此外，频繁的恐怖袭击恶化了欧洲民众的社会安全感和对难民的态度，而这促成了欧洲极右翼民粹主义政党的崛起，这些政党把恐怖主义和相关社会矛盾简单地归咎于难民问题，激化社会情绪，致使社会包容度降低。2022年爆发的俄乌战争将导致大批乌克兰难民涌入欧盟，将为欧洲民粹主义和排外主义提供肥沃的土壤，其对社会情绪的激化和极端行为的滋生不可低估。

第三，自由至上理念使欧洲反恐政策陷入困境，"一体化反恐"举步维艰。欧洲反恐政策尚未实现一体化，难以形成有效的反恐合力。近年来，面对日益猖獗的恐怖袭击活动，欧盟成员国之间加强了跨国反恐情报共享方面的合作，但由于反恐行动事关国家主权，成员国不肯完全让渡相关安全主权，而且在政治理念、体制、国家利益方面，对于如何与恐怖组织斗争，看法常存分歧。加之欧盟机构多头管理、在情报分析、危机应对、多方协调方面能力有限，导致不同国家和机构之间难以形成反恐合力。所以，至今成员国之间尚未形成统一的反恐政策，这大大削弱了反恐力度和效果。例如，由于成员国法律的制约，警察经常会在涉及司法质询或者逮捕恐袭嫌犯时陷入困境，这导致某个或某些恐袭嫌犯经常因证据不足而被无罪释放，释放后又继续从事恐怖主义活动。2021年2月，欧盟发布了《欧盟反恐议程》，其在2020年7月出台的《欧盟安全联盟战略2020—2025》基础上进一步升级反恐力度，但其最终有效落实还面临诸多考验。

第三节 "一带一路"建设在欧洲的机遇与发展方向

一、中欧双方合作意愿强烈

国家（区域组织）间合作的过程就是从合作需求产生，到合作意愿形成，再到合作共识达成的复杂过程。正如习近平主席所言："中欧没有根本利害冲突，合作远大于竞争，共识远大于分歧。"中欧之间没有地缘政治的根本冲突，互不构成安全威胁，且相互间具有较强的互补性，这从根本上决定了"合作"是中欧关系的主流基调，也是驱动中欧合作意愿的主要因素。

（一）中欧彼此间存在长期的战略需求

大国之间，最根本决定双方关系的必然是战略因素，而非具体细节问题。中欧间不存在战略上、地缘政治的根本冲突，却有战略需求，彼此具备深度合作的政治前提。特别是中欧关系经过几十年的发展，目前双方经济发展相互依存，如中国和欧盟互为重要的贸易伙伴；中欧双方均深深嵌入世界经济的全球价值链，中国对欧盟的高新技术、中间品依赖性较大，欧盟众多行业同样对中国存在严重依赖；中国拥有全球最具规模的产品和技术消费市场，也拥有全球最完整的产业链、供应链的系统，这些都是欧方不愿意放弃的，中国也需要欧洲这个发达的大市场环境。如果从中欧各自的战略利益角度出发，双方在长期发展的战略层面彼此需要。一方面，欧盟是当今国际政治与世界经济力量中重要一极，中方对欧盟的需求是战略性的，欧盟是中国应对美国战略竞争的重要倚重力量。保证其不完全倒向美方，对于中国应对来自美国的战略竞争压力至关重要。中国的战略目标很明确，需要欧盟保持战略中立，甚至能够在某些议题上争取欧盟的配合与支持。所以，从中美竞争的长期战略层面来看，中国非常需要欧盟。同时，"一带一路"倡议作为当今世界上范围最广、规模最大的国际合作平台，其推进实施离不开欧盟的支持。欧盟在全球事务处理和推动全球多边主义进程中发挥着重要作用，而一个多极的世界有利于中国的发展，也有利于削弱霸权主义和建立更加合理的国际政治经济秩序。正因为如此，习近平主席在多个重要场合都强调了欧洲之于中国和世界的重要性，指出"中国高度重视欧洲的地位和作用，一个繁荣稳定的欧洲符合中国的利益"。

另一方面，对欧盟而言，同样面临美国霸凌的高压，"弃华随美"不符合其国际战略定位和实际发展利益。中国的崛起对欧洲至少不是威胁，更多的是一种机会。对已经产生战略自主意识的欧盟而言，其希望能够在中美地缘政治竞争中争取主动，既不得罪美国又不与中国为敌，并借此树立欧盟"经济巨人"和强大政治行为体的形象。即便是在乌克兰危机爆发的形势下，欧盟协同美国制裁俄罗斯，显然从欧洲角度看，欧洲第一位的威胁是俄罗斯而不是中国；俄乌冲突让欧洲失去了俄罗斯能源和市场，欧洲从国家利益和大国战略回旋空间也不想失去中国，何况欧洲要搞"战略自主"，理性上也需要欧洲平衡好与中、美间的关系，诸多因素决定了欧洲也不会跟着美国走。当前欧盟自身面临巨大挑战，如一体化整合、恢复经济活力、种族问题、民粹主义崛起等都需要很长时间化解，而中美战略竞争可以看作欧盟解决其内部问题进而集中精力发展的历史性机遇期。在一些全球性议题的解决上，欧盟也需要中国的支持。中美长期的战略竞争在一定程度上符合欧盟的战略利益。

（二）双方合作的政治意愿较为强烈

中欧相关联合声明及高层领导相关表态等表明双方合作的意愿较为强烈。自"一带一路"倡议提出以来，欧方与中国在主观上合作的意愿较为明确。中国与以欧盟及其成员国为主的欧洲的互动非常频繁，凸显了中欧关系的重要性。2015年6月，第十七次中欧领导峰会发表的《联合声明》，明确指出"一带一路"倡议将与欧洲投资计划进行对接，意味着"一带一路"框架下的中欧经贸合作得到了欧洲各国官方的认可。2017年5月，马克龙当选法国总统后，其首次与习近平主席通话时表示，法国新政府将深化两国在外交、经贸、工业等领域和"一带一路"建设框架内的务实合作。2018年1月，法国总统马克龙访华首站选在西安，释放出愿意与中国在"一带一路"框架下加强合作的信号。2018年3月，默克尔在与习近平主席通话时表示，德方一直支持"一带一路"倡议，视之为欧亚大陆的战略桥梁，愿通过项目合作为共建"一带一路"做出贡献。2020年9月，中国与德国、欧盟领导人视频会晤，一致决定进一步建立环境与气候高层对话和数字领域高层对话，打造中欧绿色合作伙伴、数字合作伙伴关系，为中欧经贸发展注入了新动力。2020年9月，中欧签署《地理标志协定》，至2021年7月中欧已互认互保244个地理标志。中欧双方历经长达7年谈判之后，2020年底顶住美国贸易摩擦的压力，达成了极具里程碑意义的中欧投资协定。虽然2021年上半年因新疆人权问题相互制裁，但双方制裁都较为谨慎，以避免发生更大的外交争端，虽然中欧投资协定因人权问题被欧方议会冻结，但中方及欧洲主要国家领导人积极引导中欧关系，防止其进一步滑落。如 2021 年 7 月中法德领导人视频峰会上，法德两国在谈到《中欧全面投资协定》时承诺，支持中欧投资协定。2021 年 12 月，在德国新任总理朔尔茨就任后，明确提出愿意以建设性态度促进欧中关系发展，希望中欧投资协定早日生效实施。

新冠疫情和俄乌冲突以来，虽然欧盟对华政策发生一些变化，欧洲对华负面舆论增多，但应该看到，合作仍是中欧关系的总基调。2021 年上半年的相互制裁、中立（立陶宛）双边关系恶化等事件接连冲击中欧关系，但双方关系实际上从 2021 年下半年开始回暖，中欧之间的系列对话与合作逐步走向正轨，与中国恢复接触和对话成为欧盟对华政策的主流意愿。2021 年 7 月，中、德、法三国领导人举行了视频峰会；同年 9 月，第十一轮中欧高级别战略对话顺利举行；2022 年 4 月，时隔两年的中欧峰会再度举行；11 月以来，德国总理朔尔茨和欧洲理事会主席米歇尔接连访华，法国、西班牙、意大利和荷兰四国领导人借机 G20 巴厘岛峰会密集与中方领导人双边会见，反映出欧盟各国与中国继续保持高层交往的意愿和需求。

不可否认，地缘政治冲突下的乌克兰危机对中欧合作关系产生了深远的影响，导致双方互信下降，主要是欧洲对中国在俄乌冲突问题上的表态不满意。当前，信任缺失是影响中欧合作的重要内生因素；美国一直以来的破坏是影响中欧战略依存关系的外在因素。但只要我们保持战略定力，加强中国经济持续高质量发展，国内市场规模进一步壮大，欧盟绝不会也不能完全和中国经济"脱钩"；同样地，欧盟经济持续向好，中国也离不开欧盟。同时，守住影响中欧关系的敏感底线（不到万不得已不触碰武统台湾、在乌克兰危机事件中不全面经济军事援助俄罗斯），中欧关系保持向好发展的态势是存在的。

二、中欧双方具备较强的合作能力

当前，中欧务实合作为双方打下较强的合作基础。中欧建立全面战略伙伴关系 18 年来，形成了各领域全方位交流合作的良好局面，尤其是 2013 年"一带一路"倡议提出以来，中欧之间的多双边合作机制进一步得到深化，"16+1"合作机制垂范中欧合作新格局。这些全方位、宽领域、多层次的多双边及次区域合作机制，为中欧合作提供了较为稳固的规则和机制基础。同时，前期务实合作成果奠定中欧合作基础，一批代表性的基础设施项目相继在欧洲各国落地开花，一方面，为中欧互联互通树立了样板，也为进一步释放和挖掘中欧贸易投资合作潜能提供了客观上的"硬件"支持；另一方面，让参与国家迅速看到切实成果，大大增强了参与国家的成就感、满足感，为中欧进一步高质量共建"一带一路"注入了强心剂。展望未来，中欧经济体量大且市场空间广阔，中欧都具有较强的制造业能力且诸多方面互补性强，这为中欧双方提供了较强的合作能力。

（一）中欧经济体量大、环境优越且市场空间广阔

中欧各自的合作能力有多大，一个重要决定因素是中欧各自经济实力和前景如何。

1. 中欧经济体量相当。中欧经济在世界经济中均占有举足轻重的地位，从总量上均属于世界前列的重要经济体，双方都位于世界经济贸易投资网络的中心，且未来增长潜

力大。在经贸投资领域，据统计，2020 年，中国经济总量首次突破百万亿元大关（约 15 万亿美元），占世界经济的比重为 17% 左右，按可比价格计算，中国 GDP 与欧盟经济总量之和相当，按照 2021 年公开数据中国正式超越欧盟。就全球 GDP 排名而言，德国、英国、法国、意大利四个欧洲国家的 GDP 均位于世界前十，在全球主要经济体中均具有重要影响力（见表 2-27）。另外，中东欧国家的发展潜力也十分巨大。根据世界经济论坛发布的《2020 年全球竞争力报告》，虽然中东欧国家间的经济发展水平存在一定差异，但总体的经济竞争力表现不俗。

表 2-27　2020 年全球前 20 大经济体 GDP 占全球比重　　　　　单位：万亿美元

世界排名	国家	GDP	占全球比重	世界排名	国家	GDP	占全球比重
1	美国	22.9	24.40%	11	俄罗斯	1.6	1.70%
2	中国	16.9	17.90%	12	巴西	1.6	1.70%
3	日本	5.1	5.40%	13	澳大利亚	1.6	1.70%
4	德国	4.2	4.50%	14	西班牙	1.4	1.50%
5	英国	3.1	3.30%	15	墨西哥	1.3	1.40%
6	印度	2.9	3.10%	16	印度尼西亚	1.2	1.20%
7	法国	2.9	3.10%	17	伊朗	1.1	1.10%
8	意大利	2.1	2.30%	18	荷兰	1	1.10%
9	加拿大	2	2.10%	19	沙特阿拉伯	0.8	0.90%
10	韩国	1.8	1.90%	20	瑞士	0.8	0.90%

2. 中欧双方都具有庞大的市场规模，具备巨大的合作能力。一方面，从欧洲来看，欧盟是一个拥有 4 亿多消费者的统一大市场，27 国人均 GDP 达 3.4 万美元，是中国的 3 倍，这意味着欧盟是一个以中高端消费为主要特征的巨大市场。另一方面，中国的消费市场规模同样位于世界前列，且伴随中国的高速发展，中国国内市场规模将越来越大，未来将是全球最具潜力的大市场。同样，中国也具有庞大的市场规模。从现实来看，中国拥有 14 亿人口，约占世界人口的 20%，中等收入群体超过 4 亿人，当前已成为全球第二大消费市场，无论生产还是消费，都是全球最具潜力的超大市场。"十三五"时期以来，中国消费对经济增长的贡献率平均在 60% 以上，成为经济增长的主要拉动力，消费市场规模稳居全球前列。同时，中国也是全球最具潜力的消费市场。在中国提出"共同富裕"的计划后，许多国际机构和学者研究认为，中国市场不断扩大为其他经济体的发展带来巨大的机遇。到 2035 年时中国会有 6 亿~8 亿的中产阶级，这样一个庞大的市场对全世界都极富吸引力。从社会零售商品增长看，"十二五"期间中国社会零售商品总额年均增长 15.6%，"十三五"期间年均增长 10% 左右，未来 15 年预计年均增长 7%~10%，到 2035 年中国市场规模将超过 1000 万亿元。从商品和服务的进口看，预计未来 10 年中国累计商品进口额有望超过 22 万亿美元，未来 5 年中国服务进口有望达 2.5 万亿美元。上述研究数据表明，中国超大市场的潜力和吸引力。

3. 中国营商环境持续优化,欧洲投资环境高度开放。一方面,中国营商环境持续优化。中国基础设施完善,交通基础设施规模及水平位居世界前列。如中国高速公路、高速铁路总里程均居世界第一,铁路客运周转量、货运发送量、换算周转量、运输密度等主要运输经济指标稳居世界第一。同时,通信基础设施发达和网络广覆盖。中国人力资源丰富,能够为企业提供高素质的人力资源保障;高度重视科技创新,创新水平领先。中国坚定不移推进高水平对外开放,高水平开放平台日趋完备。截至 2021 年,中国已设立 21 个自贸试验区及海南自贸港、14 个国家级经济技术开发区、169 个国家高新区、19 个国家级新区、165 个海关特殊监管区域和 17 个边境经济合作区。上述一系列围绕投资贸易便利化的重要举措正不断推动中国现代商务环境的持续优化。根据世界银行的最新评估,中国营商环境在全球 190 个经济体中的排名由 2012 年的第 91 位跃升到 2020 年的第 31 位,有关专家预测中国营商环境将在 2025 年进入世界前 20 位,2035 年进入前 10 位,2050 年进入前 5 位。另一方面,欧洲国家总体上拥有良好的营商环境。从硬环境看,欧洲国家道路、铁路、水运、机场、港口等基础设施完备,部分国家地理位置优越,航运物流发达。例如,荷兰具有高度发达的水、陆、空运输网络,在整体物流绩效方面排名世界第三;比利时拥有世界最密集的公路网络和欧洲第二大港——安特卫普。虽然欧洲区域基础设施相对老旧,但近年来欧洲各国对基础设施的投入力度不断增大。从软环境看,欧盟作为一个统一的大市场,是全球最开放的经济体之一,拥有较为透明的规则和法规体系。欧盟也是世界上对发展中国家较为开放的市场之一。截至 2021 年 7 月,仍有 71 个发展中国家获得欧盟普惠制优惠。具有高水平的劳动力素质和引领全球的科研能力。根据世界银行数据,2011—2020 年,大部分欧洲国家的营商环境总体处于较高水平。

(二) 中欧都具有较强的制造业能力且诸多方面互补性强

在工业制造业领域,欧洲国家普遍在高精尖技术领域具有相对优势,中国具有完整的产业链、供应链和超大规模的市场优势,双方在技术、市场、要素和资源等方面具有较强互补性。

1. 中国与欧洲制造业能力各自具有显著优势。欧洲国家在高端制造业拥有比较优势,如化工、医药、航空、机动车辆、精密仪器等产业。优质、品牌及配套服务是欧盟制造的金名片。欧盟前十大出口产品中,机电产品占 6 席,多为高端产品,约占欧盟总出口的 40%。同时,欧盟向来重视和鼓励对研发与创新的投入,且主要集中于高技术产品的发展,所以欧盟占据全球高技术产品市场的较大份额。分国别区域来看,每个欧洲国家都有领先于全球的优势产业及高新技术。英、法、德、意作为欧洲四大经济体和老牌工业强国,工业基础雄厚,研发创新能力强,在部分制造业或服务业领域傲视全球。其中,德国的汽车制造、机械设备制造、电子电气工业、化工及制药等领域是优势产业。德国是世界汽车制造强国,是继中国、美国、日本后世界第四大汽车生产国,汽车是德国第一大出口商品;德国的机械设备制造工业同样发达,是仅次于中国和美国的世界第三大机械设备制造国,也是世界第一大机械设备出口国,约 80% 的机械设备产品销往国外,出口额约占世界机械出口总额的 16.1%,在机械设备业 31 个产品领域中,德国在 26 个领域位列世界出口前三。德国拥有世界领先的电子电气工业,这是德国的第三大支柱产业。德国化工及制药业发达,是世界最大的化工产品出口国;航空航天工业、食品及饮料行业，以及信息与通信技术产业同样也是德国的优势产业。法国在核能及能源工业、航空航天工业、化工和化妆品工业、制药工业、时装及高档商品加工等行业领先全球。英国在金融服务、航空航天、汽车、信息通信、生物医药等领域处于世界前列。金融服务业是英国经济的支柱产业，伦敦位居世界三大金融中心之列。意大利在航空、高速铁路、机械设备制造的部分细分领域，以及高端时装等领域处于全球优势地位。其他传统欧洲发达国家的工业部门同样技术先进，注重创新，主要面向国际市场，各国以其在特殊领域独有的技术优势在国际市场上占有一席之地。如西班牙在风力发电、太阳能利用、机械装备制造、特色农业、航空航天、生物技术、农产品等领域都拥有较强的技术优势和品牌优势，其中作为欧盟第三大机床和汽车发动机生产国，西班牙在机械设备制造、技术改造与整合方面一直处于世界领先地位。荷兰在电气和电子产业等细分领域位居世界前列，其中全球芯片光刻机设备的市场份额占全球光刻机设备的八成以上，在智能识别、汽车电子、通用型微控制器、通信处理器和射频功率晶体管等细分市场份额上位居全球第一。瑞士在全球医药化工领域尤其是特种化工产品居领先地位，拥有众多享誉世界的钟表品牌。比利时科研实力雄厚，纳米、化工、微电子、生物制药等技术水平居世界前列，是继美国休斯敦之后的世界第二大化工和塑料产业集群。挪威的造船、航运业历史悠久，是世界航运大国，在海洋工程、船舶及其设备制造方面具有世界领先技术。丹麦许多药品的质量和技术在全球享有盛誉，其中人造胰岛素和酶制剂等产量和质量居世界前列。中东欧多数国家工业基础良好，拥有的优势行业较多，一些国家的优势行业处于欧洲乃至世界领先水平。如立陶宛在高新科技产业、激光科技产业、生物技术产业等均处于世界领先地位；克罗地亚的造船业处于全球领先水平；捷克、罗马尼亚、匈牙利、斯洛伐克、斯洛文尼亚、塞尔维亚的汽车工业都具有一定优势。

中国在基础设施建设及装备制造方面具有比较优势。中国拥有完备的工业体系，稳定的产业链、供应链集群优势及综合成本较低的优势。中国具备世界上最为完备的工业体系，拥有41个大类、207个中类、666个小类，是全世界唯一拥有联合国产业分类中所列全部工业门类的国家。在500种主要工业产品中，我国有40%以上产品的产量居世界第一。产业门类齐全，基础设施完善，具有完备的供应链和产业链集群优势，各个行业的上中下游产业形成聚合优势，再加上我国拥有世界上最大规模的科技和专业技能人才队伍优势，处在国际化不同阶段的欧洲企业，在中国都可以找到自己的发展空间。中国在基建、装备制造和产能规模方面存在比较优势，特别是在铁路、公路、港口和互联网等基础设施建设方面拥有成熟的经验和先进的技术，与之相关的装备制造质量优良，性价比高，在国际市场上具有竞争力。

2. 工业制造业领域，中国具有规模、市场和产能优势，欧洲国家具有核心技术竞争优势，双方存在较强的互补性。中国工程院历年发布的"制造强国发展指数"是衡量全球主要国家制造业竞争力的重要指数，该指数综合"规模发展""质量效益""结构优化""持续发展"4个方面而得到。综合历年发展指数变化情况来看，中国成为整体提升最快的国家，但支撑中国制造强国进程的主要力量是"体量规模发展"，而德国、法国和英国等西欧发达国家制造业的相对优势则主要表现在质量效益、产业结构和创新研发等方面，而这恰恰是衡量制造强国的主要标志。从表2-28可以看出，2019年，我国仍处于"制造强国第三阵列"，而德国长期稳居"第二阵列"，虽然2019年中国制造业的综合得分（110.84）高于法国（70.07）和英国（63.03），但在 2012—2019 年，除去"规模发展"的另外三项指标的合计值历年排名中，中国多数时期并不占优势。

表 2-28　2019 年各国制造强国发展指数

阵列	第一阵列	第二阵列		第三阵列				其他	
国家	美国	德国	日本	中国	韩国	法国	英国	印度	巴西
指数值	168.71	125.65	117.16	110.84	73.95	70.07	63.03	43.5	28.69

欧洲国家工业制造业领域的优势来自其独特的技术优势，这得益于大量的高成本的研发投入，只有通过规模经济来进行分摊，这在根本上决定欧洲的工业部门需要依赖海外市场才能维持长期竞争优势。中国超大规模产能优势及超大规模的市场，正好为双方合作能力的释放提供了场域。这就是欧洲的高新技术提升了中国产业技术结构的升级；中国工业制造业的崛起为欧洲国家制造业产能进一步发展带来新机遇，特别是中国在局部领域的领先技术优势提高了欧方的装备质量和服务水平；中国强大的基建能力与欧洲国家的基础设施现代化改造需求有机衔接，诸多方面合作能力的对接必将提升双方企业在全球价值链中的整体竞争力。

三、中欧双方具备相应的合作时机

（一）国际秩序治理之变为中欧合作提供战略机遇期

在国际局势动荡起伏、大国博弈加剧、单边主义和保护主义抬头的新形势下，中国和欧盟是国际上两支重要战略性力量和两大重要经济体，也是世界多极化、经济全球化进程的重要参与者和塑造者，拥有广泛共同利益和相同或相似的目标。随着全球力量格局和利益格局的变迁，在对美国霸权的依附方面，欧洲、至少是德、法、意等老牌欧洲强国依附程度在减弱。虽然欧洲国家和美国具有共同的价值观和诸多利益交集，但欧洲与美国的一致性不应被夸大，各国对美国的外交政策和看法存在分歧。这意味着在当前大动荡大调整形势下，中国与欧洲国家仍然存在合作的机遇期。

2020 年新冠疫情以来，凸显了国际合作的缺失。面对疫情冲击，不仅以 G20 为主要平台的大国协调机制和以 WHO 为中心的全球健康治理框架乏善可陈，欧盟、东盟、非盟、阿盟等众多地区合作框架也无所作为，各国重新回到国家主义的框架。大国间抗击疫情的合作不仅难以开展，还频频出现了责任转嫁、物资劫持、"脱钩"等现象。然而，疫情期间，中欧开展疫苗联合研发为推动疫后世界发展做出中欧贡献。中欧双方可以此为契机，让这样的合作形成相关机制，以此协同更多欧洲国家共同抗"疫"，并在此基础上进一步深化中欧在公共卫生领域的合作，为推动全球公共卫生治理提供了难得的历史机遇。同样，中欧今后在推动气候变化治理、生态环境的保护等方面具备相应的合作时机。

（二）新科技新产业之变为中欧产能合作提供新契机

新一轮科技革命和产业变革为中欧开展绿色、数字和创新合作提供时机。当前，全球经济正处于新旧动能转换的关键时段，以新技术突破为基础的全球产业变革呈现加速态势。但世界经济新的增长动力仍未形成，诸多不确定性因素正逐渐显现，以创新推动经济社会可持续发展已成为全球共识。在此背景下，世界各主要大国纷纷强化创新部署，培育新的增长点，以抢占新工业革命和产业革命的制高点。从科技变革层面看，以人工智能、大数据、量子信息、云计算、物联网和生物技术等为代表的前沿科技成为世界各国创新部署的关键领域；从产业变革层面看，以上述新兴科技作为支撑的数字经济和绿色经济成为全球催生世界经济新增长点的关键产业。中国和欧盟分别作为全球最大的新兴经济体和发达国家集团，都有着迫切的数字和绿色发展愿景与动力，力图在新一轮的科技和产业变革中把握先机，引领全球经济新增长点。例如，2020年9月，中、德、欧盟领导人视频会晤中，中欧双方一致决定，进一步建立环境与气候高层对话和数字领域高层对话，打造中欧绿色合作伙伴、数字合作伙伴关系，为中欧经贸发展注入了新动力。同时，欧盟推动经济复苏和未来发展进程与中国正在推动的高质量共建"一带一路"有很多相通之处。新一届欧盟委员会提出欧盟"绿色新政"，加速落实"绿色+数字"双核驱动经济路线，相当于"后疫情时代"欧盟的"新增长战略"，不仅要依靠"绿色增长"渡过当前难关，而且要培育面向未来的竞争新优势。而"十四五"期间，"一带一路"建设进入高质量发展的2.0时代，绿色丝绸之路和数字丝绸之路成为高质量共建"一带一路"的发力点，绿色作为高质量共建"一带一路"的第一理念，应对气候变化成为推动绿色丝绸之路建设的首要方向。在此背景下，中欧双方在数字和绿色领域蕴含大量的合作机会。包括技术创新合作、数字基础设施互联互通、新能源、节能环保、循环经济等。

当前新冠疫情和俄乌冲突对世界经济带来巨大冲击的同时，也以前所未有的力度推动全球产业绿色化、数字化转型，促进绿色产业与数字技术深度融合，催化新经济的孕育发展，进而加速中欧产能合作进程。早在新冠疫情暴发前，中国和欧盟就已经在推动实施创新驱动发展战略，双方积极探索在数字转型和绿色发展等领域的对接合作；疫情暴发后，中国和欧盟部署新经济领域的步伐明显加快，这在客观上赋予中欧在绿色、数字及健康等新经济领域产能合作的新动能。

（三）未来3~5年中欧关系仍然值得期待

自新冠疫情暴发以来，中欧之间因抗疫政策分歧和对俄乌冲突的不同认识而出现了政治互信下降问题未得到明显改善，加之美国不断推进价值观外交又为中欧关系蒙上了阴影，使中欧战略互信承受压力持续上升。但2022年以来的俄乌冲突严重恶化欧盟国家安全发展环境，导致经济衰退风险加剧和持续高企的通胀并存，尤其是深陷能源危机挑战，也让欧洲部分国家认识到美国挑起俄乌冲突险恶用心与自私的本质，这就更需要一个稳定向好的中欧关系来稳经济、保民生、降风险。因为美国对欧洲经济上一直口惠不实，且美欧的分歧是客观存在的，更何况俄乌冲突中短期内欧洲遭受损失更为巨大而远在大洋彼岸的美国获益颇丰。因此，欧洲解决自身经济与安全问题还得主要靠自身及加强美国以外力量的合作，中欧存在有所作为的机会。如中欧都希望减少冲突的溢出效应，维护世界经济复苏、确保能源及供应链安全的共同关切；拥有多边主义和维护地区与世界和平共识；就俄乌冲突都有劝和促谈的共识，都有避免人道主义危机开展人道主义援助的共识等。我们认为,离开以中国为代表的新兴市场,欧洲经济也是搞不好的;欧洲国家对经济复苏的需求和降低俄乌地缘政治冲突带来的风险,客观上仍然存在继续保持与经济有活力的中国搞好双边合作关系的动力,中国和欧盟关系的修复同样值得期待。同时,离开中国这支重要的力量,欧洲推进危机管控和全球治理也是无力的。从中短期直接影响来看,俄乌冲突将影响"丝绸之路经济带"上的陆路及航空运输,但对中欧物流运输影响总体上有限;俄乌冲突影响中欧产业链布局局部调整,但总体上不改变中欧形成的产业链为核心的供应链合作的根本情况。从长期发展出发,俄乌冲突后以德、法等为主的欧盟国家将更加关注与中国的联系合作。中国和欧盟的关系,中国和欧盟成员的关系,还是有运作空间的。欧洲各成员国的利益关切点不可能完全一致,中国对欧洲国家有较大的利益,欧洲不可能放弃中国市场,欧洲仍是可以拉拢的重要力量。

四、中欧深化合作的方向

2021年欧盟出台《2021年欧盟贸易政策报告》,报告内容多处与我国"十四五"规划不谋而合。从中长期看,中国与欧洲在绿色经济、数字经济、第三方市场合作及全球公共卫生、气候变化及生态环境治理等多个方面有着共同的诉求,也是未来3~5年中欧高质量共建"一带一路"的主要合作领域。此外,疫情之下的俄乌冲突将为中欧绿色合作提供机遇之窗,在高企的能源成本之下,欧盟更需要相对低成本的中国绿色低碳产品;欧洲国家应对滞胀危机需要中国质优价廉的商品保民生、降风险,欧洲经济复苏更加依赖中国。同时,中东欧国家在经济上也更加依赖中国。不可否认,欧盟是中东欧国家最大的贸易伙伴,但面对新冠疫情和俄乌冲突重创下的欧盟经济,以及欧盟经济复苏乏力的预期,中东欧国家普遍担忧欧盟未来的经济前景。为实现经济快速复苏,中东欧国家普遍希望贸易伙伴和投资伙伴多样化,与中国的贸易投资合作仍存在较大的增长潜力和合作机遇。

(一)以抗疫与公共卫生合作开拓新领域

突如其来的新冠疫情对中欧双方都是巨大挑战,但抗疫合作也为双方深化卫生领域合作带来了新契机。在2020年初新冠疫情大规模暴发时,欧盟和多个欧洲国家冲破重重阻力与偏见,对中国抗疫表达了坚定支持的态度,并伸出援助之手,以多种方式支援中国抗疫;而在欧洲疫情扩散之际,中国又提供力所能及的物资援助和医疗技术支持,援助遭受疫情肆虐的欧洲国家,并积极与欧洲国家加强疫苗研发合作,为维护各国国民健康、确保产业链供应链畅通、助力全球抗疫合作发挥了积极作用。疫情期间双方互助抗疫都说明共识远大于分歧。虽然中国与欧盟及主要国家在2009年就启动了多边卫生对话机制,但相较经贸投资等传统合作领域,公共卫生合作在中欧关系中相对边缘,合作深度和广度都有待加强,但这也为进一步深化中欧合作提供了新的动力和路径。中欧开展抗疫与公共卫生合作具有鲜明的示范意义,且合作前景广阔。在全球化的今天,新冠疫情是人类面临的全球性挑战,任何国家都不能"独善其身",阻断疫情传播、促进经济复苏需要世界各国携手合作。中欧同为全球多边主义的支持者,双方有意愿也有能力在抗疫与公共卫生领域携手合作,提振国际合作的信心。具体而言,中欧双方可从以下方面开展合作：

其一，充分发挥各自在公共卫生领域的独特优势，进一步深化拓展公共卫生领域合作空间。权威医学杂志《柳叶刀》的统计数据显示，全球医疗能力前20位的国家主要集中在欧洲，这意味着欧盟有极好的医疗基础。同时，欧洲发达国家在生命科学基础研究和医药工业等领域位居世界前列。例如，英国和意大利是世界上最发达和增长最快的生命科学市场之一，其中英国是仅次于美国的最具活力的生物技术工业基地；意大利是欧洲第三大生命科学技术市场，拥有完整的产业链。法国是欧洲第一大药品生产国，世界第三大药品出口国，西班牙在试管婴儿、器官移植、艾滋病疫苗研发等领域拥有全球领先的技术实力。因此，与欧洲国家开展疫苗联合研发、生物医药制造等公共医疗卫生合作具有明显的现实意义和较强的可行性。此外，中欧双方可探讨在新发传染病防治、生物医药、公共卫生、应急管理、战略物资储备、高端医疗设备、高等级医疗防护物资研制等领域加强合作的具体路径，提升卫生医疗合作水平。例如，2020年，最早一批获世卫组织批准紧急使用的新冠疫苗BNT162b2，就是中德医药企业共同合作的成果；2021年，中国制药企业接管德国拜耳集团的一个生产工厂，专门用于生产新冠疫苗；中国复星集团正与德国开展疫苗研发合作，匈牙利计划引进生产中国的新冠疫苗，这些务实行动正是中欧在抗疫合作领域积极探索的最新写照。

其二，充分借助中药在抗疫中展现出的独特优势，推进中医药高质量融入中欧共建"一带一路"。中医丰富了联合抗疫工作内涵，推动中欧抗疫合作走深走实。面对新冠疫情大考，中国采用"中西医结合、中西药并用"的抗疫方法，引发世界关注。新冠疫情发生以来，中国与意大利和德国等80多个国家和地区交流中医药诊疗方案和临床经验，选派中医师赴30个国家和地区助力当地疫情防控，贡献中医的智慧和力量。中医药合作逐渐成为中国与欧洲国家合作的热点领域。中国中医药早在17世纪就以针灸为主要形式融入欧洲社会、历史和文化，随着中医药合作程度不断加深，中欧在中医药领域的合作形式不断拓展。2015年9月，中捷中医中心正式运营，这是中国推动"一带一路"建设的首个医疗项目。2019年4月，中捷中医中心在布拉格启动，主要承担中医药教学科普以及中医药文化传播的功能。近年来，匈牙利积极开展中医药的落地与推广，建成第一家符合欧盟标准的中药厂，成为第一个实施中医立法的欧洲国家，成立欧洲第一所中医特色孔子学院，建立中东欧地区第一家中医药中心。欧洲药品质量管理局主持的欧洲药典正在制定中药质量专论，德国药品法典（DAC）也正在制定中药配方颗粒剂的质量专论。展望未来，中欧双方可从多领域开展中医合作。一方面，充分利用欧洲国家在生物科技及制药方面的研发优势，强化科研平台建设，支持中医药科研院所、高校、企业与共建"一带一路"国家相关机构以合资、合作的方式联合建设"一带一路"中医药联合实验室。开展中医药领域重大装备研发，加速科技成果向现实生产力转化。另一方面，推动欧盟把中药作为药品或保健品的注册工作、参与和促进建立中医药的欧盟标准、积极推动中欧在中医药文化领域的人文交流。

其三，中欧双方可开展国际公共卫生合作，帮助非洲等脆弱国家完善公共卫生体系，推动构建人类卫生健康共同体。就中欧非多方合作而言，非洲是一块充满希望的大陆，疫情之下也是一块脆弱的大陆，非洲发展潜力的挖掘需要中法德等有意愿有实力的国家伸出援手共同投资合作。当前，整个非洲的疫苗接种率远低于全球平均水平。截至

2021年6月30日,非洲单支疫苗接种率仅占总人口的2.66%。在此背景下,中欧通力合作助力非洲尽快走出疫情阴霾显得十分必要且迫切。在2021年7月的中法德领导人视频峰会上,三国领导人就支持非洲渡过疫情难关再次达成高度共识,坚持疫苗的公共产品属性,最早开始向有需要的国家提供疫苗,迄今已向120多个国家和国际组织提供超过21亿剂疫苗。短期内中欧可直接或通过世卫组织及联合国系统等向非洲提供大量新冠疫苗,使非洲大幅提升疫苗接种率成为现实;长期而言,中欧双方可通过第三方市场合作投资改善非洲的公共卫生基础设施,协助非洲各国建立健全医疗卫生系统,提供技术支持以建立疫苗生产基地,推动构建人类卫生健康共同体。

(二)以国际绿色发展合作引领发展新方向

1. 中欧绿色发展目标愿景一致

"绿色"一直是中国和欧盟的"共同语言"。双方在绿色发展合作领域已取得广泛共识,且在战略理念、战略目标、战略决心和战略规划等多方面存在诸多趋同性,这在根本上决定了绿色合作将成为中欧全面战略伙伴关系的新亮点新引擎。

在应对气候变化和绿色发展方面,中欧战略目标及规划同频共振。中国和欧盟均已将应对全球气候变化和绿色发展全面融入国家(区域)经济社会发展的总战略,并围绕该领域制定了一系列的战略规划文件。2019年,新一届欧盟委员会誓言引领世界范围内的绿色转型过渡,将绿色发展视为欧盟未来战略自主支柱和新的经济增长点。2020年1月,欧盟委员会发布"欧洲可持续投资计划",提出将在未来10年内调动至少1万亿欧元(约合7.9万亿元人民币)的资金,以支持《欧洲绿色协议》的融资计划,旨在2050年实现"气候中立"目标。2021年7月,欧盟委员会进一步提出"Fit for 55""一揽子"计划,旨在实现到2030年欧盟温室气体净排放量与1990年的水平相比至少减少55%,其中包括建立欧盟"碳边界调整机制"。2021年12月德国新政府计划到2030年将可再生能源发电比例从当前设定的65%提高到80%。同样,中国把落实2030年可持续发展议程和应对气候变化《巴黎协定》融入国家发展战略。2015年党的十八届五中全会,把绿色发展纳入"创新、协调、绿色、开放、共享"五大发展理念并加以系统化,高度融入长远的发展规划之中,首次把"绿色发展"上升为国家战略,并作为新时期国家发展的战略目标与方向。为推动绿色发展,中国设定了"双碳"目标和愿景(碳达峰目标和碳中和愿景),发布了《关于完整准确全面贯彻新发展理念做好碳达峰碳中和工作的意见》和《2030年前碳达峰行动方案》。"十四五"规划对加快发展方式绿色转型做出阐述,并提出到2035年基本建成美丽中国的目标。从中欧双方一系列的目标规划及宣言可看出,中欧在绿色发展领域的战略目标及规划是趋同的,这也汇聚了中欧绿色发展合作领域的最大公约数。

2. 绿色合作基础牢固发展潜力大

应对气候变化和开展绿色合作一直是中欧对话的关键议题,尤其是新冠疫情暴发以来,绿色发展合作被提升到中欧间合作前所未有的战略高度。围绕应对气候变化和绿色发展合作,中国同欧盟及各成员国积极开展战略对接,签署了一系列框架协议,并逐步搭建起相应的配套合作机制,为中欧进一步深入开展绿色合作提供了相应的体制机制保障。

早在 20 世纪 90 年代，中国和欧盟就已经在环境和气候问题上展开对话合作，2001 年中欧环境政策对话机制升级为部长级（中欧环境政策部长对话），截至 2021 年，双方在该合作机制下举行了 8 次对话。2005 年，中欧在气候变化领域建立伙伴关系，为中欧绿色合作提供了高层对话平台，这一关系在此后中欧历年的多个领域及高层交流对话中得到巩固。其中，能源领域的早期合作机制为中欧开展绿色发展合作奠定了基础。中欧双方于 2005 年逐步建立政府间多边和双边能源交流合作机制，其中清洁能源与绿色发展一直是双方交流的重要议题之一，尤其是近年来，双方更将新能源作为合作的突破口。在领导人对话层面，2018 年 7 月，第二十次中国欧盟领导人会晤期间，中欧双方领导人重申对《巴黎协定》的承诺，并签订了《中欧领导人气候变化和清洁能源联合声明》和《中华人民共和国生态环境部和欧盟委员会关于加强碳排放交易合作的谅解备忘录》。2020 年新冠疫情暴发以来，双方在该领域的合作再度升级。2020 年 9 月，中欧领导人决定建立中欧环境与气候高层对话，全面打造中欧绿色合作伙伴关系。2021 年 7 月，中欧绿色经济合作发展高峰论坛成功举行，中欧企业发起《绿色行动倡议》，助力中欧绿色和可持续发展。2021 年 10 月，习近平主席同欧洲理事会主席米歇尔通电话，中欧双方一致认为需加强绿色领域政策沟通和务实合作。由此可以看出，在应对气候变化和绿色发展合作方面，双方具有高度共识并搭建起相应的对话机制和平台，这也将成为未来 3~5 年中欧共建"一带一路"的有利契机。

同时，一系列务实合作成果的取得为进一步拓展和深化中欧绿色发展合作奠定了坚实的基础。纵观中欧关系发展的七十余年，中欧绿色合作从环境保护领域起步，而后能源、科技、金融、贸易、投资和循环经济等政策领域不断加入，并在合作中朝着节能、高效、低碳、可再生、循环利用、生态友好的方向发展，逐步促进了各政策领域的绿色化。2011 年之前，中欧绿色合作主要以欧方对华提供资金援助和技术性援助为主，在此阶段，中国在环境治理方面主要学习借鉴了欧盟的环境标准、技术标准、环境管理和全球治理经验等，为中欧日后更宽领域的绿色合作奠定了基础。其中的欧盟—中国辽宁综合环境治理项目是欧方援助中国的最大环保项目，成为中欧绿色合作的典范。2011 年之后，中欧绿色合作的关系结构转向更加平等的方向发展。中欧环境治理项目（EGP）（2011 年 2 月启动至 2015 年 12 月结束）和中欧环境合作项目（2018 年 1 月至 2021 年 6 月）作为中欧部长级环境政策对话和欧盟中国战略文件确定的重点项目，有效地促进了中欧间在绿色技术、绿色解决方案和绿色发展应用方面的交流合作。近年来，围绕循环经济、节能环保产业和生态农业合作等，中国与欧洲国家建立了一系列生态园。包括青岛中德生态园（国际经济合作区）、中法沈阳生态园、成都中法生态园、中意宁波生态园、中意海安生态园、中奥苏通生态园、中芬北京生态园和中芬生态谷等。在绿色技术研发合作方面，2020 年 4 月，中欧清洁能源中心正式启动，这是中国和欧盟在清洁能源方面加强研究和发展的一个标志性合作项目。企业间绿色经济商业投资合作方面，如比亚迪已为欧洲 20 多个国家的 100 多个城市带来绿色环保解决方案。绿色金融合作方面，2017 年 3 月，中国人民银行与欧洲投资银行联合发表声明，建立联合绿色金融倡议。2018 年 9 月，中债绿色债券指数首次登上卢森堡证券交易所。2019 年 6 月，中国工商银行与英国汇丰银行、法国巴黎银行签署合作协议，共同担任绿色融资协调人和牵头人，正式启动一项绿色融资的筹集。未来 3~5 年，双方可围绕绿色能源、绿色技术、绿色经济、生态农业、绿色金融、碳中和等方面进一步开展合作,打造中欧绿色伙伴。

(三) 以国际数字发展合作打造新引擎

美国在全球范围内实施数字霸权,采取数字援助战略和搞国际数字联盟"小团体",不断对中国、欧盟等其他国家的数字技术主权施加政治干预,在数字经济领域的矛盾不断激化,中国与欧盟都在采取措施抑制美国霸权,谋求提升数字经济竞争力和全球数字规则话语权。在此背景下,中欧双方强化数字经济领域合作,这对维护数字技术主权,反击美国数字霸权有重大战略意义。目前,中欧各自围绕数字经济关键领域加快部署、推动发展。欧盟正大力推进雄心勃勃的数字化转型,而中国的数字经济产业方兴未艾,双方互补性强,合作潜力大。

1. 中欧数字经济发展优势互补

中欧数字经济发展各有所长,优势互补,为其合作奠定了重要基础。中国立足产业基础并发挥市场优势,在推动数字技术和实体经济融合,数字经济具体的产业发展方面具有全球领先优势。欧盟以数字治理规则的领先探索,打造统一的数字化生态,在数字经济框架和市场监管方面经验丰富。

其一,中国数字经济在规模和综合水平上均处于全球前列,具有帮助欧盟摆脱对美国的技术依赖的基础。中国尤其在终端应用开发与市场培育(场景应用、商业模式创造)等方面,甚至处于全球领先位置。一是中国数字经济市场规模大。中国已是全球第二大数字经济体,在全球市值排名前 20 位的科技企业中,中国企业占据半壁江山。2020 年中国数字经济规模达 39.2 万亿元,占 GDP 比重为 38.6%,保持 9.7% 的高位增长速度。到 2025 年,数字经济核心产业增加值占 GDP 比重将从 2020 年的 7.8% 提升到 10%。到 2030 年,中国的数字出口价值将增长 207%,达到人民币 5 万亿元(7260 亿美元)。二是依托庞大的市场规模,生活领域数字经济蓬勃发展。截至 2020 年 12 月,中国在线教育、在线医疗用户规模分别为 3.42 亿、2.15 亿,分别占网民整体的 34.6%、21.7%。自 2013 年起,中国已连续八年成为全球最大的网络零售市场。2020 年,网上零售额达 11.76 万亿元。手机移动支付渗透率达到 94.7%,移动支付较 5 年前增长 27 倍,达到 266.2 万亿元。2021 年 7 月,全球纺织网发布的最新报告显示,2020 年,中国电子商务保持稳定增长,增长率达 20%,总额为 2.164 万亿美元,占全球电子商务总量的一半以上(52.1%)。中国的社交媒体推动的电子商务交易已经是美国的 10 倍,达到 3516.5 亿美元。按销售额计算,阿里巴巴仍然是全球最大的电子商务公司,拼多多和京东的发展势头高歌猛进。三是数字基础设施全球领先。现已建成全球最大规模光纤和移动通信网络,固定宽带从百兆提升到千兆,光网城市全面建成;5G 网络规模全球最大,5G 基站、终端连接数全球占比分别超过 70% 和 80%,实现网络、产业、应用全球领先。依托完整的产业体系和丰富的应用场景,中国在生产领域的产业数字化方面具有领先优势。中国工业互联网已在 40 个国民经济大类行业落地应用,涵盖 31 个工业重点门类,渗透至企业研发、生产、销售、服务等各环节,工业互联网产业规模达到 9164.8 亿元。

其二,中欧在数字经济监管规制方面合作空间广阔。在数字经济框架与市场监管规则构建方面,欧盟经验丰富,而这正是中国在发展数字经济时的短板所在。欧盟注重数字转型下的隐私保护规则，当前正在加快制定《电子隐私条例》，试图增加新的隐私监管对象，为欧盟范围内的所有企业和个人提供隐私保护。欧盟注重数字经济领域平衡发展，规范欧洲数字市场秩序，防止大型数字平台形成垄断。2020年12月欧盟委员会提出了《数字市场法案》和《数字服务法案》，2022年5月欧盟议会通过两项法案，法案通过制定全面新规则，促进数字市场的公平和开放。可见，欧盟高度重视通过法律手段来加强数字监管治理。欧盟在数字经济监管法律的创新和体系化层面具有领先的全球经验，也更有国际影响力。欧盟及有关成员国通过《通用数据保护条例》《数字市场法案》《数字服务法案》以及开征数字服务税等举措，不断规范数字企业的行为，为用户提供更安全、更开放的数字空间，打造欧盟的数字治理生态体系，相关法律为数字技术和产品的发展做了很大创新。其中，欧盟《通用数据保护条例》等法规条例几乎成为全球通行标准，该条例特别是在数据跨境自由流动规制方面，通过"充分性保护认定"、标准合同、公司约束性规则、行业认证等方式进行个人数据出境安全管理。《数字市场法案》为大型在线平台企业（"看门人"）明确了权利和规则，将具有垄断性市场地位的大型互联网平台企业纳入重要监管范围，确保它们不滥用自己的地位，创造一个公平和有竞争力的数字环境，让各类公司和消费者从数字机会中受益。《数字服务法案》主要解决非法内容在网上的传播，并保护人们在数字领域的基本权利。中国应借鉴欧洲在数字经济监管规则方面的经验，在推动数字经济隐私保护、规范数字市场秩序和企业行为，为用户提供安全的数字空间环境方面加强与欧洲国家对话与合作，共同营造开放、安全的数字治理生态体系。

2. 中欧在数字经济领域面临共同的机遇与合作基础

"数字化转型"是新一届欧盟委员会提出的两大核心动议之一，希冀以此打造欧盟未来经济增长新引擎，占据全球数字经济新高地。对中国而言，发展数字经济是中国经济在第四次工业革命中实现"换道超车"的机会，对实现高质量发展和中华民族伟大复兴具有非常重要的战略意义。同时，数字化转型是欧盟落实另一核心动议——"绿色协议"的基础。欧盟希望通过数字化促进循环经济发展，降低能源消耗，更好地实现双转型目标。中国在"十四五"规划纲要中也提出要推动工业数字化、数字工业化，同时以数字技术促进绿色转型的目标。在这个层面中欧面临较多的共同机遇与发展目标，双方合作有显著的"双赢"效应。在近年的中欧领导人高层对话中，数字经济发展合作一直是重要议题之一。2018年7月，第二十次中欧领导人会晤联合声明表示，双方将继续推动中国"一带一路"倡议与欧盟倡议对接，特别提道数字网络促进"硬联通"和"软联通"；双方致力于在数字经济领域推进行业协会、标准化机构以及科研项目的相互准入，创造良好的数字商业环境，继续保持中欧信息技术、电信和信息化对话。2020年9月，中、德、欧共同举行视频会晤，决定建立数字领域高层对话，打造数字合作伙伴关系。2020年12月，中、法、德、欧视频会晤中表示，要加大政策协调，加强共建"一带一路"倡议同欧盟欧亚互联互通战略对接，探讨数字领域合作。2021年4月，中、法、德领导人视频峰会上，默克尔表示，德方重视中国实施"十四五"规划给德中、欧中合作带来的重要机遇，愿同中方就数字经济、网络安全等问题加强沟通。

另外，中欧之间已在数字发展合作方面建立起相关对话机制，并取得相应务实合作成果，这为双方进一步深化数字发展合作奠定了基础。中欧数字经济合作机制不断完善。

第一层级为副总理级别的中欧数字领域高层对话机制。该机制于 2020 年 9 月召开了第一次对话，讨论了中欧数字经济合作的优先领域，包括信息通信技术标准、人工智能、网络销售产品安全、数字税以及研发与创新议题。第二层级为部级层面，最主要的机制是中欧信息技术、电信和信息化对话机制（2009），以及"丝路电商"合作机制（2016），其中 2009 年建立的"中欧信息技术、电信和信息化对话机制"，现已举办 9 次对话会，在该框架下中欧双方在信息通信技术、数字政策及监管领域开展了卓有成效的政策交流和技术项目合作。2015 年在中欧经贸高层对话框架下，中国和欧盟共同成立了中欧数字经济和网络安全专家工作组，多次开展了数据隐私保护、数字化转型等领域的交流。目前，中欧数字经济合作取得显著成果：数字设备产品及其零配件成为中欧货物贸易往来的主体，如 2021 年中欧货物贸易前十大商品中，有五大类为数字设备产品；欧盟与中国数字服务业进出口额得到进一步发展，2020 年达到 92.1 亿欧元，居欧中服务贸易往来第四位；与数字经济产业相关投资合作明显增多，2020 年中国信息传输/软件和信息技术服务业对欧盟投资流量已经占中国对欧盟直接投资流量的第三大行业；中欧在 5G 国际标准制定、技术研发、试验等方面取得进展，有力地推动了 5G 全球统一标准的制定，为双方 5G 产业规划对接、技术共享和网络兼容架起合作桥梁。

总的来说，欧洲数字经济发展，离不开中国数字产业和市场优势的支持，同时中欧在数字技术主权方面都遭受美国的不断打压，欧方也有摆脱美国数字霸权的强烈愿望，未来 3~5 年，中欧应在已有的务实合作的基础上，加强在数字基础设施互联互通、信息通信技术、人工智能、大数据、云计算、电子商务等领域的合作，携手推动全球数字治理。

（四）以第三方市场合作开启新空间

"十四五"期间的"一带一路"建设更加强调中外共建来推动"一带一路"的高质量发展，第三方市场合作的本质与其一脉相承。第三方市场合作属于小多边机制，成为中欧高质量共建"一带一路"的重要抓手，是推动"一带一路"建设通往人类命运共同体的现实路径之一，具有强大的生命力。2015 年 6 月，中法两国政府正式发表《中法关于第三方市场合作的联合声明》，首次提出"第三方市场合作"的概念。该合作模式把中国的优势产能、发达国家的先进技术以及发展中国家的发展需求进行有效对接，共同推动第三国产业发展、基础设施水平提升和民生改善，实现"1+1+1>3"的共赢效果。欧方参与到第三方市场合作项目，既可以突破双边贸易投资机制的局限，有利于消除国家间合作共建"一带一路"的疑虑，也可以降低对外投资风险及成本。目前，中国与欧洲主要国家对第三方市场合作表达出较为强烈的合作意愿，与中方签署第三方市场合作谅解备忘录及合作声明的欧洲国家已达 9 个，并建立起相应的常态化合作机制。中欧开展第三方市场合作初步取得系列务实合作成果，夯实了后期进一步深化合作的基础；放眼未来，中欧开展第三方市场合作可拓展的空间较为广阔。

1. 中国与欧洲主要国家就第三方市场合作已搭建起系列合作平台及对话机制，早期合作基础得以夯实

法国作为首个与中国开展第三方市场合作的欧洲大国，为其他发达国家提供了示范效应。此后，中国与欧洲国家开展第三方市场合作的共识不断深化。中国已经与法国、英国、意大利、奥地利、西班牙等几个欧洲国家签署了第三方市场合作的谅解备忘录及合作声明，并建立起相应的常态化合作机制，例如，中法之间有第三方市场合作指导委员会，中比、中西、中葡和中英之间成立了第三方市场合作工作组（见表2-29）。此外，通过制定合作路线图、签订示范项目清单、论坛等为企业搭建合作平台、提供公共服务。例如，中法之间已签订第三轮示范项目清单，双方定期举办第三方市场合作论坛，以交流、确认和评估合作的成果。同时，通过设立第三方市场合作基金，为第三方市场合作项目提供融资支持。例如，2019年3月，中法第三方市场合作基金正式启动；"丝路基金"分别与欧洲投资基金和欧洲复兴开发银行设立了第三方合作基金。德国没有与中国签署第三方市场合作的谅解备忘录，但拓展第三方市场一直以来都是德、法等西欧大国的重要战略。例如，2021年7月举行的中法德领导人视频峰会上，三国领导人就非洲议题进一步达成诸多共识，法国和德国加入中非共同发起的"支持非洲发展伙伴倡议"，开展三方、四方或多方合作。上述一系列早期第三方市场合作机制的建立，为中欧双方在"一带一路"框架下进一步拓展第三方市场合作奠定了坚实的基础。

表2-29　与中国签署第三方市场合作文件或建立第三方市场合作机制的欧洲国家

国家	年份	签署文件	合作平台
奥地利	2019	《关于开展第三方市场合作的谅解备忘录》	中奥第三方市场合作工作组
			中奥第三方市场合作论坛
比利时	2018	《关于在第三方市场发展伙伴关系与合作的谅解备忘录》	—
法国	2019	《关于第三方市场合作的联合声明》《中法第三方市场合作示范项目清单》	中法第三方市场合作指导委员会
			中法第三方市场合作论坛
			中法第三方市场合作基金
意大利	2018	《关于开展第三方市场合作的谅解备忘录》	中意第三方市场合作论坛
			中意第三方市场合作工作组
荷兰	2018	《关于加强第三方市场合作的谅解备忘录》	—
葡萄牙	2016	《关于加强第三方市场合作的谅解备忘录》	中葡第三方市场合作工作组
西班牙	2018	《关于加强第三方市场合作的谅解备忘录》	中西第三方市场合作工作组
瑞士	2019	《关于开展第三方市场合作的谅解备忘录》	中瑞第三方市场合作工作组
			"一带一路"能力建设中心
英国	2019	《关于开展第三方市场合作的谅解备忘录》	中英第三方市场合作工作组
德国	2021	法国和德国加入中非共同发起的"支持非洲发展伙伴倡议"，开展三方、四方或多方合作	—

资料来源：《第三方市场合作指南和案例》。

2. 中欧在非洲等发展中国家开展第三方市场合作前景可期

国务院新闻办公室2021年1月发布的《新时代的中国国际发展合作》白皮书指出："中国国际发展合作规模稳步增长，并更多向亚洲、非洲地区最不发达国家和'一带一路'发展中国家倾斜"。这表明了中欧开展第三方市场合作的主要方向。

对欧洲国家而言，中欧在大部分发展中国家没有战略性的利益冲突。即使在对非政策上双方存在一定分歧和竞争，但并不存在对抗性的矛盾，如一直以来，中欧双方都在积极地以联合国为平台，在非洲的减贫和经济发展等具体事务方面开展合作。同时，中欧早期合作开展的部分第三方市场合作项目相继落地开花,这些成果的取得意味着欧洲主要国家对参与"一带一路"框架下的第三方市场合作的意愿较为强烈,为进一步深化中欧第三方市场合作树立"样板"。如 2015—2019 年,中法间已签署三轮第三方市场合作示范清单,达成 20 多项第三方市场合作协议,涵盖基础设施、能源、航空以及环保等多个领域,且主要分布于非洲和亚洲区域,如中法两国企业共同投资的刚果(布)国家 1 号公路特许经营项目正式启动,上海康恒环境与法国 Quadran 公司在非洲合作的垃圾发电项目列入中法第三方市场合作示范项目清单(第三轮),中法共同投资建设及营运的喀麦隆克里比深水港填补了喀麦隆中转箱业务的空白。此外,中国石油化工集团有限公司与西班牙联合技术公司联合中标建设科威特阿祖尔炼油化工一体化项目。中国铁路总公司和德国铁路公司在中欧班列、高铁运营维护等领域同样开展了三方合作的有益尝试。

总的来说,中欧双方均具备开展第三方市场合作的实力,且双方互补性较强。针对第三方市场合作,中国与部分欧洲国家已实现从战略对接到具体政策合作层推进,再到推动具体项目的成功落地实施,表明这些国家和中国均具备开展第三方市场合作的能力。拓展"一带一路"沿线的第三方市场是中国与德、法等欧洲经济发达国家的重要合作方向,当然开展第三方市场合作不局限于发展中国家,中欧对西方发达国家开展第三方市场合作同样也不可忽视。例如,英国的布拉德维尔 B 核电项目以及塞尔维亚的贝尔格莱德地铁项目便是由中法两国共同投资建设。

(五)以全球治理合作深化伙伴关系

全球治理合作成为中欧关系新增长点。新一届欧盟委员会自上任伊始便谋求在国际化舞台上发挥更大作用。作为全球治理的重要参与者、建设者和贡献者,中国积极推动共建"一带一路"高质量发展逆势前行,为改善全球治理体系和促进全球共同发展持续注入新动能。双方在多边主义、全球治理、国际经济秩序等方面拥有大量共识,通过更加全面深入的合作,可实现欧洲模式与中国模式、西方秩序理念与中国特色外交理念的融合。所以中欧理应走到一起,携手应对一些全球性的挑战,为世界提供更多的稳定性和正能量。

在维护多边主义、自由贸易、重视气候变化和环境保护等众多全球议题上,中国和欧盟拥有相同或相似的立场、主张。例如,在单边主义的威胁面前,中国与欧洲具有相同的利益和诉求,也都倡导实现更加开放包容、互利共赢的多边世界格局。中国和欧盟都是多边主义和经济全球化的受益者,尤其欧盟作为一个经济政治联合体,其建立就是为了自己内部更畅通,且对外联合起来可以增加竞争优势,如果没有跟其他国家的互联互通,欧盟的存在本身就失去了合法性;同时,欧盟作为一个外向型经济体,在经济发展上严重依赖海外市场。所以,这从根本上决定了欧盟必须站在捍卫多边主义、经济全球化和贸易自由化的立场上。2021 年 2 月,欧盟发布新版贸易政策报告,把推动世贸组织改革列为优先事项之一。

同时,中国和欧盟彼此视对方为推动全球治理的重要伙伴。例如,在全球气候治理方面,欧盟希望以气候治理重塑欧盟全球治理领导权。但实际上,欧盟作为全球第四大碳排放经济体,相较中国、美国、印度等碳排放量大且依然呈上升趋势的经济体,欧盟实际发挥榜样示范作用的空间有限。因此，欧盟能否掌握全球气候治理领导权在很大程度上取决于其他经济体与它的互动与合作。作为全球最大的碳排放国，中国对欧盟能否成功推动全球气候治理目标至关重要，因此，欧盟在实现全球治理方面迫切需要中国的配合。同时，在欧盟相关政策文件及中欧历次元首对话中，携手中国推动全球治理合作一直以来都是重要议题之一。2021年9月，欧盟通过《新欧中战略报告》，报告建议中欧继续合作应对一系列全球挑战，例如人权、气候变化、核裁军、全球健康危机以及多边组织改革等。2021年10月，欧洲理事会主席米歇尔在与习近平主席通话时表示，虽然欧中政治制度和发展模式不同，但欧中均支持多边主义，双方需要就抗击新冠疫情、推动经济复苏、应对气候变化、维护地区和平稳定开展合作。2021年12月，德国总理朔尔茨在其就职后首次政府声明中强调，德国将在气候危机、新冠疫情、军备控制等人类共同面临的挑战上与中国携手合作。中国同样视欧盟为推动全球治理的重要合作伙伴。正如习近平主席在中欧对话的多个重要场合所强调，中欧作为世界两大力量、两大市场、两大文明，主张什么、反对什么、合作什么，具有世界意义。作为最大的发展中国家和最大的发达国家联合体，中欧是维护世界和平的"两大力量"；作为世界上两个重要经济体，中欧是促进共同发展的"两大市场"；作为东西方文化的重要发祥地，中欧是推动人类进步的"两大文明"。中欧合作远远超出双边范畴，具有全球性意义。

未来3~5年，双方的合作方向：共同推进WTO现代化改革、全球气候治理合作、推动全球包容性可持续发展、生物多样性合作、人权劳工合作以及维护地区和平稳定。

（六）以科技创新合作培育新增长点

创新在中国打造全球伙伴关系网的过程中扮演着重要角色。中欧科技创新合作作为中欧关系的重要组成部分，双方在创新战略上高度契合，态度积极开放，合作意愿强烈。挖掘中欧科技创新合作的潜力，将有助于扩大中国国际科技合作的增长点，也是实现中欧"一带一路"创新之路建设的核心内容。

中国和欧洲国家都高度重视创新驱动发展且合作态度积极开放。中国在党的十八大做出实施创新驱动发展战略的重大部署，在"十三五"时期提出了创新、协调、绿色、开放、共享的五大发展理念，把创新放在五大发展理念之首，"十四五"规划中，"创新"被列为未来五年十二项重要领域工作的首位，对"创新"的重视程度正达到前所未有的高度。2017年5月，习近平主席在首届"一带一路"国际合作高峰论坛上明确指出，要将"一带一路"建成创新之路，科技创新合作是"一带一路"创新之路建设的核心内容和重要驱动力。欧盟十分重视创新发展，以仅占世界7%的人口贡献了全球1/3的创新成果。从其以往的科研资助框架可见一斑。2007年，欧盟成立了欧洲研究理事会，致力于保障"好奇心驱动的科学研究"项目。2013年，欧洲研究理事会启动"欧洲2020"战略。2014年，欧盟发布投资1000亿欧元"地平线2020"计划，2021年正式开启下一个七年的"地平线欧洲"，这是迄今世界上最大的跨国研究和创新项目。从经济上的持续坚持投入可看出欧盟在政治上对科技创新的一贯重视。欧洲各国同样积极部署科研创新。德国提出工业4.0战略、奥地利提出最新的国际合作项目"跨域欧洲"。

在科技创新合作领域，中欧态度积极开放，合作意愿强烈。在历年中国与欧盟领导人会晤后发表的中欧联合声明中，科技创新合作一直都是重要议题之一。此外，创新在中国与欧洲各国打造伙伴关系的过程中同样扮演着重要角色。自 2013 年起，中国先后与瑞士建立了"创新战略伙伴关系"，与德国"建立互利共赢的创新伙伴关系"，与英国提出"建立中英创新合作伙伴关系"，与芬兰建立了"面向未来的战略伙伴关系"，与葡萄牙打造"蓝色伙伴关系"，培育海洋科技创新合作，西班牙和捷克等多个欧洲国家也积极回应中国对创新合作的期待，在伙伴关系联合声明中突出创新要素。中国以创新合作为重点，推动构建更加平等均衡的伙伴关系，丰富了中欧全面战略伙伴关系的内涵，对构建新型国际关系具有重要意义。可见，创新发展是中欧共同的目标，中欧正在创新合作对话机制下，寻求科技发展规划的对接，致力于联合制定面向未来的中欧科研创新合作路线图，并就知识产权保护、中小企业创新、标准化、科研伦理等多项改革进行经验交流，分享创新合作的最佳实践。

早在"一带一路"倡议提出以前，中国与欧盟及欧洲各国在创新合作领域就已建立相应的合作基础，尤其在科技创新领域的合作最为突出。中欧科技合作启动早、机制成熟、成果较为丰硕，为"一带一路"科技创新合作奠定了重要的制度基础。当前中欧面临着新科技新产业之变的合作时机，这必然为未来 3~5 年的中欧科技创新合作提供新契机，双方可在已有诸多务实合作成果的基础之上，聚焦人工智能、大数据、量子信息、云计算、物联网和生物技术等为代表的前沿科技专业领域，拓展创新合作的深度和广度，并在推动数字经济和绿色经济发展等特定方向的创新合作上拓展培育新增长点。

第四节　应对机制

一、多渠道深化政治互信仍是推进中欧关系的重要基础

（一）深化高层交往与政治对话，自上而下推动中欧战略互信

加强与欧盟各机构和成员国间的高层交往、战略对话与政策协调，深化中欧互信合作。进一步深化和细化中欧间全方位、多层次、宽领域的对话合作机制。其一，充分发挥元首会晤对中欧关系的战略引领作用，就中欧间战略性、原则性和关键性的问题深入交换意见，进一步丰富和升华中欧全面战略协作伙伴关系的内涵，夯实中欧关系发展的政治基础，推动中欧友好关系向前发展。其二，通过中欧高级别战略对话，就双边关系和共同关心的全球性和区域性等重要议题开展协调合作；同时，加强中欧宏观经济政策协调，尽早达成《中欧合作 2025 战略规划》，为双方在政治、经济、文化、数字、绿色、科技和国际合作等领域的务实合作提供制度性框架与保障。其三，增进双方立法机构和政党交流对话，推动政治精英层面的民心相通。拓展和强化中欧多双边政党交流机制和交往渠道，进一步深化中国共产党与欧洲各国政党、区域性政党组织的交流合作，了解欧洲各政党的政治倾向，深化治国理政经验交流。同时，增进双方立法机构交流对话。此外，也要积极与主要的在野党建立关系和沟通渠道，稳固政治精英层面的民心，以增进政治精英对"一带一路"倡议的深入理解，从而减少影响中欧合作的政策障碍。其四，在联合国、安理会、G20 等多边国际组织框架内强化对接与合作，通过国际事务合作深化彼此信任。

（二）以经济合作助推政治合作，共同推动中欧关系行稳致远

国家关系之间，只有合作才能互信，只有互信才能促进合作，并形成良性循环。未来3~5年，经贸合作仍是中欧关系的稳定之锚，也将是深化中欧政治互信的助推器。尤其在疫情叠加俄乌冲突、能源危机等多重冲击下，欧洲的经济、社会、民生面临重大挑战，已经失去俄罗斯廉价能源的欧洲经不起再失去中国市场。在此背景下，中国可通过"市场力量"为中欧关系注入正能量，以更大力度的市场开放，为欧盟投资创造互惠的环境，推动中欧在绿色、数字、技术、气候等领域深入合作，作为深化中欧互信的"黏合剂"；坚定支持欧洲渡过经济难关，真正体现"一带一路"的互利共赢理念，从而让欧洲以更加正面和积极的态度看待中国的对外政策和中欧关系，并借此深化彼此间的政治互信。当中欧经济相互依赖的规避成本不断增加时，双方间的政治交往会随之密切，且双方在政治交往过程中将会保持更加理性、克制的态度，从而使中欧关系保持在一个可预期的稳态区间内运行。在当前中美战略竞争日益加剧的背景下，在处理中欧关系时应兼顾原则与灵活性，中方可在不违背核心利益的前提下尽量顾及欧洲的合理诉求，以在中美欧大三角关系中拉近欧方同中国的关系，以换取中欧关系平稳这个更大的主题。

（三）积极寻求共识与合作，化解俄乌危机对中欧政治互信的冲击

在欧盟将俄乌危机视为当前首要的威胁和挑战，并将中方立场与中欧关系"挂钩"的情况下，中欧间政治互信已出现实质性下降。但这并非意味着中欧双方在俄乌问题上毫无合作空间。其一，当前中方应保持必要的中立积极斡旋，联合欧盟调停俄乌冲突，为和平谈判创造条件（促和劝谈）。同时，中国应充分发挥联合国安理会常任理事国作用，联合欧盟等一切致力于和平解决俄乌冲突问题的国际力量，推动俄乌危机在联合国框架协议内解决，从根本上为欧洲创造真正的持久和平。其二，针对乌克兰面临的严峻的人道主义危机，中国可加大对乌援助力度（同情乌克兰社会并给予人道主义的关切），加强对欧协调，支持开设人道主义走廊，共同应对乌克兰难民问题。一方面可展现中国作为世界性大国该有的责任和担当，给欧洲国家留下一个友好形象；另一方面也是以实际行动对西方国家进行了舆论和外交的双重反击。其三，中长期来看，俄乌冲突结束后，乌克兰的战后重建将是一个现实且必须直面的问题，中国和欧盟同属乌克兰的重要经济伙伴，双方可加强协作，在该议题上发挥重要作用；中国作为联合国维和行动的重要力量，可在乌克兰的战后维和议题上与欧盟开展合作。

（四）基于认知与权限多重对接，积极消解欧盟对"一带一路"倡议的疑虑

其一，基于欧盟的权限类别精准对接"一带一路"建设。在"一带一路"合作的贸易投资、基建和金融合作等核心领域，欧盟具有专属权限和共享权限，在文化、教育和旅游等民心相通领域，欧盟具有支持权限。所以，在开展"一带一路"建设过程中，中方应就上述核心领域主动强化和完善与欧盟层面的战略、制度和政策协调，针对具体合作议题共同制定明确的合作制度和规则框架，打消欧盟对"一带一路"建设规则规范不透明，分化欧盟的不利认知。

其二,"上下齐攻",双管齐下,同步协调推进与欧盟和欧盟成员国层面的政策沟通。中欧"一带一路"合作容易受欧盟和成员国相互博弈的影响,虽然欧盟在"一带一路"倡议合作的贸易畅通、资金融通、设施联通等核心领域具有专属权限和共享权限。但欧盟的相关决策受欧洲理事会的影响,存在欧盟成员国利益和认知自下而上传输的路径。所以,在与欧盟成员国协调对接,推动"一带一路"双边合作的同时,需关注欧洲各国的利益诉求,使成员国对"一带一路"倡议的认同感上升并转化为欧盟层面的对华积极政策。同时,为打消欧盟认为"一带一路"倡议分化欧共体的疑虑,中方需同步协调与欧盟各机构开展政策沟通。通过"自下而上"和"自上而下"的相互结合,实现二者互为补充,最大限度地消解欧方的疑虑。

其三,深化第三方市场合作,构筑利益共同体。第三方市场合作通过资本纽带将中欧各自的优势产能对接,共同开发第三方市场。这种以利益共同体的模式开展合作,有利于扩大中欧利益交汇点,夯实双方互信基础,在一定程度上减少欧盟对"一带一路"的疑虑,应进一步深化推广。

(五)多维度发挥地方与民间外交作用,自下而上筑牢政治互信基础

充分发挥地方和民间交往主体多元,资源广、接地气的优势,加强人文领域的交往,有助于筑牢友好互信的民意基础。

1. 多维度发挥智库在中欧关系软实力建设中的作用

其一,深化中欧智库合作平台机制,发挥智库在公共外交中的意见领袖功能。一方面,双方智库定期举办论坛研讨会,开展人才培养交流项目,就多双边政治关系、经贸政策、"一带一路"建设等中欧关注的核心议题开展联合研究,彼此向对方阐述本国相关政策和立场,消除相互间的疑虑和误解,积极引导欧盟及其成员国的对华政策。另一方面,加强新型智库建设,放宽智库国际合作的制度框架限制。为了提升中欧高端智库影响力,需要赋予智库更多的话语权和自由,鼓励国内智库"走出去",主办高规格论坛、研讨会;在欧洲国家设立常驻机构,定期与海外民众讨论热点话题;邀请欧洲各国政界、商界、学术界等领域具有广泛影响力的知名人士担任智库顾问、理事和学术指导。同时,与海外媒体建立合作机制,调动当地的社交媒体和公共资源,拓宽传播渠道、丰富传播工具,使国内智库的思想能够通过市场的方式渗透进欧洲社会。

其二,善用智库的国际发声对官方外交的配合作用。在回应国家间政治事件,捍卫国家话语权过程中,与欧洲媒体和学者冲在一线不同,中国冲在一线的通常是外交官员,不可否认,外交官员具有专业性强、舆论影响力大等优势,但由于代表官方立场,回旋余地小,部分言论容易发酵上升为外交事件,被西方国家扣上"战狼外交"的帽子。学者、智库和媒体由于非官方身份的特点,话语尺度较为灵活。所以,在中欧外交中,中国需进一步强化学者、智库和媒体的舆论引导作用,与外交部门打好"配合战""系统战"。

2. 深化地方政府对外交往合作

一方面,统筹利用好中欧合作机制下的"国际城镇合作项目""国际友好城市""市长论坛"等地方合作机制,逐步将中欧地方政府关系拓展并落实到经济、文化、教育、卫生、体育、环境保护等领域的具体合作项目。中国沿海沿边城市,特别是闽浙粤沿海

地区的城市，拥有移民的亲缘优势和产业的对接优势，应积极鼓励这些区域的地方政府与欧洲地方政府开展对外交往工作，推动双边关系的发展。另一方面，地方政府对外交往可以依托其"准政府"地位来提升对外交往的权威性，同时又可以避免中欧官方正式交往可能受到的种种限制，具有更加灵活的操作空间，可作为中欧关系的"润滑剂"。

3. 加强推进中欧民心相通，筑牢友好互信的民意基础

第一，注重向民心相通建设的资源倾斜。民心是最大的政治，民心相通是国际关系中最基础、最坚实、最持久的互联互通。在推进"一带一路"建设过程中，应将重心及相关资源适度向民心相通倾斜，着力打造一批民心相通与经济合作相互支撑的标杆项目，形成民心相通为经济合作提供民意保障、经济合作又为民心相通提供物质基础的良性互动态势。例如，中国电建承建的弗罗茨瓦夫河道整治项目深得波兰民众的人心，是合作项目与当地民心良性互动的有效实践。

第二，以后疫情时期跨国旅游业复苏为契机，将旅游合作作为中欧共建"一带一路"民心相通的先行者和突破口，推动中国文化"走出去"和欧洲游客"引进来"，架起民心相通的桥梁。

第三，在文化教育领域，将语言议题列入中欧教育合作重要内容，统筹规划合作机制内的汉语教育布局。当前，不少中东欧国家的汉语教师有很大比例人群来自中国台湾地区或者曾在台湾地区学习汉语，这容易导致欧洲民众以片面和消极的眼光来看待中国形象。对此，应以汉语教育为纽带，推动相关教育项目落地，支持欧洲汉语教师来华进修，并将语言议题与领域议题结合起来。

第四，以市场化力量推动中国文化走进欧洲。当前，政府和非企业组织仍是推动中欧共建"一带一路"文化相通的实施主体，推动方式多以行政化手段等非市场机制为主，但容易导致"水土不服"和维也纳"金色大厅"等现象发生。对此，需逐步构建起"以政府为引导，以企业为主体，以市场为基础，以版权输出为核心，以人才为支撑"的对外文化贸易格局。建立中国文化"走出去"部际联席会议制度，搭建文化产品数字化服务平台，遵循文化传播和流通的规律，兼顾时代、地域和消费需求，让中国文化以市场化方式"走进"欧洲。

第五，凝聚海外友华力量，传递中国声音。一方面，充分发挥侨胞"融通中外"的优势，为中欧共建"一带一路"牵线搭桥，夯实中欧"一带一路"民意合作基础。华侨华人在海外通常具有丰富的经济、政治、文化和社会组织等资源。由于通晓住在国的语言、文化及风俗，并实现了与当地民族民众融通和友好相处，所以，华人侨胞是"一带一路"政策沟通、文化相通和理念相通的天然使者；同时，充分利用华侨华人社团、华文媒体和华文学校等的语言和"本土化"优势，可以弥补"一带一路"建设过程中跨文化人才的匮乏，以"本土化"的思维方式和语言向住在国民众讲述中国故事，传播中国文化和中国声音，有利于促进中欧民众之间形成相知相亲、情感相融、理念相通、文化包容的格局。另一方面，争取欧洲政界和商界中的对华友好力量，加强合作以离岸平衡反华力量。德国马歇尔基金会在 2022 年 9 月发表的观察文章中提道，虽然由绿党要员哈贝克领导的联邦经济部已计划让经济界疏远中国，但德国工业界支持加强与中国市场密切关系的高管人数不少，特别是在中国拥有大量投资的企业正在争先恐后地试图将公共辩论拉回到对他们有利的方向。例如，德国经济亚太委员会主席施特拉克、中国德国商会执行董事会成员希尔德布兰、大众总裁等欧洲政商界精英人士都在德国政府推动摆脱对华经济依赖的背景下强调中国市场对欧洲及德国的重要性。这些对华友好力量是中方需要积极争取的。

第六,做好舆论宣传,讲好"一带一路"故事。相互了解是合作的基础,信息的沟通与文化的交流是"一带一路"建设的必经之路,必须予以重视,这就要求媒体在进行报道时要不再局限于仅仅报道某个国家或者地区,而是要站在建设"一带一路"的视角下,一方面增强本国向外宣传政策、文化的能力,不断加深欧洲国家对中国的正确认识,防止欧洲媒体愚弄民众,"妖魔化"中国;另一方面要宣传欧洲国家在政治、经济、社会等各方面的内容,使国内政府、企业以及民众对其有更为理性的认识。通过宣传加深彼此的文化交流,在文化上互相借鉴,使民众相互之间更加了解,避免文化冲突,并在此基础上进一步推动经济合作。

二、以"杠杆化"双边经贸关系和对欧单边开放深化经贸合作

在中欧投资协定遭遇挫折的背景下,中方可与欧洲国家加强差异化双边投资升级谈判工作并启动对欧单边市场开放,为中欧关系注入稳定性和正能量。

(一)多措并举开展差异化双边投资升级谈判工作

加强与欧洲成员国,尤其是重点公关与德、法、英和荷兰 4 国开展差异化双边 BIT 升级谈判工作,以此引导议程推进中欧经贸关系发展。究其原因:一是欧洲国家对华仍然存在差异性诉求,虽然欧盟是一个统一的大市场,但欧盟成员国之间的对华经贸关系存在相互竞争和差异性诉求,要用好差异性诉求启动该项工作进程;二是在当下的双重冲击使得欧洲经济、安全环境跌入低谷的背景下,欧洲各国急需创造稳定的外部环境来稳经济、保民生、降风险,谁能利用好中国市场,谁就能率先复苏。对此,中国可利用脱欧后的英国与德法主导的欧盟之间的竞争关系,德法之间的竞争关系,以及德法对欧盟的渗透力和领导力,以欧洲各国高度关注的数字经济和绿色经济为突破口;三是从长期看,保持战略定力,以动态的战略眼光看待和推进中欧经贸关系。到2024年,82岁高龄的拜登寻求连任的可能性不大,面临代际危机的民主党将出现无人可选的窘境,已经特朗普化的共和党卷土重来是大概率事件。届时,欧盟将不得不主动寻求中国的支持与合作。

(二)以更大魄力的单边开放破解中欧投资协定僵局

通过单边开放和单边行动,强化同欧洲主要国家之间的双边合作。CAI 本质上是中方以较大的经济让步来换取长远的政治经济发展机遇,并强化彼此对对方的影响力。在俄乌冲突危机背景下,短期内恢复 CAI 审议程序的可能性微乎其微,但中方采取主动单边开放和单边行动的策略可在一定程度上变相拉近中欧经贸关系。开放政策是最好的"统战",这是欧洲所需要的,也是世界所需要的,也将为中国发展创造一个相对平稳的外部环境,中国当前积累的物质财富和经验足以抵御全球化带来的负面影响。其一,通过单边开放在经济上进一步捆绑欧盟,使其在中美问题上面临更大的选择成本。资本的

本性是贪婪的，通过进一步开放市场，吸引欧洲企业和资本，从而自下而上强化中国对欧洲的影响力。其二，通过单边开放分化欧盟内部力量，分化美国和欧洲国家之间的关系。其三，通过单边开放团结广大发展中国家。第三世界国家的竞争将构成未来世界政治的一个关键因素。

三、构建多层次的风险防范与争端解决机制

（一）建立国家层面的风险预警与纠纷化解机制

1. 建立国家层面牵头的风险评估预警机制

其一，构建国家层面的对外投资风险评估和预警机制，提升海外投资风险预警与防范服务能力。建议在商务部牵头下联合国内大学及研究机构的国家高端智库建立半官方性质的委员会，加强对各主要区域的风险评估预警，及时通过对外投资信息公共服务平台发布。依托这个半官方境外投资风险防范委员会，对欧洲各国政治局势、对外投资政策、社会环境变动等方面的最新信息，以及中国企业在欧洲开展贸易投资遇到的风险、障碍，定期对欧洲区域的投资风险做出评估诊断及风险防控指导服务。例如，未来3~5年是欧洲国家的选举高峰期，在东道国选举前期、中期和后期，境外投资风险防范委员会应做好密切跟踪政治局势动态，做好舆情监测研究，为企业提供风险预判。以帮助"走出去"企业有效地识别风险，规避风险，减少中国企业在参与中欧共建"一带一路"中面临的风险，尤其是减少由于信息不对称带来的损失。

其二，发挥政府主导作用，进一步深化和扩大政府与企业之间定期沟通机制。进一步扩大商务部门联合其他部门建立的欧洲各国企业家委员会，以畅通政府和企业双向反馈的风险沟通渠道。在该机制下，通过定期举办对欧投资企业家交流会，商务部门借此掌握中资企业在欧投资面临的实际难题及风险；同时，商务部门可将掌握的相关投资风险及机遇提供给企业，企业之间也可以分享经验成果，实现资源共享。更为重要的是，商务部门要充分借助中欧领导人及高层互访的机会，积极举办沟通会议，当面向欧洲领导人反馈中资企业在欧投资面临的风险和障碍，为我国企业争取有利的外部投资条件。

2. 建立健全各类海外权益保障机制

其一，在国家层面建立跨部门的海外权益保障协调工作机制，强化海外利益保护能力。打破部门界限，建立由国务院牵头，公安、外交、商务、海关、军队、安全、金融、财政、应急等部门参与的"海外安全跨部门综合协调机构"，下设协调、预警、应急、服务和磋商五大机制，打造立体式保护机制模式，统筹行使海外权益保障职能，保障中国海外企业安全、公民安全、投资安全、贸易安全、海上运输安全以及原料供应和能源供应渠道畅通等。同时，该协调机构还应积极对接中欧之间现有的多双边安全机制，逐步形成预防中国在欧洲利益风险的安全防护网，维护中国"一带一路"建设的海外利益。

其二，扎实推进多双边投资、贸易保护协定的谈判升级工作，在促进双边投资和贸易便利化的同时，有效保障双边利益，防范化解投资风险。在中欧投资协定遭遇冻结的背景下，中国应尽快与欧洲各国谈判升级或重签 BIT，完善有关国民待遇、最惠国待遇、资金流动和争端解决机制等相关条款，为中欧相互投资营造公平高效的市场营商环境。

其三，加强境外安保工作联动网络。加强驻外领事馆与在欧中资企业、行业协会、当地政府的沟通联络，建立中央、地方、驻外使领馆、企业和公民个人"五位一体"的境外安保工作联动网络，打造立体式领事保护机制模式，维护在欧同胞安全和正当利益，保障"一带一路"项目和人员机构安全。其中，领事保护制度是"一带一路"投资企业、法人、公民在东道国遭遇困境和不平等待遇时寻求救济的重要途径之一，对维护我国海外利益发挥重要作用。但我国驻外使领馆当前并不具备国家赋予的行政及司法权，同时，联络、协调东道国与对外投资企业之间的相关机制建设不够健全。对此，外交部可制定驻外使领馆的外交领事协调机制，还应建立中国与欧洲国家政府间的公民生命财产保护协议，加强驻外使领馆商请国外政府对中资企业和中国公民的安全保护机制。

其四，加强政府间国际金融合作机制建设，在"一带一路"对接的重要板块区域加强人民币供给机制建设以及投融资安全保障机制。

3. 建立健全投资争端解决机制

投资争端的解决是保障"一带一路"倡议实施的关键环节，结合中欧关系的现实状况，可分两阶段构建投资者与国家间争端解决机制（以下简称 ISDS）。

其一，中短期内，以中国和"一带一路"沿线国家现有多双边投资（贸易）协定中的 ISDS 机制为基础，对其进行多元化重塑和改革，以满足当下中欧"一带一路"建设投资争端解决的现实需求。如进一步细化强制磋商的程序化设计，真正发挥双方磋商作为提起仲裁的前置程序（替代性争端解决机制），在灵活解决双方纠纷方面发挥实质性作用；一旦进入仲裁环节，应以当前国际投资仲裁领域主流的投资争端国际中心（ICSID）仲裁和联合国国际贸易法委员会（UNCITRAL）仲裁为重点依托；建立自主、灵活的第三方介入的调解制度，并单独设立条款，使其能在磋商和仲裁全过程随时启动；推动构建投资争端预防机制，从根源上抑制争端的产生或将争端消灭在萌芽阶段，实现争端预防机制与 ISDS 机制的互动与配合。同时，加强与欧洲国家全面推进商事法律合作与交流，更新升级双边投资保护协定（BITs），完善仲裁立法，以对接"一带一路"争端解决需求。

其二，长期而言，在条件成熟的前提下，可借鉴世界银行 ICSID 运作的经验，借助现有的亚投行平台制定相关公约，并在 ICSID 公约基础上创新结构和制度，构建专门针对"一带一路"倡议的全新争端解决中心。

（二）发挥保险等第三方服务机构的支撑作用

完善与重构海外投资保险法律制度，维护海外投资权益。借鉴"美国海外私人投资公司"（OPIC）实践经验，重构海外投资保险法律体系，加快制定效力层级更高的《海外投资保险法》，赋予海外投资保险机构从事相关业务的权利，激发投资保险业务活力。如重构海外投资保险人经营模式，突破分业经营模式；引入多元资本，重构海外投资保险的资本模式，出资形式可扩大到债权、知识产权及特许权投资；扩大适格投资者及投资的范围，以立法形式明确自然人作为对外投资者的主体资格；赋予中国出口信用保险公司在投资保险之外融资的权利，以整合资源实现产出最大化；针对恐怖主义活动已成为威胁共建"一带一路"重要风险源的现实，需尽快从立法层面将恐怖主义风险纳入承保范围。此外，在完善海外投资保险立法的基础上，强化其与双边投资协定条约有效衔接，争取"一带一路"沿线国家对代位求偿权条款的承认与接纳，为"中国信保"对东道国代位求偿权的顺利实施提供法律基础。此外，中国政府也可尝试借鉴世界银行多边投资担保机构的实践经验，从政府征收、政府违约、资产转移限制和战争内乱等风险担保角度创设与欧洲国家投资环境相适应的多边投资担保机构，通过再保业务和分保业务为企业的非商业性政治风险提供担保，并将其作为长效机制为企业提供稳定可靠的保障。

此外，在海外投资的全过程中充分发挥第三方专业服务机构的作用，与商务咨询机构、律师事务所、会计师事务所、民间智库等第三方专业机构紧密合作，引导在境外投资的企业加强风控意识，做好合规和可行性研究，提高依法依规维护自身权益的能力。

（三）以风控体系和柔性策略化解企业层面风险

1. 企业自身应做好项目全周期风险管理体系

其一，结合自身投资项目特点，做好事前调查、风险预判及处置机制。开展投资前，企业应充分利用官方机构、行业协会等渠道扩大信息来源，聘请专业咨询公司、专家智库或者通过实地调研，充分掌握欧洲国家政治、经济、社会、法律等方面的投资环境，结合自身投资项目特点做好可行性分析，并做好针对性的风险防范预案及应对机制，最大限度地降低投资风险。例如，针对近年来欧盟泛化国家安全的特点，企业在投资前需要考虑所投行业是否属于涉及安全议题、敏感性强的高科技领域，是否会触及《欧盟外资审查条例》中规定的外资审查范围，灵活调整投资模式，采用合资经营等方式取得本国企业身份。其二，在项目实施过程中，企业应设立专门的风险防控部门，持续监测东道国政治局势、投资政策、舆论环境等方面的变化，对可能发生的风险提前做出预判。例如，就欧盟重点关注的国有资本、政府补贴等问题，中资企业应积极了解当地监管部门的态度，主动与之打好交道，投资过程中主动表明资金来源等事宜，缓解对方的不信任感。此外，企业可聘请当地管理团队、雇用当地员工、当地采购等有利于当地经济和社会发展的本地化经营和管理方式，增加当地民众及社会对企业的亲和度和认同，有效规避来自东道国的审查压力，间接保护中资企业自身利益。其三，积极做好风险的事后化解。针对项目实施过程中遇到的风险及障碍，企业多渠道采取救济措施维护自身权益。包括借助母国使领馆、政府外交、华人商协会或行业协会；国际组织、中介机构；当地非政府组织、社会名人来化解风险。特别是利用好欧盟合法的游说制度来维护自身利益，化解经营风险的意识。用好欧洲的旋转门机制聘请当地知名人士为投资顾问，或聘请当地游说机构，代表中资企业表达中方企业的诉求，推动政策向有利于中方的方向调整。参加或资助在欧举办的各类论坛、峰会、智库研讨会，利用其影响力针对相关议题发布政策立场文件或政策建议报告，创造舆论压力；参加欧盟各机构举办的公共咨询活动、听证会，代表中国企业发声；主动给当地媒体提供素材，宣介中国企业在欧创造的经济、社会价值，定期发表评论文章或刊物，为中资企业创造良好的舆论氛围。

2. 灵活调整投资策略，有效规避投资风险

企业应动态调整投资策略及模式，以有效应对欧盟投资环境趋严带来的投资风险。其一，采用"集体出海，抱团取暖"的方式抵御投资风险。当前，我国已在多个欧洲国家建立了境外经贸合作区，中资企业可利用经贸合作区的优势来规避经营风险，降低国际化运作成本和风险成本，积极拓展中欧投资合作空间。其二，尝试多种所有制企业联

合投资。针对欧盟不断收紧的投资环境,中资企业可考虑与欧美跨国公司联合"走出去",减少投资项目的受关注度和政治风险。尤其在开展大型投资项目时,其往往成为欧盟审查的重点,对此,企业可通过中外合资或者第三方市场合作的方式开展项目,缓解欧洲国家审查压力。其三,针对欧盟较为敏感的国有企业及国有资本,可探索以民营企业为主、国有企业为辅,以民营企业打前线、国有企业随后跟进的混合所有制海外投资模式,从而实现单独依靠国有企业或者民营企业都难以完成的海外投资项目,降低投资风险和壁垒,提高决策效率和精度。其四,针对西方国家炒作的"债务陷阱"和"不当竞争"等指责,中国企业可尝试采取公私合作模式直接从欧盟融资和向国际市场进行融资,通过公开的方式获得欧盟的资助,以防范海外项目的投资风险。

四、以复合型制度体系的构建推动高质量共建"一带一路"

当前,中欧之间已形成一套以"1+4"高层对话为框架,以政治、经贸、人文、科技、能源、环境等各领域的对话磋商机制为支撑,以"16+1"合作为补充的多层次立体合作框架。现有合作机制在推动中欧共建"一带一路"方面发挥了重要作用,但这种"弱制度"性的非正式合作模式在应对"一带一路"建设的外部挑战,推动中欧进一步深化合作表现出的不足和缺陷不容忽视。对此,构建"非正式对话机制+正式约束机制"形式的复合机制执行模式成为中欧高质量共建"一带一路"的现实选择和内在要求。非正式对话机制属于软法机制,正式约束机制属于硬法机制,通过两者相互配合才能体现出较好的灵活适应性和务实性。中欧共建"一带一路"的复合机制,总体上是"非正式对话机制+正式约束机制"形式,在具体实施进程中可采取"两步走"战略:第一阶段,"非正式合作机制+多边正式功能性组织机构"执行模式,该阶段是当前中欧共建"一带一路"合作机制构建的现实选择;第二阶段,"非正式对话机制+正式对话机制+自贸区+投资协定+多边正式功能性组织机构"执行模式,该阶段是未来中欧共建"一带一路"机制构建努力的方向。

(一)构建"非正式合作机制+多边正式功能性组织机构"执行模式

现阶段要大力实施"非正式合作机制+多边正式功能性组织机构"执行模式。由于欧洲国家众多,各自的利益关切不同,对中国疑虑丛生,导致中欧共建"一带一路"不具备建立自贸区及其他标准化的正式区域合作机制的条件。所以,当前主要是构建功能性合作主导下的复合型机制化建设模式,通过功能性机制的有效运作,为日后制度化的合作机制模式奠定良好的基础。如"非正式机制+金砖国家新开发银行"就是该执行模式的样板。以经贸合作领域为例,为提升中欧贸易投资便利化水平,可构建经贸合作复合机制:"官方经贸对话机制+工商界交流机制+经贸合作协定正式机制+开发性金融机构+货币金融合作+中欧班列物流通道机制"的合作模式。

一方面,继续发挥经贸领域已有的非正式工作机制作用。包括中欧领导人会晤、副总理级的中欧经贸高层对话、部长级的经贸混委会、中欧财金对话等多层级的官方经贸对话机制,以及企业家委员会和经济顾问委员会等工商界交流机制。

另一方面,充分发挥和推进正式约束机制在推进便利化方面的作用。其一,发挥经贸合作协定机制的保障作用。利用好双边投资保护协定、与冰岛和瑞士签署的双边自由贸易协定、《中欧地理标志协定》等经贸领域的正式约束机制，同时，尽快推动中欧投资协定生效进程，以取代 BIT，并伺机启动中欧自由贸易协定谈判，系统建立解决中欧经贸合作问题的法律基础与长期有效的正式合作机制，为中欧贸易便利化和经贸合作提供制度化保障。其二，发挥开发性金融机构与专项合作基金在推进便利化项目上的作用。欧洲基础设施老化严重，尤其是中东欧国家的基础设施建设水平落后，不能满足便利化需求，资金"瓶颈"和缺乏有约束力的机制是基础设施建设的重要障碍。对此，可推动亚投行、丝路基金、中国—中东欧银行联合体与欧洲复兴开发银行、国际货币基金组织等其他国际多边金融机构建立有约束力的合作机制，借助这些金融机构提供的资金（如中欧共同投资基金），推动基础设施方面合作机制向更稳定更深层次发展。其三，推动金融货币合作。中欧在减少美元货币权力对世界经济和政治的不利冲击，建立多元国际货币体系方面有着共同利益和诉求，双方可从汇率机制、本币结算以及资本市场联通等方面进一步深入合作，推进人民币跨境结算支付系统覆盖欧洲国家，发挥人民币结算能力，以金融合作制度"锁定"中欧战略伙伴关系。其四，推进中欧班列物流大通道机制建设。中国应牵头与中欧班列沿线国家联合共建交通基础设施大联通网络，破除交通障碍，制定标准化交通规范，推进贸易便利化水平。除上述经贸领域外，中欧之间还可以在第三方市场合作、区域发展援助等领域建立"非正式合作机制+多边正式功能性组织机构"的复合机制，为中欧关系的稳定和可持续发展提供全方位的复合机制保障。

（二）以"非正式机制+自贸区+多边正式组织"的复合机制作为努力方向

"非正式机制+自贸区+多边正式组织"的机制是未来努力方向。该阶段主要是构建以制度性合作主导下的复合型机制化建设模式。这主要是由于自由贸易区强调合作的制度化，属于政治议题领域的国家间合作，遵循"政治带动政治"的演化和扩散合作理念。在功能性合作达到一定程度时，在满足标准化合作模式发展条件的前提下，要从机制化建设的第一阶段向第二阶段过渡，即从"非正式机制+多边正式功能性组织"的执行模式向"非正式机制+自贸区+多边正式组织"模式的深化。在第一阶段模式发展成功的情况下，中欧合作逐渐具备了向标准化合作模式转化的条件，非正式机制和多边正式组织保证了合作国家的自主性和部分约束力，为向标准化的区域合作机制的建立提供了可操作性，因为仅仅只建立非正式机制和多边正式组织是远远不够的。国际贸易合作的最终目标是要建立标准化的合作机制，从而实现合作国家之间的最大利益，这就是在保证自主性和约束力并存的同时以期建立正式化的以自贸区为主的中欧合作机制，高标准的中欧投资协定和自由贸易协定。

五、提升话语权和议程设置能力，主动塑造和引导中欧关系健康发展

话语权和议程设置权是中国决定和影响中欧关系塑造力的重要变量。在中欧合作中，议程设置是指中国通过议题形成和议题传播，使议题纳入中欧关系最终实现议题制度化的过程。当前，"16+1"合作机制和第三方市场合作就是中方在中欧共建"一带一路"框架下主动设置议题的生动实践。作为"一带一路"建设的倡议者和引领者，未来

中方应更加积极、主动设置议题,进行主场外交,推动中欧高质量共建"一带一路"。

议程设置包含议题形成、议题传播和议题制度化三个步骤,中方推动中欧共建"一带一路"议程设置可遵循该步骤渐次展开。

首先,议题形成是指选定具有一定程度重要性且待解决的问题,并制定解决该问题可供选择方案的过程。选择什么合作问题(领域)作为突破口是中国开展议程设置的第一步,其中高紧迫性"低政治"问题更易进入合作议程。就中欧合作现状及前景来看,数字、绿色、气候、全球治理是未来 3~5 年中欧双方具有高共识性、高紧迫性和低政治敏感性的合作领域,可分别将其作为议程设置的议题。同时,提出针对上述议题的"中国方案"是主导中欧合作议程设置的关键,而易于进入合作议程的方案通常具备现实关怀性(满足双方的切实需求)、公共产品属性(兼顾双方利益,实现利益共享、互利互惠)、可操作性和中立性(以深化双方关系和共同利益为出发点);对此,中国应在"一带一路"框架下,秉持共商、共建、共享原则,就上述议题主动抛出合作方案。

其次,把形成的议题及中国方案传播到欧盟及欧洲各国内部,并引起欧方高度关注的过程(议题传播阶段)。在此阶段,中国应有意识地培育和运用观念性、关系性、制度性和体系性四个渠道将特定"中国方案"转换成中欧合作议题。具体到中欧之间,观念性渠道方面,欧方和中方的"一带一路"倡议都强调绿色可持续发展,彼此在全球气候变化、消除贫困等方面具有共识性的观念和意识。关系性渠道方面,包括中欧间外交关系等正式或非正式的官方关系,以及媒体、民间交往、智库合作等有影响力的非官方联系。制度性渠道方面,包括联合国、IMF、G20 峰会等国际组织,以及中欧共同遵循的国际贸易投资规则等。体系性渠道是指中欧关系由于内外部冲击创造了国际传播的途径和时机,新冠疫情、俄乌冲突和能源危机等内外部多重冲击下,欧洲希冀与中方开展上述领域合作来提振经济。

最后,特定"中国方案"在中欧合作中的制度化是中方议程设置的最高目标。只有把"中国方案"制度化为中欧合作中的长期政策和实践,才能强化中国对中欧关系发展的塑造能力和引导能力,并实现话语权的提升。

第三章 共建"一带一路"在东盟区域的风险、机遇及应对

中国与东南亚国家山水相连、人文相亲，早在两千多年前就已有商业、文化往来，并在相当一段长的历史时期内建立了密切的经贸联系。东盟正式成立后，中国同东盟关系经历了曲折复杂的发展过程，直至1991年才首次正式接触，双方目前已建立起全面战略伙伴关系，并互为最大贸易伙伴。在"一带一路"建设上，东盟也始终被作为优先推进地区。随着中国与东盟国家基础设施互联互通建设的稳步进行，在人文领域的交流全面开花，"一带一路"建设在东盟的高质量推进相比其他地区将更具地缘、人缘优势。当前背景下，中国与东盟国家共建"一带一路"存在包括新冠疫情及俄乌冲突的"双重冲击"、美日等域外大国的干预、部分国家对中国的负面认知等诸多因素带来的风险挑战。同时，也将迎来新的机遇，如"双重冲击"推动了中国—东盟命运共同体建设，人民币在东盟的区域化，双方在数字、绿色经济领域间的合作及旅游合作将迎来重要窗口期。本章以俄乌冲突爆发之后的国际政治经济格局为背景，综合政治、经济、社会等多学科角度对中国—东盟国家共建"一带一路"面临的风险及机遇进行全方位探析，以此来对共建"一带一路"在该区域的高质量稳定推进提供理论指导。

第一节 中国与东盟国家"五通"建设进展

一、政策沟通进展

《推动共建丝绸之路经济带和21世纪海上丝绸之路的愿景与行动》（以下简称《愿景与行动》）中提出，政策沟通是"一带一路"建设的重要保障，其包括国家政府间构建多层次政府间宏观政策沟通交流机制以及就经济发展战略和对策进行充分交流对接。国内学术界已对政策沟通的内涵、外延等各方面展开一定研究。如蔡昉主编的《"一带一路"手册》（2018）中指出，政策沟通是一个建立政治互信、推动战略对接、完成制度融合、实现经济共赢的国家间互动过程。孙力（2016）认为，"丝绸之路经济带"视角下的政策沟通主要涉及国家间政治互信的提升，合作意愿的达成，战略决策和发展规划的有效对接，旨在将中国倡导的新型合作理念传达给共建国家，得到各方的认同和共同参与，真正做到"共商、共建、共享"。何立峰（2017）指出，做好政策沟通，需重点加强在发展战略、发展规划、机制与平台、具体项目四个层面上的对接。此外，北京大学"一带一路"五通指数研究课题组（2017）从政治互信、合作机制、政治环境三个方面，采用高层交流频繁度、伙伴关系、驻我国领事馆数等指标评价我国与各共建国家间的政策沟通度。由以上可知，政策沟通主要包括政府间多层次的沟通交流、发展战略的对接、合作机制与平台的搭建等，旨在畅通国家间沟通、磋商渠道，增强政治互信，达成合作共识。

（一）中国与东盟已形成多层级、多领域沟通会议机制

东盟由印度尼西亚、马来西亚、菲律宾、泰国、新加坡五国领导人于 1967 年 8 月在泰国曼谷宣告成立，在其成立之初，由于中国与东盟五国间的关系尚未解冻及东盟追随美国在经济、政治等领域的反华政策，中国对于东盟采取拒绝承认的态度，视东盟为"侵略性的'东南亚条约组织'的孪生兄弟"。20 世纪 70 年代中后期，随着中美关系的解冻、东盟国家对华政策的转变，中国与东盟间的关系开始缓和，双方间的对话合作逐渐加强。1991 年 7 月，中国首次与东盟进行正式接触并形成磋商对话关系，经过三十年的对话合作，双方建立起全面战略伙伴关系，在政府首脑、部长级高官，以及其他厅局级别官方合作平台建设上形成多个对话合作机制。如设有中国—东盟（"10+1"）领导人会议，该会议机制形成于 1997 年，此后在每年的 11~12 月举行，是双方最高的政治合作机制，现已举行多次领导人会议。与东盟也建立了外交、经贸、交通、海关、文化等12 个部长级会议机制，并设有高官磋商会、联合合作委员会会议、经贸联委会、科技联委会和互联互通合作委员会等部门高官会议机制。此外，为推动双方务实合作，还搭建了东盟地区论坛会议、东盟北京委员会、中国—东盟中心等多个官方合作平台。

表 3-1　中国—东盟领导人及高官对话合作机制

对话合作机制	机制介绍
中国—东盟（"10+1"）领导人会议	就中国—东盟关系的发展做出战略规划和指导，形成于 1997 年，此后通常在每年的 11~12 月举行，是双方最高的政治合作机制
中国—东盟部长级会议	包括外交、经贸、交通、海关、质检、检察、卫生、电信、文化、新闻、打击跨国犯罪和灾害管理 12 个部长级会议机制
中国—东盟高官磋商会	中国与东盟十国外交部门东盟事务高官重要的年度磋商机制，首次磋商会于 1995 年 4 月在杭州举行
中国—东盟联合合作委员会会议	1997 年成立，沟通协调、审议并规划各领域务实合作的重要机制，旨在推动中国—东盟各领域间的务实合作，每年举行一次
中国—东盟经济贸易合作联委会	首次会议于 1995 年在雅加达举行，其框架下设有中国—东盟经济合作专家组，就加强双方经济联系、促进贸易投资便利化等问题进行讨论
中国—东盟科技联委会	成立于 1994 年，由中国科技部和东盟科技委共同组成，旨在加强双方间科技创新合作
中国—东盟互联互通合作委员会	定期或根据需要召开会议，总体规划双方互联互通合作，落实双方互联互通合作的有关共识、倡议及指示，首次会议于 2012 年在雅加达举行
东盟地区论坛会议	我国早在 1994 年参加首届东盟地区论坛会议，成为该论坛的创始成员之一，旨在促进亚太地区的和平稳定，是成员国就共同关心的政治与安全问题进行建设性对话和磋商的官方平台。2020 年第 27 届外长会以线上方式举行，通过了中方倡议的《关于国际安全背景下合作促进信息通信技术安全的声明》等成果文件
中国—东盟中心	2011 年成立，提供各类信息及促进贸易、投资、教育、文化、旅游和信息媒体等各类活动的政府间国际组织

资料来源：根据外交部、商务部等官方网站整理。

（二）与各国政府间交流日益紧密，政治互信不断增强

其一，中国与越南、老挝、柬埔寨、新加坡、马来西亚、印度尼西亚等东盟国家高层交往频繁，双边高层交流不间断。中国和越南方面，近年来两国领导人交流频繁，如2016年9月，越南政府总理对中国进行正式访问，此后分别于2018年11月、2019年4月来华并出席会议，2017年5月，越南国家主席对中国进行国事访问并出席"一带一路"国际合作高峰论坛。习近平主席分别于2015年11月、2017年11月应邀对越南进行国事访问。2020年，在新冠疫情背景下，中越双方高层间进行多次通话。老挝方面，中老双方领导人保持经常性互访，如老挝国家主席连续两届来华出席"一带一路"国际合作高峰论坛，并在2018年5月对华进行访问。2018—2020年，时任老挝总理通伦多次来华参加国际会议或友好访问。习近平主席也于2017年11月对老挝进行国事访问。中柬领导人更是长年保持频繁交流互访，据统计，自"一带一路"倡议提出后，双方领导人互访交流次数近30次。同样，中国与新加坡、马来西亚、印度尼西亚等国保持频繁的高层互访和接触。

其二，中国与各国间的政治互信不断增强，伙伴关系进一步发展。伙伴关系是国家间基于共同利益，通过共同行动，为实现共同目标而建立的一种独立自主的国际合作关系。自20世纪90年代起，建立伙伴关系便成为中国外交的重要组成部分。伙伴关系的建成能增强双边政治、经济、人文等各领域间的合作，为我国发展创造良好的国际环境。特别就周边地区而言，中国与东盟国家伙伴关系的建立，不仅可以减少各国对中国崛起的负面认知，增强中国周边政策的可信性，也能有效制约美国通过亚太战略对我国造成的安全压力。目前，中国与东盟所有国家均已建立起伙伴关系，与越南、老挝、柬埔寨、缅甸、泰国已建立全面战略合作伙伴关系，与印度尼西亚、马来西亚建立全面战略伙伴关系，具体见表3-2。

表3-2 中国与东盟国家合作伙伴关系一览

国家	伙伴关系	建立时间
越南	全面战略合作伙伴关系	2008年6月1日
老挝	全面战略合作伙伴关系	2009年9月9日
柬埔寨	全面战略合作伙伴关系	2010年12月13日
缅甸	全面战略合作伙伴关系	2011年5月27日
泰国	全面战略合作伙伴关系	2012年4月19日
印度尼西亚	全面战略伙伴关系	2013年10月3日
马来西亚	全面战略伙伴关系	2013年10月5日
菲律宾	全面战略合作关系	2018年11月20日
新加坡	与时俱进的全方位合作伙伴关系	2015年11月7日
文莱	战略合作伙伴关系	2018年11月19日

资料来源：外交部网站。

其三，中国与各国间对话合作机制的建设稳步发展。具体而言，中国与新加坡于

2004 年成立双边合作联委会，旨在推动和指导两国各领域间的合作，发展两国间的合作伙伴关系，是中新最高层级的双边合作机制。2021 年 12 月 29 日，联委会第十七次会议以视频方式举行，两国在会后共签署 14 项谅解备忘录与合作协议，数量为 2014 年以来最多。2006 年 11 月，中越间成立双边合作指导委员会，用于加强对双方各领域合作的宏观指导、统筹规划和全面推进，协调解决合作中出现的问题，推动两国间的友好合作关系持续发展，现已成功举行十三次会议。中国与印度尼西亚同时设有高级别对话合作机制以及政府间双边合作联委会，其中中国与印度尼西亚高级别对话合作机制是由两国原有的政治安全、经济、人文三个副总理级机制整合而成，首次会议于 2021 年 6 月在贵州召开，会上双方就共建命运共同体、深化疫苗和卫生健康合作、推动共建"一带一路"、开拓海上合作、增加人文交流五个方面达成重要共识。中国与印度尼西亚政府间双边合作联委会由双方外长牵头，是推动两国政府高层间的沟通、协商机制，主要为两国各领域间的合作提供宏观及政策性指导。截至目前，双方外长已共同主持三次会议。另外，中国外交部已与新加坡、文莱、菲律宾等国外交部间建立磋商机制。在多边合作平台的搭建上，中国、泰国、柬埔寨、老挝、缅甸、越南六国建立澜湄合作机制，建立了包括领导人会议、外长会、高官会、联合工作组会在内的多层次、宽领域合作架构，其宗旨是为了深化六国睦邻友好和务实合作，打造澜湄国家命运共同体。截至 2022 年 1 月，该合作机制已举行 3 次领导人会议、6 次外长会议。

二、设施联通进展

设施联通即不同国家、区域基础设施间的互联互通。《愿景与行动》提出"在尊重相关国家主权和安全关切的基础上，沿线国家宜加强基础设施建设规划、技术标准体系的对接，共同推进国际骨干通道建设，逐步形成连接亚洲各次区域以及亚欧非之间的基础设施网络"，并从交通、能源、通信三方面基础设施互联互通对设施联通进行阐述。笔者认为，设施联通不仅包括交通、能源、通信等领域设施间的"硬联通"，还包含相关合作机制及规则标准的"软联通"。

（一）基础设施建设"硬联通"网络初步形成

近年来，中国与东盟国家在铁路、公路、油气管道、信息等方面的基础设施建设进展显著，广西、云南等地正加快与各国间的通道建设，互联互通网络初步形成。

铁路建设方面，中国与越南、老挝、缅甸等国的国际铁路通道建设取得重要进展。早在 20 世纪 90 年代中期，"泛亚铁路"倡议就已被正式提出，2006 年 11 月，包括中国及多个东盟国家在内的亚洲 18 个国家和地区的代表在韩国正式签署了《亚洲铁路网政府间协定》，标志着横跨亚洲的铁路网建设正式启动。作为重要的铁路枢纽，东南亚地区在亚洲互联互通中扮演着重要的角色，自然也是在"一带一路"倡议之下中国"高铁外交"的重点区域。中国—东盟铁路网的构建，不仅能有效推动东南亚区域经济一体化进程，还能实现我国能源进口通道的多元化，纾解马六甲之困。目前，中国与越南、老挝、泰国等国家间的铁路项目大多已进入实施阶段，部分项目已全面建成通车。其一，中越铁路开通早、网络联通进展快。中越现已有百年前开通的滇越铁路、2009 年初开通的广西南宁—越南河内（嘉林）国际列车。近年来，又相继修建了昆玉铁路、玉蒙铁路和蒙河铁路，其中蒙河铁路于 2014 年 12 月正式开通运营，这标志着中越国际铁路通道国内段全线贯通。其二，中老铁路已正式通车，中泰铁路进入全面施工阶段。中老铁路、中泰铁路是泛亚铁路中线的重要组成部分，其中中老铁路由中老边境口岸磨憨/磨丁到老挝首都万象，向北连接中国境内玉磨铁路。2016 年 12 月中老铁路全线开工，并于 2021 年 12 月 3 日正式通车。中老铁路是"一带一路"倡议与老挝"变陆锁国为陆联国"战略的对接项目，也是首条以中方为主投资建设，全线采用中国标准、使用中国设备并与中国铁路网直接连接的国际铁路，建成通车后，云南省昆明市至老挝万象有望实现直达运输、当日通达。中泰铁路自 2017 年项目一期开工，一期路段预计将在 2026 年底竣工通车，其二期工程则将把铁路延伸至与老挝首都万象一河之隔的廊开府，实现与中老铁路磨丁至万象段的连接。其三，中缅铁路继续推进。中缅铁路中国国内段从昆明到大理的改造升级已经完成；大瑞铁路项目建设进入贯通"倒计时"；大临铁路也于 2020 年底已建成通车，以上线路都将助推中缅间的基础设施互联互通。其四，中欧班列在东盟取得一定进展。目前中欧班列已开通郑州—东盟、（长三角）海安—东盟线路，逐渐打通了亚欧大陆桥南向通道。2017 年 11 月，中越双方开通班列，历经三年多的发展，班列开行数量不断攀升，运输货物种类日益丰富，开启了我国面向东盟的国际物流贸易大通道；2021 年 7 月，中越班列和中欧班列首次实现联程运输，中越合作开行越南至欧洲班列，极大地提高了运输效率。

表 3-3　中国—东盟主要铁路建设现状

线路名称	主要途经地点	主要进展
中老铁路	国内段：昆明市—玉溪市—普洱市—西双版纳—磨憨铁路口岸 老挝段：磨丁铁路口岸—琅南塔省—乌多姆赛省—琅勃拉邦省—万象省	2021 年 12 月 3 日正式通车，首季国际货运进出口货物超 27 万吨
中泰铁路	与中老铁路磨丁至万象段相连，途经廊开府—呵叻府—曼谷	2017 年 12 月，一期工程举行开工仪式；2021 年 3 月，举行了一期工程三个标段的施工协议签署仪式
中缅铁路	国内段（大瑞铁路）：昆明—大理—保山市—德宏州瑞丽市 缅甸段：木姐—曼德勒—皎漂	国内段：昆明至大理铁路的改造升级已完成；2022 年 7 月，大理至保山段正式开通运营； 缅甸段：2018 年 10 月，中缅双方签署木姐—曼德勒铁路项目可行性研究备忘录；2021 年 1 月，双方签署曼德勒—皎漂铁路项目可行性研究谅解备忘录
雅万高铁	雅加达—卡拉旺县—普哇加达县—万隆市	2017 年 4 月，雅万高铁进入全面实施阶段； 2018 年 6 月，雅万高铁全面开工建设； 截至 2022 年 5 月，雅万高铁 5 号、3 号、7 号、1 号、10 号、8 号、6 号、4 号隧道相继贯通； 2022 年 4 月，开始启动铺轨施工

资料来源：根据有关新闻网站整理。

公路建设方面，南宁至友谊关高速、昆河高速、昆曼高速、腾密公路、中越红河界河公路大桥、中越北仑河二桥等公路项目皆已顺利建成并通车。其中，南宁至友谊关高速公路是我国第一条连接东盟国家的高速公路，于 2005 年 12 月全面建成通车；昆河高速是打通云南国际大通道东线方向的重要公路,具体分为河口—越南老街段、昆明—河口段、越南河内—老街段,并分别于 2008 年 2 月、2013 年 10 月、2014 年 9 月建成通车;昆曼公路起于昆明市,途经云南玉溪、思茅、西双版纳进入老挝境内,经会晒进入泰国清孔,最后抵达曼谷。2013 年 12 月,随着清孔—会晒大桥举行通车仪式,昆曼公路实现全线贯通。2017 年 9 月,昆曼公路中国境内段全程实现高速化;腾密公路起于云南腾冲,经由与缅甸接壤的中缅南四号界桩进入缅甸路段,终点至缅甸密支那。2007 年 4 月,腾密公路缅甸段正式通车;2009 年 9 月、2017 年 9 月中越红河界河公路大桥、北仑河二桥相继建成,为中越边境口岸物流发展和边境贸易提供互联互通支撑。

能源设施建设方面,中缅在石油、天然气、电力等领域均开展了广泛合作。中缅管道项目是我国继中亚油气管道、中俄原油管道、海上通道之后的第四条能源进口通道,包括天然气管道和原油管道。截至 2020 年 6 月,中缅天然气管道自 2013 年投产已安全平稳运行超过 2500 天,累计向中国输送天然气 265.58 亿立方米,为缅甸输送天然气 46.76 亿立方米。中缅原油管道自 2017 年投产已安全平稳运行超过 1300 天,马德岛港已靠泊大型油轮 123 艘,累计接卸原油 3136.2 万吨,向中国输油超过 3000 万吨。电力合作方面,中国南方电网公司已通过 12 回 110 千伏及以上线路与越南、老挝、缅甸实现了电网互联互通。

信息通道建设方面,中国已与越南、缅甸、老挝建成跨境陆地光缆系统,系统带宽超过 70Tbps,通过亚太新直达海底光缆(APG)、东南亚日本海缆(SJC)、亚太 2 号光缆(APCN2)等国际海缆,与新加坡、马来西亚、泰国等东盟国家实现网络互联。此外,中国、缅甸、越南、泰国、老挝、柬埔寨 6 国合作建设了大湄公河次区域信息高速公路——GMS IS 跨境陆地光纤网路,中国—泰国"北斗卫星增强系统基准站",中国—老挝"老挝一号"等项目也相继完成并投入使用。

航空运输方面,中国与东盟十国均已签订双边航空运输协定,与东盟签订了首个区域性的航空运输协定。与印度尼西亚、柬埔寨、马来西亚等国举行双边航空会谈并扩大了航权安排。

此外,中国通过无偿援助或优惠贷款等方式支持东盟国家基础设施的建设,如援菲比诺多—因特拉穆罗斯大桥、埃斯特热拉—潘塔里恩大桥、达沃河桥等项目;对越援助承建河内吉灵—河东线轻轨;援建柬方 6 号公路;援建柬埔寨、老挝和缅甸三国境内信息高速公路等,这些项目的建成极大地提升当地互联互通水平。

(二)相关合作机制及规则标准"软联通"不断完善

中国—东盟间在交通、电信、电力等基础设施领域合作机制不断健全。其一,推进合作机构建设。中国与东盟间设有交通、电信部长级会议机制,以促进双方在交通、信息通信领域的合作。在电力领域,依托中国—东盟博览会,专门设有中国—东盟电力合作与发展论坛,为双方在电力领域的合作搭建互动平台。另外,双方已成立中国—东盟互联互通合作委员会,委员会定期或根据需要召开会议,旨在落实中国和东盟国家领导人关于促进中国与东盟互联互通合作的有关共识、倡议及指示,推动中国与东盟互联互通合作。在此基础上,双方另设有互联互通协调委员会及东盟成员国工作层的磋商机制,并指定了各自联系人负责日常事务的联络与协调。

其二，双方在基础设施领域间的双多边战略规划对接不断深入。如 2017 年 11 月第 20 次中国—东盟领导人会议上，为推进中国与东盟铁路、公路、港口等基础设施合作，建设"海陆空网"互联互通网络，双方发表《中国—东盟关于进一步深化基础设施互联互通合作的联合声明》，2019 年双方发表《中国—东盟关于"一带一路"倡议同〈东盟互联互通总体规划 2025〉对接合作联合声明》，重申加强区域互联互通，并将互联互通作为优先合作领域。

在双边合作方面，与东盟多国已在交通、能源、电信等领域建立相关合作机制，签订了一系列重要的互联互通协议。在交通领域，中国与越南设有陆上基础设施工作组，以加强双方交通能源基础设施领域合作，并已签署《共建"一带一路"和"两廊一圈"合作备忘录》；中国与缅甸共同成立了中缅经济走廊联合委员会，签署了《共建中缅经济走廊的谅解备忘录》；中国与印度尼西亚设有"区域综合经济走廊"建设合作联委会；与文莱签署了《加强基础设施领域合作谅解备忘录》等。在电信能源领域，中缅设有中缅电力合作委员会，并于 2017 年 4 月签署《中缅原油管道运输协议》；与柬埔寨、老挝、缅甸、泰国、越南等国共同成立大湄公河次区域电力贸易协调委员会，协调区域各国间的电力贸易。2017 年 10 月，由南方电网公司和国家电网公司组成，南方电网公司为组长单位的中缅联网项目中方工作组正式成立，工作组现已与缅甸电力与能源部交换了有关中缅联网项目的合作文件，并负责项目的可行性研究；此外，南方电网公司倡议并建立了周边国家电力企业高峰会机制，泰国、柬埔寨、老挝、缅甸、越南等周边国家均已加入该机制。峰会下设技术工作组，分享各国电网发展规划信息，讨论制定区域电网互联互通技术与运行标准。

三、贸易畅通进展

2013 年 9 月，习近平主席在哈萨克斯坦发表重要演讲时指出"各方应该就贸易和投资便利化问题进行探讨并做出适当安排，消除贸易壁垒，降低贸易和投资成本，提高区域经济循环速度和质量，实现互利共赢"。《愿景与行动》提出促进贸易畅通，宜着力研究解决投资贸易便利化问题，消除投资和贸易壁垒，构建区域内和各国良好的营商环境，积极同沿线国家和地区共同商建自由贸易区，激发释放合作潜力，做大做好合作"蛋糕"。北京大学"一带一路"五通指数研究课题组（2017），翟崑、王继民（2018）认为，贸易畅通旨在着力推进贸易投资便利化，消除投资和贸易壁垒，构建良好的营商环境。由以上论述可知，贸易畅通主要内容包括消除投资和贸易壁垒，加强程序简化，提升与共建国家间开展贸易投资合作的自由化便利化水平，深化经贸合作，其最主要内容是促进贸易投资的自由化便利化。中国与东盟国家已在经贸合作机制的搭建、双多边贸易投资自由化便利化的建设、跨境电商等方面都取得一定进展。

（一）与东盟及东盟多国设有经贸交流合作机制

在经贸合作机制建设方面，中国—东盟间设有经贸部长会议、自贸区联委会，旨在加强双方间的贸易投资合作，并就经贸合作中的重点问题及未来方向进行讨论。与东盟国家共同主办中国—东盟博览会、中国—东盟商务与投资峰会，以打造中国与东盟间的对话平台，服务于中国—东盟自由贸易区建设，推动双方全面经济合作。中国—东盟博览会由我国总理在第七次中国与东盟（"10+1"）领导人会议上倡议举办，同期举行中国—东盟商务与投资峰会，博览会每年进行一次。2021年9月，在十八届东博会及投资峰会期间，共签订合作项目179个，总投资额超3000亿元，创历届之最。同时，中国、新加坡、马来西亚、泰国、印度尼西亚等国都是亚太经合组织成员，该组织是亚太地区层级最高、领域最广、最具影响力的经济合作机制，其高官会下设有贸易和投资委员会、经济委员会、经济技术合作高官指导委员会与预算和管理委员会，其中贸易和投资委员会负责贸易和投资自由化方面高官会交办的工作。中国与东盟国家间还建立了区域一体化程度最高的RCEP多边经贸合作机制。就双边机制而言，中国与马来西亚、泰国、菲律宾、缅甸、印度尼西亚等国设有经贸联委会，与新加坡建立了两国磋商机制。此外，新加坡与山东、四川、浙江、辽宁、天津、江苏、广东7省市分别建有经贸合作机制，同上海市建有全面合作机制，同深圳市建有智慧城市合作机制。

（二）积极推进贸易投资便利化建设

贸易投资便利化指根据简单、标准化的海关程序和条例、文件要求、货物和过境业务以及贸易和运输公约和安排，为边境交易建立一个透明，一致和可预测的环境。学术界通常沿用Wilson的做法，构建港口效率、海关环境、制度环境、电子商务四个方面指标对一国贸易投资便利化水平进行评价。投资便利化指一套旨在使投资者更容易建立和扩大其业务以及在东道国开展日常业务的政策和行动。这些措施通常侧重于减少投资的基本障碍，例如，促进信息的透明度和改善信息的可获取性，使行政程序更有成效、效率。一般通过基础设施质量、规制环境、营商环境、金融服务等方面综合考量一国贸易投资便利化水平。随着贸易投资间的联系日趋紧密并呈现出高度一致性，贸易、投资便利化在内涵上、评价指标上部分重合，综合两者进行研究更具理论和现实意义。简言之，贸易投资便利化指通过简化国际贸易投资程序，消除国际贸易障碍，降低国际贸易和资本流动过程中的成本，保证贸易投资过程的高效性、透明性以及可预见性的一系列举措的过程。

中国与东盟国家在21世纪初便就推动贸易投资便利化方面开展了相关合作。在大湄公河次区域经济合作（GMS）框架下，中国联合柬埔寨、老挝、缅甸、泰国和越南六国早在2003年就签订了《大湄公河次区域便利货物及人员跨境运输协定》（CBTA），其内容涵盖了跨境手续便利化、人员和货物跨境运输、道路车辆入境要求等方面，具体包括在车辆跨境时实行"一站式"单一窗口检查，使车辆通过两国边境时只停车一次；在货物跨境运输上免除海关检查、免缴保证金、免除各种捐税等内容。2005年，在GMS第二次领导人会议上，各方通过了《大湄公河次区域贸易投资便利化战略行动框架》（SFA-TFI），确立了海关制度、检验检疫措施、贸易物流、商务人员流动四个优先合作领域。SFA-TFI和CBTA互相补充，构成了大湄公河次区域贸易便利化合作的基本框架。2009年10月，中国与东盟通过了《贸易便利化南宁倡议》，建立了中国与东盟各国海关及相关机构间更为紧密的合作关系，推进监管互认、信息互换等方面的务实合作。

"一带一路"倡议提出后，中国与东盟国家在便利化贸易投资上继续发力。一是在海运合作方面。中国与东盟签署了《海运协定》，以改善海上货运作业的条件，加强双边在海运领域的合作，协定于 2016 年 4 月正式生效。与新加坡在船舶电子证书领域积极开展合作，并于 2019 年 9 月签署电子证书谅解备忘录，双方达成在电子证书的签发、使用和接受方面进行合作，以提升航运口岸通关速度，便利船舶通关。另外，近年来中国海关积极推广"经认证的经营者"（AEO）互认合作，AEO 制度由世界海关组织倡导，旨在通过海关对守法程度、信用状况和安全水平较高的企业进行认证，给予企业通关便利。不同国家海关之间可以通过 AEO 互认，给予对方符合资质的企业相关便利。截至 2021 年 12 月，中国海关已与 21 个经济体、47 个国家（地区）实现 AEO 互认，互认国家（地区）数量居全球首位。下一步，中国海关将以"一带一路"共建国家、RCEP 成员国为重点，扩大 AEO 互认"朋友圈"。目前，中国已与新加坡签署了 AEO 互认安排，并与柬埔寨、老挝、缅甸、文莱、印度尼西亚、越南、菲律宾等国就此方面进行沟通。

二是在便利化跨境运输方面。在 GMS 合作框架下，六国政府在 2018 年 3 月共同签署了《早期收获备忘录》，规定 GMS 国家车辆持 GMS 行车许可证和暂准入境单证（TAD），一年内进入柬埔寨、老挝、泰国、越南无次数限制。2019 年 5 月，中国—老挝—越南首次开通 GMS 国际道路运输线路，中国相关运输企业获得 GMS 行车许可证。《早期收获备忘录》的实施及 GMS 国际道路运输线路的启动，将进一步便利化中国与东盟各国间的人货往来。

三是在商品检验检疫方面。中国与东盟各国签订出入境检验检疫合作协定已超 70 项，有效消除了各国输华商品的检验检疫差异。截至 2021 年 8 月，东盟国家已有近 1500 种农产品、食品可对华出口。在检验检疫合作智能化平台的搭建上，中国—东盟设有动植物检疫和食品安全合作信息网，网站于 2012 年正式上线运行，并在 2021 年 9 月完成智慧升级，为双方相关政策、法规的交流提供便利化服务。

四是在国际标准的对接方面。中国—东盟正积极推动标准联通，以降低交易成本，规避技术贸易壁垒。双方已设有国际标准化论坛，并在首次会议上共同发布《中国—东盟国际标准化合作南宁倡议》。

五是在投资领域方面。为促进及保护双边投资，中国与东盟十国均已签订双边投资协定，与除缅甸外的所有东盟国家签订了避免双重征税协定。

此外，我国另设立两个重点面向东盟的自由贸易试验区——中国（广西）自由贸易试验区和中国（云南）自由贸易试验区。中国（广西）自由贸易试验区于 2019 年 8 月正式挂牌成立，是我国唯一一个陆海联动、引领中国—东盟开放合作的高标准高质量自由贸易园区。成立两年以来，中国（广西）自由贸易试验区在国际陆海贸易新通道建设的新模式、面向东盟开放合作的新机制等方面进行了积极探索，以进一步优化营商环境，提升贸易便利化水平。如加快推进与新加坡等东盟国家"单一窗口"数据信息互联互通；实施"船边直提，抵港直装"等新模式；率先在全国沿边启用全信息化智能通关，实现"一站式""秒通关"。中国（云南）自由贸易试验区由国务院于 2019 年 8 月批准设立，是中国首批沿边自贸试验区。自贸区以制度创新为核心，着力打造"一带一路"和长江经济带互联互通的重要通道，建设连接南亚东南亚大通道的重要节点，推动形成我国面向南亚东南亚辐射中心、开放前沿。两年来，云南自贸试验区共注册企业超三万家，招商引资签约项目总投资近 900 亿元，并在跨境合作模式方面开展多项创新，如启动电子口岸建设及推广，实现"单一窗口"业务全覆盖；创新"一口岸多通道"监管模式等，以提升跨境贸易便利化水平。

(三) 通过签署双多边自贸协定推动贸易投资自由化

贸易自由化指一国逐步消除贸易壁垒，扩大对外开放的过程，其主要特征包括政府对外贸活动干预的弱化及贸易保护水平的降低。投资自由化指缓和或消除对外国投资者进入及经营施加的限制；提高对外国投资者的待遇标准；加强市场监管、确保市场正常运行。相较于贸易投资的便利化，自由化注重消除实体性障碍，便利化则更关注程序性障碍的减少，如投资自由化主要指东道国政府放松对国外投资者因公共垄断、本土保护等方面造成的权力限制，而投资便利化涉及的大多是程序性的问题，包括通过政府效率的提高、营商环境的改善等措施来简化投资程序、降低成本。综合来看，中国—东盟贸易投资自由化合作旨在消除双方贸易投资壁垒，提升贸易投资的市场准入水平。

中国与绝大多数东盟国家关税水平逐步降低。最惠国平均关税方面，中国关税税率由2008年的9.7%降至2020年的7.56%。东盟国家中，除马来西亚外的所有国家关税税率均在10%以下，其中文莱和新加坡税率低于1%。同时，文莱、柬埔寨、马来西亚等国关税税率呈现进一步明显下降的趋势。在非关税壁垒方面，2008年国际金融危机爆发后，东盟国家采取的贸易限制性措施普遍增加，2008—2014年，各国实施的非关税措施的数量增长了79.6%。菲律宾、泰国、印度尼西亚是采取非关税措施最多的国家，其采取的措施主要集中在卫生和植物检疫、反倾销与数量限制等方面。2016年后各国采取限制性措施的数量虽有一定程度的下降，但随着2020年新冠疫情的暴发，各国所采取的措施重新增多。

表3-4　中国及东盟国家最惠国平均关税水平　　单位: %

国家	2008年	2009年	2010年	2011年	2012年	2013年	2014年	2015年	2016年	2017年	2018年	2019年	2020年
文莱	2.46	2.52	2.52	2.49	—	—	1.14	—	1.14	0.21	0.21	0.21	0.21
中国	9.7	9.62	9.74	9.8	—	—	9.67	11.04	10.93	11.01	9.86	7.45	7.56
印度尼西亚	6.9	6.8	7.39	7.42	7.36	7.22	—	—	7.88	8.1	8.15	8.67	8.1
柬埔寨	14.23	—	12.03	10.94	10.94	—	11.24	—	11.21	—	—	—	10.4
老挝	9.71	—	—	—	—	—	10.01	10.01	8.54	8.54	8.54	8.49	8.5
缅甸	5.6	—	5.55	5.55	5.59	5.59	—	5.59	—	—	—	6.51	—
马来西亚	8.15	8.59	6.67	6.25	6.25	6.26	5.12	—	5.78	—	—	—	5.62
菲律宾	6.28	6.29	6.28	6.2	6.2	6.32	—	6.31	6.3	6.31	6.2	6.17	6.17
新加坡	0.09	0.08	0.09	0.09	—	0.09	0.09	0.09	—	0.09	0.28	0.59	0.08
泰国	10.2	10.18	10.12	10.15	—	11.29	11.47	11.02	—	—	—	—	—
越南	10.82	10.35	9.76	—	9.46	9.44	9.54	9.52	9.68	9.68	9.73	9.73	9.73

资料来源: WDI。

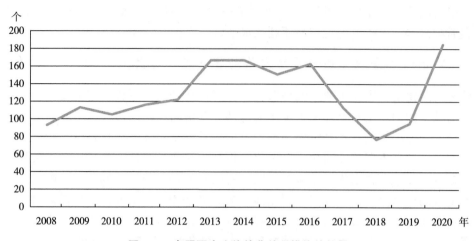

图 3-1　东盟国家实施的非关税措施的数量

通过与东盟各国签署双边或区域性自贸协定推动贸易投资自由化。中国与新加坡、柬埔寨、东盟均签署了自贸协定，其中与新加坡、东盟在原协定的基础上又重新签署了升级协定书，与柬埔寨间的自贸协定是我国与最不发达国家间商签的第一个自贸协定，也是第一个将"一带一路"倡议合作独立设章的自贸协定。2020 年 11 月，中国、澳大利亚、日本、韩国、新西兰及东盟十国共同签署《区域全面经济伙伴关系协定》（RCEP），这标志着全球最大的自由贸易区成功启航，将有力支持自由贸易和多边贸易体制，促进东亚区域经济一体化。根据协议规定，若 RCEP 在 6 个东盟成员国和 3 个非东盟成员国获批，即可在这些批准的国家之间相互生效。到 2022 年 1 月 1 日，RCEP 在十个国家正式生效。截至 2022 年 11 月，随着马来西亚、新西兰核准书的通过，RCEP 扩大到12 个国家生效，11 月 3 日印度尼西亚向东盟秘书长交存 RCEP 核准书并于 2023 年 1 月 2 日起生效，生效的成员国扩大到 13 个。该协议的签署对于消除双边关税及非关税壁垒、增进投资的市场准入，为投资者创建一个自由、公平的投资环境方面发挥极大的作用。

以《中柬自由贸易协定》为例，根据该协定安排，双方货物贸易"零关税"产品税目比例均将达到90%以上，其中中方对柬埔寨将达到97.53%，柬方将达到90%。协定同时也对货物贸易的数量限制与非关税措施、技术性贸易壁垒、卫生与植物卫生措施等方面做出明确规定，以加强双边贸易便利化自由化水平，如规定在一般情况下，一方不得对从另一方进口的任何产品或向另一方出口的任何产品采取或维持任何非关税措施。在投资领域，中柬双方决定在《中柬投资促进和保护协定》及《中国—东盟投资协议》的基础上进一步加强投资合作，缔约双方采取相关措施促进投资自由化便利化水平，如提高国内投资环境的透明度和效率；为所有形式的投资创造必要的环境；促进投资信息的传播等。同样，RCEP 也对关税优惠、服务贸易的开放度、投资的准入度等方面做了更高的安排。在货物贸易方面，协定生效后，区域内 90%以上的货物贸易将逐步实现"零关税"；服务贸易方面，各协定国均承诺开放 100 个以上的服务贸易部门，并在协定生效后的六年内全面转化成负面清单，以提高开放水平；投资方面，各国降低市场准入门槛，采用负面清单模式对制造业、农业、林业、渔业、采矿业 5 个非服务业领域的投资做出较高水平的开放承诺。中国与东盟国家签署的自贸协定具体内容如表 3-5 所示。

表 3-5 中国与东盟国家签署自贸协定一览

国家或组织	自贸协定	签署时间	主要内容
新加坡	《中国—新加坡自由贸易协定》	2008 年 10 月	涵盖了货物贸易、服务贸易、人员流动、海关程序等诸多领域。新加坡承诺在 2009 年 1 月 1 日取消全部自华进口产品关税；中国承诺将在 2010 年 1 月 1 日前对 97.1%的自新加坡进口产品实现"零关税"
	《自由贸易协定升级议定书》	2018 年 11 月	对原协定的原产地规则、海关程序与贸易便利化、贸易救济、服务贸易、投资、经济合作 6 个领域进行升级，还新增电子商务、竞争政策和环境 3 个领域，并在协定中首次纳入"一带一路"合作
柬埔寨	《中柬自由贸易协定》	2020 年 10 月	中国对柬埔寨最终实现"零关税"的产品达到全部税目数的 97.53%，其中 97.4%的产品将在协定生效后立即实现"零关税"。柬埔寨对中方最终实现"零关税"的产品达到全部税目数的 90%，其中 87.5%的产品将在协定生效后立即实现"零关税"。服务方面，双方的市场开放承诺也均体现了各自给予自贸伙伴的最高水平。是第一个将"一带一路"倡议合作独立设章的自贸协定
东盟	《中国—东盟全面经济合作框架协议》	2002 年 11 月	是中国—东盟自贸区的法律基础，共 16 个条款，确定了自贸区的基本架构
	《货物贸易协议》	2004 年 11 月	共 23 个条款和 3 个附件，主要包括关税的削减和取消、减让的修改、数量限制和非关税壁垒、保障措施、加速执行承诺、一般例外、安全例外、机构安排和审议等内容
	《服务贸易协议》	2007 年 1 月	规定了双方在中国—东盟自贸区框架下开展服务贸易的权利和义务，同时包括了中国与东盟十国开放服务贸易的第一批具体承诺减让表
	《投资协议》	2009 年 8 月	包括 27 个条款，双方相互给予投资者国民待遇、最惠国待遇和投资公平公正待遇，为双方投资者创造一个自由、便利、透明及公平的投资环境，并为双方的投资者提供充分的法律保护
	《升级议定书》	2015 年 11 月	涵盖货物贸易、服务贸易、投资、经济技术合作等领域。在货物贸易领域，优化了原产地规则和贸易便利化措施；在服务贸易和投资领域，中国及东盟在多个领域做出改进或更高水平开放的承诺；在经济技术合作领域，双方同意在十多个领域开展合作，并为有关经济技术合作项目提供资金支持
中国、澳大利亚、日本、韩国、新西兰及东盟十国	《区域全面经济伙伴关系协定》（RCEP）	2020 年 11 月	包括 20 个章节，涵盖货物、服务、投资等全面的市场准入承诺，是一份全面、现代、高质量、互惠的自贸协定。货物贸易整体自由化水平达到 90%以上；服务贸易承诺显著高于原有的"10+1"自贸协定水平，投资采用负面清单模式做出市场开放承诺，规则领域纳入了较高水平的贸易便利化、知识产权、电子商务、竞争政策、政府采购等内容。RCEP 协定还充分考虑了成员间经济规模和发展水平差异，专门设置了中小企业和经济技术合作等章节，以帮助发展中成员、特别是最不发达成员充分共享 RCEP 成果

资料来源：中国商务部自贸区服务网。

（四）跨境电商合作逐渐迈开步伐

跨境电商方面，与部分东盟国家已签署合作备忘录并开始建立合作机制。近几年来，中国跨境电商始终保持快速增长态势，通过海关跨境电商管理平台的进出口总额由2015年的360.2亿元增长至2019年的1862.1亿元，年平均增速为50.8%。2016年底，中国与智利签署了首个双边电子商务合作的谅解备忘录，标志着丝路电商的诞生。此后，中国不断与"一带一路"共建国家在电子商务领域进行沟通合作，建立并完善电子商务合作机制，丝路电商现已成为深化"一带一路"国际经贸合作的新渠道和新亮点。截至2021年初，中国已与22个国家签署双边电子商务合作谅解备忘录并建立合作机制，其中包括柬埔寨、越南。建立双边电子商务合作机制，旨在加强在电子商务领域的政策沟通，促进企业开展电商合作，提升贸易便利化水平。为了营造良好的务实合作环境，增进彼此对电子商务法规框架和产业政策的理解，中越也进行了双边电子商务工作组会。另外，中国与东盟设有丝路电子商务论坛，该论坛是中国—东盟博览会框架下专设的高端论坛，截至2020年底已成功举办六届，在推动双方在电子商务交流合作的同时，也促成了多批项目签约落地。

四、资金融通进展

资金融通是"一带一路"建设的重要支撑，旨在为共建"一带一路"提供稳定、透明、高质量的资金支持。对于资金融通的含义及内涵，我国已有学者对其开展研究。徐坡岭和刘来会（2016）指出，与通常意义上的资金融通不同，"一带一路"倡议中的资金融通超出了一国的市场和主权管辖范围，在市场主体、制度规范或是融资工具、融资方式都有其特定含义。张幼文（2017）认为，资金融通除了直接投资外，还包括各种意义上的信贷资本和融资方式，资金融通并非国家之间简单的资金借贷关系，而是要形成一个开放的融资机制。《愿景与行动》中从金融合作和金融风险监管两个方面对资金融通进行阐述，其中金融合作包括双边货币互换和本币结算合作、投融资金融机构的建设及双多边金融机构间的合作，金融风险监管包括区域内高效监管协调机制的建立、区域性金融风险预警系统的构建、征信有关部门或机构及评级机构间的跨界合作。本章认为，资金融通是以项目为载体，通过金融机构及金融市场合作为项目和要素流动提供投融资服务、支付结算便利及安全的金融监管保障机制内容的金融支持系统。资金融通主要包括金融合作机制的建设、双边货币合作、资本市场合作、金融机构的互设、金融监管合作及开发性金融机构的设立等多方面内容。

（一）金融合作机制建设稳步推进

其一，高层会议协商机制不断完善。东盟与中日韩"10+3"设有财长和央行行长会议机制，截至目前已举行24次会议。其中，2000年5月东盟"10+3"财长会议上，各国签署了清迈倡议（CMI），旨在建立区域性金融保护机制，保证区域金融的平稳发展，并制定了以建立双边货币互换网络为主的多方面合作内容。2010年3月东盟"10+3"财长会议上，各国进一步将清迈倡议升级为清迈倡议多边化协议（CMIM），建立区域性外汇储备库以加强东亚地区对抗金融危机的能力。为支持清迈倡议多边化的实施，监测区域内经济金融的稳健状况,东盟"10+3"于2011年共同成立东盟与中日韩宏观经济研究办公室(AMRO),并于2016年2月正式升任为国际组织。

其二,搭建多层面的务实合作平台。早在2010年中国—东盟间便已成立银联体,服务于中国与东盟的金融发展,为中国及东盟成员国提供融资及金融服务。2019年11月,中日韩—东盟银行联合体("10+3"银联体)在泰国曼谷成立,各成员行共同签署《中日韩—东盟银行联合体合作谅解备忘录》,"10+3"银联体的成立将为深化各方经贸合作提供重要的金融合作平台。此外,中国与东盟国家间还设有中国—东盟金融合作与发展领袖论坛、中国—东盟征信研究中心、中越金融与货币合作工作组等合作平台。

其三,强化双边监管合作机制建设。中国与多数东盟国家在证券、银行等方面均已签署相关监管合作文件。一是中国证监会与绝大多数东盟国家已签署监管合作文件。截至2020年底,中国证监会与八个东盟国家证券(期货)监管机构签署备忘录,具体如表3-6所示。二是银监会与新加坡、泰国、马来西亚、柬埔寨、越南、菲律宾、印度尼西亚七个东盟国家签署双边银行监管合作文件,建立正式的监管合作机制,并同意在信息交换等方面加强监管合作,提高跨境银行的监管水平。此外,与新加坡金融管理局签署了跨境机构危机管理合作协议,与印度尼西亚金融服务局(OJK)于2015年6月就加强信息共享和合作监管等方面内容签署了谅解备忘录等。三是在洗钱及恐怖融资等活动的监管方面,中国反洗钱监测分析中心与柬埔寨、老挝、缅甸、菲律宾签署了《关于反洗钱和反恐怖融资信息交流合作谅解备忘录》,在信息收集、研判和相互协查方面开展合作。

表3-6 中国证监会与东盟国家证券(期货)监管机构签署的备忘录一览

国家	境外监管机构名称	签署时间	合作文件名称
文莱	文莱金融管理局	2014年2月17日	《证券期货监管合作谅解备忘录》
柬埔寨	柬埔寨证券交易委员会	2019年6月21日	《证券期货监管合作谅解备忘录》
印度尼西亚	印度尼西亚资本市场监管委员会	2003年12月9日	《关于相互协助和信息交流的谅解备忘录》
	印度尼西亚商品期货交易监管局	2004年10月14日	《期货监管合作谅解备忘录》
老挝	老挝证券交易委员会	2011年9月19日	《证券期货监管合作谅解备忘录》
马来西亚	马来西亚证券委员会	1997年4月18日	《证券期货监管合作谅解备忘录》
新加坡	新加坡金融管理局	1995年11月30日	《关于监管证券和期货活动的相关合作与信息互换的备忘录》
		2018年11月12日	《关于期货监管合作与信息交换的谅解备忘录》
泰国	泰国证券交易委员会	2007年4月11日	《证券期货监管合作谅解备忘录》
越南	越南证券委员会	2005年6月27日	《证券期货监管合作谅解备忘录》

表3-7 中国反洗钱监测分析中心与东盟国家签署的合作文件

国家	境外反洗钱机构	签署时间
柬埔寨	柬埔寨金融情报机构	2016年8月
老挝	老挝反洗钱情报办公室	2016年9月
缅甸	缅甸金融情报中心	2018年2月
菲律宾	菲律宾反洗钱委员会	2020年1月

（二）中国—东盟货币合作不断加深

其一，双边本币互换规模逐步扩大，与老挝、越南、柬埔寨、印度尼西亚等国已签署本币结算协议或合作备忘录。中国与新加坡、马来西亚、印度尼西亚、泰国、老挝已签署双边本币互换协议，其中与新加坡、马来西亚、印度尼西亚的协议规模分别由1500亿元、800亿元、1000亿元人民币扩大至3000亿元、1800亿元、2000亿元人民币，具体如表3-8所示。本币结算方面，与老挝、越南、柬埔寨签署了双边本币结算协定，其中，中国与老挝、柬埔寨签署的双边本币合作协议已允许两国在已经放开的所有经常和资本项下交易中直接使用双方本币结算。中缅本币结算合作也取得显著进展，自2019年1月人民币被缅方批准为官方结算货币后，缅甸央行在2021年底宣布允许使用人民币与缅甸元直接进行边境贸易结算。中国与印度尼西亚也正在进一步推进双边本币结算合作。2020年9月，中国与印度尼西亚两国央行签署《关于建立促进经常账户交易和直接投资本币结算合作框架的谅解备忘录》，双方一致同意积极推动贸易和直接投资的本币结算，包括推动人民币和印度尼西亚卢比之间的直接兑换报价和银行间交易，两国央行也将通过信息共享和定期讨论的形式加强合作。2021年9月，中国与印度尼西亚正式启动本币结算合作框架。其二，东盟多国将人民币纳入外汇储备。根据IMF官方外汇储备构成（COFER）数据，截至2020年第四季度，人民币储备规模达2675.2亿美元，占标明币种构成外汇储备总额的2.25%，居世界第五位。东盟国家中，马来西亚、新加坡、泰国、印度尼西亚、柬埔寨和菲律宾等国的央行或货币当局将人民币纳入外汇储备。其三，在人民币业务的清算方面，近年来中国与新加坡、马来西亚、泰国、菲律宾相继建立了人民币清算安排。其四，在人民币使用的基础设施建设方面，人民币跨境支付系统（CIPS）二期已全面投产，并在一期的基础上对服务时间、结算模式等方面进行了改进。目前，CIPS对东盟国家已实现全覆盖，截至2019年底东盟国家共有71家金融机构成为CIPS参与者。

表3-8　2009年1月至2021年9月中国和东盟签署双边本币互换协议一览

国别	互换规模	签署时间	期限
新加坡	1500亿元人民币/300亿新加坡元	2010年7月23日	3年
	3000亿元人民币/600亿新加坡元（续签）	2013年3月7日	3年
	3000亿元人民币/640亿新加坡元（续签）	2016年3月7日	3年
	3000亿元人民币/610亿新加坡元（续签）	2019年5月10日	3年
马来西亚	800亿元人民币/400亿林吉特	2009年2月8日	3年
	1800亿元人民币/900亿林吉特（续签）	2012年2月8日	3年
	1800亿元人民币/900亿林吉特（续签）	2015年4月17日	3年
	1800亿元人民币/1100亿林吉特（续签）	2018年8月20日	3年
	1800亿元人民币/1100亿林吉特（续签）	2021年7月12日	3年
印度尼西亚	1000亿元人民币/175万亿卢比	2009年3月23日	3年
	1000亿元人民币/175万亿卢比（续签）	2013年10月1日	3年
	2000亿元人民币/440万亿卢比（续签）	2018年11月16日	3年

续表

国别	互换规模	签署时间	期限
泰国	700 亿元人民币/3200 亿泰铢	2011 年 12 月 22 日	3 年
	700 亿元人民币/3700 亿泰铢（续签）	2014 年 12 月 22 日	3 年
	700 亿元人民币/3700 亿泰铢（续签）	2017 年 12 月 22 日	3 年
	700 亿元人民币/3700 亿泰铢（续签）	2020 年 12 月 22 日	5 年
老挝	60 亿元人民币/7.6 万亿老挝基普	2020 年 5 月 20 日	3 年

（三）东盟国家在我国资本市场的参与度逐步提升

我国于 2002 年、2011 年分别实施合格境外机构投资者（QFII）、人民币合格境外机构投资者（RQFII）制度，来自全球 30 多个国家和地区的机构投资者通过此渠道投资中国金融市场。据国家外汇管理局统计，截至 2020 年 5 月底，东盟国家中共有 35 家（其中新加坡 32 家、泰国 2 家、马来西亚 1 家）RQFII 获得累积批准额度 819.55 亿元，占我国批准境外国家总额的 23.2%。共有 28 家（其中新加坡 22 家、马来西亚 3 家、泰国 2 家、文莱 1 家）QFII 获得累积批准额度 105.8 亿美元，占已批准境外国家总额的 14.4%。2019 年 9 月，我国取消 QFII/RQFII 投资额度限制及 RQFII 试点国家和地区限制，将进一步便利东盟国家合格投资者入市投资。熊猫债的发行方面，马来西亚银行、菲律宾政府、新加坡大华银行在中国银行间债券市场成功发行熊猫债，其中菲律宾政府已完成两笔熊猫债的发行。作为在岸人民币债券，熊猫债在为境外发行人拓宽融资渠道的同时，也丰富了境内外投资者资产配置的选择。

（四）中资金融分支机构的设立已覆盖所有东盟国家

外资银行进入东道国市场一般经历了代表处→代理行→分行→新设子行（或并购当地银行设立子行）的演变历程，其中设立子行是成为外资银行的主要方式。中资银行中，中国银行在东盟十国中均已设立分行，中国工商银行在除文莱以外的所有东盟国家也已设立分行。在所有设立的分支机构中，分行占绝大多数。截至 2020 年初，中资银行在东盟国家设立的主要分支机构已超过 30 家，包括 29 家分行、3 家代表处、4 个工作组。东盟国家中，新加坡、马来西亚、泰国在中国的银行分支机构相对较多，其中新加坡所设分支机构最多。截至 2019 年 8 月底，新加坡星展银行、大华银行、华侨永亨银行在华所设分支机构超 60 家。

（五）开发性金融取得显著成效

"一带一路"倡议提出后，中国主导成立了亚洲基础设施投资银行、丝路基金等开发性"资金池"，旨在促进与共建国家间的互联互通建设。亚投行成立于 2015 年 12 月，共有 57 个创始成员国，目前正式成员国数量达 103 个。亚投行项目集中在亚洲，截至 2020 年底，已批准 108 个项目，贷款总额超 240 亿美元。东盟国家中，亚投行对印度尼西亚、菲律宾、泰国、越南等 8 个国家 18 个项目提供融资近 40 亿美元，涉及通信、能源、交通等多领域。在"澜湄"地区，中方 2016 年 3 月在澜湄合作首次领导人会议上提出设立澜湄合作专项基金，并在 5 年内提供 3 亿美元支持六国提出的中小型合作项目，目前已与缅甸、泰国、柬埔寨、老挝等国签署澜湄合作专项基金项目协议。除以上外，国家开发银行近年来积极参与"一带一路"建设，为双多边务实合作提供诸多融资需求及金融服务。自共建"一带一路"倡议提出以来，国开行已累计向相关国家项目投放贷款逾 2600 亿美元，2020 年底国际业务余额 1665 亿美元，有效地发挥了共建"一带一路"主力银行作用。东盟国家中，国开行已为多国提供融资，如 2017 年 5 月，第一届"一带一路"国际合作高峰论坛期间，国开行与印度尼西亚雅万高铁项目公司签署贷款协议，为该项目提供长期贷款。截至 2018 年底，国开行已累计为印度尼西亚 70 多个项目进行融资，发放贷款 150 亿美元。同时，国开行积极推动双多边金融合作机制的建设，发起组建中国—东盟银联体。在此框架下，两者共同促进东盟国家基础设施建设，推动中国—东盟间的务实合作。李克强在出席第 20 次中国—东盟领导人会议时宣布，中方设立 100 亿元等值人民币的中国—东盟银联体专项贷款，支持双方合作项目，该专项贷款即由国家开发银行具体承办。截至目前，国家开发银行与相关成员行签署多项双边授信合作协议并开展多种形式的合作，合作对象已覆盖全部东盟成员行。

五、民心相通进展

民心相通是"一带一路"倡议的人文基础，是夯实互联互通建设的社会根基。2013 年 9 月，习近平主席在哈萨克斯坦纳扎尔巴耶夫大学演讲时指出，国之交在于民相亲，搞好政策沟通、道路联通、贸易畅通、货币联通，必须得到各国人民支持，必须加强人民友好往来，增进相互了解和传统友谊。民心相通源于中华文明民本思想及新中国外交的优良传统，是新时代外交理论和实践的创新，具有丰富的思想内涵。李自国（2016）认为，"一带一路"民心相通除了要加深国家间的相互了解、增进友谊外，还应具备"一带一路"属性，其最低目标是要对"一带一路"倡议达成共识，最高目标旨在让人类命运共同体意识深入人心。《愿景与行动》中，分别从教育、旅游、科技、文化等领域对民心相通进行阐述。本书认为，民心相通是通过加强共建双方在科技、教育、文化、旅游、媒体等各方面间的合作，旨在增进相互了解，最终达成对"一带一路"建设多方面的共识。

（一）在科技、教育、文化、旅游等方面的合作渊源久远，双方互为重要合作伙伴

其一，科技合作方面取得丰硕成果。中国与东盟间设有科技联委会，中国科技部和东盟科技委及东盟各国司局级科技主管官员每两年会晤一次，确定科技合作重点。2012 年 9 月，在首次中国—东盟科技部部长会议期间，各方科技部部长共同启动"中国—东盟科技伙伴计划"，旨在通过中国—东盟间的科技与创新合作，提升各国科技实力。同时将中国—东盟科技联委会会议由两年一次改为一年一次，以加强对合作项目的规划和监督。近年来，中国—东盟间正加快智慧城市的建设，2019 年 11 月第 35 届东盟峰会及东亚合作领导人系列会议上发布了《中国—东盟智慧城市合作倡议领导人声明》，各方支持中国城市和东盟智慧城市建立伙伴城市关系，并通过智慧城市建设提高人民生活水平，中国广东深圳市与新加坡已经签署了智慧城市合作倡议的谅解备忘录。中国—东盟还成立有中国—东盟技术转移中心、中国—东盟科技产业合作委员会。从具体国家来

看，目前中国与东盟十国均已签订科技合作文件，建立了相关合作机制，在铁路、能源、生物、海洋等重点领域共建了10余个国家级联合实验室，如中国—老挝可再生能源联合实验室、中国—印度尼西亚生物技术联合实验室等。

其二，高等教育合作不断深入。中国已与绝大多数东盟国家签署教育合作协定或备忘录，与菲律宾、印度尼西亚、老挝、泰国、越南、马来西亚等国签署了高等教育学位学历互认协议。中国—东盟间设有教育交流周，现为双方唯一以教育为主题的政府间交流平台。近年来形成了院校合作、职业教育等品牌项目，为推进双方间的教育合作发挥了重要作用。目前，中国高校已开齐东盟国家所有语种专业，孔子学院及孔子课堂在东盟国家的数量超70所。在高等教育留学方面，据教育部统计，2018年亚洲国家来华留学生人数占留学生总数的59.95%，东盟国家中，泰国、印度尼西亚、老挝、越南、马来西亚是来华留学生的主要生源国。

其三，文化合作不断推进。中国与东盟间签署了文化合作谅解备忘录，与东盟各国均已签署文化合作相关协定。2014年4月，中国与东盟举办的中国—东盟文化交流年，是我国与区域组织举办的首个文化交流年活动。双方也设有中国—东盟文化论坛，该论坛现为中国—东盟博览会框架下的高层论坛，旨在加强中国与东盟国家间的文化交流与民心相通。与新加坡、马来西亚等国家进行了一系列文化合作活动，如2015年11月，新加坡成立中国文化中心；2019年2月，旨在搭建中新民间文化交流平台的"丝路文化交流中心"正式落成；2015年11月，中马签署《关于在马来西亚设立中国文化中心的谅解备忘录》，2020年1月，吉隆坡中国文化中心正式揭牌运营。另外，2019年、2020年分别为"中柬文化旅游年""中马文化旅游年"。

其四，中国—东盟互为主要旅游客源对象。2010—2019年，中国到访东盟游客人数快速增长，由541.59万人增至3228.01万人，平均每年增长22.6%。2019年，中国—东盟双向人员往来人数再创新高，超过6500万人次，每周往来航班近4500架次，中国已是东盟国家最大的入境客源国，东盟国家也成为中国游客出境的主要目的国。双方也进行多个旅游合作活动，如2017年"中国—东盟旅游合作年"、2019年"中老旅游年"、2020年"中文旅游年"等。在旅游便利化合作方面，印度尼西亚、老挝、缅甸、泰国、文莱、越南、柬埔寨、马来西亚等国允许中国公民办理落地签证，其中印度尼西亚同时实行免签和落地签政策。

图3-2 中国到访东盟游客人数

（二）地方政府、新闻媒体间的交流合作相继展开

其一，地方政府间交流合作活跃。截至 2021 年 3 月，中国—东盟已相互结成 219 对友好城市。其中，中菲间结有 34 对友好省市，与印度尼西亚间结有 27 对友好省市，与泰国已缔结 39 组友好城市和省府。中新间设有八个省市级地方合作机制，包括山东、四川、辽宁、浙江、天津、江苏、广东等地与新加坡共同成立的经贸合作理事会，以及双方于 2019 年成立的上海—新加坡全面合作理事会。

其二，在新闻媒体合作方面，中国主要媒体与部分东盟国家已开展合作。如中国与马来西亚之间，新华社、中新社在吉隆坡设立分社，中央电视台在马来西亚设立记者站，央视 4 套和 9 套节目在马来西亚落地，《人民日报》（海外版）在马来西亚出版发行。马新社在北京设立分社，《星报》在华设立办事处。此外，新华社在菲律宾马尼拉、印度尼西亚雅加达设有分社，中央广播电视总台国际频道在菲律宾落地。2018 年 6月，中央广播电视总台与菲律宾国家电视台在马尼拉举行"电视中国剧场"开播仪式。

第二节　中国与东盟国家共建"一带一路"面临的风险和挑战

一、域外大国的干预仍是未来 3~5 年面临的最主要挑战

东南亚以其丰富的自然资源及富有战略意义的地理位置优势而历来成为大国角逐之地，早在 16 世纪，英国、法国、西班牙、葡萄牙等国进入该地区进行殖民扩张，并使其成为进入中国的重要海上通道，"二战"结束后，以美国、苏联为首的东西方政治集团竞相在该地区建立势力范围。后冷战时代，随着东盟的迅速崛起及其奉行的"平衡外交"战略，东盟再度成为美、日、俄等国主要争夺的对象。中国与东盟国家合作过程中，和以上国家间的竞争及博弈难以避免，其中与美、日间的竞争是中国—东盟共建"一带一路"面临的主要挑战。

（一）美国将东南亚作为亚太地区战略布局重点严重挑战"一带一路"的东盟区域

随着中国的崛起及对周边国家影响力的日益提升，美国逐渐将其全球战略重心转移至亚太，东南亚则是战略部署的核心地区之一。21 世纪之初，为平衡中国的影响力，保持在亚洲地区的优势地位，美国就已开始重新审视并调整其亚太战略。2011 年，奥巴马政府正式推出"亚太再平衡"战略，着手强化与东南亚国家间合作，对华策略逻辑由防御性现实主义正式朝进攻性现实主义转变。继任的特朗普政府将此调整为"印太战略"，突出了中美关系的竞争性，并在多个领域对华综合施压。

拜登上台后，基本延续了特朗普时期形成的对华战略框架，但相比之下更注重对华政策的法制化、制度化及盟友体系的作用，相关竞争战略也更为系统化。有学者认为，中美关系正经历以"大国竞争"为特征的"范式转变"，而"一带一路"将成为双方战略竞争的焦点。2021 年 3 月，拜登签署的《国家安全战略临时指南》即将中国视为

"唯一有能力综合经济、外交、军事、科技对稳定和开放的国际体系发起持续挑战的潜在竞争者"。就其"印太战略"而言，2022年2月拜登政府出台的《美国印太战略》报告涵盖了五大战略构想，涉及外交、军事、经济、安全等多领域的内容，明确提出深化与东盟间的长期合作，加强美日印澳"四边机制"（QUAD）与东盟的对接。其针对中国的意图也更为明显，指出"中国的胁迫和侵略遍及全球，但在印太地区最为尖锐"。拜登政府的"印太战略"，特别是面向东南亚的政策，具有多边主义和小多边主义双轨制的特点，试图加强与东盟间的联系及构建"印太"地区小多边联盟，通过舆论、经济、军事、外交等手段对冲中国在东南亚地区的影响力。

实际上，也相应采取了一系列实质性举措。具体而言，在舆论上，美国多位高级官员都在公开场合对"一带一路"倡议进行批评、抹黑，认为"一带一路"倡议推行的是"掠夺性经济"，通过制造"债务陷阱"损害其他国家主权；经济方面，为与"一带一路"倡议竞争，美国联合日本、澳大利亚建立"印太"基础设施投资伙伴关系，与日本、印度设立基础设施三边工作组，参与"印太"地区基础设施建设。2022年5月，拜登政府宣布启动"印太经济框架"（IPEF），确定了贸易、供应链、清洁能源和减碳、税务和反贪污四项合作议题。东盟国家中，文莱、印度尼西亚、马来西亚、菲律宾、新加坡、泰国、越南等均是"印太经济框架"的初始成员国；在军事上，美国不断制造南海紧张局势，并在南海地区军事介入的频率越来越高。奥巴马执政期间，美军舰机在南海进行所谓的"自由航行行动"共进行过四次，特朗普上任后，美军首次制订在南海"航行自由"行动计划表，在其任内美军在南海"自由航行"次数累计超二十次，仅2020年美军穿越南海就已多达十次。美国总统拜登更是在其上任三个月内派遣航母战斗群三次闯入南海，同时拉拢其新老盟友对中国进行联合施压，如拉拢东南亚国家，声称美菲、美日等军事同盟条约"覆盖南海"，利用"印太框架"拉拢日本、印度、澳大利亚等国干预南海问题等。2021年9月，美国又联合英国、澳大利亚组建三国安全联盟（AUKUS），以将军力向"印太"延伸，打造亚太版北约；外交方面，特朗普政府重启美日印澳"四边机制"（QUAD），旨在对"一带一路"建设进行反制，构建遏华"圈子"。2020年，借抗疫之名又拉拢韩国、新西兰、越南举行了14次"四边机制+"副外长级视频会。拜登上台之初，便将"四边机制"进一步升格为领导人峰会。2022年5月，美国重启停摆六年的东盟—美国特别峰会，并计划于11月与东盟建成全面战略伙伴关系。

俄乌冲突的爆发，不仅不会缓解中美间的地缘战略博弈竞争，反而易使亚太局势更加纷繁复杂。首先，"遏华制华"仍是美国外交的优先事项，俄乌冲突也难以放缓美国战略重心东移的节奏。短期内，俄乌冲突可能使美国战略资源倾向欧洲，但不会改变美国遏华的"优先大方向"。以南海问题为例，2020年新冠疫情暴发之初虽在一定程度上阻碍了美国"印太战略"的推进，但南海局势非但没缓和，反而变得更为复杂。在美国宣传战略的影响下，东盟国家的许多政要、媒体和专家学者认定中国会将疫情的全球蔓延视为"战略窗口期"，而在南海采取行动。2022年3月美国发布的《2022年国防战略》即再次重申中国是最重要的战略竞争对手，并明确提出优先考虑中国在"印太"地区带来的挑战，其次才应对俄罗斯在欧洲的挑战。同样，此次的俄乌冲突只要相对可控，美国及北约不会与俄罗斯发生正面冲突，"印太"地区将仍被美国长期视为安全和经济战略的核心，继续推进其"印太战略"。

其次，为保持东盟对美的安全依赖，俄乌冲突会倒逼美国加大对亚太地区的干预度。东盟国家普遍在中美两边下注，在经济上依赖中国，安全上依赖美国。拜登上任后积极加强美国与东南亚盟国及伙伴间的关系也意在重新唤起各方对其承诺的信心。本来从阿富汗仓促撤军，使美国国际声誉和地位受损，美方极可能为显示"印太战略"的决心，加大对东南亚地区的战略投入。印度前外交官指出，此次乌克兰危机本质上是美国重新确立西方在亚洲地区主导地位的战略，即打压俄罗斯和中国、抢占"亚洲世纪"。目前，美方就已借俄乌冲突多次干涉台海安全局势，不仅向台湾提供一笔9500万美元的军事援助，其"桑普森"号导弹驱逐舰、"罗亚尔港"号导弹巡洋舰也相继过航台湾海峡并公开进行炒作。

最后，俄乌冲突的爆发强化了美国及其盟友间的合作，未来地缘政治经济中心由西向亚太地区转移趋势越发清晰。一方面，乌克兰危机促成了美欧间更紧密的联系，美欧等西方国家对俄的态度及做法保持高度一致，几乎所有西方国家均对俄罗斯实施制裁。"脑死亡"的北约也因此"起死回生"，不仅保持"中立国"地位的瑞典及芬兰均表达了加入北约的意向，韩国也宣布正式加入北约网络防御组织。另一方面，美欧在亚太地区的利益合作将不仅限于经济领域，会更多触及政治安全领域。对欧盟而言，亚太的地缘位置对其商业往来至关重要，不仅约有40%的对外贸易经过南海，东盟同时也是其第三大贸易伙伴。随着美国战略重心向亚太地区的转移，欧盟也加速形成自身的"印太战略"，试图通过经济、军事等手段提升在亚太地区的话语权及影响力，并积极配合美国遏制中国。俄乌冲突则进一步加剧了美欧与中俄间的分歧与对抗，也使各方意识到保持强大、优势军力的重要性。为平衡中国的地区影响力，美欧或将在亚太地区进一步开拓军事领域间的协作，2022年4月的北约外长会议即邀请了日韩新澳等亚太国家，"北约亚太化"的趋势日渐明晰。

总之，美国对东南亚政策的调整及中美战略竞争的日趋激烈会增加东盟国家"选边站"的压力，加大其"平衡外交"战略的难度，未来可能迫使东盟国家在中美两国中做出单方面选择。李显龙指出，中美关系正在恶化，双方间的冲突可能一触即发，而俄乌冲突则使中国与美国，以及澳大利亚、日本等美国亚洲伙伴国间的关系更为复杂化。他认为，"亚太地区将出现更多地缘政治角力，一些国家会选边站。"在此情况下，美国在东盟的正式盟友若选择追随美国并对中国进行制衡，将加大中国与东盟国家合作的难度。美国"印太战略"的实施及在多领域对"一带一路"建设的围堵，也会进一步挤压中国与东盟各国的合作空间，给"一带一路"建设的发展带来诸多挑战。

（二）中日基础设施领域间的竞争以及日本国防战略的调整带来的挑战

日本方面，其在东南亚的利益首先是经济利益，同时为实现"政治大国"的"宏愿"，对东南亚国家存在一定的政治诉求。战后日本主要采取政府开发援助（ODA）、贸易和投资合作、政治合作三种相互关联的方式发展与东南亚地区的关系，形成一种日本引领的"雁型发展"模式。因此，与中美两国全方位多领域间的竞争不同，中国与日本之间在东南亚地区的竞争主要集中在经济领域，具体表现在基础设施建设方面。中国与日本在泰国、缅甸、印度尼西亚、马来西亚等东南亚国家都进行过基础设施投资的竞争。以泰国曼谷至清迈高铁为例，2013年2月，泰国运输部长表示泰方有意邀请中国帮助泰国修建曼谷至清迈、曼谷至廊开府高铁，此前，中国铁路专家也已对曼谷—清迈线进行了考察。但泰国最终决定采用日本新干线技术，并与日方签署铁路合作备忘录。在中国提出成立亚洲基础设施投资银行的背景下，日本以"高质量"作为主要优势，在2015年5月设立"高质量基础设施伙伴关系"，以维持其在亚洲基础设施投资领域的优势。2016年日印共同提出的亚非"自由走廊"计划在通过对华基础设施领域竞争来抗衡"一带一路"倡议的意图上也极为明显。日本对外经济合作经验丰富，在基础设施投资领域具有较强的竞争力，其通过设备捐赠、官方援助、建立伙伴关系等方式对东南亚国家提供的排他性基础设施投资都将会进一步阻碍中国—东盟间的务实合作。

俄乌冲突爆发后，日本借机捆绑中俄，试图在东南亚制造紧张的地区安全局势为其军事限制松绑。国际社会上，2022年3~5月，日本主动与东南亚国家高层间进行了一系列外交活动，与印度尼西亚、菲律宾的外长、防长发布举行了"2+2"会谈，日本首相也依次出访印度尼西亚、越南、泰国等东南亚国家。在以上外交活动中，俄乌冲突、南海问题成为日方主导下的关键议题，其目的在于拉拢东南亚国家共同抗俄，同时就南海问题渲染"中国威胁"，增强与各国军事领域间的合作。在国内，日本通过渲染"中俄威胁"来减少其发展军事力量的外部阻碍。2022年4月，日本发布的新版《外交蓝皮书》就称中俄仍维持紧密联系，并宣称中国在东海、南海等海空域的军事活动不断扩大并变得活跃，"成为包括日本在内的地区和国际社会安全保障方面上的强烈关切事项"。近期，日本前首相安倍晋三等政客的"核共享"种种言论将日本军备扩张的企图暴露无遗。日本民间多数人已表达对安全问题的担忧，赞同日本军事实力的提升，更多的人则对华持消极态度。乌克兰危机促使日本调整国防战略，其军事主动权的增强及对外军事合作领域的拓宽将对亚太安全局势构成极大威胁。

二、东盟国家对中国崛起的认知担忧总体处于较高水平

（一）"中国威胁论"在东南亚存有一定市场

"中国威胁论"始于日本学者村井友秀于1990年发表的《论中国这个潜在的威胁》，文中从国力角度进行分析，指出中国将是一个潜在的威胁。冷战结束后，美国为维持其世界霸权，通过寻找资本主义国家"共同对手"的方式以保持核心地位，综合实力快速发展的社会主义中国即成为其首要目标。1992年，美国学者罗斯·芒罗在发表的题为《正在觉醒的巨龙：亚洲的真正威胁来自中国》一文中称"中国将是冷战结束后美国潜在的最大敌人"，该文发表后以美国为首的西方国家媒体纷纷发表文章大肆鼓吹与散布"中国威胁论"，随后印度、印度尼西亚等亚洲国家某些人也加入该行列。"中国威胁论"随着中国崛起及西方国家的相对衰落而浪潮迭起，目前内容已囊括政治、经济、军事、文化等各方面，且其覆盖范围仍在进一步扩大、影响愈加深重。有学者表示，党的十九大前后，新一轮"中国威胁论"卷土重来。

受诸多因素的影响，"中国威胁论"在东南亚地区有一定市场。第一，受历史认知的影响，个别东盟国家对中国长期抱有疑虑。古代中国长期主导着东南亚地区，与东南亚各国间的联系大多依据中国所制定的规则来进行，并形成了以中国为中心的"朝贡制度"，部分国家对"朝贡制度"保持高度警惕。个别国家如越南，曾被中国统治长达千余年，对华怨恨情绪有一定历史累积，也将中国视为对其主权的威胁。例如，越南一位高级官员曾表示，"在越南人民看来，孔子学院只不过是政治机构，与政治有着密切的联

系。在越南设立孔子学院，就是越南政府从属于中国的代名词"。随着中国实力的大幅上涨，中国主动谋求与东盟国家间的合作易被解读为中国试图扩张其权力，从而达到重新控制整个东南亚地区的目的。

第二，华人华侨因素带来的信任赤字。东南亚是世界上华人华侨最多的地区，冷战期间东盟国家曾怀疑当地华人政治忠诚度，担心中国利用华人干涉内政，以致华人华侨受到各国打压。自中国妥善处理好双重国籍问题后，当地华侨才纷纷转入居住国国籍，永久定居下来。随着华人华侨在东南亚经济实力的日益雄厚及政治话语权的不断增强，当地华人华侨一方面能起到重要的桥梁作用，推动中国—东盟间的经贸合作、人文交流。另一方面，华人网络的形成易加强东盟国家对"中国威胁"的感知，其政策由"排华"最终上升为"反华"。中国与东南亚华人团体的紧密接触也会引起东盟各国的猜忌，如2018年3月，中共中央印发《深化党和国家机构改革方案》，将国务院侨务办公室并入中央统战部，旨在更加广泛地团结联系海外侨胞和归侨侨眷。此举却引发东南亚各国的担忧，各国普遍担忧我国未来是否会把海外华人华侨动员工作置于优先位置，并以此作为彰显软实力和推进公共外交的工具。《时代报》等印度尼西亚主流报纸就曾指出中国正影响绝大多数入籍华裔公民，并建议为了国家利益，应解散并禁止所有印度尼西亚华人协会。印度尼西亚对中国的敌意也常与对华人的种族偏见有关，反对中国在印度尼西亚的经济影响往往是对印度尼西亚华人商业大亨经济主导地位的攻击。

第三，领土争议加剧了"中国威胁"的论调。东盟国家中，中国与越南、菲律宾、马来西亚、印度尼西亚等国均存在领土纷争，其中与越南、菲律宾已就南海主权问题上发生多起争端事件，越南发生的多次反华游行即与南海问题直接相关。

第四，西方国家长期对中国的无底线抹黑促进了"中国威胁论"的持续传播。自冷战结束后，以美国为首的西方国家便开始不断大肆渲染"中国威胁论"，在不同的时期总能炮制出新的威胁论点，其实质在于遏制崛起中的中国。如"一带一路"倡议本意是为打造务实合作平台，促进中国与共建国家共同发展、共同繁荣，西方媒体或政客却将此比作当代的"马歇尔计划"，也有人指责中国借此在共建国家制造"债务陷阱"。据统计，越南最具代表性的媒体机构"越通社"及"越快讯"在2013年9月1日至2018年12月31日期间发布的有关"一带一路"倡议的618篇报道中，有109篇对"一带一路"倡议进行负面评价，其观点主要源自西方媒体及学者。再如，2020年新冠疫情暴发初期，美国等西方国家毫无科学根据地将病毒源头归咎于中国，将病毒称为"武汉病毒"。此后，在疫情被较好控制的前提下，我国便积极对外派遣医疗队伍，提供防护物资，此善意之举却被污名化为"口罩外交""疫苗外交"，以致越南个别媒体也提出我国在实行"口罩外交"的不当言论。如此种种，可谓西方国家为抹黑中国，渲染"中国威胁论"的方式无所不用其极。

(二) 东盟国家对中国的崛起普遍担忧

随着中国综合实力的稳步提升，东盟国家普遍担忧中国在东南亚区域的影响力。自20世纪90年代初以来，各国就已主要关注崛起中的中国在经济、军事等方面对地区安全所带来的挑战。新加坡尤索夫伊萨东盟研究中心在2022年初发布的调查报告中显示，分别有76.7%、54.4%的受访者认为中国是东南亚地区最具经济、政治与战略影响力的国家，但其中多数人都担心中国日益增长的影响力。尤其是在政治与战略方面，分别有

93.5%、90.7%、88.5%来自缅甸、新加坡、越南的受访者对中国在此方面的影响力感到疑虑。对于"一带一路"建设，东盟国家虽普遍肯定其带来的经济效益，但同时也警惕经济过度依赖中国而导致自身的战略自主性受限，东盟国家的学术界及政界也不乏针对"一带一路"建设的质疑之声。

表3-9 尤索夫伊萨东盟研究中心部分调查结果 单位：%

国家	中国是东南亚地区最具影响力的经济强国		担心中国日益增长的经济影响力		中国是东南亚最具影响力的政治和战略力量		担心中国日益增长的政治和战略影响力	
	2021年	2022年	2021年	2022年	2021年	2022年	2021年	2022年
文莱	66.7	84.9	63.6	55.6	42.4	39.6	85.7	81.0
柬埔寨	80.8	84.0	47.6	29.4	61.5	75.3	81.3	45.9
印度尼西亚	70.5	67.9	65.9	60.7	44.2	38.2	86.0	66.0
老挝	87.5	86.4	48.6	65.8	65.0	75.0	69.2	78.8
马来西亚	76.9	72.6%	63.3	55.1	50.4	51.1	79.7	62.3
缅甸	83.3	83.4	76.9	87.3	51.9	70.9	91.4	93.5
菲律宾	59.7	65.8	77.5	76.4	29.9	37.0	95.0	88.5
新加坡	83.5	81.1	66.7	73.9	44.3	48.2	87.1	90.7
泰国	84.7	69.2	79.3	66.7	58.8	55.6	92.7	76.9
越南	65.7	71.5	90.4	72.8	49.7	52.8	97.7	80.3
东盟	75.9	76.7	68.0	64.4	49.5	54.4	86.5	76.4

1. 贸易投资的不平衡问题增大了东盟国家对中国发展的消极认知

中国与东盟经济相互依赖不断加深也并未消除各国的疑虑。2008年国际金融危机爆发后，中国成为东盟最大贸易伙伴国，2021年中国与东盟间贸易占东盟贸易总额的20%，远超美国所占比例。在投资方面，截至2020年末，中国对东盟直接投资存量达1276.13亿美元，是东盟第四大外资来源国，并分别是老挝、柬埔寨、缅甸的第一大外资来源国。在中国经济快速增长，并给东盟国家带来更多机遇和红利的同时，也会引发周边各国的疑虑，东盟国家对华的对冲战略即在一定程度上体现了对华的不信任。

中国—东盟贸易投资不平衡问题的逐渐显著也加大了东盟国家的疑虑。一方面，中国对东盟国家的贸易差额由逆转顺，且有逐渐拉大的趋势。中国与东盟建立对话合作关系之初，双方贸易基本保持平衡，中国存在微弱的逆差。进入21世纪后，东盟对华出口增速也始终快于中国对应的增速，中国对东盟国家贸易逆差占贸易总额的10%以上。直到2008—2009年，受国际金融危机的影响，双边贸易又基本平衡。2011年中国对东盟国家贸易逆差达到峰值，为229.45亿美元，此后中国向东盟国家出口额快速上涨，贸易差额也由逆转顺。2015年，中国对东盟贸易顺差达828.16亿美元，占当年双边贸易额的17.6%，此后两年顺差有所缩小，但自2018年后又快速拉大，直到2021年达到891.82亿美元的最高值。中国对东盟国家贸易顺差的快速扩大，易造成东盟国家内部一些保守派的崛起，抵制双边经贸合作。特别是中国对东盟贸易差额由负转正的转折点正好与双方自贸区的建立存在时间上的巧合，会使东盟国家误认为自贸区更有利于中国。

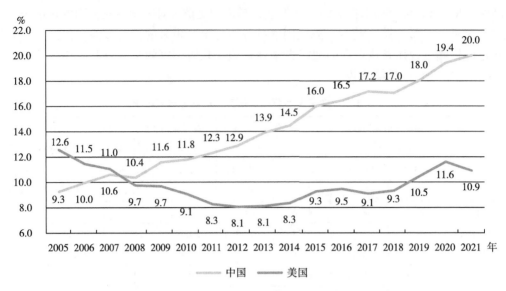

图 3-3　2005—2021 年中国、美国与东盟间的贸易占东盟总贸易的比重

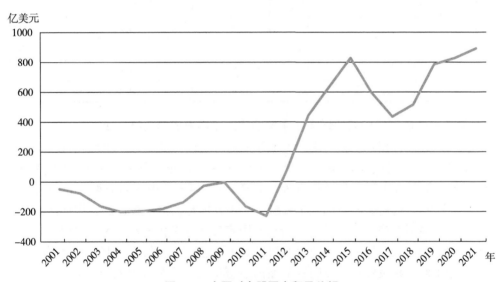

图 3-4　中国对东盟国家贸易差额

　　另一方面，双方投资不平衡问题也愈加明显。与中国—东盟贸易类似，自双方建立对话合作关系至 21 世纪初以来，东盟对华直接投资流量始终高于东盟实际利用的中国直接投资额。直至 2013 年"一带一路"倡议提出后，中国对东盟投资首超东盟对华投资额。此后中国对东盟投资迅速增加，由 2014 年的 78.09 亿美元增长至 2020 年的 160.63 亿美元，双方投资差额也快速扩大至 80 亿美元以上。中国—东盟投资差额的迅速拉大易使东盟国家将中国投资曲解为"经济扩张"，如印度尼西亚有批评人士指责佐科维政府过多依赖中国资本，称佐科维"正在把印度尼西亚的命运出卖给中国人"。双边投资合作在国别分布上也表现出明显的不均，中国对东盟投资主要集中在新加坡、印度尼西亚、老挝、马来西亚等国，东盟国家对华投资则基本全部来自新加坡。2020 年东盟在华实际投资金额为 79.5 亿美元，新加坡就占其中的 95% 以上。双边投资合作国别分布不均而引

起部分国家获益不平等，也易引发对中国—东盟共建"一带一路"互惠互益有效性的质疑。

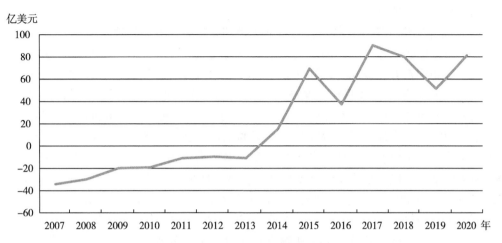

图 3-5　中国对东盟直接投资差额
（资料来源：《中国对外直接投资统计公报》《中国外资统计公报》）

此外，中国与多数东盟国家因经济发展水平、产业结构相似，在第三方出口市场的寻求及吸引外资上存在一定的竞争关系。作为发展中经济体，双方大多遵循的是出口导向型战略，出口产品类似，均是建立在自然资源及劳动力成本优势的基础上。在其国外市场很大部分依赖于西方国家的背景下，中国与东盟国家在国际贸易活动中经常是竞争关系。在吸引外资上，双方过去也都倾向于吸引发达国家劳动密集型及低附加值的产业，导致双方产业结构相似度很高。2020 年新冠疫情暴发，全球对外直接投资额大幅下降，降至一万亿美元以下，中国吸引外资规模实现逆势增长，东南亚国家外资利用规模下降 20% 以上。但在遭受疫情冲击后，东南亚吸收 FDI 规模迅速恢复，2021 年其规模预计达 1840 亿美元，超过疫情前水平。同期，中国实际吸引外资为 1734.8 亿美元，较上年增长 20.2%，并继续保持全球第二大外资流入国的地位。中国—东盟同作为亚洲吸引外资最主要的增长引擎，同时也是最受外资青睐的国家或地区，未来双方很大可能在吸引外资上激烈竞争。

2. 南海问题始终是阻碍中国与东盟国家和谐发展的主要因素

在中国军事实力与经济实力同步提升的背景下，东盟国家担忧中国可能采取愈加强势的手段处理南海问题，通过军事威慑、压力外交以及发展拒止能力的方式以实现对南海地区的绝对控制。尤索夫伊萨东盟研究中心在上一年度发布的调查报告也显示，共有62.4% 的受访者担心中国在南海问题上采取军事化行动。中国与越南、菲律宾等国已发生多次争端事件。1974 年、1988 年中越分别在西沙、南沙爆发海战；2014 年，双方就"海洋石油 981"钻井平台事件发生激烈摩擦；2019 年中越南海万安滩发生对峙事件。近年来，菲律宾也频频挑起争端，如 2012 年，菲律宾在南海黄岩岛附近欲抓扣中国渔民而引发的中菲黄岩岛对峙事件，2013—2016 年菲律宾单方面提起并推动南海仲裁案。2020年新冠疫情暴发，各国将大量精力投入抗疫之中，但南海局势非但没缓和，反而变得更为复杂。在美国宣传影响下，东盟国家的许多政要、媒体和专家学者认定中国会将疫情的全球蔓延视为"战略窗口期"，从而在南海采取行动。2020年4月越南渔船碰撞中国海警事件更是受到域内域外国家对中国的消极解读。以上种种，对"一带一路"建设在东盟国家和平稳定地推进造成不利冲击。

3. 俄乌冲突增加了处于非对称关系下东盟国家对安全事务的敏感性

中国与东盟各国存在明显的实力差距，双边关系存在非对称性。根据非对称关系理论，强国与弱国双方在彼此的认知和互动中存在根本差异，弱者一方即东盟各国，会相比中国更加关注自身的脆弱性，保证自主权受到尊重。即便是在正常不受威胁的状态下，弱者一方也往往会对涉及安全、主权方面的议题更为敏感，从而挑战既有秩序。

俄乌冲突进一步加大了东盟国家对中国的担忧。其一，增大与大国交往过程中固有的不安全感。对于此次的俄乌冲突，东盟及大多数东盟国家虽持中立态度，未点名指责俄罗斯为侵略者，但以东盟国家的视角来看，俄罗斯采取的特别军事行动违背了国际法。2022年3月，在联大第11次紧急特别会议上，除越南和老挝外的八个东盟国家均投票赞成并通过了谴俄决议，尽管该会决议不具约束力，但也在一定程度上表达了各国的意愿。对东盟国家而言，尊重独立、主权和领土完整以及免受外来势力的干涉和威胁等基本原则是各方在《东盟宪章》《东南亚友好合作条约》等重要文件中所达成的共识，任何违反这些原则的企图都将触及东南亚安全和繁荣的核心。新加坡总理李显龙在2022年国庆群众大会上表示，新加坡对俄的谴责及针对性制裁即是为了捍卫互相尊重国家主权和领土完整这一根本原则。此次俄乌冲突则易被东盟各国视为藐视国家主权的先例，增大其与大国交往过程中固有的不安全感。就中国与东盟国家间的非对称关系而言则是如此。其二，中俄间紧密的伙伴关系加大东盟国家对南海问题的担忧。中俄关系正处历史最好时期，已建成新时代全面战略协作伙伴关系，在外界看来，双方已达成一种"准同盟"。在抵制美国领导的地区秩序方面，中俄持相同的观念，此次的俄乌冲突中，中国也始终采取平衡策略，拒绝谴责俄罗斯。在此背景下，东盟国家可能将南海问题与俄乌冲突挂钩，认为中国有可能效仿俄罗斯对乌克兰的剧本，主动挑起南海争端。其三，以美国为首的西方国家借俄乌冲突试图捆绑中俄对世界造成巨大挑战，渲染"中国威胁论"。如《纽约时报》两次刊文称中方在俄乌冲突前就已知晓俄方计划和意图；北约秘书长妄称"中国拒绝谴责俄罗斯是严重挑战"；日本首相岸田文雄更是对台海局势进行炒作，称"明天的东亚可能成为乌克兰"。

三、疫情与俄乌冲突相互交织多方面冲击东盟经济社会的发展

（一）新冠疫情仍是东盟国家经济社会发展的主要不确定性因素

自2020年初以来，全球新冠疫情累计确诊人数已超6亿人，且这一数字仍在持续上升。疫情暴发之初，各国采取"封城""封国"等措施，使经济活动大范围停摆，失业率急剧上升，全球供应链衔接不畅。联合国在其发布的报告中显示，2020年全球经济萎缩4.3%，远超国际金融危机期间的萎缩幅度。疫情冲击使全球债务风险上升，据有关数据显示，2020年全球债务共增加24万亿美元，增幅远高于2008年金融危机时的情况。东盟国家中，越南、印度尼西亚、马来西亚、泰国、菲律宾等国均是新冠疫情严重受灾国，截至2022年8月16日，越南累计确诊人数已超过千万人，印度尼西亚、马来西亚、

泰国、菲律宾、新加坡累计确诊人数均在十万人以上，具体如图3-6所示。同时，大多数国家仍未对疫情进行有效控制。世界卫生组织发布的数据显示，2022年8月10~16日期间，印度尼西亚、新加坡、菲律宾、马来西亚新增确诊人数分别为36552人、33618人、27268人、26569人，越南、泰国新增确诊患者也超万例，疫情仍在多数东盟国家大肆传播。

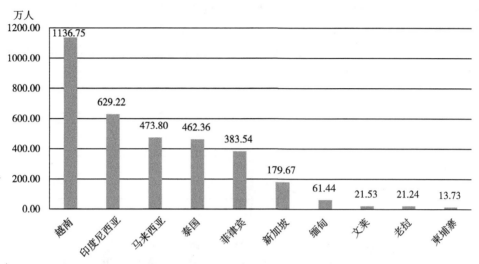

图3-6 截至2022年8月16日东盟各国累计确诊人数

（资料来源：WHO）

新冠疫情的暴发重创各国经济社会发展的同时，也给中国—东盟间的经贸合作、人文交流带来诸多风险挑战。经济层面上，新冠疫情对东南亚及全球各国经济的不利冲击增大了东盟国家经济发展的不确定性。其一，新冠疫情使绝大多数东盟国家经济陷入严重的衰退。2020年，菲律宾、缅甸、泰国等国经济出现大幅衰退，部分国家经济发生近十年乃至二十年来的首次负增长，新冠疫情对柬埔寨、缅甸、菲律宾、新加坡经济造成的经济萎缩甚至远超1998年亚洲金融危机、2008年国际金融危机爆发带来的影响。正如牛津经济研究院指出，新冠疫情对东南亚地区造成了自亚洲金融危机以来最大的增长冲击。其二，新冠疫情推高了逆全球化思潮。近年来，全球经济一体化受阻，贸易保护主义日渐抬头。美国在特朗普执政期间，推行以"美国优先"的单边主义原则，不断挑起国际贸易摩擦，接连退出多个国际组织，为国际经济合作带来诸多负能量。新冠疫情的暴发所导致的全球供应链、产业链、价值链的断裂客观上助推了经济民族主义的发展，并增加了逆全球化思潮在全球的"适应性"和"接受度"。东盟国家中，新加坡、越南、柬埔寨、马来西亚等国均属于高度外向型经济体，其经济复苏在很大程度上取决于主要经济合作伙伴的经济政策走向，疫情所推高的逆全球化思潮将会阻碍东盟经济发展所需的对外贸易合作。此外，全球疫情仍在持续暴发，美国、韩国等国疫情久而未决，每日新增确诊患者仍在万例以上，以上国家是东盟重要贸易伙伴，其疫情长期未能有效地控制也会对东盟经济复苏造成影响。其三，疫情将放大东盟国家经济发展面临的困境。东盟国家中，文莱、老挝、越南、缅甸等国一直存在较高的财政赤字，疫情将进一步恶化各国面临的财政问题。财政情况历年较好的国家，如新加坡，其2020财政年度的整体预算赤字在轮番疫情援助措施的叠加下达到 649 亿新加坡元，占国内生产总值的 13.9%，这也是新加坡独立以来的最大财政赤字。在疫情仍未得到有效控制背景下，金融市场的压力、财政赤字的加剧、资本流动的停滞等状况的发生和恶化，都易放大外部冲击对东盟国家的不利影响。此外，新冠疫情将对各国中小企业、旅游业等长期造成影响。如 2020 年新加坡的游客抵达人数减少 85.7%，旅游业收入在前三个季度下降了 78.4%；菲律宾外国游客数量及国际旅游收入均萎缩超八成；泰国旅游业损失 500 亿美元，同比下降 82%。受 2021 年 4 月新一波疫情的暴发影响，泰国旅游业再次受到重创，2021 年第二季度，其大部分旅游场所只留下 51% 的员工，而从事与旅游业相关的劳工平均工资只有过去的 65% 左右。

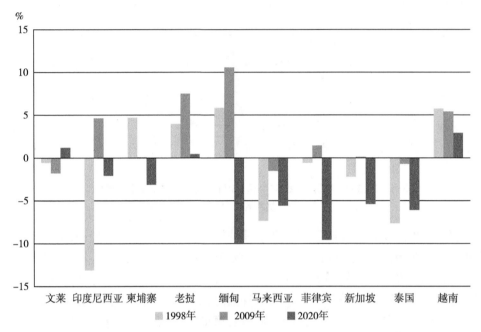

图 3-7 1998 年、2009 年、2020 年东盟国家 GDP 增长率

(资料来源：WDI)

社会与政治层面上，经济的下滑、失业率的上升、疫情防控的不力等都将会影响东盟国家政治社会的稳定。新冠疫情的暴发造成东盟国家失业率的普遍上升，较 2019 年，2020 年新加坡、菲律宾、马来西亚、缅甸、文莱等国失业率普遍上升 1~2 个百分点。在疫情暴发初期，部分国家就业人数大幅下降，如新加坡在 2020 年第一季度就业人数发生了有史以来最大的季度收缩，其就业人数锐减 25600 人。疫情导致的失业率上升在给东盟国家公共治理带来挑战的同时，也对社会安全稳定造成威胁，若未来疫情未得到有效控制且就业状况未得到改善，更会引起民众对政府的不满。另外，疫情在一定程度上放大了部分国家已有的国内政治矛盾，加剧了部分国家政局紧张程度。受疫情影响，部分国家发生了持续的游行示威活动。如在疫情暴发之初，泰王赴德国躲避疫情，引发大量民众对国王的质疑，这也直接导致了 2020 年在泰国发生的多次游行示威活动将矛头直接指向王室及君主制度。

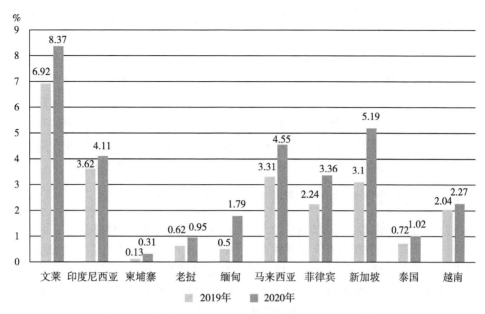

图 3-8 2019—2020 年东盟国家失业率
(资料来源：WDI)

新冠疫情对经济、政治、社会等各方面的不利冲击给中国—东盟间的合作带来风险挑战。首先，疫情加大了双方经贸合作难度，推高了贸易成本。世贸组织发布报告称，疫情导致的运输及旅行成本的上涨、不确定性的增加以及各国存在的贸易政策壁垒和监管差异将大幅加大贸易成本。值得注意的是，即便是在疫情得到有效控制后，贸易成本仍将可能继续上升。其次，在国际工程项目建设方面，疫情影响下，东道国采取的禁止中国技术及管理人员入境等防疫措施及其政府财政状况的恶化也将易使相关项目建设进程受阻。中国—印度尼西亚合作的"一带一路"标志性项目雅万高铁就曾因新冠疫情而停工数月。据报道，2020 年 3 月，由于施工管理问题，印度尼西亚公共工程与公共住房部（PUPR）指示雅万高铁暂停施工。但受疫情暴发的影响，原计划只停工两周的高铁项目却延迟到 6 月才重新开工。同样，印度尼西亚多个"一带一路"能源项目也受防疫措施的影响而被暂时搁置，如巴当托鲁水力发电厂及水坝项目因主要技术个人被禁止入境印度尼西亚而停工。

人文交流方面，受各国跨境限制措施的影响，中国与东盟国家间的旅游合作也遭受重创。据统计，2020 年东盟国家接待外国游客人数为 2615.81 万，不及 2019 年游客人数的 1/5，其中来自中国的游客更是由 3228.26 万人锐减至 400.42 万人。最后，在疫情背景下，部分国家开始从战略上重视供应链安全，推动全球供应链体系朝着多元化和分散化的方向发展。一些跨国公司可能将供应链从中国延伸至东盟国家，改变其原有区域生产网络，直接影响中国—东盟经贸关系的现实基础。如 2020 年 9 月，日本、印度、澳大利亚三国通过视频会议，通过了"供应链弹性倡议"，该倡议一定程度上是以上国家合力进行的"去中国化"合作，旨在减少对中国供应链的依赖。未来，该倡议可能还将延伸至东盟、欧洲等国。在政治及社会上带来的风险挑战主要表现为，以美国为首的西方国家借新冠疫情"中国责任论"对中国进行大肆抹黑以煽动东盟国家部分民众、媒体、官员的反华情绪，以及疫情期间美国对南海问题的干预，对南海区域的和平稳定造成的威胁。

目前，随着疫苗接种率的提升及区域经济逐步重新开放，大多数东盟国家经济呈现复苏的势头。世界银行研究报告指出，在经历德尔塔变种病毒造成的经济下滑后，东亚与太平洋地区大部分国家重新走向复苏，其中印度尼西亚、越南经济已超出疫情前水平，柬埔寨、马来西亚、菲律宾和泰国有望在 2022 年实现这一目标。据亚洲开发银行预计，2022 年东南亚国家经济增长约为 4.9%，2023 年也将达到 5.2%。但即便如此，新冠疫情仍在全球范围内持续暴发，其经济复苏仍面临疫情带来的不确定性。

（二）疫情背景下俄乌冲突对东盟经济的不利冲击

俄乌冲突对世界政治、经济均造成了严重的不利冲击。俄乌冲突带来了巨大的人道主义危机，预计将有 1200 多万人流离失所，1300 多万人需要紧急人道主义援助。同时也加剧了全球地缘政治紧张局势，2022 年 3 月，世界地缘政治风险指数飙升至 324.38，超出 21 世纪初期伊拉克战争时期的水平。经济方面，俄乌冲突通过大宗商品市场、贸易和金融等渠道的风险溢出将严重阻碍全球经济复苏，推高通胀水平。据 IMF 估计，2022 年全球经济增长将从 2021 年的 6.1% 放缓至 3.6%，新兴市场和发展中经济体的通胀率将达 8.7%。2022 年 6 月，世界银行发布的《全球经济展望》也指出，全球经济可能重现 20 世纪 70 年代的滞胀局面，并大幅下调增长预期，从 1 月预计的 4.1% 下调至 2.9%。东盟国家虽与俄罗斯、乌克兰经济联系强度不高，但俄乌冲突对各国宏观经济、金融、安全带来的挑战不容小觑。

1. 普遍推高东盟国家通胀水平

俄罗斯和乌克兰作为能源、谷物、金属等大宗商品的重要出口国，双方冲突的爆发及西方国家对俄的制裁引发大宗商品供应的中断、地缘政治风险的飙升将普遍推高各国通胀水平。在能源领域，俄罗斯是世界上第二大原油出口国、第一大天然气出口国及第三大煤炭出口国，出口量分别占全球出口的 12.3%、25.3%、17.8%；农作物方面，俄罗斯和乌克兰也是小麦重要的出口国，约占全球小麦出口的 1/4。受俄乌冲突的影响，全球能源及非能源价格均大幅上涨。2022 年 4 月世界银行发布的《大宗商品市场展望》报告显示，2022 年布伦特原油平均价格预计将达 100 美元/桶，较 2021 年上涨 42%。在新冠疫情及俄乌冲突的双重冲击下，能源价格出现自 1973 年油价飙升以来的最大涨幅，小麦价格在年内预计上涨 40% 以上，名义价格也将达到历史最高水平。俄乌均非东盟国家主要贸易伙伴，2020 年俄乌与东盟间的贸易额不及东盟总贸易额的 1%，俄乌冲突对各国直接带来的影响有限。但就石油、天然气、煤炭等大宗商品而言，东盟国家现已高度依赖进口，2019 年整个区域能源贸易净逆差超 1000 亿美元，特别在石油上，该地区对进口的依赖度已达 65%。能源支撑着东盟地区工业发展及经济复苏，俄乌冲突导致的能源价格上涨将推高地区物价水平，冲击各国宏观经济。同时，俄乌也是东盟谷物、肥料的主要来源地，分别占东盟国家总进口的 13.2%、9.7%，来自俄罗斯和乌克兰非能源大宗商品的中断也将进一步加大东盟国家通胀压力。例如，自俄乌冲突爆发后，新加坡通货膨胀率逐步攀升，2022 年 7 月通胀率达 7%，为 2008 年 6 月以来的最高水平，其中汽油、燃气及电力等价格涨幅均在 10% 以上。同月，老挝通货膨胀率同比上涨 25.6%，创 22 年来最高水平，泰国、菲律宾、印度尼西亚通胀率分别为 7.6%、6.4%、4.9%。

大宗商品价格大幅上涨所导致的消费者成本增加也将降低东盟国家国民收入水平。因能源及食品在家庭消费篮子中占据重要地位，其价格的上升将显著拉低国民收入，在发展中国家则更是如此。以菲律宾为例，能源约占该国家庭支出的 8%~9%，60%的人口在食品上的支出份额超过 50%，若能源和谷物价格上涨 10%，菲律宾贫困率将增加1.3%，即多出 140 万贫困人口。

2. 增大东盟国家金融脆弱性

大多数东盟国家金融发展水平低，与欧美等发达国家差距悬殊。IMF 发布的 *Introducing a New Broad-based Index of Financial Development* 报告中，通过金融机构及金融市场深度、准入、效率指标体系来构建金融发展指数，测度一国金融发展水平，其最新的评估结果如图 3-9 所示。由图 3-9 可知，在东盟国家中，半数以上国家的金融发展指数在0.4 以下，其中柬埔寨、老挝、缅甸金融发展指数更为落后，低于世界平均水平。发达国家如瑞士、美国、日本金融发展指数均在 0.9 以上，瑞士金融指数值高达 0.95，远高于东盟国家金融发展水平。同时，东盟内部各国金融发展水平参差不齐，新加坡、马来西亚、泰国金融发展水平远超其他国家。如新加坡当前已是亚洲第一大、世界第三大外汇交易中心。2021 年 9 月，英国伦敦 Z/Yen 集团联合中国（深圳）综合开发研究院发布第 30 期全球金融中心指数（GFCI 30），新加坡排名第四，仅次于纽约、伦敦和中国香港；马来西亚近年来则多次居于全球最大的伊斯兰金融中心的位置。

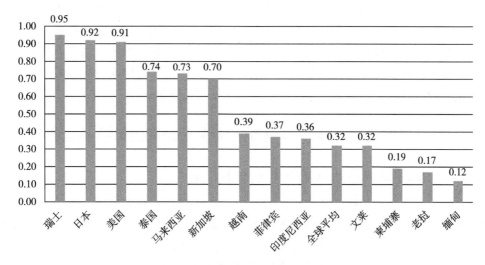

图 3-9　2020 年东盟国家金融发展指数

同时，多数东盟国家金融体系发展不健全，易受外部冲击的影响。经济发展结构的不合理、金融自由化及监管的缺失是引发 1997 年东南亚金融危机的主要内因，而来自国际游资的冲击则直接触发了危机的爆发。目前，多数东南亚国家仍是以劳动力成本为优势的出口导向型经济体，在金融自由化进一步扩张，金融创新不断发展的情况下，2020年全球暴发的新冠疫情已对东盟各国造成重大冲击。细数全球历次债务浪潮，主要经济体在债务危机前后都伴随房地产、股票等资产价格的快速上涨与回落，1997 年东南亚金融危机期间也是如此，印度尼西亚、马来西亚、菲律宾等国资产价格即呈此趋势波动。

在新冠疫情暴发前，东盟地区经济迅速稳定发展，国际资本的大量涌入导致该地区存在房地产过热及信贷泡沫问题。以柬埔寨为例，2012—2019 年，受其房地产虚假繁荣的影响，柬埔寨信贷年均增速达 31.1%，2019 年末金融部门提供的私人信贷占 GDP 之比高达 114.2%，房地产业信贷占其中的 20% 以上。而在疫情的影响下，东盟多国房价的迅速下跌易引发信贷风险。疫情背景下，也应警惕东盟国家财政赤字上涨、银行盈利能力及资产质量下降、外债增加等因素带来的风险。

俄乌冲突的爆发则进一步推高各国金融风险水平。自 2021 年底以来，多国宏观经济政策已逐步从紧，俄乌冲突的爆发则导致全球金融环境进一步明显收紧，推升金融稳定风险。在预期通胀进一步提升的压力下，各国央行开始调整疫情时期所实施的大规模量化宽松政策。2022 年 1~8 月，美联储已四次加息，其中在 6 月、7 月分别加息 75 个基点，创下自 1994 年以来单次加息的最大幅度。对发展中经济体而言，发达国家加息以及全球金融市场无序波动是对其毁灭性的打击。在疫情大流行期间，发展中国家的公共和私人债务存量已有所增加，随着政策收紧，企业高杠杆率和家庭债务等在疫情期间淡出视野的问题将重新浮出水面。另外，俄乌冲突也放大了投资者风险厌恶情绪，在美元加息背景下，东盟国家也面临资本外流、本币贬值等问题。2022 年上半年，东盟国家货币已开始整体走弱，其中老挝基普、泰国泰铢、马来西亚林吉特、菲律宾比索分别贬值 30.2%、5.2%、5.0%、4.5%。

此外，金融风险也易在东盟国家间传染。金融风险主要通过贸易、投资、债务等渠道进行传染，也有"唤醒效应""邻里效应"等传染方式。东盟各国相互毗邻，多国经济发展水平相近，且互为紧密的经贸合作伙伴。若某个重要经济体发生金融危机，极易将危机蔓延到其他经济体，从而引发东南亚区域性金融危机。新冠疫情更是助长了金融风险的传染。最新研究表明，在新冠疫情的冲击下，各国金融风险传染的地理效应显著增强，贸易依存度较高的经济体间，风险的传染性更为明显。

四、东盟国家政权更迭、腐败及恐怖主义带来的风险挑战值得重视

(一) 东盟国家政治不确定性带来的挑战依存

除老挝、越南、文莱外，东盟国家均建立了竞争性政党制度，其政党轮替具有明显的频繁和无序性，存在较大的政党轮替风险。频繁无序的政党更迭，一方面易激发社会矛盾，引发国内暴乱；另一方面又极易造成政府政策的不连续性、无效性。在与东盟国家共建"一带一路"过程中，中方投资并承建的基础设施项目多具备建设周期长、所需资金量大的特点，东盟国家政党轮替造成的政策不确定性为相关项目的顺利推进带来极大安全隐患。例如，2018 年 5 月，马来西亚议会大选中反对党派组成的希望联盟击败国民阵线获得多数席位，新当选总理马哈蒂尔曾严厉批评中国投资，称纳吉布政府与中国签署的协议损害马来西亚主权，上任后也明确表示将重新审视中马项目，此举无疑会增大中马相关项目实施所面临的不确定性。中泰铁路也因泰国多次政权更迭而一度被搁置。

东盟国家政府腐败程度普遍较高，部分国家政治稳定性差。一方面，多数东盟国家对腐败的管制水平低，公共部门腐败程度较高。据透明国际发布的 2020 年全球清廉指数（CPI）可知，东盟国家中除新加坡、文莱、马来西亚外，其他国家清廉指数得分均在 50

分以下，排在 100 名后，处于世界下游水平，如表 3-10 所示。世界银行项目报告的腐败管制指标也显示，2010—2020 年，东盟国家中除新加坡、文莱、马来西亚外，其他国家腐败管制得分均为负值。另一方面，部分东盟国家受内部势力冲突、军队干预等因素的影响，其政治稳定性较差。由图 3-10 可知，东盟国家中，缅甸、泰国、菲律宾等国政府稳定性明显低于其他国家，发生暴力、恐怖主义事件的可能性较大。暴力冲突事件的发生也会给中国与东盟国家间的合作带来更大的不可预见性，并易使中资企业遭受损失。如缅甸太平江一级水电站事件中，克钦独立武装与缅甸政府军发生军事冲突，克钦族人将矛头指向与中缅合作的大唐集团公司建设项目，并炸毁临时性的工程建设桥梁，导致大量中方工作人员撤离，太平江水电站暂停运营。又如，2021 年 2 月缅甸军方发动政变推翻民选政府，第四次接管国家权力，引发政局急剧动荡。当地反华势力趁机利用缅甸民众与军方间的矛盾，大肆散布攻击中国的谣言以激化缅甸社会的怨华情绪，最终造成了 2021 年 3 月中资企业被烧的恶性事件。

表 3-10　东盟国家全球清廉指数排名及得分

国家	清廉指数排名	清廉指数得分
新加坡	3	85
文莱	35	60
马来西亚	57	51
印度尼西亚	102	37
泰国	104	36
越南	104	36
菲律宾	115	34
老挝	134	29
缅甸	137	28
柬埔寨	160	21

表 3-11　东盟国家腐败控制指数

国家	2011 年	2012 年	2013 年	2014 年	2015 年	2016 年	2017 年	2018 年	2019 年	2020 年
文莱	0.86	0.55	0.65	0.53	0.57	0.57	0.71	0.80	0.80	1.28
印度尼西亚	-0.70	-0.64	-0.61	-0.56	-0.46	-0.40	-0.25	-0.25	-0.42	-0.40
柬埔寨	-1.24	-1.07	-1.05	-1.14	-1.12	-1.27	-1.29	-1.33	-1.30	-1.23
老挝	-1.18	-1.02	-0.93	-0.85	-0.91	-0.95	-0.94	-0.98	-1.06	-1.07
缅甸	-1.59	-1.06	-1.00	-0.88	-0.84	-0.62	-0.57	-0.59	-0.63	-0.65
马来西亚	0.03	0.24	0.35	0.41	0.24	0.10	0.03	0.31	0.25	0.25
菲律宾	-0.67	-0.56	-0.38	-0.44	-0.45	-0.49	-0.48	-0.54	-0.57	-0.48

续表

国家	2011 年	2012 年	2013 年	2014 年	2015 年	2016 年	2017 年	2018 年	2019 年	2020 年
新加坡	2.11	2.12	2.08	2.07	2.09	2.09	2.13	2.17	2.16	2.15
泰国	-0.32	-0.37	-0.34	-0.45	-0.49	-0.39	-0.39	-0.40	-0.41	-0.42
越南	-0.61	-0.53	-0.48	-0.44	-0.43	-0.45	-0.58	-0.49	-0.51	-0.35

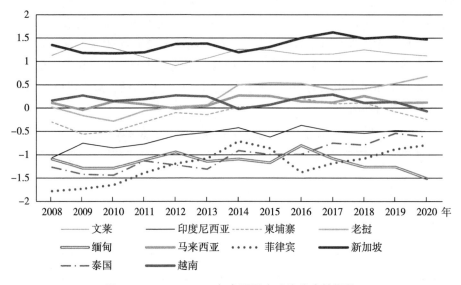

图 3-10 2008—2020 年东盟国家政治稳定性指数

（二）东南亚地区恐怖主义带来的挑战

东南亚地区由于地处世界文明结合部地带，多元宗教并存，同时区域内经济发展不平衡，使其成为恐怖主义肆虐的高危地带。该地区暴力极端主义的威胁分别经历了以基地主义、伊斯兰国为中心的两个阶段。在前一阶段，多达 400 名东南亚恐怖主义人员前往阿富汗、巴基斯坦习得战斗经验，并在泰国、马来西亚、菲律宾等国创建了多个恐怖组织团体。在以 IS 为中心的阶段，东南亚国家出现了多个与 IS 相关联的团体。自 2014 年年中以来，东南亚相继有 60 个以上团体宣誓效忠 IS 领导人。2017 年底，在国际社会打击 IS 并取得重大进展的背景下，国际反恐进入"后伊斯兰时代"，东南亚地区恐怖主义局势虽整体可控，但纵向来看却处于一波新的发展高潮中，IS 在该地区的扩散及"圣战"分子的回流给地区安全带来极大隐患。据统计，2013—2019 年，东南亚国家发生恐怖主义袭击的次数达 7000 次以上，年均 1000 次，远超 2013 年以前任何年份发生袭击的次数，具体如图 3-11 所示。东盟国家中，近一半的国家面临较高的恐怖主义威胁，据经济与和平研究所（IEP）发布的 *Global Terrorism Index* 2020 显示，菲律宾、泰国、缅甸、印度尼西亚恐怖主义排名全球第 10 名、21 名、25 名、37 名。美国皮尤研究中心在过去几年的调查亦显示，伊斯兰极端主义在东南亚地区的吸引力明显增强。

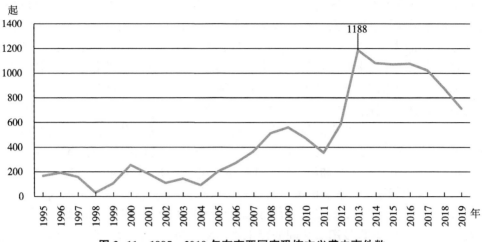

图 3-11 1995—2019 年东南亚国家恐怖主义袭击事件数

另外，极端主义思想在东南亚国家年轻一代中不断滋生。相关调查显示，东南亚国家中，绝大多数大学生对恐怖主义有一定了解，主要通过电视、互联网、报纸等媒体获取恐怖主义信息。在是否同意恐怖主义是实现目标的有效方法一项调查中，印度尼西亚、马来西亚、菲律宾、新加坡、泰国均有 20% 以上的受访大学生持同意观点，在认为他们是否可能会从暴力激进的想法转向实施恐怖主义等暴力行为这一问题上，新加坡、马来西亚、印度尼西亚、菲律宾、泰国分别有高达 68.86%、51.87%、48.36%、44.95%、42.22% 的受访大学生对此表示赞同。近两年发生在印度尼西亚的多起恐怖暴力事件，如 2018 年 5 月泗水自杀式爆炸案、2021 年 3 月望加锡自杀式爆炸案，犯罪嫌疑人都属于年轻一代，也都与 IS 有着或多或少的联系。可见，极端主义思想已对东南亚年轻一代造成不利影响，部分学生以后可能发展成极端主义的支持者或暴力行为的施加者。

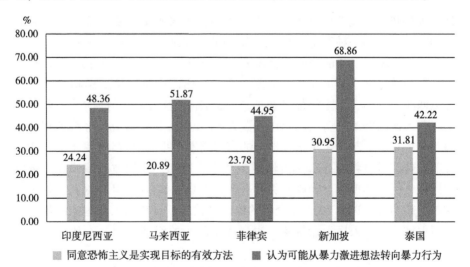

图 3-12 对印度尼西亚、马来西亚、菲律宾、新加坡、
泰国大学生在恐怖主义相关问题上的调查情况

在新冠疫情背景下，各国出台的各项社交管制措施在一定程度上缓解了全球恐怖主义活动，但也增加了恐怖主义通过在线网络渠道的传播。对东南亚地区也是如此，疫情期间该地区恐怖主义活动整体趋缓，但恐怖组织在宣传、招募与叙事上呈现互联网化，抗疫不力也成为东南亚恐怖组织否定政府的合法性的借口。随着东南亚各国逐步取消管制措施，多国恐怖主义活动可能再次趋于活跃，而此次俄乌冲突造成的经济问题也易成为恐怖组织新的叙事主题，引发新的社会问题。

东南亚地区面临的恐怖主义属区域性威胁，任何一国都难凭一己之力将其根除，需区域内外国家联合进行反恐。东盟是东南亚最重要的区域合作组织，其宪章明确了要"维护和促进地区和平、安全和稳定""对各种形式的威胁、跨国犯罪和跨境挑战做出有效反应"。在反恐问题上，东盟国家也已签署了《东盟反恐公约》（ACCT），并制定有关打击恐怖主义行动计划，但受其缓慢的政策制定实施进程、"软法"的弱约束、不同国家在反恐问题上的分歧以及国家之间悬而未决的领土争端等因素的影响，使东盟无法成为地区反恐的主要推动力量。恐怖主义在东南亚地区的存在及发展将不利于东盟各国间的务实合作，也会对中国—东盟共建"一带一路"带来风险挑战。

五、环境与公共卫生问题是未来几年共建"一带一路"面临的重要挑战

根据世界卫生组织发布的《国际卫生条例》，"公共卫生风险"是指发生不利于人群健康事件，特别是可在国际上散播或构成严重和直接危险事件的可能性。东南亚地区受其气候条件、社会经济发展水平以及高度外向型经济体制等因素的影响，面临较高的区域性公共卫生风险。

（一）热带气候导致细菌和病毒的滋生及传播

东南亚地处热带，大部分地区终年炎热潮湿，植被密集，使细菌和病毒极易滋生及传播。例如，登革热是一种发生在热带和亚热带气候地区的蚊媒病毒感染，现已成为世界上传播最广泛、增长最快的病媒传播疾病，全球共有39亿人面临感染登革热病毒的风险。目前，登革热已在全球100多个国家中流行，而东南亚则是受影响最严重的地区之一，印度尼西亚、缅甸、泰国等都是登革热最高流行度的国家。据估计，东南亚平均每年新增290万人次的登革热病例，死亡人数为5906人，每年造成的经济负担达9.5亿美元。值得关注的是，登革热在东南亚地区的流行周期由平均10年缩减到3~5年，由气候变化导致的全球变暖也将使登革热疫情更为严重。近期，新加坡、菲律宾、越南、马来西亚等多国报告登革热疫情，确诊病例数呈增长态势，如2022年1~8月，新加坡报告登革热病例数已超两万，远超2021年全年的确诊人数。登革热在东盟国家高频率、大范围的暴发，不仅威胁各国人民生命健康，也造成了巨大的经济负担，不利于社会经济活动的正常运行。

另一种蚊媒传播的疾病——疟疾，也是东盟国家面临的重要公共卫生安全威胁之一。2020年世界卫生组织发布的《世界疟疾报告》显示，2019年全球87个疟疾流行国家中，共有2.29亿例疟疾病例。近年来，东南亚地区的疟疾病例虽减少了73%，从2000年的2300万例减少至2019年的630万例，死亡人数也从35000人减少至9000人，但东

南亚仍是疟疾高发的重点地区之一。同时，人畜共患型流感病毒也是东盟国家公共卫生安全面临的一大挑战。据统计，2003—2020年，东盟国家报告的H5N1的病例人数占全球总数的47.7%，死亡率高达69.9%，印度尼西亚、越南、柬埔寨等国均是流感病毒高发的国家。H5N1流感病毒虽不易人传人，但若因病毒发生变异而具有高传染性，同时保持其高致命率，将会对东盟国家公共卫生安全造成重大威胁。

（二）东盟国家公共卫生治理能力弱

受限于经济社会发展水平，东盟国家公共卫生基础设施落后，公共卫生治理能力弱。世卫组织发布的最新数据显示，除新加坡、文莱、马来西亚外，其他国家每万人口中医生人数不足十个，柬埔寨医生密度仅为1.93，不到我国的1/10。医院密度方面，柬埔寨、菲律宾、印度尼西亚、老挝等国每万人的医院病床数也均远不足我国的一半，具体见表3-12和表3-13。若发生突发性、持续性的公共卫生事件，以现有的医疗硬件设施及人力资源条件，多数国家将面临巨大公共卫生治理危机。权威医学杂志《柳叶刀》通过一国对32种可防可适宜治疗疾病的治愈率与死亡率得出其医疗可及性和质量指数（HAQ Index），以此对医疗能力水平进行评价。东盟国家中，新加坡HAQ指数高达90.6分，文莱、泰国、马来西亚指数得分均在70分上下。除以上国家外，老挝、柬埔寨、缅甸等国医疗能力均远低于全球平均水平。

表3-12　东盟国家医生人数及医院床位密度

国家	医生密度（每万人）	医院床位密度（每万人）
文莱	16.09	28.5
柬埔寨	1.93	9
印度尼西亚	4.65	10.4
老挝	3.73	15
马来西亚	15.36	18.77
缅甸	7.37	10.44
菲律宾	6	9.9
新加坡	22.94	24.86
泰国	9.19	21
越南	8.28	31.8
中国	19.8	43.1

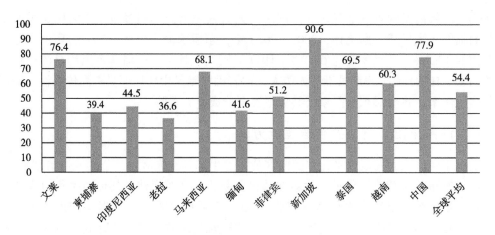

图3-13　东盟国家医疗可及性和质量指数

在公共卫生的支出上，东盟国家也远低于英国、美国、日本和韩国等发达国家，文莱、印度尼西亚、老挝、马来西亚、泰国等多数国家卫生支出占GDP的比例不足4%，不到美国的四分之一。公共卫生投资的匮乏，将进一步加剧东盟国家医疗卫生基础设施的落后，与发达国家间的医疗水平差距愈加拉大。此外，水安全也是东盟国家面临的最重要的非传统安全挑战之一。东南亚虽是全球经济增长最快的地区之一，但若干地区的关键基础设施和基本服务也未能充分跟上快速城市化和人口增长的步伐。同时，东南亚地区是自然灾害高发及气候敏感地区，由于经济发展的不平等而造成的部分边缘化人口将易受到与水有关的灾害的影响，数百万生活在雅加达、马尼拉等大城市的人也面临多种与水有关的风险。以菲律宾为例，其共有127个淡水水体，但只有47%保持良好的水质，也有58%的地下水储备被检测有大肠菌群污染。据估计，菲律宾的水污染危机每年造成13亿美元的损失。

表3-13　东盟国家及中国、日本、韩国、英国、美国卫生支出占GDP的比重　　单位：%

国家	2009年	2010年	2011年	2012年	2013年	2014年	2015年	2016年	2017年	2018年
文莱	2.39	2.28	1.86	1.85	1.9	1.91	2.39	2.55	2.27	2.41
柬埔寨	7.58	6.91	7.5	7.26	7.1	6.7	6.19	6.12	5.93	6.03
印度尼西亚	2.68	2.96	2.96	2.9	2.96	3.12	2.99	3.09	2.87	2.87
老挝	3.46	2.91	1.94	2.08	2.4	2.3	2.45	2.36	2.53	2.25
马来西亚	3.28	3.18	3.34	3.49	3.52	3.73	3.82	3.69	3.71	3.76
缅甸	2.1	1.87	1.92	2.44	3.24	4.39	5.48	5.11	5.09	4.79
菲律宾	4.35	4.31	4.21	4.37	4.46	4.13	4.32	4.41	4.45	4.4
新加坡	3.4	3.2	3.16	3.33	3.69	3.87	4.18	4.4	4.42	4.46
泰国	3.62	3.39	3.57	3.52	3.45	3.68	3.67	3.76	3.83	3.79
越南	5.29	5.97	5.87	6.28	6.34	5.78	5.65	5.66	5.93	5.92
中国	4.32	4.21	4.33	4.55	4.71	4.77	4.89	4.98	5.15	5.35

续表

国家	2009 年	2010 年	2011 年	2012 年	2013 年	2014 年	2015 年	2016 年	2017 年	2018 年
日本	9.06	9.16	10.62	10.79	10.79	10.83	10.89	10.83	10.8	10.95
韩国	5.78	5.92	6.01	6.13	6.25	6.47	6.65	6.91	7.11	7.56
美国	16.28	16.35	16.3	16.29	16.21	16.41	16.71	17.05	17	16.89
英国	10.02	9.99	9.97	10.05	9.98	9.96	9.9	9.87	9.83	10

（三）日益密切的跨国合作加速传染病传播

与邻近国家经贸合作、人文交流的日益密切，使东盟国家易受跨国传染病的侵入。东盟国家已遭受 SARS 病毒、新冠病毒等多轮全球流行性病毒的侵袭。据相关数据统计，SARS 病毒期间，新加坡累计病例仅次于中国、加拿大，东盟国家确诊病例的死亡率也高于全球平均水平。目前，东盟与组织外的国家进行大量的贸易、人员往来，与外部国家间的贸易额占其外贸总额的 70% 以上，2020 年来访东盟的游客也近 3000 万。在东盟国家经济社会高度开放的背景下，若像美国、日本、韩国、印度等与之密切合作的国家仍未控制好新冠疫情，东盟国家将长期暴露在被新冠疫情传染的风险之中。

第三节 中国与东盟国家共建"一带一路"的发展前景

一、合作意愿仍然较强

（一）中国与东盟国家间的政治关系逐步向好，合作意愿逐渐增强

1991 年 7 月，我国首次与东盟正式进行接触，双方已历经三十年的对话合作。如今，中国与东盟及东盟各国间建立了多层级、多渠道的交流机制，政治互信不断增强。2019 年 11 月，中国与东盟就"一带一路"倡议与《东盟互联互通总体规划 2025》的对接合作发表联合声明，表明了东盟对于"一带一路"建设的支持及双方高质量合作迎来的重大机遇。目前，中国与东盟十国均已签署"一带一路"合作文件，并在经贸、交通等领域间的合作取得重要进展。

另外，"一带一路"倡议与越南"两廊一圈"、印度尼西亚"全球海洋支点"、菲律宾"大建特建"等战略规划高度契合，对接的可行性强。如 2004 年 5 月，越南总理向中方提出的共建"两廊一圈"倡议，"两廊"指昆明（中国）—老街—河内—海防—广宁、南宁（中国）—谅山—河内—海防—广宁经济走廊，"一圈"是指环北部湾经济圈。该倡议旨在促进中越边境基础设施互联互通及经贸往来，与"一带一路"倡议在发展目标、合作领域、合作机制等方面具有相似性，双方现已签署《共建"一带一路"和"两廊一圈"合作备忘录》；"全球海洋支点"战略由印度尼西亚总统佐科于 2014 年提出，其核心是重塑印度尼西亚海洋身份，意将印度尼西亚打造成"海洋强国"，该战略以海上基础设施建设为重点，通过各岛屿间的互联互通来促进经济发展。为筹措基建项目的建设资金，印度尼西亚表示将与国外投资者合作建设港口，并向中国丝路基金、亚

投行寻求融资支持。双方领导人都已明确表明"一带一路"倡议与"全球海洋支点"战略高度契合，并于 2018 年 11 月签署《推进"一带一路"和"全球海洋支点"建设谅解备忘录》，2022 年 11 月，双方又签署了共建"一带一路"倡议与"全球海洋支点"构想对接框架下的合作规划；2017 年 4 月，菲律宾提出"大建特建"规划，决定大规模进行基础设施建设，此举即与"一带一路"倡议的对外合作方向不谋而合。中方已资助菲律宾多个"大建特建"项目，如赤口河灌溉项目、卡利瓦大坝项目、巴石河桥项目等。

（二）多数东盟国家基础设施发展较弱，基建需求大

多数东南亚国家基础设施发展处于世界中下游水平。世界经济论坛发布的《全球竞争力报告》通过对公路、铁路、航空、港口、电力等设施发展情况进行评估，得出一国基础设施排名，其 2019 年发布的报告显示，东盟国家中，除新加坡、马来西亚外，其他国家基础设施排名均在 70/141 之后。在交通领域，越南、菲律宾、老挝、柬埔寨等国基础设施建设落后，其道路连通度及公路质量均处世界下游水平，具体如表 3-14 所示。

表 3-14 东盟国家基础设施排名

国家	基础设施	交通基础设施	道路连通度	公路质量	铁路密度
文莱	58	77	93	32	N/A
印度尼西亚	72	55	109	60	85
柬埔寨	106	96	107	97	N/A
老挝	93	87	126	89	N/A
马来西亚	35	29	133	19	63
菲律宾	96	102	125	88	91
新加坡	1	1	N/A	1	1
泰国	71	53	54	55	55
越南	77	66	104	103	58

同时，东南亚区域基建需求逐年提升，基建成本优势突出。根据中国对外承包工程商会与中国出口信用保险公司联合发布的《"一带一路"国家基础设施发展指数报告（2021）》可知，东南亚国家发展需求指数排名连续三年提升，2021 年东南亚国家发展需求指数得分为 134，仅次于独联体和蒙古国。在基础设施发展热度及成本优势方面，东南亚区域均排在首位。

在以上背景下，东盟及部分东盟国家正极力改善国内基础设施现状，并已颁布战略规划，将基础设施建设作为发展的主要方向，如 2016 年 9 月通过的《东盟互联互通总体规划 2025》即是东盟改善东盟地区互联互通状况的一大举措，旨在加强东盟国家间的物理联通、制度联通及民心相通，建立一个更具竞争力、包容性和凝聚力的东盟。但受限于财政实力及技术条件，东盟国家难以凭一己之力完成相关工程的实施。亚洲开发银行估计，2016—2030 年，东南亚每年基建投资需求为 2100 亿美元，年度资金缺口却超 1000 亿美元。中国拥有先进的基建技术及充足的资金，设施联通也是"一带一路"倡议

的主要合作内容,双方在基础设施建设上的合作拥有广阔的前景。

二、合作能力显著提升

(一)中国与东盟国家合作具备天然的人缘、地缘优势

东南亚东濒太平洋,西临印度洋,是连接两者间的咽喉要道,地缘位置极为重要。东盟为大国互动提供了一个中立的地缘政治平台,其对中国的重要意义正如拉丁美洲之于美国,充当地缘政治的"后花园"。美国在拉丁美洲的所作所为证实其大国行为的本质,而中国与东盟间的良好关系则能强化中国和平崛起的主张。东盟是上天赐给中国的礼物。中国与东盟国家地缘相近、人缘相亲,拥有共同的发展理念、历史记忆及发展阶段,双方合作具备天然的优势。

地缘相近、人缘相亲。中国与东盟山水相连,依托地理位置优势,双方早在两千多年前就已有了商业、文化往来,并在相当一段长的历史时期内通过海路建立了非常密切的经贸合作关系。特别在唐代中期,随着"古海上丝绸之路"的发展,我国开辟了从泉州、广州通往东南亚及波斯湾的航路。唐"安史之乱"后,全国经济中心的南移、航海工具的发展、中国对外交通从陆上丝绸之路为主向海上丝绸之路为主的转变,以及航海贸易政策的制定,促成了宋元时期海外交通与贸易的繁盛。该时期中国与东南亚国家间的交往是前所未有的,明朝时期更是达到鼎盛。郑和七次下西洋,其中东南亚是前三次航海的主要目的地,后四次航海往返的必经之地,有效地推进了中国与东南亚物质文化、制度文化、精神文化间的交流。长达两千多年的经济文化交往、多达三千多万的华人华侨,使东南亚对华更会有一种天然的亲近感。根据 Hofstede 测度的文化特征指数,参考曲如晓(2015)的做法,采用欧氏距离计算公式对中国与部分东盟国家间的文化距离进行测算,结果如图 3-14 所示。由图 3-14 可知,中国与东盟国家间的文化距离远低于英美等西方国家。如今,随着中国—东盟基础设施互联互通建设的稳步推进,在科、教、文、旅等人文领域的交流全面开花,双方高质量共建"一带一路"相比其他国家而言更具地缘、人缘优势。

共同的发展理念。2013 年 10 月,国家主席习近平在座谈会上强调,"我国周边外交的基本方针,就是坚持与邻为善、以邻为伴,坚持睦邻、安邻、富邻,突出体现亲、诚、惠、容的理念"。在几千年来对热爱和平的文化的继承以及近代饱受殖民压迫、战火摧残后,"以和为贵""与邻和睦""天下大同"等和平发展理念已深植于中华民族的精神世界中,中国在"一带一路"建设的推进过程中也始终秉承共商、共建、共享的原则。而东盟国家则有着相似的"和谐"文化基因,《东盟宪章》中明确提出其宗旨是"在本区域维持和加强和平、安全与稳定,并进一步强化以和平为本的价值观","确保东盟成员国和人民在一个公正、民主与和谐的环境中,同全世界和平共处",其倡导的以尊重国家主权、坚持不干涉内政与和平解决争端原则为核心的"东盟方式",与我国和平发展的理念不谋而合。

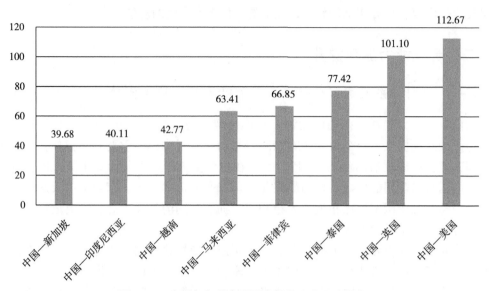

图 3-14 中国与部分东盟国家间的文化距离指数

共同的历史记忆与发展阶段。与我国类似，近代东南亚历史也是一部被西方列强侵略、占领，沦为殖民地的历史，"二战"期间也被日本大规模侵略过。随着"二战"的结束，东南亚地区的原殖民地国家纷纷掀起了民族独立运动，先后迎来了一个个新兴独立国家的成立。冷战期间，中国与东盟国家间的关系虽一度呈敌对态势，但随着双方外交关系的逐一建立，中国与各国间的关系快速缓和，并逐步建立起密切的合作关系。目前，大多数东盟国家与中国一样，处于发展中国家之列，面临共同的经济发展、社会治理、贫困等问题。基于共同的历史记忆与发展阶段，相比欧美发达国家，东盟国家会更加认同中国改革开放四十多年来取得的成就以及形成的宝贵经验，对其而言也更具借鉴价值，双方在经济、社会、文化等各领域也存在更为广阔的合作空间。

（二）依托人口红利及丰富的自然资源，东盟国家发展潜力大

自 20 世纪 60 年代以来，日本、韩国、中国香港及东盟等经济体相继迎来发展的高潮，经济实现迅猛增长，世界银行（1993）将其誉为"东亚奇迹"。有关东亚经济增长模式也引发经济学界的广泛探讨。如克鲁格曼（1994）指出，东亚经济增长绝大多数是由投入推动，其断言亚洲新兴工业化经济体的成功与 20 世纪 50 年代的苏联相似，经济增长主要由劳动力和资本等投入的超常增加驱动，并非由效率的提高所驱动，是一种粗放式增长。Sarel（1996）认为，积累资本和劳动参与率的增长并不能完全解释"亚洲四小龙"经济的飞速增长，技术创新带来的生产率的提升也发挥了重要作用。我国经济学家林毅夫（1999）则将东亚的成功主要归于各个经济体根据不同时期的禀赋条件实施了比较优势战略。具体就东南亚地区而言，各国经济增长主要依赖于丰富的自然资源和廉价的劳动力，以及深度参与世界经济合作的出口导向战略。综上可知，劳动力、自然资源以及科技创新实力是东亚经济体发展的基本要素，而国家良好的经济管理能力与正确的发展战略决定了发展的可持续性。结合现有的资源禀赋、发展策略来看，东盟仍处于重要的发展机遇期。

第一，东盟国家劳动力资源丰富，老龄化人口比例低，人口红利期较长。劳动力规模方面，东南亚劳动力人口总数在全球主要区域中排名第4，仅次于东亚、南亚及撒哈拉以南非洲。2021年，其劳动力规模已超3亿，占全球劳动力总数的10%。人口结构上，多数东盟国家15~64岁人口占比均在70%上下，人口在不同年龄层的占比总体呈"中间大、两头小"，正处于人口机会窗口期。老挝、菲律宾、柬埔寨、印度尼西亚等国适龄劳动人口的占比虽低于中国，但其0~14岁人口占比普遍在25%以上，人口结构相比中国而言，更显年轻化，其优势将在未来数年逐步释放。根据联合国经济和社会事务部估计，2020年东南亚国家的人口年龄中位数为30.2岁，与中国在2000年的人口年龄中位数相当。依此可推算，未来10~20年仍会是东盟国家的人口红利期。就中国而言，虽面临人口增速放缓、人口结构不断老龄化、劳动力供给短缺等挑战，但劳动力规模依然庞大，且随着劳动力人口素质的大幅提升，我国有望实现由人口红利向人才红利的转变。

另外，中国及东盟国家生产率水平也在迅速提升。据世界银行发布的研究报告显示，东亚及太平洋是全球生产率增长最快的区域，2013—2018年平均每年增长6.1%，该区域内的中国、部分东盟国家增长速度居新兴市场和发展中经济体的前10%。

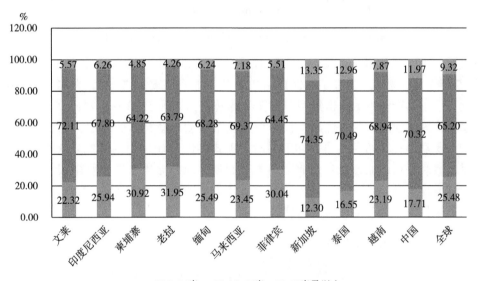

图3-15　2020年中国与东盟国家人口结构

第二，东南亚国家盛产热带作物，且矿产资源丰富。热带作物指在热带气候（南北纬度23.5°）下生长的植物，因其稀缺性、不可替代性而拥有广阔的市场前景。东南亚是世界上橡胶、油棕、椰子、蕉麻等热带作物的最大产区，其中泰国、马来西亚、菲律宾分别是世界上最大的橡胶、棕榈油、椰子生产国。热带作物在多国经济发展中发挥重要作用，棕榈油及制品、橡胶制品均是马来西亚前五大出口商品，共占其出口额的近10%；橡胶产品是泰国主要出口产品，占出口额的5%以上。同时，东盟国家拥有丰富的铜、镍、锡、石油等矿产资源，如印度尼西亚是铜、镍矿资源大国，其储量分别居世界第三位和第八位；马来西亚锡储量占世界总储量的16.4%，居世界第二位。印度尼西亚、马来西亚两国同时也是重要的石油、天然气出口国。

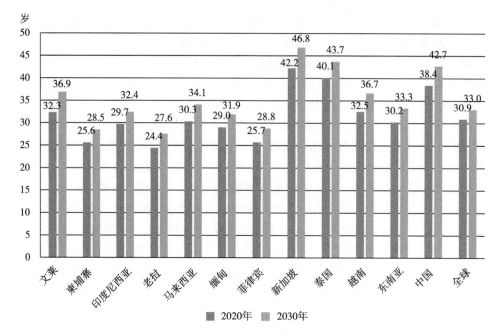

图 3-16 2020 年、2030 年中国与东盟国家人口年龄中位数

最后，为实现创新驱动发展，促进经济的高质量增长，多国已出台多项发展规划。如 2015 年 3 月，柬埔寨批准了《2015—2025 年工业发展政策》，主要为实现工业结构的现代化，促进其产业由劳动密集型向技能型的转变；泰国于 2016 年提出"泰国 4.0"创新驱动经济模式，通过税收优惠、投资激励政策推动高新技术的运用，使创新成为经济发展的主要动力；2018 年 4 月，印度尼西亚正式推出"印度尼西亚制造 4.0"计划，旨在通过发展高科技产业，提升工业增加值来加强其经济竞争水平；菲律宾、新加坡、文莱也分别通过了《2017—2022 年菲律宾发展规划》《产业转型蓝图 2025》《国家经济发展蓝图》以实现经济高效可持续的增长。

（三）中国—东盟在经贸领域合作互补性强、潜力大

第一，中国—东盟贸易投资合作韧性强，均实现"逆疫增长"。由图 3-17 可知，2006—2020 年，除个别年份外，双方贸易额均呈正增长。2020 年新冠疫情期间，中国—东盟贸易额逆势增长，东盟跃居中国第一大贸易伙伴，双方进出口总额达 6845.9 亿美元，较上年增长 6.64%，是 2006 年进出口额的 4 倍。海关总署联合广西壮族自治区人民政府发布的中国—东盟贸易指数也显示，2020 年中国—东盟贸易指数为 241.09 点，较 2019 年上涨 19.64%，双方贸易发展水平及前景仍在"逆疫而上"。2021 年，东盟仍稳居中国最大贸易伙伴的地位，1～10 月双方贸易额已达 7033.35 亿美元，同比增长 30%，占中国外贸总额的 14.38%，全年将再创新高。

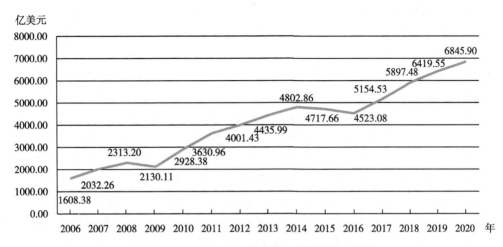

图3-17　2006—2020年中国—东盟进出口总额

投资方面，中国对东盟直接投资逐年稳步增长，十年时间实现对东盟国家直接投资的两级跳，存量由2009年不到100亿美元已增长至2018年超千亿美元。新冠疫情背景下，中国对东盟国家投资也仍逆势增长，2020年中国对东盟的直接投资流量为160.63亿美元，同比增长23.3%，占中国当年总投资流量的10.4%，其中对新加坡、印度尼西亚、泰国、越南的直接投资流量排在中国对外直接投资流量前十的国家（地区）之列。2020年末，中国共在东盟设立直接投资企业超过6000家，雇用外方员工超55万人。

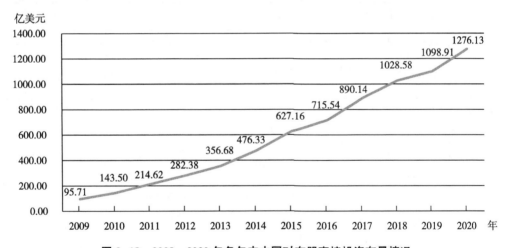

图3-18　2009—2020年各年末中国对东盟直接投资存量情况

（资料来源：《中国对外直接投资统计公报》）

第二，中国与东盟国家在经贸合作领域仍具较强的互补性。在理论层面上，我国已有多位学者从实证的角度就中国—东盟贸易投资的互补性及潜力进行研究。如胡玫等（2019）通过计算中国与"一带一路"共建国家的贸易密集度指数、贸易互补性指数等指标，对中国与共建国家之间的贸易竞争性与互补性进行分析。计算结果显示，中国与东亚、东南亚地区的贸易紧密程度明显高于其他地区，东南亚国家在较多类别的产品上与中国的贸易联系度也要高于其他地区。同时，中国与东南亚国家的贸易互补性指数较高；冯颂妹等（2020）、刘伟等（2021）同样采用实证分析的方法对中国与东南亚国家的贸易互补性进行研究，结果均表明双方贸易互补性强，未来合作的空间大。在贸易、投资潜力方面，周曙东等（2018）、屠年松等（2019）利用随机前沿引力模型分别证明了中国与东盟国家贸易、投资合作具有较大潜力；崔日明等（2019）通过建立时变随机前沿引力模型测算中国对东盟直接投资潜力，结果显示中国对东盟国家总的投资潜力呈上升趋势，未来有较大的提升空间。

在贸易方面，中国主要从东盟国家进口机电产品、矿产品、贱金属及其制品、塑料、橡胶及其制品等，向东盟主要出口机电产品、贱金属及其制品、纺织原料及其制品、化学工业产品等。其中，机电产品和矿产品是中国自东盟进口的最主要产品，两大类商品占进口总额的60%以上，机电产品、贱金属及其制品、纺织原料及其制品是中国向东盟国家出口的最主要商品，占出口比例均在10%以上。结合表3-15和表3-16可以看出，机电产品是中国—东盟贸易量最大的产品，双方在该行业存在广泛的产业内贸易。但除机电产品外，双方在其他行业存在较大的贸易互补性。如中国在纺织品、化工产品、金属制成品上更具优势，在向东盟出口中也占据重要地位，东盟对中国的出口则以矿产品、橡胶、贱金属等原材料居多。作为世界第一制造大国，中国对大宗商品的需求旺盛，但在能源矿产品和橡胶、棕榈油等热带农副产品上高度依赖进口，东盟国家所具备的自然资源禀赋正好与我国经济发展相契合。

表3-15 2021年中国自东盟及部分国家进口的主要商品种类及占比 单位:%

马来西亚		越南		印度尼西亚		泰国		东盟	
商品种类	占比	商品种类	占比	商品种类	占比	商品种类	占比	商品种类	占比
机电产品	50.64	机电产品	65.01	矿产品	39.94	机电产品	42.82	机电产品	43.84
矿产品	26.16	特殊交易及未分类产品	7.14	贱金属及其制品	22.96	植物产品	15.61	矿产品	16.81
贱金属及其制品	6.70	纺织原料及其制品	5.78	动、植物油、脂、蜡	10.48	塑料、橡胶及其制品	14.72	贱金属及其制品	7.34
塑料、橡胶及其制品	4.36	塑料、橡胶及其制品	3.28	纤维素浆	6.77	化学工业产品	4.96	塑料、橡胶及其制品	5.80
光学、医疗等仪器	3.55	贱金属及其制品	2.84	化学工业产品	5.16	贱金属及其制品	3.77	化学工业产品	4.90
化学工业产品	3.42	鞋帽伞等	2.78	机电产品	3.30	运输设备	3.74	植物产品	3.76
其他	5.17	其他	13.18	其他	11.38	其他	14.38	其他	17.55

资料来源：根据中国海关数据整理。

表 3-16　2021 年中国向东盟及部分国家出口的主要商品种类及占比　　单位:%

马来西亚		越南		印度尼西亚		泰国		东盟	
商品种类	占比	商品种类	占比	商品种类	占比	商品种类	占比	商品种类	占比
机电产品	40.83	机电产品	44.45	机电产品	34.45	机电产品	36.52	机电产品	38.14
贱金属及其制品	8.82	纺织原料及其制品	12.87	贱金属及其制品	13.04	贱金属及其制品	14.84	贱金属及其制品	11.23
纺织原料及其制品	8.19	贱金属及其制品	9.23	化学工业产品	12.65	化学工业产品	9.73	纺织原料及其制品	10.17
杂项制品	7.34	塑料、橡胶及其制品	5.76	纺织原料及其制品	9.66	塑料、橡胶及其制品	6.65	化学工业产品	6.88
塑料、橡胶及其制品	6.07	化学工业产品	5.36	塑料、橡胶及其制品	5.61	纺织原料及其制品	6.07	塑料、橡胶及其制品	5.65
化学工业产品	5.81	光学、医疗等仪器	3.53	运输设备	4.44	杂项制品	5.42	杂项制品	4.97
其他	22.95	其他	18.79	其他	20.15	其他	20.77	其他	22.97

资料来源:根据中国海关数据整理。

　　投资方面,双方虽在吸引外资上存在一定的竞争关系,但就中国对东盟国家投资而言,不仅在存量上大幅上升,投资领域也日趋多元,结构不断优化。中国对东盟国家直接投资基本涵盖了国民经济的所有行业大类,逐渐呈现以服务业和制造业并重的态势。2020 年,流向制造、租赁和商务服务、批发和零售、建筑等领域的投资均超过十亿美元,占对东盟投资流量的七成以上。同时,相比 2010 年,中国对东盟国家金融业、采矿业的投资明显减少,投资的资源寻求及非理性倾向更多地转变为以可持续的理性投资为主。

表 3-17　2010 年、2020 年中国对东盟直接投资的主要行业　　单位:百万美元、%

2010 年投资的主要行业	流量	比重	2020 年投资的主要行业	流量	比重
金融业	1079.34	24.5	制造业	6337.96	39.5
采矿业	898.17	20.4	租赁和商务服务业	1703.70	10.6
制造业	485.93	11.0	建筑业	1673.57	10.4
建筑业	346.06	7.9	批发和零售业	1598.39	10.0
批发和零售业	171.02	3.9	交通运输/仓储和邮政业	833.74	5.2

资料来源:根据 2010 年、2020 年《中国对外直接投资统计公报》整理。

　　经济的进一步复苏也将为双方经贸合作增添新的动力。随着疫苗接种率的提升及区域经济逐步重新开放,大多数东盟国家将持续呈现更强的复苏势头,中国—东盟经贸合作潜力也将进一步得到挖掘。正如亚洲开发银行发布的《2022 年亚洲发展展望》所指出,2022 年东南亚国家经济增长约为 4.9%,2023 年有望达 5.2%,而涉外经济领域将成为新加坡、柬埔寨等国经济增长的重要支撑。

三、仍然存在最为有利的合作时机

（一）RCEP 的签署加快了区域经济一体化进程

中国—东盟经贸关系日益紧密，RCEP 的签署进一步推动了区域经济的一体化。一方面，中国与东盟间已设有经贸部长级会议机制，与多国间设有经贸委员会，双方经贸合作渠道不断拓宽，机制逐渐完善；另一方面，中国与东盟、新加坡、柬埔寨均已签署自贸协定，并与东盟、新加坡重新签署了升级协定书。自贸协定的签署，对双方贸易自由化便利化水平的提升，经贸合作潜力的挖掘起着重要作用。更为重要的是，2020 年 11 月，中国、澳大利亚、日本、韩国、新西兰及东盟 10 国共同签署的《区域全面经济伙伴关系协定》（RCEP）将为亚太地区发展带来新的动力及机遇。RCEP 的签署标志着世界上包含人口最多、成员数量最多元、最具发展潜力的自贸区的建成，是亚太地区区域经济一体化的重要里程碑。在新冠疫情全球蔓延、贸易保护主义抬头的背景下，RCEP 的签署将极大地改善亚太地区发展环境，增进国家间的互信，促进地区经济的复苏。

RCEP 的签署强化了东盟的"中心地位"。RCEP 主要由东盟发起并推动，是东盟为维护中心地位而搭建的合作框架，在协议谈判的指导文件中亦写明"RCEP 谈判将承认东盟在新兴区域经济架构中的中心地位"。在亚太地区，早已存在东亚自由贸易区和东亚全面经济伙伴关系等区域合作倡议，但却都被视为大国竞争的结果，同时因忽视了东盟的中心地位而未在区域各国中达成广泛共识。跨太平洋伙伴关系协定（TPP）虽也包括文莱、新加坡、马来西亚等东盟国家，但其自始至终是在美国主导下形成的具有明显排他性特征的区域经济合作机制。TPP 也并非纯粹的经贸协定，是美国重返亚太、制衡中国，重塑在该地区主导权的重要抓手，时任美国总统奥巴马也将其定义为反映美国优先事项和价值观的贸易协定。与以上相比，RCEP 更凸显开放性与包容性。如遵循区域经贸合作的开放性特征，在 RCEP 的第二十章明确规定，自协定生效之日起 18 个月后，向其他任何国家或单独关税区开放。对印度而言，虽已退出 RCEP 谈判，但自协定生效之日起，仍可以原始谈判国的身份重返 RCEP；为兼顾到部分欠发达国家的利益，RCEP 承诺给予其特殊和差别待遇，并提供技术援助。RCEP 也进一步凸显了东盟的中心地位作用。在国际上，RCEP 往往被贴上"中国主导"的标签，实质上是东盟国家外交的胜利。该协议最初由东盟提出，并在东盟主导的谈判下达成，如果没有这样的"东盟中心地位"，RCEP 可能永远不会启动。2020 年 11 月，在 RCEP 第四次领导人会议上各方领导人发表的联合声明中，也再次声明了 RCEP 是由东盟提出的自贸协定，既增强了东盟在区域框架中的中心地位，也促进了东盟与区域伙伴的合作。

促进成员国经贸合作，推动区域经济增长。一方面，RCEP 所包含的关税及非关税措施将大幅提升区域内自由贸易水平，强化贸易创造效应。区域内贸易成本的降低、规模的增加不仅能增加各国福利，推动地区经济增长，也能提高区域生产力及出口竞争力。另一方面，RCEP 通过放宽商品、服务、投资等领域的市场准入，统一或便利化原产地规则、海关程序、检验检疫等都将加速资本、人才、技术等要素在区域内的自由流动，加强成员国间的产业分工合作，促进地区产业链、价值链的深度融合。此外，RCEP

对于重振疫后世界经济、反对贸易保护主义也将发挥重要的积极作用。国内外多个学者及研究机构对 RCEP 经济影响的研究均表明，RCEP 的签署将显著提升中国、东盟乃至全球的外贸及福利水平。

表 3-18　国内外学者和机构对 RCEP 经济影响的有关研究

学者/机构	RCEP 经济影响
李春顶等（2018）	中国福利和外贸水平分别提高 1.116%、8.549%； 全球福利和外贸水平分别提高 0.289% 和 3.393%
彼得森国际经济研究所（2020）	到 2030 年，将使全球国民收入每年增加 1860 亿美元，成员国 GDP 增长 0.2%，成员间的贸易额增加 4280 亿美元
Park 等（2021）	到 2030 年，成员国及全球收入分别增长 0.6%、0.2%，增加额分别为 2450 亿美元、2630 亿美元；出口分别增长 4.9%、1.1%
联合国贸发会议（2021）	RCEP 的关税减让将使区域内的贸易增长近 2%，约 420 亿美元
世界银行（2022）	到 2035 年，成员国实际收入将增长 0.21%，实际 GDP 增长 0.17%，内部贸易增长 6% 以上
东盟东亚经济研究所（2022）	到 2035 年，成员国间的关税减让将使成员国、东盟的实际 GDP 分别增长 0.1%、0.2%；投资额分别增长 0.2%、0.3%；出口分别增长 1.1%、0.9%；进口分别增长 1.1%、0.8%

资料来源：根据相关文献整理。

（二）双重冲击推动中国—东盟命运共同体建设

中国—东盟命运共同体倡议最早由习近平主席于 2013 年 10 月在印度尼西亚国会发表演讲时提出，2020 年 11 月，在第十七届中国—东盟博览会和中国—东盟商务与投资峰会开幕式上的致辞中重申该倡议，提出共建更为紧密的中国—东盟命运共同体。中国—东盟命运共同体既是双方关系及制度化合作的体制升级，也是中国人类命运共同体与东盟共同体两大体系的系统性对接。新冠疫情的暴发虽重创了各国的经济社会发展，给中国—东盟经贸务实合作带来诸多风险挑战，但同时也为双方命运共同体提供契机。正如习近平主席在中国—东盟建立对话关系 30 周年纪念峰会上的讲话中指出，双方"通过携手应对亚洲金融危机、国际金融危机、新冠肺炎疫情等挑战，强化了命运共同体意识"。2022 年 11 月，又在亚太经合组织工商领导人峰会上进一步提出要应对时代挑战，构建亚太命运共同体。

新冠疫情催生出人类卫生健康共同体理念，推动中国—东盟卫生健康共同体建设。人类卫生健康共同体理念由习近平主席于 2020 年 3 月向法国总统就疫情问题致慰问电时提出，两年以来，中国领导人在国际社会多次重申该理念，并得到国际社会的广泛认同。在当前背景下，中国—东盟共建卫生健康共同体同样也迎来重大机遇。一方面，美国在全球新冠疫情防控上的责任缺位为中国提升卫生安全领域的影响力带来机遇。美国拥有丰富的医疗资源及世界一流的医疗卫生体系，根据约翰斯·霍普金斯大学联合核威胁倡议组织（NTI）最新发布的《全球卫生安全指数》，美国在卫生安全事件的应对上领先于全球，其指数得分及排名也远高于中国。但在此次的新冠疫情防控中，美国却彻底沦为最大的抗疫失败国，其确诊和死亡人数均位居世界第一，在国际抗疫合作上也未发挥出与其实力相匹配的作用。与此形成鲜明对比的是，中国凭借完备的现代化工业体系及科学有效的抗疫政策，在短时间内便取得了疫情防控的重大胜利。此后不仅为各国提供中国式"抗疫指南"，也对外实施了大规模的医疗援助，为全球抗疫贡献了重要的中国智慧和中国力量。同时，疫情也加剧了美国与国际组织间的脱离，削弱其在国际卫生外交上的影响力。特朗普当政时期，美国始终遵循"美国优先"的原则，相继退出了《跨太平洋伙伴关系协定》、联合国教科文组织、世卫组织、《巴黎协定》等种种国际组织和条约，打开了全球治理在多领域的权力真空。特别对于美国在新冠疫情暴发后宣布退出世卫组织，意味着放弃在应对新冠疫情的全球领导地位，增加了中国在该领域的话语权。中国对外的医疗援助以及开展的卫生安全合作则更彰显了中国负责任的大国形象。另一方面，疫情也使亚洲地区国家和组织认识到构建区域卫生健康共同体的重要性，推动各方在卫生安全领域达成新的共识。正如东盟副秘书长康福所指出，应将疫情视为加强现有伙伴关系和倡议合作及协调功能的机遇。中国可以此为契机，加强与东盟国家在卫生安全领域间的合作，打造中国—东盟卫生健康共同体。

双重冲击驱动中国—东盟构建发展共同体。自 2008 年国际金融危机爆发后，以英美为代表的西方国家民粹主义、民族主义抬头，掀起了新一轮"逆全球化"思潮。英国"脱欧"、欧洲右翼势力的崛起、特朗普政府单方面发动的对华贸易争端等诸多事件也表明，西方发达国家是本轮"逆全球化"的现实主体。据《世界开放报告 2021》，2008—2019 年，世界开放指数总体呈震荡缩小势头，部分发达国家经济体降幅较大，其中美国降幅达 17.8%。2020 年，疫情大流行所引发的供应链产业链的断裂更是凸显了经济主权和产业安全的问题，加速了西方国家经济政策内倾化的趋势，助推了经济民族主义的发展。在俄乌冲突冲击下，全球化转向本土化、区域化的趋势将进一步加剧。但就中国和东盟而言，双方合作不仅具备天然的地缘优势，拥有相同的发展理念及诉求，且已互为最重要的经贸合作伙伴。双方贸易投资合作也具备极强的韧性，均实现"逆疫增长"。特别地，RCEP 的签署也大幅提升区域内自由贸易水平，加快推动了区域经济一体化进程。在全球化的区域化、周边化趋势背景下，中国—东盟必将建立更为紧密的经贸合作关系。

四、未来 3~5 年深化合作的方向

（一）日益紧密的经贸合作催生新的货币合作需求，人民币国际化在东盟地区迎来新的机遇期

自 2009 年起，中国开始有序推进人民币国际化，如今人民币已经成为全球第五大支付货币及储备货币，是新兴市场国家中全球交易最活跃的货币。人民币国际化虽仍处于初级阶段，但未来应遵循周边化—区域化—国际化递进式的发展路线，这也是学术界普遍所持的观点。东盟是中国最主要的合作区域之一，当前已成为中国最大贸易合作伙伴，其成员国中的越南、缅甸、老挝等国也是中国重要周边国家，人民币在该区域的国际化具备天然的地缘优势及经贸合作基础。有研究表明，随着中国与周边国家经贸合作逐步加深，人民币在贸易、投资等跨境交易中发挥的影响力大幅增强，现已成为东亚地区乃至整个亚洲地区的主导货币。特别在"一带一路"倡议提出后，中国与东盟国家开

展货币合作的可行性明显得到提升，同时也具备主导区域货币合作的能力。2020 年 11 月，RCEP 的签署也将助推中国—东盟间的经贸合作朝更深层次发展，进一步催生双方间的货币合作需求。

受新冠疫情的影响，在欧美等发达国家采取超宽松货币政策、经济社会发展面临极大不确定性的条件下，中国率先走出疫情冲击，经济社会快速回归正轨，这在一定程度上增强人民币在东盟地区的吸引力。如果 2008 年国际金融危机增强了中国在国际货币治理中的作用，提高了人民币国际化水平，那么新冠疫情的大流行及疫情后的重建可能会引起国际货币体系更深层次的改革，而人民币将与美元、欧元一起加强其全球地位。人民币国际化水平的提高也将通过增强与东盟国家间的贸易、金融联系，促进其经济增长。

俄乌冲突将进一步加快全球"去美元化"趋势。俄乌冲突爆发后，以美国为首的西方国家对俄实施的一系列金融制裁，包括将俄罗斯踢出 SWIFT 系统，冻结其外汇储备等，将破坏美元在国际货币体系中的地位，加速国际储备货币的多元化。美国频频使用"美元武器"也将迫使多国思考过度依赖美元体系带来的安全隐患，进而摆脱美元霸权的"长臂管辖"。就东盟国家而言，此次美国对俄的金融制裁将加快中国—东盟本币结算合作，推动各国储备资本的多元化进程。

人民币的国际化，无论是对维持国际货币体系的稳定，抑或是降低跨境贸易的成本及风险都将发挥重要的积极作用。在 RCEP 的签署及"一带一路"倡议持续稳定推进的背景下，人民币在东盟的区域化是应有之举，也是人民币实现国际化的必经之路。

（二）数字经济赋能中国与东盟国家高质量共建"一带一路"

疫情加快了亚洲国家发展观和发展模式的转变，各国进一步认识到传统粗放式的增长模式已难以为继，实现更有韧性、可持续性的复苏成为优先发展目标，经济发展的"数字化"与"绿色化"则成为各方新的选择。如为推动疫后经济复苏，东盟于 2020 年 11 月发布《东盟全面复苏框架》，计划遵循"3R"（重新开放、复苏、韧性）阶段路径以满足经济复苏需求。《东盟全面复苏框架》提出五大发展领域，其中即包括加快包容性数字转型和绿色基础设施等领域的可持续发展。总的来看，中国与东盟国家数字经济合作互补性强，合作前景广阔。

第一，中国数字经济发展势头强劲，迎来由大到强的转变。近年来，中国在数字领域发展迅猛，国际竞争力显著增强，根据洛桑国际管理发展学院（IMD）发布的 2021 年全球数字竞争排名，中国的整体竞争力排名由 2017 年的第 31 位快速跃升至第 15 位。具体来看，在信息基础设施建设方面，我国建成全球规模最大的光纤网络和 4G 网络，5G 网络建设速度和规模位居全球第一，信息技术创新能力也在持续提升。规模上，2020 年我国数字经济总量居世界第二，数字经济规模达 39.2 万亿元，占 GDP 比重的 38.6%。在数字经济竞争力上，我国居全球第三位，并与美国间的差距逐年缩小，数字产业竞争力连续四年居全球首位。数字经济现已成为我国当前最具活力、最具创新力、辐射最广泛的经济形态，是经济增长的核心增长极之一。自发展数字经济被视为国家战略后，我国正加快完善在该领域的顶层设计，相继出台了《数字经济发展战略纲要》《"十四五"数字经济发展规划》等战略规划文件，以此来部署推动数字经济的发展。

第二，东盟国家数字经济发展潜力大，对数字经济发展的需求高。谷歌、淡马锡和贝恩联合发布的《2021年东南亚数字经济报告》显示，2021年，越南、泰国、菲律宾、马来西亚、新加坡、印度尼西亚6个东南亚国家共新增4000万互联网用户，总数共计4.4亿，互联网普及率达75%。报告称，2021年东南亚数字经济市场规模将达1740亿美元，并在2025年突破3630亿美元，到2030年甚至可能达到7000亿至1万亿美元。在新冠疫情背景下，东南亚数字经济实现逆势增长，并成为推动经济增长的重要引擎。据预测，到2025年，东盟的数字经济将从2015年占GDP的1.3%提高到8.5%。由图3-19也可以看出，东盟各国数字经济规模均呈显著增长态势。

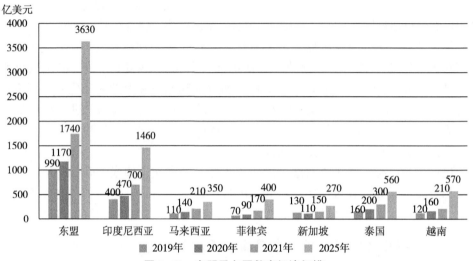

图3-19 东盟及各国数字经济规模

同时，东盟也正出台多项支持政策，促进数字经济的发展。如2018年，东盟批准了《东盟数字一体化框架》，以综合指导东盟数字经济的发展；2019年1月，为促进东盟地区跨境电商的发展，东盟10国共同签署了《东盟电子商务协定》；2021年1月，东盟数字部长会通过《东盟数字总体规划2025》，明确提出将东盟建设成一个由安全和变革性的数字服务、技术和生态系统所驱动的领先数字社区和经济体。东盟各国也出台各项数字化转型政策，如2014年新加坡公布的"智慧国家2025"十年计划；2021年2月马来西亚推出的十年数字经济蓝图"数字马来西亚"；2021年6月柬埔寨发布的《数字经济和数字社会政策框架（2021—2035）》等。

表3-19 东盟及各国数字经济发展规划

国别	数字经济发展规划	主要内容
东盟	东盟数字一体化框架	确定六个中期优先领域：1）促进无缝贸易；2）保护数据，支持数字贸易和创新；3）实现无缝的数字支付；4）拓展数字人才；5）培养创业精神；6）协调行动
	东盟数字总体规划2025	实现电讯基础设施互联互通；确保安全且满足终端使用者的需求；消除阻碍产业和消费者使用数字服务的一切壁垒
文莱	数字经济总体规划2025	四个优先发展目标：1）推进行业数字化进程；2）促进政府行政的数字化；3）扩大数字产业体系；4）配套建立人力资源体系

国别	数字经济发展规划	主要内容
柬埔寨	数字经济和数字社会政策框架（2021—2035）	五大发展目标：1）发展数字基础设施；2）建立数字信任和信心；3）培养数字公民；4）建立数字政府；5）推动数字商务
马来西亚	数字经济蓝图	分为三个阶段任务：1）巩固数字技术的应用基础（2021—2022）；2）推动包容性数字化转型（2023—2025）；3）在数字内容和网络安全领域上成为区域领导者（2026—2030）
缅甸	数字经济路线图	优先发展教育、卫生保健、制造业和中小企业、金融服务、数字贸易等九个领域
菲律宾	数字化转型战略（2022）	在 2022 年实现电子政务系统的全覆盖
新加坡	数字经济框架行动计划	三大战略：1）加快现有产业部门的数字化转型；2）数字技术整合新的生态系统；3）将下一代数字化产业发展成为新加坡经济增长的引擎
泰国	数字发展路线图	四大部分：1）建设数字科技人才库；2）发展数字经济；3）推动社区数字能力建设；4）建设数字创新生态体系
越南	到 2025 年面向 2030 年国家数字转型计划	发展数字政府、数字经济、数字社会，同时建设具有全球竞争力的数字企业

资料来源：中国商务部网站、东盟秘书处等。

第三，中国—东盟已具备一定的数字经济合作基础。近年来，中国正进一步拓宽并深化数字领域国际合作，积极寻求与东盟国家间的数字经济合作。2017 年 5 月，习近平主席在"一带一路"国际合作高峰论坛上首次提出构建 21 世纪数字丝绸之路。第二届高峰论坛特设有"数字丝绸之路"分论坛，以加强与共建国家在数字领域的交流合作。截至 2020 年底，我国已与 16 个国家签署"数字丝绸之路"合作谅解备忘录，与 22 个国家建立"丝路电商"双边合作机制。东盟方面，中国与东盟设有数字部长会议、数字经济发展合作论坛等合作机制，与柬埔寨、越南建立双边电子商务合作机制。此外，双方将2020 年确定为中国—东盟数字经济合作年，于 2020 年 11 月中国—东盟领导人会议上共同发表了《中国—东盟关于建立数字经济合作伙伴关系的倡议》，并已在数字基础设施、5G、大数据等领域展开系列合作。

数字化赋能中国—东盟合作是高质量共建"一带一路"的应有之举。中国与东盟合作的制度化水平高，在数字经济发展战略上较为契合。同时，双方在数字经济发展上的互补性强，如中国在数字基础设施、数字技术运用、数字产业发展等方面处于世界前列，东盟国家则拥有庞大的消费市场及对数字经济发展的迫切需求。在"一带一路"建设的推动、新冠疫情的刺激下，双方数字经济合作将迎来广阔的市场。

（三）绿色经济合作前景可期

东盟国家拥有丰富的绿色自然资源，在绿色经济的发展规划上与"一带一路"绿色发展较为契合。东南亚地区是世界上一些最具价值的自然资本所在地，拥有约 25% 的全球可投资泛热带森林碳储量、19%～46% 的蓝碳储量和约 97% 的热带泥炭碳汇，有研究估计，到 2030 年可持续发展将为东南亚创造约 1 万亿美元的经济机会，为其 GDP 贡献

6%～8%。在绿色经济发展上，推动共建"一带一路"绿色发展的相关指导文件提出的重点合作领域与《东盟全面复苏框架》中的可持续能源、绿色基础设施、可持续金融等优先发展方向不谋而合。

对于气候问题的担忧促使东盟国家关注发展的可持续性。全球气温的上升及极端气候事件的频发不仅给各国带来高昂的气候适应成本，也造成巨大的经济损失，发展中国家因气候灾害所遭受的经济损失更是高收入国家的3倍。东盟国家中，缅甸、菲律宾、泰国、越南均受极端气候的威胁，其中缅甸、菲律宾是2000—2019年全球受灾最严重的五个国家。气候变化对东南亚造成的损失也高于全球大多数地区，据亚开行估计，气候变化可能将在2100年使其GDP减少11%。对于气候变化的脆弱性迫使东盟国家不得不改变其经济发展和对外合作模式，而发展、合作的"绿色化"则必将成为应对气候问题的主要方式。

当前背景下，东盟各国或将加快布局能源的绿色化转型。未来30年，东盟国家将成为全球能源需求增长的主要驱动力。据预测，若按当前的能源政策，在人口和经济增长的推动下，该地区能源需求将以每年约3%的速度增长，至2050年，能源最终消费总量将增长2.5倍以上。此次俄乌冲突造成能源市场的动荡，则直接暴露了东盟国家能源安全的漏洞及应对能源供应中断机制的短板，或将倒逼各国加速清洁能源转型，以此来满足不断增长的能源需求，保障能源供应的安全稳定。

东盟国家绿色投资需求大，中国—东盟绿色金融合作空间广阔。东盟国家普遍缺乏对于绿色和可持续发展的融资，有报告显示，2016—2030年东盟对于绿色投资的需求约为3万亿美元，其中在能源领域的投资需求为0.8万亿美元，在基础设施领域的需求达1.8万亿美元。相比东盟，中国不仅拥有先进的基建技术，在绿色金融发展上也居于全球领先水平。为推动绿色发展，中国—东盟已实施了绿色使者计划，并将2021年定为可持续发展合作年，双方则可借此大力开拓与深化在可持续金融、绿色能源、可持续城市等领域间的合作。

（四）后疫情时代中国与东盟国家间的旅游合作可大有作为

旅游业是东盟经济增长的重要组成部分，也是多国的支柱产业。在新冠疫情大流行前，旅游业对东盟十国GDP的贡献为3290亿美元，占总量的11.7%，创造了4179万个就业岗位，占总就业的13.2%。在东盟框架内，各国也极为重视区域内旅游合作，不仅成立了东盟旅游论坛（ATF），也形成了东盟旅游会议机制。近年来，中国旅游业同样也发展迅猛，2019年，国内旅游人次及出境旅游人次达60.06亿人次、1.55亿人次，较2011年分别增长了127%、120%。但在新冠疫情暴发后，中国及东盟国家旅游业均出现了断崖式下跌。2020年，东盟国家接待国际游客人数锐减80%以上，收入损失达1370亿美元，中国国内旅游人数比上年同期下跌52.1%，旅游收入下降61.1%。

表3-20 2019年旅游业对中国及东盟国家经济增长、就业的贡献

国家	对经济增长贡献		对就业的贡献	
	贡献额（亿美元）	占GDP比重（%）	创造岗位数（万个）	占总就业比重（%）
中国	18566	11.6	8224	10.8
文莱	7.936	5.6	1.43	7.1

续表

国家	对经济增长贡献		对就业的贡献	
	贡献额（亿美元）	占GDP比重（%）	创造岗位数（万个）	占总就业比重（%）
柬埔寨	71.059	25.8	233	25
印度尼西亚	654	5.6	1238	9.5
老挝	18.462	10.0	34.23	18.7
马来西亚	448	11.7	228	15.1
缅甸	47.295	6.5	130	5.7
菲律宾	926	22.5	950	22.7
新加坡	424	11.0	54.02	14.4
泰国	1081	20.3	819	21.8
越南	242	7.0	490	9.0
东盟	3290	11.7	4179	13.2

随着新冠疫苗的接种、边境的逐步开放，东南亚旅游业即将迎来"重启"，在东盟内部，加快推动旅游业的复苏也成为各国共识。2021年8月，东盟通过了"东盟旅游走廊安排框架"，旨在便利化成员国间的人员流通，促进区域内旅游业的发展。2022年1月，在第二十五届东盟旅游部长会议上，各国一致同意在新冠疫情的背景下重新开放东盟旅游业。截至2022年5月，柬埔寨、泰国、菲律宾、越南、马来西亚、新加坡等国对已接种疫苗的外国游客完全开放。中国与东盟国家互为重要的客源地，各国的开放也将给双方旅游合作的强劲复苏带来重要机遇。

当前，中国与东盟国家间旅游合作机制不断完善，不仅形成了东盟—中日韩旅游部长会议机制、中国—东盟博览会旅游展，还与东盟多国签署了多个旅游合作协议。一方面，可在此条件下，进一步构建中国—东盟旅游部长会议机制，推动建成中国—东盟旅游走廊，在综合研判各方疫情形势下开辟旅行"绿色通道"。另一方面，新冠疫情虽重创了东盟国家旅游业，但也为该行业的重塑提供了重要的窗口期。经历长时间高速发展，东盟国家旅游景区生态环境遭到严重破坏，部分景区因环境恶化而被迫关闭，如2018年菲律宾长滩岛进行为期6个月的环境整治，其间禁止国内外游客登岛；2018—2021年，泰国玛雅湾因珊瑚的大片死亡而长时间关闭等。旅游业可持续发展现已是东盟国家旅游业发展的主要事项，但由于资金的缺乏，各国对景区环境保护力度始终有限。中国可凭借资金及技术优势，参与对东盟国家旅游相关项目的投资，提升旅游基础设施水平，助力各国旅游业提质升级。此外，在发展城市旅游伙伴关系、旅游人才的教育培训与交流等方面也有诸多合作空间。

第四节 中国与东盟国家共建"一带一路"推进策略

由前文分析可知，在新冠疫情和俄乌冲突"双重冲击"下，中国与东盟国家间的合作不仅面临东盟多国固有的政治、社会等不稳定性因素带来的挑战，东盟国家对中国崛起的担忧及域外大国的干预也将阻碍双方和谐发展。当前背景下，中国—东盟高质量共建"一带一路"也将迎来新的机遇，如"双重冲击"推动了中国—东盟命运共同体建设，中国与东盟国家货币合作及在数字、绿色经济领域间的合作迎来重要窗口期。因此，未来3~5年中国与东盟国家共建"一带一路"过程中，需谨防以上各种风险挑战，同时也要把握新的合作机遇。

一、以高质量推进中国—东盟共建"一带一路"为基本要求，加强机制化建设

2018年8月，习近平主席在"一带一路"建设工作5周年座谈会上首次提出要推动共建"一带一路"向高质量发展转变，并以此作为下一阶段共建"一带一路"的基本要求；次年，习近平主席又在第二届"一带一路"国际合作高峰论坛开幕式上的主旨演讲中明确指出要推动共建"一带一路"沿着高质量发展方向不断前进，并要秉持共商共建共享原则；坚持开放、绿色、廉洁理念；努力实现高标准、惠民生、可持续目标，论坛最终发表的联合公报也再次提及高质量发展"一带一路"的相关论述。由此，"一带一路"高质量发展的共识不仅在国内达成共识，也获得国际社会的一致认可，标志着"一带一路"高质量发展新征程的开启。李向阳（2020）认为，"一带一路"高质量发展的核心在于可持续性，机制化是实现可持续性的基本路径。合作机制、利益分配机制及支持体系构成机制化建设的有机整体，反映未来机制化建设的方向。对中国与东盟国家共建"一带一路"而言，应着重完善务实合作机制，加强争端解决机制及风险应对机制的建设。

（一）进一步完善务实合作机制

第一，推动"软法"合作机制向"硬法"的转变，形成"软法""硬法"并兼的复合机制模式。目前，中国—东盟共建"一带一路"主要由高层领导人会晤引领，以交通、经贸、旅游等各部门的部长级会议为依托，来开展务实合作。但双方间现已签署的"一带一路"合作协议仍以"软法"为主，虽体现了"一带一路"合作机制多元化的要求，但"软法"却可能带来的诸如欠缺强制执行力、依赖主体的参与度等问题不容忽视。只有根据具体情况，采取"软法"和"硬法"相互配合的合作机制，才能实现"一带一路"的高质量可持续性发展。

第二，以共商共建共享的原则为前提，掌握相关规则制定的话语权。"一带一路"建设是我国向世界提供的非排他性、非竞争性公共产品，是开放包容的务实合作平台。"一带一路"建设不搞"一言堂"，不搞封闭制，正如习近平主席所言，"一带一路"不是中国一家的独奏，而是共建国家的合唱。因此，在相关规则制定的过程中，需尊重各国的意愿，避免将一些规则制度强加给其他国家。但同时，我们仍需掌握规则制定的话语权。以中国倡导并引领的"一带一路"倡议体现了中国对新型地区合作机制的追求及塑造国际规则体系的追求，在面临美国为对冲"一带一路"倡议而出台的"印太战略"机制化建设不断推进的挑战下，以及当前全球治理短板进一步凸显、逆全球化趋势思潮愈演愈烈的背景下，中国只有把握规则制定的主动权才能更好地与东盟国家求同存异，并应对域外大国带来的挑战。

（二）加强争端解决机制及风险应对机制建设

第一，"一带一路"建设涉及我国、东道国及第三方参与者，在基础设施、经贸投资等领域合作过程中，不免发生争端，应建立有效的保障机制，强化"一带一路"法治化建设，以维持"一带一路"建设的公平、稳定地推进。以国际法为基础，促进"一带一路"建设法治化，实现规则和法治来作为合作的基本准则也可以消除国际上对于"一带一路"建设的不利舆论。首先，需充分利用现有国际法体系中已有的投资、贸易争端解决机制，如 WTO 争端解决机制。其次，促进中国与东盟国家间的司法合作，建立区域性的争端解决机制。现有的国际法律体系虽能为"一带一路"建设提供一定保障，但不能满足其全部需要，应加强双方法官间的教育培训、法院间的合作交流，逐渐达成一致的矛盾纠纷解决机制。中国与东盟间已设有大法官论坛，并在司法合作方面达成一些共识，可重点以该论坛为抓手，促进中国—东盟争端解决机制的区域化建设。最后，加快建立专门服务于"一带一路"建设的争端解决机制和机构。《中共中央关于全面推进依法治国若干重大问题的决定》明确指出，"积极参与国际规则制定，推动依法处理涉外经济、社会事务，增强我国在国际法律事务中的话语权和影响力，运用法律手段维护我国主权、安全、发展利益"，我国虽已开始推动"一带一路"框架下国际投资争端解决机制的建设进程，并在 2018 年 6 月中国官方正式发布了《关于建立"一带一路"国际商事争端解决机制和机构的意见》，但仍未形成专门的机制安排，应加快在此方面的立法及机构建设工作。

第二，加强风险应对机制的建设。互联互通建设是"一带一路"建设当前阶段的主要内容，其中不乏一些高风险、长周期、大额资金的基础设施项目。东盟国家资金缺口大，多数项目主要由中国提供资金支持或是提供融资服务，风险由此积聚。一方面，应善用国际已有的投资担保机制，对海外投资项目进行投保，同时加快我国海外投资保险制度的建设；另一方面，也应构建东盟国家金融预警机制，加强与东盟国家金融信息的交换及共享，对其风险进行监测并预警，并形成应对风险的处置机制。

二、尊重并支持东盟中心地位

东盟的中心地位既是东盟成员国自身的产物，也是东南亚外部参与者的产物，自 1978 年东盟开始邀请其对话伙伴参加年度部长级会议时，东盟的中心地位便开始逐渐形成。当前已有多位学者对"东盟中心地位"做过相关研究，但对此概念仍比较模糊，对于东盟的中心地位在实践中的含义也未达成共识。新加坡学者 Tan（2017）通过对大量文献进行梳理，指出至少可以从五个方面理解"东盟中心地位"，分别为区域治理的领导者或驾驶员、东亚地区合作平台的提供者或推动者、亚洲地区的枢纽或关键节点、地区发展的驱动力以及保持东盟在亚洲地区中的首要地位并防止其被边缘化的权宜之计。东盟之所以能获取及续存其在区域合作中的中心地位，主要在于东盟超然运用了大国平衡战略，避免自身卷入大国间的博弈而处于相对超脱的地位。基于东盟各国现有的综合实力及国际地位，域内外大国有理由相信以东盟为中心不会对现有国际秩序及权力的分配造成重大影响，更不会危及自身利益。因此，各方对东盟的信任也会远胜于对彼此的信任。通过扮演"中间人"的角色，东盟为区域经济提供对话合作平台，引领、规范、协调各方之间的合作更易被大国接受。

自美"印太战略"发布后，域外大国对东盟国家的干预明显加强，亚太地区地缘政治张力日趋紧张。除美国外，印度、日本、澳大利亚、欧盟等国家或组织都公布了各自的"印太"方案，各方尽管重申了支持东盟的中心地位，但随着中美在印太地区战略竞争的加剧、美日印澳"四边机制"的重启，东盟各国的战略焦虑及选边站的压力将显著增强，东盟的内部统一性和中心地位也都将面临极大的威胁。

在东盟的对话伙伴中，中国第一个明确支持其在东亚区域合作中的中心地位，王毅外长指出，"以东盟为中心的区域合作架构符合东亚传统和现实需求，已趋成熟稳定，应予珍惜巩固"。东盟中心地位的保持，不仅能有效维持东盟各国内部向心力及地区稳定，也能成功协调、加强包括域外大国在内的多边合作。对我国而言，在尊重"东盟方式"、支持东盟中心地位的基准之下与东盟友好共处，能在一定程度上化解东盟国家对中国的疑虑，促进中国—东盟经济、人文深度融合发展。中国—东盟伙伴关系能不断提质升级，成为地区合作的典范，其中一个重要因素便是中国对东盟中心地位的支持。同时，借助东盟"中间人"的地位及搭建的对话合作平台，能有效掌控中国与域内外国家间的分歧，求取共识。此外，中国对东盟中心地位的肯定也更彰显了中国睦邻友好的国家形象。因此，在积极参与所有东盟主导的区域合作机制的同时，需充分尊重东盟各国意愿与利益关切，支持和维护东盟在区域合作中作为"引领者""驾驶员"的中心地位。

三、差异化分层经略东盟国家

东南亚国家的多样性及不同国家对中国所采取的态度和策略的不同，决定了中国与各个国家推动"一带一路"建设方式的差异化。东盟国家对华崛起的态度及反应取决于不同国家的地理位置、经济机遇、威胁认知、历史经验等多种因素。中国应根据各国对华态度、对"一带一路"倡议的认知、经济发展水平、发展需求等的不同，选择不同的方式来推动共建"一带一路"。目前，已有不少国内外文献以东南亚国家为对象，采用不同的标准对各国类别进行划分。Chung（2009）研究表明，东南亚国家应对中国崛起的方式在很大程度上受与美国的结盟、与中国的领土争端、政权特征三个因素的影响，并依此将缅甸、柬埔寨、老挝归为中国的追随者，将马来西亚、印度尼西亚、越南归为消极对冲者，将泰国、新加坡、菲律宾归为积极对冲者。Shambaugh（2018）依据与中国关系的密切程度将东南亚国家划分为六类，关系由近到远分别为：投降主义者（柬埔寨）；被动依赖者（缅甸、老挝）；已结盟的通融主义者（马来西亚、泰国）；倾斜者（菲律宾、文莱）；平衡对冲者（越南、新加坡）；局外者（印度尼西亚）。高程（2019）采用年鉴派的历史时段法，依据中时段局势变量（领土争议、国内政治稳定性、对外安全需求、对外经济依赖）及长时段结构变量（对华历史认知、宗教哲学认同、族群政治、华人华侨），将中国经略东南亚国家的方式分为重点深耕（缅甸、柬埔寨、老挝）、努力维持（泰国、文莱）、积极争取（印度尼西亚、马来西亚）、适度防范（越南、新加坡、菲律宾）四种。连波（2019）认为，领土争端、政治体制、贸易相互依赖程度及霸权盟友的可获得性是影响东南亚国家战略取向的四大因素，将东南亚国家对大国的战略取向分为制衡、追随、大国平衡三种，并指出在当前背景下，更多东南亚国家将追随美国/中国的战略调整为大国平衡。毕世鸿等（2021）认为，国家发展水平及是否与中国存在领土争端是影响东南亚国家对"一带一路"倡议认知的主要因素，东南亚欠发达且与中国不存在领土争端的国家，如老挝、柬埔寨对"一带一路"倡议的认可度最高。

面对东南亚国家的差异性，中国应结合各国具体情况，采取不同的合作方式及"一带一路"推进策略。首先，以东南亚国家对中国及"一带一路"倡议的认知为基础，优先争取与对华友好、对"一带一路"倡议认可的国家间的合作。如老挝、柬埔寨被普遍认定为友好合作伙伴，其往往采用依赖、追随中国的战略方式。同时，要结合各国经济发展水平、经济发展需求及社会稳定性开展不同类型的项目合作。如中短期项目注重当下及未来一段时间的收益，双边关系只要暂时缓和即可考虑推进，而在投入时间长、成本高的长期项目上的合作要求双边具备长期稳定的合作关系；对于经济发展欠发达、资金缺口大、对基础设施建设需求大的国家，可重点推进在公路、铁路、港口等基建项目上的合作等；其次，应认清东南亚国家对"一带一路"倡议的认知及对华采用的战略并非一成不变，会因国际形势的变化、域外大国的干预、中美实力差距的缩小等因素而调整。我方应关注各方时事，跟踪各国宏观经济和对外政策，根据东道国政策的调整及时制定应对策略；最后，现有对东南亚类别划分的文献均是以定性分析为主，可尝试研究出一套评估指标体系，采用科学的定量研究方法精准划分东南亚国家的类别，对各国对华态度进行实时跟踪。

四、以城市外交促进经贸人文合作

"城市外交"的概念由荷兰国际关系研究所的 Pluijm 与 Melissen 明确提出，被定义为城市代表自身的利益，在国际政治舞台上与其他行为主体建立关系的制度和过程。2014年5月，习近平主席在中国国际友好大会上的讲话中第一次明确提出要更好推进"城市外交"，为中国民间对外友好工作做出新的更大的贡献。2015年发布的《愿景与行动》中，也指出要"开展城市交流合作，欢迎沿线国家重要城市之间互结友好城市，以人文交流为重点，突出务实合作，形成更多鲜活的合作范例"，既明确了共建"一带一路"需开展城市外交，又为城市外交指明了合作路径。大力开展中国与东盟国家间的城市外交，形成从中央到地方政府的"多层外交"体系能充分发挥地方政府的主动性，使其积极融入"一带一路"建设，谋求自身发展。同时，以经济、人文合作为重心的城市合作，也能缓解东盟国家对"中国威胁论"的担忧，增进双方人文交流。

中国—东盟国家城市间的合作已具备一定基础。中国—东盟已设有市长论坛、省市长对话机制。市长论坛旨在中国—东盟共建"一带一路"进程中进一步深化城市间交流与合作。自2015年以来，论坛已成功举办五届，参会市长遍及中国20多个省（直辖市）和东盟9个国家的近200个城市。中国—东盟省市长对话每年在海南博鳌举行，也已成为中国和东盟国家地方政府间增进了解互信、推动合作共赢的重要平台。在友好城市缔结方面，中国—东盟已结交超200对友好城市，部分国家与中国间设有多个省市级地方经贸合作机制。近年来，中国—东盟间正推进智慧城市的建设。

中国与东盟国家间的城市外交，应以服务于国家总体外交为宗旨，汲取其他国家城市外交经验，创新合作机制，并以中心城市为依托，因城制宜地开展友好合作。其一，我国外交事务由中央政府全权负责，地方政府虽享有一定的涉外事务权力，但仅能进行非主权性事务的交往，也需与国家总体外交目标一致。中国—东盟间的城市外交，现阶段应全面配合"一带一路"倡议，以城市合作促进国家间的"五通"建设。其二，促进国家间城市外交由交流到合作的转型。中国与东盟国家虽已缔结大量友好城市，并设立了城市间交流合作机制，但这只是城市间交往相对初级的阶段。应学习日本与东南亚城市外交的经验，强调城市外交利益的实现，注重城市外交进行深入的合作发展阶段，如成立中国—东盟城市共同体，以我国主要城市牵头参与东盟国家市政基础设施建设；大力开展城市间教育、旅游、文化等相关合作活动等。其三，各地在开展城市合作时，应融入本地特色，通过当地优势产业或特有文化来寻求城市间合作。

五、通过理性、客观的外宣方式消解东盟国家"中国威胁论"

东南亚地区"中国威胁"论调的形成，主要由于西方国家长期以来对中国的无底线抹黑，对"中国威胁论"的大肆渲染，以及部分东盟国家与中国之间存在的争端及对中国快速发展过程中所采取的部分政策的误读和曲解。"中国威胁论"旨在遏制中国崛起，也将伴随中国崛起的整个过程，我方应将消解"中国威胁论"置于战略高度，并做好长期应对的准备。

第一，要以客观事实为依据，严正回应西方国家提出的"中国威胁论"各个观点。以美国为首的西方国家提出"'一带一路'威胁论"，将"一带一路"倡议指责为中国推行的"债务陷阱外交"，我国对之应及时发表严正声明，用事实数据攻破该种谣言与指责。如针对"债务陷阱"论，英国皇家国际问题研究所研究指出，几乎所有的"一带一路"项目都是由东道国出于本国政治和经济的需要而发起的，而并非出于中国地缘政治的目的。2020年7月，美国约翰斯·霍普金斯大学的中国对非洲相关贷款数据表明，54个非洲国家中只有3个存在涉及中国的债务问题，也未发现任何证据反映中国利用债务在非洲获取不平等的战略优势。我国学者邱煜等（2021）也通过实证表明，"一带一路"有助于降低共建国家债务风险，东道国若能积极参与"一带一路"建设，则对于债务风险的抑制作用会更强。中国应关注此类研究动态，并依此来抨击相关不实言论。

第二，加快我国国际传播能力建设，讲好中国故事。2016年6月，习近平总书记在党的新闻舆论工作座谈会上的讲话中指出，我国综合国力和国际地位虽不断提升，但中国国际形象很大程度上仍是"他塑"而非"自塑"，在国际上有时处于有理说不出、说了传不开的境地，要下大气力加强国际传播能力建设。一方面，需加大对国际舆论的影响力，主动借助国内外媒体传播机构，积极对外宣传中国主张及中国的合作理念，向外展示一个全面、真实的中国；另一方面，运用恰当的语言及宣传技巧，传播好中国声音。中国与东盟国家非对称关系中，中国的行为是赢得弱势一方即东盟各国信任的重要原因，而从中国向东盟国家所传达出的善意表达就是其中一种主要方式。因此，在开展对外宣传工作过程中，无论是政府宣传部门或是各类新闻媒体，应尽量避免过于彰显中国实力、中国力量的报道。在有关中国与东盟国家合作的新闻撰写中，应始终遵循实事求是的态度，对事件进行客观报道，切勿夸大中国在双方合作中的领导作用。坚持以"亲、诚、惠、容"作为合作理念做好东盟国家的外宣工作。

六、加强抗疫合作，打造中国—东盟卫生健康共同体

新冠疫情的暴发不仅重创了东盟各国经济、社会的发展，也给中国—东盟间的务实合作带来诸多风险挑战。相比欧美、印度等国家，东盟国家对新冠疫情的防控虽见成效，也已累积一定的经验，但应认识到疫情防控的复杂性与长期性。多种新冠病毒变异毒株的出现，使人们越来越相信新冠病毒与人类长期共存的可能性，德尔塔毒株在全球的蔓延也再次使印度尼西亚、泰国、马来西亚等多个国家疫情迅速反弹。由此，在当前形势下，公共卫生合作有望成为地区安全合作新的突破点，加强中国与东盟乃至与整个亚洲地区的公共卫生安全合作，其价值不限于亚洲，更对整个世界产生示范作用，带动全球范围内的公共卫生合作，推动构建人类命运共同体。印度尼西亚外交政策协会（FP-CI）发布的 2021 年度中国—东盟调查报告也显示，来自东盟 10 国学界、商界、政界等各层次共 1019 名受访者中，67.12% 的人认同或强烈认同中国与东盟间的密切合作有助于缓解疫情，近六成以上受访者认为中国对东盟的疫苗援助是出自善意。为共同应对新冠病毒，中国与东盟间应加强疫情防控合作，建立长效合作机制，以保障各国人民生命健康，并为双边经贸合作创造良好环境。

新冠疫情暴发之初，中国与东盟便迅速开展高层间的交流并采取相关措施。如 2020 年 2 月 14 日，东盟 2020 年轮值主席国越南政府总理阮春福在发表的声明中明确表达了东盟对中国政府和人民为应对此次疫情所作巨大努力的声援和大力支持。同月 20 日，中国及东盟各国外长举行中国—东盟关于新冠肺炎问题特别会议，各方一致同意加强地区抗疫合作，并发表了《中国—东盟关于新冠肺炎问题特别外长会联合声明》。2020 年 4 月 14 日，东盟与中日韩"10+3"召开抗击新冠疫情领导人特别会议，各方决定加强地区对传染病的早期预警机制建设；考虑建立"10+3"重要医疗物资储备；加强流行病学科研合作等。在国内疫情得到基本控制后，中国向东盟各国援助大量检测试剂、医用口罩、防护服等医疗物资，并分享疫情防控经验。

在各国防控疫情常态化及新冠病毒变异的背景下，中国与东盟国家应携手抗疫，打造中国—东盟卫生健康共同体。短期内，应尽可能向疫情严重的国家提供人道主义医疗援助，派遣专业的医疗队伍助其在最短时间内控制好疫情。另外，疫苗是防控新冠病毒最有效的手段之一，中国对新冠疫苗的研发处于世界领先水平，可积极推动对东盟的疫苗援助，让新冠疫苗成为东盟国家人民可获取的公共产品。针对变异的新冠病毒，应加大变异毒株疫苗的研发，与东盟国家在疫苗研发及临床试验等各方面主动开展合作。在新冠肺炎的治疗方面，中医药被证实了在对新冠肺炎患者救治中的作用，我国发布的新冠肺炎诊疗方案中也对中医药治疗方法做出了推荐。借此，可将我国中医药参与新冠肺炎救治的经验主动分享给东盟国家，同时也能宣传我国中医药及中医文化。长期来看，应打造中国—东盟疫情防控共同体，增强对疫情的预警能力及突发疫情的响应能力。如建立中国—东盟联防联控委员会，一致协调各国疫情防控工作，共同搭建区域性疫情预警及应对机制；搭建中国—东盟新冠病毒信息共享平台，及时提供病毒基因序列等科学信息及疫情防控策略等。

七、结合中国减贫经验，促进中国与东盟国家减贫合作

中国创造了人类发展史上的减贫奇迹，打造出一条中国特色的减贫之路。改革开放初始，中国是世界上最贫穷的国家之一，80%以上的中国人生活在每日1.25美元的国际贫困线之下。历经四十多年的开放发展，中国有7亿多人口摆脱贫困，超过国际贫困线标准，对世界减贫贡献率超过70%。2021年2月，习近平总书记在全国脱贫攻坚总结表彰大会上庄严宣告，我国脱贫攻坚战取得了全面胜利，完成了消除绝对贫困的艰巨任务。同时，我国也提前10年实现《联合国2030年可持续发展议程》减贫目标。从制度改革到区域发展开发式扶贫，再到整村扶贫开发，最后实施精准扶贫方略，中国已成功走出一条中国特色减贫道路，形成了中国特色反贫困理论。

贫困问题是东盟国家长期面临的一项挑战，东盟约6.5亿人口中，有20%以上的人生活在贫困线以下。各国虽试图将减贫与2030年议程对接，但仍未形成完整的战略来推动减贫事业。另外，新冠疫情造成的经济衰退及失业，使多国贫困人口数进一步上升，东盟国家减贫形势更为紧迫。在以上背景下，中国—东盟减贫合作可有所作为。一方面，中国的扶贫工作已取得举世瞩目的成就，得到了东盟国家的认可。有学者将近年来泰国《泰叻报》、越南《人民报》、老挝巴特寮通讯社对有关中国减贫的报道进行整理分析，指出绝大多数报道对中国减贫事业均持肯定态度，认可中国的扶贫制度及方法并希望与中国合作共同减贫。另一方面，"一带一路"倡议旨在打造务实合作平台，促进共同发展，中国—东盟合作减贫与其理念契合。2021年4月，习近平主席在博鳌亚洲论坛2021年年会开幕式上明确提出要把"一带一路"建成"减贫之路""增长之路"，为人类走向共同繁荣做出积极贡献。据世界银行研究报告，"一带一路"进行的基础设施建设可加快数十个发展中国家的发展，若其中的港口、铁路、公路等项目得到全面实施，可使相关国家3200万人摆脱中度贫困。双方间的减贫合作，不仅能增强国家间的政治互信，人民间的合作交流，也能挖掘东盟国家新的增长点，促进双边经贸合作。

具体而言，中方应授之以渔，主动向东盟贫困国家传授减贫扶贫经验。如专门打造针对减贫问题的多层级交流对话平台，分享各层次人员的减贫经验；建立服务于东盟国家经济发展、减贫扶贫的智库，为各国减贫事业出谋划策；为东盟国家相关人员开设教育培训班，学习中国经济发展模式、减贫经验等。在以上基础上，我国应积极援助东盟国家基础设施建设，推进各国实现农业现代化、工业化。有研究指出，东盟部分国家贫困主要与基础设施的落后、技术资金的短缺等因素有关。而中国对外援助项目，特别是在经济基础设施领域的援助，能使受援国的贫困率显著下降，同时，推进农业现代化，进而推进工业化、城镇化也是中国发展带来的重要启示。因此，当前阶段，中国应重点援助东盟国家改善其基础设施条件，并在技术、资金上给予一定程度的支持，助力主要贫困国家农业现代化的实现。

八、根植东亚共同价值观，构筑中国与东盟国家安全共同体

东亚价值观综合反映了东亚人的共同利益、需求及能力，是各国人民在长期历史实

践中形成的有关价值信念、理想、标准和取向的综合体系，也是对东亚区域共同文化的呈现。与西方国家普遍关注个体权力及自由相比，东亚国家以集体为本位，更为强调国家秩序和集体利益。东亚各国在文化上存在诸多相同偏向，注重稳定与和谐是其价值观的主要特征。在中国对外交往与合作的具体实践上，也始终秉承人类命运共同体理念，保持与各国间的和谐发展。如习近平主席在亚信第四次峰会上提出的"共同、综合、合作、可持续"的亚洲新安全观，包含了对纷繁复杂的亚洲安全局势的深刻认识及对搭建亚洲安全合作构架的重要思考，也直接传承了中国"和为贵"的历史文化。在此基础上，习近平主席在博鳌亚洲论坛 2022 年年会开幕式的主旨演讲中提出以"六个坚持"为主要内容的全球安全倡议。该倡议是中国在安全领域向国际社会提供的又一公共产品，为构建周边安全新架构进一步指明实践方向及路径。就中国与东盟国家而言，其无论对于化解双方间的领海纠纷，推动达成"南海行为准则"，还是应对来自域外国家的地缘安全挑战都具有重要的指导意义。

　　加强东亚价值话语一体化建设，打造中国与东盟国家安全共同体。其一，依托东亚文化价值观，塑造各国安全共识。东亚是儒教、佛教、伊斯兰教等多宗教的交汇之地，其文化历来具有很强的包容性和时代性。在新的时代背景下，应继承和发展东亚共同价值观，充分彰显以集体主义、和谐稳定为内核的文化价值观，增进各国对共同安全理念的集体认同。其二，构建以"人类共同价值"为特征的中国特色外交价值观。要明显区分于美国所推行的"价值观外交"，其主要通过鼓吹"民主""人权"等所谓的"普世价值"，大肆干涉他国内政，中国的外交价值观则要蕴含"天下为公"的思想情怀，推崇和平与发展在价值追求中的首要作用，倡导国家交往间的公平与正义，践行正确的义利观。其三，将"安全不可分割"作为中国与东盟国家安全合作的基本原则。安全不可分割原则首先在 1975 年《赫尔辛基最后文件》中提出，并得到国际社会的普遍认可，当前的俄乌冲突即是以美国为首的北约对该原则的背叛。中国与东盟各国应认识到双方安全的密不可分，不可因实现一方的利益而牺牲另一方的安全，坚持中国—东盟国家安全一体化。

第四章　共建"一带一路"在上合组织区域的风险、机遇及应对

上海合作组织（以下简称上合组织）由中国、俄罗斯、哈萨克斯坦、吉尔吉斯斯坦、塔吉克斯坦、乌兹别克斯坦6国发起，于2001年6月15日在中国上海宣布成立的永久性政府间国际组织，是第一个在中国境内宣布成立、第一个以中国城市命名的国际组织。经历二十多年的发展，上合组织形成了以"经济、安全、人文"为支柱，包括经贸、交通、能源、金融、科技、教育等多领域的合作体系。随着印度、巴基斯坦的正式加入，上合组织已有8个成员国、4个观察员国、9个对话伙伴国，发展成世界上幅员最广、涵盖人口最多的综合性区域组织。由二十一国组成的"上合大家庭"中，除印度外，均与中国签订了共建"一带一路"合作文件，并在"五通"方面取得系列进展，多国对华合作也呈现稳中向好的势头。但随着新冠疫情在全球范围内的蔓延、俄乌冲突的持续发酵以及美国与中俄地缘博弈的加剧，未来3~5年无论是上合组织各国发展或是共建"一带一路"在上合区域的推进都将面临诸多风险与挑战。与此同时，在当前发展趋势下，中国与上合组织在能源转型、气候治理、绿色经济等新兴领域间的合作也将迎来重大机遇。因此，结合新的国际形势，研究中国与上合组织国家共建"一带一路"面临的风险、机遇，并提出应对之策，对于推动"一带一路"建设在上合区域行稳致远和高质量发展，促进区域经济一体化，打造上合组织命运共同体具有重大意义。

第一节　中国与上合组织国家"五通"建设进展

一、政策沟通进展

政策沟通主要包括政府间多层次的沟通交流、发展战略的对接、合作机制与平台的搭建等，旨在畅通国家间沟通、磋商渠道，增强政治互信，达成合作共识。

（一）上合组织已在多层级、多领域设有沟通会议机制

上合组织的前身是"上海五国"机制。早在2000年，"上海五国"成员国元首第五次会晤期间在杜尚别发表声明称，各方将致力于使"上海五国"成为五国在各领域开展多边合作的地区机制，并决心深化在政治、外交、经贸等多领域间的合作。当前，上合组织框架内已形成稳定的高层会议机制，其中包括元首会议、政府首脑（总理）会议机制。元首会议是上合组织最高机构，旨在确定本组织活动的优先领域和基本方向，决定其内部结构和运作、与其他国家及国际组织相互协作的原则问题，同时也研究最迫切的国际问题。政府首脑会议地位仅次于元首会议，聚焦于组织框架内各具体领域的发展，特别是经济领域相互协作的主要问题。《上海合作组织成立宣言》指出，上海合作

组织各成员国将加强在地区和国际事务中的磋商与协调行动，在重大国际和地区问题上相互支持与密切合作，明确提出每年举行一次成员国元首正式会晤，定期举行政府首脑会晤。在元首和政府首脑会议的框架下，还设有经济、外交、交通、文化等部长会议机制。此外，还设有国家协调理事会，作为日常活动的协调和管理机构，为国家元首会议、政府首脑（总理）会议和外交部部长会议作必要准备。

（二）中国与上合组织国家在高层外交及相关机制建设上进展显著

中俄两国高层交往最为频繁，并已形成高层会晤机制。早在 1996 年，为推动中俄多领域的务实合作，双方建立中俄总理定期会晤机制，该机制是中国对外合作中规格最高、组织结构最全、涉及领域最广的磋商机制。截至目前，中俄总理已定期进行 26 次会晤。中俄总理定期会晤机制框架下设 5 个副总理级委员会，委员会下还设有经贸合作、科技合作、交通运输合作等分委会。在经贸、能源、人文、地方、战略安全等多领域，中俄也形成了完备的各级别交流合作机制。在元首会晤方面，中俄元首形成了年度互访的惯例，据统计，2014—2020 年，双方元首会见次数超过 20 次，2020 年新冠疫情期间，双方元首进行了五次通话。

中国与中亚国家间的双边关系稳步提升，高层往来逐渐频繁。中哈关系最为紧密，2012 年 3 月，哈萨克斯坦总理来华访问，双方总理举行会晤，决定建立和启动中哈总理定期会晤机制。中哈总理定期会晤机制每两年举行一次，现已举行五次会晤，是推动两国务实合作的重要平台。2019 年 9 月，哈萨克斯坦总统托卡耶夫对华访问期间，两国元首宣布发展中哈永久全面战略伙伴关系。中乌在高层外交上也取得较快发展，2019年 8 月，乌兹别克斯坦总理阿里波夫对华进行正式访问，实现了乌兹别克斯坦总理历史上首次访华。同年 11 月，李克强首次正式访问乌兹别克斯坦，由此两国总理历史上首次实现年度互访。当前，中国与吉、塔、乌三国均建立起全面战略伙伴关系。机制建设上，中哈、中乌也已分别成立政府间合作委员会，委员会下设经贸、科技等分委会。另外，2020 年 7 月，"中国+中亚五国"举行首次外长视频会晤，各方一致决定建立"中国+中亚五国"外长定期会晤机制。2022 年 6 月，"中国+中亚五国"外长进行第三次会晤，各方一致同意建立"中国+中亚五国"元首会晤机制。

中巴政治互信日益增强。2013 年 5 月，李克强总理对巴基斯坦进行国事访问，两国发表关于深化两国全面战略合作的联合声明，此后，巴基斯坦新任总理谢里夫和巴基斯坦新任总统马姆努恩·侯赛因分别于 2013 年 7 月和 2014 年 2 月访华。2015 年 4 月，习近平主席访问巴基斯坦，中巴关系提升为全天候战略合作伙伴关系。2020 年后，双方元首、政府首脑及外长多次互通电话。机制建设方面，2018 年 11 月，巴基斯坦总理伊姆兰·汗访华，其间双方发表联合声明，同意建立中巴外长战略对话，并将原有的副外长级战略对话调整为外交磋商。

上合组织除成员国外，其他主要国家与我国之间的关系同样保持稳定发展。如近年来中国与白俄罗斯双边高层进行多次互访，并于 2016 年 9 月建立相互信任、合作共赢的全面战略伙伴关系。在合作机制方面，2014 年 9 月，中国与白俄罗斯正式启动政府间合作委员会机制，委员会下设经贸、科技、安全、教育、文化五个分委会和秘书处，每两年举行一次会议；中国与沙特之间于 2016 年成立了中沙高级别联合委员会，其下设有政治外交，"一带一路"建设、重大投资合作项目和能源，贸易和投资，文化、科技和旅游等6个分委会，各个分委会均已举行四次会议。2022年12月，中沙又签署《全面战略伙伴关系协议》，同意每两年在两国轮流举行一次元首会晤，并将中沙高级别联合委员会牵头人级别提升至总理级；与土耳其建立了副总理级政府间合作委员会，以协调推进两国政治、经贸、安全、人文领域间的合作。上合组织框架内，中国还联合其他国家搭建有多个多边高层间会议机制，如中蒙俄三国元首会晤、中俄印外长会晤、阿富汗邻国外长会晤等。

二、设施联通进展

设施联通即不同国家、区域基础设施间的互联互通，不仅包括交通、能源、通信等领域设施间的"硬联通"，还包含相关合作机制及规则标准的"软联通"。

（一）与俄罗斯、中亚国家间的互联互通网络已形成

中国与上合组织主要国家在铁路、公路、油气管道、信息通道等方面的基础设施建设均取得重大进展，与蒙古国、俄罗斯、中亚国家直至欧洲的国际公路运输线路逐步丰富，初步形成了以公路运输为基础，"海陆空"运输优势互补的"中欧物流新通道"。

铁路建设方面，瓦赫达特—亚湾铁路、中哈乌土伊铁路、同江中俄铁路大桥等一批重要的铁路工程相继建成并通车。其中，瓦赫达特—亚湾铁路（以下简称瓦亚铁路）是"一带一路"倡议下首个开工并建成的项目，将成为连接中塔阿伊国际铁路交通的枢纽；中哈乌土伊铁路总长度约1万千米，全程开行时间约2周，相比海运节省了近一半的时间，是目前中国到波斯湾地区最快速且经济的线路；同江中俄铁路大桥是中俄首座跨境铁路大桥，该项目的通车使同江至莫斯科的铁路运输距离较绥芬河口岸缩短809千米，节约10小时运输时间。有俄经济学家预测，大桥的投入运营也将使俄对华出口量提升4倍；中吉乌铁路项目早在1997年就已提出，但受吉尔吉斯斯坦政权多次更迭、吉对于线路走向的争议、中国与吉乌道路轨距的差异等多种因素的影响，该项目被搁置25年之久。当前，该项目有望于2023年秋启动。另外，2022年7月，从蒙古国乔巴山市经呼特至毕其格图口岸的铁路项目正式开工，该铁路建成后将是通往蒙俄最便捷的新通道。详见表4-1。

表4-1 "一带一路"倡议以来中国与上合组织国家铁路建设进展

线路名称	主要途经地点（国家）	主要进展
瓦赫达特—亚湾铁路	塔吉克斯坦瓦赫达特—鲁达基区—哈特隆州亚湾地区	2015年5月，瓦亚铁路开工；2016年8月，实现竣工通车
中哈乌土伊铁路	浙江省义乌市—伊朗德黑兰	2014年12月，哈土伊国际铁路正式开通；2016年1月，中哈土伊线路试运营；2019年4月，乌兹别克斯坦正式加入中哈土伊铁路运输走廊
同江中俄铁路大桥	黑龙江省同江市—俄罗斯下列宁斯阔耶市	2014年，同江中俄铁路大桥开工奠基；2018年，大桥中方段主体工程全部完成；2018年，中方段与俄方段实现铺轨贯通；2022年4月，俄方段竣工；2022年11月，大桥正式通车

线路名称	主要途经地点（国家）	主要进展
中吉乌铁路	新疆维吾尔自治区喀什市—吉尔吉斯斯坦卡拉苏—乌兹别克斯坦安集延	2022 年 9 月，中、吉、乌有关部门签署了《关于中吉乌铁路建设项目（吉境内段）合作的谅解备忘录》；2022 年 11 月，吉尔吉斯斯坦总理宣布，中吉乌铁路将于 2023 年秋季开建

资料来源：根据有关新闻网站整理。

公路建设方面，中吉乌公路、双西公路、中塔乌公路、中俄黑河—布拉戈维申斯克界河公路大桥等公路项目皆取得重大进展或已顺利完工。其中，中吉乌公路是上合组织推动的经济合作项目之一，于 2018 年初正式通车。据乌方测算，该项目开通后，从新疆喀什到塔什干的通行时间较之前缩短了 6~10 天，每吨货物的运费减少了 300~500 美元，一年运费可节省 250 万美元左右；双西公路东起连云港，西至圣彼得堡并跨入西欧。全线通车后，从连云港到欧洲的时间由此前海运的 45 天缩短至 10 天，其中，仅需 4 个半小时便可从霍尔果斯到阿拉木图，运输成本从 2000 美元/车降至 1300 美元/车。据世界银行预测，通车后，中国与西欧国家之间的公路货运量也有望增加 2.5 倍；中俄黑河—布拉戈维申斯克界河公路大桥是中俄第一座跨江公路大桥，大桥于 2022 年 6 月通车，将极大推动中俄地方城市之间的互联互通，助力"中国东北—俄远东"合作迈上新台阶。另外，据蒙古国交通运输发展部公布，连接中俄、穿过蒙古国西部的高速公路 AN-4 于 2022 年 10 月底正式开通，该高速公路的开通将为中、蒙、俄之间的货运提供更大便利。详见表 4-2。

表 4-2 "一带一路"倡议以来中国与上合组织国家公路建设进展

线路名称	主要途经地点（国家）	主要进展
中吉乌公路	新疆喀什—吉尔吉斯斯坦奥什—乌兹别克斯坦塔什干	2017 年 10 月底，三国交通运输部门举行货车试运行通车仪式；2018 年 2 月，正式通车
双西公路	江苏连云港—河南郑州—甘肃兰州—新疆乌鲁木齐—新疆霍尔果斯—哈萨克斯坦—俄罗斯奥伦堡—喀山（俄）—莫斯科（俄）—圣彼得堡（俄）	2017 年 11 月，霍尔果斯口岸段建成通车，意味着国内段贯通；2018 年 9 月，中哈联结点"碰头"连通，至此，双西公路全线贯通
中俄黑河—布拉戈维申斯克界河公路大桥	黑龙江省黑河市—俄罗斯布拉戈维申斯克市	2016 年 12 月开工建设；2019 年 5 月底，大桥合龙；2022 年 6 月大桥正式通车
中塔乌公路	中国新疆喀什—卡拉苏口岸—阔勒买口岸（中）—杜尚别（塔）—多斯提（塔）—铁尔梅兹（乌）	2019 年 8 月，三国在乌兹别克斯坦举行试运行活动启动仪式

资料来源：根据有关新闻网站整理。

能源设施建设方面。中俄、中国与中亚国家之间在油气管道建设上进展迅速，主要包括中俄原油管道、中哈原油管道、中俄东线天然气管道、中国—中亚天然气管道。中俄原油管道自 2011 年 1 月 1 日起投产运营，现已顺利运行超过 10 年。2018 年 1 月，中俄原油管道二线工程投入商业运营，通过该管道进口的俄油量进一步增至 3000 万吨/年。截至 2021 年 1 月，漠河海关 10 年间监管服务中俄原油管道由俄进境原油近 2 亿吨；中哈原油管道是中国首条陆路跨境原油运输通道，截至 2022 年 10 月，该管道已顺利运行超过 7000 天，对华输油超过 1.5 亿吨；中俄东线天然气管道北起黑龙江黑河市，途经包括吉林、内蒙古、天津等在内的 9 个省区市，南至上海，其北段、中段已正式投产通气。截至 2021 年 12 月，中俄东线天然气管道已累计向中国输送天然气近 136 亿标方；中国—中亚天然气管道是我国首条从陆路引进的天然气跨国能源通道，目前 A、B、C 三线已实现投产通气。当前，中亚国家每年向我国输送的天然气约占我国消费量的 15%，惠及超过 20 个省区市的 5 亿多人口。截至 2022 年 6 月，中亚天然气向西气东输管网累计输气已突破 4000 亿立方米。详见表 4-3。

表 4-3　中国与上合组织国家能源管道建设现状

能源管道	主要线路	主要进展
中俄原油管道	一线：起自俄罗斯远东管道斯科沃罗季诺分输站，途经黑龙江、内蒙古，止于黑龙江大庆末站； 二线：起自黑龙江漠河首站，途经黑龙江、内蒙古，止于黑龙江大庆市林源输油站	2011 年 1 月，一线投产运营； 2016 年 8 月，二线开工建设； 2018 年 1 月，二线建成投产
中哈原油管道	起自哈萨克斯坦阿特劳，途经肯基亚克、库姆克尔和阿塔苏，止于阿拉山口—独山子输油管道首站	2006 年 5 月，中哈原油管道全线通油
中俄东线天然气管道	全线分为北段、中段和南段 北段：起自黑龙江黑河，止于吉林长岭； 中段：起自吉林长岭，止于河北永清； 南段：起自河北永清，止于上海	2019 年 12 月，北段正式投产通气； 2020 年 12 月，中段正式投产通气； 2020 年 7 月，南段建设正式启动，预计 2025 年建成投产
中国—中亚天然气管道	包括 A、B、C、D 四线 A、B 两线同期双线敷设，起自阿姆河右岸的土、乌边境，途经乌中部和哈南部，从阿拉山口入境，与西气东输二线相连； C 线与 A、B 线并行敷设，起自土乌边境格达依姆，途经乌、哈，从新疆霍尔果斯口岸入境，与西气东输三线相连； D 线起自土库曼斯坦，途经乌、塔、吉，进入中国新疆境内，与规划中的西气东输五线相连	A、B 线分别于 2009 年 12 月、2010 年 10 月投入运行； C 线于 2012 年 9 月全面启动建设，2014 年 5 月底投产，6 月开始向中国通气； D 线塔国段于 2014 年 9 月开工建设

资料来源：根据有关新闻网站整理。

　　信息通道建设方面，中国已与俄罗斯、哈萨克斯坦、吉尔吉斯斯坦、塔吉克斯坦、巴基斯坦、印度、蒙古国、尼泊尔建成跨境陆地光缆系统，系统带宽超过 70Tbps。通过与俄罗斯等国家企业合作，中国基础运营企业打通了中俄欧、中蒙俄欧、中哈俄欧等连接亚欧的信息大通道。

　　此外，中国还参与了上合组织国家多个交通、能源项目的建设，助力各国基础设施的发展。例如，中国中铁隧道集团为乌兹别克斯坦修建了有"中亚第一长隧"之称的安格连—帕普铁路隧道；新疆特变电工承建吉尔吉斯斯坦"达特卡—克明"输变电线项目，助吉国南北电网的全线贯通；对哈援建 1MW 太阳能电站及 5MW 风能电站等。

(二) 相关合作机制及规则标准"软联通"配套发展

上合组织设有交通部长会议机制,签署了多个运输协定。2002 年 11 月,上海合作组织成员国首次交通部长会议在比什凯克举行,会议决定正式启动上合组织交通部长会议机制。交通部长会议主要规划、组织与协调各国交通领域间的合作,现已举行九次会议。上合组织另设有铁路部门(铁路)负责人会议机制、上合组织国际道路运输便利化联合委员会等。在相关协议的签署方面,各成员国总理于 2013 年 11 月发表了《关于进一步开展交通领域合作的联合声明》,明确指出对交通运输基础设施的建设予以特别关注。2014 年 9 月,在成员国元首理事会第十四次会议期间,各国签署了《上合组织成员国政府间国际道路运输便利化协定》(以下简称《国际道路运输便利化协定》),该协定规划了六条连接中、俄及中亚国家的运输线路。2019 年 11 月,成员国又在塔什干通过了《上合组织成员国铁路部门协作构想》,并将在此基础上加强铁路部门合作。

中国与主要上合组织国家之间均已建立或签署相关合作机制和协议。在机制建设方面,中俄总理定期会晤机制下设有交通运输合作分委会,中巴成立了中巴经济走廊联合合作委员会,与哈萨克斯坦、乌兹别克斯坦等国均设有交通合作分委会。交通运输有关协议的签署上,中国与俄、哈、乌、土等国的双边国际道路运输协定,以及中巴哈吉、中哈俄、中吉乌等多边国际道路运输协议或协定相继签署。另外,中、蒙、俄于 2016 年10 月签署的《关于沿亚洲公路网国际道路运输政府间协定》对于推动三国间的互联互通,提升道路运输便利化水平起到了极大的示范作用。

三、贸易畅通进展

投资贸易合作是"一带一路"建设的重点内容,宜着力研究解决投资贸易便利化问题,消除投资和贸易壁垒,构建区域内和各国良好的营商环境,积极同沿线国家和地区共同商建自由贸易区,激发释放合作潜力,做大做好合作"蛋糕"。

(一) 经贸合作法制化、机制化水平日益提高

上合组织区域经济合作法制化、机制化建设基本完成。自上合组织成立以来,各成员国间签署了一系列有关区域经贸合作的法律文件,逐步提升经贸合作的规范化水平。2001 年 9 月,中、俄、哈、吉、塔、乌六国签署《上海合作组织成员国政府间关于区域经济合作的基本目标和方向及启动贸易和投资便利化进程的备忘录》,将贸易投资便利化确定为现阶段区域经济合作的重要任务;2003 年 9 月,六国又签署为期 20 年的纲领性文件——《上海合作组织成员国多边经贸合作纲要》,规定长期目标是在上合组织空间内建立自由贸易区,短期目标是推动贸易投资便利化进程。2019 年 9 月,在上合组织首次扩员后,8 个成员国批准了为期 15 年的新版《上海合作组织成员国多边经贸合作纲要》,确定以每五年为一个阶段,分近期、中期和远期实施"三步走"策略。根据纲要确定的方向,未来将继续加强成员国间互联互通,大力构建互利共赢的欧亚地区合作空间,将创新合作作为区域发展的新动力。在机制建设方面,上合组织于 2005 年正式成立了经贸部长会议机制,旨在协调和推动区域经济合作,现已举行二十一次会议。经贸部长会议下设

立了高管委员会和包括海关、质检、电子商务、发展过境潜力等七个专业工作组。另外，上合组织还成立有实业家委员会，为成员国间的贸易投资合作搭建有效的平台。

（二）贸易投资自由化、便利化水平稳步提升

上合组织积极推动区域内跨境贸易的便利化水平。2014年9月，各成员国签署的《国际道路运输便利化协定》旨在便利国际道路运输；协调当事各方对于发展国际道路运输的努力；简化和协调当事各方与国际道路运输有关的文件、程序和要求，该协定于2017年1月正式生效。2018年6月，在第十八次峰会上，为进一步推动区域内贸易便利化水平，成员国发表了《上海合作组织成员国元首关于贸易便利化的联合声明》。此外，近年来，成员国还签署了《上海合作组织成员国海关执法合作议定书》《上海合作组织成员国海关关于过境系统一体化合作的备忘录》等合作文件，以深化各国之间的海关合作。

中国与上合组织国家之间的贸易投资便利化合作陆续展开。在海关合作协议的签署上，中国同哈萨克斯坦、伊朗、白俄罗斯、蒙古国等国签署了AEO互认安排，与俄罗斯、印度、巴基斯坦等国签署了海运协定，中俄还另外签署了《边境海关合作纲要》，以提升通关便利化水平。便利化跨境运输方面，中俄于2015年12月正式签订了《中哈俄国际道路临时过境货物运输协议》，该协议旨在打通俄西伯利亚地区过境哈萨克斯坦进入新疆的陆地货运路线，通过临时过境哈国进入中国能有效提升货运效率，节省运输时间。2016年2月，中俄双方首次交换1000份经哈国领土临时过境货物运输许可证，同年3月，首辆俄罗斯车辆实现经哈入境中国，并在一天后返俄。监管互认方面，中俄于2014年8月实施海关监管结果互认，目前试点口岸包括东宁—波尔塔夫卡、绥芬河公路—波格拉尼奇内以及满洲里公路—后贝加尔斯克公路口岸。2018年底，中哈启动了海关"关铁通"项目的试运行，该项目旨在通过推动仓单数据、查验结果等信息的互换来实现双方海关监管互认，以此提升口岸通过效率。2022年1月，首票中哈"关铁通"项目出口货物在阿拉山口海关顺利通关。此外，中国还开辟了哈、吉、塔农产品口岸快速通关"绿色通道"，通关时间大大缩短了90%。在投资领域，中国与除阿富汗和尼泊尔外的所有上合组织国家均已签订双边投资协定，与除阿富汗外的其他国家签订了避免双重征税协定。

贸易投资自由化方面，中国已与巴基斯坦签署了自贸协定。自中巴自贸协定第一阶段议定书生效以来，双边贸易额从2005年的22亿美元跃升至2019年的156亿美元。2019年12月，中巴自贸协定第二阶段议定书正式生效，中巴两国之间相互实施"零关税"产品的税目数比例将从此前的35%逐步增加到75%，货物贸易自由化水平将进一步提高。在投资方面，原自贸协定就投资有关的定义、投资促进和保护、投资待遇和投资争端解决等方面做出规定，第二阶段自贸协定则在此基础上进一步增加了未来工作计划条款，双方一致同意加强投资合作，为投资者打造稳定、透明和具有可预见性的投资环境。中国国际经济交流中心经济研究部研究员刘向东表示，中巴自贸协定升级版的实施将进一步扩大两国间市场开放，使两国企业和消费者享受到更多优惠，推动中巴自贸区建设进入新阶段。除此之外，我国同斯里兰卡、尼泊尔和蒙古国的自贸区正处于谈判或研究中。例如，中斯就自贸区建设已进行五轮谈判，2017年1月，在第五轮谈判中，双方就货物贸易、服务贸易、投资、海关程序、技术性贸易壁垒等议题交换意见，取得积

极进展；中尼于 2016 年 3 月签署了《关于启动中国—尼泊尔自由贸易协定联合可行性研究谅解备忘录》，正式启动自贸协定联合可行性研究，成立相关工作组；中蒙同样启动了自贸协定联合可行性研究并签署谅解备忘录。

（三）合作模式不断创新

新冠疫情背景下，跨境电商成为上合组织区域内经贸关系发展的新增长点。俄中友好、和平与发展委员会地方合作理事会俄方副主席、"统一俄罗斯"政党总委员会委员阿尔乔姆·谢苗诺夫认为，新冠疫情大流行以前是新工业革命世界经济模式发展新时代新的贸易渠道形成和建立阶段。而目前，恰恰是新冠疫情大流行加快了电子和数字技术的加速发展与应用，其中也包括电商贸易渠道。阿里巴巴集团旗下的"速卖通"已成为深受俄罗斯人喜爱的海外网购平台，占俄罗斯跨境电商市场的半壁江山，发展前景可观。全球速卖通俄罗斯公司 2020—2021 财年商品交易总额达 2293 亿卢布，截至 2021 年 7 月初，"速卖通"上的俄罗斯卖家数量达到 6.1 万家，相比该年年初，卖家数量翻了一番。哈萨克斯坦对国内一些符合条件的企业实施"互联网出口商培训"计划，助力更多企业入驻中国电商平台，还通过预算资金拨款，为本国企业购买阿里巴巴电商平台"金牌供应商"账号。截至 2022 年 6 月，已有 130 家哈企业以"金牌供应商"身份入驻阿里巴巴电商平台，共销售 7500 种商品。另外，俄罗斯与哈萨克斯坦在阿里巴巴贸易平台开设了国家馆，以宣传和售卖本国商品。中乌方面，双方于 2020 年 10 月举行"丝路电商"交流对接会，主题为"塔什干—上海：电子商务的前景"，两国相关公司通过中国电商平台"阿里巴巴"签署了价值 300 万美元的糖果供应合同。同月，上合组织国家举行了以"上合之合——农产品贸易与跨境电商"为主题的圆桌会议，成员国、观察员国和对话伙伴国代表团参加了此次圆桌会议。推进跨境电子商务合作已成为强化区域经贸合作的新方向。

境外经贸园区合作发展迅速。在目前通过确认考核的 20 个国家级境外经贸合作区中，有 7 个位于上合组织成员国，遍及建材、家电、汽车、纺织等各行业。境外合作园区的推进，不仅能助力我国与东道国之间的产能合作，还将成为东道国经济发展的重要引擎。中国在上合组织国家境外国家级经贸合作区如表 4-4 所示。

表 4-4 中国在上合组织国家境外国家级经贸合作区

国家	合作区名称	境内实施企业名称
巴基斯坦	海尔—鲁巴经济区	海尔集团电器产业有限公司
俄罗斯	乌苏里斯克经贸合作区	康吉国际投资有限公司
俄罗斯	中俄托木斯克木材工贸合作区	中航林业有限公司
俄罗斯	中俄（滨海边疆区）农业产业合作区	黑龙江东宁华信经济贸易有限责任公司
俄罗斯	龙跃林业经贸合作区	黑龙江省牡丹江龙跃经贸有限公司
吉尔吉斯斯坦	亚洲之星农业产业合作区	河南贵友实业集团有限公司
乌兹别克斯坦	"鹏盛"工业园	温州市金盛贸易有限公司

四、资金融通进展

中国与上合组织国家在金融合作机制建设、货币合作、金融监管合作等方面均取得了显著进展。

（一）金融合作机制日臻成熟，区域内协作显著增强

2005 年 10 月，上合组织成员国签署了《上海合作组织银行联合体（合作）协议》，上合组织银行联合体（以下简称上合银联体）由此成立。上合银联体旨在为上合组织区域经济合作提供金融服务和融资支持，其下设有理事会，已顺利举办十八次会议。上合银联体现有包括国家开发银行、"俄罗斯联邦外经银行"国家开发集团公司、印度基础设施金融公司、哈萨克斯坦开发银行等在内的 8 家成员行，以及白俄罗斯银行和蒙古开发银行两家伙伴行。截至 2022 年 6 月底，国家开发银行与上合银联体成员行和伙伴行实现合作项目共 63 个，累计发放贷款 146 亿美元。2022 年初，为支持"一带一路"重点项目的建设，又设立了规模为 300 亿元人民币的上合银联体二期专项贷款。另外，上合组织还形成了财长和央行行长会议机制，并已于 2009 年、2012 年、2016 年、2021 年相继举行了 4 次会议，力求深化上合组织财金合作，加强各方在财经金域的对话。上合银联体及财长和央行行长会议机制分别从金融机构层面、政府层面构成了上合组织双层区域金融合作框架。

除了上合组织层面上的合作之外，中国与上合组织国家之间的金融合作机制也在不断丰富。例如，中俄设有财长对话机制，在总理定期会晤机制下也设有金融合作分委会。在民间层面上，设置有中俄金融合作论坛，建立中俄金融联盟。其中中俄金融联盟是一个非营利性、开放式跨境金融合作组织，于 2015 年 10 月成立，致力于增强联盟内成员间的联络、讨论和信息交流。联盟成员数量已从初始的 35 家发展至 70 家以上，涵盖银行、信托、基金、保险等十多类金融机构。此外，中哈之间设有金融合作分委会，中印之间建立了财金对话机制。

（二）货币合作不断加深

其一，中国已同半数以上的上合组织国家签订了双边本币互换协议，互换规模也在不断扩大。成员国中，中国与俄、哈、乌、塔、巴均已签订过本币互换协议，其中与俄罗斯、巴基斯坦的互换规模分别达 1500 亿元、300 亿元人民币。观察员国中，中国与蒙古国的互换规模由 50 亿元人民币逐步扩大至 150 亿元人民币。对话伙伴国中，与土耳其、卡塔尔、埃及的互换规模均保持在 100 亿元人民币以上，具体如表 4-5 所示。其二，本币结算方面，中国与俄罗斯、哈萨克斯坦、白俄罗斯签署了双边本币结算协议，其中与俄、哈分别于 2011 年、2014 年签署新的本币结算协定，结算范围扩大至一般贸易水平，与白俄罗斯间的结算协议是第一个中国与非接壤国家所签订的一般贸易本币结算协议。另外还与蒙古国、吉尔吉斯斯坦签订了边贸本币结算协定。其三，人民币业务清算方面，中国人民银行与俄央行签署了建立人民币清算安排的合作备忘录，授权中国工商银行（莫斯科）股份有限公司担任俄罗斯人民币业务清算行。2019 年 9 月，中国建设银行阿斯塔纳分行在哈国开业，该分行被指定为阿斯塔纳国际金融中心（AIFC）人民币清算

行。对话伙伴国中,与卡塔尔央行签署了在多哈建立人民币清算安排的合作备忘录,授权中国工商银行多哈分行担任多哈人民币业务清算行。此外,人民币与多个上合组织国家货币实现挂牌交易,如中国外汇交易中心开始在银行间外汇市场开展人民币对俄罗斯卢布、沙特里亚尔直接交易,对哈萨克斯坦坚戈、蒙古国图格里克银行间市场区域交易。

表 4-5 中国同上合组织国家双边本币互换协议一览

国家	互换规模	签署时间
俄罗斯	1500 亿元人民币/8150 亿俄罗斯卢布	2014 年 10 月 13 日
	1500 亿元人民币/13250 亿俄罗斯卢布(续签)	2017 年 11 月 22 日
	1500 亿元人民币/17500 亿俄罗斯卢布(续签)	2020 年 11 月 23 日
哈萨克斯坦	70 亿元人民币/1500 亿哈萨克斯坦坚戈	2011 年 6 月 13 日
	70 亿元人民币/2000 亿哈萨克斯坦坚戈(续签)	2014 年 12 月 14 日
	70 亿元人民币/3500 亿哈萨克斯坦坚戈(续签)	2018 年 5 月 28 日
乌兹别克斯坦	7 亿元人民币/1670 亿乌兹别克斯坦苏姆	2011 年 4 月 19 日
塔吉克斯坦	30 亿元人民币/30 亿索莫尼	2015 年 9 月 3 日
巴基斯坦	100 亿元人民币/1400 亿巴基斯坦卢比	2011 年 12 月 23 日
	100 亿元人民币/1650 亿巴基斯坦卢比(续签)	2014 年 12 月 23 日
	200 亿元人民币/3510 亿巴基斯坦卢比(续签)	2018 年 5 月 23 日
	300 亿元人民币/7200 亿巴基斯坦卢比(修订协议)	2020 年 7 月 31 日
	300 亿元人民币/7300 亿巴基斯坦卢比(续签)	2021 年 7 月 13 日
白俄罗斯	200 亿元人民币/8 万亿白俄罗斯卢布	2009 年 3 月 11 日
	700 亿元人民币/16 万亿白俄罗斯卢布(续签)	2015 年 5 月 10 日
	700 亿元人民币/22.2 白俄罗斯卢布(续签)	2018 年 5 月 10 日
蒙古国	50 亿元人民币/1 万亿蒙古国图格里克	2011 年 5 月 6 日
	100 亿元人民币/2 万亿蒙古国图格里克(补充协议)	2012 年 3 月 20 日
	150 亿元人民币/4.5 万亿蒙古国图格里克(续签)	2014 年 8 月 21 日
	150 亿元人民币/5.4 万亿蒙古国图格里克(续签)	2017 年 7 月 6 日
	150 亿元人民币/6 万亿蒙古国图格里克(续签)	2020 年 7 月 31 日
土耳其	100 亿元人民币/30 亿土耳其里拉	2012 年 2 月 21 日
	120 亿元人民币/50 亿土耳其里拉(续签)	2015 年 9 月 26 日
	120 亿元人民币/109 亿土耳其里拉(续签)	2019 年 5 月 30 日
	350 亿元人民币/460 亿土耳其里拉(修订协议)	2021 年 6 月 4 日
斯里兰卡	100 亿元人民币/2250 亿斯里兰卡卢比	2014 年 9 月 16 日
	100 亿元人民币/3000 亿斯里兰卡卢比(续签)	2021 年 3 月 19 日
亚美尼亚	10 亿元人民币/770 亿亚美尼亚德拉姆	2015 年 3 月 25 日
卡塔尔	350 亿元人民币/208 亿里亚尔	2014 年 11 月 3 日
	350 亿元人民币/208 亿里亚尔(续签)	2017 年 11 月 2 日
	350 亿元人民币/208 亿里亚尔(续签)	2021 年 1 月 6 日
埃及	180 亿元人民币/470 亿埃及镑	2016 年 12 月 6 日
	180 亿元人民币/410 亿埃及镑(续签)	2020 年 2 月 10 日

资料来源:中国人民银行《2022 年人民币国际化报告》。

（三）金融监管合作稳步加强

在双边金融监管合作文件的签署上，中国证监会与俄、印、巴、哈四个上合组织成员国以及白俄罗斯、伊朗、土耳其等观察员国或对话伙伴国签署了有关证券期货监管合作的谅解备忘录，其中多数文件是在"一带一路"倡议提出以后签署；银监会与除乌兹别克斯坦以外的成员国签署了双边银行监管合作谅解备忘录或监管合作协议，与白俄罗斯、蒙古国、土耳其等其他上合组织国家也签署了相关合作文件。此外，还与巴基斯坦、俄罗斯及吉尔吉斯斯坦中央银行分别于 2011 年、2013 年、2015 年签署了跨境危机管理合作协议，以推动在跨境危机管理方面的信息交流与合作，保障双边银行体系的稳定。2018 年 9 月，中国银保监会另与阿斯塔纳国际金融中心签署了《金融服务监管局合作备忘录》；在反洗钱、反恐怖融资金融情报交流方面，中国反洗钱监测分析中心与哈萨克斯坦、乌兹别克斯坦、巴基斯坦、土耳其等国完成了合作谅解备忘录的签署工作，在此方面的合作也正式进入实质性阶段。详见表 4-6、表 4-7。

表 4-6　中国证监会与上合组织国家证券（期货）监管机构签署的备忘录一览

国家	境外监管机构名称	签署时间	合作文件名称
俄罗斯	俄罗斯中央银行	2016 年 6 月 25 日	《证券期货监管合作谅解备忘录》
印度	印度证券及交易委员会	2006 年 9 月 15 日	《证券期货监管合作谅解备忘录》
	印度远期市场委员会	2006 年 11 月 21 日	《商品期货监管合作谅解备忘录》
巴基斯坦	巴基斯坦证券交易委员会	2010 年 12 月 17 日	《证券期货监管合作谅解备忘录》
哈萨克斯坦	哈萨克斯坦国家银行	2015 年 5 月 13 日	《证券期货监管合作谅解备忘录》
	阿斯塔纳金融服务管理局	2018 年 2 月 9 日	《证券期货监管合作谅解备忘录》
白俄罗斯	白俄罗斯共和国财政部	2014 年 1 月 20 日	《证券期货监管合作谅解备忘录》
蒙古国	蒙古金融监督委员会	2008 年 1 月 24 日	《证券监管合作谅解备忘录》
伊朗	伊朗证券和交易组织	2018 年 6 月 10 日	《证券期货及其他投资产品监管合作谅解备忘录》
阿塞拜疆	阿塞拜疆国家证券委员会	2015 年 5 月 19 日	《证券期货监管合作谅解备忘录》
土耳其	土耳其资本市场委员会	2006 年 11 月 10 日	《证券期货监管合作谅解备忘录》
卡塔尔	卡塔尔金融市场管理局	2011 年 4 月 7 日	《证券期货监管合作谅解备忘录》
埃及	埃及资本市场委员会	2000 年 6 月 22 日	《证券监管合作谅解备忘录》

资料来源：中国证监会。

表 4-7　中国与上合组织国家签署的反洗钱和反恐怖融资相关合作谅解备忘录一览

国家	境外机构名称	时间	合作文件名称
哈萨克斯坦	哈萨克斯坦共和国财政部金融监控委员会	2013 年 11 月	《关于反洗钱和反恐怖融资金融情报交流合作谅解备忘录》
尼泊尔	尼泊尔金融信息中心	2014 年 12 月	《关于反洗钱和反恐怖融资金融情报交流合作谅解备忘录》

国家	境外机构名称	时间	合作文件名称
乌兹别克斯坦	乌兹别克斯坦总检察院反纳税和外汇犯罪、反犯罪收入合法化斗争司	2016 年 6 月	《关于反洗钱和反恐怖融资信息交流合作谅解备忘录》
阿富汗	阿富汗金融交易报告分析中心	2017 年 2 月	《关于反洗钱和反恐怖融资金融情报交流合作谅解备忘录》
斯里兰卡	斯里兰卡金融情报机构	2017 年 7 月	《关于反洗钱、反恐怖融资及相关犯罪金融情报交流合作谅解备忘录》
巴基斯坦	巴基斯坦金融管理局	2019 年 8 月	《关于反洗钱和反恐怖融资金融情报交流合作谅解备忘录》
土耳其	土耳其金融犯罪调查委员会	2021 年 11 月	《关于反洗钱和反恐怖融资金融情报交流合作谅解备忘录》

五、民心相通进展

民心相通是"一带一路"建设的社会根基,其内涵主要体现在理念认同、利益契合、感情友好三个方面,增进民心相通既是"一带一路"建设行稳致远的内在要求,也是实现各国共同发展与繁荣的现实要求,更是推动构建人类命运共同体的客观要求。上合组织国家大部分是亚洲国家,有毗邻的地理优势,各国间双边关系的发展极为便利,但同时,上合组织国家在民族构成、宗教习俗、语言文化方面也存在较大的差异。加强上合组织国家间的人文交流有利于促进不同文明之间的互鉴融合,增进各民族间的相互理解,为进一步推进上合组织国家在"一带一路"框架内的合作提供人才和民意支持。

(一)教育合作机制逐步完善,科技创新成为发展新动力

上合组织教育合作机制稳步推进,上合组织大学初具规模。2006 年 6 月,成员国签署了《上海合作组织成员国政府间教育合作协定》(以下简称《协定》),正式开启上合组织教育合作的进程,为成员国教育合作指明了方向。同年 10 月,上合组织成员国首次教育部长会议在京举行,各方部长一致同意要落实好《协定》,并决定成立成员国常设教育专家工作组。此后,教育部长会议作为机制性活动,每两年举办一次。上合组织框架内还设有成员国"教育无国界"教育周、大学校长论坛等活动。上合组织大学由俄罗斯总统普京在 2007 年 8 月比什凯克元首峰会上首次提出,次年 10 月,在阿斯塔纳上合组织教育部长会议上该倡议被审议通过,并签署了《上海合作组织成员国教育部关于为成立上海合作组织大学采取进一步一致行动的意向书》。上合组织大学是在各成员国项目院校的基础上形成的非实体合作网络,目前项目院校由来自上合组织 5 个成员国的 82 所院校组成,共 7 个专业方向(区域学、生态学、能源学、IT 技术、纳米技术、经济学和教育学)。

中国与上合组织国家双多边间的教育合作也搭建了多种机制平台。在 21 世纪初,中俄在总理定期会晤机制框架内设立教文卫体合作委员会,2007 年 9 月,双方将此更名为中俄人文合作委员会。截至目前,中俄人文合作委员会已成功举办 23 次会议。在高等教育合作

上，中俄成立了综合性、艺术类、教育类等 12 个同类大学联盟，现已成为全球最大的双边高校合作网络。2017 年 9 月，中国联合蒙俄成立"丝绸之路"沿线大学联盟，初始成员包括中、蒙、俄、白俄、乌、吉等国的 35 所高校，并签署了《中蒙俄"丝绸之路"沿线大学联盟倡议书》。三国还另成立有中蒙俄智库合作中心（联盟），设置中蒙俄智库国际论坛。同样，与其他上合组织国家也构建了多形式的教育交流合作机制平台，如中哈合作委员会下设文化和人文合作分委会、中印间设有智库论坛及大学校长论坛等。

中国与上合组织国家双向留学规模不断扩大。2019 年，中俄双向留学交流人员规模突破 10 万人，提前一年实现两国元首确定的目标，同期在华学习的巴基斯坦学生共 28646 名，有超过 1.4 万名哈萨克斯坦人在中国学习。根据 2018 年来华留学统计数据，按国别排序的前 15 名中上合组织国家独占 5 个，依次是：巴基斯坦 28023 人，印度 23198 人，俄罗斯 19239 人，哈萨克斯坦 11784 人，蒙古国 10158 人。此外，我国在上合组织国家中还设立有孔子学院，目前尤以俄罗斯境内最多，有 22 所孔子学院，哈萨克斯坦和白俄罗斯各 5 所，巴基斯坦、吉尔吉斯斯坦、土耳其各有 4 所，在推广汉语、传播中国文化方面发挥了重要的作用，其中白俄罗斯国立技术大学科技孔子学院还是世界上第一所科技型孔子学院，助力双边科技创新合作的开展。

在科技合作方面，2009 年 7 月，上合组织成员国在乌鲁木齐举行了第一次科技部部长会议专家筹备会，通过了由中方提出的《上合组织成员国科技部部长会议条例》及《上合组织成员国科技合作常设工作组工作条例》，次年 5 月，首届成员国科技部部长会议顺利召开。2013 年 9 月 11 日，第二届科技部部长会议上审议并商定了《上海合作组织成员国政府间科技合作协定》草案，13 日，成员国科技部部长在元首理事会期间正式签署该协议。2016 年 8 月，"上合组织科技伙伴计划"在新疆正式启动，包括 16 个计划执行项目。2020 年在青岛峰会上，为进一步增强上合组织国家科技创新合作，推动先进技术的转移转化，成员国决定成立中国—上海合作组织技术转移中心。在双边层面上，科技合作也成为中国与多个上合组织国家最具前景的合作领域之一。目前，中国已与俄罗斯设有科技合作分委会及中俄创新合作协调委员会，与哈萨克斯坦、乌兹别克斯坦、白俄罗斯在政府间合作委员会下设科技合作分委会，并分别与印度、巴基斯坦成立了中印科技合作联委会和中巴经济走廊联委会科技联合工作组。近年来，在不断完善的机制框架内，中国与各国间的科技合作也取得丰硕成果，如中俄设立了 10 亿美元科技创新基金，制定了《2020—2025 年中俄科技创新合作路线图》，将 2020—2021 年定为"中俄科技创新年"；2022 年 11 月中巴成立科技合作中心等。

（二）文旅合作日益密切

上合组织旅游合作起步虽晚，但进展迅速。上合组织框架内，各成员国于 2016 年 6 月签署了《上海合作组织成员国旅游合作发展纲要》，明确了旅游合作的主要方向及形式。2018 年 5 月，上合组织成员国首届旅游部长会议在武汉举行，各国在落实《上海合作组织成员国旅游合作发展纲要》，发展双多边旅游合作等方面达成多项共识。2019 年，为展示成员国文化多样性和旅游发展的潜力，打造统一的旅游空间，上合组织秘书处启动"上合组织八大奇迹"项目。2022 年 11 月，成员国政府首脑理事会发布联合公报，宣布 2023 年为上合组织旅游年。另外，上合组织框架内还设有成员国旅游部门领导人会议、旅游专家工作组、旅游论坛等机制平台。在双边合作层面上,中俄早在2012年、2013年互办"旅游年"活动,中国也是俄罗斯最重要的客源国。据统计,2019年中国赴俄游客人数达130万人,无论在数量或是增长趋势上都超过其他国家;2015年、2016年中印两国分别举办"印度旅游年""中国旅游年";哈萨克斯坦于2017年4月启动"中国旅游年",这也是中国在中亚国家首次举办的国家级旅游年,在此期间,新疆、上海、山西等20多个省区市在哈萨克斯坦举办旅游推介会。闭幕式上,中国驻中亚国家的首个旅游办事处——阿斯塔纳旅游办事处正式成立。另外,哈萨克斯坦、乌兹别克斯坦、伊朗、亚美尼亚等国均对华游客实行不同时限的免签制度。

在文化交流方面,2007年成员国签署了《上合组织成员国政府间文化合作协定》,为上合组织旅游合作奠定了法律基础。机制建设上,上合组织设有文化部长会晤机制,自2012年起,会晤每年举办一次,并由上合组织轮值主席国主办,现已成功举办19次会晤。近年来,一系列以上合组织为主题的文体活动陆续举行,如2016年上合组织秘书处与云南省政府共同发起"上合昆明马拉松",并在此后形成"上合组织马拉松系列赛";2016年首届"上海合作组织青年交流营"在新疆举行;2018年首届上合组织国家电影节在山东青岛举行;成员国将2021年确定为"上合组织文化年"等。另外,成员国间还在上合组织框架下开展了多种形式的人文交流活动,其中,中俄还分别于2014—2015年举办青年友好交流年、2016—2017年举办媒体交流年、2018—2019年举办地方合作交流年;2014年9月,中印发表《关于构建更加紧密的发展伙伴关系的联合声明》,双方同意启动"中国—印度文化交流计划"。

第二节 中国与上合组织国家共建"一带一路"面临的风险和挑战

近年来,依托上合组织的机制和平台,"一带一路"倡议如前文所述取得了一系列的成果,但随着组织成员的增加、国际政治经济形势的发展变化,以及各成员国、观察员国的自身发展差异和成员间的矛盾冲突,共建"一带一路"在上合组织国家的推进也受到来自政治、经济、社会等方面不确定性因素的影响。研究"一带一路"建设在上合组织地区面临的风险挑战,对优化上合组织未来开展合作的方向、促进"一带一路"高质量发展具有重要的指导意义。本节试从政治、经济、社会等角度,探析"一带一路"建设在上合组织地区面临的风险挑战。

一、上合区域国家间的争端与冲突带来的挑战

(一)中印矛盾难以消除

中印矛盾主要体现在边境冲突,并扩散至其他领域。自2020年6月中印加勒万河谷冲突后,双方关系呈明显下滑的趋势,边界争端则是矛盾的主要源头。2021年,印度观察家研究基金会发布的调查结果显示,印度青年人视与中国的边境冲突为印度最关键的外交挑战之一,共有83%的受访者对中印边境冲突表示担忧,超过了对与巴基斯坦争端担忧的人数比例(75%)。2020年边境冲突爆发后,印度将两国的边界争端继续扩大至

其他领域，包括向南海派遣海军舰艇；禁用 TikTok、微信等 59 款中国手机应用程序；禁止中资企业参与道路建设项目等。同时，冲突也激发了印度民众的反华情绪，有高达78%的受访者表示赞成莫迪政府对华采取的以上种种对抗措施。边界争端是中印难以解决的主要利益冲突，印度把边界问题与其他领域挂钩，并将其作为改善双方关系的优先事项，严重阻碍了双方合作的恢复与发展。2022 年 8 月，印度外交部部长表示，中印关系由于边界问题正处于一个"危险的局面"，并称在当前情况下，双方关系"不可能正常"。

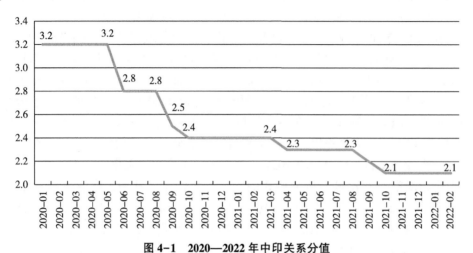

图 4-1　2020—2022 年中印关系分值

（资料来源：清华大学国际关系研究院）

对于"一带一路"倡议，印度以主权问题为由进行批评与抵制，并与之竞争。因中巴经济走廊通过其与巴基斯坦仍有争议的克什米尔地区，印度公开指责"一带一路"倡议侵犯了自身的主权和领土完整。其外交部发言人曾在对"一带一路"倡议立场的有关发言中明确表明，"任何国家都不能接受一个无视其主权和领土完整核心关切的项目"。事实上，印度认为"一带一路"倡议并非是一个纯粹的经济倡议，而是带有安全和战略目的。一方面，"一带一路"倡议强化了中巴的紧密联系，促进了双方多领域的深入合作，同时以中巴为主要对手的印度将其视为威胁。特别是在 2020 年中印边界冲突后，印度怀疑中巴存在"勾结"，并称会危及其边境地区。印度陆军参谋长就在 2021 年初公开指出，"巴基斯坦和中国在军事和非军事领域的合作有所增加。我们必须准备好应对两条战线的局面"。同时，印度也担忧中国利用海上丝绸之路加强在印度洋的存在，从而对其形成包夹之势。根据印方学者的观点，印度认为中国试图通过中巴经济走廊、孟中印缅经济走廊、中尼印通道、泛亚铁路、海上丝绸之路等对印度进行围堵，这引起了印度的警惕。另一方面，将南亚和印度洋地区作为抵御入侵的第一道防线，追求"区域大国"的地位始终是印度邻里政策的主要原则。对印度而言，"一带一路"倡议赋予了中国更大的地缘政治影响力，是中国干预其争夺南亚主导权的重要手段。

为对抗"一带一路"倡议，争夺地区影响力，印度在其周边推行了一系列互联互通计划，如提出"季风计划"以反制海上丝绸之路；出资 5 亿美元推进马尔代夫"大马累互联互通项目"；发起"萨迦"倡议，促进印度洋地区国家间的外交。在印度的干预下，"一带一路"倡议在南亚国家的多个项目被搁置或取消，如通过干涉斯里兰卡内政叫停科伦坡港口城项目;2016年2月,孟加拉国又迫于印度压力,拒绝了中国提出建设索纳迪亚港的计划。总之,印度现已是"一带一路"倡议在南亚地区推进的最大阻碍。

目前,中印领土争端悬而未决,双方关系仍面临极大不确定性。有分析认为,不排除中印关系会发生缓和,但不会导致现有矛盾消除。尤其自2020年以来,印度在经济上推行"去中国化",试图对华经济脱钩;在政治和外交上,积极参与美日印澳"四边机制",借美制华;军事上与多国进行数量空前的双边和多边演习,其高级官员也把"防务外交""战略信号""互操作性"等词汇挂在嘴边,向中国传递威慑信号等。以上种种,或将造成中印关系持续紧张,对"一带一路"在南亚地区的建设造成负面影响。

(二)印巴对立加剧南亚动荡

其一,印巴分治造成双方冲突长期不断。印度和巴基斯坦的矛盾起源于英国殖民者1947年提出的"蒙巴顿方案",根据该方案,英属印度根据宗教被分为印度联邦和巴基斯坦,印巴分治由此形成。此后,穆斯林大量迁往巴基斯坦,而印度教徒则迁往印度,由于在克什米尔地区没有明确分界线,该地区归属问题便成为两国关系交恶的主要原因。1947年、1965年两场印巴战争及1999年卡吉尔冲突均是由克什米尔地区的领土争端直接引发,近年来,双方在实际控制线违反停火协议事件每年多达数千起。另外,印巴宗教认同的差异、身份实力的不对称以及对水资源的争夺也是双方长期冲突的重要因素。

其二,印巴在阿富汗问题上的主导权之争。在阿富汗问题上,印度长期反对塔利班,认为该组织是巴基斯坦的代理人,并对阿富汗政府军及北方联盟给予大量资助。塔利班在阿富汗重掌政权给印度造成了重大的外交挫折,使这个南亚巨人成为该地区"最弱势"的参与者之一。除了担心跨境恐怖主义威胁地区安全,印度还主要担心在阿富汗政治格局中丧失主导地位,权力真空会被中、巴等国填补,使自己在阿富汗及相邻地区陷入被孤立的处境。在20世纪末塔利班当政后,印度就曾被迫撤离阿富汗。2021年8月,联合国安理会举行的阿富汗问题紧急会议中,作为该月担任安理会轮值主席国的印度拒绝了巴基斯坦参加会议,折射出对巴的极度不信任。有分析称,塔利班重掌阿富汗,助长了巴基斯坦的反印机构和恐怖组织,有可能导致双方停火协议的破裂。

印度和巴基斯坦之间的冲突现是南亚地区最不稳定的因素之一,且在短期内难以化解。印巴间的紧张关系也为中巴经济走廊合作项目带来安全隐患,如印度不惜动用民兵组织来破坏中巴合作项目,巴军方发言人伊夫蒂哈尔称,中巴经济走廊的提出与巴基斯坦俾路支省的恐怖袭击增加存在明显关联,印度专门建立了700人的民兵组织,拨款6000万美元来蓄意破坏中巴经济走廊相关项目。

(三)中亚、外高加索国家间的边界争端频发

中亚国家间的边界争端源于苏联对中亚的民族划界。20世纪20~30年代,苏联在中亚地区进行了史无前例的民族—国家划界工作,依据民族特征建立了以哈萨克斯坦、乌兹别克斯坦、吉尔吉斯斯坦、塔吉克斯坦、土库曼斯坦五个民族命名的社会主义加盟共和国,形成了模糊的"民族边界"。随着苏联的解体及中亚国家主权意识的增强,领土和边界问题已成为各国间的主要矛盾,其中以乌吉塔间的争端更为显著与频繁。

民族划界出现的大量未勘定边界及飞地是诱发乌吉塔国家间冲突的最主要因素。以吉塔为例，两国之间有 970 千米共同边界，其中 400 千米以上存在争议，过去十年，两国发生冲突次数共超 150 次。近年来，吉塔边境冲突频度有所减少，却越来越呈军事化态势，如 2014 年 1 月，双方在一场道路建设冲突中首次出现重型弹药、迫击炮弹和火箭推进榴弹的使用；2021 年 4 月，就交界地区的电线杆上安装摄像头一事发生居民争端，并演变为军事对抗；2022 年 9 月，双方又陷入大规模的军事冲突，致近百人丧生。同样，乌吉虽在边界问题上取得重要突破，但在 1378 千米的共同边界中仍有 15% 待勘定，同时，乌在吉境内拥有四块飞地，吉也有一块飞地在乌境内，双方在边界及飞地问题上的争端时有发生。

另外，水资源的分配问题也是导致多国冲突的重要原因。在中亚，阿姆河和锡尔河汇集了该地区 90% 的可用水，水源由上游的塔吉克斯坦、吉尔吉斯斯坦所控制。苏联时期，在统一的管理下形成了上下游国家间的资源互补模式，即上游国家为下游国家供水，下游国家则向上游国家提供煤炭及天然气。苏联解体后，中亚各国虽通过签署《阿拉木图协议》、成立水资源协调委员会等措施尝试延续对水资源的分配配额，但在各国对水资源需求的增加及上下游国家对于水资源的利用始终存在分歧的背景之下，中亚国家难以保持稳定、和谐的跨界水资源合作体系，上下游国家关系经常就争夺水资源而陷入紧张。乌兹别克斯坦前总统曾警告，中亚国家对水资源的争夺"不仅会引发严重对立，甚至可能导致战争"。

在边界、水资源等领域的长期争执是中亚国家建立紧密合作关系的一大掣肘，更易招致外部势力干涉中亚安全事务，危及区域稳定。乌吉间的争端就直接牵涉美俄，乌兹别克斯坦的军需主要来自西方国家，吉尔吉斯斯坦的武器装备则基本都由俄罗斯提供，两国在域外大国支持下军事潜力的上涨增加了冲突的可能性。

亚美尼亚与阿塞拜疆为争夺纳戈尔诺—卡拉巴赫（纳卡）地区长期冲突不断。20 世纪 80 年代末，亚美尼亚不顾联盟中央的反对宣布接受纳卡自治州为该共和国的一部分，遭到阿塞拜疆的强烈反对，由此引发了阿亚武装冲突。苏联解体后，双方冲突迅速激化为两国间的战争。直到 1994 年，在俄罗斯斡旋下，双方签署停火协议，亚美尼亚控制了纳卡及其周边的大范围领土。此后，以俄法美为共同主席国的欧安组织明斯克小组试图通过谈判解决阿亚冲突，促成持久和平，但却始终收效甚微。2020 年 9 月，阿亚再次爆发大规模战争，亚美尼亚遭受重大军事挫折，失去了纳卡周边七个地区的控制权。双方交火持续六周，造成数千人死亡，是 1994 年以来双方爆发的最大规模战争，被称为"大多数人从未听说过的现代最具影响力的战争之一"。随着俄乌冲突的持续，阿亚战争可能在俄罗斯深陷乌克兰战场之际再次发生，一些分析人士称，阿塞拜疆在 2022 年 9 月对亚美尼亚发起的袭击实际上是为了测试俄罗斯保护亚美尼亚的能力和意愿。纳卡问题是影响外高加索地区格局的核心议题，其冲突既源于历史、宗教、种族等多种因素，又受俄罗斯、土耳其、伊朗及西方多国的干预，未来仍将是困扰区域稳定与发展的一大痼疾。

二、大国在中亚的地缘政治博弈危及地区安全稳定

中亚因其独特的地缘位置及丰富的能源资源而历来成为大国角逐之地。早在 19 世纪

中叶，大英帝国就已与沙俄为争夺中亚进行激烈的"大博弈"，苏联解体后，该地区也始终受俄罗斯、美国等大国地缘政治的操纵。近年来，俄、美、印等国纷纷与中亚建立起"C5+1"对话合作机制，呈现出加大介入中亚事务的态势，中亚地区或将迎来新的"大博弈"时代。

（一）俄罗斯在中亚享有"特殊权益"

俄罗斯将中亚视为传统势力范围，在中亚地区拥有占据优势的控制力是俄在该地区的主要战略目标。1991 年，苏联的解体在中亚地区留下了权力真空，但在叶利钦时期，俄罗斯因困于国内政治经济转型，缺乏有效参与中亚事务的能力。普京执政后，将维护国家安全和经济利益作为出发点，制定更为灵活务实的外交政策，谋求恢复并强化在中亚地区的影响力。2000 年 6 月出台的《俄罗斯联邦对外政策构想》明确指出，俄外交政策的优先方向是确保与独联体成员国发展符合国家安全任务的多边和双边合作；重点发展与独联体所有成员国的睦邻友好关系和战略伙伴关系。为抑制美军在中亚的影响力，俄罗斯将《集体安全条约》改组为集体安全条约组织，扩大在中亚的军事存在，同时加强与中亚国家在经贸、能源等领域间的合作。克里米亚危机后，俄罗斯除了保持在中亚安全事务中的影响力外，进一步推动了欧亚地区经济一体化，在其主导下，欧亚经济联盟于 2015 年正式成立并成功扩员。2016 年 12 月，普京签署的新版《俄罗斯联邦外交政策构想》再次强调，要将发展与独联体国家间的双多边合作，加强独联体区域一体化作为外交政策的优先方向。

乌克兰危机造成了俄罗斯与其中亚盟友的疏远，扩大中亚地区的安全赤字。对于在安全、经济等领域高度依赖俄罗斯的中亚国家而言，虽普遍采用多元平衡和务实的外交战略，但大多均将发展与俄间的合作关系置于优先方向。俄乌冲突爆发后，苏联加盟共和国中仅有白俄罗斯公开支持俄罗斯，中亚国家均持中立态度，哈萨克斯坦、乌兹别克斯坦明确表示不承认卢甘斯克和顿涅茨克地区的独立。随着冲突的持续发酵，俄罗斯与部分中亚国家间的关系渐生嫌隙。特别对于与俄边境线超过 7500 千米的哈萨克斯坦而言，其国内 350 万俄罗斯人大多居住在与俄交界的北部地区，此次乌克兰危机直接加重了哈国"疑俄""恐俄"的情绪，担心成为下一个乌克兰。2022 年 7 月，哈萨克斯坦不仅退出独联体货币委员会协议，还拟定禁止向俄运送受到西方制裁货物的指令，呈现出有意与俄拉开距离之势。在能源出口上，也主动寻求出口线路的"去俄罗斯化"与"多元化"。另外，俄罗斯深陷在乌克兰的"特别军事行动"势必将减少对中亚的投入，一定程度上将使美军撤离阿富汗后本已形成的地区安全赤字进一步扩大。

中俄在中亚存在潜在的矛盾与分歧。中俄致力于维护多极世界格局，在打击恐怖主义、抵御"颜色革命"方面有着共同立场，双方关系也正处于稳步上升的阶段。但在俄罗斯精英和民众中，仍有不少人持"中国威胁论"，臆想中国在西伯利亚和远东地区的扩张。如有观点认为，超大的人口及经济规模催生出中国对外扩张的需求，而哈萨克斯坦和俄罗斯在亚洲的领土则会成为首要目标。在中亚，俄罗斯寻求在经济、安全、文化等方面享有优先地位，并将外部势力在该地区的影响力降至最低，中国则偏重务实合作。双方在中亚地区的权力分配达成了一种默契，即俄罗斯在中亚充当"保护伞"的地位，中国扮演区域经济一体化推动者的角色，双方出现战略竞争的可能性不大，但俄罗斯对于中国经济影响力在其"后院"的不断扩大依旧感到疑虑。俄罗斯乌拉尔联邦大学中国问题专家 Dmitry Zhelobov 曾指出，中国在中亚正在转向使用硬实力，并称未来五年内中国"极有可能"在该地区建立军事基地网络，以扩大地区影响力。随着中俄经济实力的不对称逐步拉大，俄越发感知双方在中亚的权力平衡被打破，从而对中国参与该地区事务更为敏感和忌惮。

（二）　美国加大介入中亚影响地区稳定

中亚是美国遏制中俄的首要之地，也是打击恐怖主义势力、推行"美式价值观"的战略重地。布热津斯基曾指出，"美国相距太远而无法在欧亚大陆的这一部分成为主导力量，但美国又太强大而不能不参与这一地区的事务"。苏联解体之初，中亚地区虽非美国的地缘战略重心，但因其特殊的地缘位置及丰富的能源资源，美国始终关注该地区的无核化、政治经济转型等议题。中亚国家独立的最初十年，美国对其的主要关切及政策焦点均与能源相关。对美而言，一个繁荣稳定的中亚不仅可以确保新主权国家的独立自主，免受邻近大国的控制，也可以为美国提供更多的能源及商业机会。1999 年 5 月，美国国会通过的《丝绸之路战略法案》强调了中亚地区政治和经济独立的重要性，主要目的即是为了加强与中亚国家的经济与能源联系，削弱俄罗斯和伊朗的影响力。自"9·11事件"发生后，美国借反恐之名强化对中亚地区的政治及军事存在，声称目标是要"根除滋生恐怖主义的土壤"。此后在很长一段时间内，美国的中亚政策主要服务于阿富汗战争，阿富汗局势成为其在该地区战略的关键因素。2011 年 6 月，时任美国总统奥巴马宣布阿富汗撤军，如何顺利进行撤军及美军撤离后稳定阿富汗的安全局势成为美国政府的主要考量。对此，希拉里于同年 7 月提出了"新丝绸之路计划"，旨在以阿富汗为核心，加强中亚与南亚的经济、交通联系。推动中亚、南亚一体化，实现中亚地区经济发展与主权独立则成为美国在中亚政策的优先方向，因为一个稳定繁荣的中亚将通过贸易联系为阿富汗发展做出贡献，中亚国家在经济发展、自然资源管理和能源利用、民主和治理等方面取得的成功也可作为阿富汗未来发展的最佳实践范例。同时，为继续保持在中亚地区的存在，应对撤军后在中亚地区影响力的减弱，奥巴马政府又于 2015 年 11 月创建美国与中亚五国外长对话机制，即"C5+1"机制。在第二届"C5+1"部长级会议上，美国计划出资1500 万美元支持中亚地区在反恐、商业、运输、能源、气候等领域的五个项目。

特朗普上台初期，基本延续了奥巴马时期的中亚政策。2017 年 11 月，美国白宫发布的《国家安全战略报告》中指出，美国在中亚的目标包括防止中亚国家被其竞争对手控制，抵制该地区成为"圣战"分子的安全庇护所及优先推动该地区国家改革。同时，也仍强调鼓励中亚和南亚的经济一体化。但在与中俄在中亚地区力量对比日趋失衡的直接刺激下，特朗普政府出台了《美国的中亚战略（2019—2025）》，表明"无论美国在阿富汗的参与程度如何，中亚都是对美国国家安全利益至关重要的地缘战略地区"，对抗中俄的意图也更为明确，指出要加强中亚国家对于"邪恶势力"的独立性。新战略强调了中亚地区的独特重要性，显然，美国在中亚及阿富汗地区的地缘政治重心已发生北移。拜登执政后，很大程度上继承了特朗普政府北移的倾向，并于 2021 年 8 月底完成从阿富汗的撤军行动，在中亚地区的战略目标上也直接"剑指中俄"。可见，21 世纪各届美国政府在中亚地区的利益及政策目的大体相同，具体包括支持中亚国家的主权和独立，建立紧密的经济联系；制衡中俄的地区影响力；服务于阿富汗战争，但在不同时期，以上利益和目标的优先次序会有不同。

"颜色革命"威胁中亚区域经济发展及社会稳定。21世纪初，以美国为首的西方国家在格鲁吉亚、乌克兰策动"颜色革命"后，又迅速对中亚国家展开"民主"攻势，吉尔吉斯斯坦与乌兹别克斯坦在2005年相继发生"郁金香革命""安集延事件"。煽动独联体区域的"颜色革命"，是西方阵营"和平演变"战略在冷战后的延续，最终目的是建立起符合其利益的新政权。"颜色革命"的相继爆发，不仅加剧了吉、乌国内社会矛盾，导致政局动荡，也激活了中亚地区的三股势力。此后，美国仍不断在"后苏联空间"推广美式民主、自由的价值观，培植亲美势力，支持"颜色革命"。如2013年至2014年乌克兰"广场革命"期间，美国时任助理国务卿维多利亚·纽兰和时任参议员约翰·麦凯恩直接前往基辅独立广场支持反动派，最终使亲西方政府在乌克兰掌权；2022年1月哈萨克斯坦骚乱也明显带有"颜色革命"、西方渗透的特征。当前，在新冠疫情、阿富汗变局及俄乌冲突多重问题叠加下，中亚国家经济社会的发展面临一系列困难与挑战，一些外部势力更易利用这一弱点在该地区挑起争端，助长"颜色革命"。可见，美国对中亚的介入使地区各国蒙上"颜色革命"的阴影，我国有学者曾直言不讳地指出，中亚国家的当权者若被美国人牵着鼻子走，则可能因为"颜色革命"失去个人权力和性命。

加剧中亚区域的紧张局势。削弱俄罗斯在中亚地区的影响力是美国历届政府的主要政策目标，特别自特朗普入主白宫后，将中俄视为主要威胁，在其所谓的"印太地区"主动挑起纷争，导致大国间的地缘政治竞争日趋复杂。随着美国从阿富汗仓促撤军，中亚的特殊性战略地位又将引发大国在该地区展开新一轮争夺影响力、资源和市场的竞争与对抗，严重挑战该地区的和平与稳定。值得关注的是，从阿富汗撤离后，美国将矛头直指中俄，并谋求在中亚的军事存在。据报道，拜登政府已将乌兹别克斯坦、塔吉克斯坦以及哈萨克斯坦视为可能的军事部署地，对此，俄罗斯外交部正告美方，强调"将美国的永久军事存在重新部署到阿富汗邻国是不可接受的"，并向中亚国家发出了警告。美国在中亚地区重建军事基地的意向与俄罗斯领导的集安组织的利益相抵触，或将激发俄美在中亚地区的军事博弈。

美国利用媒体平台污名化中国，塑造中亚民众对华的消极认知。虽与中国毗邻，但中亚受中国文化的影响相对较小，民众对华知之甚少，各国对与中国间的合作也普遍持谨慎态度，而中国军事实力、经济影响力显著加重了中亚地区的"恐华症"。在"一带一路"倡议提出之初，就有哈萨克斯坦学者指出，中国的首要任务是削弱中亚地区的反华情绪。根据盖洛普世界民意调查，2006—2018年，不认可中国的中亚人比例从18.3%上升至26.2%。中亚国家对中国投资也越来越警惕，"中亚晴雨表"2020年发布的数据显示，哈、吉分别有39%、51%的受访者非常担心中国的项目投资将导致债务的增加，乌兹别克斯坦对此非常担心的人数比例由上一年的7%快速上升至25%；哈、吉、乌分别有75%、72%、53%的受访者非常担心中国"购买本国土地"。近几年，中亚国家也发生过多次反华抗议活动，如2016年，哈萨克斯坦多地举行群众集会，反对修改《土地法》，并将矛头直指中国；2019年9月，哈萨克斯坦发生多起反华示威，示威者以"债务陷阱"为由，反对"一带一路"倡议，向55家中资企业迁至哈国提出抗议；2020年初，吉尔吉斯斯坦阿特巴什区针对中国一投资项目发生集会和抗议活动，尽管该项目会为当地创造上万个就业岗位，但民众仍担心"土地卖给了中国"，最终导致项目的取消。

有研究表明，中亚反华抗议的出现源于民众对政府的不信任，政府有关对华合作项目的积极声明反倒引发了民众的担忧，而网络媒体凭借其舆论影响力，通过使用挑衅性的标题和照片等方式引发社会哗然对于加深民众对华的消极看法起到了推波助澜的作用。在中亚，运用"软实力"工具是美国及其西方盟友参与地缘竞争，获取地区霸权的重要手段，其中即包括对中亚媒体的操控。美国不仅利用在中亚地区的西方媒体发布大量污名化中国的内容，还斥巨资煽动当地媒体开展对华的舆论攻势。2017 年 10 月，美国国际开发署在吉尔吉斯斯坦启动"培养媒体独立倡议"，计划投入 1065 万美元，资助对象包括 Kloop Media、Kaktus Media 等当地媒体。次年，美国推出中亚媒体计划，预计投入 1500 万美元。美方虽宣称支持中亚媒体的发展是为加强各国媒体的专业性和独立性，建立一个多元平衡的信息环境，但实则仍是为其宣传美式价值观、抹黑中国而服务。事实也已证明，美国赞助之下的媒体所发布的诋毁中国的印刷品及新闻呈大比例增长。此外，美国还将"涉疆议题"作为反华叙事中重要主题，制造莫须有的话题污蔑中国，企图引爆中亚国家对华的负面情绪，如受美国国会资助的自由欧洲电台 2020 年在中亚国家共发布的有关"涉疆报道"超过 350 篇，基本均为负面消息。

（三）欧盟、印度、土耳其等多股域外势力加快涉足中亚激发多元竞争态势

美军撤离阿富汗、乌克兰危机等事件的相继发生，加剧了中亚国家本已存在的安全困境。更多的地缘政治"玩家"趁俄"分身乏术"，加紧渗透中亚，使该地区稳定与发展面临更多变数。

其一，欧盟的中亚政策走向务实。欧盟方面，由于地理位置相隔甚远、中亚国家政治体制的僵化与落后以及双方较弱的经贸联系等多方面因素，长期以来其并未将中亚作为其外交政策的优先方向，"9·11"事件后，中亚地缘位置的重要性及能源优势日渐凸显，欧盟才开始积极介入中亚事务。2007 年 6 月，欧盟出台首份全面、系统的中亚战略，声明"对一个和平、民主和经济繁荣的中亚有着浓厚的兴趣"，但对惯以推动"规范性外交"的欧盟而言，其主要意图是为输出欧盟规范和价值观，塑造中亚国家发展道路与模式。欧盟坚信"加强中亚国家对国际法、法治、人权和民主价值观以及市场经济的承诺将促进中亚的安全与稳定"。考虑到中俄在中亚的地区相对影响力稳步增强及欧盟价值观在中亚发挥的作用有限，欧盟又重新调整其中亚战略，并于 2019 年 5 月发布更为务实的中亚战略——《欧盟与中亚：更坚实伙伴关系的新机遇》。新战略秉承实用主义原则，重点加强与中亚国家在经贸、能源、基础设施、人文等领域间的合作，虽也将促进"民主、人权和法治"作为战略目标，但更为重视提升中亚国家应对内外部非传统安全威胁的"韧性"。

欧盟将自身定义为中亚地区的"非地缘政治"行为者，其高级官员曾公开宣称，"不是为了地缘政治利益或游戏而来"，但欧盟试图利用在教育、环境保护、基础设施等方面的比较优势增强在中亚的影响力揭示了其作为地缘政治参与者的角色。欧盟在中亚的地位虽远不及中国，但也会在一定程度上挤压中国与中亚国家在基础设施、贸易投资等领域的合作空间。

其二，"中等强国"土耳其外交政策转向欧亚。土耳其与哈萨克斯坦、吉尔吉斯斯坦、乌兹别克斯坦、土库曼斯坦同属突厥语国家，苏联解体后，土耳其便对中亚地区表

现出极大的兴趣，并欲通过种族与文化的亲缘关系加强与中亚国家之间的联系。1992年，土耳其发起"突厥语国家首脑会议"，并在 2009 年升格为"突厥语国家合作委员会"，试图促进突厥语国家的一体化水平。虽在文化、经贸、外交等方面建立了较为紧密的关系，但受到自身经济实力、俄罗斯在中亚的干预力以及泛突厥主义思想对中亚精英缺乏足够的吸引力等种种方面限制，土耳其在中亚影响力始终有限。

近年来，土耳其与欧洲国家矛盾不断加深，外交政策呈现出偏离"欧洲化"的态势，在"帝国怀旧"情绪及地缘政治机会的驱使下，其外交重心也逐步转向周边地区。2020 年 11 月，阿塞拜疆在其支持下，赢得了第二次纳戈尔诺—卡拉巴赫战争的胜利，这又为土耳其向中亚投射地缘政治影响力提供新的契机，其可以阿塞拜疆作为跳板，直接通过里海参与中亚事务。如在战后两个月，阿塞拜疆与土库曼斯坦签署了关于联合勘探和开发里海"友谊"油气田的合作协议，次月，土耳其、阿塞拜疆、土库曼斯坦三国外长又在安卡拉举行会晤，讨论了三国联合油气勘探、修建跨里海管道等事项。此次战争的胜利也在某种程度上重振了突厥国家联盟，土耳其将其视为"整个突厥民族的胜利"。2021 年 11 月，"突厥语国家委员会"再次升格为"突厥国家组织"，转变成一个强化成员国政治、经济、文化合作并具有"国际组织"地位的联盟。

此次俄乌冲突爆发后，土耳其明确声明俄罗斯发动的"特别军事行动"是"不可接受的，并予以拒绝"，但仍在不损害与俄乌关系的情况下保持中立，并试图充当"调解人"的角色来化解危机，同时也与美国、北约和欧盟保持了适当的接触，意在维护并扩大其在全球和地区的影响力。在中亚，土耳其趁俄罗斯深陷乌克兰战场之际，又显著增强了与各国间的政治、军事合作。如 2022 年 3 月，与乌兹别克斯坦签署关于发展双边军事和军事技术合作的政府间框架协议；5 月，土哈关系提升到重要战略伙伴关系水平，在军事领域签署了多项合作文件。

其三，由"拓展的邻国"到"连接中亚"政策，印度愈加重视中亚的地缘战略地位。冷战结束后，印度奉行"东向政策"，未能给予中亚足够的关注，直到世纪之交，随着阿富汗局势的演变及巴基斯坦在周边地区势力的扩大，印度才逐步开始意识到中亚是保障其安全利益的关键地区。2003 年，印度外长在印度—中亚会议的讲话中，又将中亚视作"直接和战略领域"。此后，印度面向中亚的政策逐渐转为积极，并在 2009—2012 年分别与哈萨克斯坦、乌兹别克斯坦、塔吉克斯坦建立战略伙伴关系。2012年 6 月，又提出"连接中亚"政策，指出双方在政治、安全、经济和文化领域合作的十二条路径。该项政策的出台表明印度进一步将中亚认定为其拓展邻国中的优先地区，也有意参与中亚博弈，彰显自身存在与影响力。莫迪上台后，不仅延续了前任的中亚政策，还在外交、经济、能源、基础设施等领域深化了与各国间的联系。如在外交上，完成了冷战以来印度总理首次对中亚五国的遍访、正式成为上海合作组织成员国、建立印度—中亚"C5+1"外长级对话及领导人峰会机制等；经贸方面，启动了与欧亚经济联盟建立自贸区的谈判；在互联互通领域，积极参与恰巴哈尔港及国际南北运输走廊的建设，加入《阿什哈巴德协定》。

当前，在塔利班再度掌权及美军撤离阿富汗的背景下，中亚地缘地位更为突出，双方在应对阿富汗恐怖主义外溢风险上也有加强合作的契合点，印度势必将其置于拓展邻国中的核心。对印度而言，挤压巴基斯坦战略纵深，构筑国家安全屏障；维护阿富汗局势的稳定，打击恐怖主义；获取中亚地区丰富的能源资源是驱动其介入中亚的主要因素，但同时，也将平衡其"假想敌"中国的影响力作为中亚政策的重要目标。随着印度加大涉足中亚，中印双方在该地区或将迎来激烈的地缘政治经济博弈。近期，就有俄罗斯学者指出："决定近几年中国与中亚国家政策的第一个因素是同印度的竞争、'一带一路'国际倡议和国际南北运输走廊的竞争。"

三、恐怖主义造成巨大安全隐患

上合组织一直致力于维护欧亚地区的安全稳定，设立了专门的地区反恐怖主义机构，通过了《打击恐怖主义、分裂主义和极端主义上海公约》《上合组织反恐怖主义公约》等重要文件，并举行联合反恐军演等行动。当前，除阿富汗、巴基斯坦、印度、埃及外，上合组织国家受恐怖主义影响均在中等程度及以下。但鉴于该区域复杂的宗教、部族关系和领土纷争，反恐、反分裂、反极端主义之路依旧显得任重道远。

表4-8　2021年上合组织国家恐怖主义指数

国家	排名	受恐怖主义影响得分	受恐怖主义影响程度
阿富汗	1	9.109	非常高
巴基斯坦	10	7.825	高
印度	12	7.432	高
埃及	15	6.932	高
土耳其	23	5.651	中等
斯里兰卡	25	5.445	中等
伊朗	27	5.015	中等
尼泊尔	34	4.693	中等
俄罗斯	44	4.219	中等
塔吉克斯坦	47	3.988	低
沙特阿拉伯	54	3.110	低
巴林	65	2.145	低
中国	67	1.863	非常低
亚美尼亚、阿塞拜疆、白俄罗斯、柬埔寨、哈萨克斯坦、科威特、吉尔吉斯斯坦、蒙古国、卡塔尔、阿联酋、乌兹别克斯坦	93	0	无

（一）俄罗斯及中亚国家反恐取得显著成效，但潜在威胁仍然存在

经济与和平研究所（IEP）发布的最新报告显示，除俄罗斯与塔吉克斯坦外，其余国家受恐怖主义影响得分都为零，这意味着它们在过去5年中没有发生过恐怖袭击。该地区近年来因恐怖袭击丧生的人数也在大幅下降，2021年仅在俄罗斯发生过一次恐怖袭击，造成两人死亡，与2010年317人死亡的峰值相比下降了99%。尽管如此，该地区民

族宗教、经济社会发展状况、历史文化等因素仍是恐怖主义发生的根源所在，特别就中亚而言，复杂的民族成分及落后的经济社会发展状况为恐怖主义的滋生提供了土壤。目前，中亚国家面临"圣战"分子回流及国内个人和组织极端化的潜在威胁。一方面，据统计，中亚国家多达 5650 人前往叙利亚和伊拉克参与"圣战"，塔、乌、吉、哈各有2000 名、2000 名、850 名、800 名"圣战"分子，其中虽有一半以上在战争中死亡或被监禁，但仍有部分人员秘密离开冲突区。回流的恐怖分子具备丰富的作战经验，与其他恐怖组织也有着千丝万缕的联系，不仅能将极端主义思想推向国内，也易制造破坏性更大的恐怖袭击活动。2016 年 8 月，中国驻吉尔吉斯斯坦大使馆遭遇到的自杀式炸弹袭击，便是曾赴中东战场的中亚人员在国际及本地恐怖组织的策动和配合下实施。另一方面，在新冠疫情与俄乌冲突的双重冲击下，各国经济社会发展均受重创，贫困、失业人口的增加易导致恐怖主义的渗透及个人思想的极端化。

（二）南亚地区国家面临极大的恐怖主义威胁

南亚地处中东、中亚、东亚连接地带，扼守印度洋咽喉，因其地理位置的重要战略意义而深受域外大国博弈的地缘政治影响，同时印巴冲突、阿富汗持续动荡及中东地区战争等域内外因素也不断冲击着地区安全与稳定，助长了恐怖主义活动。目前，南亚是世界上受恐怖主义影响最严重的地区之一，2021 年该区域平均 GTI 高达 5.56，并在过去十年内始终高于其他地区。截至 2022 年 10 月，南亚地区约有 160 个恐怖/极端主义组织被纳入禁止名单内，但保持活跃的恐怖和叛乱组织仍超过 110 个。区域内，巴基斯坦、印度恐怖主义最为猖獗，两国在全球恐怖主义指数排名中分列第 10、第 12 名。具体而言，巴基斯坦大部分激进暴力活动主要集中在俾路支省和开伯尔—普什图省，2021 年超过九成的恐怖主义活动发生在以上两地，共遭受 192 起袭击，造成 305 人死亡，467 人受伤。2013—2019 年，巴基斯坦恐怖袭击事件以及与恐怖主义有关的死亡人数大幅下降，但随着巴基斯坦塔利班（以下简称巴塔，TTP）的重组，2020 年后该国恐怖主义袭击数量迅速回升。未来，随着巴塔和伊斯兰国呼罗珊分支（ISKP）活动的升级和力量的巩固，以及俾路支省团体加强其反巴运动，巴基斯坦的暴力事件可能会进一步升级。印度方面亦是如此，近年来其国内恐怖主义形势得到明显改善，但鉴于其安全机构仍然缺乏足够的人力和设施抵御恐怖主义威胁以及政府当局实质上仍未提出解决克什米尔恐怖主义、左翼极端主义、毒品和东北武装团体等问题的措施，该国将长期面临恐怖势力的威胁。

表 4-9 巴基斯坦、印度恐怖主义事件数及死亡人数

巴基斯坦			印度		
年份	恐怖主义相关的事件数	因恐怖主义死亡人数	年份	恐怖主义相关的事件数	因恐怖主义死亡人数
2013	3923	5249	2013	2590	873
2014	2779	5510	2014	3156	1012
2015	1773	3685	2015	2768	729
2016	1032	1797	2016	2394	907
2017	606	1269	2017	2126	812

续表

巴基斯坦			印度		
年份	恐怖主义相关的事件数	因恐怖主义死亡人数	年份	恐怖主义相关的事件数	因恐怖主义死亡人数
2018	325	693	2018	2119	940
2019	284	365	2019	1786	621
2020	319	506	2020	1431	591
2021	424	663	2021	1724	585
2022	476	721	2022	1186	351

恐怖主义不仅严重影响到印巴的经济社会发展，也会威胁到"一带一路"建设的顺利推进。恐怖主义通过破坏基础设施、增加政府安全开支、打击投资者信心、造成金融市场动荡等渠道对一国造成直接和间接的经济损失。根据巴基斯坦财政部统计，2001—2017年巴基斯坦因恐怖主义事件而造成的损失达1267.9亿美元，2019年包括恐怖主义在内的暴力事件给印度造成的损失更是高达9912亿美元。有学者以巴基斯坦为例，实证分析恐怖主义对其经济增长的影响，结果显示，恐怖主义对吸引外资及国内投资呈显著的负面效应，因恐怖主义死亡的人数每增长1%，外国直接投资与国内投资就会分别减少0.104%、0.039%，导致经济增长减少0.002%。同时，恐怖主义也将对中巴经济走廊的建设构成极大的安全威胁。以巴基斯坦分离主义武装组织俾路支省解放军为例，鉴于中巴政府间紧密友好合作关系，该组织将中国视为敌对目标以对抗巴基斯坦政府，多次针对中国公民及中方在巴项目实施恐怖袭击。如2017年5月，袭击瓜达尔港建设工地的工人；2018年11月，袭击中国驻巴基斯坦卡拉奇总领馆，导致保卫人员二死一伤；2021年8月，在俾路支省的瓜达尔东湾快速路项目附近，对中国公民进行自杀式袭击；2022年4月，再次策划卡拉奇大学孔子学院自杀式爆炸袭击，并声称中国如果不停止在巴项目，会进行更多的袭击。

（三）阿富汗恐怖主义的外溢风险

阿富汗是恐怖主义的主要"滋生地"，众多恐怖主义汇集于此，据俄联邦安全会议秘书称，目前在阿富汗境内有20多个恐怖组织，共计超过23000名武装分子。塔利班的胜利鼓舞了各地的恐怖分子，基地组织的中央媒体就塔利班重夺阿富汗发表了胜利宣言，称这场胜利证明了伊斯兰国家为捍卫其宗教而战的能力，证明了"圣战之路是通向胜利和赋权的唯一途径"。虽多次宣称要遏制境内的恐怖主义，但国际社会普遍认为塔利班缺乏反恐的意愿与能力，对阿富汗前景也大多持消极态度。一方面，在多方压力下，塔利班解除或迁离了其境内的一些武装团体，但却始终与基地组织、巴塔、乌伊运（IMU）、伊斯兰圣战联盟（IJU）、虔诚军（LeT）、穆罕默德军（JeM）等有着千丝万缕的联系。2022年4月，联合国分析支助和制裁监测组提交的报告指出，塔利班与基地组织仍保持密切的关系，在其执政下，基地组织享有更大的自由。同时，在阿富汗境内拥有最多外国恐怖主义作战人员的巴塔，也成为塔利班掌权阿富汗的最大受益者。2022年3月，巴塔宣布对巴基斯坦安全部队发起攻势后，受到了阿富汗塔利班社交媒体的广泛欢迎。在塔利班的"庇护"下，以上多支恐怖势力将严重危及印巴及中亚国家的安全环境，其中虔诚军与穆罕默德军主要就印控克什米尔问题对印度发起多次恐怖袭击；印度次大陆基地组织（AQIS）此前也将其杂志名称从《阿富汗圣战之声》更改为《征服印度之声》，其重心由阿富汗转移至克什米尔；乌伊运、伊斯兰圣战联盟旨在寻求推翻乌兹别克斯坦政权。另一方面，塔利班也缺乏足够的实力来应对与其敌对的恐怖势力。阿富汗政府声明已消除境内的伊斯兰国，但据联合国统计，该恐怖组织的规模在阿富汗却几乎增加了 1 倍，其北部省份的 5000～12000 名武装分子中约有 2500 名属于伊斯兰国成员，该组织声称对 2021 年 8 月至 2022 年 5 月在阿富汗境内发生的绝大多数恐怖袭击负责。当前，塔利班、伊斯兰国及其他恐怖组织对于阿富汗北部控制权的争夺也将严重威胁到中亚国家的安全，如 2022 年 4 月，伊斯兰国轰炸了靠近中亚边境的清真寺，其呼罗珊分支称从阿富汗领土对乌兹别克斯坦发动火箭袭击。

四、上合组织国家政治不稳定性带来的挑战

（一）部分国家因国内周期性选举和政党轮替造成的政策不连续性、不稳定性

特别在中亚，受苏联政治体制等"历史遗产"以及复杂部族关系的影响，该区域的强人政治特征较为普遍，缺少有效的制度约束，国家决策受控于少数精英，代表不同族群利益的精英内部易产生利益分歧，所以政权更迭往往也会伴随派系斗争，对国家政局和政策的稳定性造成负面影响。随着第一代领导人逐渐退出历史舞台、新旧政治精英权力的更替，中亚国家强人政治隐藏的制度性缺失成为威胁政治安全的突出问题，领导人权力的代际传递是否顺利则是政治稳定的最大变数。吉尔吉斯斯坦分别在 2005 年、2010 年和 2020 年出现三次非正常的政权更迭，主要原因在于其新老精英未形成良好的互动模式。

（二）政府腐败问题普遍存在

上合组织国家均为发展中国家，许多管理、监察体制建设仍处于探索阶段，难以形成有效的制度约束力，且如前所述许多国家决策把持在少数政治精英手中，部分精英为维护自身利益和政治地位难免滥用私人关系甚至进行权钱交易，形成裙带关系或庇荫关系，对公共权力造成极大的破坏，从而滋生腐败顽疾。透明国际发布的 2020 年度全球清廉指数报告显示，目前除少数国家的全球排名相对靠前以外，如亚美尼亚（60/180）、白俄罗斯（63/180）、印度和土耳其（86/180），其余国家都存在较为严重的政治腐败问题，在全球范围内居于相对靠后的位置。俄罗斯在全球 180 个经济体中排第 129 名，剩下的国家依次还有：哈萨克斯坦和斯里兰卡（94/180）、蒙古国（111/180）、尼泊尔（117/180）、吉尔吉斯斯坦和巴基斯坦（124/180）、阿塞拜疆（129/180）、乌兹别克斯坦（146/180）、塔吉克斯坦和伊朗（149/180）、柬埔寨（160/180）、阿富汗（165/180），从中不难看出上合组织国家中的腐败现象普遍存在。这些腐败问题不仅降低了东道国公共政策的有效性和公平性，给整体营商环境带来负面影响，与此同时也会降低企业的经营效率，增加额外的经营成本，抑制企业的健康发展。

五、上合组织国家经济脆弱性风险较高

（一）多个成员国经济结构单一，工业化水平低

中亚国家脱胎于苏联，在实现独立前属苏联国民经济体系的一部分，受其影响深远。苏联时期，中亚国家虽形成了现在意义上的政治、经济与社会制度，但在计划经济指导下的以资源禀赋为基础的地区发展过程中，各国未形成完整的经济体系，工业发展水平落后，以致该地区经济发展仍高度依赖能源或侨汇收入。如哈萨克斯坦能源出口占其外汇收入的50%，占 GDP 的30%；塔吉克斯坦、吉尔吉斯斯坦、乌兹别克斯坦侨汇收入分别占 GDP 的 34.5%、32.8%、13.3%。能源型经济体不仅易受国际能源价格波动的影响，且易陷入因经济分工集中专业化于能源行业而造成的"资源诅咒陷阱"，而侨汇经济体则导致了国内人才的大量外流，并使其发展受制于主要的劳务输出目的国。以上两种经济体均会带来制造业的长期衰弱，缺乏经济持续增长的动力。同样，对俄罗斯而言，对能源的高度依赖也使其经济发展带有显著的"三化"特征，即经济、出口、投资的原材料化，从而存在"荷兰病"现象。联合国工业发展组织基于生产和出口工业制成品的能力、技术现代化、对全球市场影响三个维度衡量一国工业竞争力。其最新发布的研究报告显示，上合组织成员国中，除中、俄、印三国外，其他国家制造业竞争力均处于全球中游及以下水平，具体如表4-10所示。

表4-10　上合组织国家工业竞争力绩效指数得分及排名

国家	得分	排名
成员国		
中国	0.3716	2
俄罗斯	0.0972	32
印度	0.0777	42
哈萨克斯坦	0.0353	68
巴基斯坦	0.0238	82
乌兹别克斯坦	0.0172	92
吉尔吉斯斯坦	0.0076	122
塔吉克斯坦	0.0048	129
观察员国		
白俄罗斯	0.0631	47
伊朗	0.0521	56
蒙古国	0.0123	104
阿富汗	0.0009	146
对话伙伴国		
土耳其	0.1206	29
沙特阿拉伯	0.0837	37

国家	得分	排名
卡塔尔	0.0633	45
埃及	0.0366	64
斯里兰卡	0.0283	75
柬埔寨	0.0212	85
亚美尼亚	0.0124	103
阿塞拜疆	0.0078	120
尼泊尔	0.0037	135

资料来源：联合国工业发展组织。

经济发展水平的差距也加大了区域经济合作难度。一方面，多数上合组织国家发展水平较低，限制了与区域大国间的合作空间。进入 21 世纪后，大多数上合组织国家经济经历了长期中高速增长，以成员国为例，2000—2020 年，塔吉克斯坦、哈萨克斯坦、吉尔吉斯斯坦、乌兹别克斯坦、巴基斯坦的 GDP 规模扩大了 9.5 倍、9.4 倍、5.6 倍、4.4 倍、3.2 倍，但相比中国、印度，仍差距甚大，2020 年以上五国 GDP 总量不及我国的 1/20。在人均 GDP 方面，吉、巴、塔等国均低于 1200 美元，属中低或低收入国家。另一方面，经济发展阶段的差异，制约经济合作推进。上合组织国家中，既有中国、俄罗斯等中高收入国家，又有印度、乌兹别克斯坦等中低收入国家，也有塔吉克斯坦等低收入国家。各方发展水平的不同导致利益诉求各异，对于开展经济合作的目标与模式也不尽相同，上合组织区域经济合作难以成为各方认同的优先方向。

表 4-11　2020 年上合组织成员国 GDP 及人均 GDP　单位：亿美元、美元

指标	中国	俄罗斯	哈萨克斯坦	吉尔吉斯斯坦	塔吉克斯坦	乌兹别克斯坦	巴基斯坦	印度
GDP	147227.31	14834.98	1710.82	77.36	81.94	599.30	2626.10	26602.4
人均 GDP	10435	10127	9122	1174	859	1751	1189	1928

资料来源：世界银行 WDI。

（二）金融发展普遍滞后

国际货币基金组织（IMF）发布的相关报告中，分别构建金融机构和金融市场深度、准入、效率指标体系来测度一国金融发展水平。根据其最新评估结果，上合组织国家金融发展水平如表 4-12 所示。

表 4-12　2020 年上合组织国家及美国、日本金融发展指数

国家	金融发展水平	金融市场发展指数	金融机构发展指数
中国	0.672	0.701	0.618
土耳其	0.540	0.583	0.476
卡塔尔	0.534	0.602	0.446

国家	金融发展水平	金融市场发展指数	金融机构发展指数
俄罗斯	0.531	0.441	0.601
印度	0.516	0.594	0.419
伊朗	0.474	0.367	0.564
沙特阿拉伯	0.447	0.538	0.339
蒙古国	0.330	0.144	0.505
全球平均	0.324	0.210	0.426
哈萨克斯坦	0.325	0.255	0.383
埃及	0.300	0.289	0.300
乌兹别克斯坦	0.278	0.056	0.491
斯里兰卡	0.263	0.151	0.367
亚美尼亚	0.256	0.021	0.482
巴基斯坦	0.229	0.166	0.285
尼泊尔	0.214	0.001	0.420
柬埔寨	0.190	0.002	0.370
阿塞拜疆	0.178	0.064	0.287
塔吉克斯坦	0.160	0.003	0.312
白俄罗斯	0.155	0.018	0.286
吉尔吉斯斯坦	0.137	0.008	0.262
日本	0.925	0.863	0.953
美国	0.908	0.899	0.884

综上可知，大多数上合组织成员国的金融发展水平低。其一，与发达国家间的差距过于悬殊。发达国家如美国、日本金融发展指数均在 0.9 以上，远高于上合组织国家。成员国中，除中国、俄罗斯、印度外，其他国家的金融发展均低于世界平均水平。其二，上合组织国家中，中国金融发展水平评分最高，达到 0.672，其他国家与中国差距较大，其中塔吉克斯坦、白俄罗斯、吉尔吉斯斯坦评分仅有 0.160、0.155、0.137。

多国金融体系发展水平低，抵御风险能力较差，具有一定的脆弱性。具体而言，成员国中多国银行业发展落后，主要从事存贷款及转账结算等传统经营业务，银行体系不健全，存在不容忽视的信用风险隐患。证券市场处于初级发展状态，成长性较差，对国民经济的贡献度低；货币汇率易受国际油价、主要合作经济体货币币值波动、外部市场冲击等因素的影响而发生急剧波动。特别对于成员国中的中亚国家而言，中国与之开展金融合作面临较大风险。一方面，中亚国家金融体制僵化，风险控制模式落后，同时其金融体制过于封闭，易造成资本市场融资效率低，风险向银行体系转嫁的局面；另一方面，中亚国家金融监管能力弱，同时其金融基础设施建设落后，金融产品较少，中国与中亚各国进行区域金融合作势必将加快各国金融创新的步伐，在其自身风险管控能力不足的前提下，金融创新易引发更大的金融风险。

（三）贸易投资便利化水平普遍较低

贸易便利化指根据简单、标准化的海关程序和条例、文件要求、货物和过境业务以及贸易和运输公约和安排，为边境交易建立一个透明，一致和可预测的环境。学术界通常沿用 Wilson 的做法，构建港口效率、海关环境、制度环境、电子商务四个方面指标对一国贸易便利化水平进行评价。投资便利化指一套旨在使投资者更容易建立和扩大其业务以及在东道国开展日常业务的政策和行动。这些措施通常侧重于减少投资的基本障碍，例如，促进信息的透明度和改善信息的可获取性，使行政程序更有成效、效率。一般通过基础设施质量、规制环境、营商环境、金融服务等方面综合考量一国投资便利化水平。随着贸易投资间的联系日趋紧密并呈现出高度一致性，贸易投资便利化在内涵上、评价指标上部分重合，综合两者进行研究更具理论和现实意义。简言之，贸易投资便利化指通过简化国际贸易投资程序，消除国际贸易障碍，降低国际贸易和资本流动过程中的成本，保证贸易投资过程的高效性、透明性以及可预见性的一系列举措的过程。

上合组织国家口岸效率普遍低下。口岸效率主要用道路基础设施质量、火车运输服务效率、航空运输服务效率、港口服务效率四个指标衡量。根据《全球竞争力报告2019》，上合组织国家在以上方面分值及排名具体如表 4-13 所示。由此可知，成员国及观察员国中，除中国、印度、俄罗斯以外，其他国家效率水平普遍处于世界下游水平。如吉尔吉斯斯坦、蒙古国除火车运输服务效率排在 100 名以内，其他各项指标也均在 110名以外，港口服务效率全球排名分别为 138/141、137/141；塔吉克斯坦港口服务效率处于全球最低水平，得分仅为 1；伊朗航空运输服务效率极低，排名 132/141。对话伙伴国中，阿塞拜疆、沙特阿拉伯、卡塔尔、埃及、土耳其口岸效率整体处于世界中上游水平，其他国家在此方面则普遍落后，其中尼泊尔在道路基础设施质量、火车运输服务效率、航空运输服务效率、港口服务效率四个指标排名均在 120 名开外，柬埔寨四项指标排名均在 100 名上下，效率整体水平较低。

表 4-13　上合组织国家口岸效率各指标得分及排名

国家	道路基础设施质量		火车运输服务效率		航空运输服务效率		港口服务效率	
	得分	排名	得分	排名	得分	排名	得分	排名
成员国								
中国	4.6	45	4.5	24	4.6	66	4.5	52
印度	4.5	48	4.4	30	4.9	59	4.5	49
俄罗斯	3.5	99	4.9	17	5.0	52	4.7	47
巴基斯坦	4.0	67	3.8	47	4.2	93	4.1	70
哈萨克斯坦	3.6	93	4.2	33	4.3	89	3.3	99
吉尔吉斯斯坦	3.1	113	2.8	77	3.0	133	1.5	138
塔吉克斯坦	4.5	50	4.1	37	4.5	76	1.0	139
观察员国								
蒙古国	3.1	112	3.5	55	3.6	117	1.6	137
伊朗	3.9	79	3.7	52	3.1	132	3.7	87

续表

国家	道路基础设施质量		火车运输服务效率		航空运输服务效率		港口服务效率	
	得分	排名	得分	排名	得分	排名	得分	排名
对话伙伴国								
亚美尼亚	3.6	91	3.1	67	4.6	67	2.4	124
阿塞拜疆	5.2	27	5.2	11	5.8	12	5.1	25
柬埔寨	3.6	97	2.2	109	3.7	113	3.6	91
尼泊尔	2.9	120	1.3	134	3.2	131	2.0	135
斯里兰卡	3.9	76	3.8	49	4.6	72	4.1	68
土耳其	5.0	31	3.5	56	5.4	31	4.7	44
卡塔尔	5.1	28	3.8	50	5.1	46	4.8	41
沙特阿拉伯	5.2	26	4.5	26	5.4	34	4.8	40
埃及	5.1	28	3.8	50	5.1	46	4.8	41

多数国家海关环境一般，部分国家如巴基斯坦、伊朗、尼泊尔等国的海关环境极差，其关税水平、非关税壁垒、边境通关指标基本均处于世界最下游。海关环境方面，主要用关税水平、关税复杂程度、非关税壁垒、边境通关效率四个指标来衡量。对于关税水平而言，近半数国家关税水平高于10%，高于全球多数国家，其中伊朗关税水平高达26.95%，处于世界最高水平；关税复杂程度反映一国关税制度的复杂性，主要用不同关税的数量、特定关税的普遍程度等指标进行衡量。上合组织国家中，蒙古国关税复杂程度最低，位居世界第五，其次分别是中国、尼泊尔、巴基斯坦、塔吉克斯坦、卡塔尔、沙特阿拉伯、阿塞拜疆，其他国家排名均在70/141以后，处于世界中下游；非关税壁垒方面，主要反映了一国非关税壁垒方面在多大程度上限制了进口货物在该国市场上的竞争力，非关税壁垒如卫生和产品标准的制定、技术和标签要求等。上合组织各国非关税壁垒普遍较高，除阿塞拜疆、卡塔尔、沙特阿拉伯外，其他国家排名均在60/141以后。边境通关效率主要反映了一国海关和其他边境管制机构通关程序的有效性和效率，中国、印度、卡塔尔通关效率最高，排在前50名以内，其他国家通关效率也均处于全球中下游水平。

表4-14 上合组织国家海关环境各指标数值及排名

国家	关税水平		关税复杂程度		非关税壁垒		边境通关效率	
	数值	排名	数值	排名	数值	排名	数值	排名
成员国								
中国	11.12	123	6.4	45	4.5	60	3.3	31
印度	14.43	134	4.9	87	4.5	66	3.0	41
俄罗斯	4.38	57	3.7	109	4.1	103	2.4	99
巴基斯坦	15.69	139	6.3	49	4.0	115	2.1	128
哈萨克斯坦	4.29	56	4.3	104	4.5	62	2.7	64
吉尔吉斯斯坦	4.52	60	3.6	111	4.1	108	2.8	56
塔吉克斯坦	5.92	78	6.2	55	4.2	96	1.9	134

国家	关税水平		关税复杂程度		非关税壁垒		边境通关效率	
	数值	排名	数值	排名	数值	排名	数值	排名
观察员国								
蒙古国	4.43	58	6.8	5	4	114	2.2	120
伊朗	26.95	141	5.2	81	4	119	2.6	71
对话伙伴国								
亚美尼亚	4.27	55	4.2	105	4.4	72	2.6	81
阿塞拜疆	7.78	93	6.1	61	5	25	2.6	82
柬埔寨	9.5	100	5.5	73	4.4	73	2.4	109
尼泊尔	16.57	140	6.3	47	3.9	122	2.3	117
斯里兰卡	12.21	127	3.9	108	3.9	124	2.6	79
土耳其	5.65	75	4.5	100	4.3	79	2.7	58
卡塔尔	5.60	74	6.1	59	5.0	26	3.0	39
沙特阿拉伯	5.71	76	6.1	60	4.7	42	2.7	65
埃及	14.48	136	4.9	86	4.5	67	2.6	76

规制环境仍有待进一步提升。规制环境主要反映一国政策、法律环境，用政府管制的负担、政策稳定性、法律体系解决争端的效率、法律框架对数字商业模式的适应性四个指标来衡量。在《全球竞争力报告2019》中，政府管制的负担反映公司遵守公共管理要求（如许可证、条例、报告）的负担；政策稳定性反映政府在多大程度上确保稳定的经商环境；法律体系解决争端的效率反映在解决公司纠纷方面的法律和司法体系效率；法律框架对数字商业模式的适应性反映一国法律框架适应数字商业模式（如电子商务、共享经济、金融科技等）的速度。上合组织国家中，阿塞拜疆政府管制负担最轻，经商环境最为稳定，卡塔尔、沙特阿拉伯、塔吉克斯坦、中国、印度、哈萨克斯坦两项指标位于全球50名以内，其他国家排名全球中下游；就各国法律体系解决争端的效率而言，卡塔尔效率最高，阿塞拜疆、塔吉克斯坦次之，其他多数国家排名大致处于中游水平；就各国法律框架对数字商业模式的适应性而言，沙特阿拉伯、卡塔尔、阿塞拜疆、中国、印度法律适应数字商业模式的速度最快，分别排名11/141、14/141、23/141、24/141、25/141，其他多数国家排名均处于全球中下游水平。总的来看，上合组织国家中阿塞拜疆规制环境最佳，卡塔尔、沙特阿拉伯、中国次之，多个国家规制环境排在全球中游或中下游水平。

表4-15 上合组织国家规制环境各指标得分及排名

国家	政府管制的负担		政策稳定性		法律体系解决争端的效率		法律框架对数字商业模式的适应性	
	数值	排名	数值	排名	数值	排名	数值	排名
成员国								
中国	4.4	19	4.5	45	4.1	52	4.6	24
印度	4.1	26	4.5	42	4.1	53	4.5	25
俄罗斯	3.2	90	3.7	88	3.5	83	3.9	51
巴基斯坦	3.8	46	3.8	80	3.8	69	4.1	41
哈萨克斯坦	4.0	34	4.5	46	4.1	56	4.0	43
吉尔吉斯斯坦	3.3	82	3.2	111	3.0	105	3.0	110
塔吉克斯坦	4.4	20	4.8	33	4.5	34	3.6	66
观察员国								
蒙古国	2.8	117	2.9	121	3.0	114	3.0	117
伊朗	2.4	133	2.4	134	2.7	122	3.3	95
对话伙伴国								
亚美尼亚	4.1	28	4.2	58	4.0	57	4.0	44
阿塞拜疆	5.3	3	5.4	11	4.6	28	4.6	23
柬埔寨	3.6	66	3.7	91	3.0	106	3.5	83
尼泊尔	3.1	92	3.2	112	3.4	89	3.0	114
斯里兰卡	3.0	99	3.7	87	3.8	68	3.2	99
土耳其	3.6	60	3.8	82	3.5	84	4.0	45
卡塔尔	5.0	6	5.3	13	5.3	8	4.9	14
沙特阿拉伯	4.7	10	5.3	17	5.1	17	4.9	11
埃及	3.4	75	4.0	64	3.9	66	3.5	79

电子商务方面，联合国贸易和发展会议选用金融机构或移动货币服务提供商的账户持有人比例、使用互联网人数占比、邮政可靠性指数、互联网服务器的安全性四个指标综合测算出 B2C 电商指数，用于衡量一国发展电商市场的准备程度。根据上合组织各国 B2C 电商指数如图4-2所示。可知，白俄罗斯指数得分最高，排名为 35/152，除俄、伊、卡、沙、土、中、哈等国外，其他国家电商发展均处于世界中下游水平。成员国中吉尔吉斯斯坦、乌兹别克斯坦、巴基斯坦、塔吉克斯坦得分较低，与俄罗斯、中国、哈萨克斯坦差距较大。

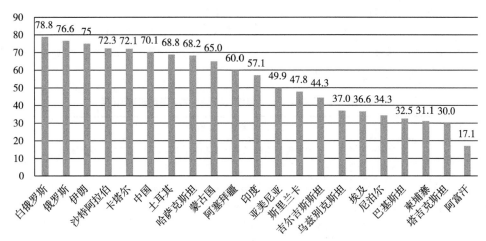

图 4-2　上合组织国家 B2C 电商指数

六、新冠疫情及俄乌冲突双重冲击各国经济社会发展

新冠疫情加大了上合组织国家未来发展的不确定性。因各国发展水平、对外依赖程度等方面的差异，疫情对上合组织国家宏观经济的冲击也不尽相同，但总体表现为经济下滑、通胀高企、贸易萎缩。2020 年，印度、俄罗斯、哈萨克斯坦、吉尔吉斯斯坦等成员国经济出现明显下滑，GDP 增速分别为-7.3%、-3.0%、-2.5%、-8.6%。疫情所导致的供应链的中断、企业生产能力的下降也推高了各国通胀水平，特别就食品类基本生活而言，多国价格迅速攀升。乌、吉、塔、哈 2020 年通胀率分别为 11.1%、9.7%、9.4%、7.5%，其中食品类价格涨幅分别高达 15.3%、17.6%、13%、11.3%。同期巴基斯坦通胀率也高达 10.7%，食品价格快速上涨是其通胀率高企的主要原因。外贸方面，除中国实现"逆疫"小幅增长外，其他成员国贸易额均出现一定幅度的下降，其中吉、印、俄降幅分别达 24.7%、19.8%、15.6%。特别对于经济基础薄弱、结构单一的国家，更易受疫情的不利冲击。如侨汇收入是吉尔吉斯斯坦、塔吉克斯坦国民经济的主要支撑，俄罗斯作为其最重要的收入来源国，自 2020 年 3 月俄临时禁止外国公民入境后，吉、塔两国侨汇收入显著下降。当月，吉出国务工人员向吉的劳务汇款为 1.44 亿美元，较上年同比减少了 26%，该年第一季度降幅为 15.3%。同样，2020 年 1~6 月，由俄罗斯汇往塔的劳务收入同比下降约为 40%，塔出国务工公民较上年也减少了 17 万人。目前，多国疫情形势虽有所好转，俄罗斯、印度、中亚等国的管制措施逐步开始放松，经济呈现复苏的势头，但全球疫情仍在高位运行，上合组织国家经济发展与复苏仍面临疫情的威胁。

俄乌冲突不仅引发了极大的人道主义危机，也重创了全球经济。联合国难民署的数据显示，截至 2022 年 9 月，自冲突以来乌克兰已有超过 720 万难民逃至欧洲各国，其境内另有 690 万以上的人流离失所。随着俄乌冲突的持续，其引发的难民问题也将进一步扩大。同时，俄乌作为能源（原油、天然气）、谷物（玉米、小麦）与有色金属（钯、铝）等大宗商品的主要供应国，因冲突及西方国家对俄的制裁而导致以上商品的供应中断将大幅推高全球通胀水平，造成极大的经济损失。有研究表明，俄乌冲突造成的经济成本将达到 2022 年全球 GDP 的 1%，若按购买力平价计算，损失约为 1.5 万亿美元，冲突也将使 2022 年的全球通胀率上升 2%。在新冠疫情及俄乌冲突的双重冲击下，主要国际组织机构对于世界经济发展预期也普遍持消极态度，低增速、高通胀成为全球经济的主要特征，"滞胀"风险显著上升。

表 4-16　主要国际组织机构对世界经济前景的最新预测

组织	世界经济形势预测	时间
世界银行	全球经济正进入一个漫长的增长乏力、通胀高企时期，预计 2022 年全球增长将下降至 2.9%，远低于 2022 年 1 月预期的 4.1%	2022 年 6 月
国际货币基金组织	2022 年全球经济将增长 3.2%，2023 年增速将进一步放缓至 2.7%，较 2022 年 7 月预测下调 0.2 个百分点，且存在会降到 2% 以下的可能性。2022 年全球通货膨胀将上升至 8.8%，此后两年分别降至 6.5%、4.1%	2022 年 10 月
联合国	预计 2022 年和 2023 年全球经济增长 3.1%，与 2022 年 1 月的预测相比，分别大幅下调了 0.9 个、0.4 个百分点，全球通货膨胀率将上升至 6.7%。未来面临俄乌冲突的加剧、新冠肺炎大流行、发达经济体比预期更快的货币紧缩带来的经济下行风险	2022 年 5 月
联合国贸发会议	全球经济增速将在 2022 年放缓至 2.5%，并在 2023 年下降至 2.2%。在美国货币政策紧缩、大宗商品上涨及新冠疫情持续传播的冲击下，低收入国家及新兴市场经济体正面临或即将面临债务压力	2022 年 10 月
亚洲开发银行	预计亚洲发展中经济体 2022 年经济增长 4.3%，较 2022 年 4 月预测的增长率下调了 0.9 个百分点，同时也将 2023 年的增长预测从 5.3% 下调至 4.9%。下调的主要驱动因素包括各国货币紧缩加剧、俄乌冲突的持续等。2022 年和 2023 年通胀率可能达到 4.5%、4.0%，高于此前预测的 3.7%、3.1%	2022 年 9 月
经济合作与发展组织	全球经济增长预计在 2022 年放缓至 3%，2023 年将进一步降至 2.25%，低于 2022 年 6 月时预测的 2.8%。大多数主要经济体为应对超预期的通胀而持续实施的货币紧缩政策是全球增长放缓的一个关键因素，G20 经济体的总体通胀率预计将从 2022 年的 8.2% 降至 2023 年的 6.5%	2022 年 9 月

资料来源：笔者根据主要国际组织发布的最新报告整理。

鉴于上合组织多数国家与俄罗斯密切的经贸与人员往来，该区域受俄乌冲突的影响总体较大。有学者通过各国与俄乌的直接经济联系、在战争造成全球影响中的间接暴露以及宏观经济基本面的韧性构建对俄乌冲突的经济脆弱性指数，实证结果表明，最脆弱的国家分别为白俄罗斯、亚美尼亚、吉尔吉斯斯坦，而乌兹别克斯坦、蒙古国、塔吉克斯坦、阿塞拜疆、哈萨克斯坦等国也是最易受到直接经济影响的国家。

就俄罗斯而言，此次冲突造成了大量的人员损失及高昂的战争成本。美国情报界估计，截至 2022 年 8 月，俄罗斯军队在乌克兰战场伤亡的士兵人数已达 60000 名以上，超过了 20 世纪 80 年代苏联在阿富汗十年战争遭受的总损失。仅在冲突的前四天，俄伤亡造成的经济损失就在 27 亿美元以上，若考虑到后勤、人员、火箭发射等费用，俄每天面临的战争成本可能超过 200 亿~250 亿美元。随着冲突的持续进行，俄罗斯恐因战事而承受极大的财政压力。2022 年 1~3 月，俄联邦预算盈余达 1.15 万亿卢布，而至 9 月底，盈余仅为 547 亿卢布。

西方国家对俄多领域、全方位的制裁也将重创俄罗斯经济金融的稳定与发展。自俄"特别军事行动"以来，美西方国家对俄发起的制裁超 10000 项，在金融领域，将俄罗斯主要几家银行从 SWIFT 系统中移除，限制俄罗斯使用美元、欧元、英镑及日元进行结算，冻结俄央行及国有银行的资产；在能源领域，美宣布禁止从俄罗斯进口石油、天然气和煤炭，德国冻结北溪 2 号项目；在经贸领域取消俄罗斯"最惠国待遇"等。西方国家在金融、能源、贸易、科技等多个领域与俄的强"脱钩"，在短期内将严重冲击俄罗斯金融系统与实体经济，陷入深度衰退。在制裁的外溢效应下，也易引发大量资本外逃，打击国内投资与消费信心。据统计，目前已有超过 1000 家企业大幅缩减或完全撤出在俄的经营活动，这些企业在俄收入及投资合计超 6000 亿美元，约占俄罗斯 GDP 的 40%。另外，战争与制裁也驱使了俄罗斯技术人才的大量外流，如俄罗斯电子通信协会（RAEC）负责人指出，冲突发生后的一个月内，已有 5 万~7 万名 IT 领域的专家离开俄罗斯，并预计将迎来多达 7 万~10 万人的"第二波"移民浪潮。

对中亚、白俄罗斯、南高加索等"后苏联空间"国家而言，因在经济上高度依赖俄罗斯，此次冲突将阻碍各国疫后经济的复苏。如在外贸方面，俄罗斯是白俄罗斯、哈萨克斯坦、吉尔吉斯斯坦、塔吉克斯坦、亚美尼亚最大贸易伙伴，也分别是乌兹别克斯坦、阿塞拜疆的第二、第三大贸易伙伴，同时也作为白俄罗斯、亚美尼亚、哈萨克斯坦等国的主要外资来源地。俄经济活动的大幅放缓则直接增加以上国家经济下行压力。特别地，俄罗斯经济衰退、卢布疲软及俄所受的资本管制将使部分国家汇款收入大幅下降。2014 年克里米亚危机后，美国对俄的制裁曾使塔吉克斯坦在 2013 年至 2016 年收到的汇款减少一半，乌兹别克斯坦与吉尔吉斯斯坦的汇款在一年内分别下降了近 30%、25%。有研究预计，2022 年俄罗斯向欧洲及中亚地区流出的汇款可能下降 40%。汇款是多数中亚及南高加索国家重要的资金来源，汇款数额的大幅减少很大程度会增加各国的财政与社会压力，并导致个人消费与投资的急剧下降。

表 4-17 俄乌冲突对中亚、南高加索等国汇款的影响

国家	2021 年汇款流入（百万美元）	2021 年汇款流入占 GDP 比例（%）	来自俄罗斯的汇款份额（%）	最初预测的 2022 年汇款增长率（%）	俄乌冲突下修订后的 2022 年汇款增长率预测（%）
塔吉克斯坦	2922	34.5	58	2	-22
吉尔吉斯斯坦	2798	32.8	82	3	-32
乌兹别克斯坦	9198	13.3	56	3	-21
亚美尼亚	1610	11.6	59	11	-19
阿塞拜疆	1527	2.8	57	2	-21
白俄罗斯	1137	1.7	43	15	-9
哈萨克斯坦	310	0.2	55	7	-19

南亚国家多为大宗商品的进口国，俄乌冲突造成能源及食品价格的上升将显著推高各国通胀水平及生活成本。同时，美元走强、南亚国家货币持续贬值也将进一步导致多国高通胀。2022 年 2~9 月，以美元计价的布伦特原油价格下跌了近 6%，但由于货币贬值，南亚地区以本币计价的油价却平均上涨了 13%，斯里兰卡涨幅更是达到 67%。2022

年前三个季度，南亚地区的食品价格通胀平均超过 20%。供给短缺及价格的上涨也加剧了南亚国家能源和粮食危机，如自 2022 年 5 月以来，斯里兰卡食品通胀率始终保持在 50% 以上，同年 7 月，阿富汗食品通胀率达 25%，这直接导致越来越大的群体无法负担食品支出。据估计，阿富汗、斯里兰卡现分别有 90%、30% 以上的人口食品消费不足，尼泊尔、印度此比例约在 20% 上下。此外，经济环境的恶化、生活物资的短缺将危及部分南亚国家政治稳定。"患'双赤字'慢性病"的斯里兰卡现已宣布国家破产，自俄乌冲突以来，该国爆发多起反政府示威游行，引发政局动荡、总统辞职并外逃。

七、上合组织发展面临的内外困境

（一）上合组织发展受自身所约束

上合组织决策效率低、组织约束力弱。目前，上合组织仍秉承"协商一致"的决策方式，遵循大小国家一律平等和"不干涉内政"原则，虽然这些原则充分展现出决策过程中的相互尊重和公平正义，但由于组织内部难免存在利益分歧，使成员国难以达成一致意见，大大降低了决策效率和反应速度。无论是 2010 年应对吉尔吉斯斯坦骚乱还是 2020 年的新冠疫情，反应慢、效率低、行动力差的问题都非常突出，这也极大地影响了上合组织的凝聚力。其次，上合组织目前主要依赖会议机制讨论和解决问题，成果主要以签署相关文件和声明的形式呈现，当成员国违反相关规定时，缺乏相应的监督机制和惩戒措施来约束成员国的行为，呈现出管理松散和威信力不足的特点。

上合组织扩容面临两难困境。一方面，作为一个多边政府间组织，成员越多越有利于提升其影响力及国际地位。在美国或西方阵营对中俄的持续打压、全球秩序受到霸权主义和单边主义严重侵蚀之下，上合组织要想在全球治理方面发挥更大作用来抗衡外部威胁，就有必要扩大其成员组成，提升在国际事务中的话语权。同时，扩容也有助于共建"一带一路"的延伸和拓展。另一方面，上合组织并非一个强力有效的组织机构，扩员后成员国间的异质性会进一步扩大，组织决策效率及凝聚力难免会下降，而印巴加入后，上合组织的地区定位已明显改变，内部协调的难度也将加大。此外，随着上合组织的发展壮大，域外势力插手破坏的可能性也越发扩大，伊朗正式加入后，就有西方媒体将上合妖魔化为对抗北约的组织。

（二）主要成员国对上合组织的利益诉求不一

作为主导国，中俄均将上合组织视为打击"三股势力"，维护区域安全的重要平台。尽管如此，双方对于上合组织的需求与定位仍存在分歧。除安全合作外，中国积极追求与成员国间的经济合作，也试图将上合组织打造成一个涵盖政治、经济、安全、人文等多个领域合作综合性区域组织，俄罗斯则更多追求地缘利益，把上合组织作为保持其在中亚的传统势力及制衡美国的"工具"，在一定程度上将上合组织作为集安组织、独联体的补充。同时，俄罗斯也忌惮中国在中亚和上合组织日渐扩大的经济影响力，对中国提出的有关建设自贸区、开放银行等倡议"有限支持"或反对，并引入印度加以平衡，这也直接导致了上合组织区域经济合作的长期滞后。就印度而言，加强与中亚国家在能源、经贸、交通等领域间的合作，增强在中亚的存在同时制衡中国与巴基斯坦，是其加入上合组织的主要动机。在认知上，印度认为上海合作组织是中国主导下的区域性组织，也是中国提升在欧亚地区地缘经济影响力的工具，其重要性不如金砖国家等多边合作机制。中俄印等主要成员国间的信任赤字及不同的利益取向，使各方难以形成较高程度的组织认同，削弱上合组织参与区域安全和经济治理的能力。

（三）来自欧亚区域内其他合作组织的竞争

除上合组织外，欧亚地区还有独联体、集安组织、突厥国家组织、欧亚经济联盟等组织，多种合作制度的重叠易导致上合组织功能的弱化乃至失效。如在安全上，上合组织若想在中亚安全领域的公共产品供给上实现突破，就势必会与俄罗斯主导的集安组织竞争，中亚国家在面临严峻安全问题时，也更倾向于向集安组织求助。经济上，欧亚经济联盟作为关税同盟，为保护成员国内部市场而对其他国家实行较高的贸易壁垒，也曾对中国商品多次发起反倾销调查。欧亚经济联盟同时规定，成员国不得与联盟外第三国缔结关于提供关税优惠的区域贸易协定，这也无形中为上合组织自贸区的建立设置了阻碍。

表 4-18 欧亚地区主要合作组织

合作组织	成员国	功能
独立国家联合体	俄罗斯、白俄罗斯、摩尔多瓦、亚美尼亚、阿塞拜疆、塔吉克斯坦、吉尔吉斯斯坦、哈萨克斯坦、乌兹别克斯坦	协调成员国在外交、经济、国防、环境等方面的政策，促进经济和社会的发展，维护区域安全
集体安全条约组织	亚美尼亚、俄罗斯、哈萨克斯坦、白俄罗斯、吉尔吉斯斯坦、塔吉克斯坦	具有军事同盟性质，维护成员及区域的安全稳定
欧亚经济联盟	俄罗斯、白俄罗斯、哈萨克斯坦、亚美尼亚、吉尔吉斯斯坦	推动商品、服务、资本和劳动力在成员国间的自由流动
突厥国家组织	土耳其、阿塞拜疆、哈萨克斯坦、吉尔吉斯斯坦、乌兹别克斯坦、土库曼斯坦	推动突厥语国家在政治、经济、文化等多领域间的合作交流

资料来源：根据有关官方网站整理。

八、气候变化是上合区域国家未来面临的最主要挑战

气候变化是当前最具全球性的挑战之一，世界经济论坛发布的《全球风险报告（2022）》将气候相关的风险列为未来十年最紧要的前三大威胁，具体包括"气候行动失败""极端天气""生物多样性丧失"。亚洲则是受气候变化影响最深的地区之一，其温度上升的速度是全球平均温升速度的 2 倍，加剧了自然灾害事件发生的频率和严重程度。

中亚主要由沙漠、草原、牧场和林地组成的干旱和半干旱地带，随着气候的持续变化，干旱问题将成为该地区的主要挑战。有研究表明，自 20 世纪 80 年代中期以来，地区的沙漠气候进一步向北扩展了 100 多千米，而由于整个地区温度的上升、冰川的加速融化也直接造成了夏季河流流量的减少，导致农业产量的大幅下降。当前，哈萨克斯坦已有 66% 的土地受干旱的影响，至 2030 年，其粮食产量预计将减少 37%，2050 年减产 48%。同样，吉尔吉斯斯坦也有一半的土地受干旱的影响。对中亚国家而言，农业是驱

动国民经济发展的主要因素，农业收入的下降将危及各国经济与社会稳定。大量冰川的融化也易促成洪水灾害的频发，造成交通、能源基础设施的中断，对贸易、人员流动及日常生活产生重大影响。分析表明，哈萨克斯坦现有约10%的交通基础设施面临自然灾害的威胁，尤其是洪灾，2019年，哈萨克斯坦企业因灾害导致交通基础设施利用率降低而增加的额外成本就达11亿美元，预计到2060年，仅因洪灾就会使哈萨克斯坦GDP减少1.3%。

气候变化导致的热浪、强降雨等极端天气事件在南亚国家也愈加频繁地发生。近几十年来，南亚多数地区的年平均气温显著上升，其中阿富汗西部和巴基斯坦西南部在1950—2010年平均气温上升1.0~3.0℃，印度东南部、斯里兰卡西部、巴基斯坦北部和尼泊尔东部在该时期气温上升了1.0~1.5℃。南亚国家中，巴基斯坦、尼泊尔、印度等国深受极端天气的影响，2000—2019年，巴基斯坦、尼泊尔两国年均气候风险指数分别居全球第八位、十位。2019年，印度该指数列于第7位，因极端天气造成的经济损失达688.12亿美元，占GDP的0.72%。因气候变暖，破坏性大的极端天气事件在南亚国家愈加频发。如2022年3月起，巴基斯坦经历了极端干旱和超高温天气，其中3~4月是自1961年以来"最干燥、最热"的月份，致数百人死亡，并预计将使小麦减产10%。同年6月，巴基斯坦又遭遇"三十年来最大洪水"，造成1/3国土被淹、超过3300万人受灾、1100人遇难，经济损失超100亿美元。同样，印度也经历了近百年来最强热浪，多地区遭遇洪水和山体滑坡等灾害。

对于发展中国家而言，气候变化是"危机倍增器"，不仅扩大了受灾国贫困及粮食危机，也易增加移民和跨界冲突风险，诱发地区恐怖活动，造成政治与社会动荡。上合组织区域内，印巴、乌塔、乌吉等国家之间就水资源分配问题已爆发多次冲突，气候变化导致的水资源稀缺极可能进一步激化多国间的矛盾，加剧地区紧张态势。此外，"一带一路"部分重要项目也暴露在气候风险之中，如对于中巴经济走廊的旗舰项目——瓜达尔港，有机构预测，2060年该港口海岸线的周边区域将被淹没。

第三节　中国与上合组织国家共建"一带一路"的发展前景

一、合作意愿不断增强

（一）各国参与"一带一路"建设的政治意愿不断增强

一方面，中国与上合组织国家间的政策沟通不断增强，与多数成员国间的政治互信程度显著提高。在政府高层外交方面，中俄设有总理定期会晤机制，旨在推进两国经贸、能源、人文等各领域间的务实合作，是中国对外合作中规格最高、组织结构最全、涉及领域最广的磋商机制。截至目前，中俄总理已定期进行24次会晤。当前，中俄新时代全面战略协作伙伴关系正处于历史最高水平。中巴方面，双方高层间交往日益密切。2018年11月，中巴双方发表联合声明，同意建立中巴外长战略对话，将原有的副外长级战略对话调整为外交磋商，双方外长分别于2019年3月、2020年8月及2021年7月成功进行三次对话。中亚国家中，中国与中亚五国均已建立起战略伙伴关系，并设有中国—中亚外长会晤机制。其中,中哈于 2011 年 6 月发展为全面战略伙伴关系,并在 2019 年 9 月再次升级为永久全面战略伙伴关系。2012 年 4 月,双方建立和启动中哈总理定期会晤机制。中国与乌、塔、吉也先后于 2016 年 6 月、2017 年 9 月、2018 年 6 月将伙伴关系升级为全面战略伙伴关系。除成员国外,其他主要国家也与我方高层互访频繁。以白俄罗斯为例,自 2013 年以来,双方元首交往不间断,并于 2016 年 9 月建立相互信任、合作共赢的全面战略伙伴关系。

另一方面,各国合作意愿显著增强,积极对接"一带一路"倡议。截至 2021 年 12 月,除印度外,上合组织国家均与中国签订共建"一带一路"合作文件,多国元首或政府首脑出席"一带一路"国际合作高峰论坛,并与我国达成多项合作共识。在发展战略规划上,俄罗斯、哈萨克斯坦等国积极推动与"一带一路"倡议对接。中俄方面,2015 年 5 月,双方发表了"一带一盟"建设对接合作的联合声明,明确指出要努力将丝绸之路经济带建设和欧亚经济联盟建设相对接,支持启动对话机制,并确定优先合作的领域。声明中,中方提出将启动与欧亚经济联盟经贸合作方面的协议谈判。2016 年 6 月,中国与欧亚经济联盟正式启动经贸合作协议的谈判,经历五轮谈判、三次工作组会和两次部长级磋商,双方于 2017 年 10 月签署了《关于实质性结束中国与欧亚经济联盟经贸合作协议谈判的联合声明》,协议范围涵盖了海关程序与贸易便利化、知识产权、部门合作和政府采购等 10 个章节。协议的达成将进一步减少中国与联盟成员国间的非关税贸易壁垒,提高贸易便利化水平,营造产业发展的良好环境,并进一步推动"一带一路"建设与欧亚经济联盟建设对接合作。2018 年 5 月,双方签署《中华人民共和国与欧亚经济联盟经贸合作协定》,中国与联盟及其成员国经贸合作从项目带动进入制度引领的新阶段,该协定在 2019 年 10 月 25 日由各方总理宣布生效。

中哈方面,"丝绸之路经济带"建设与"光明之路"新经济政策对接合作已深入推进,并在投资和产能合作、跨境运输、农业、金融以及人文交流等领域取得显著成果。"光明之路"新经济计划由哈萨克斯坦总统纳扎尔巴耶夫于 2014 年 11 月在年度国情咨文中提出,旨在强力推动经济增长,使收入来源多样化,降低哈萨克斯坦对能源出口收入的依赖程度。在近几年中哈政府联合公报上,均强调了"丝绸之路经济带"倡议和"光明之路"新经济政策对接合作意义的重要性。双方于 2016 年 9 月签署《"丝绸之路经济带"建设与"光明之路"新经济政策对接合作规划》,并在 2019 年 9 月签署《关于落实"丝绸之路经济带"建设与"光明之路"新经济政策对接合作规划的谅解备忘录》。

除成员国外,中蒙两国已发起实施"一带一路"倡议与"草原之路"发展战略间的对接计划,中国与沙特阿拉伯在深化"一带一路"倡议与"沙特阿拉伯 2030 愿景"的对接上也取得重要共识,双方于 2022 年 12 月签署了《中华人民共和国政府和沙特阿拉伯王国政府关于共建"一带一路"倡议与"2030 愿景"对接实施方案》。此外,上合组织也多次明确表明支持"一带一路"倡议。如在 2015 年 12 月上合组织成员国发表区域经济合作的联合声明,提出支持建设"丝绸之路经济带",认为该倡议契合上合组织发展目标。2021 年 9 月,在成员国元首理事会签署的《上海合作组织二十周年杜尚别宣言》中,又重申支持"一带一路"倡议。

（二）上合组织国家落后的基础设施为双方设施联通提供了合作机遇

上合组织国家基础设施落后，是制约区域经济合作的重要"瓶颈"。世界经济论坛发布的《全球竞争力报告（2019）》显示，上合组织近一半国家基础设施发展处于世界中下游水平，具体如表4-19所示。成员国中，中国交通基础设施排名最高，居世界第24位，以下依次是印度、俄罗斯。塔吉克斯坦、吉尔吉斯斯坦交通基础设施发展处于起步阶段，在道路连通度、铁路密度等方面处于世界下游水平。俄罗斯基础设施发展虽有一定基础，但多为苏联时期所建造，设施陈旧，公路质量排名为99/141。各成员国也普遍认为其交通运输领域存在交通基础设施及交通工具落后、运输成本高、运输体系不完善、安全水平不高等问题。观察员国及对话伙伴国中，蒙古国、伊朗、柬埔寨、尼泊尔等国交通基础设施排名也均在70位以后。世界银行通过海关效率、基础设施质量、物流服务质量等指标测算一国物流绩效指数，其最新发布的结果也表明上合组织国家物流绩效指数得分普遍偏低。在基建需求方面，根据中国对外承包工程商会与中国出口信用保险公司联合发布的《"一带一路"国家基础设施发展指数报告（2021）》，独联体和蒙古国在各大区域中蝉联首位，其中俄、蒙、哈三国基建发展需求指数得分为147、138、136，分别居于共建国家的第2、7、8位。从细分行业来看，俄罗斯、蒙古国在交通、能源等行业的建设需求强劲。

目前，多国为改善基础设施状况，已制定了专门的交通发展战略。如俄罗斯2008年批准了《2030年前俄联邦交通运输发展战略规划》，着力推进交通基础设施的建设与改造，2021年2月，俄政府延长该战略规划有效期，并重新确定相关参数；2019年10月，哈萨克斯坦制订了"光明大道"2020—2025新规划方案，其间将对总里程2.1万千米的国家级公路进行翻新和维修，对2.7万千米地方公路进行修缮。乌、吉、塔等国也在交通运输体系的发展上制定相关的战略规划。但各国受财政实力的限制，以及基础设施建设周期长、成本高等特点，诸多项目的建设很难凭一己之力全部完成。作为上合组织主导国，中国拥有先进的基建技术及充足的长期资金，各国基础设施建设一定程度上必将依赖于中国提供的技术及融资服务。

表4-19 上合组织国家基础设施排名

国家	基础设施	交通基础设施	道路连通度	公路质量	铁路密度
成员国					
中国	36	24	10	45	61
俄罗斯	50	49	41	99	69
哈萨克斯坦	67	73	56	93	66
印度	70	28	72	48	39
塔吉克斯坦	91	111	137	50	72
吉尔吉斯斯坦	103	129	110	113	86
巴基斯坦	105	69	52	67	54
观察员国					
伊朗	80	82	42	79	67
蒙古国	101	119	112	112	96

续表

国家	基础设施	交通基础设施	道路连通度	公路质量	铁路密度
对话伙伴国					
卡塔尔	24	19	18	16	N/A
沙特阿拉伯	34	34	1	26	102
阿塞拜疆	38	31	88	27	34
土耳其	49	33	34	31	52
埃及	52	44	48	28	70
亚美尼亚	60	74	114	91	36
斯里兰卡	61	50	96	76	35
柬埔寨	106	96	107	97	N/A
尼泊尔	112	91	101	120	N/A

表4-20　上合组织国家物流绩效指数

国家	物流绩效指数排名	物流绩效指数得分
成员国		
中国	26	3.61
印度	44	3.18
哈萨克斯坦	71	2.81
俄罗斯	75	2.76
吉尔吉斯斯坦	108	2.55
巴基斯坦	122	2.42
塔吉克斯坦	134	2.34
观察员国		
伊朗	64	2.85
白俄罗斯	103	2.57
蒙古国	130	2.37
阿富汗	160	1.95
对话伙伴国		
卡塔尔	30	3.47
土耳其	47	3.15
沙特阿拉伯	55	3.01
埃及	67	2.82
亚美尼亚	92	2.61
斯里兰卡	94	2.6
柬埔寨	98	2.58
尼泊尔	114	2.51

二、合作能力稳步提升

(一) 上合组织合作机制的健全完善为全方位深化合作奠定基础

上海合作组织由"上海五国"机制发展演变而成，建立在两个多边军事协定——《关于在边境地区加强军事信任的协定》（1996 年）和《关于在边境地区相互裁减军事力量的协定》（1997 年）——的基础之上。增强政治、军事互信，维护区域安全稳定，是其最初肩负的核心使命。历经二十年的实践发展，上合组织已发展成一个新型综合性的区域国别组织，形成了以安全、经济、人文为重要支柱，贸易、交通、科技、教育等多领域的合作体系，同时也已建立健全了相应的合作机制。

在高层外交方面，上合组织设有多层级的定期会议机制，包括成员国元首理事会、政府首脑（总理）理事会、外长理事会，以及国防、经贸、交通、文化、教育、旅游等各部长级会议，这些会议机制基本已涵盖政府的各个职能部门；在安全合作上，组建了地区反恐怖常设机构，并设有执行委员会和理事会；在务实合作方面，在经贸部长会议下设有高官委员会和 7 个专业工作组，包括海关、质检、电子商务、投资促进、发展过境潜力、能源、信息和电信专业工作组等。此外，还增设银行联合体、实业家委员会和经济智库联盟 3 个非政府合作机制，以及中国—欧亚经济合作基金，以推动上合组织区域经济合作；在人文领域，成立有上海合作组织大学、中国上海合作组织睦邻友好合作委员会、科技合作常设工作组等。以上各层级多领域合作机制的建立为上合组织全面深化合作奠定坚实的基础。

(二) "一带一路"倡议与上合组织具备协同发展的条件

"一带一路"倡议提出八年来，与沿线国家在"五通"方面均取得系列成果，并逐步成为全球最受欢迎的公共产品及最大规模的务实合作平台，其与上合组织存在诸多共性。其一，"一带一路"倡议与上合组织都由中国发起并主导，有相同的"中国基因"。"一带一路"倡议由我国在上合组织成员国之一的哈萨克斯坦提出，上合组织是第一个在中国境内宣布成立、第一个以中国城市命名的国际组织。同时，上海合作组织也是"一带一路"最重要的共建区域之一，其多数成员国及观察员国均是中蒙俄、中巴、中国—中亚—西亚经济走廊的主要节点国家。两者具备天然的"亲缘"关系。其二，发展理念相通。"一带一路"建设过程中，始终秉承共商、共建、共享的原则，形成了以和平合作、开放包容、互学互鉴、互利共赢为核心的"丝路精神"。上合组织则始终坚持"互信、互利、平等、协商，尊重多样文明，谋求共同发展"的"上海精神"。两者都遵从和平合作，共同发展的理念。其三，追求的目标一致。"一带一路"倡议与上合组织均以实现和平与发展，促进共同繁荣为目标，致力于构建人类命运共同体。基于以上多方面的一致，"一带一路"倡议可与上合组织交相辉映，协同发展。

一方面，上合组织以"安全"起家，为"一带一路"建设提供安全稳定的区域合作环境。其一，上海合作组织以"新安全观"为核心，建立了严密高效的执法安全合作网络，在打击"三股势力"、贩毒、跨国犯罪等非传统安全威胁，构建地区安全环境发挥重要作用。其二，上合组织在一定程度上能有效化解区域内国家间的分歧，促进内部团结。作为区域性综合国际组织，上合组织拥有完整的组织架构及多层级的对话合作机制，可为各国高层调解矛盾冲突提供对话平台。2007 年，上合组织通过的成员国长期睦邻友好合作条约更以法律形式确立了睦邻、友好和合作关系的大方向。

另一方面，"一带一路"建设的高质量稳定推进为上合组织区域经济合作增添新的动力。相比上合组织而言，"一带一路"建设更"专注"经济，可助上合组织经济合作走深走实。其一，"一带一路"建设通过对接各国发展战略，助推上合组织区域经济一体化。"一带一路"建设以"五通"为主要内容，通过加强与共建国间的互联互通来促进双多边务实合作，此与多国发展战略相互契合。与相关国家发展战略对接合作的深入发展，将进一步促进上合组织区域的互联互通，释放域内国家间的经贸合作潜力，推动区域经济一体化的发展。其二，"一带一路"建设可为上合组织务实合作提供更多的公共产品。"一带一路"建设不断开花结果，提供了广受欢迎的公共产品。如在融资方面，"一带一路"建设拥有更多的资金来源，可依托丝路基金、亚投行、金砖国家银行等平台为上合组织基础设施发展提供资金支持；在经贸领域，上合组织区域是中欧班列的必经之路，可发挥中欧班列优势，保障区域内国家产业链供应链稳定畅通的同时，提升经贸合作水平。

（三）区域经济形势向好，经贸合作潜力大、互补性强

近年来，绝大多数上合组织成员国经济增长势头强劲，区域经济实力不断提升，外贸规模稳步扩大，对外资吸引力也逐步增强。在"一带一路"建设及上合组织区域经济一体化的稳步推进下，中国与上合组织间的经贸合作将迎来更大的机遇。

区域经济规模不断扩大。自上合组织成立以来，成员国经济持续稳定发展，2021 年GDP 总额超过 20 万亿美元，较成立之初增长 10 倍多，占全球 GDP 份额也由 6.6% 提升至 24.3%。2020 年新冠疫情席卷全球，为应对疫情，各国采取"封城""封国"等措施，使经济活动大范围停摆，失业率急剧上升。据统计，2020 年全球经济萎缩3.36%，远超国际金融危机期间的萎缩幅度。但就上合组织成员国而言，其经济总量与2019 年基本持平，并未出现明显衰退，中国、塔吉克斯坦、乌兹别克斯坦经济甚至实现逆势增长。2021 年，成员国均呈中高速增长。

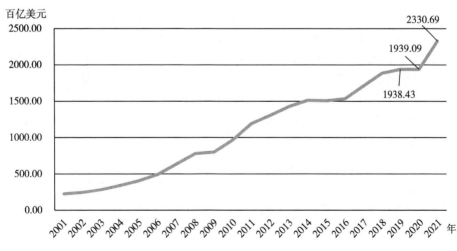

图 4-3　2001—2021 年上合组织成员国 GDP 总量

中国与成员国间的贸易额再创新高，贸易互补性强。近二十年来，除个别年份外，中国与上合组织国家间的进出口贸易额始终处于增长态势，具体如图 4-4 所示。2021 年，中国与上合组织各国贸易额突破 3000 亿美元，达历史最高水平，与 1999 年相比，贸易规模扩大近 20 倍。就国别而言，中国是多数上合组织国家的重要贸易伙伴。在 2020 年，中国分别是俄、巴、印、吉、乌第一大贸易伙伴，是哈萨克斯坦第二大贸易伙伴，塔吉克斯坦第三大贸易伙伴，另外也是伊朗、蒙古国、土耳其等国的前三大贸易伙伴。海关总署发布的中国—东盟贸易指数也显示，2022 年 1 月，中国对上合组织成员国贸易指数为 165.7 点，居历史最高位，同比上涨 43.1%，双方贸易发展水平及前景仍在"逆疫而上"。

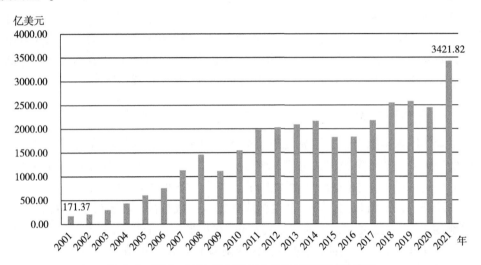

图 4-4　2001—2021 年中国与上合组织成员国贸易额

贸易互补性方面，在中国与上合组织国家双边贸易中，中方主要出口机电产品和化工、纺织产品；进口则以矿产品、贱金属及其制品和农产品为主，贸易互补性很强。从进口结构来看，矿产品、贱金属及其制品是俄罗斯、哈萨克斯坦、土耳其、沙特阿拉伯对中国出口的主要产品，2021 年两类商品出口之和分别占俄、哈、土、沙对华出口总额的 81.9%、91.4%、57.2%、80.5%，俄罗斯另外是中方第一大原油、电力进口来源国和第四大煤炭进口来源国。从印度、巴基斯坦主要进口农产品、矿产品、贱金属及其制品、纺织品。从出口商品结构看，中国主要向上合组织国家出口机电产品，其次是纺织品及化工产品。对俄、哈出口的机电产品和纺织品的占比分别为 50.6%、53.4%；对印度出口商品中，机电、化工产品占出口比例高达 65.4%；对巴基斯坦、土耳其出口机电、纺织、化工产品的比例也在 60% 以上。

表 4-21　2021 年中国自部分上合组织国家进口商品结构　　　　　单位：%

国家	农产品	矿产品	化工产品	纺织品	贱金属及其制品	机电产品	其他
印度	11.8	22.0	12.3	7.7	19.9	8.5	17.8
巴基斯坦	27.1	10.6	0.3	26.4	32.5	0.0	3.1
哈萨克斯坦	2.1	54.8	6.1	0.2	36.6	0.0	0.2

续表

国家	农产品	矿产品	化工产品	纺织品	贱金属及其制品	机电产品	其他
俄罗斯	5.4	73.0	1.6	0.0	8.9	0.4	10.7
伊朗	7.3	14.0	14.2	0.0	21.7	0.0	42.8
土耳其	7.7	44.1	7.9	10.2	13.1	9.7	7.3
沙特阿拉伯	0.1	80.2	10.2	0.0	0.3	0.2	9.0

资料来源：中国海关总署。

表4-22　2021年中国对部分上合组织国家出口商品结构　单位：%

国家	农产品	矿产品	化工产品	纺织品	贱金属及其制品	机电产品	其他
印度	0.0	0.8	18.3	5.9	8.2	47.1	19.7
巴基斯坦	1.3	6.5	16.5	15.3	10.7	33.3	16.4
哈萨克斯坦	2.3	0.2	2.5	25.9	6.9	27.5	34.7
俄罗斯	2.3	0.3	5.6	8.0	8.4	42.6	32.8
伊朗	1.2	0.7	9.1	7.7	10.5	38.0	32.8
土耳其	1.3	0.6	14.1	7.0	12.0	41.8	23.2
沙特阿拉伯	0.9	0.8	2.9	14.6	11.5	25.0	44.3

资料来源：中国海关总署。

　　投资规模快速增长，结构趋于多元。2003年至2018年，中国对成员国直接投资存量由1.34亿美元增加至374.87亿美元，规模扩大近300倍。2019—2020年，投资存量虽有所下降，但始终保持在300亿美元以上，2021年投资存量又恢复至2019年水平。成员国中，中国是巴基斯坦、吉尔吉斯斯坦、塔吉克斯坦最大投资来源国，也分别是乌兹别克斯坦、哈萨克斯坦的第二、第四大投资来源国。自提出"一带一路"倡议以来，中国与成员国大力开展基础设施建设和产能合作，建材、汽车、家电组装等加工制造型项目逐渐增多，投资结构更加多元化，由此也带动了各国产业转型升级。

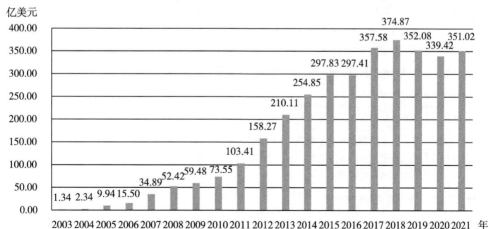

图4-5　2003—2021年中国对上合组织成员国直接投资存量

（资料来源：《2021年度中国对外直接投资统计公报》）

三、具备最佳的合作时机

（一）上合组织扩员为增进区域安全、促进务实合作创造新的机遇

扩员能提升国际制度的整体实力和影响力，同时也利于扩大成员国间的合作，是正式性较强、机制化程度较高的国际制度推动自身发展的一种重要举措。上合组织由建立时的 6 个成员国发展至 8（成员国）+4（观察员国）+9（对话伙伴国）的规模，形成了成员国、观察员国和对话伙伴国三阶梯合作模式的扩员机制，并已具备扩员的制度及法律基础。《上海合作组织宪章》第十三条、第十四条明确规定，上合组织对本地区其他国家实行开放，接纳其为成员国，并向感兴趣的国家或国际组织提供对话伙伴国或观察员地位。2004 年 6 月，各国元首在塔什干峰会上通过了《上海合作组织观察员条例》，规定了申请成为观察员国的程序及观察员国的权力等基本事项。2008 年 8 月，上合组织杜尚别峰会通过了《上海合作组织对话伙伴条例》，形成了扩大"朋友圈"的新模式。此后分别通过了《上海合作组织接收新成员条例》《给予上海合作组织成员国地位程序》等文件，上合组织扩员的法律机制逐步得到完善。随着印巴的加入以及接收伊朗为成员国程序的启动，上合组织将迎来新的发展机遇。

表 4-23　上合组织扩员大事记

时间	事件
2004 年 6 月	通过《上海合作组织观察员条例》，接纳蒙古国为观察员国
2005 年 7 月	接纳巴基斯坦、伊朗、印度为观察员国
2008 年 8 月	通过《上海合作组织对话伙伴条例》
2009 年 6 月	接纳白俄罗斯、斯里兰卡为对话伙伴国
2010 年 6 月	通过《上海合作组织接收新成员条例》
2011 年 6 月	通过《关于申请国加入上海合作组织义务的备忘录范本》
2012 年 6 月	接纳阿富汗为上合组织观察员国，土耳其为上合组织对话伙伴国
2014 年 9 月	通过《给予上海合作组织成员国地位程序》和《关于申请国加入上海合作组织义务的备忘录范本》修订案
2015 年 7 月	接纳白俄罗斯为观察员国，阿塞拜疆、亚美尼亚、柬埔寨和尼泊尔为对话伙伴国
2017 年 6 月	接纳印度、巴基斯坦为成员国
2021 年 9 月	启动接收伊朗为成员国的程序，吸收沙特阿拉伯、埃及、卡塔尔为新的对话伙伴国
2022 年 9 月	签署关于伊朗加入上海合作组织义务的备忘录，启动接收白俄罗斯为成员国的程序，批准埃及、沙特阿拉伯、卡塔尔为新的对话伙伴国，启动给予巴林、科威特、马尔代夫、缅甸、阿联酋对话伙伴国地位的进程

资料来源：作者根据有关资料整理。

扩员提升了上合组织国际地位，为参与国际治理注入动力。其一，印、巴加入后，上合组织综合实力显著增强，现已是世界上幅员最广、涵盖人口最多的地区性组织。目前，8 个成员国领土面积约 3400 万平方公里，占欧亚大陆的 3/5；人口总和超三十

亿，占全球总人口近一半；GDP 及外贸总额分别约占全球的 23%、16%。另外，成员国中、中、俄、印、巴也均是核国家，组织实力与话语权明显提升。2016 年 6 月，习近平主席在乌兹别克斯坦《人民言论报》和"扎洪"通讯社网站发表题为《谱写中乌友好新华章》的署名文章指出，"随着扩员进程启动，上海合作组织朋友圈不断扩大，地域涵盖中亚、南亚、西亚、东南亚，组织合作潜力大大增强，国际地位和影响力持续提升。"其二，印巴的加入为上合组织在全球治理体系中发挥更大作用创造了契机。印度、巴基斯坦、蒙古国、阿富汗、白俄罗斯等发展中国家相继成为成员国或观察员国彰显了上合组织的感召力与吸引力，印巴的加入更证明了上合组织作为代表发展中国家参与全球治理机制的优势。随着组织的进一步扩员及其在全球治理中地位的逐步上升，上合组织将推动国际秩序朝更利于发展中国家的方向转变。

扩员有利于强化反恐合作，维护地区安全。安全是上合组织区域持续发展的基石，也是上合组织优先发展的领域。印巴的加入不仅能提升上合组织整体军事实力，也能进一步完善区域安全合作网络。一方面，印巴均为军事强国，在 2021 年全球军力排行中分别居第 4、第 10 位，两国的加入将极大提升维护地区安全的能力。同时，印巴长期遭受恐怖主义的威胁，并以打击"三股势力"作为其重点任务，以安全合作为重心的上合组织正好契合印巴维护非传统安全的诉求，两国的加入有望深化成员国在安全领域的合作。另一方面，印巴地处西亚、中亚和东亚的连接地带，在应对该地区的安全问题上发挥不可替代的作用，也促进了上合组织安全网络向南亚地区的拓宽。

扩员推动了组织区域内的互联互通，扩大成员国能源合作。印巴的加入，不仅连通了中亚、南亚区域，更将上合组织打造成连接海上丝绸之路，联动亚欧两大市场的重要平台。上合组织已在国际道路运输、贸易便利化等方面做了大量基础性工作，这为中印开展互联互通合作创造有利条件。印巴的加入也将为上合组织能源合作带来重要机遇。就印度而言，能源是其经济发展的资源基础，未来印度城镇化率要从现在的 34% 增加到 60%，对能源的需求将大大提升。在上合组织框架内，与俄罗斯、中亚等国开展能源合作正好能解决印度的能源供应问题。同样，巴基斯坦电力缺乏，与中亚国家开展电力合作能保障其发展之所需。总而言之，印巴的加入，使中俄、中亚、印巴连成一片，印巴与各国开展能源合作的诉求，为上合组织能源合作打开新局面。

近年来，为遏制中国崛起，美国大肆推销其所谓"印太战略"，组建美日澳印四方安全对话、美英澳三边安全伙伴关系等排他性"小圈子"，严重威胁到亚太地区的安全局势。俄乌冲突后，以美国为主导的北约，更是加快其"亚太转向"的步伐，给亚洲国家的和平发展蒙上新的阴影。与此相比，上合组织始终坚持开放包容、不结盟、不对抗等合作原则，并致力于维护地区安全稳定，成为新型国际关系的典范。在此背景下，上合组织扩员或将迎来新的动力。

（二）新冠疫情的蔓延加速了中国与上合组织国家深层次、多领域间的合作

新冠疫情强化了上合组织国家"你中有我，我中有你"的共同体意识。当前，抗击疫情和经济复苏是所有上合组织国家需共同应对的两大考验，这在一定程度上为上合组织强化合作凝聚共识，也成为各国最大的利益交汇点及合作发力点。疫情背景下，为弥补全球和平赤字、安全赤字、治理赤字，中方提出了全球发展倡议、全球安全倡议，得

到上合组织、中亚等多个组织或国家的认同，并将其写入有关的合作文件中。

新冠疫情的暴发虽冲击了成员国医疗卫生体系，给各国经济社会造成沉重打击，但同时也为中国与上合组织国家在公共卫生领域间的合作提供了重要契机。作为"三股势力"后成员国面临的又一共同威胁，疫情使公共卫生合作成为上合组织区域治理中的一项重要议题。疫情暴发初期，上合组织秘书长便明确表达了对中国抗击疫情的全力支持，表示各成员国愿与中方积极配合，共同抵御疫情带来的威胁。2020年7月，上合组织自2015年后再次举行成员国卫生部长会议，主要就各国在抗击疫情所取得的主要成就进行讨论，呼吁国际社会加强合作，共同应对新冠疫情。同年11月，在元首理事会第二十次会议上，各方领导人发表关于共同应对新冠疫情的声明，并通过了《上合组织成员国应对地区流行病威胁联合行动综合计划》。在疫情仍在全球范围内大肆传播的情况下，各国愈加认识到，在疫情面前，任何单方面国家都无法独善其身。也正是在这一背景下，习近平主席提出构建上合组织卫生健康、安全、发展、人文等"四个共同体"。

疫情同样也驱动了上合组织国家发展方式与治理技术的变革，拓展了中国与上合组织国家经贸合作的深度和广度。新冠疫情在全球范围内的蔓延为数字化技术的运用与创新提供新的场景，也为产业数字化及数字消费的发展提供新的动力，5G、区块链、人工智能等一大批新兴信息技术，均在疫情期间得到迅速发展。推动经济数字化、绿色化转型与发展成为多国经济复苏的主题。当前，数字、绿色等领域间的合作也成为中国与俄罗斯、中亚等国共建"一带一路"新的抓手，如与中亚国家在数字互联互通建设上显著增强；连同五国签署了数据安全合作倡议；与俄罗斯举办了2022年中俄数字经济高峰论坛等。

（三）美霸权的滥用促使上合组织国家"抱团取暖"

美国对中国、俄罗斯、伊朗等国的打压加速了上合组织国家间的合作。中俄方面，美国将两国视为主要的战略竞争对手，近年来持续使用霸权手段加紧对两国进行战略打压。以俄罗斯为例，自2014年乌克兰危机后，以美国为首的西方国家对俄罗斯实施多达90多轮的制裁，其经济金融的运行长期遭受外来威胁。2021年4月，美国又以国家安全为由，宣布对俄开始新一轮制裁，规定禁止美国金融机构购买俄罗斯新发行的主权债券。俄罗斯虽在贸易结算、国际融资、外汇持有等方面加速了"去美元化"进程，但却难以消除美元霸权的不利影响。同样，美方视中国为"唯一有能力综合经济、外交、军事、科技对稳定和开放的国际体系发起持续挑战的潜在竞争者"，已持续挑起多轮对华贸易争端，并欲在外交、经济、军事、科技等领域对华实施全方位围堵。随着以中国为代表的新兴市场国家的稳步崛起，世界格局"东升西降"的态势日益凸显，美国联合其他西方国家遏制中国崛起的意图将更为强烈，与中国的竞争也将进一步加剧。在未来，美国很大可能会利用美元在国际货币体系中的绝对优势对华金融进行施压乃至制裁。

美国的打压一定程度上增进了中俄伙伴关系的升温，促使两国为遏制美霸权扩张在更多领域开展更深层次的合作。如在本币结算方面，美元霸权会倒逼中俄支付结算体系"去美元化"合作。自欧美国家对俄实施制裁后，俄罗斯便加快了"去美元化"进程。

2021年7月，在其发布的新版《国家安全战略》中明确表明要"扩大与外国合作伙伴间的本币结算"，"减少美元在对外经济活动中的使用"。俄罗斯也建立了卢布结算支付系统与金融信息交换系统，以降低对美元的依赖。相信未来俄方将在"去美元化"方面持续发力。目前中俄本币结算范围从边贸扩大到了一般贸易，截至2020年1～9月，双方已将本币结算比例提高至25%。随着中俄经贸合作的深化，两国本币结算合作机制与渠道的健全，以及相关法律法规的进一步完善，中俄贸易结算合作将有更广阔的发展前景。同样，美国对伊朗的制裁加快其"向东看"的步伐。伊朗总统莱希在第76届联合国大会一般性辩论发言中表示对美国霸权"终结"的欢迎，称美国霸权体系在国内外都失去公信力。在当选之初，莱希即表示"向东看"将成为其政府的优先方向。

俄乌冲突爆发后，以美国为首的西方国家针对俄罗斯发起的"制裁海啸"将进一步强化俄罗斯与中国及其他亚洲国家间的政治经济联系。此次乌克兰危机激化了俄罗斯与美西方国家间的对抗，美欧国家正试图对俄在外交、经济、科技等领域的"全面脱钩"，这也意味着俄罗斯与西方战略伙伴关系时代的结束。2022年3月，俄外交部发布声明表示将不再参加欧洲委员会，并称"不打算继续忍受西方集体以自己的秩序来取代被美国及其仆从国践踏的国际法的颠覆性做法"。对俄而言，经济快速复苏发展且与其邻近的亚洲国家，如中国和中亚国家，将成为其首要的合作伙伴。俄罗斯智库"瓦尔代"国际辩论俱乐部项目主任季莫费·博尔达切夫分析称，与美欧国家"混合战争"的升级促使俄转向东方的策略成为必要，而不再是一种选择。全方位、多领域的高压制裁下的俄罗斯也正处于一个"分叉点"，俄恐将在国际金融和贸易体系中被边缘化，但若乐观来看，对俄的制裁也可能导致全球力量配置的"格式化"，形成一个以中国为中心或者存在多个中心的世界经济体系，届时，俄罗斯的对外经济合作将迎来更广阔的空间。与此同时，在此次俄乌冲突中，上合组织国家几乎均对俄持中立或支持的立场，部分国家如印度、巴基斯坦在西方合理施压下仍拒绝对俄制裁，并保持了正常的经贸联系，这更为俄罗斯融入亚洲创造了和谐稳定的合作环境。

四、未来3～5年深化合作的方向

(一) 能源合作前景广阔

上合组织国家能源资源丰富，由成员国、观察员国及对话伙伴国组成的"上合大家庭"可视为一个大型的能源供应与消费市场。据《BP世界能源统计年鉴》，"上合大家庭"石油储量和产量约占全球的40%；天然气储量约占全球的60%，产量占40%以上；煤炭储量、产量也分别占全球40%、60%以上。其中，沙特阿拉伯、俄罗斯是全球前三大石油出口国；俄罗斯、卡塔尔是前三大天然气出口国；俄罗斯是全球第三大煤炭出口国。在炼油产能方面，欧佩克发布的数据显示，2021年上合组织国家产能约为3644.35万桶/天，占全球总产能的1/3以上，几乎是欧佩克国家炼油产能（1291.51万桶/天）的3倍。同时，中国、印度、俄罗斯也是全球主要的能源消费市场。总体来看，上合组织国家在能源的供需上高度匹配，能源合作前景广阔。

表 4-24　上合组织主要国家能源占比　　　　　　　　　单位：%

国家	石油			天然气			煤炭		
	储量	产量	消费量	储量	产量	消费量	储量	产量	消费量
中国	1.5	4.7	16.6	4.5	5.2	9.4	13.3	50.8	53.8
俄罗斯	6.2	12.7	3.6	19.9	17.4	11.8	15.1	5.5	2.1
印度	0.3	0.8	5.1	0.7	0.7	1.5	10.3	8.0	12.5
哈萨克斯坦	1.7	2.0	0.3	1.2	0.8	0.4	2.4	1.2	1.0
乌兹别克斯坦	—	0.1	0.1	0.4	1.3	1.1	0.1	—	—
巴基斯坦	—	—	0.6	0.2	0.8	1.1	0.3	0.1	0.4
伊朗	9.1	4.0	1.8	17.1	6.4	6.0	—	—	—
白俄罗斯	—	—	0.2	—	—	0.5	—	—	—
阿塞拜疆	0.4	0.8	0.1	1.3	1.2	1.0	—	—	—
埃及	0.2	0.7	0.7	1.1	1.7	1.5	—	—	—
卡塔尔	1.5	1.7	0.3	13.1	4.4	1.0	—	—	—
沙特阿拉伯	17.2	12.2	3.6	3.2	2.9	2.9	—	—	—
土耳其	—	—	1.0	—	—	—	1.1	0.4	1.1
斯里兰卡	—	—	0.1	—	—	—	—	—	—
总计	38.1	39.7	34.1	62.7	42.4	37.5	42.6	66.0	70.9

　　上合组织能源合作正朝机制化阶段发展。早在 2006 年，俄罗斯总统普京就在元首理事会上提出建立"上合组织俱乐部"的构想。同年 9 月，上合组织经贸部长会议决定成立能源专业工作组，旨在增进能源领域的合作。2007 年 6 月，上合组织能源部长首次会晤在莫斯科举行，讨论了能源合作的前景。2013 年 9 月，习近平主席在比什凯克峰会上再次提议成立能源俱乐部，"建立稳定供求关系，确保能源安全"，12 月，部分上合组织成员国、观察员国及对话伙伴国签署了关于成立能源俱乐部的谅解备忘录。2021 年，各成员国成立了能源部长会议机制及能源合作常设工作组，通过了《上海合作组织成员国能源领域合作构想》。至此，上合组织能源合作的机制化建设迈入新的高度。

　　在新冠疫情、气候变化、俄乌冲突等一系列因素的冲击下，世界正面临一场空前广泛和复杂的能源危机，但同时，危机之下各国及国际组织能源政策的调整也有可能促使此次危机成为通往更清洁、更安全未来的历史性转折点。在此背景下，为保障上合组织区域能源安全，各成员国在 2022 年 9 月撒马尔罕峰会上发布了《上合组织成员国元首理事会关于维护国际能源安全的声明》，并在畅通国际能源产供链、推进能源转型、加强能源科技创新、加强能源政策协调等方面达成一致。当前，中国可依此声明，促进上合组织能源合作走深、走实。

　　第一，可依托上合组织区域丰富的能源资源，增强与各国在能源开发和利用、能源基础设施互联互通、能源贸易结算等领域间的合作，打造稳定、高效的区域能源供应体系。上合组织国家在过去十多年的能源合作中取得诸多进展，但在能源勘探开发、管道建设、能源贸易等领域仍存在较大的合作空间。如在油气勘探与开发上，里海地区是世界第三大油气资源富集区，拥有丰富的油气储量，而目前中亚里海大型油气上游勘探开发项目均是由美欧大石油公司所主导,中国、俄罗斯及中亚国家可就里海能源的开发加强合作;在能源管道建设方面,中俄、中国与中亚国家现已建成多条能源管道,在此基础上,可推动"伊朗—环里海—中国"油气管道的建设,构建上合区域能源基础设施互联互通网络,保障能源供应安全;能源贸易结算方面,中国与俄罗斯、伊朗加强了能源贸易的本币合作。近期,中国石油与俄气公司签署了能源本币结算的合作协议,双方决定以 50∶50 的比例用卢布和人民币结算天然气费用。未来,可进一步寻求与沙特阿拉伯石油贸易中的本币结算合作。

第二,积极推动与上合组织国家在可再生能源领域的合作,加快各国能源转型。国际可再生能源署称,尽管全球能源转型取得了一些进展,但远未走上 1.5℃温控的正轨,未来八年对于能源转型至关重要,而充分发展与利用可再生能源则是主要途径之一。中亚、俄罗斯等国家太阳能、水能、风能等资源丰富,拥有非常大的可再生能源发展潜力。以中亚国家为例,有研究估计,多国小水电的发电潜力为 275~30000 兆瓦不等,太阳能光伏发电、风能发电的潜力在 195000~3760000 兆瓦、1500~354000 兆瓦区间内。然而,多国实际利用规模较小,吉尔吉斯斯坦、塔吉克斯坦小水电装机容量仅占水电总装机容量的 1%左右,对于太阳能及风能的利用更是微乎其微。法律和监管框架不完善、能源基础设施落后、能源部门资金匮乏等因素是阻碍可再生能源发展的主要原因。

在发展可再生能源,推动电力转型方面,中国拥有丰富的实践经验和资金、技术优势。中国在全球太阳能光伏市场上占据主导地位,发电装机容量所占份额近 35%,也是风能总装机容量最高的国家,所占全球份额更是高达 38%。在可再生能源投资方面,中国同样引领全球,彭博新能源财经发布的报告显示,2022 年上半年全球可再生能源投资同比增长 11%,总额达 2260 亿美元,创历史新高,其中中国在大型太阳能项目和风电项目上的投资分别为 410 亿美元、580 亿美元,两者合计占全球投资总额的 43.8%。在技术上,中国已经形成了较完整的风电、光伏产业链,是全球最大风机和光伏设备生产国。日本国际贸易和工业部称,中国在海上风力发电和下一代太阳能技术的知识产权竞争力上居世界第一。因此,可凭借在以上方面的优势,大力推动上合组织国家太阳能、风电等可再生能源基础设施项目的建设,积极提供技术、资金支持,促进各国电力部门减碳脱碳,实现以太阳能和风能为主导的能源转型。

(二) 气候合作是上合组织国家绿色化转型的必然要求

气候变化对包括中国在内的所有上合组织国家经济的长期发展及生存环境构成极大威胁。气候变化导致的全球变暖、海平面上升使中国沿海和西部内陆地区暴露在洪水、干旱等自然灾害的风险之中。在过去五年中,极端天气每年造成的直接损失约为 760 亿美元,且未来造成的影响会逐步加剧,到 2030 年,气候变化可能导致 GDP 损失 0.5%至2.3%。同样,中亚、南亚多国也均属气候脆弱性国家,生产和生活条件极易受气候变化的影响。有分析指出,在所有国家目前所作的气候承诺都充分得到遵守的情况下,21 世纪末预计它仍将升温 2.7℃,并将导致印度、巴基斯坦等国的 12.6 亿人口暴露在过高的湿球温度下。相比之下,若采用更有力的措施将气温升高控制在 1.5℃,南亚的热应激事件将减少一半以上。不仅如此,在 21 世纪末将全球变暖限制在 1.5℃而非 2℃也会产生巨大的经济收益,预计将使全球人均 GDP 中值增加 3.4%,至少可以避免 36.4 万亿美元的损失。可见，推动上合组织国家经济发展朝绿色转型已刻不容缓。

　　绿色低碳发展也成为上合组织国家的共识，主要成员国均设定了碳中和目标。2020年9月，习近平主席在联合国大会上的讲话指出，此次新冠疫情启示人类需要进行一场"自我革命"，加快形成绿色发展、生活方式，并提出2030年"碳达峰"与2060年"碳中和"目标。次年，国务院发布了《关于加快建立健全绿色低碳循环发展经济体系的指导意见》，正式从顶层设计上部署绿色经济的发展。俄罗斯于2021年11月批准了《2050年前低碳发展战略》，计划在2060年前实现碳中和。印度、哈萨克斯坦分别承诺在2070年、2060年实现"净零排放"。上合组织框架内，各国也一致同意加强气候领域的合作，如在2018年青岛峰会通过《上合组织成员国环保合作构想》，2021年杜尚别峰会通过《上合组织"绿色之带"纲要》。2022年9月，在撒马尔罕峰会上，各成员国元首发布了关于应对气候变化的声明。

　　上合组织国家绿色经济转型大多处于起步阶段，各国净零之路任重道远。成员国中，中国、印度、俄罗斯均是碳排放大国，2021年三国碳排放总量占全球的45%以上，哈萨克斯坦、乌兹别克斯坦等中亚国家及伊朗、蒙古国、白俄罗斯等上合组织观察员国每单位GDP的碳排放量也远高于西方发达国家。特别是多数国家生产生活仍主要依赖煤炭，绿色经济转型难免给能源部门及宏观经济带来重大挑战，在短期可能面临"转型之痛"。就气候合作而言，当前多国气候合作的伙伴主要集中在西方国家。早在2001年，欧盟与中亚五国、联合国开发计划署共同成立了中亚区域环境中心。欧盟新中亚战略提出后，德国外交部主导发起了"绿色中亚"倡议，旨在通过开展对话合作，使中亚国家能更准确地评估气候变化的影响并采取预防措施。2020年1月，德国、阿富汗及中亚各国外长发布了气候与安全领域合作的联合声明。同样，俄罗斯与欧盟在20世纪90年代已就气候合作设立相关合作机制。但尽管如此，俄欧气候合作始终受双方显著差异的合作意愿、欧盟内部的争议与分歧及俄欧政治关系等因素的制约，俄乌冲突后，双方气候合作恐将陷入停滞。

表4-25　2021年上合组织主要国家与欧盟碳排放情况

国家	二氧化碳排放量（百万吨）	二氧化碳排放量占比（%）	人均二氧化碳排放量（吨）	每单位GDP二氧化碳排放量（吨/千美元）
中国	12466.32	32.93	8.73	0.50
印度	2648.78	7.00	1.90	0.28
俄罗斯	1942.54	5.13	13.52	0.48
哈萨克斯坦	211.21	0.56	11.14	0.43
吉尔吉斯斯坦	10.78	0.03	1.69	0.33
巴基斯坦	219.79	0.58	1.04	0.18
塔吉克斯坦	10.13	0.03	1.05	0.27
乌兹别克斯坦	125.65	0.33	3.73	0.47
伊朗	710.83	1.88	8.43	0.54
白俄罗斯	58.36	0.15	6.21	0.32

续表

国家	二氧化碳排放量 （百万吨）	二氧化碳排放量 占比（%）	人均二氧化碳 排放量（吨）	每单位 GDP 二氧化碳 排放量（吨/千美元）
蒙古国	24.99	0.07	7.69	0.64
阿富汗	8.35	0.02	0.21	0.11
欧盟	2774.93	7.33	6.25	0.14

总的来看，"上合大家庭"绿色化转型困难重重，同时也有巨大合作潜力待挖掘。中国具备将气候行动转化为经济机遇的有利条件，其联合其他国家降低碳强度和适应气候变化的转型将释放出新的经济增长动力，创造数百万个就业岗位。具体到合作领域，中国与上合组织国家在气候融资、低碳技术、低碳贸易等领域都有建立合作关系的机遇。

（三）数字经济赋能区域合作

党的十八大以来，我国高度重视发展数字经济，将其上升为国家战略。2022 年 1 月，国务院发布了我国数字经济领域首部国家级专项规划——《"十四五"数字经济发展规划》，明确了"十四五"时期推动数字经济发展的指导思想、基本原则、发展目标及主要方向。如前文所述，当前中国数字经济发展势头强劲，迎来由大到强的转变，无论是在信息基础设施建设，或是数字经济规模和竞争力等方面，均处世界前列。

上合区域组织及国家已陆续出台多项政策支持数字经济的发展。为推动科技及创新领域的高效合作，上合组织于 2019 年 6 月通过了《上合组织成员国关于数字化和信息通信技术领域合作的构想》。2020 年 11 月，各方元首发表关于数字经济领域合作的声明，一致认为数字技术是保障经济可持续发展的关键因素之一，各国在"数字化转型"领域合作拥有巨大潜力。俄罗斯主导的欧亚经济联盟也于 2017 年 10 月批准了《2025 年前数字经济议程的主要方向》，据专家估算，数字化倡议的落实将使各成员国经济总量提升 10%以上，并创造 100 万个信息技术领域的工作岗位。

成员国中，俄罗斯、哈萨克斯坦、塔吉克斯坦、乌兹别克斯坦、巴基斯坦等国发布了数字经济发展的政策规划。如 2017 年 7 月，俄罗斯发布了《俄罗斯联邦数字经济规划》，明确了发展数字经济的目的、任务及期限，确定了 2024 年前数字经济发展的五个基本方向，即监管、人员和教育、研究能力和技术基础的形成、信息基础设施、信息安全。2020 年 7 月，俄总统普京又签署了《关于 2030 年前俄罗斯联邦国家发展目标的法令》，将数字化转型列为 2030 年前俄罗斯发展的五大战略目标之一。2017 年 12 月，哈萨克斯坦也制定了"数字哈萨克斯坦"国家规划，并于 2020 年对此规划进一步完善，将此前的 5 个优先发展方向增至 10 个。2018—2020 年，哈萨克斯坦为实现经济数字化转型共投入 1032 亿坚戈，3 年累计创造经济效益 1.25 万亿坚戈，为国家创新体系引资 455 亿坚戈。巴基斯坦于 2018 年 5 月通过了首个"数字巴基斯坦政策"支持计划，政策中包含多项对信息科技服务行业的优惠政策，旨在为巴基斯坦创造一个快速、创新的数字服务、信息应用以及科技服务的数字生态系统。其他国家中，塔吉克斯坦、乌兹别克斯坦、吉尔吉斯斯坦分别通过了《数字经济构想》《数字乌兹别克斯坦——2030 年》《2019—2023 年吉尔吉斯斯坦数字化转型构想》等。

上合组织国家虽已就数字经济发展进行规划和布局，但多国仍处于发展的起步阶段，中国可凭借自身优势加快开展与各国间的数字经济合作。例如，中亚国家不仅在经济数字化水平上呈现出明显的差距，在数字基础设施建设、数字人才培养等方面也普遍较为薄弱，各国亟须借鉴中国数字经济发展的经验及中国市场和资本的参与。另外，数字经济也为"一带一盟"对接提供了新的合作平台，此前，中国与欧亚经济联盟高官就将数字贸易问题作为"一带一盟"对接合作的关键领域。总之，数字经济合作或将成为中国与各上合组织国家间最具潜力的合作领域。

第四节　中国与上合组织国家共建"一带一路"推进策略

一、加强机制化建设

（一）构建风险预警应急机制

其一，搭建反应灵敏、及时的风险预警系统。如加强与上合组织国家双多边间的信息互换及共享，打造上合组织项目信息资源库，实时监测相关项目的进展；成立专业的风险评估机构，或依托现有机构，定期对上合组织国家进行评级，重点监测政治、经济方面的风险。其二，加强上合组织区域流动性稳定机制。发挥金砖国家应急储备安排作用，做好人民币与区域国家货币互换机制，未来推动建立一定数额的上合组织应急储备安排，旨在危急时刻缓解相关国家的流动性压力，保障上合组织区域金融稳定。

（二）推动"一带一路"建设法治化，构建"一带一路"商事争端解决机制

法治是"一带一路"倡议的基础和保障，也是"一带一路"高质量发展的必然要求，对于缓释经贸合作风险、降低因法律文化的差异造成的制度成本、维护以规则为基础的国际秩序具有重要意义，争端解决机制则是"一带一路"建设法治化的重要支柱。中国与上合组织国家共建"一带一路"过程中，因不同国家规则制度各异，有关基础设施合作项目周期长、投资大，中国与东道国合作过程中发生各种纠纷在所难免。国际大型工程合作项目经常因争端导致延期及高于预期的成本，有研究显示，每项争端平均耗时14个月，花费近4300万美元，在亚洲国家，平均每宗纠纷的成本更是高达8400万美元。对此，为打造高效的争端解决机制，我国已审议通过了《关于建立"一带一路"国际商事争端解决机制和机构的意见》，成立"一站式"国际商事纠纷多元化解决平台。推动"一带一路"建设争端解决机构的成立，并将已有相关机制纳入"一带一路"经贸合作协议与合同是今后发展争端解决机制的重点方向。

（三）强化上合组织机制化建设

上合组织所奉行的"协商一致"原则在一定程度上弱化了组织的决策效率，特别在上合组织扩员后，成员国间的分歧更难以掌控，上合组织有沦为"论坛化"的风险。应着手构建更为灵活的决策机制，分事项使用"协商一致"，如在国家元首，政府首脑等重要会议上，坚持"协商一致"的原则，在部门级领导人会议中有关务实合作议题的表

决上,采用简单多数表决制。同时,也要加大刚性制度的建设,提升组织的执行能力。在区域重大安全事件的决策与执行上,探索以上合组织为主体的"建设性介入"机制。

二、构建更为紧密的上海合作组织命运共同体

人类命运共同体是以习近平同志为核心的党中央经历艰辛的探索与实践所取得的重大理论创新,其思想充分汲取了中华优秀传统文化、新中国外交理念和全球政治理论的精华,旨在实现全球范围内的长久和平与共同发展。上海合作组织命运共同体则是人类命运共同体在区域合作中的具体实践,兼具命运共同体的共性和上合组织的特性,该理念于2018年6月习近平主席在上合组织青岛峰会首次提出。2019年,在上合组织比什凯克峰会上,习近平主席重申要依托"上海精神","携手构建更加紧密的上海合作组织命运共同体",并指出要把上合组织打造成团结互信、安危共担、互利共赢、包容互鉴的"四个典范",回答了"建设一个什么样的上合组织命运共同体"的问题,既明确了上合组织命运共同体的具体内涵,又为其构建指明了基本方向。新冠疫情暴发后,在新形势下,习近平主席在2020年上合组织峰会上又提出构建卫生健康共同体、安全共同体、发展共同体、人文共同体,进一步深化和发展了上合组织命运共同体理论。由此可见,深化公共卫生、安全、经济、人文领域间的合作,是构建上合组织命运共同体的基本路径。

(一)打造上合组织卫生健康共同体

一方面,随着多种变异毒株的出现并在世界各地的蔓延,新冠疫情仍将会是今后一段时间内各国需主要应对的公共卫生事件。为此,应搭建区域性疫情预警及信息共享平台,增强国家间在疫苗和药物研发间的合作,最终建立上合组织国家间"联防联控联治"长效合作机制。同时,上合组织虽已设立了卫生防疫部门领导人会议机制、卫生部长会议机制,签署了《上合组织成员国政府间卫生合作协定》《上合组织成员国传染病疫情通报方案》等合作文件,但在卫生合作领域仍缺乏专门的执行机构,可在秘书处下设立卫生领域工作组。另一方面,推动上合组织参与全球公共卫生治理。参与全球公共卫生治理,不仅有助于应对区域内乃至全球公共卫生威胁,还有利于提升组织地位,就公共卫生设置专项议程,加强与世界卫生组织、红十字国际委员会间的合作等均是有效的合作路径。

(二)弥补地区安全赤字,构建上合组织安全共同体

安全合作始终是上合组织的重心,也是上合组织不断发展的主要动力。二十多年来,上合组织安全合作的法律基础逐步完备、机制建设日臻成熟,务实合作取得显著成效,但在地区安全公共产品的供给上存在明显不足,成为制约上合组织安全合作发展的主要因素。在大国博弈加剧、阿富汗大变局,以及新冠疫情及俄乌冲突持续发酵的背景下,欧亚地区面临更为复杂的安全挑战,安全合作仍将是上合组织多边合作的核心领域。首先,培育上合组织共同安全理念,以"上海精神"为基础,构建"上合共同价值",打击"三股势力",抵御境外势力策动的"颜色革命";其次,加强与集安组织间的合作,明晰两者在维护地区安全事项上的职能划分,促进相互信任,防止在公共安全产品的供给上产生"挤出效应";最后,进一步完善安全合作机制,确保已有合作协议能够得到落实。

（三）推动区域经济一体化建设，夯实构建上合组织命运共同体的经济基础

有序推动上合组织自贸区的建成。鉴于俄罗斯主导的欧亚经济联盟对其成员国与联盟外第三国缔结其他贸易协定的限制是上合组织自贸区建设的主要障碍之一，需优先寻求我方与欧亚经济联盟组建自由贸易区，进而过渡到上合组织自贸区的建成。目前，《中国与欧亚经济联盟经贸合作协定》已签署并正式生效，俄乌冲突进一步加速了俄罗斯"向东看"的步伐，在此背景下，可在丝绸之路经济带与欧亚经济联盟对接合作的框架下大力推进欧亚区域经济一体化。

（四）加强多层次、多领域间的人文合作

与上合组织在安全、经济等传统领域上的合作相比，人文合作潜力大，后发优势明显，但在教育、旅游等多方面的合作上仍表现出动力不足、重视不够等问题。需进一步健全和完善相关合作机制，搭建更多的交流合作平台，为人文合作提供更大便利。就中国与上合组织国家间的民心相通而言，主要呈现"政府沟通强，民间沟通弱"的局面，为此，不仅需维持和加强与各国政府高层间的对话合作，还要推动地方政府及非官方/半官方团体、个人积极参与对外沟通合作。

三、强化中国在上合组织区域的软实力建设

"软实力"概念最早由美国学者约瑟夫·奈提出，指"通过吸引而非强迫或收买的手段来达己所愿的能力"，一国软实力主要源于三个方面：文化、政治价值观、外交政策。近年来，尽管中国通过开展教育、媒体合作等方式增强了在中亚地区的软实力，但与俄罗斯及西方国家相比，影响力仍然有限，软实力偏弱成为中国在中亚的一个明显短板。提升中国在中亚及上合组织区域软实力，对于塑造国家形象，化解欧亚国家"恐华症"，破除西方国家大肆渲染的"中国威胁论"具有重要意义。

（一）积极开展外宣工作，讲好中国故事

一方面，要直面国际社会关切，引用真实的数据新闻、权威的智库报告反驳"一带一路""债务陷阱论""中国扩张论"等抹黑中国的不实论调；另一方面，需增强我国主流媒体在上合组织区域舆论场上的议题设置能力，提升舆论引导水平，如专题性宣传"全球安全倡议""全球发展倡议""上合组织命运共同体"等有关全球治理的中国智慧、中国方案。

（二）开展对外经济援助，缓解上合组织国家粮食危机、贫困问题

对外援助通过产生利益效果、形成规范效应以及构建情感性关系等作用机制改善援助国国家形象，是提升国际地位和影响力的重要手段。目前，中国的对外援助规模已居世界前列，但与我国经济规模、对外经贸规模相比仍很不相称，需进一步加大对外援助力度。在俄乌冲突和新冠疫情等因素的相互交织下，上合组织国家面临严峻的粮食、贫困危机。因此，需着重推动农业、基础设施、医疗卫生方面的减贫惠农工程、卫生健康工程等惠民生的援助项目。在援助方式上，主动"授人以渔"，如向受援国派遣专业的

医疗队伍、农业科技人才,加大援外培训的投入等。同时建立境外工业园区及其企业承担社会责任的机制,推动减贫发展。政府鼓励境外工业园区有序融入当地经济,承担社会责任,如在获取优惠融资时加以规定社会责任义务,当然政府在园区企业建立初期不应过高要求其承担社会责任,在企业发展期和成熟期设置不同的社会责任承担计划;民营企业应在当地使领馆和商会、行业协会等组织机构下联合开展社会慈善事业合作。

(三)携手上合组织国家参与区域气候治理,应对气候威胁

其一,大力发展绿色"一带一路",推动绿色基础设施、绿色能源、绿色交通等合作项目的落地;其二,构建气候有益技术共享机制,促进与上合组织国家间的绿色技术交流与对接;其三,联合俄罗斯、印度,在上合组织框架内成立"气候治理俱乐部",定期举办高官会议;发起"气候治理基金",为区域内气候脆弱国家提供资金援助。

四、构建多元化投融资体系

(一)进一步拓宽融资渠道,加强第三方合作机制作用

其一,依托"一带一路"建设,为上合组织合作项目提供融资便利。上合组织可与"一带一路"建设协同发展,"一带一路"建设所具备的多元融资渠道及完备的务实合作机制可弥补上合组织区域经济合作的短板。一方面,中国同时作为上合组织及"一带一路"建设的主导方,可促成上合组织与亚投行、丝路基金、金砖国家新开发银行、政策性银行(如国家开发银行、中国进出口银行)等"一带一路"建设主要"资金池"间的合作,为上合组织框架内的合作项目提供融资服务。另一方面,可将上合组织合作项目纳入"一带一路"建设这一揽子中,借助其高效的经济合作机制带动上合组织务实合作。

其二,引入第三方机制。可引入欧日韩或中国香港地区优质合作方、东道国金融机构、中国金融业的同业机构参与中国与上合组织国家合作项目的投融资方式,缓解资金压力,分散投融资风险。

其三,大力推行PPP项目运作模式,探索建立利益共享、风险共担的融资模式。将中外方社会资本引入项目建设,提高基础设施项目的投资效率,分散降低投资风险。如PPP模式,我国一些大型国有企业和民营企业已经积累了丰富的经验,俄罗斯、蒙古国等上合组织国家同时也正积极推广此模式,可鼓励我国企业与他国政府间的合作,积极探索与之相适应的PPP项目,助力开发其国内PPP市场。

(二)加快推动上合组织开发银行的建设

早在2010年,我国领导人就已提出成立上合组织开发银行,2019年习近平主席又重新提出"以新的思路积极研究成立上合开发银行的可行性"的建议,在此期间中国领导人多次提出成立上合组织开发银行的建议,但由于中俄双方的分歧,使上合组织开发银行的建设仍处于构想阶段,随着俄方对上合组织经济合作态度的积极转变,上合组织开发银行的建设有望取得大的突破。上合组织开发银行的成立,有利于组织框架内各国基础设施建设、重点合作项目所需资金的筹措,为上合组织区域内的金融合作提供便利,同时也可作为各国抵御金融风险的"最后一道防线"。

第五章　共建"一带一路"在南亚区域的风险、机遇及应对

2019 年 4 月习近平主席在第二届"一带一路"国际合作高峰论坛上的演讲，为"一带一路"建设高质量发展指明了方向。2020 年 10 月 29 日，党的十九届五中全会正式提出推动共建"一带一路"高质量发展。随着世界关注重心由"亚太"转向"印太"，共建"一带一路"在南亚区域的地缘重要性愈加突出。2020 年初的新冠疫情大流行在政治、经济、安全、地缘环境等方面对"一带一路"建设在南亚的发展构成风险挑战。2022 年爆发的俄乌冲突又进一步刺激了区域局势的紧张。因此，当前有必要系统总结近年来南亚合作建设所取得的进展，全面深入分析疫情和国际形势变化对合作发展构成的风险挑战，并据此提出中国在南亚新的发展方向。

第一节　"一带一路"在南亚地区"五通"建设进展

"中巴经济走廊""孟中印缅经济走廊"和"中尼印经济走廊"作为中国"一带一路"向南延伸的三条通道都位于南亚次大陆。自"一带一路"倡议提出以来，以三大经济走廊为中心，中国在南亚的"五通"建设得到了绝大多数国家的积极响应与支持，取得了许多阶段性成果。随着"一带一路"建设的不断推进，中国与南亚之间的合作潜力将得到进一步的释放。

一、政策沟通不断深入

中国与南亚政策沟通主要集中在双边对话。但随着南亚区域形势的不断变化，区域多边对话机制和国际多边对话机制逐渐成为中国与南亚政策交流的发展趋势。经过多方共同努力，中国与南亚各国政策沟通有了明显进展。政策沟通已成为共建南亚"一带一路"的重要保障。

（一）双边高层对话日益频繁，政治互信不断加强

中国与南亚各国一直保持着高层对话交流的传统，元首会晤及外长级沟通是双方维系政治互信的重要手段。随着世界上越来越多的视线投向南亚，中国与南亚各国高层互动更加频繁，其中与巴基斯坦、印度、孟加拉国三国的政治互动最为突出（见表 5-1）。双方就边境冲突、经济发展、基础建设、医疗合作等领域交换意见，极大地缓解了中国与南亚邻国的政治冲突，共同谋求经济的健康发展。

表 5-1 中国与南亚双多边高层对话事件概括

国家	年份	双边对话事件
尼泊尔	2009	双方发表联合声明,决定在和平共处五项原则基础上,建立和发展世代友好的全面合作伙伴关系
	2012	双方发表《中尼联合声明》,宣布2012年为"中尼友好交流年",中尼签署《边民过界放牧协定》
	2019	国家主席习近平对尼泊尔进行国事访问,两国领导人宣布将中尼关系提升为面向发展与繁荣的世代友好的战略合作伙伴关系
印度	2016	印度总理莫迪在参加G20杭州峰会期间,与习近平主席举行了对话,旨在维护两国关系,进一步推动双边合作
	2016	习近平主席应印度总理莫迪的邀请,出席在印度果阿举办的金砖国家领导人第八次会晤,并与莫迪进行会面
	2018	中印两国领导人在中国湖北武汉举行首次非正式会晤,习近平主席与莫迪总理就世界百年未有之大变局进行战略沟通
	2019	国家主席习近平在大阪出席中俄印领导人会晤
	2019	中国国家主席习近平同印度总理莫迪在印度金奈举行第二次非正式会晤
孟加拉国	2010	中孟两国政府发表联合声明,宣布发展更加紧密的全面合作伙伴关系
	2014	哈西娜总理出席第二届中国—南亚博览会并正式访华,双方发表了《中孟关于深化更加紧密的全面合作伙伴关系的联合声明》
	2016	习近平主席对孟加拉国进行国事访问,两国关系提升为战略合作伙伴关系
	2019	哈西娜总理来华出席第十三届夏季达沃斯论坛并对华正式访问,双方发表联合声明并签署7项双边合作文件
	2021	习近平主席向孟加拉国纪念"国父"穆吉布·拉赫曼100周年诞辰暨庆祝孟加拉国独立50周年活动发表视频致辞,哈西娜总理祝贺中国共产党百年华诞,两位领导人在博鳌亚洲论坛2021年年会上友好交流
斯里兰卡	2013	双方签署联合公报,一致同意构建真诚互助、世代友好的战略合作伙伴关系,不断增强政治互信,深化务实合作,增进人民友好,促进共同发展
	2016	双方发表联合声明,斯方重申愿积极参与中方提出的"一带一路"倡议,希望借此重树斯里兰卡作为古代印度洋贸易中心的地位
	2021	中、阿、巴、尼、斯、孟六国外长合作应对新冠疫情视频会议联合声明,就抗击疫情、疫后经济复苏等国际和地区合作交换意见
马尔代夫	2010	马尔代夫总统纳希德对华进行国事访问并出席上海世博会活动
	2015	亚明总统来华出席第三届中国—南亚博览会
	2017	马尔代夫总统亚明对华进行国事访问
	2020	国务委员兼外交部长王毅应约同马尔代夫外长沙希德就新冠疫情和中马关系等通电话
不丹	1998	两国在第12轮边界会谈期间签署了《中华人民共和国政府和不丹王国政府关于在中不边境地区保持和平与安宁的协定》
	2021	中不通过视频方式签署《关于加快中不边界谈判"三步走"路线图的谅解备忘录》

国家	年份	双边对话事件
巴基斯坦	2013	李克强总理对巴基斯坦进行访问，双方发表关于深化两国全面战略合作的联合声明，并正式提出中巴经济走廊远景规划
	2015	习近平主席对巴基斯坦进行国事访问，升级为建立全天候战略合作伙伴关系
	2019	巴基斯坦伊姆兰·汗总理来华出席第二届"一带一路"国际合作高峰论坛
	2020	习近平主席应约同巴基斯坦总理伊姆兰·汗通电话
	2021	两国外长共同出席中巴建交70周年庆祝活动启动仪式

资料来源：由外交部公布信息整理

（二）各领域对话机制不断完善，谋求南亚区域的共同发展

中巴经济走廊作为"一带一路"建设的旗舰项目，伴随双方合作的不断深入，双边对话机制不断完善。2013年李克强总理访问巴基斯坦提出中巴经济走廊远景规划，同年启动中巴经济走廊远景规划联合合作委员会（以下简称联委会）高层协调机制，每年召开一次会议，审查走廊项下的项目进度并确认新开展项目，到2022年中巴经济走廊联委会已经召开过十一次会议，每次会议都总结了既有成绩，探讨了下一步的工作重点，从而推动了中巴经济走廊持续快速发展。2017年12月《中巴经济走廊远景规划（2017—2030年）》在巴发布，该计划将中国国家规划、地方规划与巴基斯坦"2025发展愿景"国家发展战略对接，明确中巴经济走廊建设发展方向。2019年3月两国启动中巴经济走廊政党共商机制并通过了《中巴经济走廊政党共商机制第一次会议北京宣言》，这表明中国共产党希望同巴政党加强交流，凝聚双方共识，化解彼此分歧，落实好双方领导人达成的重要共识，为推动构建中巴命运共同体贡献政党力量。2019年启动中巴经济走廊国际合作协调工作组会议机制，两国有关部门同意在落实领导共识、对外宣传和民众沟通上共同推动走廊建设，同时为与中方保持密切沟通，巴方计划发展部成立中巴经济走廊事务局特别委员会。

为落实双方元首会晤共识，中印目前重要的双边政策沟通机制有：其一，建立中印战略经济对话，该机制是落实两国领导人共识、促进双边沟通与合作的重要的平台，自2011年以来已举办6次会议，已形成政策协调、基础设施、高技术、节能环保、能源和医药6个工作小组。其二，建立中印财金对话机制，自2005年建立以来已举办9次会议，该机制主要关注并落实双边领导人在财金领域的共识。

孟中印缅经济走廊是2013年中印两国总理签署《中印联合声明》，共同倡议建设孟中印缅经济走廊，并得到了孟加拉国、缅甸两国的积极响应。该走廊以地区合作论坛和联合工作小组为核心平台开展相关工作。其中，1999年启动的孟中印缅地区合作论坛是旨在促进该地区和平与发展的"二轨外交"性质的重要的国际区域合作机制，2019年地区合作论坛举行第13次会议，直到2022年未再有相关公开活动。孟中印缅地区合作论坛对推动孟中印缅地区合作发挥重要作用，不仅推动相关的半官方机制的建立，也直接催生了四国政府关于建设孟中印缅经济走廊的重要共识。2012年在孟中印缅区域合作论坛第十次会议上同意成立孟中印缅商务理事会，共同推动地区间的经济合作；2014年在孟中印缅地区合作论坛第十二次智库会议推动下，促成四国政府签订《建设孟中印缅经

济走廊谅解备忘录》,并成立孟中印缅经济走廊建设联合协调委员会开展工作,在该委员会领导下,由四国联合工作组具体组织推进经济走廊建设行动计划。2013年启动孟中印缅四国经济走廊联合工作组机制,各方在该框架下推进孟中印缅政府间框架安排的磋商工作,2017年之前召开三次会议,之后该机制处于停摆状态。在孟中印缅地区合作论坛和联合工作小组推动下,目前次区域政府签署了《孟中印缅跨境客货运输便利化协定》《孟中印缅贸易投资便利化协定》及《中缅伊洛瓦底江陆水联合运输协定》等相关合作文件。

中尼印经济走廊虽然还未取得显著进展,但其提出的新型多边对话机制,为中国加强与南亚国家政治互信提供了新思路。2018年中国提议与印度、尼泊尔举行"2+1"新型对话机制,以尼泊尔为桥梁,加强中国与南亚整体的互联互通水平。这种"2+1"模式不仅适用于尼泊尔,还适用于中国与南亚其他国家的合作,对于维护南亚整体稳定,推进中国与南亚"一带一路"合作有着进步意义。

（三）借助国际多边合作组织,推动中国与南亚国家政策沟通

中国与南亚国家有着众多共同的朋友圈,如金砖国家元首峰会、上合组织等。这些组织在一定程度上充当了中国与部分南亚国家政策沟通的缓冲剂,使中国与南亚国家能在共同利益上实现沟通,在更多政策意见上达成一致。其一,借助金砖国家元首峰会机制,曾多次缓和中印关系。如2011年海南岛金砖会议间隙的元首小峰会双方均释放友好信号,极大地缓和了因藏南地区问题带来的紧张关系,2017年厦门金砖会议的间隙双方均举行了元首小峰会,推动双边关系良性发展。其二,2017年印度、巴基斯坦加入上海合作组织,上合组织为解决印巴冲突提供了平台,印巴在加入时需承诺认同倡导的"互信、互利、平等、协商、尊重多样文明、谋求共同发展"的理念,为调解当前印巴克什米尔冲突创造了一定条件。其三,东盟为中印对话合作搭建平台,促进传统安全与非传统安全领域合作,增强国家间合作广度。中印同为东盟的对话伙伴国,在东盟地区安全机制下中国和印度加强反海盗、反恐、海上应急救援和海洋环境保护等议题的合作。其四,中俄印外长会晤机制不断完善,推动中印互信,促进南亚地区和平发展。2002年中俄印启动首次外长会晤机制,到2021年已经举行十八次会晤,该合作机制目前已成为建立多极化世界的一个重要平台。

二、贸易畅通进展

"一带一路"倡议提出以来,中国与南亚的经贸合作,无论是从多边到双边,还是官方到民间层次都取得了显著的成果。

（一）多边合作机制不断完善

依托中国—南亚商务论坛以及中国—南亚博览会两个平台,中国与南亚多边合作有了显著进展。2004年,首届中国—南亚商务论坛在昆明举办,创设了我国与南亚国家之间的首个商务合作机制,搭起了区域各国工商界加强交流合作的重要平台。中国—南亚商务论坛为促进中国—南亚贸易便利化发挥了重要作用。以南亚商务论坛为基础,各种

双边多边合作机制不断涌现。2006 年在第二次南亚商务论坛期间双方成立了"中国—南亚商务理事会"并举行了第一次会议。此后的中国—南亚商务合作论坛成为各领域合作机制的摇篮，如中国—南亚航空论坛、中国—孟加拉国双边产业合作对接洽谈会、孟中印缅商务理事会等合作机制依托商务合作论坛相继出现。2022 年第 15 届中国—南亚商务论坛成功举办，各方在贸易、投资、数字经济、能源等领域深入交流。

中国—南亚博览会是在 2004 年的南亚国家商品展基础上升级建立（2013），每年举办一次，到 2022 年已经举办六届，已经成为集商品贸易、服务贸易、投资合作、旅游合作和文化交流等为一体的综合性展会，成为中国和南亚国家扩大与其他国家和地区经贸交流的重要平台。

（二）双边经贸交流机制成为贸易畅通基石

双边经贸交流机制一直是中国与南亚贸易的"压舱石"。目前，南亚七国中除印度和不丹外均与我国建立了经贸联合委员会机制。经贸联合委员会已成为中国与其他南亚国家重要的双边沟通渠道，极大地促进了"一带一路"建设在南亚国家的推进。其中，中巴经济交流最为频繁。围绕中巴经济走廊建设，2013 年中巴经济走廊联合合作委员会成立，每年召开一次会议，形成以走廊建设为中心，以瓜达尔港、能源、基础设施建设、产业合作为重点的"1+4"合作布局。中印贸易虽然进展缓慢，但已形成较为稳定的双边经贸对话机制。在其他国家中，经贸联委会在双边经贸交流中作用更大。2014年中国与尼泊尔经贸联委会第十一次会议上，中尼双方就共建"一带一路"和亚洲基础设施投资银行达成一致，签署了中尼经贸联委会框架下共同推进"丝绸之路经济带"建设的谅解备忘录。2016 年中孟经贸联合委员会第十四次会议上，双方在共建"一带一路"，深化贸易投资、援助、重大项目、产业园区合作及自贸区建设等议题上有了显著进展，签署了《中华人民共和国政府和孟加拉人民共和国政府关于中国向孟加拉国提供物资援助的换文》。2021 年第七次中斯联委会会议上双方就共建"一带一路"倡议同斯方"繁荣与辉煌愿景"战略对接达成广泛共识。

（三）贸易自由化更进一步

贸易协定的签署一直是贸易自由化的标志，双边自贸协定的签订，有利于降低中国与南亚关税壁垒和非关税壁垒。目前南亚只有巴基斯坦、马尔代夫与我国签署了双边自贸协定。其一，2007 年中巴首次签署双边自贸协定，协议约定双方将逐步降低关税，扩大合作领域；2019 年中巴自贸协定升级，在原有协定的基础上，进一步降低货物贸易市场准入门槛，免税范围进一步扩大，降低大量商品的税率与税基，同时新增建立海关电子信息共享系统，以加强对两国的海关监管，减少低报价格和误用海关分类标准等现象的发生。其二，2017 年中国与马尔代夫签署自贸协定，双方承诺的零关税产品税目数和贸易额比例均超过 95%，同时中国企业将获得比其他国家更优惠的市场准入待遇。其三，多边贸易协定进展缓慢，但已经对中国与南亚贸易合作产生了积极影响。2001 年中国正式成为《曼谷协定》成员，2005 年 11 月《曼谷协定》正式更名为《亚太贸易协定》。目前六个成员国中印度、孟加拉国、斯里兰卡均是南亚国家。协定对贸易自由化规划、关税减让、原产地规则、贸易扩大、保障国际收支、贸易劣势补偿、争端解决等方面做出了明确规定，在极大程度上促进了中国与南亚贸易自由化。加入《亚太贸易协定》后，中国与印度、孟加拉国、斯里兰卡贸易关系更加紧密。虽然目前我国只与南亚两个国家签署了双边自贸协定，但其他自贸区也在积极筹划建设中。中斯自贸区目前已经过五轮谈判，虽然从 2017 年起该项目一度搁置，但在 2022 年自贸协定谈判再次被提上中斯两国议程。2016 年中尼两国签署《关于启动中国—尼泊尔自由贸易协定联合可行性研究谅解备忘录》，宣布正式启动双边自贸协定联合可行性研究。中孟也在探讨推进自贸协定的可行性，并以此加强双方发展战略对接，推动基础设施、贸易投资的发展。中国与南亚自由贸易有了更进一步的可能性。

(四) 贸易口岸建设助力两地贸易发展

与中国接壤的南亚国家包括巴基斯坦、印度、尼泊尔、不丹。除不丹外，其他三国均与中国存在对接边境口岸，如表 5-2 所示。

表 5-2 中国与南亚国家对应的陆地开放口岸或边贸市场

中国口岸名称	南亚国家
吉隆口岸	尼泊尔热索瓦
樟木口岸	尼泊尔科达里
日屋口岸	尼泊尔瓦隆琼果拉
陈塘口岸	尼泊尔吉马塘卡
里孜口岸	尼泊尔乃琼
普兰口岸	印度设有贡吉边贸市场
红其拉甫	巴基斯坦苏斯特
亚东口岸	印度设有昌古边贸市场，主要通道是乃堆拉山口

资料来源：根据网页信息整理得到。

随着贸易口岸的开放与升级，两地贸易与交流有了明显的推进。目前，开放的边境口岸中，尼泊尔占据数量最多，其中日屋口岸、陈塘口岸、里孜口岸没有公路连接，只有边境互利共市贸易；樟木口岸作为中尼两国相互交流的主要公路口岸，曾经承担着中尼之间 90% 以上的贸易量，但是由于 2015 年尼泊尔地震的影响而中断，运输转向吉隆口岸，2019 年樟木口岸才得以恢复通车。根据 2020 年报道，通车一年来樟木口岸贸易吞吐量达到 4.03 万吨、货值 5.67 亿元，共有 19 个省份 107 家企业通过樟木口岸开展进出口业务。作为中尼贸易枢纽的吉隆口岸，2014 年正式恢复通关，2017 年扩大开放为国际性口岸。亚东口岸主要对印度开放，曾是西藏最重要的通商口岸，由于中印关系的波动，1962 年关闭，于 2006 年重新开放，目前是作为印度香客进藏朝圣新线路。红其拉甫作为中巴唯一的陆地口岸建于 20 世纪 60~70 年代，后续又对第三国人员开放，仅在 2019 年实现进出口贸易额 59.9 亿元。

(五) "单一窗口" 合作加速通关便利化

伴随中国与南亚贸易的不断深入，双方在贸易过程中更加追求通关程序的简化。"单一窗口"通关模式已成为中国与南亚共同的诉求。单一窗口是指参与国际贸易和运输的各方，通过单一的平台提交标准化的信息和单证以满足相关法律法规及管理的要求。目前中国与南亚各国均在实行国际贸易"单一窗口"改革。印度单一窗口系统 NSWS，通过将中央和各邦现有的审批系统整合，为印度投资者、企业家和企业所需审批和许可提供"一站式"服务，消除跨部门的多个应用程序的需求，使印度投资者能更快获得批准和许可。2018 年孟加拉国在世界银行的支持下，开发运营属于本国的国家单一窗口，进口的平均处理时间预计将减少到 122 小时，出口的平均处理时间预计将减少到 88 小时。2019 年迪拜韦伯方丹集团与尼泊尔海关总署（DOC）签订合同，设计、供应和建设尼泊尔贸易单一窗口平台 NNSW，2021 年初与 6 个政府机构成功启动，目前有 600 多家公司用于其外贸许可证。巴基斯坦积极与中国共建"单一窗口"平台，2017 年开始建设，2022 年中巴签署《中华人民共和国海关总署和巴基斯坦海关关于国际贸易"单一窗口"合作的框架协议》。

（六）以双边投资协定为基础发展经贸合作区

目前与中国签订过双边投资协定的南亚国家有巴基斯坦、印度、斯里兰卡。条约就优惠政策、税收、贸易限制、争端解决等问题进行规范（见表 5-3），以保证双方投资者在跨境投资中应有的权利。

表 5-3　中国与南亚国家投资政策及签订相关条约

国家	条约
印度	《2016 年印度全面改革外商直接投资规定改革法案》，对外商直接投资的审批环节进行了全面改革，增加了网络化和便捷化措施 《中印关系原则和全面合作的宣言》（2003） 《中华人民共和国政府和印度共和国政府贸易协定》（1984） 《中华人民共和国政府和印度共和国政府关于对所得避免双重征税和防止偷漏税的协定》（2019）
巴基斯坦	2013 年出台《巴基斯坦投资政策》，提高投资者便利度、投资保护、去除监管障碍、公私合营和加强各方协调等在内的经济自由化措施 《中华人民共和国政府和巴基斯坦伊斯兰共和国政府关于鼓励和相互保护投资协定》（1989） 《关于对所得避免双重征税和防止偷漏税的协定》（1989） 《中巴自贸区服务贸易协定》（2006） 《中华人民共和国政府和巴基斯坦伊斯兰共和国政府关于修订〈自由贸易协定〉的议定书》（2019）
尼泊尔	《关于对所得避免双重征税和防止偷漏税的协定》（2002） 《中华人民共和国政府和尼泊尔政府关于促进投资与经济合作框架协议》（2017） 修改《外来投资和技术转让法》拓宽外商在尼泊尔的投资领域，取消外商在投资额度、用地等方面的部分限制
孟加拉国	《中华人民共和国政府和孟加拉人民共和国政府关于鼓励和相互保护投资协定》（1996） 《关于对所得避免双重征税和防止偷漏税的协定》（1996） 《中华人民共和国商务部和孟加拉人民共和国经济区管理局关于在孟加拉国开展设立中国经济和产业区的合作的谅解备忘录》（2014）

续表

国家	条约
斯里兰卡	《中华人民共和国政府和斯里兰卡民主社会主义共和国政府关于相互促进和保护投资协定》（1986） 《中华人民共和国政府和斯里兰卡民主社会主义共和国政府关于对所得避免双重征税和防止偷漏税的协定》（2003） 《中斯两国互免国际航空运输和海运收入税收的协议》（2005）
中国	2018年中国发布《外商投资准入特别管理措施》《自由贸易试验区外商投资准入特别管理措施》等负面清单，进一步提高投资便利化水平，通过数字平台申请，简化和加快投资审批程序

资料来源：笔者根据商务部公布信息整理。

境外经贸合作区已成为在南亚共建"一带一路"、深化贸易、产能合作的重要平台和载体。2006年11月中国在巴基斯坦第二大城市拉合尔设立了海尔—鲁巴经济区，该经济区是中国首批"中国境外经济贸易合作区"之一，也是巴政府批准建设的"巴基斯坦中国经济特区"。中方为支持海尔—鲁巴经济区的发展，在投资手续便利化、中长期低息贷款、境外投资贷款贴息补助等方面都出台了一系列支持政策，巴方也为海尔—鲁巴经济区给予了诸如允许100%外资控股、允许全部资本自由汇出、经济区内设立独立海关等优惠政策。这也是中国唯一一个在南亚通过确认考核的境外经贸合作区。位于印度的特变电工绿色能源产业园近年来在推动南亚绿色合作，开拓南亚新能源市场也做出了杰出贡献。其他经贸合作区也在积极筹备，如在尼泊尔北部，预计的两个与中国相关的经济特区将设立在木斯塘的科拉拉和桑胡瓦萨卜哈的基马森卡。

三、设施联通进展

基础设施联通是"一带一路"建设的核心内容和优先领域。根据北京大学"五通指数"课题组发布的全球首份2018"一带一路"沿线国家"五通指数"报告显示，中国与南亚地区各国基础设施联通指数为8.55，远低于中国与"一带一路"沿线地区基础设施建设联通指数平均水平9.71。南亚地区的基础设施建设仍相对落后，有很大的投资发展空间。目前，中国在南亚基础设施项目进展如表5-4所示。

表5-4 中国在南亚基础设施项目进展

领域	国家	年份	项目
能源	印度	2020	印度鼓达2×800MW超超临界燃煤电站项目
	巴基斯坦	2021	巴基斯坦卡拉奇核电2号（K-2）机组正式进入商业运行
	巴基斯坦	2022	巴基斯坦卡拉奇核电工程3号机组并网成功
	斯里兰卡	2021	斯里兰卡屋顶光伏示范项目竣工
	孟加拉国	2022	中国能建东电一公司总承包建设孟加拉国帕亚拉2×660兆瓦超超临界燃煤电站项目启动
	尼泊尔	2022	尼泊尔巴瑞巴贝引水隧道项目

续表

领域	国家	年份	项目
交通	巴基斯坦	2019	巴基斯坦 PKM 高速公路完成，连接巴基斯坦南北交通的大动脉
	巴基斯坦	2022	中国港建完成了瓜达尔港东湾快速路项目全线沥青混凝土路面工程
	尼泊尔	2022	中尼签署了加德满都至特莱高速公路项目
	印度	2019	签署印度马哈拉施特拉省四车道国家 361 号公路重点项目投资协议
	巴基斯坦	2021	签署巴基斯坦罗德兰至木尔坦跨铁路桥项目
	孟加拉国	2022	签署拉帕德玛大桥铁路项目协议 签署了援孟加拉国道路交通规划项目协议
	斯里兰卡	2016	斯里兰卡的汉班托塔港二期建设竣工
	巴基斯坦	2022	瓜达尔港自由区第二期建设工程启动
	马尔代夫	2018	援建的马尔代夫中马友谊大桥正式开通
	孟加拉国	2022	中孟友谊八桥项目竣工，改善孟加拉国南部路网结构
通信	孟加拉国	2021	孟加拉国卡纳普里河底隧道项目联络通道工程
	巴基斯坦	2021	巴基斯坦塔尔煤田 I 区块露天矿项目综合管网施工工程
	巴基斯坦	2022	中国和巴基斯坦的首条陆地跨境中转海洋光缆建成

资料来源：作者根据"一带一路"网公布信息整理。

在能源设施领域，各国以能源联合工作小组为平台，能源合作机制不断完善。2011年中国与巴基斯坦能源工作组会议召开，双方签署了《中华人民共和国和巴基斯坦伊斯兰共和国能源工作组第三次暨中巴经济走廊能源工作组第一次会议的会议纪要》。2018年中尼在能源工作组的基础上，签署了《关于能源合作的谅解备忘录》，进一步开拓双方在水电、风电、光伏、生物质等新能源以及电网等领域的交流与合作。2018年中缅孟三方共同决定成立联合工作组，启动电力互联互通项目的可行性研究工作。目前中国助力南亚各国实现阶段性基建规划目标，预计2030年之前消除电力短缺，更新配套设施，优化能源结构，日前规划的中期目标已基本实现。中国在南亚多国承接了电力、水利、核能、太阳能等多种设施建设工程，既充分发挥了中国在基建设施方面的优势，又为后续的投资创造了有利的条件。

在交通设施方面，中国在除不丹之外的南亚各国均有重要投资项目，南亚的公路、铁路、城市轨道交通等基础设施建设已取得一定成效，主要机场、港口的改建也基本完成并投入使用，城市、经济区、工业园区附近的交通布局也得以改善，对加速南亚地区经济发展、促进多方经济文化交流、深化中国与南亚各国友好关系都有积极作用。

在"一带一路"倡议实施过程中，对南亚国家的网络基础设施水平得到显著提升。我国云南省建设的中国—南亚通信枢纽取得重大突破，南亚国家的移动通信基础设施建设正处于快速覆盖期，大部分国家已实现4G全覆盖，下一步计划提高南亚各国的网络渗透率与使用率。

四、资金融通进展

中国与南亚国家金融合作日益深化，早期成果显现。双方金融监管合作机制不断建立健全,双边本币结算和人民币互换安排持续推进,跨境金融业务合作领域不断拓展,对共建"一带一路"发挥了重要的支撑作用。

(一)金融监管合作不断深化

双方中央银行和金融主管部门持续深化沟通与协作,在证券期货行业、银行业,以及货币市场领域签署了一系列监管合作协议(见表5-5),推动双边金融监管协作机制不断完善。

表5-5 中国与南亚推进中央银行和金融主管部门沟通与协作进展

市场	年份	协议	境外监管机构
证券市场	2006	证券期货监管合作谅解备忘录	印度证券及交易委员会
	2006	商品期货监管合作谅解备忘录	印度远期市场委员会
	2010	证券期货监管合作谅解备忘录	巴基斯坦证券交易委员会
银行市场	2004	中国银监会与巴基斯坦国家银行签署了旨在加强监管合作的谅解备忘录	巴基斯坦
	2011	中国银监会与巴基斯坦国家银行签署了跨境危机管理合作协议	巴基斯坦
	2010	中国银监会与印度储备银行签署了监管合作谅解备忘录	印度
	2016	中国人民银行与尼泊尔国家银行签署监管领域加强必要合作的谅解备忘录	尼泊尔
货币市场	2015	《关于反洗钱和反恐怖融资金融情报交流合作谅解备忘录》	孟加拉国金融情报中心
	2014	《关于反洗钱和反恐怖融资金融情报交流合作谅解备忘录》	尼泊尔央行
	2019	《关于反洗钱和反恐怖融资金融情报交流合作谅解备忘录》	巴基斯坦金融管理局
	2017	《关于反洗钱、反恐怖融资及相关犯罪金融情报交流合作谅解备忘录》	斯里兰卡金融情报机构
	2017	《关于反洗钱和反恐怖融资金融情报交流合作谅解备忘录》	阿富汗金融交易报告分析中心
	2018	中巴建立起开立信用证、清算交易和融资等监管框架	巴基斯坦

(二)本币结算和货币互换持续扩大

中国与南亚国家间的货币结算机制不断深化。随着经贸往来的不断扩大和深化,双方对货币结算安排提出更高要求,进而推动中国与南亚国家间的货币结算机制逐步走深走实。如表5-6所示,当前,中国分别与巴基斯坦、尼泊尔、斯里兰卡、孟加拉国和印度等南亚主要国家建立起来不同合作深度的本币结算机制,这为双边贸易投资提供了更加安全、便捷和高效的跨境清算支付服务,为促进南亚国家使用人民币和维护双方金融稳定发挥重要作用。

表5-6　中国与南亚国家本币结算进展

国家	进展情况
尼泊尔	2002年，中国和尼泊尔签署了双边结算与合作协议，在此基础上，两国央行又于2014年签署《中国人民银行和尼泊尔国家银行双边结算与合作协议补充协议》，使中尼人民币结算范围从"边境贸易"扩大到"一般贸易"，同时，补充协议允许尼泊尔的银行及金融机构在中国境内开立人民币账户并使用人民币结算。
巴基斯坦	2003年，巴基斯坦央行批准人民币用于出口结算；2018年1月，巴央行进一步批准人民币可用于中巴双边贸易结算。当前，中国银行和中国工商银行已在巴设立人民币结算和清算机制，双边本币结算范围覆盖了双边贸易、投资活动和金融交易。2022年11月，中巴央行签署在巴基斯坦建立人民币清算安排的合作备忘录，以进一步促进双边跨境人民币业务和经济贸易的发展。
斯里兰卡	斯里兰卡央行于2011年允许其境内银行机构开展国际交易人民币结算业务。
孟加拉国	孟加拉国央行于2018年允许相关银行开设人民币结算账户与央行进行结算。
印度	中印两国央行间已开设了本外币边境贸易结算账户；印度自2018年起开始研究同中国在双边贸易中采用人民币与卢比结算的计划。

资料来源：作者根据新闻报道整理得到。

　　双边本币互换同样取得积极进展。双边本币互换安排是国家间经济金融领域合作得以深化的表现，当前，中国与巴基斯坦和斯里兰卡多次签署了相应规模的货币互换协议（见表5-7）。

表5-7　中国与南亚国家双边货币互换协定

国家	协议签署时间	互换规模（亿元人民币）	互换规模（当地货币）	期限（年）
巴基斯坦	2011年12月23日	100	1400亿巴基斯坦卢比	3
巴基斯坦	2014年12月23日	100	1650亿巴基斯坦卢比	3
巴基斯坦	2018年5月24日	200	3510亿巴基斯坦卢比	3
斯里兰卡	2014年9月16日	100	2250亿卢比	3
斯里兰卡	2021年3月22日	100	2250亿卢比	3

（三）双方互设金融机构积极推进

　　双方银行机构从最简单的互设代表处转向能够提供全套银行服务的海外分行和子行。当前，中国银行和中国工商银行已在巴基斯坦、印度和斯里兰卡的主要城市设立了分行；同时，巴基斯坦、印度和斯里兰卡等南亚国家也在中国的北京、上海或广州设立了代表处或具有营业性的分行（如表5-8所示）。互设银行机构为双方金融合作和贸易结算便利化提供了"硬件"支持。

表 5-8　中国银行在南亚国家设立的分支机构

所在国家	成立时间	分支机构名称
巴基斯坦	2011 年	中国工商银行伊斯兰堡分行
	2011 年	中国工商银行卡拉奇分行
	2015 年	中国工商银行拉合尔分行
	2017 年	中国银行卡拉奇分行
印度	2019 年	中国银行孟买分行
	2011 年	中国工商银行孟买分行
斯里兰卡	2018 年	中国银行科伦坡分行

资料来源：作者根据各银行官方网页统计得到。

表 5-9　南亚国家在华设立的银行分支机构

国家	银行名称	分支机构名称
巴基斯坦	巴基斯坦国民银行	1981 年在北京设立代表处
	巴基斯坦哈比银行	2005 年在北京设立代表处，2021 年升级为分行；2017 年 3 月在乌鲁木齐设立在华首家分行（哈比银行乌鲁木齐分行）
	巴基斯坦联合银行	2007 年在北京设立代表处
印度	印度国家银行	1997 年在上海设立代表处；2006 年升级为分行
	印度工业信贷投资银行	2003 年 3 月在上海设立代表处；2015 年 5 月升级为分行
	卡纳拉银行	2005 年在上海设立代表处，2008 年升级为分行
	印度巴鲁达银行	2008 年在广州设立分行
	印度海外银行	2005 年在广州设立代表处
	印度银行	2006 年在北京设立代表处
	印度友固银行	2007 年在广州设立代表处
斯里兰卡	NBI 银行和 NBP 银行	NBI 银行和 NBP 银行已经在北京、上海设立代表处

资料来源：作者根据新闻报道整理得到。

（四）其他金融领域合作不断深化

相关金融合作机制不断健全，为双方深化金融合作提供机制保障。2012 年，中巴签署《中国人民银行代理巴基斯坦国家银行投资中国银行间债券市场的代理投资协议》；2018 年，巴基斯坦国家银行与中国银行巴基斯坦分行签署推动银行服务的谅解备忘录，以加强中巴两国金融服务合作。2013 年，中国和尼泊尔签署《中国人民银行代理尼泊尔央行投资中国银行间债券市场的代理投资协议》。2014 年，中国和斯里兰卡签署了《中国人民银行与斯里兰卡中央银行金融合作谅解备忘录》，旨在加强两国央行在货币与金融领域的合作与交流。

相关跨境金融业务合作持续推进，为深化金融合作奠定基础。2007 年，国家开发银行与巴基斯坦财政部联合出资成立了中巴联合投资公司，旨在提供项目融资、融资租赁、股权投资和担保等金融服务。银行业务合作方面，2014 年，中国银联与尼泊尔喜马拉雅银行签署合作协议，双方将在尼泊尔联合发行银行卡。证券业务合作方面，2017 年 1月，由中国金融期货交易所、上海证券交易所、深圳证券交易所、中巴投资有限责任公司和巴基斯坦哈比银行组成的银团，收购了巴基斯坦证券交易所约 40% 的股份。

五、民心相通进展

（一）文化交流机制逐渐成熟

双方逐步建立起常态化的人文交流合作机制。中孟自 1979 年签署两国政府文化合作协定以来，每 3 年商签一次访华交流执行计划。中印高级别人文交流机制已分别在 2018年和 2019 年举办两届会议，两国在相互尊重的基础上，将传统友谊传递到基层，将两国领导人达成的共识转化为行动。中巴自 1965 年签订文化协定以来，先后签署 14 个执行计划；2015 年，中方在伊斯兰堡设立中国文化中心。中斯文化交流逐渐加深，两国文化部在 2005 年签署文化合作协议；2014 年，斯里兰卡中国文化中心由双方领导人共同揭牌成立。2007 年，中国和马尔代夫签署文化合作协定。2009 年，中尼两国建立青年交流机制。此外，"中印交流年"（2011 年）、"中尼友好交流年"（2012 年）、"中巴友好交流年"（2015 年）和"中孟友好交流年"（2017 年）等一系列文化年的成功举办增进了双方民众的友好情感。

（二）教育合作为民心相通添砖加瓦

其一，孔子学院在南亚"遍地开花"，成为当地民众了解中国语言及文化的窗口。当前，南亚国家中除印度、不丹、马尔代夫外，均设有孔子学院。其中巴基斯坦设有 4所孔子学院和 2 个孔子课堂，孟加拉国设有 2 所孔子学院，斯里兰卡和尼泊尔各有 1 所孔子学院。其二，双方留学规模持续扩大。2019 年，在华学习的巴基斯坦学生约 2.9 万名，我国在巴留学生 208 名。中孟自 1976 年开始互派留学生，2018—2019 年度共有 125名孟籍学生获得中国政府奖学金。2018 年，在华学习的马尔代夫留学生为 167 名。

（三）地方政府合作持续推进

双边地方政府务实合作推动地方共建"一带一路"迈上更高台阶。如表 5-10 所示，当前，中国地方省市与南亚国家相关地方政府建立了一系列友好城市关系，促进了两国之间的民心相通。

表 5-10　中国与南亚国家缔结的友好名单

国家	与中国缔结的友好城市
印度	北京—印度新德里、成都—班加罗尔、昆明—加尔各答、广东省—古吉拉特邦、上海—孟买、广州—艾哈迈达巴德、四川省—卡纳塔卡邦、重庆市—金奈市、青岛市—海德拉巴市、敦煌市—奥朗加巴德市、济南市—那格浦尔市，缔结了友好省邦/城市关系
巴基斯坦	成都市—拉合尔市、珠海市—瓜达尔市、克拉玛依市—瓜达尔市分别结为友好城市

国家	与中国缔结的友好城市
斯里兰卡	上海市—科伦坡市、海南省—南方省、青岛—斯里兰卡康提市等 12 对中斯省市先后建立友好省市关系
马尔代夫	苏州市—马累市、广西壮族自治区—马累市缔结友好区市关系
孟加拉国	昆明市—吉大港为友好城市

资料来源：笔者根据外交部官网公开资料整理得到。

（四）民生合作提升共建国家认同感

其一，“一带一路”建设以来，围绕中巴经济走廊、孟中印缅经济走廊而建设的民生项目不断涌现。中巴经济走廊电力项目、斯里兰卡供水项目等惠民工程落地生根，各项目在改善当地基础设施水平的同时，也为当地创造了大量的就业机会，增进了民生福祉。中国“南南基金”的援助支持，使越来越多南亚共建国老百姓受惠于“一带一路”倡议，增加了对“一带一路”倡议的认同感。

其二，各方积极共建卫生健康共同体。2019 年 5 月，上合组织举办国际医学创新合作论坛，各方就医疗卫生多个领域形成诸多共识，并发表了《防城港宣言》。双方医学院校和医疗卫生机构不断深化交流合作。2019 年 7 月，昆明医科大学和上海交通大学医学院共同发起成立“东南亚南亚医学教育与医疗卫生联盟”，获得区域内相关国家院校和医疗机构的积极响应。2021 年 4 月，中国与阿富汗、巴基斯坦、尼泊尔、斯里兰卡、孟加拉国六国外长共同举行合作应对新冠疫情的会议，六方就抗疫合作、疫后复苏、区域稳定达成多项共识。

第二节 中国与南亚共建“一带一路”面临的风险和挑战

南亚是世界上安全问题最复杂的地区之一，各个国家都卷入了不同程度的冲突和争端，包括领土争端、跨境恐怖主义、自然资源冲突、大规模杀伤性武器扩散、气候变化以及与移民和难民相关（包括粮食安全、疾病控制等）的冲突，传统安全与非传统安全问题叠加影响该地区稳定。特别是近几年来大国在南亚地区地缘政治竞争加剧，加之2020 年以来新冠疫情与俄乌冲突等因素的影响，使“一带一路”建设在该地区的推进面临更为严重的安全挑战。

一、南亚地区域内、域外政治风险交织糅合提升政治安全挑战

南亚地区的政治风险主要是南亚国家政治体制和社会关系结构带来的各国内部政治风险以及大国外交互动所带来的国际政治风险。

（一）东道国政局动荡及治理能力不足引发双重政治风险

南亚地区摆脱英国殖民体系的七十多年以来，绝大多数南亚国家仍然处在国家构建

的过程，由于历史与现实相互交织、地区文化与宗教相互滋养，南亚多国长期政局动荡；由于南亚多国政治转型不彻底，家族、宗教势力与民主政治牵扯不定，政府治理不足问题突出；新冠疫情和俄乌冲突的双重冲击进一步加剧南亚地区政治和社会的脆弱性。

（1）东道国政局动荡加剧合作不确定性

南亚地区政局动荡高发，政治稳定预期不明朗。阿富汗长期面临尤为严重的政局动荡。巴基斯坦长期处于不稳定之中，政权在脆弱的民主和军事统治之间切换，政治动乱已成为常态。根据2019年发布的《"一带一路"能源资源投资政治风险评估报告》，印度、斯里兰卡为中等政治风险国家；尼泊尔、马尔代夫、不丹、巴基斯坦为较高风险投资国家；阿富汗为高政治风险投资国家。经济与和平研究所发布的《2022年全球和平指数》报告也显示：在南亚地区，阿富汗连续第五年成为世界上最不和平的国家，安全局势不稳定，爆炸、绑架等恶性事件频发，为防范安全风险，在该国投资将面临安防费用支出大幅度增加。巴基斯坦则位列第147名（共163个测度对象），是南亚地区第二个不稳定的国家。印度作为地区最大国，在2022年排名中为第135位，放大地区和平的紧张趋势。2022年斯里兰卡政治动乱频发，政治动荡叠加新冠疫情和俄乌冲突的影响，使其主权ESG评级暴跌，在2022年第三季度15级评分中排名最低。

根据ACLED数据库统计，从2010年1月至2022年9月，南亚各国政治动荡情况如表5-11所示。

表5-11 2010年1月至2022年9月南亚各国政治动荡情况

国家	战斗	爆炸/远程暴力	非和平的抗议	暴动	针对平民的暴力行为
孟加拉国	1813	224	797	9122	3164
不丹	1	—	—	2	2
印度	5411	1375	5927	16950	4763
马尔代夫	—	1	35	10	2
尼泊尔	77	357	654	3825	571
巴基斯坦	5423	5601	599	3528	3837
斯里兰卡	44	74	256	911	331

再看2021年南亚各国政治动荡情况，如表5-12所示。

表5-12 2021年南亚各国政治动荡情况

国家	战斗	爆炸/远程暴力	非和平的抗议	暴动	针对平民的暴力行为
孟加拉国	824	360	64	3037	888
不丹	1	—	1	—	1
印度	415	140	811	1568	466
马尔代夫	—	1	20	2	—
尼泊尔	—	5	110	398	40
巴基斯坦	376	209	64	307	198
斯里兰卡	—	3	20	29	18

上述数据表明，南亚多国面临频发的武装冲突、爆炸袭击以及全国性的罢工游行示威活动等政治骚乱，且地区骚动常常升级为暴乱。特别是受新冠疫情和俄乌冲突叠加的影响，南亚宗教分裂势力抬头，印度教和穆斯林等不同教派的公民之间出现持续的暴力冲突，严重影响地方政局稳定，同时双重冲击引发的产品短缺、能源和食品价格上涨等问题，使南亚地区的脆弱性和低复原力全然暴露，加剧了暴力示威的爆发和政局动荡。在政局动荡的地区推进"一带一路"建设，将造成巨大的人员伤亡和设施毁损，构成巨大的政治风险。

（2）南亚国家政府换届、政党更迭交织，政策频繁变动，违约风险高

南亚地区国家政府换届、政党更迭频繁与政治建设和殖民历史、历史文化传统紧密交织有关。南亚地区王朝政治文化浓厚，王朝政治与民主政治相对抗。王朝政治的盛行折射出南亚地区社会结构深深植根于种姓制度、家族政治和以部族为基础的政治，导致社会层面政党结构十分薄弱、缺乏民主。同时，南亚多数国家民主进程尚未成熟，却选择实行西方国家的民主政体，使南亚国家在进行民主选举和政府更替时，经常面临较大权力重组和政策变动，政府违约的风险较高。选举政治催生出对"一带一路"合作项目的恶意舆论炒作，政府换届带来的政策变动的中长期风险较高。具体而言，在尼泊尔，近年来政党分歧越来越严重，基于种族、种姓、宗教和区域特征的广泛而根深蒂固的排斥模式仍然是深化民主的关键挑战，政府和议会之间出现摩擦和不信任，政党内出现分裂征兆，由于缺乏一致的外交政策，政府承诺常常被撕毁，项目交付难、项目落地周期长、项目监督难度大。孟加拉国属多党政治，但自民主化进程以来，其选举过程被视为"非包容的和有缺陷的"，政治体制在议会民主制和总统制间反复变化，党派斗争常导致外资项目被政府单方面毁约，国内反对党联盟常常以交通封锁、组织罢工等方式给政府施压，对孟加拉国的港口运输、进出口贸易等造成较大的影响。斯里兰卡威权主义色彩浓厚，且长期处于僧伽罗人和泰米尔族斗争之中，多党派竞争常引起政局不稳，政党更迭导致前后执政理念和政策缺乏连续性甚至互相冲突，总统权力不受宪法安排限制也使该国多次出现政府违约情况。不丹从绝对君主制转向立宪制，但其内政长期受印度影响，不是事实意义上的主权国家。巴基斯坦军政府势力强大，在疫情的影响下，民选政府的合法性进一步被削弱，军政府权力扩张，不平衡的军政关系使巴基斯坦的不稳定局势加剧，不利于中巴经济走廊的推进。

另外，多个南亚小国在中印及其他大国之间施行"平衡"政策，甚至国家对外政策也随着政府换届中政党更替而巨变。即便是在对华关系友好的巴基斯坦，政府更迭仍然会对中巴经济走廊项目产生影响，"项目暂停"和"项目取消"等多次发生。孟加拉国在"一带一路"建设和对印关切中采取平衡政策，斯里兰卡和马尔代夫的执政党变更也造成对外政策的巨变，凭借对外政策的"亲华"或"亲印"转向为本国谋取最大利益，防止对某一国家的过分依赖。我国在南亚地区的投资以制造业的基础设施投资为主，这一类投资被东道国政府征收征用以收归国有的风险较高。目前直接强制性征收征用财产较为罕见，但部分南亚国家采取变更规则、控制价格、单方面修改甚至撕毁合同等隐蔽的蚕食性手段对"一带一路"项目进行征收征用，使我国在南亚投资损失惨重。其中，在南亚国家中，斯里兰卡和马尔代夫出现征收征用的风险最高：斯里兰卡并未对政府征收征用做出明确规定，风险发生后无法可依，我国仅能根据双边投资协定进行协商处

理；马尔代夫则因为市场较小、资源单一以及基础设施落后等原因，未确立明确的外资优惠政策，且在标准认定上与我国存在较大不一致，发生政府征收征用风险的可能性也较高。在"一带一路"建设期间，斯里兰卡和马尔代夫的政党换届使多个"一带一路"项目被政府征收征用被迫搁浅。2018 年马尔代夫新任总统以"过度抬高价格"为由试图取消部分"一带一路"项目，以纠正亚明领导下马尔代夫对中国的过度依赖和印度在马尔代夫的边缘化。

（3）南亚国家较低的政府治理水平给合作带来较大的挑战

国家治理能力包括组织协调能力，对信息和风险的分析能力，涉及控制、监视、监督和审计的监管能力以及行使权力处理危机的交付能力。南亚地区国家治理水平总体偏低。全球治理和反腐败研究专家 Kaufmann 等对南亚地区政府治理水平进行测算，研究显示南亚地区除斯里兰卡外，其余国家治理能力皆较为低下。到目前为止制约南亚国家政府治理水平提升的主要问题仍然没有根本性解决，即政策不稳定、决策过程不透明以及科学程度较低造成的政府效能低下，规章制度的透明度和可预测性不高导致监管质量不高，法律规章含糊其词引致的法治程度低下以及商业监管信息获取渠道不畅等引发的腐败高发等。

特别是南亚各国严重的腐败问题给我国带来较高的合规风险。南亚的"一带一路"项目特别容易出现腐败问题。腐败是南亚地区的结构性问题。南亚国家"金钱政治"特征显著，政府、官僚和商业精英的权力"三角"平衡以及政策制定者缺乏部署反腐败战略的意愿能力，腐败在阿富汗、孟加拉国、尼泊尔和巴基斯坦尤为猖獗（见表 5-13）。据世界银行 2020 年统计，在整个南亚地区，预计有 46.9%的阿富汗公司、48.9%的孟加拉国公司、64.5%的尼泊尔公司、88.2%的巴基斯坦公司和 29.8%的斯里兰卡公司会为了获得政府合同而行贿。由于缺乏真正的反腐败治理能力，即使短期能取得经济增长，但国家实际上仍然是脆弱的。未来 3~5 年，"一带一路"基础设施建设的高质量推进，腐败成为一个严重且不可忽视的问题。由于东道国缺乏透明度，腐败发生在决策、审批、土地征用和材料采购等过程中，巨大的资金投入可能使东道国腐败情况恶化，进一步提高"一带一路"建设风险。

表 5-13 南亚"一带一路"国家腐败感知指数

国家	2017 年		2018 年		2019 年		2020 年		2021 年	
	得分	排名	得分	排名	得分	排名	得分	排名	得分	排名
阿富汗	15	180	16	172	16	173	19	165	16	174
孟加拉国	28	143	26	149	26	146	26	146	26	147
马尔代夫	33	112	31	124	29	139	43	75	40	85
尼泊尔	31	122	31	124	34	113	33	117	33	117
巴基斯坦	32	117	33	117	32	120	31	124	28	140
斯里兰卡	38	91	38	89	38	93	38	94	37	102
不丹	67	26	68	25	68	25	68	24	68	25

（二）地区内部冲突与大国博弈强化南亚地缘政治风险

在南亚地区，长期存在的印巴之间的边界争端和武装对峙，宗教争端下的缅甸穆斯林被迫迁往孟加拉国而导致的罗西亚难民问题和南亚地区的水资源争夺问题，以及大国在南亚地区的博弈，这些都凸显了南亚地区的不可预测性和地缘政治风险。

1. 南亚域内资源领土纠纷及"印度因素"推动地区冲突高发

印巴冲突问题比较严重；还有阿富汗和巴基斯坦以及印度和尼泊尔之间存在领土冲突；印度和孟加拉国，尼泊尔和不丹之间存在移民、难民冲突；印度和巴基斯坦、孟加拉国分别存在自然资源争夺的冲突；印度和巴基斯坦、斯里兰卡也分别存在跨境恐怖主义冲突。这些冲突不仅影响了区域合作，导致军事开支不断增加，使该区域面临恶劣的政治生态环境，地区竞争性、冲突性和斗争性日趋强烈。

其一，南亚区域安全问题突出表现是印度和巴基斯坦之间围绕领土问题存在持续的敌对关系。这根植于印度和巴基斯坦之间不同的安全观念、不同政策追求以及两国区域实用主义心态的缺乏。据乌普萨拉冲突数据库，从20世纪80年代至今，印巴两国因克什米尔等领土问题的武装冲突持续性爆发，直接军事冲突死亡人数呈上升趋势（如表5-14所示），特别是2019年2月的普尔瓦马和巴拉科特袭击事件，双边冲突有升级为核交火的可能性；2022年的俄乌冲突期间，印巴关系并未缓解反而进一步升级，数月来印度在印巴边境地区已经部署了超过十万大军，双方还警告在必要时会对对方进行核打击。印巴对峙的长期存在，使南亚地区长期处于相互敌视的氛围，严重阻碍南亚地区一体化发展，牵动南亚局势的变动走向，威胁海上丝绸之路和"孟中印缅经济走廊""中巴经济走廊"的安全发展。

表5-14 1989年至2017年印巴两国直接军事冲突死亡人数

年份	1989	1990	1991	1992	1993	1994	1995	1996	1997	1998
数据	25	25	94	25	10	16	17	25	55	25
年份	1999	2000	2001	2002	2003	2004	2005	2006	2007	2008
数据	886	25	25	25	233	0	0	0	0	0
年份	2009	2010	2011	2012	2013	2014	2015	2016	2017	2018
数据	0	20	4	6	20	43	29	67	118	—

资料来源：乌普萨拉冲突数据库。

其二，水文地理因素引致域内地缘政治争端。水文政治是指在各国为争夺水资源的控制权而发生冲突，通过物质结构和制度形式表现出来，本质上依然是政治的一部分。南亚次大陆的孟加拉国、不丹、尼泊尔、印度、巴基斯坦和阿富汗6个国家共享发源于喜马拉雅山脉的河流系统，印度河、喀布尔河、恒河、雅鲁藏布江和梅格纳河发源于喜马拉雅山脉，许多主要和次要河流是跨界的，且南亚地区的能源和粮食安全也依赖共同的跨界河流，这些问题相互关联，使水资源在南亚地区具有严重的政治意义，该地区河流的所有管理都是区域意义上的。在多重矛盾和冲突的牵引下，南亚地区的水资源争夺催化地区关系的紧张，甚至引发地区动乱和冲突。这是由于南亚地区多年来经历了人口的急剧增长带来的水资源匮乏的困扰，气候变暖背景下水资源匮乏问题继续恶化，加之该地区的粮食安全与地区水资源供给密切相关，从而水资源的争夺比较尖锐。例如，印度和巴基斯坦在水资源问题上的争夺已经持续了近百年，各国缺乏战略互信和共生理念，制约国家间友好互动及共同治理。此外，各国之间不同的发展阶段与经济实力，使之在水资源环境治理方面面临短期方向不明、动力不足等难题。

其三，印度和南亚小国之间的控制与反控制之争构成南亚地区一组不可忽视的权力关系和力量博弈，成为推进"一带一路"建设发展的障碍。印度早期推行隔绝政策，南亚区域连通性受到影响，南亚小国过度依赖印度；且由于缺少世界大国的干预，南亚地区长期处于印度"一家独大"的地缘政治格局之下，地区主导国印度与地区小国之间存在不对称依赖关系，印度凭借其绝对的实力优势对南亚小国实施控制、武力兼并，并直接或间接地干涉南亚小国内政外交。印度对南亚小国的控制迫使南亚小国失去部分外政自主性，"一带一路"建设在这些国家的发展处于印度的政治影响之下。印度对南亚的控制与南亚小国反印度控制的不对称关系博弈持续存在，"一带一路"建设处于严重的地缘政治风险之中。一方面，印度对"一带一路"倡议的坚决反对以及由此引发的中印南亚地缘竞争，使该地区各国政府在亲华和亲印之间交替特征明显。另一方面，"一带一路"建设部分成为南亚小国抵抗印度控制的"议价工具"，这不仅源于南亚小国对"一带一路"项目的经济预期较高，我国与南亚小国之间没有明显的安全分歧，而且通过吸引中国投资，南亚地区小国可获得对印度讨价还价或反控制的能力，以此更好地平衡印度在该地区的主导地位，由此也使"一带一路"项目面临的地缘政治风险显著增加。事实上，印度为了弱化中国在南亚地区的地缘存在，经常以挑起中印边界问题而强化小国对中印竞争的威胁认知，甚至拉拢域外大国以共同应对所谓"中国威胁"，由此造成"一带一路"建设在南亚地区的不利局面。

2. 大国地缘政治博弈使南亚政治格局复杂化

南亚地区地缘政治格局由地区大国印度和域外大国共同塑造。21世纪以来，大国持续涉入南亚地区，南亚地区的大国竞争呈现两对阻力关系：一是中印战略竞争的加剧，二是西方权力博弈介入南亚的增强，推动印度采取"平衡"政策，既加入西方构筑的反华联盟，又加入上海合作组织、金砖国家等机制，加强对华合作以实现双边渔利。

其一，印度对"一带一路"倡议形成对冲挑战。南亚地区多数国家支持"一带一路"倡议，但印度对其持疑虑、否定甚至敌对态度，认为"一带一路"倡议使中国在南亚赢得了足够的政治和战略影响力，使南亚"亲华""友华"力量的不断上升，也使其他南亚小国增加了对印度的"议价筹码"，这些都损害印度在次大陆的主导影响力，加之，中印既有的领土矛盾尚未解决，使中印在南亚的关系格局越发微妙而充满张力，两国在南亚和印度洋地区的影响力竞争加剧。因此，未来3~5年我们需要警惕印度推出的互联互通计划、干涉南亚其他参与国的政策以及与域外大国进行合作，制造"一带一路"倡议在南亚的推进障碍。目前，在中印既有的结构性矛盾及国际新论调的共同驱使下，印度以零和博弈思维审视"一带一路"倡议，推出以其为中心的互联互通和竞争性地区合作计划。如出台印度版海上丝绸之路"季风计划"（2014）形成与"一带一路"倡议的竞争和博弈；为抗衡孟中印缅经济走廊，积极推动孟加拉国、不丹、印度、尼泊尔四国联通（BBIN）和环孟加拉湾多领域经济技术合作两大区域合作机制建设；印度还瞄准"一带一路"倡议，联合日本提出"亚非增长走廊"计划（2017），宣称以西方式的、民主的、自由的经济架构，促进亚非国家形成一体化的、具有全球竞争力的经济联盟。2021年印度联合日本、澳大利亚启动"供应链弹性倡议"，意在推动在华外资撤离,增强印太地区供应链弹性。随着"一带一路"建设的快速推进,印度不断斡旋促进印度、伊朗、中亚、阿富汗、俄罗斯各国加紧完成"国际南北运输走廊"(2000 年提出)的互联互通建设,最终在 2022 年这条新的货运大动脉开始正式运营。

其二,以美国为主导的域外大国直接涉入南亚地区政治格局,试图实现对中国及"一带一路"建设的围堵和遏制。南亚虽然不是地缘政治的中心,但长期是地缘政治竞争的舞台。随着中国的加速崛起,我国不仅在地区层面冲击美国的地区主导地位,也在次区域层面影响印日澳等地区大国各自在南亚、东南亚和南太平洋岛国这些次区域板块的主导地位,这就形成了中国在南亚周边地区的双重结构性权力矛盾,也为印度与美、日和澳等地区大国进行更密切的安全协调以对冲中国在南亚地区影响力创造了条件。以美国为首的西方国家建构印太战略等地缘政治安排,强化在南亚陆海区域的对华遏制和围堵。2017 年"印太战略"提出后,随即在防务安全协调层面启动美日印澳四方安全对话机制并逐步发展成为实质性的合作平台,2017 年该机制仅为"高官会",2019 年后升级为"高官会"与"外长会"双轨并行机制,2022 年"四方安全会谈"把讨论的议题上升到防务安全与基础设施建设合作方面。2021 年美国在印太区域组建了美英澳军事防务联盟,进一步实体化了对冲中国的防务能力。另外,从奥巴马、特朗普再到拜登,美国战略重心"东移"始终存在一个问题,就是印太战略目标很多,但手段很少,倘若缺少经济架构,南亚、东南亚国家进入的难度比较大,制约中国会变得十分艰难。于是 2022 年 5 月以美国为首的西方国家联合南亚、东南亚及太平洋岛屿国家加快构建遏制中国的"印度—太平洋经济框架"(IPEF),该制度进入难度低,意欲打造在高端和低端双层面的对华遏制区域经济安全架构,该框架反映了"印太战略"的本质意图。

其三,欧盟以"印太区域"为立足点,继续联合印度和日本试图实施对华抗衡。2021 年,欧洲理事会批准了关于"全球互联的欧洲"基础设施计划,这个大规模的基础设施计划旨在发展欧洲与世界其他地区之间的新联系。目前,欧盟已经与日本和印度在交通和能源领域建立了伙伴关系,这一新宣布的战略被视为欧盟对中国"一带一路"倡议的反击。除基础设施倡议外,2021 年欧盟和印度重启于 2013 年搁置的自由贸易协定谈判,表明在地缘政治方面,印度和欧盟在保持相关性和战略自主性方面有着相同的意图,双方走向深入对接必将给我国带来较大的地缘政治压力,即印度背靠欧盟,增加对华谈判的筹码;欧盟通过与印度紧密联系,实现部分程度的对华经济脱钩。

其四,值得强调的是,受双重冲击的影响,南亚国家的地缘政治关系倾向出现了新的异动。孟中印缅经济走廊的主要支持者孟加拉国受新冠疫情影响,发出加入"四方安全对话"的意愿,表明南亚部分国家在中国与"四国机制"间更加暧昧,这对中孟关系及"一带一路"在南亚区域外部发展环境带来潜在负面外部影响。俄乌冲突之下,中俄美印四国关系更加复杂化,印度想要保持自身"战略独立",采取中立态度防止俄罗斯完全倒向中国,使美国希望利用美日印澳四国机制约束俄罗斯的意图破灭,同时印度也需要美国作为盟友防范中国,美印战略合作继续推进。这使南亚地缘政治环境越发不明朗,加剧了区域的不稳定。

二、双重冲击下"一带一路"在南亚地区面临较高的经济风险

（一）南亚地区宏观经济形势严峻

2020年以来，受新冠疫情、俄乌冲突、极端气候等诸多因素影响，南亚经济增速显著放缓，可能会出现40年以来最为严峻的经济形势，高通胀、低增长在未来3~5年将成为南亚经济的常态，甚至不排除一些国家将陷入严重的经济衰退。

1. 南亚地区总体宏观经济形势不容乐观

因新冠疫情暴发，2020年南亚各国经济增速呈断崖式下跌。疫情缓解后，南亚经济迅速反弹，一跃成为全球经济复苏最快的地区。正如世界银行南亚地区副行长哈特维格·谢弗指出，乌克兰战争造成的高油价和食品价格以及新冠肺炎大流行的遗留效应将对南亚人民的实际收入产生严重的负面影响。由于经济结构的脆弱性，预计南亚经济增速在未来两年会有显著放缓，通货膨胀在2022年将达到峰值，长期将处于较高水平。同时，俄乌冲突对南亚供应链的冲击使南亚国家贸易条件将进一步恶化，经常账户赤字将更加严重，多数国家财政赤字都将长期处于高位。尤其是斯里兰卡的主权债违约，使各国在对南亚投资时更加谨慎，预计未来外资流入很难有较大增长。如表5-15所示。

表5-15 南亚宏观经济形势

国家	实际增长率（%）					
	2019年	2020年	2021年	2022年e	2023年f	2024年f
马尔代夫	6.9	-33.5	37.0	12.4	8.2	8.1
斯里兰卡	-0.2	-3.5	3.3	-9.2	-4.2	1.0
印度	3.7	-6.6	8.7	6.5	7.0	6.1
孟加拉国	7.9	3.4	6.9	7.2	6.1	6.2
不丹	4.4	-2.3	-3.3	4.6	4.1	3.7
尼泊尔	6.7	-2.4	4.2	5.8	5.1	4.9
巴基斯坦	2.5	-1.3	6.5	6.2	2.0	3.2
	通货膨胀率（%）					
孟加拉国	5.5	5.6	5.6	6.1	8.0	6.7
不丹	2.8	3.0	8.2	5.9	5.9	5.0
印度	4.8	6.2	5.5	7.1	5.2	4.5
马尔代夫	0.2	-1.4	0.5	3.5	1.3	1.1
尼泊尔	4.6	6.1	3.6	6.3	5.5	5.3
巴基斯坦	6.8	10.7	8.9	12.2	23.0	9.5
斯里兰卡	4.3	4.6	6.0	45.6	23.8	8.0

续表

经常账户（%GDP）					
孟加拉国	-1.5	-1.6	-1.1	-4.1	-3.6	-3.3
不丹	-20.5	-15.8	-12.1	-27.4	-17.1	-13.4
印度	-0.9	0.9	-1.2	-3.2	-2.5	-1.8
马尔代夫	-26.6	-35.5	-9.0	-29.1	-19.1	-17.6
尼泊尔	-6.9	-0.9	-7.8	-12.8	-8.8	-5.7
巴基斯坦	-4.2	-1.5	-0.8	-4.6	-4.3	-3.3
斯里兰卡	-2.1	-1.4	-3.8	-1.4	-0.7	-0.4
外国直接投资净流入（%GDP）					
孟加拉国	0.7	0.3	0.3	0.5	0.4	0.6
印度	1.5	1.6	1.2	1.6	1.6	1.6
马尔代夫	17.1	11.8	8.7	10.4	11.3	11.4
尼泊尔	0.3	0.5	0.5	0.4	0.4	0.4
巴基斯坦	0.4	0.9	0.5	0.4	0.6	0.7
斯里兰卡	0.7	0.5	0.8	0.3	0.3	0.3
财政平衡（%GDP）					
孟加拉国	-4.9	-4.9	-3.7	-4.6	-4.9	-4.4
不丹	-2.0	-1.9	-6.2	-8.9	-8.2	-5.5
印度	-7.2	-13.3	-10.2	-9.6	-8.4	-7.9
马尔代夫	-6.7	-23.5	-14.6	-16.1	-9.6	-8.7
尼泊尔	-5.0	-5.4	-4.1	-3.5	-3.4	-2.4
巴基斯坦	-7.8	-7.0	-6.0	-7.8	-6.8	-6.1

资料来源：世界银行宏观贫困展望 2022 年 10 月（e＝估计，f＝预测）。

2. 造成南亚地区经济形势陷入困境的原因有三个方面

其一，南亚国家大多为传统农业国、工业制造基础薄弱、服务业产值比例高，经济结构脆弱，抗风险能力低。南亚多数国家劳动力以务农为主，农业"靠天吃饭"特征明显，近年来频发的极端天气给南亚农业造成了极大损失，粮食减产持续困扰着南亚，国民收入极其不稳定。根据相关资料统计，在尼泊尔和孟加拉国，分别有 80% 以上和近40% 的人口从事农业；印度的农村人口占比也高达 70%；巴基斯坦全国农村人口占总人口的 66% 左右，农业吸收了全国 47.5% 的劳动力就业，国家外汇收入的 42% 通过农产品出口实现。另外，薄弱的工业基础也在降低南亚的经济韧性。南亚各国近年来大力发展制造业，但南亚地区的工业基础薄弱、基础设施落后，处于全球产业链低端。第三产业增加值占比较高，形成"跨工业化"发展的特征，这不仅使其具有极强的对外依赖性，更易受到国际经济环境的影响。

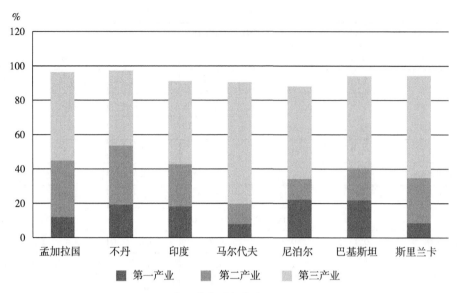

图 5-1　南亚产业增加值占 GDP 百分比

其二，疫情和俄乌冲突的双重冲击遏制南亚经济复苏势头。根据 2022 年 10 月世界银行发布的报告，南亚地区经济增长预测再次被降低一个百分点。在双重冲击下，南亚支柱产业乏力、通胀持续保持高位，经济复苏之路充满不确定性。

一是疫情下的大范围内限制流动使生产活动近乎停滞，各国支柱产业均受到不同程度的影响。如 2020 年 4 月，印度制造业 PMI 仅为 27.4，而作为经济支柱的服务业 PMI 也仅为 5.4，创 14 年来最低值；印度统计局公布的数据显示，2020 年 5 月印度工业生产指数（IIP）低至 88.4，同比下降了 34.71%。巴基斯坦统计局（PBS）的数据显示，2019 年 7 月至 2020 年 5 月大规模制造业（LSM）产量较上年同期下降 10.3%，在 PBS 评估的 15 个主要行业中，12 个行业的产出都出现了萎缩。在孟加拉国，其支柱产业服装业也出现衰退趋势。截至 2021 年 8 月，超过 60 亿美元的服装业出口订单被取消，出口订单锐减 80% 以上，导致 100 多万服装业工人下岗。旅游业是斯里兰卡、不丹和马尔代夫就业和收入的支柱产业，也是受疫情影响最严重的行业之一。据世界银行估计，斯里兰卡的旅游业损失可达 19.9 亿美元，20 万旅游产业相关人员面临失业，马尔代夫也将有 3.5 万个岗位受到影响，不丹航空业更是面临破产风险。俄乌冲突使南亚地区的旅游业再次遭受沉重打击，旅游业复苏趋势被按下暂停键。数据显示，2020 年初以来至俄乌冲突前，南亚地区约有 30% 的游客来自俄罗斯、乌克兰、波兰和白俄罗斯，而俄乌冲突使斯里兰卡失去这几个国家的游客来源。

二是新冠疫情阻断国际供应链，致使大部分南亚国家供给错配，商品供应短缺。由于运输行业的受挫以及食品在消费品篮子中的权重较大，严重依赖对外贸易的南亚国家日常基础用品面临短缺，这对南亚通货膨胀产生显著影响。2022 年 6 月，巴基斯坦和斯里兰卡的食品通胀率分别为 25.92% 和 80.1%，远远高于其他南亚国家。

三是俄乌冲突的爆发以及后续西方国家对俄罗斯的制裁，进一步加剧了疫情冲击下的全球能源市场的紧缺，加剧南亚能源紧缺。大部分南亚国家都是能源密集型发展模式，印度、巴基斯坦、孟加拉三国极度依赖原油进口，而尼泊尔、不丹、马尔代夫因其国内没有炼油厂,对周边国家精炼石油产品有极强的依赖,高油价对南亚通货膨胀的影响尤为明显。

四是极端天气导致南亚粮食减产,加剧食品短缺。2022年持续的极端天气,给该地区的农业生产造成巨大损失。作为地区重要产粮国的巴基斯坦,洪灾造成农业大幅减产,进一步恶化巴基斯坦的通胀;作为全球第二大小麦生产国印度,持续的高温导致小麦作物在收获季产量下降10%~50%,水稻也因为降雨量骤减而使种植面积减少近8%。在俄乌冲突造成供应链中断的背景下,为了保障国内粮食供应,印度和巴基斯坦不断增加出口限制,致使南亚的食品短缺越来越严重,通胀压力剧增。

(二) 贸易保护主义恶化南亚的贸易投资环境

南亚各国为扶持本国产业,对外经济政策具有很强的经济民族主义倾向,贸易保护壁垒较高。特别是新冠疫情的暴发使南亚各国充分意识到了产业链安全的重要性,各国纷纷收紧产业链,优先供给国内市场,政策的内倾化进一步上升,这不仅降低了南亚对国际资本的吸引力,同时使南亚经济恢复更加困难。在全球经济陷入滞胀的大环境下,贸易保护主义不利于国家之间的政策沟通,反而成为经济复苏的阻力,恶化了南亚的贸易投资环境。

1. 南亚各国贸易壁垒极高,企业进入难度大

南亚制造业发展较晚,在国际上处于相对弱势地位。为保护国内市场,南亚大部分国家都有大量的贸易壁垒,且有不断增长的趋势。目前南亚各国普遍设立偏高的关税壁垒。尽管关税结构也有细微的差异,但较高的平均关税是南亚普遍存在的问题。根据WTO发布的《世界关税报告2022》,印度、孟加拉国是全球平均关税率第四高和第九高的国家,其中,印度平均关税高达18.3%,而农产品的平均进口关税普遍高于30%,纺织品和服装的关税也普遍高于24%。自印度2016年提出"印度制造"计划后,制造业相关关税多次被提高。孟加拉国关税与印度高度相似,但其制造业相关关税更高(见表5-16)。

表5-16 南亚7国2021年平均实施进口税率 单位:%

项目	孟加拉国	不丹	印度	马尔代夫	尼泊尔	巴基斯坦	斯里兰卡
动物产品	19.3	8	32.5	14.4	11.2	12	11.2
乳制品	24	10	35.7	0	23.6	20	24.5
水果、蔬菜、植物	21.2	9.6	33.6	2.7	11.4	13.3	13.3
咖啡、茶	22.5	10	56.3	3.6	29.6	11.4	15.1
谷物和制品	16.3	9	37.3	2.1	14.9	13.3	14.3
脂肪、油及制品	10.3	8.3	53.4	6.8	10.1	7.7	14
糖和糖果	19.8	10	51.5	1.6	23.5	15	17.2
饮料和烟草	25	61.2	76.3	84.5	78.2	43.9	79.4
棉花	3.5	10	26	0	5	6.6	0
其他农产品	11.4	8.5	29	8.3	8.3	6.3	7.9

项目	孟加拉国	不丹	印度	马尔代夫	尼泊尔	巴基斯坦	斯里兰卡
鱼和水产品	23.7	9.7	30	3.6	10.6	14	14.2
矿产和金属	12.8	9.2	11.8	5.9	12.1	10.2	5.2
石油	15.7	10	9.2	0.9	25.1	11.3	11.5
化学制品	9.8	9.5	10.3	15.6	11.3	5.9	1.7
木头、纸及其制品	14.8	9.6	10.5	5.3	13.8	12.4	7.6
纺织品	19.5	10	25.5	3.4	12.8	15.1	1.3
服装	24.4	10	24.1	0	19.4	19.8	0
皮革、鞋类等	14.3	9.5	14.6	18.6	12.8	13	9.3
非电力机械	4	8	8.2	19.9	6.7	5.3	1.6
电力机械	13.6	8.4	10.3	18.3	10.4	12.1	4.3
运输设备	11.9	13.2	31.1	42.4	21.5	24.3	5.9
制造等	12.8	8	11.9	13.3	12.3	11.1	5.8

2. 经济政策的内倾化使双多边自由化进程推进困难

其一，南亚区域多边贸易自由化进展缓慢。在南亚区域合作联盟推动下，2006年初南亚自由贸易区协定就已经生效，南亚域内各国间关税税率显著下降，但仍是主要次区域中最高的。主要原因是区域各国出于保护国内产业的考虑，区域内普遍存在高关税和准关税、高非关税壁垒、严格的签证制度、对邻国的歧视性贸易制度、缺乏贸易和商业信息流通等问题。由于贸易壁垒的盛行，特别是印巴相互实施的歧视性贸易制度，使该地区最大的贸易部门印度和巴基斯坦（两国合计占该地区GDP的90%）排除在SAFTA程序之外，从一开始注定该自贸协定不可能取得显著进展。根据相关资料，在印度，65%的非关税壁垒针对消费品，43%针对中间产品，34%针对生产资料，同时印度还将反倾销税和反倾销调查作为主要的非关税贸易壁垒工具。在巴基斯坦，涉及包装、标签有关的非关税壁垒高达62项。孟加拉国对1000多个项目实行非自动许可和禁令；斯里兰卡设置了广泛的非关税壁垒，其中大部分包括许可要求、检查、禁令和400多个关税项目的授权。南亚区域合作联盟发布的《区域自由贸易政策推进战略：非关税壁垒》显示，目前区域内贸易仅占区域各国贸易总额的5%左右，非关税壁垒的广泛存在使南亚内部贸易仍然停滞不前，这是阻碍南亚区域贸易发展的主要因素。

其二，南亚区域与域外国家的贸易自由化成果也乏善可陈。南亚最大经济体印度一直以来对与域外国家自贸协定谈判持谨慎态度，与多数国家启动贸易协定谈判而最终因国内民族主义组织、农民协会、各类制造商及销售商等团体的反对而大多夭折，如印度与RCEP成员国相继启动自贸协定谈判而最终在2019年临近协议签署时主动退出RCEP，以保护其国内市场免受协议生效后进口激增的影响；2022年5月印度加入美国"印太经济框架"，但在9月IPEF首轮线下部长级会谈后，印度以"暂时看不到好处"为由宣布暂时退出IPEF四大支柱之一的贸易领域谈判，理由是反对将数字经济、数据流动、严格的劳工和环境标准以及公共采购等敏感问题纳入贸易协定。南亚其他国家目前只有巴基斯坦、马尔代夫与中国签署自贸协定，与斯里兰卡还处在艰难的谈判进程。

其三，双重冲击加强了南亚国家的贸易保护主义。疫情恶化了全球供应链并增加了集装箱运输的成本，特别是俄乌冲突以来南亚域内国内保守主义和贸易保护主义情绪上升，各国强化本国产业保护，纷纷掀起进口替代性质的"自力更生"运动，试图降低对国际产业链的依赖。南亚政府期望以"高关税壁垒+大规模的产业政策"模式来培育本国制造业（见表5-17）。

表5-17　南亚2022年进口政策变化

印度	调高食品、矿物及燃料、化学品、IT电子及再生能源、工具机、太阳光电等进口关税
	降低纺织品、宝石及珠宝等进口关税
孟加拉国	对超过135种HS编码的产品的进口监管税由此前的3%~5%提高至20%
巴基斯坦	5月19日起禁止进口38种非必需品
斯里兰卡	6月1日起对进口酸奶、黄油、乳酪、枣、橙、葡萄、苹果等9种商品征收高额特别商品税，有效期6个月
	6月1日起提高加工食品、鞋、家电、家具、玩具等商品进口关税
	6月1日起对进口乳制品、加工食品、酒类、化妆品、橡胶、皮制品、家电、家具等多种商品征收高额进口附加关税，有效期6个月
尼泊尔	低碳钢盘条的关税从5%增加到10%，但镀锌铁（GI）线、角钢、槽钢、横梁和波纹板将征收30%的关税，冷轧板的进口关税从5%提高到15%
不丹	禁止除多功能车、重型土方机械和农业机械外的所有车辆进口

资料来源：作者根据商务部公布信息整理。

同时，受疫情大流行影响，南亚部分国家投资政策限制也明显增加。如印度政府2020年4月颁布一项限制性法令，对来自其接壤的国家（中国、阿富汗、孟加拉国、不丹、缅甸、尼泊尔和巴基斯坦）投资需要事先获得印度政府的批准，这意味着来自中国的投资受到印方强有力的监管。

（三）南亚区域国家面临严重的债务风险挑战

南亚区域国家普遍陷入严重的债务困境，一些国家已经出现主权债务危机，甚至危机有向其他国家蔓延的趋势。

1. 南亚国家债务状况不容乐观

自2015年以来，南亚一直是全球经济增长最快的地区，其以高负债为杠杆的发展模式，导致债务负担不断加重。

其一，南亚国家面临较大偿债压力。根据世界银行相关数据计算，南亚的外债存量已从2015年的6371亿美元上升到2020年的8219亿美元，其中到2020年不丹外债存量累积为28.69亿美元，增长42.66%；印度外债存量累积为5641.8亿美元，增长17.83%；马尔代夫外债存量累积为33.52亿美元，增长230.09%；尼泊尔外债存量累积79亿美元，增长90.81%；巴基斯坦外债存量累积为1165亿美元，增长69.83%；斯里兰卡外债存量累积为563亿美元，增长28.27%。快速扩张的外债使南亚处于极大的偿债压力之下（见表5-18）。

表5-18 2020年南亚7国债务结构   单位：亿美元

国家	外债存量	长期外债存量	短期外债存量	多边债权人	双边债权人	私人债权人	私人非担保债务
孟加拉国	677.49	546.54	109.87	306.88	183.25	0.16	56.25
不丹	28.69	28.59	0.02	7.89	20.07	0.22	0.41
印度	5641.79	4549.16	1035.33	642.68	317.00	968.17	2621.31
马尔代夫	33.52	29.61	3.49	4.11	15.68	8.64	1.18
尼泊尔	79.05	71.74	3.61	61.52	9.04	0.00	1.18
巴基斯坦	1165.06	925.40	150.63	338.17	344.73	106.03	136.47
斯里兰卡	563.42	460.19	83.96	91.35	112.07	168.26	88.52

从南亚各国外债存量占国民收入之比看：不丹、马尔代夫、斯里兰卡压力最大，外债存量占 GNI 之比均超过 70%；巴基斯坦濒临债务困境，外债存量占 GNI 之比超过 45%；只有孟加拉国、尼泊尔、印度三国负债率相对较低，分别仅占 GNI 的 19.99%、23.21% 和 21.41%，如表 5-19 所示。

表5-19 南亚各国外债存量占 GNI 之比

国家	2015 年	2016 年	2017 年	2018 年	2019 年	2020 年
孟加拉国	17.31	16.43	17.98	18.20	18.06	19.99
不丹	108.08	116.02	116.55	114.61	117.25	132.05
印度	23.03	20.26	19.50	19.50	19.73	21.41
马尔代夫	26.64	30.35	34.62	48.66	53.07	96.91
尼泊尔	16.77	17.30	16.96	16.54	18.86	23.21
巴基斯坦	25.79	27.46	30.60	32.10	39.46	45.31
斯里兰卡	55.90	58.18	59.64	61.85	68.79	71.78

资料来源：世界银行世界发展指标数据库。

其二，南亚经济体债务结构各异，这也导致了各国债务脆弱性的原因差异极大。在南亚只有印度私人未担保债务占比较高，其他各国均以公共债务为主。公共债务中，尼泊尔、孟加拉国多边债权人是债务的主要来源，所以两国极度依赖国际多边组织的贷款。不丹、马尔代夫双边债务占比最高，这也导致其经济稳定极度依赖单一国家。其中不丹的双边债务中，印度占据 97%，不丹无论是金融还是贸易都极易受到印度市场的影响。虽然私人债权人仍不是南亚债务的主体，但近年来出现的占比持续上涨应该引起各国重视。

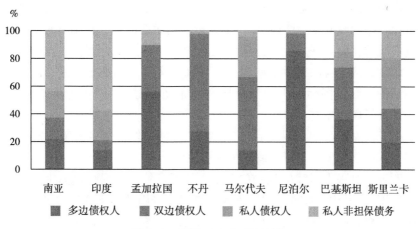

图 5-2 南亚 2020 年债务结构

2. 双重冲击令南亚高负债的发展陷入债务困境

受 2020 年以来的新冠疫情和俄乌冲突的冲击,全球供应链断裂,高负债给南亚经济体带来的弊端显现。急剧放缓的经济增长降低各国财政收入,同时政府的计划外开支额外增加,政府财政赤字加剧,南亚已然成为全球债务风险最高的地区之一。2022 年 4 月,斯里兰卡出现独立以来的首次主权债务违约。斯里兰卡的违约,迫使其他南亚国家开始审视自身债务前景,其中马尔代夫和巴基斯坦同样处于主权债务违约的边缘。随着斯里兰卡的主权违约,债务危机已经在南亚国家蔓延开来。

其一,隐性债务的集中爆发加剧债务失衡。按照世界银行相关研究的观点,南亚在发展过程中极度依赖国有商业银行、国有企业以及公私合营企业,导致大量的隐性债务被隐藏在现有的财务披露标准之下。新冠疫情的到来,使巨量的隐性债务提前集中暴露,可能导致南亚陷入新的金融危机。疫情冲击下南亚大量 PPP 项目意外终止,前期已投入的成本难以收回,政府财政压力剧增。世界银行在报告中指出,在南亚投资于公私合营项目的 3280 亿美元中,印度占了 85%,这些 PPP 项目的提前终止给印度带来了高达 185 亿美元的财政成本。在巴基斯坦提前终止的 PPP 项目带来的财政成本预计在 10 亿~20 亿美元。对于整个南亚地区,PPP 项目的集中暴雷可能使政府损失超过收入的 4%。

其二,经济的持续下行使南亚国有企业面临亏损加剧的可能。2020 年,印度近三分之一的国有企业处于亏损状态,其中化工和制药、运输和物流服务、工业和消费品以及酒店和旅游服务部门有一半以上的国有企业都是在亏损的状态下运营。在巴基斯坦,长期亏损的国有企业的总负债占 GDP 的 8% 至 12%,其中仅四大国有企业的损失就约占 GDP 的 3%。在斯里兰卡,亏损国有企业的负债约占 GDP 的 4% 至 5%。在所有南亚国家中,亏损前 10 位的国有企业就占国有企业总亏损的 80% 以上。亏损的国有企业将持续消耗各国本就稀缺的财政资源,加剧债务的失衡。

其三,为遏制病毒扩散和稳定国内经济的扩张性财政政策加重债务负担。印度政府 2021—2022 财年在卫生领域支出约 2.24 万亿卢比,较上财年大幅增长 137%。巴基斯坦卫生领域支出从 12 亿卢比增加至 25 亿卢比,并规划 700 亿卢比为受新冠疫情或其他灾难影响的弱势群体提供专项救助。孟加拉国 2021—2022 财年预算 6.04 万亿塔卡,重点是使民众生命和生计免受新冠疫情影响。此外，大量刺激经济恢复的财政政策也在加剧南亚财政负担。印度政府于 2020 年宣布了大量的刺激性措施，包括增加资本支出，对各州的财政贷款援助，以及恢复生产挂钩的激励措施，还推出百万亿卢比的基础设施建设计划以加强印度经济自身的韧性。同时，因俄乌冲突造成的油价上涨，巴基斯坦政府支付了大量的油价补贴。国际高天然气价格也使印度本财年用于化肥的补贴增加了 1 倍多，达到 2.5 万亿卢比左右。

其四，南亚国家财政和贸易项目"双赤字"，官方外汇储备过低，对外部资本具有极高的依赖性，这是其债务不可持续的最主要原因。

南亚的财政状况一直不容乐观。在南亚，除不丹外，各国财政赤字呈上升趋势且均超过 3%的警戒线。其中，印度、巴基斯坦、斯里兰卡财政赤字超过 GDP 的 9%，赤字最严重的马尔代夫更是高达 27.5%。同时，产品缺乏竞争力、出口乏力，也导致各国贸易逆差长期居高不下，面临巨大的经常账户赤字。早在疫情暴发前，孟加拉国、马尔代夫、尼泊尔、巴基斯坦四国的经常账户已经在不断恶化，2019 年，不丹的经常账户赤字甚至高达 GDP 的 22.61%。这种情况决定了南亚经济发展对外部资本具有极高的依赖性。财政赤字的增加，导致南亚各国需要借助更多的外债；持续的贸易逆差和不断恶化的通胀又导致南亚货币贬值压力增大，政府不得不消耗大量外汇储备和财政开支用于保持汇率稳定，结果使南亚陷入"双赤字"的恶性循环。如表 5-20 和表 5-21 所示。

表 5-20　南亚 7 国 2016—2020 年财政余额占 GDP 之比　　单位：%

国家	2016 年	2017 年	2018 年	2019 年	2020 年
孟加拉国	-3.09	-3.1	-3.9	-5.5	-5.5
不丹	-3.01	-4.1	-0.7	-2.94	-2.7
印度	-3.5	-3.5	-3.4	-3.76	-9.5
马尔代夫	-7.38	-2	-5.5	-5.68	-27.5
尼泊尔	1.39	-5.4	-6.7	-5.14	-5.5
巴基斯坦	-4.56	-4.7	-5.4	-8.93	-9.1
斯里兰卡	-5.64	-5.8	-5.3	-6.51	-11.9

资料来源：根据亚洲开发银行数据库整理。

表 5-21　南亚 7 国 2016—2020 年经常账户余额占 GDP 之比　　单位：%

国家	2016 年	2017 年	2018 年	2019 年	2020 年
孟加拉国	1.67	-0.6	-3.6	-1.74	-1.5
不丹	-29.38	-23	-18.2	-22.61	-12.1
印度	-1	-2	-2.3	-0.92	1
马尔代夫	-17.71	-21.7	-23.7	-21.45	-29.2
尼泊尔	6.25	-0.4	-8.2	-7.66	-0.9

国家	2016 年	2017 年	2018 年	2019 年	2020 年
巴基斯坦	-1.15	-4.1	-6.1	-4.9	-1.1
斯里兰卡	-2.05	-3	-3	-2.1	-1.3

资料来源：作者根据亚洲开发银行数据库整理。

此外，长期依赖国际援助以及外汇储备的大幅缩水，降低了南亚的偿债能力。自2015 年以来，国际货币基金组织给予南亚的信贷逐年上升，南亚才成为全球接受援助贷款最多的三个地区之一。但长期以来的国际援助并未改善南亚臃肿的债务结构，反而使南亚对国际援助更加依赖，国内经济的正常发展已经难以脱离援助贷款。从 2015 年到2020 年，除印度外，所有南亚国家的外汇储备与外债总额的比例都大幅下降。截至 2020年底，斯里兰卡、巴基斯坦和马尔代夫处于外汇消耗殆尽的困境，其中斯里兰卡外汇仅占外债总额的 10.05%。如表 5-22 所示。

表 5-22　南亚 7 国外汇储备占外债之比　　　　　单位：%

国家	2016 年	2017 年	2018 年	2019 年	2020 年
孟加拉国	83.90	71.41	61.43	57.27	63.72
不丹	49.23	46.25	38.69	45.80	52.64
印度	79.41	80.67	76.61	82.63	104.62
马尔代夫	38.24	38.75	30.44	28.12	29.39
尼泊尔	203.25	190.10	151.25	133.77	145.07
巴基斯坦	29.35	20.13	11.93	15.37	15.90
斯里兰卡	12.88	15.68	13.08	13.63	10.05

3. 外部金融环境收紧加剧南亚债务的脆弱性

新冠疫情暴发以来，全球金融环境进一步收紧。欧美等发达经济体货币政策的变化，让南亚等极易受到国际资本影响的新兴发展国家债务脆弱性进一步加剧。货币政策受限是当前南亚在受到外部金融冲击时面临的主要问题。

一方面，在美联储加息、美元走强背景下，南亚货币对美元大幅贬值，偿债更加困难。南亚外债中美元是主要货币，美元的升值无形间增加了南亚的外债规模。2020年，印度的公共债务的货币构成以美元计价为 80.71%，而斯里兰卡为 77.39%，巴基斯坦为 73.12%，不丹只有 21.55% 的美元外债（其他 70% 的外债欠印度），孟加拉国的外币贷款中美元占 61.92%。美元的升值和南亚国家的本币不同程度的贬值（如印度卢比对美元贬值超过 10%，斯里兰卡货币贬值最为严重达 80%），使得以美元借债的南亚国家在偿付债务时需要付出更多的代价。

另一方面，美国加息限制南亚货币政策的调整空间。对于南亚经济体而言，受限于极高的债务比，南亚各国的财政可操作空间极低，货币政策成为南亚调节经济的重点。全球加息进一步牵制其货币政策走向，南亚已经无法保持自身货币政策的独立性。2022

年以来，为了抑制高企的输入性通胀、提振汇市、防止资本外流，众多南亚经济体被迫追随美联储大幅加息，加息幅度屡创新高。2022年，印度央行自5月以来启动四次加息，累计加息190个基点。巴基斯坦央行在7月加息125个基点，将目标利率从13.75%提高到15%，自2022年初以来，巴基斯坦央行累计将利率提高了400个基点。斯里兰卡央行4月宣布加息700个基点，将基准利率从7.5%上调至14.5%，这是本年度南亚最大的一次加息。南亚国家的加息不仅没有抑制本币对外贬值和高企的通胀，反而提升了国内经济复苏的融资成本。

此外，过低的信用等级限制了在国际市场的融资。南亚主权信用等级本身普遍较低，均被穆迪定位为投机级债券，疫情以来除孟加拉国外，其他国家信用等级均呈下降趋势。过低的评级使南亚更难在国际市场上借到所需资金，只能以更高的利率来吸引外资的流入，而这只会让南亚的债务情况更加严重。2021年以来，尽管南亚政府试图通过加息、高利率吸引国际投资，但在国际资本风险偏好明显下降的时期，南亚对于国际资本的吸引力明显下降，资本外逃愈加频繁。未来3~5年南亚金融将持续受到外部环境的影响，加剧南亚债务的不可持续性。

三、舆情、宗教、安全与贫困问题加剧南亚的社会与认同风险

在南亚地区的"一带一路"建设还受到当地社会与认同风险的影响。南亚地区经济收入较低且贫富差距大，社会冲突发生概率大；宗教冲突以及对政府的不信任，导致域内恐怖主义频发；人口密度大且粮食获取相对匮乏，地区粮食危机严重。新冠疫情和俄乌冲突的冲击，使该地区贫困、恐怖主义以及粮食安全问题雪上加霜，社会动荡的风险进一步加大。

（一）国际负面舆论使各国滋生对"一带一路"倡议的负面认同

西方大国及印度大肆宣扬"一带一路债务陷阱论"。这些国家不断污称中国通过向东道国提供大型项目贷款制造债务危机，以迫使东道国让渡项目控制权乃至主权以换取债务的减免。其中，斯里兰卡"汉班托塔港"的例子被多次援引以论证"一带一路"项目的高债务风险。事实上，斯里兰卡的外债增加主要来源是全球资本市场的借款，来为该国的财政和经常账户赤字提供资金。同样，在巴基斯坦，大部分债务来自多边发展机构和伊斯兰债权人而非中国借款（中国债务仅占6%）；马尔代夫至少十年来一直是一个"债务困扰高风险"的国家，正如国际货币基金组织的连续债务可持续性分析报告所指出的，无论有没有"一带一路"倡议，马尔代夫都是一个高债务风险国家。虽然"债务陷阱论"源于西方大国及印度的恶意炒作，但其在国际上的盛行使汉班托塔港和"一带一路""债务陷阱"在国际上被深刻绑定，无形中增加了"一带一路"建设的声誉成本和在南亚地区的布局阻力，不可避免地干扰了中国与南亚各国的投资合作。

除了"债务陷阱外交"的论调外，随着全球范围内对环境、社会、治理以及合规规范关注的不断提高，"一带一路"被建构为"资源掠夺主义"和新殖民主义工具，南亚各国领导人和民众对该问题越发神经敏感。斯里兰卡学者认为"一带一路"建设能为其带来经济繁荣，但诬称该项目是中国军国主义触角的延伸，为平衡中国的霸权力量，斯

里兰卡应加强与美国的军事接触。孟加拉国学者则批评"一带一路"建设贷款价格过高且腐败严重，不符合国际规制，影响其经济治理和项目质量及可持续发展。印度批评"一带一路"建设不是基于公认的国际规范，缺乏善治、法治、开放、透明和平等原则，其知名智库ORF也批评"一带一路"煤电技术项目转移污染，违背全球绿色转型的要求。事实上，印度说一套做一套，其与其他国家商谈贸易协定，一直反对将严格的劳工与环境标准纳入共同议题。对于上述负面论调，我们的媒体、智库、学者以及民间力量要加强发出自己的声音，多渠道与南亚国家不同层次主体接触，用事实来批驳别有用心的论调，增信释疑，营造友好合作共赢的氛围。

(二) 文化宗教冲突及恐怖主义风险较高

(1) 南亚是当今世界上民族、宗教暴力冲突最为严重的地区。由于南亚是一个多民族、多语言和多宗教国家聚集的地区，民族、语言、宗教复杂多样，不同宗教信仰之间的种族与民族对抗极易催生宗教极端主义和民族分离主义。长期以来，各国主体民族的关系问题、跨境民族问题、领土争端、部族问题、民族主义、教派冲突等传统民族宗教问题依然存在，接连不断的民族问题和教派问题已成为困扰南亚国家的痼疾。几乎所有的南亚国家都在不同程度上存在民族、宗教问题，但印度、巴基斯坦和斯里兰卡面临的问题尤为严重，对国内安全和稳定构成了较大威胁，也不利于我国"一带一路"建设在南亚地区的推进。

另外，宗教文化差异对我国中资企业在南亚地区的合作构成一定的挑战。我国与南亚国家的文化体系存在巨大差异，具有不同的生产生活方式、道德规范与价值观念，由此形成不同的理解方式和思维习惯。我国对地区宗教文化环境的认知和风险管理存在不足，具体表现为我国海外投资者对南亚的宗教信仰、民俗文化禁忌与复杂的种族关系缺少认知与了解，缺少跨文化管理与运营经验，可能会触犯当地的宗教信仰与文化禁忌。如我国在巴基斯坦的央企管理人员曾因不了解当地的宗教文化禁忌而引发了群体性事件，又如，巴基斯坦的多个省份不欢迎中国的投资，因为他们认为这些投资对他们的传统生活方式构成了威胁，甚至还出现东突厥斯坦伊斯兰运动（ETIM）、巴基斯坦塔利班等以暴动方式对抗"一带一路"相关项目建设，这不仅给中国企业和工作人员造成负面影响、威胁工作人员生命财产安全，也极易被国际非政府组织非议。

(2) 南亚地区是全球极端暴力与恐怖势力的"温床"，跨境恐怖主义在南亚十分猖獗。根据南亚恐怖主义门户网站数据，除不丹和马尔代夫外，南亚各国恐怖主义皆呈现高发态势（见表5-23）。经济与和平研究所（IEP）2022年发布的全球恐怖指数显示，由于政治和安全的不确定性，阿富汗以9.109的得分连续三年成为全球最不安全的国家，近几年的国际投资吸引力显著下降；巴基斯坦得分7.825，被认为是世界上最容易受到恐怖主义袭击的国家之一；印度得分7.432，位列最受恐怖主义影响国家的第12名。

表5-23 南亚与恐怖主义有关的事件数

年份	印度	巴基斯坦	孟加拉国	不丹	马尔代夫	尼泊尔	斯里兰卡	总计
2000	3022	150	31	0	0	124	776	4103
2001	4483	336	126	0	0	305	863	6113

续表

年份	印度	巴基斯坦	孟加拉国	不丹	马尔代夫	尼泊尔	斯里兰卡	总计
2002	3974	368	217	1	0	1729	30	6319
2003	4114	249	412	10	0	945	47	5777
2004	3542	489	337	1	0	1651	69	6089
2005	4104	674	595	0	0	904	481	6758
2006	3607	1043	332	2	0	300	1782	7066
2007	3703	1315	325	1	0	236	2074	7654
2008	3237	2102	192	11	0	231	3556	9329
2009	3574	2790	265	1	0	126	1920	8676
2010	3574	2204	328	0	0	140	1925	8171
2011	2835	2799	213	0	0	113	774	6734
2012	3124	3668	272	0	0	45	16	7125
2013	2590	3923	702	0	0	35	5	7255
2014	3156	2779	271	1	0	7	14	6228
2015	2768	1773	335	0	0	6	8	4890
2016	2394	1032	298	0	0	18	10	3752
2017	2126	606	263	0	0	49	10	3054
2018	2119	323	116	0	1	13	7	2579
2019	1786	284	99	0	2	89	66	2326
2020	1431	319	88	0	12	54	9	1913
2021	1723	424	75	0	17	13	34	2286

南亚地区恐怖主义极度高发，恐怖主义的联动性与跨国性表现得尤其突出，原因有以下几方面。一是经济发展、地缘政治、宗教文化等多种复杂因素复合影响，滋生南亚地区恐怖主义安全问题，其中缺乏社会包容度和种族间、教派间的不平等是导致国内恐怖主义的重要因素，而经济不平等、巨大的贫富差距是冲突长期化的根源。二是印巴的长期敌对关系使南亚区域缺乏政治互信，南亚区域合作联盟这一多边合作机制在地区反恐合作与治理中进程缓慢。三是部分国家的政治利益集团为了达到某些政治目的，利用民族本位主义鼓动普通民众的极端情绪，引发社会动荡。四是疫情和俄乌冲突的爆发为南亚提出了新的反恐挑战。疫情进一步造成该地区的混乱和失业，引发新的恐惧和压力，为激进叙事和极端主义宣传提供了肥沃的土壤，促进反政府极端主义思潮的成长；同时，面临疫情肆虐和乌克兰危机带来额外开支及贫困化增加，反恐成为政府议事日程中的较低层级，这种结构性的变化可能对未来的反恐行动产生最重大的影响。五是极端气候变化也为恐怖主义增添新的叙事议题，孟加拉国及其与印度东北部的共同边界脆弱性进一步加剧，恐怖主义和叛乱再创新高。

目前，南亚恐怖主义对"一带一路"建设的威胁主要集中于中巴经济走廊，因其独特的外交性和政治性，中国公民和走廊项目逐渐成为恐袭目标。2001—2021年，巴基斯坦安全形势较为严峻,恐袭事件时常发生,特别是针对中巴经济走廊项目企业和人员的袭击风险上升,近几年至少发生32起针对中国项目的恐袭事件。

(三) 多重冲击下的饥饿和贫困化进一步威胁南亚社会稳定

在新冠疫情暴发前南亚地区就是除撒哈拉以南非洲外的世界上贫困率最高,文盲、营养不良和可预防的孕产妇和儿童死亡最集中的地区。有资料统计,在疫情之前南亚有6.49亿人处于中度或重度粮食不安全状态,2.71亿人处于严重粮食不安全状态;36%的儿童发育迟缓,16%的儿童严重营养不良。疫情后这一情况将进一步恶化,据联合国大学估计,疫情将使南亚1600万人陷入极端贫困。根据世界粮食组织发布的《2021全球粮食安全与营养状况》报告,南亚是全球除撒哈拉以南非洲外的第二严重的粮食不安全与营养不良地区,2020年的食物不足率为15.8%,营养不良人数接近3.06亿。

饥饿和贫困与长期冲突、社会动荡之间的联系已得到公认,而粮食安全问题加剧了南亚贫困和社会动荡。南亚地区人口稠密、土地资源有限,面临日益严重的水资源短缺,加之国家治理能力低,使南亚面临严重的粮食安全挑战。南亚地区本身社会弹性低,复原力弱,社会的结构性脆弱,在疫情、俄乌冲突爆发、经济衰退以及气候灾害暴露之后社会问题更加凸显。

新冠疫情进一步加剧南亚地区不平等,带来新一轮失业、贫困问题和社会治安问题。根据风险咨询公司Verisk Maplecroft的数据,在疫情因素影响下,食品供应链中断、基本物品价格上涨以及产业工人失业加剧,越来越多的人再度陷入贫困,促使更多民众走向街头,抗议活动卷土重来,南亚成为2020年全球内乱风险最高的地区,领先于中东和北非地区和拉丁美洲。其中,孟加拉国、巴基斯坦和印度在"全球风险最高的国家"中排名分别为第10位、13位、19位,是南亚的内乱热点地区,处于极端风险之中。俄乌冲突进一步使南亚地区贫富分化问题尖锐化。全球基本商品的价格在所有领域都创了新高,特别是食品、能源及化肥供应上涨对南亚国家冲击更大,部分南亚国家因过度依赖粮食进口,其粮食安全呈现跳崖式恶化。南亚多国对俄乌两国的粮食依存度较高,面临更加严重的粮食危机。据联合国粮食及农业组织的数据,巴基斯坦对俄乌两国的小麦进口依赖比率约为8%,在全球排名第54位;斯里兰卡和孟加拉国对俄乌两国小麦进口高度依赖,这一数值分别约为46%和49%。粮食紧缺促使社会冲突加剧,特别是在巴基斯坦和斯里兰卡,公众对粮价持续高涨的不满显著增加了内乱和政治不稳定的风险,使两国深陷政治动荡之中。2022年斯里兰卡陷入前所未有的危机状态,发生了严重的社会抗议和极大规模的暴乱,巴基斯坦虽未发生大规模暴乱,但针对运输食品的卡车、列车或商店冲击屡见不鲜。

因此,"一带一路"在南亚地区的建设要充分考虑当地的贫困和贫富差距问题,谨防因中资企业的建设进一步加剧当地贫富差距,谨防因我方投资导致部分地区出现严重的边缘化问题,或因我方投资导致本土小微企业生存空间被压缩等问题。例如,在巴基斯坦某些较贫穷的省份,如俾路支省和开伯尔—普赫图卡瓦省,对"一带一路"资源分配的不满出现炸毁管道,甚至袭击中国工程师等问题。

四、南亚地区生态环境脆弱，环境与公共卫生风险显著

"一带一路"建设在南亚地区还面临较为严重的生物多样性恶化、环境退化风险以及公共卫生风险。对此类风险高度重视，以尽量减少其潜在的负面影响。

（一）南亚地区环境脆弱、复原力低，限制"一带一路"建设发展空间

南亚地区面临的环境风险主要集中在以下两方面，一是该地区环境脆弱、资源匮乏，"一带一路"项目建设受到资源获取的制约，项目规划更为复杂；二是面临全球绿色转型的压力，不少国家意识到发展不能以牺牲环境与枯竭资源为代价。在两方面因素的共同作用下，"一带一路"建设面临生态环境限制，需要高度关注在该地区的生态环境合规风险。

1. 南亚地区环境风险较高

南亚地区各国环境风险较高，主要表现为三个方面：该地区环境天然具有脆弱性，容易遭受洪水等重大生态威胁；南亚各国生态环境较为敏感且部分资源匮乏，对基础设施建设的限制较强；地区冲突频繁，加剧生态脆弱性。

其一，南亚地区环境脆弱，各国遭受自然灾害威胁的可能性较高。气候变化下，随之而来的气温升高、风暴、干旱和洪水等极端事件的严重程度和频率日益增加，对南亚地区主要城镇构成重大威胁。在众多自然灾害中，洪水和泥石流对南亚地区影响最大，其他自然灾害带来的风险在南亚地区也普遍存在。斯里兰卡常遭受海啸、洪灾和泥石流带来的损失；地震和洪水的叠加影响也使印度、尼泊尔和巴基斯坦面临更严峻的生存环境。全球风险分析评估公司 Verisk Maplecroft 发表研究报告称，南亚区域81%的人口面临严重的自然灾害风险威胁，就自然灾害人口风险指数而言，位列前十的国家中有印度、孟加拉国和巴基斯坦三个南亚国家。同时，该区域缺乏足够的资源和能力应对极端天气气候事件；治理不善、基础设施薄弱以及高度贫困和腐败，也加剧该地区与重大自然灾害事件相关的经济、人道主义损失。

其二，南亚地区绿色发展的基础薄弱，面临更为严峻的气候威胁。尽管南亚国家做出了实现"碳中和"的承诺，但南亚的多数低收入国家仍优先考虑消除贫困、促进就业和经济增长以及保障能源安全这一系列国内发展议程，因此不太可能采取严格的碳排放政策。此外，俄乌冲突也加深了该地区以及全球绿色转型的困难，这促使一些南亚国家更多地依赖化石燃料来确保本国的能源基本供应。因此，面对全球能源转型的分歧，绿色能源的实现难以在南亚地区很快达成。

其三，南亚地区生态环境敏感，生物多样性丰富。南亚地区分布有多种稀有生态系统，涵盖全球多种气候和植被，生物多样性十分复杂。该地区约29.7%的森林覆盖了多样丰富的生物种群，如印度西高止山脉、喜马拉雅山脉和东北地区是全球多种稀有生物的聚集地；巴基斯坦地形复杂多样，一些受威胁或濒临灭绝的物种居住在该地区（如喜马拉雅棕熊、克什米尔灰叶猴、印度狼、印度豹、雪豹等），生物多样性十分丰富。此外，南亚地区生态系统十分脆弱，一旦破坏难以恢复。稀有生态系统分别占地区国家森林总面积的比例是：巴基斯坦为37%、孟加拉国为30.2%、不丹为5.8%、斯里兰卡为

2.7%、尼泊尔为1.6%和阿富汗为1.6%。该地区还分布有大面积的不可替代性生态系统，5级不可替代性生态系统占森林总面积的6%；4级不可替代性生态系统占森林总面积的15.32%。但是，人为因素的干扰使该地生态系统受到不可逆的损伤。道路建设和居民区开辟的干扰，使南亚地区森林破碎化严重，22.3%的森林受到破坏。

其四，域内军事活动和武装冲突破坏生态环境。南亚地区内战和武装冲突产生的有毒气体排放导致臭氧层无法修复的破坏。巴基斯坦和印度在克什米尔的持续对峙对地区环境造成严重和不可逆转的破坏。阿富汗境内的反恐战争进一步恶化了该区域的环境质量，对生态环境造成威胁。

2. 生态环境风险对"一带一路"建设的影响

第一，基于南亚地区现有的生态环境，"一带一路"基础设施建设或多或少会产生不良生态环境影响。如森林砍伐、废气排放及水资源消耗等，都会使项目施工受到舆情关注和施工限制。一些与农业有关的"一带一路"项目使用大量肥料，造成当地土壤退化，也会引发当地有关机构的关注。"一带一路"基建项目途经南亚国家的生物多样性热点地区，有可能导致生物栖息地破碎化甚至栖息地丧失。近年来，南亚各国对自然环境的重视程度不断上升，中国在巴基斯坦、孟加拉国等多个南亚地区的项目都因环境污染和影响健康等问题遭到当地居民和非政府组织的抵制，特别是当地的非政府组织不断围绕中国项目掀起对环保、气候变化、劳工权益等问题的社会舆情炒作。例如，孟加拉国共有257个各类国际非政府组织，很容易使孟加拉国的中国企业和相关投资项目处于被动局面。

第二，我国中资企业在南亚地区的环境保护措施不足，项目面临严格的环境合规审查风险。一些研究表明，"一带一路"项目中对环境影响评估和战略环境评估（SEA）的考虑较少。虽然中国政府制定了严格的环境标准，但由于全面的环境影响评估和战略环境评估可能导致项目延误，中国公司往往不愿意接受，而且许多公司在建设中也不能很好地遵守东道国施加的环境标准，这些都为项目埋下了潜在的环境合规审查风险。

对于上述问题，我方应该引起高度重视，走绿色可持续发展之路。必须把环境风险视为核心考虑因素，推进"一带一路"项目在南亚地区的落地，项目建设要注重提高技术与效率，加强建设前勘测、建设中保护以及建设后补偿全过程机制建设，推进"一带一路"绿色化、效益化、可持续化发展。

（二）南亚地区公共卫生系统建设落后，面临较大的公共卫生挑战

南亚地区公共卫生环境相对落后，医疗资源稀缺，"一带一路"建设面临较大的公共卫生风险与挑战。

1. 南亚地区公共卫生风险较高

南亚地区面临的公共卫生风险极高，主要表现在：南亚地区空气污染和水污染极其严重，人民生命健康处于极大威胁之中；南亚地区医疗基础设施建设极为落后，安全管理卫生服务水平低下。

其一，南亚地区空气污染和水污染严重。南亚各国水污染严重，地区居民难以获取安全的饮用水。相关数据显示，在高收入国家，97.7%的人可以安全地管理饮用水服务，而在南亚地区，2020年尼泊尔使用安全管理饮用水服务的人口比例仅为17.6%，巴基斯坦为 35.8%，不丹为 36.6%。在印度，水污染每年都造成近 40 万人死亡以及政府近 90 亿美元的健康成本支出。安全饮用水获取的极度匮乏和不平等，不仅使当地人民生命安全严重受损、政府支出增加，也恶化南亚地区公共卫生环境和社会稳定性。另外，南亚国家是全球空气质量和可持续发展趋势最差的地区。世界卫生组织报告称，全世界每年有 420 万人死于与环境空气污染相关疾病，而南亚地区 91% 的人口过早死亡原因是空气污染引起的环境恶化。在南亚，印度受污染威胁最为严重，根据环境和气候相关威胁的系列报告，全球 20 个污染风险最大的城市中有 19 个在印度。

其二，南亚地区医疗条件和卫生水平极其低下，民众获取卫生服务的途径严重受限。根据全球卫生安全指数，南亚国家中只有印度和不丹得分超过 40.2，高于全球平均水平，其余国家全部低于全球平均水平。在公共卫生支出上，南亚各国公共卫生支出均低于世界平均水平。按国内生产总值（GDP）的百分比计算，马尔代夫在公共卫生支出中所占的份额较高（5.2%），而孟加拉国的份额最低（占 GDP 的 0.47%）。从每万人拥有的医生数量看，阿富汗每万人中只有 2.8 名医生，不丹为 3.8 名，孟加拉国为 5.3 名，尼泊尔为 6.5 名，即使是拥有该地区最强大的卫生系统之一的印度，每万人中也只有 7.8 名医生。因此，在公共卫生获取上，南亚地区处于不足状态。根据世界银行发布数据，2017 年南亚每千人拥有的医院床位数仅为 0.59 张。

其三，南亚地区传染病肆虐且区域内抵抗疾病传播的措施极为匮乏。一是南亚地区国家自身治理能力薄弱，无法有效应对各种重大健康危害，常年有登革热、疟疾等热带病流行，是全球公共卫生安全的薄弱一环。二是在宗教信仰和长期宗教斗争、压迫和贫困的影响下，防疫工作难以稳定推进。如孟加拉国的罗兴亚难民对科学和医学持怀疑态度，防疫宣传运动遭到抵制和怀疑。三是新冠疫情的暴发进一步暴露各国卫生基础设施的短缺、卫生系统的极度脆弱性、疾病早期预警能力的不足以及应急能力的局限性。疫情还折射出南亚区域合作和联合行动的匮乏，地区国家几乎没有对各种突发事件进行区域协调与合作，未建立公共卫生机构的功能性网络，地区科学机构和研究中心也没有发起任何大型国际合作项目。

2. 公共卫生风险对"一带一路"建设的影响

南亚地区公共卫生风险较高，"一带一路"建设面临多方面冲击。其一，我国企业在该地区的社会责任和投资成本将会加重。南亚地区存在极为严峻的空气污染和水污染，与污水垃圾处理、清洁可饮用水资源供应、空气净化以及员工健康相关的额外投入会大幅提升，保护工作人员生命健康，并对疾病加大预防力度、严防传染病输入，才能保证施工项目顺利推进。同时，在南亚地区企业面临更高的社会责任负担。其二，南亚国家对重大传染性疾病的预防和救治能力较为落后，在公共卫生层面社会民众宗教信仰与现代医学部分背离，一旦暴发传染性疾病，南亚各国的卫生系统将面临被摧毁的风险，导致更高的死亡率以及更严重的经济萧条。这可能使南亚各国政府的战略重心转向传染病救治，这对"一带一路"项目的运营造成巨大影响。此外，在南亚传染病肆虐以及区域内合作严重匮乏的现状下，我国面临的公共卫生风险将进一步拉高。很多原属于南亚地区的区域性传染病可能会经由"一带一路"项目建设向外扩散，对我国实施推进"一带一路"倡议带来诸多公共卫生风险与挑战。

第三节　中国与南亚共建"一带一路"面临的机遇与发展潜力

一、双方合作意愿强烈

(一) 双方在多个层面互为战略需求

1. 双方在地缘政治层面互为战略需求

一方面,对于我国而言,与南亚的合作涉及我国边疆稳定和发展、能源通道安全以及多项传统安全问题,是具有高度地缘战略价值的政治议题。一是南亚地区与我国多个西部边疆省份相接壤,构建中国与南亚国家间的良好关系、推动与南亚国家的经济发展与合作,符合我国稳定边疆,解决"藏独""疆独"问题的客观需要。二是和平友好的中国—南亚关系建设是我国维护能源、海运贸易安全的长期战略选择。南亚及印度洋地区是太平洋和大西洋交互的世界交通要塞,向东可连通马六甲海峡,向西与红海、地中海相连,同时也可与阿拉伯海、波斯湾以及东非、南非等地相通。这些通道与我国的能源运输息息相关,既能扩大我国能源进口路径,又能有效化解美国妄图通过控制马六甲海峡等海上关键通道以遏制中国能源、外贸咽喉的企图,对实现我国的能源安全和海运贸易往来具有重要意义。

另一方面,对于南亚各国而言,借助中国力量以平衡大国干预是其长期战略需求。南亚地区地缘优势明显,在大国全球战略中具有举足轻重的地位,南亚地区地缘政治竞争特性显著。从区域内部来看,印度对南亚其他国家有着支配和控制的愿望与能力,越发紧张的区域关系推动南亚小国引入中国力量来对冲印度的影响。从域外地缘来看,美西方大国长期介入、干涉南亚内政,希望增强其在南亚的控制力以达到遏制中国发展的目的。因此,南亚各国具备对华合作及参与"一带一路"倡议的战略意愿,以摆脱域内域外霸权的控制。

2. 双方在经济层面互为战略需求

一方面,南亚地区对我国有着重要的经济价值。其一,在南亚地区的"一带一路"建设是我国维护、健全全球贸易自由体系的重要一环,缺少南亚区域的深度参与,建立一个更开放包容、自由互利的区域经济合作机制只能成为空谈。其二,南亚地区人口庞大、经济保持快速增长、工业化不断推进,在进出口贸易上与我国互补性较强,区域市场发展机会充盈,有助于我国资源的更优配置及国际产业的合理分工。因此,与南亚共建"一带一路"契合我国区域经济合作战略与经济利益,是需要我国长期坚持的经济战略部署。

另一方面,南亚各国对华合作意愿强烈,国家利益诉求驱动其构建稳定发展的对华关系。一是南亚国家经济发展水平普遍落后,阿富汗、孟加拉国、不丹、尼泊尔等国至今仍处于联合国划分的"最不发达国家"行列,迫切需要国际援助与国际合作以发展自身经济。二是中国拥有全球最为完整的产业链、供应链体系,是南亚地区最大的贸易国和投资来源国,南亚地区对中国中高端制造业、中间品依赖较大;且中国拥有强大的基础设施建设能力,与南亚互联互通需求利益相契合。南亚的发展离不开强大、充满活力的中国大市场,在长期发展战略层面也需要中国的支持。

（二）双方合作的政治意愿较为强烈

1. 政治关系逐步向好，合作意愿逐渐增强

在当今复杂的经济形势下，尤其是在疫情与俄乌冲突的背景下，双方政府不断增强交流的频率与深度，双边政治互信显著提高，对合作释放出积极信号，中国与南亚共建"一带一路"存在向好发展的态势。2021年至今，中方领导人对巴基斯坦、孟加拉国、阿富汗、斯里兰卡、尼泊尔等南亚国家都进行了访问，双方领导人也多次对加强各领域合作做出积极回应，表示将会不断加强彼此间关系。巴基斯坦外交部部长库雷希表示，"一带一路"倡议是实现全球化和国际合作的最高效的载体，没有哪个全球性倡议能像"一带一路"倡议这样惠及亚洲、欧洲、非洲数十亿民众，为相关国家尤其是陷入经济困境的国家带来实现共同繁荣的希望。在南亚新经济格局形成之际，巴基斯坦政府将全力支持"一带一路"倡议，推动整个地区向和平、稳定、富裕的方向发展。斯里兰卡驻华大使帕利塔·科霍纳也表示，自20世纪50年代以来，斯中合作硕果累累。2022年，尼泊尔前总理普拉昌达呼吁，尼泊尔应该根据国家利益的需要，加快确定一些对接中国"一带一路"倡议的项目，以进一步促进尼泊尔社会经济发展。据卡内基国际和平基金会的一份报告，2020—2021年，中国与斯里兰卡、尼泊尔、孟加拉国和马尔代夫四个南亚邻国，在政府和政党层面的双多边互动频率和次数明显增加，彰显彼此间强烈的合作意愿（见图5-3）。

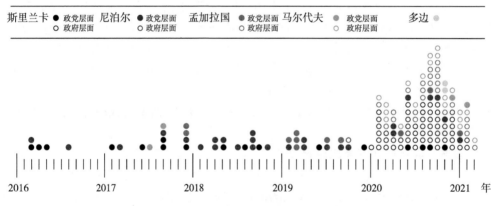

图5-3 中国与南亚邻国政府和政党的双多边互动

（资料来源：吴琳（2022））

2. 发展战略的对接彰显务实合作的意愿

"一带一路"倡议追求求真务实与互利共赢，具有极强的包容性。随着其在南亚稳步推进，南亚各国也提出了一些振兴经济的战略，并主动与"一带一路"倡议形成有效对接，以期实现双方良好互动与互利共赢，增强彼此进一步合作的意愿。2014年，巴基斯坦通过的《巴基斯坦愿景2025》这一中期国家总体发展目标，其中包含的基础设施建设、脱贫减贫、能源开发等内容，被巴基斯坦驻华大使马苏德·哈立德称为与"一带一路"建设相契合，并表示巴方正加紧制定相关政策，进一步强化两国间的互联互融。孟加拉国新任总理哈西娜制定"金色孟加拉梦想"规划，习近平主席也表示，中华民族伟大复兴的中国梦和"金色孟加拉梦想"相互契合，中孟务实合作为两国人民带来实实在在的福祉。

二、双方具备相应的合作能力

（一）南亚经济前景良好，发展潜力大

南亚地区资源禀赋优越、地域优势明显、人口红利巨大，既是全球经济发展最有活力的地区之一，又是"充满希望、潜力无穷的次大陆"。

1. 南亚资源丰富，地理位置优越，经济发展条件良好

第一，南亚地区自然资源丰富，具有优越的发展生产条件。南亚地区耕地分布较广，而且利用率较高，其耕地面积约占世界总耕地面积的 1/9，尤其是印度的耕地面积位居亚洲第一，可用耕地面积占到南亚总耕地面积的 4/5。此外，南亚地区还是世界上重要的矿产资源富集的地带，其中煤、石油等能源矿产、铁铜等金属矿产以及宝玉石等非金属资源都较为丰富。

第二，南亚地区地理环境优越，物产丰富多样，与我国进行贸易的互补性极强。南亚大部分地区属于热带季风气候，全年普遍温度偏高，可以被分为干湿两季，雨热同期，这种气候条件有利于农作物的生长。南亚是芒果、蓖麻、茄子、香蕉、甘蔗，以及莲藕等栽培植物的原产地，并且还是世界上最重要的大米生产与出口地区之一，水稻可以实现一年多收，恒河平原与印度河平原都是世界级的粮仓。

第三，南亚地区区位优势明显，衔接众多"一带一路"共建国家，是"一带一路"建设的重要枢纽。南亚地区北接中亚、南临印度洋、东邻东南亚，从阿拉伯海到孟加拉湾，再加上斯里兰卡与马尔代夫两个海岛国家，南亚地区拥有超过 10000 公里的海岸线，分布着诸多优良港口，港口吞吐量巨大，航海资源异常丰富。其中，印度洋海运航线和咽喉要道的作用异常突出，其运输量占世界集装箱运输量的一半以上。

2. 南亚人口基数庞大，市场潜力无限

第一，南亚地区人力资源丰富、人口结构年轻。据世界银行数据，2021 年南亚地区总人口为 18.38 亿，占世界总人口的 23.4%，为南亚地区提供了广阔的消费市场。此外，15~64 岁人群占地区总人口的 66%，其中劳动力人口占比 34.86%，占世界总劳动力的 18.57%，而 65 岁以上的人群仅占 6%，这表明南亚地区劳动力市场丰富，人口结构良好，人口老龄化风险低。

第二，南亚地区正快速实现城市化，中产阶级消费群体不断上升，消费市场潜力巨大。从城市化进程来看，2021 年，南亚城市人口已达 6.6 亿，是全球城市人口增长第二快的地区，且近年来仍保持 2.5% 以上稳定增速；从收入阶层变动来看，南亚地区中高收入人群持续增多。其中，印度的变化尤为显著，据估计，到 2030 年，印度中高收入群体将从目前的 1/4 家庭增长到 1/2 家庭，南亚地区消费市场潜力无穷。

3. 南亚地区经济活力强，发展潜力巨大

第一，南亚地区是世界经济增长最快速的地区之一。在新冠疫情暴发之前，南亚地区长期保持较快的经济增速，2009—2018 年，南亚经济年平均增长率为 6.6%，对世界经济增长做出极大贡献。疫情冲击下南亚经济经历短暂下滑，但 2021 年，南亚经济实现强劲反弹，地区经济增长率高达 8.3%，尤其是马尔代夫、印度、巴基斯坦等国家经济增长速度极快，展现出较强的经济活力、复原力及经济韧性。

第二，南亚地区市场发展释放利好信号，多数机构与学者看好南亚地区发展潜力。疫情前，世界对南亚地区经济预期普遍看好；即使在疫情后，世界对南亚经济展望依然保持乐观，认为该地区的人均收入将在2022年前恢复到疫情前水平。在疫情与俄乌冲突的背景下，数字经济与技术融合也将为南亚经济带来新的发展机遇。

（二）双方经贸合作基础好、合作潜力大

中国与南亚国家间经贸合作基础坚实，经贸关系紧密；双边贸易规模不断扩大，贸易结构持续优化；对外投资稳中有进，合作领域广，发展潜力大。同时，与南亚国家间的各层级经贸交流机制持续发挥作用，地方和企业的合作平台更加完善，有助于中国和南亚国家经贸合作走深、走实。

1. 双方经贸关系更为密切，经贸合作规模持续扩大

近年来，随着中国与世界经济关系更加密切以及"一带一路"倡议在南亚地区的不断发展，中国与南亚地区国家贸易规模不断扩大、贸易黏性不断增强、互为对方不可或缺的贸易伙伴；日益紧密和牢固的经济交流基础，为双方进一步深化合作，继续推进"一带一路"倡议在南亚的发展提供有力支撑。

第一，中国与南亚地区贸易规模进一步扩大。2013年中国与南亚的贸易总额为959.4亿美元，经过七年"一带一路"项目的建设，2020年中国与南亚地区国家贸易总额增加到1267.1亿美元，增长率达到32%，尤其像马尔代夫、孟加拉国、印度等国家7年累计增长率分别达到了188%、54%、34%，双边贸易规模进一步扩大。第二，对外投资水平大幅提升。2013年中国对南亚地区的直接投资流量和直接投资存量分别为4.6亿美元和53.2亿美元，2020年该数值分别增加至17.3亿美元和121.1亿美元，其对南亚直接投资流量增长273.5%，直接投资存量增长127.8%。第三，南亚各国对中国贸易黏性逐渐提升。由相关资料可知（见表5-24、图5-4），自"一带一路"倡议提出以来，中国与南亚各国的贸易水平持续攀升，南亚各国对华贸易占其对外贸易总额的比重呈稳中求进态势，尤其是印度、巴基斯坦等经济体量大国，对华贸易额占其对外贸易总额的比率翻了近一番，对华贸易黏性逐渐增强。

表5-24　南亚各国对华贸易占其贸易总额比重　　　　　　　　　　　　　　　单位：%

年份	印度	孟加拉国	巴基斯坦	马尔代夫	斯里兰卡	尼泊尔	不丹
2013	6.7	12.8	13.5	4.3	11.0	8.5	—
2015	10.9	13.9	19.6	7.2	13.7	12.8	—
2017	11.4	—	21.3	11.0	14.0	12.0	—
2019	10.7	—	19.6	15.4	13.6	14.7	—
2021	11.5	—	23.3	11.9	15.5	13.7	—

资料来源：联合国商品贸易统计数据库。

2. 双方经贸互补性强，贸易潜力大

相对于南亚地区来说，中国有着更为完善的工业体系和较为发达的科学技术，从双边贸易商品类别来看，我国与南亚国家天然具有经济上的互补关系（见表5-25、表5-26和图5-5、图5-6）。

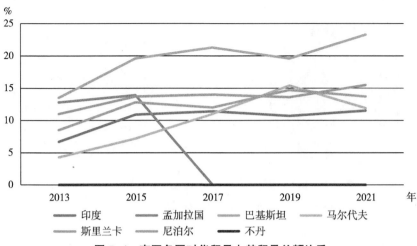

图5-4 南亚各国对华贸易占其贸易总额比重

（资料来源：联合国商品贸易统计数据库）

表5-25 中国自南亚进口商品数量 单位：亿元人民币

国家	动植物及产品	矿石、化工、塑料、皮木	纺织、鞋帽、五金	机械电子设备仪器	其他
印度	214.83	708.92	712.15	182.10	1.02
巴基斯坦	62.65	30.18	137.08	1.59	0.15
孟加拉国	1.36	12.49	51.56	1.74	0.51
尼泊尔	0.07	0.12	1.15	0.33	0.04
斯里兰卡	6.80	17.01	14.50	3.57	0.06
马尔代夫	0.01	0.27	0.00	0.01	0.00
不丹	0.00	0.00	0.00	0.00	0.00
总计	285.72	768.99	916.44	189.34	1.77

资料来源：中国海关总署。

表5-26 中国向南亚出口商品数量 单位：亿元人民币

国家	动植物及产品	矿石、化工、塑料、皮木	纺织、鞋帽、五金	机械电子设备仪器	其他
印度	17.53	1600.59	1106.84	3573.31	3.21
巴基斯坦	20.43	465.48	443.11	636.07	1.11
孟加拉国	36.52	373.32	739.91	406.40	0.72
尼泊尔	8.44	18.97	49.71	48.78	0.05
斯里兰卡	8.77	64.58	137.40	128.25	0.59
马尔代夫	0.38	4.02	8.97	12.41	0.51
不丹	0.01	0.21	0.25	6.50	0.06
总计	92.07	2527.17	2486.19	4811.71	6.24

资料来源：中国海关总署。

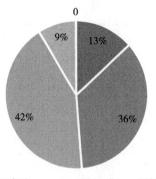

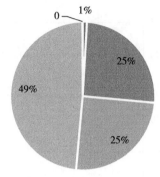

图5-5 中国自南亚进口商品结构占比
（资料来源：中国海关总署）

图5-6 中国向南亚出口商品结构占比
（资料来源：中国海关总署）

从进口来看，中国自南亚地区进口最多的两大类产品分别是纺织、鞋帽、五金以及矿石、化工、塑料、皮木等矿产、食物等原材料或是低端制造产品，分别占到了总进口的42%和36%。从出口来看，中国向南亚地区出口最多的商品是机械电子设备仪器，占到了总出口的49%，这表明中国与南亚诸国各有具备比较优势的产业，双方产业结构互补优势较为明显。并且南亚诸国出口的食品、活畜、矿产及部分工业制成品与中国的需求结构较为契合，且中国与巴基斯坦、印度、斯里兰卡、尼泊尔、孟加拉国都存在巨大的贸易潜力，双方进行经济合作不仅能够填补各自国内的空缺，也不会使双方构成国际竞争，有极大潜力进行经贸上的深度合作。

3. 机制平台的不断健全为双方合作进一步创造条件

第一，经贸交流机制逐渐完善，为进一步深化合作提供保障。中国—南亚博览会、中国—南亚工商领袖峰会、中国—南亚合作论坛等不断开展，2022年1月首届中国与南亚、东南亚国家"一带一路"政党工商会议也成功举行，双方交流合作机制更加健全。第二，合作平台持续建设，为深化合作提供有力支撑。海南省政府提出，到2025年，着力构建面向印度洋、太平洋的金融窗口和面向南亚、东南亚的金融服务中心；近年来，亚投行、丝路基金以及其他机构持续深化发展，为世界各国搭建新的金融投资平台；人民币跨境支付结算系统与南亚地区的连接，也为进一步促进"一带一路"建设提供了条件支撑。第三，双方营商环境"软实力"持续向好向优，为高质量共建"一带一路"提供"硬支撑"。随着"五通"建设早期成果的不断显现，南亚地区的交通、通信等设施联通水平，以及贸易投资自由化、便利化水平不断提升，据世界银行发布的《营商环境报告》，近年来，南亚地区多数国家的营商环境都有不同程度的改善；同时，双方还在持续推进面向南亚大通道、西部陆海新通道以及自贸区、边境经济合作区的建设，进一步为双边合作添砖加瓦。

三、双方具备相应的合作时机

(一) 世界格局之变与地缘政治之争奠定双方合作基调

当前，世界之变、时代之变、历史之变正以前所未有的方式展开……世界又一次站在历史的十字路口。一是全球"东升西降"的趋势愈加明朗化，亚洲新兴经济体的崛起仍将继续，亚太地区已经成为世界政治和经济的中心和重心；二是由于美西方为维护霸权、维护自己在食物链最顶端的地位而加强对其他国家的打压与遏制，全球挑战和不稳定因素日益增加。

面对世界秩序迅速变化以及全球地缘政治争夺的加剧，亚洲地区在面临去全球化、单边主义等一系列挑战的同时，也处于新一轮的发展机遇期。建设和平、发展、公平、正义、民主、自由的地区秩序和全球秩序是南亚各国的共同诉求，中国与南亚各国有必要建立密切的政治、经济和安全关系，通过更加紧密的区域合作谋求更大发展，中国—南亚合作也因此能具备一定的"弯道超车"可能性。

在急剧转变的政治格局时期，南亚各国渴望提升其经济实力和政治地位。"一带一路"为很多南亚国家提供基建资金，亚投行、丝路基金等为南亚基础设施投资提供有力支持，为南亚基础设施合作吸引更多投资，并在知识技术共享过程中提升其基建能力，改善其基础设施落后、贸易壁垒高筑的局面，为南亚提供更多发展机会。此外，中国通过强化多边合作、加强对话等机制性建设，有效缓解印巴对峙对南亚区域的危险溢出效应，改善了南亚地区安全困境。

(二) 全球治理之变与产业变革潮流深化双方产业合作前景

疫情、绿色转型、俄乌冲突等因素的叠加，既暴露出全球治理的缺位，又为全球治理和发展提供新动力、新方向。

疫情暴发带来公共卫生和数字经济领域合作的新机遇。疫情之下，南亚医疗资源匮乏、民族保护主义兴起、"疫苗鸿沟"难平，各国在医疗卫生领域与中国开展合作的意愿不断增强，为我国与南亚地区国家共建区域卫生健康共同体提供重要契机。在疫情之下，"一带一路"建设将在设备、专业知识和资金方面为南亚国家提供支持，促进南亚各国增强疾病识别、预防和控制、能力建设、卫生发展援助以及基础设施发展融资，"健康丝绸之路"建设将践行深远。此外，南亚多国处于数字基础建设的落后地位，而我国在5G等数字基础建设上处于领先地位，双方在数字经济市场上合作具有极大潜力。疫情将催化南亚传统经济与数字经济的融合，数据统计追踪以及远程医疗等合作将需要数字经济的支持，南亚数字经济将提前迎来爆发式增长。合作将进一步扩大南亚在数字经济领域的话语权。

全球能源转型加速国际格局变动，也使中国—南亚绿色能源合作迎来新契机。南亚地区电力资源获取依然存在难度，影响其经济发展、投资环境乃至社会稳定性，这意味着我国在南亚地区的电力基础设施建设存在巨大的发展空间。此外，俄乌冲突催化南亚能源危机的爆发，建设稳定的区域供应链成为大势所趋。在新冠疫情和俄乌冲突的双重冲击下，可再生能源成本效益更为突出，绿色可持续发展成为中国和南亚各国的共同诉求，南亚等严重依赖石化能源的国家和经济体势必加大能源转型的力度，这与我国的安全利益不谋而合，双方合作的物质基础进一步夯实。

（三）中国和南亚合作在挑战中继续发展

随着美国"印太战略"不断涉入南亚整体区域，"一带一路"建设在南亚的推进面临南亚国家政策摇摆的现状，多个南亚小国在中美之间寻求平衡战略，甚至部分国家倒向西方国家，对我国"一带一路"建设发展形成制约挑战。但未来3~5年，我国与南亚各国的合作依然处于历史高位，具备相应的合作时机。

欧美等西方国家的全球基础设施计划或区域互联建设更多地处于口头倡议阶段，"口号重于行动"特征显著；且欧美国家基建支出少，用于实际建设的资金更少，资金审批经过多个国家机构，耗费时间长、效率低下，在促进南亚各国经济增长、民生改善方面发挥的作用十分有限。因此，南亚各国在解决自身经济发展问题时，中国仍是最可靠、最实际、最持久的合作伙伴，中国和南亚合作会在历史和实践的检验之中显示出强大的生机与活力。如2022年11月，以"守望相助，促进区域共同发展"为主题的中国—南亚合作论坛揭幕，通过塑造交往结合点、培育合作增长点、扩大利益共同点，推动南亚和环印度洋地区实现更加强劲、绿色、健康的发展。

四、未来深化合作的方向

（一）持续推进基础设施互联互通

设施联通一直是中国与南亚国家共建"一带一路"的重点，双方具备深化合作的需求和潜力。未来3~5年，中国与南亚地区的基础设施互联互通可在以下两方面深化合作：

第一，以交通基础设施互联互通推动我国西部陆海新通道建设。2019年8月，国家发展和改革委员会印发《西部陆海新通道总体规划》，明确西部陆海新通道战略定位为"推进西部大开发形成新格局的战略通道""连接'一带'和'一路'的陆海联动通道""支撑西部地区参与国际经济合作的陆海贸易通道"以及"促进交通物流经济深度融合的综合运输通道"，这进一步强调了与南亚合作在区域协调发展格局中的重要战略地位。

一方面，双方有充足的意愿推动"一带一路"建设与西部陆海新通道对接。长期以来，缺少对外开放通道而导致的"物流困局"成为制约中国西部地区经济发展的重要因素，因此，推动与南亚国家互联互通，共建中国—南亚国际贸易物流大通道被中国列为21世纪海上丝绸之路的先导工程。南亚作为世界上一体化程度最低的地区之一，面临基础设施缺口大、运输成本高、运输体系不完善、安全水平低等困境，增强区域连通性在南亚各国议程中同样占有重要地位。而南亚国家与我国新疆、西藏、云南三省接壤，能够从西部陆海新通道建设中受益。另一方面，双方在深化基础设施互联互通方面具备相应的合作潜力。中国基建领域的技术、经验及融资能力具有较强的比较优势，在西部陆海新通道建设过程中，中方可以凭借优势主动与南亚国家实现基础设施对接，尤其是提升口岸的数量和质量，通过高质量的区域互联互通促进区域内贸易和经济一体化。而巴基斯坦、孟加拉国等南亚国家囿于资金、技术等难题，基础设施薄弱，对于中国"一带一路"框架下提供的技术与融资服务支持表示欢迎，双方未来合作的空间较大。

第二,以基础设施互联互通带动南亚地区自然资源开发利用。一方面,南亚国家资源丰富,但薄弱的基础设施限制其资源变现能力。例如,尼泊尔具有超大型的资源潜力,但尼泊尔政府在基础地质调查工作上财政资金投入不足、相关工作尚未系统开展,使其难以将自然资源变现。另一方面,我国自然资源紧缺,仅有不足世界9%的铁矿、不足1.8%的石油、不足5%的铜矿以及不足2%的铝土矿,大多数矿产低于世界平均水平。通过基础设施建设带动南亚自然资源的开发利用,为双方矿产领域的合作创造条件,未来可在一定程度上弥补我国的资源短板。

(二) 以抗疫开拓双边公共卫生合作

南亚地区人口密度大、医疗水平低、防疫能力差、检测能力不足、居民卫生意识不强,且各国主要处于热带、亚热带地区,是多种病毒性疾病的高发地,所以该区域长期面临严峻的公共卫生安全风险。同样,相较于发达国家而言,我国公共卫生事业发展仍不够完善,有较大发展空间。而疫情冲击提升了中国与南亚国家共建"健康丝绸之路"的必要性和紧迫性。

第一,充分发挥双方各自在公共卫生领域的优势,进一步拓展公共卫生合作空间。一方面,我国在疫情抗击中具有更为先进的技术、经验以及更为充足的物资与资金,能向南亚国家提供医疗卫生物资、技术性产品以及配套技术服务;此外,我国还可以通过无偿援助或无息贷款等形式帮助南亚各国建设医疗机构、抗疟中心等基础工程项目,通过知识共享和智力支持提升南亚国家应对公共卫生风险的能力建设。另一方面,南亚国家公共卫生领域建设相对空白,急需大量疫苗以及其他医疗物资,通过深化与中国在公共卫生领域的合作,可以增强其应对公共卫生风险的能力,稳定本国经济,改善民生。

第二,双方可以在"一带一路"框架下共建人类卫生健康共同体与国际公共卫生服务平台。在此次抗击新冠疫情过程中,中国和南亚国家既是疫情的受害者,也是全球卫生治理赤字、公共卫生产品供应不足这一现象的亲历者。所以,在依托"一带一路"建设与人类卫生健康共同体,构建全球公共卫生服务平台,以应对重大突发性公共卫生事件这一议题上,双方具有共同的利益。未来,中国与南亚国家可在"一带一路"框架下开展区域公共卫生合作,共同将"一带一路"建设融入全球公共卫生治理体系,打造一个全新的、更高效的全球公共卫生服务平台。

(三) 推进南亚地区脱贫减贫工程建设

南亚是继非洲之后全球最贫困的地区之一,也是世界贫困问题中较为突出的地区;而中国与南亚国家有着极为相似的历史背景和经济基础,在进行脱贫减贫合作方面有相似的基础条件,因此,我国与南亚进行脱贫减贫合作有着广阔的发展空间。

在中国实现全面脱贫的背景下,中方可凭借独到的经验、优势,致力于帮助南亚国家发展经济。一是强调扩大经济贸易合作,注重经济的高质高效发展,实现贫困人员的顺利脱贫。二是重视文化教育事业合作,通过文化交流,促进双方教育事业发展,提高国民素质,提高劳动力价值,促进脱贫能力的提升与脱贫共识的达成。三是提供脱贫的自我造血能力,要在提供资金支持的同时重视技术和经验的分享,增强其自身的发展能力和发展潜力。未来3~5年,我国可在南亚的脱贫减贫事业中扮演重要角色,为南亚国家的脱贫和世界人民对美好生活的追求做出更大的贡献，将"一带一路"建设成为"减贫之路"。

（四）加强数字经济发展

受新冠疫情和俄乌冲突等因素叠加影响，全球经济下行压力骤升，数字经济的发展成为拉动经济增长的新动力。据 2021 年中国发布的全球数字经济发展白皮书，数字经济成为应对全球经济下行压力的稳定器，有利于缓解疫情冲击，为经济增长、优化产业结构、促进就业提供了有力支撑，而疫情防控也为数字化技术创新突破带来新场景、为产业数字化融合发展开辟新空间、为数字消费兴起提供新动能。在我国与南亚国家进行合作时，数字经济合作具有极强可行性与较大发展潜力。

第一，中国与南亚国家在数字经济领域具备相应合作基础，且未来合作潜力大。一方面，我国数字经济走在世界前列，具有规模大、增速快、基础设施良好等优势。据中国信通院《全球数字经济白皮书》统计，2020 年中国数字经济同比增长 9.6%，位居全球第一；其规模为 5.4 万亿美元，位居世界第二。同时，跨境信息基础设施互联互通水平的持续提升为中国与南亚国家开展数字经济合作提供了"硬件支持"。早在 2015 年，中国电信昆明区域性国际通信出入口局的经营范围便已扩展至印度、孟加拉国、斯里兰卡等周边 8 国，并新增数据专线、互联网转接业务；中巴光纤电缆一期项目已投入使用，二期项目已如期开展；跨境电商、跨境金融等平台的不断建设，跨境人民币结算业务也已覆盖南亚除不丹以外所有区域，为中国与南亚地区进一步深化数字经济合作建立了良好的条件支撑。另一方面，南亚地区数字经济发展前景广阔。虽然该地区互联网用户普及率低，但增长速度极快，具有较大的发展潜力；2021 年，仅印度的互联网用户便达 7.76 亿，并还在持续增长，同时，印度活跃互联网用户居全球第二，印度也是全球最大数据网络消费国。

第二，南亚国家开展数字经济合作的意愿也较为强烈。在全球数字化变革背景下，南亚各国对数字化转型的迫切需求日益增长，纷纷出台相应的数字转型发展战略规划，孟加拉国提出"数字孟加拉国 2021"、巴基斯坦提出"数字巴基斯坦"和"数字巴基斯坦愿景"、印度提出"数字印度"计划等。同时，巴基斯坦、孟加拉国积极推动自身数字发展规划与中国"数字丝绸之路"对接，以促进本国数字经济发展，推动经济复苏。

（五）深化绿色经济合作

南亚地区自然生态环境脆弱，是世界上抵抗气候变化"最脆弱的地区"。各国与中方在应对气候变化、实现绿色可持续发展方面具备相应的合作共识与合作基础，潜在合作空间较大。

第一，双方绿色发展目标愿景一致，绿色合作共识基础牢固。围绕应对气候变化与绿色可持续发展，中国与南亚国家间的合作已从务虚走向务实，包括积极推进绿色经济战略对接、相关合作协议签署，逐步搭建配套合作机制，推进合作项目落地实施，这为进一步深化绿色经济合作构建了良好基础。当前，多数南亚国家与我国签署了国际气候协定，如中印签署了《中华人民共和国政府和印度共和国政府关于气候变化的联合声明》和《中华人民共和国政府和印度共和国政府关于绿色技术合作的谅解备忘录》；在中国与巴基斯坦、孟加拉国的相关联合声明中，气候变化与绿色合作都是多次提及的高频词。同时，双方也在"一带一路"框架下积极推动务实合作，中国相继参与建设了巴基斯坦的贝拉水电站扩建与拉合尔废水管理、斯里兰卡的阿努拉德普勒圣城废水管理、尼泊尔特尔苏里河上游水电项目以及印度的清洁技术与太阳能项目；在2022年11月举办的第6届中国—南亚博览会期间，签约的169个项目中有39个绿色能源项目，由此可见双方在应对气候变化与绿色发展合作方面具有高度共识。

第二，双方需求互补，优势互补，合作空间大。南亚国家拥有较为丰富的水能、风能和太阳能等清洁能源资源，但受技术、资金和国力限制，其开发利用程度一直较低。而中国在能源转型方面具有发展水平高、技术优势大、资金充足、运营模式完善、合作经验丰富等多重优势，能够助力南亚国家将可再生资源优势转化为绿色发展优势。同时，对中国而言，南亚国家是"一带一路"框架下共建"绿色丝绸之路"、推动全球气候治理的重要合作伙伴，与其开展合作有助于我国的优势绿色产能走向海外。

第四节　中国与南亚国家共建"一带一路"推进策略

在与南亚国家共建"一带一路"时，我们既要增强风险意识，精准评估各类风险，又要认识到风险的必然性，尤其不为风险所惧、不被风险所惑，为防范"一带一路"建设面临的系统性风险，无疑需要建构切实可行有效的风险防范体系和机制。

一、多途径增强政治互信，打造双方深度的信任基础

（一）加强中国—南亚高层对话，深化政治互信和战略对接

第一，在国家战略层面，进一步深化战略对接，与南亚各国签署发展合作谅解备忘录、政府联合声明，制订3~5年发展合作规划，并有效推动"一带一路"倡议与南亚各国发展战略对接，取得更多早期收获。第二，在政府平台建设层面，建立健全从高层到地方的双边合作对话机制，促进中国与南亚各国打造睦邻友好新格局、共建安全与发展共同体。第三，在智库与机构层面，中国与南亚各国应进一步加大在各领域交流合作的支持力度，不断强化交流与业务合作的机制建设。通过共同创造、共同积累、共同传播、共同分享以促进高层互知互信。第四，加强务实合作，在减贫、抗疫、粮食安全、民生、气候变化和绿色发展、互联互通、数字经济等领域打造更多品牌项目，持续增进人民福祉。

（二）通过"中国+印度+第三国"合作模式规避印度对"一带一路"倡议的反对态度

第一，将"一带一路"倡议与印度发展战略相对接，推动印度成为多方利益攸关方，深化绑定中印合作关系。一是以孟中印缅经济走廊建设为突破点，撬动中印在东南亚和南亚战略重叠区的战略合作，并拓展与周边其他国家的互联互通，真正形成以孟中

印缅为中心的亚非欧大网络。二是消解印度发展战略的对抗性话语，促进"一带一路"倡议与印度"季风计划""香料之路""棉花之路""佛教之路"等相对接，以南亚基础设施建设和互联互通领域这一利益契合点为支点促进中印合作。三是努力与印度就"一带一路"相关项目达成一套共同的规范，立足同一视角缩小项目开发中的规范差距以部分消除印度的戒备。

第二，推进"印度+中国+第三国"合作机制建设。我国在"一带一路"建设过程中要将印度的大国认知、民族感情和文化观念纳入考虑之中，尊重印度的大国身份认同。建立"中国+印度+具体第三国"的三边合作机制，在协商过程中给予印度充分尊重和知情权，进一步推动南亚经济一体化，为"一带一路"倡议推进奠定良好的互信基础。

（三）进一步推动民心相通，深耕双方合作的民意认同

第一，基于印度等南亚国家对"一带一路"倡议的防备和疑虑心态，应将"五通"中的民心相通置于双边关系的重要位置，在"一带一路"合作框架下以"南亚联盟+中国"的新模式探索建立区域性的常态化人文合作交流机制，开展多形式、多层面的交流活动，厚植中国与南亚国家睦邻友好的人文基础，防范双方陷入认知误区。此外，要建立非正式的多边主义磋商机制，以防止政策沟通流于形式，通过非正式的机制起到一定的释疑效果。

第二，我国在南亚地区要积极传播中华文化，防止当地居民因不了解和偏见对我国投资产生误判和不信任。既要在南亚各国的中资企业内部管理中充分展开中国传统文化与南亚宗教文化之间的对话与交流，在员工内部要营造友善、包容、和谐的氛围；又要利用公共外交平台，积极树立中资企业"不与当地争利而与当地和谐相处"的企业文化。中资企业也可与当地孔子学院等机构联合举行各种文化推广活动，有条件的企业还可以选送资助部分当地员工或大学生到中国参访，实地学习中国传统文化，培养当地后备人才。

二、加强双多边经济合作，筑牢中国与南亚合作的"压舱石"

（一）持续推进贸易投资自由化便利化，深化经贸投资合作质量和水平

其一，在"一带一路"框架下以基础实施互联互通推动口岸物流效率提升；深化双方海关业务合作、提高清关程序效率，降低通关成本，共同提升跨境贸易安全和便利化水平；提升贸易数字化水平，共建南亚物流信息共享平台。以高质量的区域连通性促进区域内贸易和经济一体化。

其二，推动中国—马尔代夫自贸协定早日生效，加快推进与斯里兰卡、孟加拉国和尼泊尔的自贸谈判进程或自贸可行性研究，以此强化双边贸易、投资关系，共享发展和市场机遇，为双方疫后经济复苏注入动力。

（二）强化产业链供应链合作，共同打造"世界工厂"

充分利用中国与南亚国家经济结构、产业结构和贸易结构优势互补的特点，推动我国基建、装备制造等优势产能以及其他劳动密集型产业与南亚国家的市场需求、自然资

源和劳动力要素相结合，实现区域产业链、供应链和价值链的深度融合，培育优势互补的大产业，打造扩容版"世界工厂"，创造和共享更多市场机遇、投资机遇和发展机遇，提升中国—南亚区域的产业链在全球产业链体系中的地位、韧性和稳定性。此外，在我国产业转型升级的背景下，可推动中国的低端产能和产业向南亚国家有序转移，并将其纳入中国主导的产业链体系，强化面向南亚东南亚的区域价值链辐射中心。

（三）积极参与多边债务治理合作，促使"一带一路"成为南亚走出债务困境的新助力

一方面，中国应积极参与到南亚的债务治理合作中。对于新增债务，中国可联动国际货币基金组织、世界银行等国际金融机构，官方和商业债权人，积极响应南亚国家的融资请求，在审慎管理的前提下提高对其贷款能力。对于存量债务，中方可通过无息贷款免债、G20暂缓最贫困国家债务偿付倡议以及债务转换三种方式推动南亚债务治理。

另一方面，增强南亚国家的经济"造血能力"是解决其债务问题的根本之道。"一带一路"的投资重点是基础设施、能源项目和产业园区，这些项目都是促进投资、增加出口、发展经济的必要条件和有效手段，长期来看有利于南亚实现可持续发展，未来需进一步深化合作。此外，可在"一带一路"框架下拓展贸易投资合作领域，帮助南亚国家建立多元化的经济发展模式，促进其经济的可持续发展，增强抗风险能力。

三、强化风险争端的预防、转移及解决机制建设

（一）建立健全风险防控预警机制，从根源防范化解对外投资风险

1. 构建风险预警平台，增强企业自身风险预警能力

第一，政府要利用自身的信息优势，加强在南亚地区的风险预警机制建设，依托专业机构构建公共信息服务平台，提供包括东道国的经济环境、经济政策、文化偏好、政治风险、投资法律和宗教信仰等方面相关信息，及时准确地通过官方平台向外界发布各国对外投资指南和对外投资公报等有助于帮助企业了解东道国投资环境的政策报告，加强本国政府内部的各种预防策略和风险预警机制建设，及时捕捉和分析风险，降低平和型政治风险下的风险发生率。

第二，企业要有选择地进入南亚地区进行投资，在投资前对南亚地区投资国的政治、经济、社会等领域进行详尽的风险评估，收集和分析市场相关的信息，持续、重点关注东道国贸易政策、技术法规、内外部政治动态以及经商环境的变化，即时监测风险。一旦企业判定政治风险不可规避，则应直接放弃对该地的投资，防止政治任务型导向投资。

2. 扎实推进在南亚地区的双边投资，筑牢经济合作的法律保障

第一，鉴于南亚大部分国家政局动荡且不稳定，投资政策"朝令夕改"的可能性大，且"一带一路"倡议推进中存在难点，短中期内我国应重点考虑扎实推进与南亚各国的双边合作，并积极同南亚各国签订或升级灵活便利且针对性强的双边投资协定（BIT），将东道国的承诺上升为国际法范畴内的较强法律约束，为企业的投资活动提供强有力的制度保障，防范中长期项目建设中的政治风险，防止该国政权更迭下我国处于博弈的弱势方。

第二，在南亚地区的企业要充分利用在当地的实物资本资源为公司提供保护；利用

人力资本资源，总结共享与东道国政府打交道的经验；利用组织资本资源，积极主动建立公司经理与公共政策制定者之间的良好关系，在该地区建立政治联盟，将我国企业利益与东道国及其企业利益绑定，促进利益共同体发展。

3. 加强多边合作框架，多维度防范南亚地区政局动荡风险

第一，南亚地区各国政府轮换频繁，我国政府和企业要加强与南亚各国各党派的交流，同时要重视调节与在野党的关系，减少或预防政府换届的政策转向导致"一带一路"中长期项目被叫停。值得注意的是，巴基斯坦家族政治特征显著，要注重争取当地部落首领和利益集团的支持。阿富汗具有部落社会特性，议会长老院的长老和议会议员大都代表着地方部落的利益，中资企业在阿富汗开展商务活动，也要注重取得他们的支持。

第二，我国要健全官方、非官方的社会和企业安保协同机制，实现在南亚地区的安全维稳。在健全政府保障的基础上，我们既要创新海外公民保护机制，又要遵循"因地制宜、公平及不干涉"原则，在安保活动上加强与东道国的合作，提供全球治理所需的公共产品，同时中国安保公司要规避法律灰色地带运作，在国际法的框架下制定国内法律来对其进行监管，构建以"政府+非政府"双重抓手的复合安全保障机制，防范政局动荡以及恐怖主义带来的安全风险。

第三，"一带一路"项目建设投资者应基于自身能力的考量，合理规避风险。在南亚这一政局不稳定、法律治理真空、冲突高发的地区，非政府组织具有极大的能量，因此我国企业要强化对非政府组织力量的关注，重视各类社区组织、部落组织等非政府组织的能量，通过"社区持股"等措施，绑定当地居民与我国企业的共同利益，促进在南亚的风险和冲突管控。此外，南亚各国的工会力量较为强大，我国海外投资者要与工会组织保持必要的沟通，建议企业主动在本企业设立工会，邀请工会成员参与管理，增强员工的主人翁意识，通过利益捆绑实现合作共赢。

（二）强化风险转移体制机制建设，分散企业对外投资经营风险

多边投资担保机构（MIGA）投保审核条件严格，在承保时会衡量项目风险与项目收益，这在很大程度上排除了政局动荡、信用评级差的一些南亚国家的投资项目，无法有效化解我国投资南亚地区的政治风险。因此，我国应加速完善海外投资保险制度，制定以国家信誉为后盾、以国内法为依据的海外投资保险制度，更好地满足中资企业"一带一路"海外投资的发展需要。

未来，建议在亚投行下设置一个专门的、适合"一带一路"国家的保险项目，通过该保险项目抵消战争、恐怖袭击、内乱、限制或禁止汇兑、征用、政府违约以及一国内乱、新旧政府的交替等政府行为所带来的损失，关注投资者在南亚国家投资过程中遭遇的政治风险。

（三）建立健全风险事后救济机制，最大限度挽回企业投资损失

我国早期的双边投资条约一般不授权投资者与国家之间的仲裁，或者将仲裁局限于征用的估价问题，实际上限制了仲裁的效用。因此，我国必须携手南亚共建国家建立包括上诉程序、采用仲裁和调解相结合、在投资者与国家的仲裁中引入第三方融资参与的争端解决机制。

第一，在法律层面上，我国应加强加速"一带一路"的国际软法建设。南亚地区政治风险极高，传统的国际私法和国际公法程序在解决投资者与东道国政府之间的争端时具有很大的局限性，这使得以我国为中心"一带一路"国际软法构建成为必然。通过提供适合跨国企业、全球法律和会计师事务所以及参与"一带一路"投资决策的全球性银行和金融机构的法律制度，争端解决具有"更低的订约成本和更低的主权成本"、更大的灵活性和更明晰的地区、国家适应性。

第二，在实际原则上，我国应积极提供"一带一路"项目纠纷"一站式"法律服务。一是建议引入自治原则，尊重东道国及其投资者意愿，由双方协商决定。二是扩大受理案件范围，对投资者与东道国这两个不平等主体之间的国际投资争端进行条约解释，建议适当放开"必须为平等主体"的限制，以适应在南亚地区实践中的政府违约、政府征收征用等投资仲裁。三是开放外国律师在我国以律师身份代理国际商事案件，由东道国本国律师担任诉讼代理人，以适应南亚地区多个国家的语言较为小众，我国律师难以全面了解其法律条款的现状。

第三，在机构设置上，我国应积极构建机构层面的争端解决机制。目前国际上现有的解决争端方式是将争端提交国际投资争端解决中心（ICSID），但印度、马尔代夫以及不丹不是其缔约国，无法适用该机制。南亚除不丹外皆已加入亚投行，因此我国可以考虑以亚投行为中心构建一个多边投资争端解决机制，将其视为国际投资争端解决中心制度的补充，通过相关双边投资协定约定对何者进行优先适用。

四、促进南亚域内安全稳定，打造和平的周边发展环境

（一）打造南亚地区安全综合体，缓释域内地缘政治风险

随着我国国际地位的不断提升，我国在国际事务中不能继续维持过去"低调不介入"的外交态度，而要通过智慧的、建设性的方式主动布局、主动设计、主动引导，以"创造性介入"化解危机、解决难题，通过提供公共产品，帮助南亚国家建立更安全、更合作的南亚格局。

1. 发挥上合组织的安全维稳作用，缓释南亚地区地缘政治风险

第一，依托上合组织开展多边合作以改善印巴对峙。在现有的信任建立机制下，我国可以积极推动上海合作组织（SCO）作为南亚安全问题谈判斡旋的中立平台，在和平时期强化印巴对话进程，建立南亚区域内，尤其是印巴之间可持续的信任建设机制，使建立信任措施进程制度化。目前，SCO是最具发展潜力的多边安全合作机制，通过进一步增强在SCO框架下的多边反恐演习，有助于加强印巴及其他区域国家进行对话、合作和协调，改变区域互动机制，弥合巴基斯坦和印度之间的裂痕，印巴协调或存在实现的可能。

第二，在上合组织框架内合作改善南亚能源困境。在南亚地区，能源获取，尤其是电力资源的获取仍然是一个挑战，南亚国家在包括基础设施和电力供应在内的许多投资环境方面的表现远低于世界平均水平。在上海合作组织的框架内，伊朗—巴基斯坦（IP）和土库曼斯坦—阿富汗—巴基斯坦—印度（TAPI）等天然气管道大型项目得以开发。这些项目有助于实现能源安全，减少南亚各国就能源问题产生的不安全感和争端，同时能提高生产力、改善南亚各国的经济状况，促进区域经济一体化发展。

2. 多手段创新南亚水文政治合作，为解决南亚水文政治争端赋能

第一，在区域层面上，应促进印巴双方认识到和平共享流域可为区域带来繁荣。要将印巴双边对话、双边合作制度化，强化和巩固《印度河水域条约》，确保印度和巴基斯坦在水域问题上平等的代表权和参与权，促进印度河流域水资源的合作开发。

第二，在政府层面上，我国要集中努力推动多轨外交，以协调者身份促进区域实施跨境水资源管理项目。我国可凭借自身在知识、技术和财政方面的优势，为南亚水资源管理机构的建设提供力所能及的帮助与支持，加强区域知识共享和合作，克服各国就成本和收益分担问题的不信任。一是建议建立开发跨界水资源的成本和惠益分摊机制，对区域公共物品进行联合投资；二是推动建立水资源开发共享办法，加强区域间尽职调查；三是使私营部门、智库、研究组织和民间社会等利益攸关方参与互动管理，增强各方对综合管理跨界水资源的激励认识及协同惠益；四是要发展争端解决机制和体制安排，实现更优的水资源管理规划。

第三，在企业层面上，中资企业可以根据南亚地区的自然环境，加强水利工程和水库建设，包括多用途水电项目和水库、区域水道网络和水上运输导航设施等具有重大发展潜力的领域，促进南亚地区在应对气候变化中的适应性，以及地区水资源和能源安全中的自治能力。

3. 推动构建"一带一路"框架下的南亚地区安全综合体建设

我国在南亚可以以斡旋者角色进入地区安全综合体建设，通过创造性介入实现地区谈判和稳健的地区对话，减少南亚地区的流血和冲突。

第一，我国应积极利用中巴友好关系为进入窗口，使我国从外部观察者转变为推动南亚安全综合体建设的积极成员，将我国安全观念与南亚地区重点关切紧密结合，加强组织地区安全对话和合作建议，促进地区安全综合体建设。

第二，我国应利用非传统安全合作（NTS）这一"软"安全问题实现地区安全综合体建设，加强同南亚在卫生、人道主义援助、能源和食品、环境、跨境犯罪、水资源和海事执法等广泛问题上的合作，以非地缘问题进入南亚地区，通过区域跨界合作促进南亚各国加强谈判与合作，减少因缺乏战略互信导致的不了解和战略误判。

第三，面对"三股势力"的威胁，我国应在双边、多边的合作基础上，协同有效的区域合作平台，强化中国—南亚反恐合作，消除南亚恐怖主义滋生的土壤。其一，加强中国—南亚反恐机制建设，与南亚沿线各国加快建立健全"提前预警""快速反应""果断处置"的地区安全情报合作、安全预警、风险管理以及危机应对机制，强调反恐合作在南亚地区议题设置中的优先性，在南亚地区塑造集体安全观念。其二，我国在南亚地区的安全防控要有的放矢，深化中巴经济走廊安全防控，为巴基斯坦反恐能力建设提供必要的技术、资金和道义支持。其三，促进当地就业，缓解南亚地区收入不平等，消除南亚恐怖主义的痼疾。我国与南亚共建国家的建设要坚持发展视角，项目建设聚焦于消除贫困、增加就业、促进教育、改善民生，使南亚走廊规划建设更多地向民生项目倾斜，让共建成果更好地惠及地区民众。

（二）以"尊重—合作"的地区互动模式弱化大国地缘博弈风险

在亚太地区，中美之间的矛盾是结构性的、不可避免的，因此推动强结构性矛盾向弱结构性矛盾转化便具有深刻的战略意义。为弱化印太联盟体系等压力，最主要的是使处于博弈双方的地区大国身份得到彼此的确认，构建起"尊重—合作"的地区互动模式。

对于印度而言，我国要充分尊重印度的地区大国地位及其对大国身份近乎偏执的追求，打造中印在南亚地区的"双引擎"的互动机制，共同打造互联互通、安全合作的中国—南亚区域。对于日本和澳大利亚等国，我国也要将构建地区大国身份的确认机制或者大国地位获得尊重的互动机制作为我国周边外交探索的战略方向，实现结构性矛盾的转化。一旦实现这一点，则地区大国制衡中国的动力减弱、大国战略包围圈上出现缺口，针对中国的印太联盟体系出现弱化甚至分化也就成为可能。

五、多管齐下强化南亚各国对我国企业的认同

（一）企业应承担必要的社会责任，增强当地居民对中资企业的认同

第一，在南亚地区的中资企业要遵规守法，兼顾企业经济效益和社会效益。中资企业要从事有益于当地社会的业务，尽可能招聘当地员工参与企业生产管理，增加就业和改善百姓收入，让当地居民了解和接受企业，融洽企业与当地居民的关系。

第二，中资企业不仅要加强援助实现对该地区的"输血"，更要促进发展该地区的"造血"能力建设。其一，实现当地经济的可持续发展。主动扶持本地上下游企业发展，提高其技术水平和竞争能力，帮助本地培育一批具有国际水准的企业。其二，实现当地人才的可持续发展。加强对当地居民的生产能力建设，帮助南亚共建国培养一批具有较好劳动技能的技术型人才，促进共建国从业者可持续发展。其三，实现当地民生的可持续发展。主动承担社会责任，投入一定的人力和资源关注当地民众关心的热点问题，根据财力积极参与人道救助、慈善活动、公益事业等，合理回报社会。

第三，在疫情和气候变化的背景下，我国要以综合、平衡的方法涉入，应对南亚地区的粮食安全和公共卫生危机。在粮食安全领域，可通过技术传递、知识共享在农业领域的设计与应用，促进当地农业可持续发展。在公共卫生领域，要建立健全从高层到地方的双边合作机制和疾病控制的预防平台，深化双方医学教育机构和医学科研单位在学术交流与业务实践等方面的交流合作。同时，将"以人为本"置于战略高度，加强污染净化技术在当地的应用，保障当地人民生命健康。

（二）妥善处理当地宗教文化问题，防止宗教问题、民族矛盾成为恶化我国与南亚各国关系的导火索

在南亚地区开展投资前，企业应对员工进行文化培训，因地制宜，学习、了解和尊重各个国家的文化传统与风俗习惯。南亚各国不同地区、民族、宗教之间差异较大，生活习惯迥异，企业在投资过程中，应注重对投资地周边环境及习俗的了解，加强与当地民众的交流沟通，积极履行企业社会责任，努力融入当地社会，从而为自身发展争取良好的环境和必要的支持。巴基斯坦、阿富汗、马尔代夫是伊斯兰国家，全民虔诚信仰伊斯兰教，孟加拉国大部分人信奉伊斯兰教，在这些南亚国家，古兰经、穆斯林先知、国徽和有关宗教标志在伊斯兰世界是神圣和至高无上的，任何侮辱、亵渎、玷污和诋毁的言行都会导致严重后果。企业在开展投资经营活动中应加以重视。

（三）推动多主体绿色参与，避免南亚地区生态环境与社会风险

第一，企业应充分了解当地相关法律规定，适时跟踪当地环保法规的变化。主动配合政府进行环境影响评估、初期环境检测等工作，取得相关环保许可，科学评估项目的排污情况、做出环评报告并有针对性地制订环境保护计划和解决方案。此外，随着全球"碳中和"目标的提出，清洁能源成为地缘政治杠杆，中方投资者和企业要高度重视和规避在南亚能源转轨期的投资风险，实现煤电项目的低碳技术改造升级、逐步退出及撤销转型。企业也亟须加强海外项目的信息披露，更好地评估和量化项目的长期环境风险。同时，企业还应促进融资渠道多样化，尝试向国际金融机构贷款、发行绿色债券或利用股权融资，促进融资的可持续发展。

第二，政策性金融机构应紧跟政策，及时进行风险评估和解决。其一，为保障气候投资项目的顺利实施，金融机构融资应将环境、社会和治理（ESG）风险纳入现有风险评估理念、架构和工具中，制订更完善的环境和社会风险管理方案。增加对海外项目的信息统计和披露，在南亚地区的合作框架内，建立一套有效的海外项目监测和申诉机制，避免事件发生后的被动应对。其二，银行和保险公司应甄别高风险项目，加大融资的透明度，释放更多的担保额度给可再生能源项目。其三，金融机构要加快出台更灵活的支持可再生能源融资的金融工具，研发支持中国新能源产业"走出去"的配套融资产品，支持中方企业在海外开拓可再生能源市场。

六、加强舆情管理，增强海外形象建设和议题设置引导国际舆论走向

（一）强化国际话语权，破除国际社会对"一带一路"倡议的污蔑

第一，在传播渠道上，鼓励中国学者在南亚各国媒体撰文，主动发声，增信释疑。在传播话语上，要研究国外不同受众的习惯和特点，打造融通中外的新概念新范畴新表述。在议题设置上，要精心设置观点鲜明、指向性强、易于传播的议题，抢占舆论先机。

第二，要加强与东道国的话语合作建设，建议建立由双方学者、已退休政治家、军队高级将领、经济专家、外交官、媒体从业人员共同组成的联合智库，在中亚、南亚各国以及第三国组织关于"一带一路"经济走廊的学术会议，对走廊建设进行积极分析评估，并通过南亚各国及国际媒体发布评估报告，起到以正视听的效果。

第三，面对在南亚地区甚嚣尘上的"债务陷阱论"，我国要优先考虑利用当地学者、西方学者、智库的数据以及国际组织的研究，深入挖掘中国和南亚双方共同推进走廊项目的典型案例，对"一带一路"贷款明确定性。此外，在国际舆论上注重引导西方媒体、智库和学者从长期性视角看待"一带一路"债务的性质，即短期看，借款国的债务负担加重，但长期看，增强了债务国的可持续发展能力，最终实现投资收益大于融资成本。

（二）中资企业应合理利用当地媒体的力量，为我所用

第一，要"讲好话"。在企业运作过程中，要与媒体保持紧密联系，积极向外发声，使企业能积极主动引导舆论，宣传企业对当地建设所做的贡献。面对少数媒体的不

实报道，项目公司也要做到主动、迅速出击，积极维护企业形象和企业自身合法权益。

第二，要"好讲话"。建议企业建立内部发言人制度，主动对外交流，保持信息传递的通畅和及时，真实、客观发布信息，保持企业透明的新闻传递方式，避免媒体猜测、肆意抹黑而造成不实报道。建立和当地主流媒体良好的信息沟通渠道。

第三，要让"话好讲"。要加强与当地政府的联系，积极争取政府配合，共同做好对外宣传工作。要加强与媒体沟通联系，结交当地主流媒体，争取与政治立场不同的媒体妥善处理关系，在媒体发布对本企业不利的消息时，最好能提前预案，引导当地媒体对事件进行对企业有利的报道，事后进行必要的弥补和沟通，还要关注相应的网络媒体动态，避免产生网络事件的发酵。

第六章 共建"一带一路"在中蒙俄经济走廊的安全风险及应对

习近平主席于 2013 年首次提出共建"一带一路"倡议。2016 年，中蒙俄三国元首正式签署《建设中蒙俄经济走廊规划纲要》，标志着"一带一路"框架下首个多边合作规划项目正式落地。中蒙俄经济走廊东邻活跃的亚太经济圈，西至发达的欧洲经济圈，贯通广袤的欧亚大陆。其经历了提出和达成共识，纳入建设总体规划，达成合作框架协议，正式落地和高质量发展五个阶段。自 2013 年以来，中蒙俄经济走廊在"五通"方面取得广泛成果，以高层会晤为引领，推进构建政策沟通和联动机制，为深化政府间合作并提高三方政治互信营造良好的政策环境；贸易规模和经贸园区等方面的建设加速发展；跨国交通、能源、通信基础设施互联互通水平不断提升，形成了一批具有代表性的基础设施项目；中俄还联手加快推动本币结算机制和去美元化进程，同时基础设施融资顺利推进；其他如人员往来、旅游及人文交流也快速增长，尤其是中蒙俄友好人文交流成效显著，疫情背景下的社会民意基础不断稳固加深。

然而，随着中蒙俄经济走廊稳步推进，大型投资项目逐渐增多，项目一旦遭遇风险，不仅经济损失严重，而且政治、社会影响和国际舆论影响也较大。疫情以来，一些来自政治、经济金融、社会与话语认同、自然环境等新老风险十分突出，这些影响因素会给中蒙俄经济走廊的高质量发展带来不确定性。

本章从提供政治互信等理念性产品供给，打造多层次多主体的公共卫生跨境合作机制建设，强化第三方市场合作机制建设，推动清洁能源产业发展和支持绿色融资，构建产业链和供应链安全体系，加强发展规划和规制标准对接连通六个方面提出应对走廊安全风险的策略选择。

第一节 中蒙俄经济走廊区域合作进展

中蒙俄三国地缘优势明显，政治关系良好、经贸往来不断升级，中蒙俄经济走廊自提出以来，以"五通"建设为重点合作方向，不断推动经济走廊高质量发展。本部分一是重点研究中蒙俄经济走廊提出到高质量发展的演变发展阶段；二是研究中蒙俄经济走廊"五通"建设进程。

一、中蒙俄经济走廊的提出和高质量发展

中蒙俄经济走廊经历了提出和达成共识，纳入建设总体规划，达成合作框架协议，正式落地和高质量发展五个阶段。

（一）中蒙俄经济走廊的提出

2014 年 9 月 11 日，在中蒙俄元首首次会晤期间，中国国家主席习近平开创性地提出合作共建中蒙俄经济走廊的倡议，主张将中国"丝绸之路经济带"、蒙古国"草原之路"和俄罗斯"跨欧亚大铁路"议题进行无缝对接，该方案提出后随即获得蒙、俄元首认可并达成共建中蒙俄经济走廊的共识。2015 年 3 月，中国发布中蒙俄经济走廊白皮书，标志着中蒙俄经济走廊成为"一带一路"倡议合作中的一个重要的发展方向。随后不久，三国首脑及相关部门在 2015 年 7 月第二次元首会晤期间，共同签署了一系列有关三方合作的"中期路线图""谅解备忘录""合作框架协定"等，标志着走廊建设迈出里程碑的一步。

2016 年 6 月在塔什干举行的第三次元首会晤期间，三国元首共同签订《建设中蒙俄经济走廊规划纲要》，为中蒙俄三国的未来合作领域指明方向，标志着自 2013 年"一带一路"倡议以来的首个多边经济合作走廊正式宣布落地建设，中蒙俄经济走廊迎来由构想转化为行动的历史性时刻。之后，中蒙俄三国元首分别在 2018 年青岛上合组织峰会和 2019 年比什凯克上合组织峰会期间出席了第四次和第五次元首会晤，共同规划下一步优先合作议程。习近平主席特别重视并强调三方合作应以政治互信和战略协作为引领，推动重点合作项目来带动各领域合作，扩大上合组织框架内的协调配合，俄、蒙领导人也就深化三方多领域合作做出积极回应。

自 2014 年起，中蒙俄三国共开展 5 次元首会晤，在贸易、金融、投资、交通运输和人文交流等领域合作方面达成了共识，并签署了诸如《中期路线图》《规划纲要》，为中蒙俄三国的战略对接打开新局面，推动了中蒙俄经济走廊建设（见表 6-1）。同时各部长级会议也陆续召开，其中，副外长级会议的召开为促进三国合作开展先试先行，搭建沟通桥梁和对话机制；交通运输部长级会议的召开推进了三国在交通基础设施方面的互帮互助，为合作机制的建设铺垫道路；旅游部长级会议的举行为中蒙俄三国在旅游方面进行定期交流对话，推动三国旅游业发展搭建平台。各专业论坛的召开为不同领域的合作提供对话交流和论证平台。这些都是推动经济走廊不断发展，促进中蒙俄合作共赢的重要举措。

表 6-1　中蒙俄经济走廊历年元首会晤概况（2014—2022 年）

时间	会晤声明	举办地点	会晤成果	意义
2014 年 9 月 11 日	首次会晤	杜尚别	正式提出构建"中蒙俄经济走廊"	中蒙俄三方区域合作进程正式启动
2015 年 7 月 9 日	第二次会晤	乌法	关于编制建设中蒙俄经济走廊规划纲要的谅解备忘录和三方合作中期路线图	深化合作共识，为中蒙俄三国跨境区域合作的加强奠定了坚实的基础
2016 年 6 月 23 日	第三次会晤	塔什干	《建设中蒙俄经济走廊规划纲要》《中华人民共和国海关总署、蒙古国海关与税务总局和俄罗斯联邦海关署关于特定商品海关监管结果互认的协定》	为中蒙俄三国的战略对接打开了新局面，推动中蒙俄经济走廊建设尽快在海关便利化上取得阶段性成果，开启了中蒙俄合作新篇章

续表

时间	会晤声明	举办地点	会晤成果	意义
2018年6月9日	第四次会晤	青岛	全面总结三国合作进展和成果，为下阶段的合作规划好任务和方向，共同磋商修建共享油气管道	2017年因政治因素中止会晤之后的又一次合作，是落实合作共识的举措
2019年6月14日	第五次会晤	比什凯克	总结三方合作成果，共商全面推进合作大计	在当前国际上保护主义、单边主义抬头背景下，三方要坚定促进区域合作、实现共同发展的目标，围绕三国发展战略对接这条主线，推进各领域全面合作，共同释放三国维护多边主义、打造开放型世界经济的积极信号
2022年9月15日	第六次会晤	撒马尔罕	中蒙俄经济走廊规划纲要延期5年，启动中蒙俄经济走廊中线铁路升级改造可行性研究，推进中俄蒙中线天然气管道铺设项目	进一步巩固和推进了三方合作；提升在上合组织框架内合作；为三方共同打造了应对风险挑战的合作平台

资料来源：笔者根据新闻网站整理得出。

（二）中蒙俄经济走廊高质量发展科学内涵

2018年召开的"一带一路"建设工作5周年座谈会上，习近平主席提出推动共建"一带一路"向高质量发展转变。2019年习近平主席在第二届"一带一路"国际合作高峰论坛提出将秉持共商共建共享原则，坚持开放、绿色、廉洁理念，努力实现高标准、惠民生、可持续目标，推动共建"一带一路"沿着高质量发展方向不断前进。在此次高峰论坛期间举办的圆桌峰会上，由中国提出的高质量共建"一带一路"倡议得到了参会国家元首、政府以及国际组织主要负责人的认可与支持，就高质量共建"一带一路"达成了广泛共识并发布了联合公报，高峰论坛的成功举行，标志着开启高质量共建"一带一路"新征程。同年11月，习近平主席出席第二届中国国际进口博览会开幕式时又一次重申了"一带一路"高质量建设的原则、理念和目标。2020年6月，习近平主席提出高质量共建"一带一路"，携手推动构建人类命运共同体。至此，推动共建"一带一路"高质量发展的科学内涵越来越清晰。中蒙俄经济走廊作为"一带一路"框架下的首个多边经济走廊，共享"一带一路"高质量发展的诸多原则、理念、目标。中蒙俄经济走廊高质量发展的科学内涵主要有以下几个方面。

第一，秉持共商共建共享的基本原则。习近平主席曾多次用形象生动的语言阐述共商共建共享原则的内涵。他将这一原则比喻为"合唱""大道""蛋糕""百花"，中国追求的是"合唱"的协调合作之美，走的是携手同行的"阳光大道"，烘焙的是共赢共享的"蛋糕"，培育的是"百花"齐放的大花园，这些不同的比喻都共同地指向共商、共建、共享原则。学者胡必亮认为，共建"一带一路"的多边主义合作平台、自愿基础上的平等合作和互利共赢这三个核心内容就是共商共建共享原则的外在体现。

第二,努力实现高标准、惠民生、可持续目标,依托"一带一路"高质量发展,推动构建人类命运共同体。高标准就是在共建"一带一路"高质量发展过程中,不仅要引入国际通行和普遍支持的规则标准,而且还要尊重各国现行的法律规范规则。惠民生就是共建"一带一路"要始终坚持以人民为中心的发展思想,让共建"一带一路"成果更好惠及全体人民,为当地经济社会发展做出实实在在的贡献。可持续就是"一带一路"项目要确保商业项目和国家财政上的可持续性。在高标准、惠民生、可持续目标的基础上,在共建"一带一路"中融入支持联合国2030年可持续发展议程,共同推进经济增长、社会发展、环境保护。最终通过高质量发展,推动构建人类命运共同体。

第三,坚持开放、绿色、廉洁先进理念。其一,近年来,保护主义、民粹主义、单边主义、发展不均衡、贫富差距鸿沟问题凸显,世界经济和政治运行不确定性显著上升。在这样的背景下,习近平主席在首届"一带一路"国际合作高峰论坛上提出"一带一路"建设要以开放为导向,解决经济增长和平衡问题。简单来说,开放理念就是"不搞封闭排他的小圈子"。其二,中蒙俄经济走廊建设初期阶段,个别企业绿色发展理念淡薄引致当地民众的抗议而停工现象时有发生,给"一带一路"建设带来很大负面影响。为此习近平主席在2017年专门指出,必须践行绿色发展、低碳、循环、可持续的新理念,共同实现2030年可持续发展目标。2019年,习近平主席再次强调共建绿色"一带一路","推动绿色基础设施建设、绿色投资、绿色金融,保护好我们赖以生存的共同家园"。不久前,中国首次设定了"30·60碳中和"目标,与此同时,习近平主席在2020气候雄心峰会上,宣布了国家自主贡献力度2030年新目标并对全球气候治理提出了三点倡议。学者王文认为,绿色低碳可持续经济竞争正式酝酿开始,这将成为未来10年全球经济发展的主旋律,中国须在这种新格局中占领先机。其三,中蒙俄经济走廊建设初期阶段,一些中资企业在项目运作上存在商业腐败,欺诈舞弊等不规范的问题。习近平主席针对实际发展过程中出现的问题提出了共建廉洁"一带一路"的新思想,通过加强国际反腐合作,让"一带一路"成为廉洁之路。2019年4月,习近平主席在第二届"一带一路"国际合作高峰论坛发表主旨演讲,进一步阐释了廉洁之路的内涵。习近平主席指出,共建廉洁"一带一路"就是要共建风清气正的丝绸之路,坚持一切合作都在阳光下运作,共同以"零容忍"态度打击腐败。

第四,更高要求的互联互通。互联互通不仅意味着中蒙俄基础设施的硬联通,而且还包括对接国际通行规则标准和民心相通的软联通。国际规则标准的对接意味着在共建"一带一路"高质量发展的过程中会涉及企业履行合规义务的问题。"合规"通常指履行组织的全部合规义务,而合规义务来自两个方面,一个是合规的要求,即法律法规等外部监管的要求;另一个是合规的承诺,即企业对社会承诺要做到什么。特别值得注意的是,习近平总书记针对"一带一路"建设多次强调企业的合规问题。2018年习近平总书记在推进"一带一路"建设工作5周年座谈会上的重要讲话中指出,要规范企业投资经营行为,合法合规经营,注意保护环境,履行社会责任,成为共建"一带一路"的形象大使。随后不久,国务院国资委发布了《中央企业合规管理指引》。国家发展和改革委员会牵头七部委也在2018年底发布了《企业境外经营合规指引》。2019年习近平总书记进一步明确,在共建"一带一路"上要"引入各方普遍支持的规则标准,推动企业在项目建设、运营、采购、招投标等环节,按照普遍接受的国际规则标准进行,同时要尊重各国的法律法规"。2020年5月的政府工作报告提出要高质量共建"一带一路"，坚持共商共建共享，遵循市场原则和国际通行规则，发挥企业主体作用，开展互惠互利合作，引导对外投资健康发展。这就要求未来共建"一带一路"高质量发展需要符合市场经济基本规律、遵守当地法律法规和遵循国际通行规则、企业主体要重视保护环境，履行社会责任。民心相通是软联通另一个重要方面。民心相通是最深入、最长久、最基础的互联互通，也是衡量文明交流互鉴成果的最主要指标。习近平总书记多次强调民心相通的重要性，提出"国之交在于民相亲，民相亲在于心相通"；"一带一路"建设要以文明交流超越文明隔阂、文明互鉴超越文明冲突、文明共存超越文明优越，推动各国相互理解、相互尊重、相互信任；要积极架设不同文明互学互鉴的桥梁，深入开展教育、科学、文化、体育、旅游、卫生、考古等各领域人文合作，加强议会、政党、民间组织往来，密切妇女、青年、残疾人等群体交流，形成多元互动的人文交流格局。

第五，更加多元化的参与主体。共商共建共享原则体现了中蒙俄经济走廊高质量发展参与主体的多元化和开放性。也就是说，全面、多元、开放、完善的主体是共建"中蒙俄经济走廊"高质量发展的应有之义。这就要求中国与蒙俄政府、私营部门、国际组织、相关智库、社会团体，甚至与非共建国发展积极的伙伴关系。习近平主席在第二届"一带一路"国际合作高峰论坛开幕式上提出，"我们欢迎多边和各国金融机构参与共建'一带一路'投融资，鼓励开展第三方市场合作，通过多方参与实现共同受益的目标"。这意味着对于发达国家而言，通过"一带一路"国际合作框架下的第三方市场合作，这些在资金和技术上有优势、在国际投资与国际贸易方面有丰富经验的国家，可以同中国一道共同参与到"中蒙俄经济走廊"高质量发展的建设当中去。

第六，完善机制保障，加强机制化建设。中蒙俄经济走廊高质量发展要取得良好的效果，必须要有多方协调的机制保障。中蒙俄区域合作机制的建设在很大程度上促进了中蒙俄三国的经贸发展，扩大了三国的合作范围，实现利益的融合，对务实"一带一路"倡议具有重要的推动意义。机制化建设的加强能够有效防止合作的随意性和流于形式。习近平主席在倡导高质量共建"一带一路"时，特别提出了机制保障方面的建议，即要着力构建良好的互联互通伙伴关系；要继续实现发展战略、区域发展议程、国际发展议程等方面的有效对接；务实合作，促使共建项目取得实实在在的成果。中蒙俄区域合作机制的建设能够加强多领域内的合作，协调三方利益和合作行为，减少合作成本，提升各国能力结构，推动各国区域合作范围。通过加强三国多边国际机制制度创新，有助于在中蒙俄之间建立具有约束力的合作机制。目前，中蒙俄经济走廊依然存在着合作机制缺乏法律约束力的问题，阻碍了地区经济合作活动的开展与资源的有效开发，而制度化的合作机制能够防止合作的随意性和流于形式。加强经济走廊区域合作机制建设，就是要借助市场驱动和制度驱动两种机制力量，提供更符合该特定地区或国家真实需求的区域性公共产品的供给，实现区域合作的发展。

二、中蒙俄经济走廊"五通"建设进程

中蒙俄三国在"五通"方面取得一系列进展。中蒙俄高层利用元首会晤、总理定期会晤和多边合作平台不断引领推进政策沟通建设；三国在贸易规模和经贸园区等方面的

建设加速发展，但对外直接投资表现乏力；三国跨国交通、能源、通信基础设施互联互通水平不断提升，形成了一批具有代表性的基础设施项目；中俄联手加快推动本币结算机制和去美元化进程，同时基础设施融资顺利推进；其他如人员往来、旅游及人文交流也快速增长并成效显著，疫情背景下的社会民意基础不断稳固加深。可见，中蒙俄三方有条件并有能力进行各方面的合作，齐力建设好中蒙俄经济走廊。

（一）中蒙俄高层定期会晤机制引领推进经济走廊政策沟通建设

共建中蒙俄经济走廊高质量发展以高层会晤为引领，推进构建政策沟通和联动机制，有助于深化政府间合作并提高三方政治互信，营造良好的政策环境（见表6-2）。

元首会晤为规划下一阶段的合作方向和任务指明方向。自2014年中蒙俄元首首次会晤以来，中蒙俄已成功举办五次多边元首会晤，就共建中蒙俄经济走廊达成诸多重要共识并签署重要文件。此外，蒙古国总统于新冠疫情期间访华，强调中蒙双方应不断深化政治互信，加强共建"一带一路"合作及各领域合作。在2021年的中俄领导人视频会议上，中俄元首宣布《中俄睦邻友好合作条约》延期，继续保持密切高层交往，加强疫苗合作，拓展数字经济、低碳能源以及农业等合作，推进"一带一路"倡议同欧亚经济联盟对接。

中俄总理间定期会晤为中俄政策沟通提供交流平台，不断推进协商规则对接，推进经济走廊合规经营不断走向完善。自2014年元首首次会晤以来，中俄总理间定期会晤已举办7次，2020年举办完第二十五次定期会晤，7年间达成诸多共识，签署包括投资、能源、农业、科技、数字发展及地方合作等方面的"纪要""声明""协定""议定书"和"备忘录"等。

中蒙俄三国以多边框架和多边合作机制为平台，利用诸如上海合作组织元首理事会定期会议来扩大政策沟通交流渠道，深化政府间共识及互信。2020年11月10日，上合组织成员国元首理事会第二十次会议期间，习近平主席同包括俄罗斯总统和蒙古国总统在内的领导人共同发表了《上海合作组织成员国元首理事会莫斯科宣言》以及关于共同应对新冠疫情，保障国际信息安全，数字经济领域合作，打击利用互联网等渠道传播恐怖主义、分裂主义和极端主义思想，应对毒品威胁等一系列声明。总体来看，在中蒙俄三国元首定期会晤机制、中俄总理定期会晤机制和多边交流平台的不断引领带动下，政策沟通在国家元首和部长级层面互动较为频繁，签署政策文件成果较多。

表6-2　中蒙俄高层会晤一览（2014—2021年）

时间	地点	会晤	声明成果
2014年9月11日	杜尚别	中蒙俄首次元首会晤	正式提出共建中蒙俄经济走廊并达成共识
2014年10月13日	莫斯科	中俄总理第十九次定期会晤	签署中俄东线管道天然气供应协议和人民币/卢布双边本币互换协议等一系列部门和企业间文件
2015年7月9日	乌法	中蒙俄第二次元首会晤	签署《中俄蒙发展三方合作中期路线图》，三国相关部门分别签署了《关于编制建设中蒙俄经济走廊规划纲要的谅解备忘录》《关于创建便利条件促进中俄蒙三国贸易发展的合作框架协定》《关于中俄蒙边境口岸发展领域合作的框架协定》

续表

时间	地点	会晤	声明成果
2015年12月17日	北京	中俄总理第二十次定期会晤	发布《中俄总理第二十次定期会晤联合公报》，签署一系列政府间和企业间合作文件
2016年6月23日	塔什干	中蒙俄第三次元首会晤	签署《建设中蒙俄经济走廊规划纲要》，走廊正式落地实施
2016年11月7日	圣彼得堡	中俄总理第二十一次定期会晤	双方发布了有关核能合作和国界检查的联合声明，签署11项文件
2017年11月1日	北京	中俄总理第二十二次定期会晤	两国发布会晤联合公报，签署投资、能源、贸易便利化、农业、科技、地方合作的纪要、协定、议定书等
2018年6月9日	青岛	中蒙俄第四次元首会晤	对三方合作进行总结，共同讨论下一步合作议程
2018年11月7日	北京	中俄总理第二十三次定期会晤	两国总理签署投资、能源、科技、农业等合作的纪要、谅解备忘录、协定、议定书
2019年6月14日	比什凯克	中蒙俄第五次元首会晤	三国元首就继续推进三方合作发表意见
2019年9月18日	圣彼得堡	中俄总理第二十四次定期会晤	两国发布会晤联合公报，签署科技、贸易、能源、农业、人文、数字发展方面合作的声明、协定、备忘录
2020年11月10日	视频	上合组织成员国元首理事会第二十次会议	参会国家元首及领导人发布"莫斯科宣言"等系列声明
2020年12月2日	视频	中俄总理第二十五次定期会晤	两国总理高度重视积极推进"一带一路"建设与欧亚经济联盟对接，签署和发布《中俄总理第二十五次定期会晤联合公报》等一系列会议纪要及谅解备忘录
2020年2月27日	北京	蒙古国总统访华	中蒙双方不断深化政治互信，加强共建"一带一路"合作及各领域合作

资料来源：笔者自制。

（二）一批具有代表性的基础设施项目不断提升设施联通建设

中蒙俄经济走廊不断扩大跨国交通、能源、数字通信基础设施建设，形成了一批具有代表性的基础设施项目（见表6-3）。中蒙俄三国以推动经贸合作为出发点，逐步构建起公路、铁路、桥梁三位一体的跨国交通基础设施网络通道。

公路方面，中企承建多条蒙古国标志性公路项目，极大地提升了乌兰巴托及周围地区的交通条件。其中包括2013年正式开工的扎门乌德至赛音山达干线公路工程项目，2019年7月顺利竣工的蒙古国首条高速公路项目——乌兰巴托新国际机场公路，以及2019年由国家副主席王岐山和蒙古国总理共同揭牌开工的那来哈公路项目。

桥梁方面，中俄围绕提升边境口岸基础设施互通建设，历史性地实现了中俄跨界江河公路和铁路大桥零的突破。例如，2019年6月，同江中俄跨江铁路大桥作为兼容中俄铁轨宽距标准的首座跨界河铁路大桥全部贯通，同时，2020年1月，中俄首座跨界江公路大桥——黑河大桥具备通车条件。这两座桥梁项目提升了中国与俄罗斯远东地区至西伯利亚的人流、物流便捷度和时效性。

　　跨境铁路通道建设方面，中国与蒙古国、俄罗斯不断共同推进跨境铁路项目建设，多条铁路运输网络建设取得积极进展，为提升中蒙、中俄能源资源贸易规模助力。如 2016 年中国正式启动策克口岸跨境铁路通道项目，该项目一旦建成运营后将极大地提升了策克口岸在中蒙能源运输网络中的重要地位。同期，中蒙"两山"铁路后方线路中国段部分已如期贯通，该铁路建成后与俄罗斯远东铁路连接，极大地提升了连接中蒙俄东翼的贸易陆路运输能力。此外，截至 2020 年底，蒙古国与中国邻近的塔温陶勒盖煤矿至嘎顺苏海图口岸的南向铁路已完成铺轨约 112 千米，该运煤铁路线的建成将大幅提升蒙对华煤炭资源贸易规模。2017 年 12 月，滨洲铁路全线实现电气化运营，使中俄贸易陆路运输速度得到极大的提升。

　　近年来，中俄、中蒙在能源基础设施建设方面取得了巨大成就。中俄陆续打通了两国油气管道运输通道和液化石油气陆路通道。2016 年 8 月，继中俄原油管道之后第二个油气重点合作项目，中俄原油管道二线开工建设，并于 2018 年 1 月正式投入商业运营，为深化中俄能源合作和保障中国能源供应安全奠定基础。不仅如此，中俄东线天然气管道北段（黑河—长岭）工程于 2019 年底率先通气，中段（长岭—永清）工程也于次年 12 月实现投产运营。2020 年 7 月，南段（永清—上海）工程也正式启动建设。2022 年春的俄乌冲突之际，俄中达成经蒙古国通往中国的西伯利亚 2 号重大天然气管道协议。此外，满洲里远东气体有限公司进口液化石油气换装基地于 2019 年 9 月成功储运首批俄罗斯进口的液化石油气，这意味着中俄正式打通液化石油气陆路通道。

　　中蒙持续推进以煤电为代表的基础设施建设合作，形成了一批标志性的重要项目。2015 年，国网与蒙古国签署锡伯敖包煤电输一体化项目可研协议，该项目不仅是中蒙和亚洲域内电网互联互通的首期重点项目，而且还是落实中国关于构建全球能源互联互通网络倡议的重要起点；中企在蒙施工的第一个大型电站项目——巴格诺尔电站项目顺利开工，项目建成后将有力保障蒙古国电力供给。2016 年，中蒙能源合作项目——布罗巨特煤电一体化相关协议签署；采用"中国设计、中国制造、中国建造"的额尔登特铜矿自备电厂扩建项目正式施工建设，于 2018 年 1 月顺利竣工后一跃成为蒙古国第三大电厂。2019 年，乌兰巴托市至曼德勒戈壁输变电项目竣工，标志着蒙古国首条最高电压等级的输变电项目顺利完工；额尔登特热电厂升级改造项目启动奠基仪式，项目完成后将极大提升电力和供热能力，保障额尔登特市及其周边地区的工业和居民需求。

　　此外，中蒙俄还不断推进跨境陆地光缆通信干线网络设施互联互通。目前中国移动、中国联通、中国电信运营商已打通抚远、满洲里、黑河、绥芬河 4 个边境站的中国—俄罗斯跨境光缆系统和二连浩特边境站的中国—蒙古国跨境光缆系统。

表6-3　重点基础设施项目一览

项目类型	涉及国家	项目名称	时间
交通	中蒙	扎门乌德至赛音山达干线公路工程	2013年4月正式开工
		乌兰巴托新国际机场高速公路	2016年5月正式建设，2019年7月正式通车
		策克口岸跨境铁路通道项目	2016年5月启动奠基仪式
		中蒙"两山"铁路后方通道	2016年11月全线贯通
		南向铁路	2019年恢复施工
		那来哈公路项目开工	2019年7月开工揭牌
	中俄	滨洲铁路电气化升级	2017年12月完成改造运营
		黑河公路大桥	2019年5月合龙，2020年1月达到通车要求
		同江铁路大桥	2019年6月全部贯通
能源	中俄	中俄原油管道二线	2016年8月开工，2018年1月正式投入商业运营
		满洲里液化石油气储运基地	2019年8月启动运营
		东线天然气管道北段项目	2019年10月全线贯通，12月正式通气
		东线天然气管道中段项目	2019年7月启动建设，2020年12月实现运营
		东线天然气管道南段项目	2020年7月启动开工
	中蒙	锡伯敖包煤电输一体化项目	2015年签署可研协议
		巴格诺尔电站项目	2015年12月正式开工
		布罗巨特煤电一体化项目	2016年5月签署协议
		额尔登特铜矿电厂扩建项目	2016年5月开工，2018年1月竣工
		乌兰巴托市至曼德勒戈壁输变电项目	2017年5月签署协议，2019年10月竣工
		额尔登特热电厂改造项目	2019年3月启动奠基仪式
信息通信	中俄	中国—俄罗斯跨境光缆系统（抚远、满洲里、黑河、绥芬河）	—
	中蒙	中国—蒙古国跨境光缆系统（二连浩特）	—

资料来源：笔者自制。

（三）贸易投资自由化与便利化的提升推进贸易畅通进一步发展

1. 口岸持续提升通关便利性

其一，中国对蒙古国边境口岸建设。表6-4是中国对蒙古国边境口岸一览，可知，二连浩特口岸是中国对蒙古国唯一同时拥有铁路和公路的口岸。

表6-4 中国对蒙古国边境口岸一览

开通情况	口岸名称	所属省份	蒙方对应口岸	运输方式	批准时间
已运营（14）	策克	内蒙古	西伯库伦	公路	2005年
	甘其毛都	内蒙古	嘎顺苏海图	公路	1992年
	满都拉	内蒙古	杭吉	公路	2009年
	二连浩特	内蒙古	扎门乌德	公路	1992年
	二连浩特	内蒙古	扎门乌德	铁路	1990年
	珠恩嘎达布其	内蒙古	毕其格图	公路	1992年
	阿日哈沙特	内蒙古	哈比日嘎	公路	1992年
	额布都格	内蒙古	巴音胡舒	公路	2009年
	阿尔山	内蒙古	松贝尔	公路	2004年
	乌力吉	内蒙古	查干德勒乌拉	公路	2016年
	红山嘴	新疆	大洋	公路	1992年
	塔克什肯	新疆	布尔干	公路	1989年
	乌拉斯台	新疆	北塔格	公路	1991年
	老爷庙	新疆	布尔嘎斯台	公路	1991年
未运营（2）	马鬃山	甘肃	那然色布斯台	公路	1992年
	巴格毛都	内蒙古	南戈壁省	公路	1993年

资料来源：根据各口岸提供资料进行整理。

作为中蒙边境目前最大且唯一的铁路口岸，也是中欧班列中部通道，二连浩特口岸进出口运量稳步上升，进出境中欧班列和线路均显著增多，通关便利化改革持续推进。2017年二连浩特口岸进出口运量累计达1503.1万吨，同比增长4.7%，其中铁路口岸进出口货物量首次超过千万吨，累计达1327.3万吨，同比增长7.8%，出入境中欧班列575列，同比增长246.4%，运行线路由2013年的2条增加至2017年的15条。截至2020年底，铁路口岸进出口运量较去年提前突破1400万吨大关，全年中欧班列通过2379列，到2021年初，经二连浩特铁路口岸开行的中欧班列线路已达45条。二连浩特口岸持续提升通关便利性，升级改造中欧班列。2019年启动建设公路货运通道智能卡口项目，建成后口岸货运通道将实现由"一进一出"转变为"两进两出"。新冠疫情暴发后，口岸建立疫情联防联控机制，实现"信息共享、监管互认"，推出"专用通道""绿色通道"和"优先通道"等快速通道，并于2020年底投入使用两条新建标准轨边检线，极大提升中欧班列的通关能力，助推中欧班列中部通道运行高效畅通。此外，二连浩特口岸不断加大通关便利化改革步伐。一是大力提升无纸化业务办理覆盖率，落实减税降费惠企政策，推广口岸"两步申报"模式。二是放宽申报模式、提升审单效率、优化简化煤炭送检流程，提升通关效能。三是通过不断提升单一窗口应用程度和"多证合一"等提高窗口办事水平。

其二，中国对俄通关渠道和便利化水平显著扩大。中国对俄罗斯口岸中满洲里、珲春、绥芬河均同时拥有铁路和公路通关能力，满洲里口岸是中俄间开设时间最早，运量最大且中欧班列东部通道的重要口岸。2013年以来，满洲里口岸过货量平稳上升，进出境中欧班列开行数量和线路均呈显著增长态势，通关便利化改革成效显著。2013—2019年，满洲里口岸过货量累计21641万吨，年均增长达1.6%，2020年受新冠疫情影响，口岸剔除转口货运量后，进出口运量为1974万吨，较2019年下滑3.6%。进出境中欧班列2020年内首次突破3500列，同比增长35.1%，线路增至57条。截至2021年2月，进出境中欧班列累计开行突破1万列。满洲里口岸持续提升贸易便利化水平，压缩通关时间，提高通关效率。积极推行完善公路双向通道"三互"、铁路"三个一"和航空口岸"一机三屏"通关模式改革，率先启用国际贸易"单一窗口"系统并100%覆盖铁路和公路口岸。此外，满洲里口岸还创新优化报关模式，于2020年6月率先实现铁路模式出口提前报关，大大降低货物停留时间和费用，提升中欧班列等跨境运输的通关效率。中国对俄罗斯边境口岸一览如表6-5所示。

表6-5 中国对俄罗斯边境口岸一览

开通情况	口岸名称	所在省份	俄方对应口岸	运输方式	批准时间
已运营（19）	胡列也吐	内蒙古	凯拉斯维	水运	1992年
	二卡	内蒙古	阿巴盖图	公路	1992年
	黑山头	内蒙古	旧粗鲁海图	公路	1989年
	室韦	内蒙古	奥洛契	公路	1989年
	满洲里	内蒙古	后贝加尔斯克	公路	1992年
	满洲里	内蒙古	后贝加尔斯克	铁路	1901年
	珲春	吉林	克拉斯基诺	公路	1993年
	珲春	吉林	卡梅绍瓦亚	铁路	1998年
	东宁	黑龙江	波尔塔夫卡	公路	1989年
	密山	黑龙江	图里洛格	公路	1989年
	虎林	黑龙江	马尔科沃	公路	1989年
	绥芬河	黑龙江	波格拉尼奇内	公路	2000年
	绥芬河	黑龙江	格罗迭科沃	铁路	1994年
	饶河	黑龙江	波克洛夫卡	水运	1989年
	同江	黑龙江	下列宁斯阔耶	水运	1986年
	抚远	黑龙江	哈巴罗夫斯克	水运	1992年
	萝北	黑龙江	阿穆尔捷特	水运	1989年
	黑河	黑龙江	布拉戈维申斯克	水运	1982年
	逊克	黑龙江	波亚尔科沃	水运	1989年
未运营（4）	漠河	黑龙江	加林达	水运	1988年
	嘉荫	黑龙江	巴斯科沃	水运	1989年
	孙吴	黑龙江	康斯坦丁诺夫卡	水运	1993年
	呼玛	黑龙江	乌沙科沃	水运	1993年

资料来源：根据各口岸提供资料进行整理。

2. 中国对蒙、俄边境口岸的经济合作园区呈现快速增长势头

其一，中蒙以边境经济合作区为先导，持续推进互市贸易区、重点开发开放试验区、跨境经济合作区和自贸区建设。一是率先在二连浩特设立边境经济合作区和重点开发开放试验区，设立策克口岸为内蒙古自治区级重点开发开放试验区。二是同步推进互市贸易区建设，批复满都拉中蒙互市贸易区建设项目，相继启动二连浩特、策克、塔克什肯、额布都格中蒙边民互市贸易区运营。三是为了进一步加强两国边境地区融合发展，中蒙互签协议决定共建二连浩特到扎门乌德的跨境经济合作区，签署自贸协定联合可行性研究谅解备忘录并召开两次工作组会议。如表6-6所示。

表6-6　中蒙边境口岸合作园区建设情况

口岸名称	边民互市贸易区	边境经济合作区	综合保税区	重点开发开放试验区	跨境经济合作区	自贸区
策克	★			★		
甘其毛都						
满都拉	▲					
二连浩特	★	●		▲	★	★
珠恩嘎达布其						
阿日哈沙特						
额布都格	★					
阿尔山						
乌力吉						
红山嘴						
塔克什肯	★					
乌拉斯台						
老爷庙						

注：●表示"一带一路"倡议前，▲表示"一带一路"倡议提出至规划纲要签订期间，★表示中蒙俄经济走廊规划纲要签订之后。

资料来源：根据各口岸提供资料进行整理。

其二，中俄边境相邻地区逐步形成了边境经济合作区、互市贸易区、综合保税区、重点开发开放试验区、跨境经济合作区和自贸区六位一体的边境口岸经济发展合作框架。一是继续发展绥芬河、满洲里、黑河、逊克、珲春五大边境经济合作区。二是在已运营的绥芬河、黑河、珲春、逊克、东宁中俄互市贸易区的基础上，进一步扩大互市区的数量，启动运营密山、同江、抚远、满洲里、饶河、萝北、黑山头中俄互市贸易区。三是以中俄边境地区首个综合保税区——绥芬河综合保税区为引领，对内蒙古首家综合保税区——满洲里综合保税区进行封关运营和成立珲春综合保税区。四是批复建设了满洲里和绥芬河—东宁两个重点开发开放试验区。五是完成"绥芬河—波格拉尼奇内"跨境经济合作区规划草案和黑龙江跨境经济合作试验区东宁片区和黑河片区揭牌运营。六是在黑龙江自由贸易试验区基础上成立绥芬河和黑河自贸区。中俄已经推进的跨境经济合作区包括绥波、东波、黑河跨境经济合作区建设，此外，中俄已经建设的境外经济合作区增加到27个。如表6-7所示。

表 6-7　中俄边境口岸合作园区建设情况

口岸名称	边民互市贸易区	边境经济合作区	综合保税区	重点开发开放试验区	跨境经济合作区	自贸区
黑山头	★					
室韦						
满洲里	▲	●	★	●		
珲春	●	●	★			
东宁	●			▲	★	
密山	▲					
虎林						
绥芬河	●	●	●	▲	★	★
饶河	▲					
同江	▲					
抚远	▲					
萝北	★					
黑河	●	●			★	★
逊克	●	●				
漠河						
嘉荫						
孙吴						
呼玛						

注：●表示"一带一路"倡议前，▲表示"一带一路"倡议提出至规划纲要签订期间，★表示中蒙俄经济走廊规划纲要签订之后。

资料来源：根据各口岸提供资料进行整理。

3. 去美元化进程加快且融资支持的能力不断增强

近年来，中俄联手加快在本币结算、投资人民币和以人民币计价的金融产品及增加外汇储备中人民币占比等方面助推中俄本币结算机制和去美元化进程。

一是中俄加强双边贸易中的本币结算占比。据俄罗斯央行 2020 年第一季度最新数据表明，人民币在中俄所有贸易结算中的占比超过 17%，而美元在中俄贸易结算中的占比则下滑 5%，跌至 46%，创历史最低纪录。根据 2020 年间的统计数据，中俄在大型交易中人民币结算占比超过 44%，欧元为 37%，美元为 14%，人民币已经超过美元、欧元成为中俄大宗商品跨境支付业务的主要货币。自 2022 年俄乌冲突爆发以来，美欧国家加剧了对俄罗斯的金融制裁，俄中贸易更多采用人民币结算，美元和欧元的贸易结算占比显著下降，据俄罗斯卫星通信社报道，2022 年 9 月中俄天然气结算完全使用人民币与卢布结算，预计 2022 年中俄双边贸易中的本币结算占比由 2020 年的 25% 上升到 65%。

二是缩减美元及美债投资，批准并加大对人民币和人民币计价国债的投资力度。2020年4月，俄罗斯总理米舒斯京签署政府令，同意俄国家福利基金可投资人民币和以人民币计价的中国国债。2021年2月，俄罗斯财政部宣布，将俄主权财富基金国家福利基金货币结构中部分美元和欧元份额转换成人民币，转换完成后人民币占比达15%，美元和欧元份额从45%降至35%。2021年6月，俄罗斯主权财富基金进一步扩大人民币份额并剔除美元资产，预计新结构中人民币占比达30%，仅次于40%的欧元占比。与此同时，俄罗斯在2018年初大举削减美债投资规模。美国财政部国际资本流动（TIC）历史统计数据显示，俄罗斯于2018年4月和5月分别大幅减持474亿和338亿美债，所持美债余额从2018年3月末961亿美元降至5月末仅149亿美元。最新数据显示，截至2020年底，其持有的所有美债经过连续大幅抛售后已降至60.11亿美元，并被剔除"主要外国美债持有者"名单。

三是增加人民币在俄央行外汇储备占比。2015年俄罗斯决定把人民币纳入外汇储备，此后人民币成为俄罗斯外汇储备中的重要部分。截至2020年6月底，人民币在俄外汇储备中所占的份额稳定在12.2%，相反美元比重逐步降至22.2%。

中蒙大力推进基础设施融资建设，大型项目合作资金以中国政策性银行贷款为主，项目融资模式较为单一。例如，2017年5月两国签署采用专用优惠买方贷款建设的乌兰巴托市至曼德勒戈壁输变电项目协议。2018年4月，中国进出口银行签署向额尔登特热电厂改造项目提供贷款协议。2019年4月，中国进出口银行和蒙古国政府签署冈楚尔特至那来哈乔伊尔路口20.9公里公路项目贷款协议。2020年1月，中国进出口银行与蒙古国财政部在京签署乌兰巴托污水处理厂项目贷款协议。可见，以上重点民生基础设施项目均采用中国政策性银行贷款作为主要融资方式。

4. 官方主导的民心相通建设项目发展显著

中蒙人文交流日益密切，合作领域不断扩展，人员交流频繁，民间互信感不断提升。到目前为止，中蒙两国教育部门高级官员已实现互访，双方签署了一系列有关培养蒙古国留学生，学历学位认定，教育交流及合作计划，对外汉语志愿者赴蒙学习任教方面的官方协定。中国已在蒙设立孔子学院，两国成功互办"中国文化周""蒙古国文化周""文化月"活动。两国根据互设文化中心协定，分别于2010年在蒙成立乌兰巴托中国文化中心，2017年在北京建成中蒙国际文化交流基地。中蒙两国还在2014年开展了一系列文化友好交流活动。例如，儿童文化交流系列活动、中国电影周、汉字书法大赛、汉语系列比赛、各界代表团互访等交流活动。2015年，中蒙俄三国还共同发起创立首届中蒙俄智库国际论坛，其间成立了中蒙俄智库合作联盟。为了进一步统筹协调两国人文领域交流合作，筑牢友好交往基础，中蒙人文交流共同委员会作为两国人文交流合作新平台于2018年成立，迄今已成功举办两次会议，有力推动两国文化、教育、体育、旅游、媒体、青少年、卫生、地方等领域交流合作。为庆祝新中国成立及中蒙建交70周年，中蒙两国在2019年也开展了一系列人文领域活动，例如，在中国举办第十一届中蒙新闻论坛，在蒙举办"欢乐春节"2019中国日活动，"北京日"活动，中国文化旅游系列推介活动及"感知中国"系列文化活动等。2020年新冠疫情暴发以来，在蒙方赠予中方3万只羊的同时，中方不仅陆续援助蒙古国三批防疫物资，而且还将疫苗及时运抵乌兰巴托，协助蒙方尽快战胜疫情。深刻体现出中蒙两国政府和人民守望相助，携手抗疫的意志，进一步加深两国的珍贵友谊和社会民意基础。

中蒙民间交流同样体现在两国之间的文化教育交流中。1998年中蒙签署了相互承认学位学历的协定，2000年双方签署了培养蒙古国留学生计划项目。2005年内蒙古自治区政府受教育部委托同蒙古国教育科学部签订了《关于接受蒙古国留学生来华学习和派遣汉语教师赴蒙古国任教协议》。2008年双方签订关于组织国际汉语教师中国志愿者赴蒙古国任教的协议书；2010年双方签订中蒙相互承认学历、学位证书的协定修订备忘录。2017年，双方签署中蒙2018—2021年教育交流与合作执行计划。随着这些文化与教育交流合作计划的实施，来华和去往蒙古国学习交流的人数逐日增多。

中俄人文交流成果丰富，民心相交基础牢靠。一方面，中俄率先建立以人文合作委员会为交流平台的人文合作机制，中俄人文交流合作以此为依托取得了诸多成果，人员交流往来日益密切。2019年度双向留学交流人员规模突破10万人，截至2020年底，经教育部批准的中俄本科及以上的合作办学机构和项目共计81个。两国成功互办"文化节""电影节""电影周""电影季"等活动，成立"万里茶道"国际旅游联盟，共同打造跨境旅游目的地，已成功举办八届中俄青少年运动会，设立中俄大学生创业孵化器交流项目机制化平台，成功举办纪念中俄建交70周年档案文献展。新冠疫情肆虐全球之际，中俄医科大学联盟积极推动中俄新型冠状病毒学术交流会议，交流研究成果。另一方面，为扩展两国人民交流渠道，中俄首提互办"国家年"倡议，举办了一系列"语言年""旅游年""青年友好交流年""媒体交流年""地方合作交流年"活动，极大地提升了两国民众交流渠道和机会，丰富人文交流领域。此外，习近平主席在2019年6月出访俄罗斯期间与普京总统共同宣布在2020年和2021年互办"科技创新年"。2020年9月至12月，作为中俄科技创新年框架内的中俄科技合作会议暨展览会以线上形式如期举行。"2020年中俄社会民意调查"显示，两国民众表现总体积极正面，支持中俄合作抗疫，在与中国的心理距离和接纳度上表现出更加积极的态度，尤其是俄年青一代对中国民众的接受和亲近程度有明显提高。总的来说，经过长期的富有成效的人文交流活动，中俄两国人民的民心相交基础牢靠。

第二节　中蒙俄经济走廊安全风险识别及成因

中蒙俄经济走廊建设提出距今已有八年，已经取得了一定的进展。但是，诸多安全风险制约着中蒙俄经济走廊高质量发展。正如德国社会学家乌尔里希·贝克发出的警告所言，全球正处于从古典工业社会转向风险社会过程中，全球化越深入发展，其可能产生的全球性风险也越多。在疫情常态化的背景下，除加强重视公共卫生事件突发性暴发的影响之外，中蒙俄经济走廊面临的结构性风险仍长期存在，同样要加强识别防范此类安全风险。

中蒙俄不仅在国家政治制度、经济发展水平、基础设施建设、工业化城镇化进程、民族文化宗教、利益诉求等方面存在显著差异，而且自然环境和资源条件也各不相同。空间距离产生的时间成本和运输成本同样形成较大的制约。这些异质性因素给共建中蒙俄经济走廊高质量发展带来了诸多的安全风险挑战和不确定性，比如政治风险、经济风险、社会与话语认同风险、自然环境风险与公共卫生事件、合规风险都是中蒙俄经济走廊高质量发展需要考虑的重要因素。习近平总书记强调，"要高度重视境外风险防范，完善安全风险防范体系，全面提高境外安全保障和应对风险能力。"受新冠疫情、世界经济衰退以及更加复杂的国际政治环境等多种因素综合影响，可以预计"十四五"期间中蒙俄经济走廊建设风险复杂多变，因此十分有必要识别并把握走廊面临的风险。

一、中蒙俄经济走廊高质量发展面临政治风险考验

政治风险是一种重要的国家风险，它主要涉及国内政治秩序与安定，包括政局不稳定、政策法规变动、歧视性干预、战争、恐怖主义、国有化征用及没收等。导致政治风险形成因素比较复杂，如种族、宗教、利益集团和国家之间的关系变化等，这些因素相互交织促成了国内冲突的发生并出现利益遭受损失的可能性。

虽然中国与俄罗斯、蒙古国政治关系总体上发展比较好，但三国国家政治体制不同，社会文化宗教民族结构复杂，不得不考虑政治风险对中蒙俄经济走廊高质量发展的制约影响。走廊面临的政治风险主要包括三个方面：政府投资政策的连续性较差、长期的腐败问题以及"第三邻国"政策带来的地缘政治风险。

(一) 政府投资政策的连续性较差

在政府投资政策的连续性方面，蒙古国存在的问题最为突出，为此我们重点阐述蒙古国国家管理制度建设对经济走廊高质量发展的影响。一方面，虽然蒙古国政治环境整体稳定，但蒙古国议会政党席位轮替和政治选举会影响政府执政周期，同时法院受国家议会和政府牵制，使国内政策法规变更频繁，缺少透明度，且不可预测，导致企业面临政府投资政策连续性较差的政治风险。蒙古国实行设有总统的议会制，议会在国家运作中占有举足轻重的地位，就连蒙古国总统权力也是议会赋予的。中国企业不仅要与蒙古国政府建立良好的关系，而且要积极发展与蒙古国各级议会的关系。另外，蒙古国的司法审判风险较高。法院受到国家议会和政府的牵制，特别是法院获得的国家预算关系到法院的基础设施建设和法官待遇问题能不能提高，而这经常需要多数议员的支持，往往法院的审判权成为国家议会审批法院预算的"交易品"。同时，法官审判案件经常受到行政管理权的干预，审判权独立没有真正实现。从20世纪90年代以来，法院预算占比较低，导致法官待遇低于公职人员平均水平，法院的基础设施比较陈旧。在这种情况下，法官职业荣誉感不强，行贿受贿等司法腐败现象较严重，法官职业无法吸引高层次法律人才，甚至人才流失情况严重。在司法方面，蒙古国还存在法官违法责任体系不健全，法律没有明确规定法官违反职业纪律、违法审判的责任形式和追究程序，很多涉及法官的申诉控告没有得到解决。

另一方面，由于蒙古国政府担心中国对本国战略性自然资源的控制力越来越强而影响其主权权威，尤其是在政府更迭期间频频对中资企业的收并购等交易进行干预，致使中蒙签订的各类经济金融协议或合同时常随政局改变而废止或更改。如在2011年和2014年，中国神华集团牵头的联合体均因蒙古国国内政治原因而被迫两次放弃成功中标的塔温陶勒盖煤矿开发权。与此同时，中铝公司在收购蒙古国南戈壁资源有限公司和永晖焦煤股份有限公司两项交易中，也皆因蒙古国新政府上台后政策变动而导致中国企业被迫

宣告收购计划失败。有专家指出，蒙古国《关于外国投资战略意义领域协调法》的出台，非常明显地表明其扼杀中铝交易的目的。由于该法案的影响以及国际市场大宗商品价格的回落，在蒙的外国投资者急剧减少，蒙古国经济发展陷入困境。为了改善蒙古国营商环境，蒙古国于 2013 年通过新修订的《投资法》，简化企业投资注册程序，取消外国私有企业在蒙古国投资战略领域限制，这些举措对外国投资者信心的恢复发挥了积极的作用，但事实上，外国国有企业在蒙战略领域的投资仍必须得到蒙政府和议会的批准。虽然蒙古国政府对外国投资者的投资政策可能正在转变，但事实是近年来蒙古国政府专门针对中国投资的控制有增无减。如 2016 年由蒙古国人民党控制的蒙古国议会又否决了由中国神华、蒙古国矿业和日本住友组成的财团联合体收购塔温陶勒盖煤矿开发权的交易计划。中资企业不仅在采矿行业受蒙古国政府干扰较多，而且在银行业同样深受其影响。为大型基础设施项目提供资金支持的国有大型银行如中国银行乌兰巴托代表处，虽然自 2013 年成立以来已经具备商业银行营业的条件，但是该行未获得总理、总统和议长的共同批准，因而目前尚未取得营业资格。2016 年，中行乌兰巴托代表处负责人在接受蒙古国一家媒体采访时说道，他们并未收到正式反馈或回应，政府内部的政治动荡和一些政府部门的意外合并导致我们申请批准遥遥无期。另外，中国工商银行乌兰巴托代表处也同样面临无法运营的窘境。中资国企在蒙投资经营受政治因素影响失败的案例令中国企业在与蒙古国的合作中显得更加谨慎。

（二）腐败顽疾短期难以化解

中蒙俄经济走廊主体国家均存在不同程度的腐败问题，但蒙、俄政府官员腐败比较严重，个别政府官员的腐败现象作为一种隐性风险，显著影响中国企业投资活动。2019年"透明国际"发布的国际清廉指数（CPI）显示，蒙古国和俄罗斯在 180 个参评国家中分别排名第 106 位和第 137 位。该指标汇总了一国专家和企业代表对公共部门腐败程度的看法，表明其腐败现象十分严重，法律环境欠佳，司法公正和司法效率不足，行政效率和公共管理水平不高。目前，俄罗斯法律制度基本健全，保护外商投资者利益方面有一定改进，2014 年以来俄罗斯加速修改法律吸引外资，在取消限制和改善投资环境迈出重大步伐。但是，经济转型以来的俄罗斯一直是"寻租"活动的重灾区。政府官员腐败比较严重，存在权力机关对企业干预问题、法律程序繁杂且效率低等问题依然存在，特别是过于强调投资合作中的安全问题。而市场观念淡薄、"寻租"和人身依附导致俄罗斯腐败现象屡禁不止。总的来说，腐败问题不仅影响本国政治发展和恶化经商环境，而且制约中蒙俄对外经贸关系的深入发展。

（三）"第三邻国"政策可能诱发大国地缘政治竞争

蒙古国是一个地处亚洲北部内陆国家，领土只与中国、俄罗斯两国接壤。冷战结束后，蒙古国由社会主义国家转变为议会民主制的资本主义国家。转型后的蒙古国在政治经济制度和意识形态上积极向西方靠拢。当前蒙古国在政治上基本形成较为稳定的民主制度，政局基本稳定，政权过渡均能通过选举平稳地进行。鉴于蒙古国特殊的地缘政治位置，1994 年蒙古国明确提出了"多支点"的"第三邻国"外交政策。"第三邻国"政策指的是，蒙古国在保持除与中俄两个邻国的外交关系之外，还积极争取西方发达国家等"虚拟"邻国对蒙古国政治经济领域支持的一种外交政策。如果因发生误判而过度地强调利用"第三邻国"来谋求所谓"多支点"平衡，则可能使其面临的地缘政治环境变得复杂起来。蒙古国"第三邻国"政策平衡中俄影响做法对中蒙俄经济走廊框架下的合作造成一定冲击。蒙古国虽然优先发展同中俄两大邻国的关系，但因为历史渊源造成的蒙古民族潜在大民族意识和现实上夹于中俄的地缘关系，使得对中俄两个邻国都不放心，存有不同程度的疑虑和戒心。例如，在蒙古国报纸网中，经常会有根据美、日媒体评述中国的评论翻译成蒙文的报道出现，蒙古国也格外重视中国与俄罗斯两国之间的政治动向。这些都足以证明作为两个大国之间的蒙古国心理上的不安和忧虑。因而蒙古国在苏联解体后结合自身需要，采用"第三邻国"政策手段，最大限度地同域外各国合作以使自身利益最大化，将国家安全寄希望于强大的"第三邻国"，这种地缘政治思想的新变化在蒙古国政府层面和基层民众层面都有明显的表现。近年来，蒙古国积极加强与"第三邻国"关系，积极发展与世界上有影响的美国、日本、韩国、英国、欧盟、印度等国关系。在蒙古国看来，依靠"第三邻国"不仅可以获得军事和经济援助、直接投资和政治支持，而且可以借助大国的力量平衡而抵制中俄两个强邻的影响和潜在压力。

蒙古国与美、日关系的日趋走近应引起我们的格外重视。1998年蒙日宣布建立新世纪的综合性伙伴关系。日本看重蒙古国，一直加强对蒙古国的经济援助。日本是所有对蒙古国援助国家中提供援助和贷款最多的国家。截至2018年3月，日本对蒙古国累计提供了约3268亿日元的资金援助，最近日本运用政府开发援助，帮助蒙古国修建了新式机场、医院等设施。日本向蒙古国提供的官方援助内容非常丰富，主要用于发展蒙古国基础设施部门和农牧业、开展人才培训和保障人民基本生活所需。从2002年起，日本政府将援助重点从经济方面逐渐转向文教等思想交流领域，加强对蒙古国文化教育的投资力度，增进蒙古国人对日本的认同感。根据媒体的调查，在中日关系紧张的时期，蒙古国国民更欢迎日本人，经常把日本列为"对蒙古国最友好的国家之一"。

蒙古国视美国为长期的战略伙伴，认为美国是其政治和军事安全的保障，特别是"9·11事件"之后，蒙古国迅速向美国开放领空和部分机场。同时，美国也高度重视并积极发展与蒙古的对话关系，不断提升共同价值观及相互认同度，增强对蒙古国的影响力，这些行动都会对中蒙关系产生显著影响。如在中美贸易摩擦焦灼时期，蒙古国和美国就"第三邻国"贸易法案进行谈判，同期，蒙美不断提升互访级别，合作领域也上升到国防层面。美国及其同盟日本进入蒙古国，在政治上存在地缘战略需求，可能会引发中俄相关区域地缘政治状况局势的紧张，如果美日插手蒙古国，东北亚不安全因素将会由海上向陆地蔓延，中国北部边境和西北地区的不安定因素就会增多，直接影响中国北部、西部和西北部以及俄罗斯南部边境地区的安定与民族团结。美军最负盛名的智囊机构兰德公司专家观点还指出，美国介入蒙古国原因之一，美国期望蒙古国在"引导亚洲社会主义国家走民主之路"方面发挥"领头羊"的作用。在经济方面，美日的介入主要是瞄准了蒙古国享誉世界的丰富的矿产资源，因而他们也一定会在各方面阻挠蒙古国与中国的经贸和投资等活动，从外部渲染"中国威胁论"，是中蒙未来合作关系面临的不可回避的一大挑战。

蒙古国"第三邻国"政策中的印度、韩国因素不容忽视。自蒙古国民主改革以来，蒙古国与印度的关系迅速加强，两国主要是基于具有悠久的佛教文化联系，两国确立了"精神邻国"关系。因此，蒙印文教合作中的宗教联系值得关注。根据对相关驻蒙外交人员调研，近10年来蒙古国与印度及其流亡在印度的达赖集团的紧密联系，无疑影响中蒙区域合作推进。此外，1991年蒙古国制度转型后，韩国开始对蒙古国进行学术和教育渗透。韩国在乌兰巴托修建的首尔街，成为扩大韩国在蒙古国民众中影响力的重要载体。在乌兰巴托，韩国饭店、医院和韩国汽车随处可见，蒙古国的电视里也播放韩国电视剧。韩国对蒙古国的文化影响不容忽视。

近年来，蒙古国不断强化"第三邻国"政策，与"第三邻国"在政治、经济、文化、军事以及外交领域的双边合作与交流不断扩大。可以看出，蒙古国外交采取主动吸引外部力量进入本地区，注重调动不同属性的力量在该地区内形成制衡，这可能会诱发大国在该地区的地缘政治竞争，使中蒙俄经济走廊面临地缘政治风险。尽管在2016年中俄蒙区域合作中三边元首推动签署了《中蒙俄经济走廊区域合作规划纲要》，但总体看中蒙俄经济走廊项目的落实进展不尽如人意，其中因素之一是蒙方在中俄蒙区域合作中表现得也并不是非常积极，蒙方也不愿意参加由中俄倡导成立的上合组织推进中蒙俄经济走廊项目的有效落实。

二、经济金融风险的周期性和长期性问题突出

虽然中蒙俄三国均为新兴经济体，但是三国资源禀赋不同、经济发展阶段不同，加之国内政治体制和治理能力存在差异，决定了三国经济金融发展水平与产业结构上的差异。目前，中国经济金融风险较低，而蒙古国和俄罗斯则均面临宏观经济运行不稳和产业结构单一的风险，蒙古国还存在债务可持续风险挑战。

（一）宏观经济运行面临周期性风险

第一，中国宏观经济运行较为稳健。改革开放以来，中国经济增长一直保持年均9%的高速度，尽管中国宏观经济运行同样受世界经济周期性发展的影响，但总体运行较为稳定，经济金融风险相对较低。如表6-8所示，2010—2019年，中国GDP规模稳步增长，增速虽有所下降，但近年来5%～6%的增速仍处于中高速区间范围内。此外，中国不仅人均GDP突破1万美元大关，而且通胀率总体仍保持平稳和较低水平，拥有超大规模市场优势和完整产业链优势展现出较稳健的宏观经济运行态势。

表6-8　2010—2019年中国主要经济指标

年份	经济指标			
	GDP（亿美元）	GDP增速（%）	人均GDP（美元）	通胀率（%）
2010	60871.64	10.64	4550.45	6.88
2011	75515	9.55	5618.13	8.08
2012	85322.30	7.86	6316.92	2.33
2013	95704.06	7.77	7050.65	2.16

续表

年份	经济指标			
	GDP（亿美元）	GDP 增速（%）	人均 GDP（美元）	通胀率（%）
2014	104756.83	7.43	7678.60	1.03
2015	110615.53	7.04	8066.94	0
2016	112332.77	6.85	8147.94	1.41
2017	123104.09	6.95	8879.44	4.23
2018	138948.18	6.75	9976.68	3.50
2019	142799.37	5.95	10216.63	1.29

第二，蒙古国宏观经济稳定性差且经济周期性现象突出。从蒙古国 GDP 相关数据，通胀率及贸易额等主要反映宏观经济运行水平的指标看，蒙古国宏观经济稳定性较差，如表6-9所示。

表6-9　2010—2019年蒙古国主要经济指标　　　　　　　　　单位：亿美元

指标类型	经济指标	2010年	2011年	2012年	2013年	2014年	2015年	2016年	2017年	2018年	2019年
宏观经济运行	GDP	71.89	104	123	125.8	122.	117.5	112	114	131	139.9
	GDP 增速（%）	6.37	17.3	12.32	11.65	7.89	2.38	1.17	5.34	7.25	5.16
	人均 GDP（美元）	2643	3757	4352	4366	4158	3918	3660	3669	4134	4339
	通胀率（%）	39	15	12.78	2.91	7.45	1.73	2.23	10.53	8.41	9.38
	商品贸易总额				106.27	109.00	84.66	82.56	105.38	128.87	137.4
	商品出口				42.69	57.74	46.69	49.16	62.01	70.12	76.20
	商品进口				63.58	51.31	37.97	33.40	43.37	58.75	61.27
	外汇储备	22.88	24.48	41.26	22.48	16.52	13.22	13.04	30.17	35.50	43.64
	蒙货币与美元汇率波动	1357	1265	1358	1524	1818	1970	2140	2439.8	2472.4	2663
财政情况	财政收入/GDP	32	33.92	29.82	31.22	28.42	25.85	24.37	28.55	31.43	32.63
	财政支出/GDP	31.58	37.93	36.07	32.15	32.14	30.83	39.66	32.33	28.46	31.71
	财政余额/GDP	0.43	-4.01	-6.24	-0.93	-3.73	-4.99	-15.29	-3.78	2.97	0.93
外债情况	外债总额存量	59.28	96.29	156	191.81	212	219.40	245.97	279.50	296.84	314.4
	外债负债率（%）	89.69	100.81	137	161.57	189	203.41	239.61	284.67	252.31	255.8
	偿债量/出口额（%）	6.97	5.38	26.4	31.01	22.1	35.29	25.89	53.84	97.92	133
	短期外债/外汇储备	15.97	23.83	21.9	69.54	144	184.13	198.52	104.84	87.29	67.83

资料来源：笔者根据相关资料整理而得。

蒙古国面临能源原材料产业占整体产业比重过大，且资源类产品深加工的技术能力有限的问题。统计显示，2019年采矿业占工业产值比重高达 57.5%。由此导致蒙古国经济增长高度依赖国际市场大宗商品价格，呈现出对资源价格波动极大的脆弱性和敏感性，经济周期性现象十分明显。2010年以来，受国际大宗商品价格变动和进出口规模变动的影响，蒙古国经济和GDP增速呈现巨大波动的特征，反映出蒙古国宏观经济稳定性较差，抵御外部市场冲击能力较差，对外贸易依赖度较高。由表6-9可知，2010—2013年，蒙古国国内经济受国际矿产品价格攀升的影响，GDP增速连续3年超10%，尤其是2011年GDP突破100亿美元关口，增速达到创纪录的17.3%，成为全球经济增速最快的新兴经济体之一，人均GDP也达到近十年历史最高水平4366.08美元。然而，2014—2016年，受国际市场矿产品价格低迷等外部因素和国内投资政策不稳定等内部因素的影响，蒙古国经济形势十分严峻，GDP和人均GDP均持续大幅下滑，增速显著放缓，其中2016年GDP增速降至近10年最低水平的1.17%，贸易总额逐年下降并跌破90亿美元关口。随着2016年末国际市场煤炭等大宗商品价格向上攀升，贸易总额逐步回升，蒙古国经济相应开始回暖，蒙古国经济稳中有升。2019年GDP达到139.97亿美元，创近十年来历史新高，同时保持5%以上的增速，人均GDP从3660美元左右增加至4339.84美元。2020年第一季度，受全球新冠疫情影响，蒙古国主要出口产品煤炭和铜精粉价格下跌，导致国际收支经常项目的逆差扩大，外汇储备减少，蒙古国经济急转直下，随后国际评级机构穆迪5月8日宣布，将蒙古国主权信用评级展望由"稳定"调低至"负面"。

蒙古国宏观经济运行不稳还受通胀压力影响。蒙古国通货膨胀率波动幅度十分剧烈并且通胀率整体居高不下，资产面临严重贬值的风险。根据GDP平减指数计算显示，2010年蒙古国通货膨胀率达到39.18%，创10年来历史纪录，随后两年下降至15.12%和12.78%，2013年通胀率又大幅降低至2.91%后在2014年开始快速反弹至7.45%，2015—2016年又迅速回落，通胀率分别降低至1.73%和2.23%，2017年再次大幅上升至10.53%，随后两年通胀率虽小幅度下降但仍维持在中高位运行，分别为8.41%和9.38%。通胀风险所带来的严重贬值极大削弱蒙古国民众对本国货币的信心，未来图格里克贬值或将持续存在，并影响经济社会稳定运行。

蒙古国存在较高的债务可持续性风险。究其原因：一方面，蒙古国经济结构不完善且单一，缺乏相关国内融资机制，必须依靠外债来发展本国经济，但不断扩大的外资存量规模会给其带来沉重的外债负担；另一方面，蒙古国作为资源导向型经济，外汇收入主要来自本国的矿产、煤炭等资源出口，当煤炭等主要出口产品价格骤然下跌和货币贬值相互叠加时，蒙古国的贸易收支将面临严重赤字，加重蒙古国外债负担，增大外债违约的信用风险。

根据表6-9衡量外债水平的4个经济指标，蒙古国对外负债十分严重，财政赤字严重，债务风险偏高。其一，蒙古国财政支出总体高于财政收入，财政长期赤字。其二，外债总额存量连创新高，自2010年起从59.28亿美元急剧扩大到2019年的314.45亿美元，年均增长率高达20.36%。蒙古国外债负债率（外债余额与GNI之比）也逐年上升，从89.69%攀升至255.83%，2017年更是达到历史最高峰284.67%，远高于国际公认的20%安全线，这意味着蒙古国的经济增长严重依赖外债。其三，从债务偿还能力看，一方面，偿还债务量占货物和服务出口收入指标自2013年起，指标数据连年上升，2017年迅速攀升至53.84%之后再度加速上涨至2019年133.09%，同样远超过国际公认的20%安全线。另一方面，从短期外债/外汇储备来看，虽然2010—2012年从

15.97%波浪式温和上涨至 21.87%，但 2013—2017 年该指标从 69.54%迅速上升到198.52%的峰值水平，之后才逐年下降至 2019 年的 67.83%，在 2014—2017 年间曾连续4 年高于国际公认的 100%安全线要求。蒙古国经济长期依赖高债务运行必然引发债务偿还不可持续的问题。2017 年初蒙古国政府就曾面临偿付危机，在国内民众捐款和国际社会的诸多援助下，其主权债务风险才有所缓解。虽然外部援助短期内极大地缓解了蒙古国的偿债压力，短期外债/外汇储备也连续两年下降至安全线以内，但蒙古国目前的外债总额存量已创历史新高，外债负债率和偿债总量也达近十年来的峰值，并大幅超过国际警戒线水平，因此债务可持续性面临严峻挑战，债务危机风险依然不容忽视。

第三，俄罗斯宏观经济脆弱性不可低估。俄罗斯同样面临能源原材料产业占整体产业比重过大，经济增长高度依赖国际市场大宗商品价格，呈现出对资源价格波动极大的脆弱性和敏感性的问题。

表 6-10 历年的统计资料显示，俄罗斯宏观经济运行指标中的 GDP、GDP 增速、人均GDP、汇率波动情况、商品进出口贸易、通货膨胀率等均因同期经济受乌克兰危机后国际制裁影响而发生恶化，但近年来各项指标均略有好转，整体财政赤字保持可控范围，经济虽有好转迹象，但 GDP 增速仍十分乏力，2019 年 GDP 总量仅略高于 2010 年，远低于 2013年的高峰。GDP 增速近年来也严重放缓，基本保持在 1%~2%低位运行，表明其经济发展水平较低。2010—2013 年，人均 GDP 逐年攀升至 15974.64 美元，但因西方制裁后降至2016 年的 8704.9 美元，随后又有好转，连续三年稳定保持在 11000 美元左右。总体而言，俄罗斯财政支出基本高于财政收入，但财政赤字占 GDP 比例近 10 年在 3%的警戒线水平附近，同时 2018—2019 年连续两年出现财政盈余，财政状况好转。

表 6-10 2010—2019 年俄罗斯主要经济指标　　　　　　　　　　单位：亿美元

指标类型	经济指标	2010 年	2011 年	2012 年	2013 年	2014 年	2015 年	2016 年	2017 年	2018 年	2019 年
宏观经济运行	GDP	15249	20459	22083	22925	20592	13635	12768	15742	16696	16998.8
	GDP 增速（%）	4.5	4.3	4.02	1.76	0.74	-1.97	0.19	1.83	2.54	1.34
	人均 GDP（美元）	10675	14311	15421	15975	14096	9313.	8704.9	10720	11370	11585
	通胀率（%）	14.19	24.46	8.91	5.32	7.49	7.25	2.84	5.35	11.10	3.78
	商品贸易总额	6259.8	8231	8409.6	8422	7845	5267	5092.2	6392	6917.21	6738.8
	商品出口	3970.68	5169.9	5247.6	5272.7	4978	3439	3017.8	3792	4514.95	4267
	商品进口	2289.12	3060.9	3162	3150	2866.5	1828	2074.4	2599.7	2402.26	2471.6
	外汇储备	4792.22	4974.1	5378	5097	3862.2	3680	3770.5	4327	4686.45	5552
	汇率波动	30.37	29.38	30.84	31.84	38.4	60.94	67.06	58.34	62.67	64.74
财政情况	财政收入/GDP	32.31	34.69	34.41	33.49	33.9	31.89	32.92	33.36	35.28	35.54
	财政支出/GDP	35.51	33.26	34.03	34.65	35	35.27	36.59	34.83	32.38	33.62
	财政收支余额/GDP	-3.19	1.43	0.38	-1.16	-1.07	-3.39	-3.67	-1.47	2.90	1.92

续表

指标类型	经济指标	2010 年	2011 年	2012 年	2013 年	2014 年	2015 年	2016 年	2017 年	2018 年	2019 年
外债情况	外债总额	4178	5443	5917	6684	5496	4677	5332	5181.91	4538	4907
	外债负债率（%）	27.41	27.41	27.65	30.21	27.60	35.28	42.96	33.82	27.88	29.80
	偿债量/出口额（%）	11.61	7.25	7.85	8.03	14.57	23.48	19.18	17.75	19.59	17.58
	短期外债/外汇储备	12.56	14.05	15.23	16.48	15.98	11.44	11.96	11.79	10.31	10.39

俄罗斯宏观经济运行长期受通货膨胀不稳定波动的影响。根据 GDP 平减指数计算显示，2011 年通货膨胀率达到 24.46%，创 10 年来历史纪录，随后向下波动降至 2016 年的 2.84%，但在 2018 年又冲高至 11.10%，随后降至 3.78%。虽然近期俄经济复苏势头良好，但仍面临巨大通胀压力，通胀水平已超过俄罗斯银行的预期。俄罗斯央行表示，自 2021 年以来，通胀压力增大已成俄经济复苏的主要威胁。俄罗斯通胀率的不稳定波动会破坏经济发展，资产安全面临较严重贬值的风险，导致资本大量外流，不利于其经济的稳定。

综上所述，中蒙俄三国均在不同程度上受国际经济周期性影响，但是蒙、俄两国宏观经济运行面临的周期性风险影响较为明显，存在宏观经济运行长期不稳定的问题，尤以蒙古国最为突出。

（二）俄蒙基础设施因素的制约是影响合作的重要"瓶颈"

空间距离造成的高运输成本是影响中蒙俄经济走廊合作机制建设的重要原因，而运输成本主要与基础设施有关。在中蒙俄经济走廊中，尽管中国的基础设施建设较俄蒙良好，但由于俄蒙两国的基础设施建设比较落后，严重影响三国合作的开展。

蒙古国交通基础设施建设进展缓慢，已经成为经济发展和矿业开发的主要"瓶颈"因素。蒙古国只有一条铁路贯穿南北，铁路设备和技术老化严重，已有设备供应不足。根据蒙古国统计局数据，2015 年蒙古国铁路载货量只有 3582 万吨，远远不能满足大宗矿产品的对外运输的需求。蒙古国学者恩和玛尔勒的研究指出，蒙古国 2017—2020 年铁路运输供求关系仍将保持相当紧张的程度。蒙古国全国只有 1/5 的公路为柏油路，其余基本上是土路和砂石路为主；蒙古国至今没有自己的输气、输油管道系统；蒙古国三大电网相互独立且设施陈旧，2015 年总装机容量为 6930 兆瓦，远远满足不了国内的需求；蒙方口岸设施陈旧且信息化程度低的情况同样堪忧。蒙古国水资源非常短缺，水资源配套设施的不足也是未来制约能矿资源开发的重要硬件"瓶颈"。

俄方基础设施同样不容乐观，交通基础设施基本还是苏联时期建设的，俄罗斯独立以来基本在基础设施建设方面没有进展，而俄东部地区的基础设施情况则更为糟糕。根据公开的统计数据显示，远东地区是俄罗斯公路、铁路网络密度最稀疏的地区，公路方面每 1 万平方公里只有 6.1 公里，铁路每 1 万平方公里为 13 公里。俄罗斯在近年来的多次国情咨文中，将发展西伯利亚和远东定位为俄罗斯 21 世纪的发展方向和俄罗斯整个 21 世纪的优先目标。可见，俄罗斯推进中蒙俄经济走廊建设，其主要战略意图是振兴东部地区经济社会发展。然而，更为严重的是俄罗斯东部地区的交通运输港口配套设施及物流信息管理系统陈旧且供给不足，已经事实上阻碍了中蒙俄交通经济带实质性合作的推进。中蒙俄经济走廊是以基础设施建设为基础的，两国的落后状态带来的高运输成本必然会阻碍中蒙俄经济走廊的建设。

（三）资金短缺及边境口岸带动效应问题一直未能解决

俄罗斯与蒙古国是严重资本短缺的国家，资本短缺已经严重影响到两国诸多建设项目实施。不仅如此，在中蒙俄经贸合作中，低端贸易、再加工贸易、规模不大的项目投资以及双边贸易投资一体化程度不高等特点突出，特别是边境口岸带动效应问题一直未能解决。上述诸多问题极大地制约了民间企业经贸合作热情。

为了反映中蒙俄边境口岸与口岸城市发展的关系，本书借鉴国内外学者通常使用的相对集中指数 RCI 概念来度量二者的相关性。本书以内蒙古边境口岸与口岸城市为例，利用改进的 RCI 指数分析 2006—2020 年内蒙古 16 个边境口岸与口岸城市之间发展的带动作用和支撑能力。

其一，内蒙古口岸与口岸城市发展概况。内蒙古地处东北、华北、西北地区，内联八省，外接俄蒙，具有独特的区位优势，与蒙古国和俄罗斯的边境线长达 4221 千米，占全国陆地边境线的 19.2%，是向北开放的重要桥头堡，也是"中蒙俄经济走廊"建设的重要组成部分。目前内蒙古共有 16 个经国务院批准的对外开放口岸，其中航空口岸 3 个，铁路口岸 2 个，公路口岸 11 个；对俄罗斯口岸有 4 个，对蒙古国口岸有 9 个。内蒙古口岸所依托的载体城市（旗县、市）呈现东多西少的布局。除航空口岸外，东部口岸城市（旗县、市）包括二连浩特市、东乌珠穆沁旗、阿尔山市、新巴尔虎左旗、新巴尔虎右旗、满洲里市和额尔古纳市；西部口岸城市（旗县、市）（以下统称为口岸城市）包括达尔汗茂名安联合旗、乌拉特中旗和额济纳旗。内蒙古口岸城市自古就是草原丝绸之路的重要节点，东部口岸城市连接俄罗斯、蒙古国及欧洲腹地，是亚欧大通道的重要平台和组成部分；西部口岸城市与宁夏、青海和新疆相连，为沙漠丝绸之路即传统丝绸之路提供重要支撑和保障。随着"一带一路"倡议的稳步推进，内蒙古口岸城市的经济发展和人民生活水平不断提高，各项功能正在逐步完善，对口岸的支撑作用逐渐增强。内蒙古边境口岸与口岸城市都呈现出良好的发展局面，但是，口岸与口岸城市的发展是否达到平衡状态，口岸与城市的相互依赖程度是否超出了现有的范围，这些问题仍需进行具体的分析与评定。

其二，内蒙古边境口岸与口岸城市的关系评价。本书引入相对集中指数 RCI 的概念对内蒙古边境口岸与口岸城市发展的关系进行评价。RCI 指数是由 Vallega 在 1979 年提出并用于分析地中海地区的港口和与之关联的居民点之间的组织关系，之后逐渐被应用于港口与港口城市之间的关系研究。其公式如下：

$$RCI = \left(\frac{T_i}{\sum_{i=1}^{n} T_i} \right) \Big/ \left(\frac{P_i}{\sum_{i=1}^{n} P_i} \right)$$

式中，T_i 表示第 i 个港口的货物吞吐量，$\sum_{i=1}^{n} T_i$ 表示研究区域所有港口的货物吞吐量；P_i 表示第 i 个港口城市的总人口，$\sum_{i=1}^{n} P_i$ 表示研究区域所有港口的总人口。

近几年来，相对集中指数被广泛使用在研究口岸与口岸城市的相关关系中，本书在借鉴国内外学者相关研究的基础上，根据内蒙古边境口岸和口岸城市的发展现状，采用改进的 RCI 指标对内蒙古边境口岸及口岸城市发展进行定量评判。在口岸发展水平主要综合考虑口岸进出口货运量和出入境人员，口岸城市发展水平主要考虑城市经济、社会等多个方面的指标来反映，具体指标见表 6-11。

表 6-11 口岸与口岸城市发展关系评价指标体系

X_1：口岸发展水平	Y_2：口岸城市发展水平
T_{i1}：进出口货运量（万吨） T_{i2}：出入境人员（万人）	P_{i1}：年末总人口（万人） P_{i2}：GDP 总量（万元） P_{i3}：全社会固定资产投资（万元） P_{i4}：社会消费品零售总额（万元）

改进后的 RCI 指数公式如下：

$$X_1 = (T_{i1} / \sum T_1) W_{T1} + (T_{i2} / \sum T_2) W_{T2}$$

$$Y_2 = (P_{i1} / \sum P_1) W_{P1} + (P_{i2} / \sum P_2) W_{P2} + (P_{i3} / \sum P_3) W_{P3} + (P_{i4} / \sum P_4) W_{P4}$$

$$RCI' = X_1 / Y_2$$

式中，W_{ij} 表示各项指标的权重系数。由于主观赋权法存在很大的随机性和不确定性，故本书采取客观赋权法中的熵值法计算上式各项指标的权重值。

本书的研究区域为内蒙古陆运边境口岸及其所在的旗县市。剔除外贸货运量为零的阿尔山口岸，合并公路、铁路并举的满洲里和二连浩特口岸数据。同样，由于黑山头和室韦口岸的载体城市均属于额尔古纳市，故在计算额尔古纳市的 RCI' 值时，也需将黑山头和室韦口岸的数据进行合并。因此，本书的研究范围调整至 10 个边境口岸和其所在的 9 个口岸城市。本书的数据主要来源于 2006—2020 年《中国口岸统计年鉴》《内蒙古统计年鉴》，数据时间段为 15 年。

对内蒙古 2006—2020 年各边境口岸与口岸城市 RCI 的实证研究见表 6-12。

表 6-12 2006—2020 年内蒙古各边境口岸与口岸城市 RCI 值指数

年份	满洲里	二连浩特	额尔古纳（室韦）	乌拉特中旗（甘其毛都）	额济纳旗（策克）	东乌珠穆沁旗	达茂旗（满都拉）	新巴尔虎左旗	新巴尔虎右旗
2006	1.34	6.39	0.06	0.30	1.99	0.04	0.03	0.07	0.13
2007	2.11	3.94	0.08	0.32	0.60	0.06	0.02	0.09	0.14
2008	1.94	4.30	0.12	0.40	0.97	0.10	0.02	0.06	0.11
2009	1.78	4.67	0.15	0.38	1.79	0.12	0.03	0.10	0.13
2010	1.66	4.18	0.40	0.80	2.62	0.07	0.03	0.03	0.11
2011	1.37	4.56	0.15	0.91	2.83	0.11	0.04	0.05	0.10
2012	1.44	4.43	0.18	0.95	2.08	0.14	0.07	0.05	0.12

年份	满洲里	二连浩特	额尔古纳（室韦）	乌拉特中旗（甘其毛都）	额济纳旗（策克）	东乌珠穆沁旗	达茂旗（满都拉）	新巴尔虎左旗	新巴尔虎右旗
2013	1.53	4.56	0.23	0.82	1.47	0.15	0.04	0.05	0.12
2014	1.44	4.30	0.25	0.98	1.60	0.17	0.03	0.14	0.13
2015	1.40	4.36	0.29	0.71	1.95	0.19	0.06	0.31	0.21
2016	1.26	3.91	0.24	1.07	2.15	0.17	0.08	0.31	0.23
2017	1.25	3.58	0.12	1.38	1.71	0.21	0.11	0.32	0.19
2018	1.11	3.24	0.03	1.38	0.93	0.18	0.21	0.22	0.28
2019	1.09	3.10	0.03	1.58	0.87	0.16	0.22	0.27	0.31
2020	0.99	2.55	0.01	1.94	1.56	0.10	0.11	0.27	0.07

资料来源：根据各年度《中国口岸统计年鉴》和《内蒙古统计年鉴》计算所得。

对于二连浩特，2017 年 RCI 值为 3.58，2020 年降为 2.55；对于满洲里，2017 年 RCI 值为 1.25，2020 年为 0.99；对于达茂旗，2017 年和 2020 年 RCI 值为 0.11；对于额尔古纳，2017 年为 0.12，2020 年降为 0.01。根据国内外相关学者研究结论，若 RCI=1，则表示口岸与口岸城市发展的关系相对均衡；若 RCI>1，则表示该口岸的口岸功能大于城市功能，RCI 值越大，口岸对城市的拉动作用越强，同时也说明城市现有功能对城市发展的贡献越小，城市发展对口岸功能的依赖程度越大，需进一步完善城市功能；若 RCI<1，则表示口岸的功能弱于城市的功能，且 RCI 值越小，口岸对城市的拉动作用越弱，城市其他功能对城市发展的贡献越强，城市对口岸的依赖程度也越小。按照这个标准，初步得出，满洲里口岸与城市关系相对均衡；二连浩特口岸功能非常突出，城市与口岸明显不均衡发展；进入 2020 年策克口岸和甘其毛都口岸功能也明显增强，其他大多数城市的口岸功能大大弱于城市功能。

按照 Ducruet、陈航等利用 RCI 指数对港口城市类型的界定，本书基于改进的 RCI 模型对口岸城市划分为一般内陆城市、边境口岸城市、典型口岸城市、门户口岸城市和枢纽口岸城市 5 种类型（见表 6-13）。需要说明的是，虽然本书运用改进的 RCI 指数评价口岸与口岸城市之间的关系，但其内涵和意义并没有改变，因此评价结果同样适用于 RCI 指数的基本原理和 Ducruet 所提出的界定方法。

表 6-13 基于 RCI′ 的口岸城市类型

口岸类型	RCI′值范围	口岸城市特征
一般内陆城市	RCI′<0.33	城市功能明显高于口岸功能，岸城关系较弱，城市发展对口岸的依赖程度很低，发展模式与内陆城市相似
边境口岸城市	0.33≤RCI′<0.75	城市功能大于口岸功能，城市自身功能比较完善，对口岸发展有一定的促进作用
典型口岸城市	0.75≤RCI′≤1.25	岸城关系属于理想的均衡状态。口岸与城市发展互为依托、相互促进，具有明显的口岸城市特征

口岸类型	RCI'值范围	口岸城市特征
门户口岸城市	1.25<RCI'≤3	口岸功能大于城市功能，口岸发展对城市的带动作用较强，城市发展对口岸有一定的依赖性
枢纽口岸城市	RCI'>3	口岸功能显著高于城市功能，岸城关系松散，城市无法对口岸发展形成有效的支撑作用，对口岸的依赖性极强

分别将 2017 年和 2020 年内蒙古边境口岸城市的 RCI'指数与表 6-12 和表 6-13 所示的判定标准进行对比，结果显示：2017 年内蒙古边境口岸城市可划分为枢纽口岸城市（二连浩特）、门户口岸城市（乌拉特中旗、额济纳旗）、典型口岸城市（满洲里），其余大多数为一般内陆城市（如额尔古纳、东乌珠穆沁旗、达茂旗、新巴尔虎左旗、新巴尔虎右旗）四种类型。2020 年相比 2017 年，二连浩特已经由枢纽口岸城市降为门户口岸城市；满洲里依然是典型口岸城市，其他口岸城市的类型没有变化。

二连浩特市是中国对蒙古国最大口岸城市，尽管近几年由唯一的枢纽口岸城市（2017 年）降为门户口岸城市，从指标对比看，仍然说明口岸发展水平远超过城市发展水平，口岸与城市发展整体的协同度较低，城市经济的发展基本上是由口岸带动的，一旦口岸经济出现疲软，城市发展必定会受到重大影响。当前，二连浩特已成为中国对蒙古国开放最大的陆路口岸，从 2011 年开始，口岸进出口货运量已达千万吨以上，并以每年 8%左右的速度递增。但从城市发展的角度来看，二连浩特市现有的城市发展水平无法为口岸发展提供足够的支撑作用，原因在于：一是城市基础设施建设与公共服务设施建设落后，与国家全面对外开放格局战略的要求不匹配；二是流动人口较少，难以形成发达的商贸流通格局和产业组织多样化的需求；三是产业结构稳定性较差，如 2015 年二连浩特市的产业结构为 1.7：25.7：72.6，已达到发达地区的产业结构形态，但是城市实际发展水平并非如此。第三产业所占比例较高并不是由第一、第二产业的支撑发展起来的，而是由于口岸发展的特殊地位所致，城市经济容易受到口岸发展的牵制。

满洲里 2015 年为门户口岸城市，2016—2017 年已经逐步转向典型口岸城市。满洲里是中国最大的对俄口岸，承担着超过 2/3 的中俄陆路贸易运输任务，与俄罗斯远东工业中心之一的赤塔及蒙古国的乔巴山构成了"黄金三角"，在中蒙俄经济走廊建设中实现跨境区域合作具有极为重要的战略地位。目前，经由满洲里口岸进口的货物流向全国 29 个省（自治区、直辖市）。与其他口岸城市相比，满洲里市的 RCI'指数值更加接近城市与口岸协调发展的均衡状态。城市发展的各项指标在内蒙古边境城市中处于较高水平，对口岸的依赖程度与枢纽口岸城市相比有所降低，但还未达到口岸与城市发展相互促进的理想状态，因此，在今后的城市建设中，应将重点放在完善城市功能和提高城市区域影响力方面。

从 2017—2020 年数据来看，乌拉特中旗、额济纳旗为门户口岸城市。作为门户口岸城市，口岸的发展略快于口岸城市发展，对城市的带动作用较强。内蒙古其余口岸城市为一般内陆城市包括 6 个口岸，分别为珠恩嘎达布其、黑山头、室韦、满都拉、额布都格和阿日哈沙特。属于这一类型的口岸城市，城市的功能明显强于口岸的功能，城市发展基本不以口岸为依托，发展轨迹与内陆地区城市相似。

通常情况下 1.25≥RCI≥0.75，意味着口岸与城市发展互为依托、相互促进，岸城关系属于理想状态，其他情况大多表明岸城关系松散。根据这个标准，目前 2020 年只有满洲里的岸城关系越来越趋于和谐，在 2019 年满洲里和额济纳旗符合理想状态，其他绝大多数的内蒙古边境口岸与口岸城市发展的关系总体上处于不平衡状态。实证研究结果表明：第一，中蒙俄边境口岸的"过货化"地位过于突出，没有对城市经济发展起到明显的带动作用或带动作用很低；第二，口岸所在城市的产业基础比较薄弱，没有基于口岸区位条件来发展特色产业或产业集群；第三，属于内陆型城市的口岸没有真正发挥作用，对口岸城市发展的贡献较低。目前，尽管满洲里和二连浩特分别是中国最大的对俄和对蒙陆路口岸，然而这些边境口岸同样存在的问题是口岸功能突出，对当地辐射带动作用弱，同时口岸所在城市发展水平无法为口岸发展提供足够的支撑作用，从而没有形成口岸与城市经济发展相互促进且协同发展的状态。因此，如果不提升边境口岸—城市整体协同经济带建设，必将会影响中蒙俄经济走廊经贸合作的积极性和口岸服务质量的提升。

三、高度警惕认同风险及社会治安方面的潜在威胁

蒙、俄两国社会治安问题和媒体频繁炒作"中国威胁论"等偏见报道是中蒙俄经济走廊社会风险的主要表现。由于历史的演变和一些现实的原因，三国人民彼此之间存在误解与偏见，而民众之间的理解程度决定了国家关系的深度和可靠度。我们除了要高度警惕中国境内的部分群体离间中俄关系的偏见倾向外，这里重点关注蒙、俄两国存在的对华认同风险。随着中国经济实力和国家综合国力的不断增强，俄蒙社会一度对中国产生抵抗情绪。蒙俄国内存在严重的民族主义问题。诸如"经济资源民族主义"威胁、对中国的担忧，特别是部分媒体在涉华问题叙述上的偏见和负面报道，以及频繁炒作"中国威胁论"，以致降低当地民众对中国的认同感和友好度。长期以来正是政治和安全上的顾虑削弱了该地区对交通基础设施建设的投资。因此，需要警惕蒙古国和俄罗斯一些个人和组织利用环境问题、民族宗教隔阂问题以及历史等问题，把话语认同这种隐性风险转化成社会显性风险，即进行专门针对华人和中资企业的歧视性行为，甚至发动包括"反华、排华"运动。

（一）"中国威胁论"等负面话语短时间难以消解

其一，"中国威胁论"等涉华负面认知在蒙古国和俄罗斯仍具有一定市场。对蒙古国民众的调查显示，超过 60% 的受访者表示其收到的有关中国的消息大多是负面的，23% 左右的受访者认为其收到的信息是中性的，而只有不到 10% 的人表示他们收到的消息大多是正面的。在这其中 69% 的受访者选择了脸书（Facebook）和其他社交媒体作为信息获取的主要来源，随后才是电视和网站。但是，脸书上有关涉华信息的观点大部分具有民族主义色彩。例如拥有数十万粉丝的 DMNN 就定期发布中国公司在蒙古国的活动信息，特别是在矿业和建筑业，敦促蒙古国人民以保护环境、经济和主权的名义驱逐中国公司和公民。除网络社交媒体外，蒙古国其他部分媒体对少数中国企业在蒙从事矿业过程中未按规定履行相关环保措施造成污染问题进行大肆报道，对在蒙中资企业整体形

象造成负面影响等。这种负面的报道，极易引发针对中国公司和公民的暴力事件。近年来，在蒙古国针对中资企业和公民的暴力犯罪问题有所凸显。另外，俄学者拉琳娜对生活在太平洋彼岸的俄罗斯居民进行了调查，分析表明大约有15%的俄罗斯居民完全不信任中国，24%的受访者并不完全信任中国，同时有71%的调查者认为存在"中国威胁论"，中国是对俄罗斯产生威胁第二大的国家。由此可见，中俄之间民间信任程度并不高，对于相互理解和相互信任的加强还需要进一步的努力。总而言之，由"中国威胁论"衍生出来的诸多问题共同构成了影响中蒙俄经济走廊高质量发展的阻碍因素，不利于中国与蒙俄两国之间增强政治互信和经贸互利合作。

值得一提的是，蒙古国涉华的负面舆论在政治选举期尤为突出，不时流露出反华情绪，意图通过推动反华情绪达到捞取政治资本的目的。蒙古国政客为了捞取政治资本，经常抹黑中国，到选举时将反华言行作为自己竞选的工具捞取选票，这些也在一定程度上破坏了中蒙两国之间友好合作的和谐氛围，造成对外政治生态的严重恶化。例如，2017年总统巴图勒嘎为了竞选的需要，当时大肆宣扬中国威胁舆论，不仅对蒙古国自身发展形成不利影响，也使中蒙双边合作停滞，第四次中俄蒙领导人多边会晤中断，导致中蒙俄经济走廊规划难以顺利推进落实。巴图勒嘎通过煽动蒙古国公众的反华情绪来进行的民粹主义总统竞选活动，在短期内来看能够迅速达成政治目的，但长期来看这无异于饮鸩止渴，可能引发民粹主义绑架政治的后果，造成蒙古国国内政治稳定失衡，甚至有导致社会失序可能性。不仅如此，蒙古国一些政要利用宗教扩大自己影响力的反华投机心理还表现在多次允许达赖喇嘛窜访蒙古国，损害中蒙关系的政治基础，同样对中蒙相关的合作造成巨大冲击。蒙古国传统宗教与达赖喇嘛的关系以及蒙古国存在的达赖喇嘛教徒对中蒙两国关系产生了一定的负面影响。近几年"藏独"势力小动作不断，使得达赖喇嘛问题是中蒙关系中的敏感问题。例如，2016年蒙古国政府不顾中方的强烈反对，第九次允许达赖喇嘛窜访蒙古国，政府给予了高规格的接待，还肆意允许达赖喇嘛干扰十世哲布尊丹巴的产生。达赖喇嘛通过宗教途径窜访蒙古国，其影响和后果超出了宗教范畴，对蒙中关系发展产生了负面影响，中方为此采取了双边会议无限期推迟，双方经济合作暂停的反制措施，直到2017年4月被推迟的政府间互联互通与能源会议才召开，暂停的经济合作全面启动，随后蒙古国总理访华并出席"一带一路"国际合作高峰论坛。

其二，"中国威胁论"的基本动因。"中国威胁论"是西方对中国负面叙述主题中最受关注的一点，关于"中国威胁论"的各种版本在历史上层出不穷。例如，"黄祸论"出现在19世纪末20世纪初，"红色威胁"出现在新中国成立初期，还有随着近年来中国军事和经济实力的逐渐强大，"妖魔化"中国的宣传又沉渣泛起。西方国家极力渲染的"中国威胁论"配合东道国媒体和个人的虚假报道，不仅抹黑中国国际形象，增加国际社会对中国的怀疑和不认同感，恶化同周边国家的政治、经济、社会交流合作环境，而且增加中国同其他国家的经济摩擦，让中国不得不面临更加复杂多变的国际环境和承受更多的外部压力。

目前，蒙、俄国内部分群体炒作"中国威胁论"的根本原因：一是三国文化和历史观差异较大。各国的历史发展道路、文化背景、经济社会发展水平、民族习惯和生产生活方式等因素，必定会形成较大的文化差异和不同的历史观取向。在文化方面，中国崇尚儒释道合一，倡导自然与人性的统一，承认多元文化，包容性强，倡导和合、大一统的天下史观，强调儒家仁义道德的伦理性文化。蒙古国以长生天与成吉思汗祖先为代表，信奉萨满教和藏传佛教，以民族文化为主体。近年来，中蒙两国在宗教问题上的矛盾严重影响了两国之间的友好往来。佛教是蒙古国文化的最重要组成部分，并在蒙古国宗教界居主导地位，无论在历史上还是今天的蒙古国内都发挥着重要的团结和稳定民众的作用。正因为如此，蒙古国传统宗教很容易与达赖喇嘛的关系联系起来，处理不妥当就容易恶化蒙古国政治文化生态环境，对中蒙两国关系产生较大的负面影响。中蒙民族文化认知差异导致两国民间关系并不像两国官方关系那样友好。从历史观因素看，中蒙民众对共有的历史存在很大争议，如两国民众中间存在的对成吉思汗的归属之争，中国人将成吉思汗视为民族英雄，这一看法无法得到蒙古国多数民众认可和理解。对俄罗斯来说，由于横跨欧亚大陆，东西方文化的相互交融构成了兼具东西方基因、矛盾又统一的二元性文化，俄罗斯信仰东正教，带有宗教性的东西方文化色彩，表明其与中国文化距离较远。

二是蒙俄对来自中国方面安全的担忧是负面话语叙述扩散传播的重要因素。蒙古国内滋生的多数安全困境和压力都与其对中国的负面的想象有关。从现实角度看，蒙古国对于中国经济快速增长心态矛盾，既想搭车又怕受牵制。进入21世纪以来，随着中国综合国力的显著增强，蒙古国调整对华战略，于2011年将中蒙两国关系升级为战略伙伴关系，两国在多领域的合作不断深化，其中在经贸领域中国连续十几年成为蒙古国最大的贸易伙伴和最大的投资来源国，但这也同时引起了一些蒙古国民众对过度依赖中国是否会受制于中国的担心。在蒙古国报纸及网络评论中，经常可以看到很多蒙古国人对中国存在比较偏激的看法，认为中国帮助蒙古国是有目的的，对中国国有矿业公司对蒙古国投资抱有十分强烈的怀疑。有学者指出，蒙古国对于中国的长久恐惧和不安，担心中国会试图再次占领蒙古国的心态，使中蒙间关系充满忧虑。目前蒙古国的反华情绪往往是通过自然资源、矿产开采和生态等棱镜来解读的。由于中国对蒙古国直接投资大量集中在资源或能源类行业，在中国收购类似采矿权等时极易引发蒙古国对本国经济稳定、主权领土的担忧，这种担忧经过媒体话语的放大后，或多或少地令蒙古国政府和人民加深关于"中国威胁论"的"可信度"。

俄罗斯对华经贸合作立场一直具有两面性。存在既想借助中国力量发展振兴远东地区，又担心中国人力和资本大规模进入会损害其国家利益的矛盾。虽然中俄已成功通过和平协商谈判解决所有边界问题，但由于远东地区的历史就是"沙俄侵华史"与"中俄对峙史"的交织，领土合法性问题一直是远东俄罗斯人沉重的心理负担，因此担心有"失去远东"的危险和担心中国国力增强后会挤占俄罗斯的地缘政治生存空间。例如，2021年3月21日，俄罗斯远东哈巴罗夫斯克地区90%的当地投票者反对在该地建设由中国主导的甲醇项目，当地民众解释反对的原因是担心外国人，主要是中国人可能会占领其领土。

三是蒙俄民粹主义和民族主义相互交织带来的风险挑战不容忽视。蒙、俄一些政治团体基于政治、经济因素考虑，借环保问题经常掀起指向中国的"经济民族主义"风潮，这种民族主义思想不利于推动三国合作的开展，给中国的投资安全带来较大风险。进入21世纪以来，受全球化影响的蒙古国内甚至滋生出一定的极端民族主义思潮，反俄、反华的民族主义思想不断泛起涟漪。近十年来，蒙古国民粹主义倾向凸显，政府在对外合作中，打着捍卫本国利益旗号，走迎合民众的具有民族主义倾向的民粹主义路线，这在矿产资源领域对外政策表现得尤为显著。上述表现都对中蒙俄经济走廊建设带来巨大挑战。

（二）蒙古国和俄罗斯国内社会治安风险较高

改革开放以来，中国不仅保持长期经济高速增长奇迹，而且也创造了长期社会稳定的奇迹。相比中国，蒙、俄两国社会治安水平都差强人意，安全事件频频发生。其一，蒙古国经济发展不均衡不稳定的问题和国民普遍崇尚饮酒的风气导致其犯罪率居高不下，社会治安状况恶劣，在蒙中国公民和企业的人身及财产安全难以保障，盗窃抢劫和人身攻击事件时有发生。一方面，虽然蒙古国近年来经济状况有所好转，但总体经济发展情况仍不乐观，社会财富分配不均，两极分化更加严重，青年人失业率较高，直接影响到社会治安状况；另一方面，蒙古国民众普遍尚酒，人均酒精摄入量较高，因醉酒后引发的犯罪案件频发且难以杜绝，造成社会治安状况较差。其二，俄罗斯治安问题突出，难以完全保障包括中国在内的海外公司和外国人的人身及财产安全。首先，俄罗斯涉黑组织规模和数量庞大，同时呈现出向政治、经济领域渗透的趋势。据统计，俄罗斯黑社会在不同程度上控制了全国约 4 万家公司和银行。其次，由于民族宗教问题和极端主义思想的存在，俄罗斯的恐怖主义事件屡禁不止，给当地民众和海外投资者的安全构成了严重威胁。

四、走廊建设受自然环境风险与公共卫生突发事件影响

中蒙俄经济走廊易受自然环境风险与公共卫生突发事件的影响。一方面，经济走廊高质量发展受自然环境状况及有关国家标准的约束。蒙古国生态脆弱敏感，环境承载力有限，面临极端天气事件、生物多样性、土地荒漠化、水资源和空气污染等方面的严峻挑战。俄罗斯则因环境规制严苛，使企业在投资经营过程中需要考虑环境保护、污染物处理、可持续发展等问题，否则将承受高昂的违法代价，导致企业面临的自然环境风险上升。另一方面，中蒙俄经济走廊沿线国家总体上存在公共医疗服务不足问题，一旦出现公共卫生突发事件的蔓延，对经济走廊的高质量发展带来较大的风险挑战。

（一）自然环境状况及相关规制标准的约束

经济走廊高质量发展受自然环境状况及有关国家标准的约束。中国与蒙、俄边境毗邻的省份生态环境系统脆弱，位于冻土和沙漠化影响区域。根据董锁成等研究表明，内蒙古呼伦贝尔市南部以及黑龙江省为冻土高风险地区，内蒙古呼伦贝尔中部和黑龙江省的西北部为冻土中风险地带，意味着该区域极易受突发性地质灾害影响。由于此上述冻土影响区域与俄罗斯接壤，因而对中俄跨境铁路、公路和油气管道施工项目的安全也构成潜在威胁。就沙漠化而言，虽然二连浩特东部和南部地区为中风险地区，但是，经过中国政府和人民的生态修复工程，内蒙古呼和浩特、乌兰察布和锡林郭勒等重点治理地区植被面积恢复显著，生态环境趋于良好，沙漠化风险降低，表明中国生态修复工程取

得了显著成效。

然而，蒙古国是世界上最容易发生灾害的国家之一，其面临的环境风险十分严峻，不容忽视。基于世界经济论坛《2020年全球风险报告》的环境风险框架，蒙古国在极端天气事件，生物多样性，土地荒漠化、水资源和空气污染等方面面临严峻挑战。第一，蒙古国独特的地理位置、恶劣的气候以及该国农村人口对畜牧业的依赖，使其易受气候变化的影响，尤其是近年来蒙古国极端天气事件频发。有学者指出，蒙古国的畜牧业极易受到气候变化的影响，极端气候严冬是导致牲畜大量死亡的首要原因。蒙古国游牧民也普遍认为近年来严冬发生的频率越来越高，而且似乎越来越严重。根据蒙古国统计局的数据，2018年蒙古国的严冬灾害已致70多万头牲畜死亡，是2011年以来死亡数最多的一年。2020年1月2日，据蒙古国国家气象和环境监测局2020年卫星数据显示，该国50%以上的地区面临严冬的风险，25%的地区处于中度风险。第二，蒙古国的非法狩猎和野生动物贸易在一定程度上对保持生物多样性构成了威胁，破坏了生态平衡的稳定性。伦敦动物协会于2005年和2018年发布的报告均显示蒙古国非法捕杀野生动物的现象并未改善。第三，极端天气事件迫使大量农村游牧家庭移居城市，而落后有限的市政基础设施却无法承载如此庞大的城市新移民群体，这加剧了城市的空气污染和水污染问题，产生新的公共健康危机。世界卫生组织的报告指出，涌入城市后居住在"蒙古包"地区的大量农村移民家庭在冬季长时间使用煤炭取暖是造成乌兰巴托空气污染问题加剧的最主要原因，这导致乌兰巴托 $PM_{2.5}$ 曾达到世界卫生组织最高建议水平的133倍，并对当地儿童的健康和国家福祉构成长期巨大的威胁。此外，因缺乏安全可靠的给排水基础设施管网，城市人口增加所带来的大量家庭废水污染外围河流，影响下游居民取水安全，大幅升高公共卫生风险。最后，数量庞大的山羊导致的过度放牧和气候变化引发的湖泊河流干涸都加剧了蒙古国生态环境的脆弱性，造成荒漠化现象。截至2020年底，蒙古国山羊数量已连续7年突破2000万头，年末总数高达2772万头。据相关环境组织调查发现，受过度放牧和气候变化的影响，蒙古国65%的草原已经退化。2021年3月中旬出现在中国北方地区的高强度沙尘暴就源于蒙古国境内，此事件一定程度上反映了环境状况对中蒙高质量建设经济走廊的制约。

俄罗斯环境规制严苛，自然环境风险高。环境规制是指一国和地区在环境保护方面制定的各类法律法规和政策措施等。学者在评估目标国家或地区的环境规制水平时普遍把环境绩效指标或污染治理成本作为其代理变量。换句话说，环境绩效水平越高，意味着环境规制越严苛，企业在投资经营过程中所面临的自然环境风险就越高。本书借助耶鲁大学和哥伦比亚大学联合编制的环境绩效指数（Environmental Performance Index, EPI）评估俄罗斯环境规制水平，进而反映俄罗斯的自然风险程度。根据2020年EPI报告显示，俄罗斯在全球180个对象国家中排名第58位，在12个苏联国家中排名第3位，在农业可持续、空气质量、污染物排放方面排名更加靠前，分别排名全球第26位、47位、50位，在12个苏联国家中排名第3位、1位、2位。另外，俄罗斯EPI十年间得分变化呈正向趋势发展，在27个新兴市场国家中排名第14位，高于平均水平。总体而言，以上数据表明俄罗斯在环境规制方面的要求较大多数国家而言偏高且正在不断提升，意味着其逐渐重视环境保护问题，环境保护问题也因而成为外商对俄合作面临的重要挑战。

（二）公共医疗服务供给不足

中蒙俄经济走廊沿线国家总体上存在公共医疗服务不足问题，一旦出现公共卫生突发事件的蔓延之势，将对经济走廊的高质量发展带来较大的风险挑战。特别是蒙古国存在卫生基础设施投入不足，医疗用品主要依赖外国进口，医疗技术水平和设施有待提高和完善，卫生治理体系落后，专业医护人员数量不足，公共卫生应急能力脆弱等严重问题。俄罗斯经过改革，公共医疗服务情况有所改善，但医疗资源供应不足问题依然突出，俄罗斯医疗机构还面临关键治疗设备老旧失修、无法使用等问题。2020 年席卷全球的新冠疫情，让我们看到了公共卫生突发事件对中蒙俄经济走廊建设的巨大负面冲击。医疗救治能力的不足、人员隔离及边境的关闭所带来的影响是巨大的。一些合作项目或企业运营因人员流动和跨境商品流动受阻以及供应链断裂而无法正常运行，沿线国家正常经济秩序受到打击，对外投资缩减并出现债务纠纷，由疫情所带来的国际负面舆论破坏中蒙俄经济走廊建设形象。

五、中资企业在走廊建设中的合规管理风险更为凸显

在中蒙俄经济走廊项目建设进程中，合规风险主要表现在两个方面：一方面，一些中资企业在部分项目上没有遵循国际通行规则或东道国非国际通行规则，导致项目开工后因 NGO 环保组织或项目所在地民众的抗议和反对而被迫停工或者采取一些临时性的补救措施，这不仅使中资企业经济上遭受巨大损失，而且也使中国海外名声受到一定程度的影响。另一方面，已有的合作规制机制约束力不强，主要停留在会晤或者说是软法约束机制的层面，导致缺乏执行力强的仲裁机构和合理有效的协商规制安排。

（一）中资企业合规意识差

中资企业在海外投资经营面临的合规风险通常包括商业腐败问题、缺乏环境保护意识、履行社会责任问题、企业资质及财税方面的虚假陈述问题、项目招投标中的舞弊问题等。在中蒙俄经济走廊项目建设进程中，中资企业违反国际通行规则和东道国非国际通行的规则时有发生，存在跨国交易不合规、企业运营不透明等问题，一些中资企业把不良习惯、不合规思维融入跨国业务，在国际上产生负面影响，出现各种法律纠纷。如近年来中资中小企业对蒙古国煤炭项目的无序开发和环保意识低而引发的污染问题时有发生，中国在俄罗斯承租土地引发的违规用地问题，中资企业投资贷款的条件条款不够公开透明，部分资质不足的企业或个体在合作过程中出现了产品质量等问题而引发东道国政府和消费者的不安，这些均属于缺少合规意识造成的，不仅产生诸多纠纷，而且对中资企业公共形象和舆论传播都产生了不利影响。此外，中资企业还在履行社会责任方面面临巨大挑战，这主要由两方面原因造成。一是企业社会责任意识淡薄。一些海外中资企业把经济责任完全等同于或基本等同于社会责任，只重视承担提升所在国家的经济发展水平的责任，而忽视了社会责任还包括帮助当地在诸多减贫、卫生、教育、就业等社会公益事业方面的责任。二是履行企业社会责任存在路径依赖。许多中资企业对国内低风险的环境习以为常，习惯性地按国内思维履行社会责任，使用国内的标准或是做法

来衡量是否合规。对国际上比较领先的企业责任理念与做法不熟悉，对自身的海外责任、角色缺乏正确分析和界定。这两方面的原因导致中资企业在履行社会责任方面将面临巨大风险挑战。

（二）合规风险传导性较强

值得警惕的是，在蒙俄两国社会治安环境本身就相当脆弱的情况下，当地某些华人和企业不适宜的举措则进一步招致了蒙俄社会的抗议与排斥。例如，企业未能遵守国际通行标准或东道国法律规定进行合规经营，一些突出问题如项目舞弊问题，商业腐败问题，缺乏环境保护意识和欠缺履行社会责任加大了合规风险，推升社会与话语认同风险发生的可能性。这引发蒙古国和俄罗斯一些个人和组织经常利用环境问题、民族宗教隔阂问题以及历史问题，专门进行针对华人和中资企业的歧视性行为，甚至发动包括反华、排华运动，加剧蒙俄当地社会风险。鉴于此，中资企业在中蒙俄经济走廊建设中应高度重视合规管理风险的传导性，警惕因环境破坏、劳资矛盾、未履行社会责任、民族宗教差异等引发的风险挑战问题，因为这些内嵌社会结构中的风险很容易借助"民意"的幌子发挥作用，这不仅会削弱东道国政府和民众对中资企业的信任基础，而且损害中国海外形象，从而导致高质量发展难以为继。

第三节　中蒙俄经济走廊高质量发展安全风险的防范路径

在中蒙俄三国共同携手努力抗疫下，走廊建设渡过难关，成功逆疫上扬。当前中蒙俄国家疫情蔓延带来的负面影响在短期内难以消解，统筹推进走廊防疫与生产恢复面临的压力仍然较大。加之，2022年初爆发的俄乌冲突已然使世界格局发生了重大变化。我们认为，俄乌冲突对中蒙俄经济走廊国家的合作总体上是机遇远大于挑战，客观上提升了俄罗斯向东转移政策的推动力度，也是俄罗斯进一步务实推进经济走廊建设的催化剂，如最近相继达成了有关能源、粮食等诸多合作项目就是明证。疫情和俄乌冲突影响下的国际国内形势变化更加凸显出走廊高质量发展具有重要价值。三方应共同合作提供本地区所需的区域性公共产品，为中蒙俄经济走廊高质量发展筑牢安全根基。

一、继续加强国家互信及认同感等默契理念性产品的供给

加强中蒙俄经济走廊相关国家和区域大国间的政治沟通、协商、谅解与合作，营造良好的政治互信及认同感是合作应对区域安全风险的首要关键。为此，需要加强政府间多方沟通协调机制的顶层设计工作，推动围绕规制理念、标准、实施来加强规制沟通，开展更加积极主动的互动关系。此外，还应密切关注蒙古国"第三邻国"外交政策与美国、日本、韩国、欧盟等域外国家的发展走向和合作层次，防止上述国家趁机介入破坏、挑拨中蒙政治互信和认同感等。同时，密切关注以美国为首的北约国家挑唆俄乌冲突给中蒙俄关系带来的消极影响。疫情和俄乌冲突背景之下，进一步巩固中蒙俄命运共同体的发展意识和强化政治互信意志，这种共同体意识与政治互信意志是助力走廊发展行稳致远和高质量发展的重要保障、必要条件和坚强后盾。例如，2020年在中国防控

疫情的特殊时刻，中蒙携手抗疫，蒙古国总统巴图勒嘎访华并赠送 3 万只羊，中国多次援助蒙古国防疫物资，表明了中蒙继续巩固政治互信，加强共建"一带一路"合作，共同推动构建人类命运共同体的意识和政治意志。2020 年中俄两国元首就防疫问题多次互通电话并书面往来，两国外长也多次通话并当面沟通，疫情下继续坚定不移致力于推动俄中全面战略协作伙伴关系高水平发展。在 2022 年俄乌冲突背景下，中蒙俄签署了西伯利亚中线天然气管道协议，正在启动中哈俄国际多式联运工程项目。2022 年 9 月栗战书委员长同俄罗斯国家杜马主席沃洛金举行会谈时强调，无论美西方如何制裁，中俄全面合作潜力巨大，不受外部干涉影响，双方将继续加强各领域合作。中蒙、中俄元首间高水平交流释放出三国在疫情和俄乌冲突下守望相助的珍贵友谊，彰显了新时代中俄全面战略协作伙伴关系和中蒙全面战略伙伴关系的高水平和特殊性。

二、多层次多主体推进公共卫生跨境合作机制建设

中蒙俄经济走廊是"一带一路"首个多边经济走廊，但此次疫情凸显了中蒙俄三国公共卫生领域合作建设的不足及进一步加强合作的必要性。公共卫生建设是高质量发展的应有之义。疫情发生后，习近平主席指出帮助全球尽早战胜疫情成为高质量共建"一带一路"的重要任务。首先，在国家层面上，联合蒙俄打造公共卫生数据库信息交换机制，建立防疫物资储备中心，构建中蒙俄生物安全跨国防护网络。其次，三国地方政府应在卫生合作伙伴关系、对口医院援建、公共卫生专家交流互访机制等方面开展和加深合作。再次，中资企业应联合蒙俄相关企业合作开发和生产医药、医疗、卫生防疫以及中药材等产品。最后，中国红十字基金会和民间公益基金会等组织作为政府和企业的有益补充，向走廊国家提供相关援助。通过多层次多主体的综合推进，提高中蒙俄经济走廊共同应对各类自然灾害和传染病应急管理能力，推进中蒙俄经济走廊的公共卫生建设。

三、深入强化第三方市场合作机制建设

中国政府多次强调"一带一路"是包容开放的经济合作平台，向所有希望发展的国家敞开大门。然而，一些非共建国和国际机构对"一带一路"倡议或中蒙俄经济走廊存在地缘政治疑虑，甚至走廊共建国也存在一些质疑的声音，担忧中国经济辐射力增强可能使其对中国经济产生依附关系进而丧失经济主权。因此，深入开展中蒙俄经济走廊第三方市场合作机制，一方面有利于向存在芥蒂和担忧的国家和国际组织释疑，另一方面也有利于将发达国家的先进技术和管理经验或其他经济主体的多元资本引入中蒙俄经济走廊建设中，提升项目整体质量，降低项目财政金融风险。比如，中国相关经济主体与外方企业或金融机构共同对经济走廊相关区域国家市场开展投资，形成风险共担和利益共享发展格局。具体在合作方式上，欢迎国际金融机构和环保组织加入，与域外国家采取资源开发与深加工相结合，贸易合作与产能合作相结合，工程承包与投资开发相结合的多种方式，强化与第三方市场合作机制，推动中蒙俄的经贸合作由三边向多边拓展，切实防范各类重大风险。

四、依托清洁能源产业和绿色融资加强经济走廊绿色发展

中蒙俄边境地带环境状况直接影响到中蒙俄三国边境地区的生态安全和政治经济稳定。因此，未来中蒙俄经济走廊必须内嵌更为严格的环境保护理念，才能更好地推动高质量发展。一方面，中国有条件及能力推动清洁能源项目的发展。自 2012 年在新能源领域投资超过美国以来，中国一直是可再生能源领域（不包括大型水电）的主要投资国。中国的高水平投资和生产也降低了可再生能源基础设施的成本。另一方面，中国可以通过支持绿色金融体系来引导海外基础设施投资的绿色化，特别是制定绿色融资政策来引导更多金融资源投向低碳、可再生能源产业，如开发太阳能和风能等项目，逐步替代高碳排放及破坏生态的发展路径。这将在很大程度上扭转传统基础设施高碳排放路径，还能帮助蒙古国转变能源结构，从依靠化石能源发展为可再生能源，同时也能够避免中国企业把投资锁定在风险高且争议性大的化石燃料项目上，从而推动绿色经济走廊建设高质量发展。

五、构建富有弹性和韧性的产业链和供应链安全体系

依托中欧班列和数字经济建设，构建富有弹性和韧性的产业链和供应链安全体系，不仅能够提升中蒙俄经济走廊经贸合作水平，还能克服蒙、俄产业结构单一带来的经济风险，而且也是深入推进中西部沿边地区与蒙俄经济联通和欧亚大陆市场一体化进程的重要路径。依托中欧班列，全面推动中国境内"产业园＋中欧班列＋境外合作园区"的全产业链供应链对接发展模式，提升中国与蒙、俄产业链升级。中欧班列整体丰富了中国贸易运输渠道，其中部通道和东部通道分别连接蒙古国和俄罗斯，为中国开辟了一条崭新的国际贸易通道。一方面有利于中国产业向中西部地区转移和聚集，实现西部地区产业升级，为中国传统优势制造业的升级提供了新的机遇；另一方面有利于挖掘中蒙俄三国新的贸易增长点。此外，中国应与蒙、俄继续推进数字走廊建设，合作开发数字经济产业，提升走廊沿线数字经济产业聚集发展水平。走廊国家应携手建立完善大数据中心、跨境光缆、5G 等数字化基础设施网络服务体系，提升新型基础设施互联互通水平；发展跨境电子商务产业，推动数字信息技术和制造业产业深入融合，打造数字经济产业试点示范聚集区，带动制造业产业的高质量发展；推动走廊国家高科技企业交流合作，构建高科技产业生态链，推动数字经济科技发展；开展适应未来数字经济产业发展的人才培养项目等。

六、加强经济走廊发展规划和规制标准的对接联通

经济走廊对接联通不仅要继续加强与蒙、俄政府的发展规划对接，更重要的是加强规制标准的联通，包括国际通行规则和东道国非国际通行的规则。具体而言，一是在投融资和招投标方面遵守国际通行惯例和标准。例如，联合国全球契约组织的"十项原则"，世界银行发布的廉政合规指南，国际标准化组织出台的合规管理体系指南，经济合

作与发展组织（OECD）出台的《跨国公司行为准则》，美国出台的《反海外腐败法》等。二是遵守俄罗斯和蒙古国的法律法规、风俗习惯和宗教禁忌。三是企业法人兑现合规承诺，保证企业内部规章制度落到实处，并履行承诺的社会义务。如承担一些大型、长期、可持续的社会公益项目，在诸如减贫、教育、卫生、就业等方面践行社会公共责任。一方面能够树立起中国企业正面和良好的信誉形象，提升契约签订的可能性，降低契约执行中的不确定性，减少和化解企业在当地的环境与社会冲突；另一方面还可以给国家带来好口碑、好名声，扩大群众好感度，让中蒙俄经济走廊民心相通走实走深。当然，随着经济全球化进一步深入发展，特别是随着中蒙俄经济走廊高质量发展的推进，必然引起现行规则的完善和新规则的制定，在这一过程中，有了遵循国际通行规则和东道国规则经验的中国政府部门以及中国企业可以参与规则的完善、新规则的制定，不断提高企业的合规意识和竞争力。

第七章 共建"一带一路"在非洲区域的 风险、机遇及应对

第一节 "五通"进展

一、中非间的"政策沟通"进展

从广义上说，政策沟通是决策部门之间以及决策者与民众及其他相关方就政策问题进行交流和互动的过程。在中非共建"一带一路"背景下，政策沟通是中国与非洲各国或次区域组织围绕"一带一路"国际合作积极构建政府间宏观政策沟通的交流机制，共同制定推进区域合作和问题解决的政策规划和措施，从而形成趋向一致的战略、决策、政策和规则，结成更为巩固的中非命运共同体的过程。其形式包括元首会晤、部长磋商及各层级官员沟通及印发的相关协议的签署，也包括各类政策沟通平台机制的搭建和利用。政策沟通是"五通"中的支撑点和重要保障，"一带一路"建设的谋篇布局，离不开体制机制的顶层设计，政府之间的协商能够极大简化企业的交易成本，创造出良好的营商环境。

（一）制度建设日趋完善，顶层设计稳步推进

"一带一路"建设是中国国家主席习近平提出的重要国际合作倡议，是中国向国际社会提供的世界性公共产品，共建"一带一路"将为中非双方深化互利合作提供新机遇、拓展新领域、开辟新前景，助力非洲国家的基础设施建设和国家现代化进程，而制度建设是中非间合作的基石，因此中非有必要就"一带一路"的制度建设和顶层设计的进展进行回顾和深化。截至 2022 年 1 月 10 日，中国已与 48 个非洲国家签订了共建"一带一路"合作文件，合作文件的类型包括合作协议、政府间合作备忘录、合作文件、合作规划、谅解备忘录、合作备忘录等。仅 6 个与中国有外交关系的非洲国家未与中国签署 BRI 的相关协议，包括厄立特里亚、马拉维、毛里求斯、布基纳法索、中非、刚果（布），总体上这 6 国与中国的经贸合作较少。值得一提的是，毛里求斯与中国签署的自贸协定在 2021 年 1 月 1 日生效，这将有力促进中非开展多领域深层次合作；2022 年 1 月 5 日摩洛哥与中国签署了共同推进"一带一路"建设的合作规划文件，该国系北非地区首个与我国签署共建"一带一路"合作规划的国家，也是第一个将其与中国实施的项目进一步细化的北非国家，有利于中国更好地打开北非阿拉伯国家市场。虽然中国与非洲国家签订"一带一路"合作文件的时间相对较晚（2016—2021 年），但其对非洲国家与中国合作的影响力与日俱增。尼日利亚《领导者报》称，中国的"一带一路"倡议是通

过发展与友谊将世界团结在一起的蓝图。"一带一路"建设致力于促进各国发挥经济互补性，对接发展战略，形成发展合力，实现共同发展和繁荣。

（二）平台机制持续建设

中国与非洲国家之间的多边合作机制主要有中非合作论坛和中国—阿拉伯国家合作论坛等，其中中非合作论坛的参与国家逐步涵盖了 54 个非洲国家，而中国—阿拉伯国家合作论坛主要涉及北非国家，不同形式的论坛多层次构建了中国与非洲各区域联盟的政策对话桥梁，目前论坛规模不断扩大，进展稳步向前。

1. 中非合作论坛影响力及机制化建设不断提升

自 2000 年中非合作论坛（FOCAC）成立以来，非洲各国对于中非合作论坛的参与度不断提升，其在非洲的影响力显著扩大，成为中非共建"一带一路"的主要平台。

中非合作论坛是中国与发展中国家之间第一个也是最成功的集体合作机制。它是中国与非洲各国进行合作的有效磋商平台，建立了定期会议协商机制和后续成果落实协调机制，使每届部长级会议的计划目标转化为实践。非洲国家在论坛创立与机制化过程中充分发挥了能动性和主事权，平等协商的对话机制契合非洲经济转型的需求，正如非洲学者指出，中非合作论坛本身就是由非洲国家发起的，旨在最大限度地减少冷战后被大国边缘化的风险。通过中非合作论坛，双方合作领域不断拓展与深化，实现长远发展。

论坛推动发展中非大陆全面战略合作关系是国际关系新模式的典型代表。从 2000 年首届中非合作论坛提出的"中非新型伙伴关系"，到 2021 年第八届中非合作论坛提出的"携手构建更加紧密的中非命运共同体"，中非双方对于彼此关系的定位在不断拉近，双方政治互信和合作机制在不断深化，推动中国"两个一百年"奋斗目标同非盟《2063 年议程》和非洲各国发展战略深度对接。截至 2022 年，中非合作论坛已成功举办了八届，其中第三届（2006 年）、第六届（2015 年）和第七届（2018 年）均升级为峰会，其已发展成为中非在政治、经济、文化、安全等领域最重要的合作平台。2018年，中非双方一致同意将论坛作为中非共建"一带一路"的主要平台，赋予了中非合作论坛新使命和新动能，也为中非共建"一带一路"提供了机制保障。

表 7-1　中非合作论坛重要会议

时间	成果	会议主题/目的	双方关系定位	会议主要内容
2000 年 10 月第一届部长级会议	《中非合作论坛北京宣言》和《中非经济和社会发展合作纲领》	面向 21 世纪应如何推动建立国际政治经济新秩序；如何在新形势下进一步加强中非经贸领域的合作	为中国与非洲国家发展长期稳定、平等互利的新型伙伴关系确定了方向	中方减免非洲重债穷国和最不发达国家 100 亿元人民币债务，设立"非洲人力资源开发基金"等

续表

时间	成果	会议主题/目的	双方关系定位	会议主要内容
2001 年 7 月 部长级磋商会	《中非合作论坛后续机制程序》	—	—	确定中非合作论坛后续机制建立在三个级别上。2002 年 4 月, 后续机制程序正式生效
2003 年 12 月 第二届部长级会议	《中非合作论坛——亚的斯亚贝巴行动计划 (2004—2006 年) 》	务实合作、面向行动	进一步发展和加强中非长期稳定、平等互利、全面合作的新型伙伴关系	强化对非援助, 增加对非各类人才培养; 给予非洲部分最不发达国家部分输华商品免关税待遇等举措
2006 年 11 月 北京峰会暨第三届部长级会议	《中非合作论坛北京峰会宣言》《中非合作论坛——北京行动计划 (2007—2009 年) 》	友谊、和平、合作、发展	建立和发展政治上平等互信、经济上合作共赢、文化上交流互鉴的中非新型战略伙伴关系	提出旨在加强中非务实合作、支持非洲国家发展的 8 项政策措施
2009 年 11 月 第四届部长级会议	《中非合作论坛沙姆沙伊赫宣言》和《中非合作论坛——沙姆沙伊赫行动计划 (2010—2012 年) 》	深化中非新型战略伙伴关系, 谋求可持续发展	共建政治上平等互信、经济上合作共赢、文化上交流互鉴的新型战略伙伴关系	中方宣布了对非合作新 8 项举措, 规划了此后 3 年中非在政治、经济、社会、人文等领域的合作
2012 年 7 月 第五届部长级会议	《中非合作论坛第五届部长级会议北京宣言》和《中非合作论坛第五届部长级会议——北京行动计划 (2013—2015 年) 》	继往开来, 开创中非新型战略伙伴关系新局面	继续深化政治上平等互信、经济上合作共赢、文化上交流互鉴的中非新型战略伙伴关系	未来三年在投融资、援助、非洲一体化、民间交往以及非洲和平与安全等五大领域支持非洲和平发展、加强中非合作的一系列新举措
2015 年 12 月 约翰内斯堡峰会暨第六届部长级会议	《中非合作论坛约翰内斯堡峰会宣言》和《中非合作论坛——约翰内斯堡行动计划 (2016—2018 年) 》	中非携手并进: 合作共赢、共同发展	提升为全面战略合作伙伴关系	未来三年同非洲国家共同实施 "十大合作计划"

时间	成果	会议主题/目的	双方关系定位	会议主要内容
2016年7月中非合作论坛约翰内斯堡峰会成果落实协调人会议	《联合声明》	交流思想、对接思路、凝聚共识、促进合作，全面推动落实峰会成果，更好惠及双方人民	—	双方共同梳理总结了"十大合作计划"半年来的落实进展，以问题为导向深化工作对接，为下阶段落实工作指明方向、明确重点、规划路径
2018年9月北京峰会暨第七届部长级会议	《关于构建更加紧密的中非命运共同体的北京宣言》和《中非合作论坛——北京行动计划（2019—2021年）》	合作共赢，携手构建更加紧密的中非命运共同体	构建责任共担、合作共赢、幸福共享、文化共兴、安全共筑、和谐共生的中非命运共同体	实施中非合作"八大行动"
2019年6月中非合作论坛北京峰会成果落实协调人会议	《联合声明》	为下一步推进落实论坛北京峰会成果对接了思路，凝聚了共识，明确了方向	—	落实峰会成果，引领中非合作高质量、可持续发展明确了方向，向国际社会展现了推动构建更加紧密的中非命运共同体的坚定意愿和决心
2021年11月中非合作论坛第八届部长级会议	《中非合作2035年愿景》	本届会议主题是"深化中非伙伴合作，促进可持续发展，构建新时代中非命运共同体"	—	会议将评估2018年论坛北京峰会后续成果落实和中非团结抗疫情况，规划未来三年及更长一段时间中非关系发展方向

资料来源：根据官方公开的文件整理。

　　自2000年中非合作论坛开始以来，中国与非洲国家双边委员会、战略对话、外交部政治磋商、经贸联（混）合委员会以及联合工作组、指导委员会等机制建设不断落实，中非外长联大政治磋商、高官会、中方后续行动委员会以及非洲驻华使团磋商机制长期顺畅运转。随着中非合作的不断拓展与深化，论坛框架内的各分论坛逐步机制化，如中非民间论坛、中非青年领导人论坛、中非部长级卫生合作发展研讨会、中非合作地方政府论坛、中非智库论坛、中非减贫与发展大会、中非媒体合作论坛、中非法律论坛等相继设立。这些新型的多边磋商与合作机制的建立，切合实际，规划完善，为中非"一带一路"政策沟通合作提供了全方位的机制性保障。

例如,2019年首届中非农业合作论坛通过《中非农业合作三亚宣言》,旨在凝聚中非农业合作共识,落实中非合作论坛涉农领域目标任务。中非民间论坛作为中非合作论坛重要的机制化活动之一,自2011年以来已成功举办6届,成为连接中非人民友谊的重要桥梁。中非地方政府合作论坛于2012年成立,是中非合作论坛框架下促进双方地方交流合作的机制性分论坛。中非智库论坛作为双方学术界和智库机构交流合作的高端平台,自2011年创立以来已连续举办11届会议,对推进中非友好合作关系发挥了重要作用。同时,双方不断加强在中非联大政治磋商方面沟通协调,到目前为止中非外长在纽约举行4次联大政治磋商。在经贸政策方面,经贸联委会是中非经贸合作方面进行政策沟通重要的双边合作机制。

2. 中阿合作论坛也是中非政策沟通的重要平台

2004年,时任国家主席胡锦涛访问位于埃及开罗的阿拉伯国家联盟总部,双方宣布了《关于成立"中国—阿拉伯国家合作论坛"的公报》。论坛成员涵盖中国和阿盟的22个国家。中国—阿拉伯国家合作论坛的机制化建设不断完善。除部长级会议和高官会及高官级战略政治对话外,论坛框架下逐步形成了中阿关系暨中阿文明对话研讨会、中阿改革发展论坛、中阿企业家大会暨投资研讨会、中阿能源合作大会、中阿互办艺术节、中阿新闻合作论坛、中阿友好大会、中阿城市论坛、中阿北斗合作论坛、中阿妇女论坛、中阿卫生合作论坛、中阿广播电视合作论坛、中阿图书馆与信息领域专家会议和中阿技术转移与创新合作大会等机制。

截至2021年12月,中国—阿拉伯国家合作论坛已举办9届部长级会议、17次高官会,并召开了6次中阿高官级战略政治对话,其他合作机制也在有序运行。中国—阿拉伯国家合作论坛的机制化建设卓有成效,推动中阿共建"一带一路"结出丰硕成果。目前中国多年稳居阿拉伯国家第一大贸易伙伴国地位。同时,中阿双方以中阿合作论坛为平台,推动中阿关系不断向前发展。在2020年7月举办的中阿合作论坛第九届部长级会议上,双方为打造中阿命运共同体、推动共建"一带一路"、加强抗疫和复工复产合作等方面达成重要共识,为新形势下中阿战略伙伴关系开辟了更广阔的前景。在2021年7月王毅会见阿盟秘书长盖特时,王毅表示,双方达成"努力携手打造面向新时代的中阿命运共同体"的共识,一致同意召开首届中阿峰会,为中阿战略伙伴关系发展注入强大动力。中方愿同阿拉伯国家通力合作,积极落实中阿合作论坛第九届部长会成果,携手打造中阿命运共同体。

(三) 与区域组织对接进展显著,对话合作积极推进

中国在与非洲各国建立合作关系的同时,也不忽略与其区域性组织建立合作机制,这对于中非"一带一路"政策沟通建设具有重要意义。中国在加强同非盟经济、政治、军事合作的同时,积极寻求加入南非发展共同体、东非共同体、西非国家经济共同体等非洲区域经济共同体。据统计,非洲54个国家共拥有132个区域经济组织,区域组织在非洲具有普遍性和重要性特点。表7-2整理了非洲重要的区域性组织。

表 7-2　非洲主要区域性组织统计

序号	名称	缩写	成立时间	成员数
1	联合国非洲经济委员会	UNECA	1958 年	53 个
2	南部非洲关税同盟	SACU	1969 年	5 个
3	马诺河联盟	MRU	1973 年	3 个
4	西非国家经济共同体	CEDEAO	1975 年	15 个
5	大湖国家经济共同体	ECGLC	1976 年	3 个
6	印度洋共同体	COI	1982 年	5 个
7	中部非洲国家经济共同体	CEEAC	1983 年	10 个
8	东非政府间发展组织	IGAD	1986 年	7 个
9	萨赫勒—撒哈拉国家共同体	CEN-SAD	1988 年	28 个
10	阿拉伯马格里布联盟	UMA	1989 年	5 个
11	非洲经济共同体	AEC	1991 年	54 个
12	南部非洲发展共同体	SADC	1992 年	15 个
13	西非经济和货币联盟	UEMOA	1994 年	8 个
14	东南非共同市场	COMESA	1994 年	19 个
15	中部非洲经济与货币共同体	CEMAC	1994 年	6 个
16	东部非洲共同体	EAC	2001 年	5 个
17	非洲联盟	AU	2002 年	55 个
18	非洲大陆自贸区	AFCFTA	2018 年	54 个

资料来源：根据互联网资料整理。

　　中国主要与东共体、南共体、西共体以及非洲联盟建立了多方位的对话及合作机制。其一，中国与东共体合作。2011 年 11 月，中国与东共体建立经贸联委会合作机制并召开首次会议，会议期间双方签署了《经贸合作框架协议》，这也是中国与非洲次区域组织建立的首个经贸合作机制。其二，中国与南共体。2011 年 3 月，中国与南共体在哈博罗内举行首次政治磋商。2019 年 10 月《中华人民共和国政府与南部非洲发展共同体关于经济、贸易、投资和技术合作框架协定》在京完成签署。其三，中国与西共体。自 2000 年以来，西共体先后作为观察员列席中非合作论坛相关活动。2012 年 10 月中国与西非共同体签署《经贸合作框架协定》，正式建立双方经贸联委会工作机制，这是继东非共同体之后中方与非洲次区域组织建立的第二个经贸合作机制。其四，中国不断强化与非盟的沟通。非洲联盟作为集政治、经济和军事于一体的全非洲性多边政治实体组织，自 2002 年成立以来，每年均邀请中国派团出席其首脑会议；2020 年中国与非盟签署《中华人民共和国政府与非洲联盟关于共同推进"一带一路"建设的合作规划》，是我国与区域性国际组织签署的第一个共建"一带一路"规划类合作文件。在非洲联盟引领下，非洲大陆自贸区正式启动，旨在使非洲各经济体形成单一大市场，非洲联合自强步伐不断提升，同时将会极大地便利中国企业在非洲的生产经营活动。

（四）中非全面设立使领馆，政策沟通开启新篇章

大使馆代表整个国家的利益，全面负责两国关系。领事馆负责管理当地本国侨民和其他领事事务。因此，设立使领馆对于中非"一带一路"开展各领域合作起到重要的保障作用。

1. 中国在非的使领馆

中国驻非洲各国的使领馆是中国在非企业的重要联系对象，中国在非企业在东道国遇到骚动抢劫等合法权益受到侵害的事件都可以在中国驻该国的使领馆得到帮助。

中国已在非洲各国全面设立使领馆。据外交部信息，截至2021年12月，中国已在除斯威士兰外的所有非洲国家设立大使馆。除了在与中国建交的53个非洲主权国家驻有大使馆外，也于2015年5月在埃塞俄比亚设置了驻非盟使团。

中国在非洲开馆的总领事馆有7个，分别是在埃及的驻亚历山大总领事馆、赤道几内亚的驻巴塔总领事馆、坦桑尼亚的驻桑给巴尔总领事馆、尼日利亚的驻拉各斯总领事馆，在南非有3个总领事馆，分布在约翰内斯堡、开普敦和德班。喀麦隆的原驻杜阿拉领事馆已于2017年4月21日暂时闭馆，该馆所有事务交由驻喀麦隆使馆负责。马达加斯加的原驻塔马塔夫领事馆已于2015年4月15日暂时闭馆，该馆所有外交和领事事务交由驻马达加斯加使馆负责。中国在非使领馆的数量逐渐增加，分布越来越广泛，便利于中非间的政策沟通，也有利于保障中方人员在非的合法权益。总体来看，中国在非洲的使领事馆未充分考虑中非双边贸易的变化，中国在非的总领事馆只在5个非洲国家设立，在与中国进出口额位居前10的10个非洲国家中，安哥拉、阿尔及利亚、加纳、刚果（金）、刚果（布）、利比亚、肯尼亚共7个国家都没有设立中国驻该国的总领事馆，难以保障中国在当地企业的权益，增加中国在当地企业获得中国领事馆帮助的难度和成本。

2. 非洲国家驻华使领馆

截至2022年1月，53个与中国建交的非洲国家均在中国设立了驻华大使馆，非洲联盟也于2018年在北京设立了代表处，非洲国家在中国设立的大使馆均在北京。

截至2022年1月，共14个非洲国家在中国设立了总领事馆，分别是埃及、埃塞俄比亚、安哥拉、刚果（布）、加纳、科特迪瓦、马里、南非、尼日利亚、塞内加尔、塞舌尔、苏丹、乌干达、赞比亚，其中尼日利亚在中国设有两个总领事馆（见表7-3）。在广州设立总领事馆的非洲国家共有10个，在上海设立总领事馆的非洲国家有4个，在重庆设立总领事馆的非洲国家仅有埃塞俄比亚一个。绝大多数的非洲国家总领事馆在广州设立。广州的非裔人数众多，导致非洲国家在中国的总领事馆聚集在广州。非洲国家在中国使领馆的设立逐步完善，使非方人员进入中国权益更好地得到保障，促进中非间更好地开展沟通合作。

表7-3　非洲国家驻华总领事馆统计

国家名称	驻华总领事馆地址	驻华总领事馆名称
埃及	上海	阿拉伯埃及共和国驻上海总领事馆
埃塞俄比亚	重庆	埃塞俄比亚联邦民主共和国驻重庆总领事馆
安哥拉	广州	安哥拉共和国驻广州总领事馆
刚果（布）	广州	刚果共和国驻广州总领事馆

续表

国家名称	驻华总领事馆地址	驻华总领事馆名称
加纳	广州	加纳共和国驻广州总领事馆
科特迪瓦	广州	科特迪瓦共和国驻广州总领事馆
马里	广州	马里共和国驻广州总领事馆
南非	上海	南非共和国驻上海总领事馆
尼日利亚	广州	尼日利亚联邦共和国驻广州总领事馆
	上海	尼日利亚联邦共和国驻上海总领事馆
塞内加尔	广州	塞内加尔共和国驻广州总领事馆
塞舌尔	上海	塞舌尔共和国驻上海总领事馆
苏丹	广州	苏丹共和国驻广州总领事馆
乌干达	广州	乌干达共和国驻广州总领事馆
赞比亚	广州	赞比亚共和国驻广州总领事馆

资料来源：中华人民共和国外交部官网。

二、中非间的"设施联通"进展

基础设施是社会经济发展的重要支柱，是提高人民生活质量的必要保障。2013 年以来，中非在"一带一路"框架下的设施联通领域开展了一系列重大合作。2018 年中非合作论坛北京峰会将"设施联通"列为"八大行动"之一，中国和非盟启动制定《中非基础设施合作规划》，开启了中非基础设施合作的"黄金时代"。从总量规模看，自中非合作论坛成立以来，中国企业利用各类资金帮助非洲国家新增和升级铁路超过 1 万千米、公路近 10 万千米、桥梁近千座、港口近百个、输变电线路 6.6 万千米、大型电力设施 80 多个、电力装机容量 1.2 亿千瓦、通信骨干网 15 万千米，还援建了 130 多个医疗设施、体育馆 45 个、学校 170 多所，网络服务覆盖近 7 亿用户终端。目前，中国已成为非洲地区基础设施项目最主要的承建方，2018 年非洲 1/5 的基础设施项目由中国提供融资，1/3 由中国建设。咨询公司德勤统计数据显示，2020 年，非洲 5000 万美元及以上的基础设施项目中，1/3 由中国企业承建，而 2013 年该数字仅为 12%；相比之下，2020 年，西方企业直接承建的仅占 12% 左右，而 2013 年为 37%。

（一）中国参与的非洲交通骨干网络建设

非洲薄弱的交通网络设施遏制其物流体系的发展，造成资源配置的低效，中国积极参与非洲的铁路、公路、机场和港口等交通设施建设，不仅便利了非洲国家的资源要素流动，也将中国在非的工业园区和能源项目联系起来，形成快捷高效的运输网络。

1. 铁路建设

中国企业在非洲承建了多项重大铁路建设工程，比如安哥拉的罗安达铁路、本格拉铁路、尼日利亚的拉伊铁路、连接埃塞俄比亚和吉布提的亚的斯亚贝巴—吉布提铁路和肯尼亚的内罗毕—蒙巴萨铁路、埃塞俄比亚的亚的斯亚贝巴城市轻轨等。

其一，中国在南部非洲和西非的重要铁路项目涵盖安哥拉、尼日利亚、苏丹等国。比如中国企业承建了南部非洲安哥拉的罗安达铁路和本格拉铁路，这两个项目的建成有效推动了安哥拉国民经济的发展。罗安达铁路是安哥拉三条铁路干线之一，全长 478 公里，2005 年 2 月中国铁建承建该铁路的重建工作，并于 2008 年 8 月竣工。横贯安哥拉东西全境的本格拉铁路于 2006 年开工，2015 年建成通车，这是继援建坦赞铁路之后我国在海外修建的最长铁路，将安哥拉的洛比托港与安哥拉、刚果金边境连接起来，该铁路线与安赞、坦赞铁路连通后将打通大西洋至印度洋的国际铁路大通道，首次实现了安哥拉、刚果民主共和国、赞比亚、坦桑尼亚 4 国铁路互联互通，不仅为内陆国开辟了一条便捷的出海通道，也推进了南部非洲铁路的互联互通进程，政治经济意义显著。此外，2016 年，中土集团承建运营西非尼日利亚第一条现代化铁路——阿布贾—卡杜纳铁路（阿卡铁路）；2017 年，中土集团承建尼日利亚拉伊铁路，该铁路连接尼日利亚经济中心拉各斯和西南部工业重镇伊巴丹，也是迄今非洲建成的最长双线标准轨铁路。

其二，中国在东非的重要铁路项目涵盖埃塞俄比亚、吉布提、肯尼亚等国。对东非具有战略重要性的是建设连接该地区腹地和沿海港口的铁路，主要项目包括连接埃塞俄比亚和吉布提的亚的斯亚贝巴—吉布提铁路（以下简称亚吉铁路）和肯尼亚的内罗毕—蒙巴萨铁路，这是大东非铁路总体规划的一部分。其中，亚吉铁路于 2018 年 1 月正式投入商业运营，由中国企业采用全套中国标准和中国装备建造的非洲第一条跨国、最大的现代电气化铁路。中交集团承建的肯尼亚蒙内铁路东起东非第一大港蒙巴萨港，西至首都内罗毕，于 2014 年开工，2017 年 5 月正式通车。蒙内铁路是肯尼亚"2030 愿景"和中国"一带一路"全面对接的成果，该铁路采用中国标准、中国技术、中国装备，是中肯产能合作、三网一化政策实施的典范项目，具有标志性、突破性和示范性意义，为东非经济发展注入强大动力，代表了中非互联互通合作共赢的最高水平，为构建中非命运共同体提供了强有力支撑。

2. 公路建设

中国企业参建的重要公路建设项目包括阿尔及利亚南北高速、摩洛哥伊阿高速、坦桑尼亚雷尔大桥、肯尼亚的内罗毕快速公路、安哥拉 120 国道第三标段、莫桑比克的马普托跨海大桥、加纳阿克拉智能交通项目等。

在北非地区，中国企业承建的阿尔及利亚南北高速、东西高速公路贝佳亚至哈尼夫连接线，以及摩洛哥伊阿高速等都是非洲的重要公路工程。其中由中建承包的阿尔及利亚南北高速北段全长 53 公里，是南北高速最难施工的一段，被誉为"条件最复杂、技术要求最高、施工难度最大"的地标性里程碑工程。该项目于 2020 年 12 月正式通车，有效缓解了阿尔及利亚南北大动脉的交通压力，彰显了中国建筑企业卓越的技术水平，带动了该地区的经济发展。

在东非地区，公路建设主要集中在坦桑尼亚和埃塞俄比亚。中建集团承建的坦桑尼亚尼雷尔大桥，是撒哈拉以南非洲地区最大的斜拉式跨海大桥，于 2016 年 4 月建成通车，有效缩短了两岸交通线，结束了几百年来需要人工摆渡通过库拉希尼海湾的历史。中国电建承建的 12 条普通公路形成了坦桑尼亚国家交通骨干网络。中交集团承建的国家 2 号公路一期工程是连接坦桑尼亚北部最大城市韦索和首都布拉柴维尔的交通要道。东非埃塞俄比亚利用中国融资建设的亚的斯亚贝巴至阿达玛高速公路已投入使用，全长

78.4 公里，是埃塞俄比亚第一条高速公路，也是东非地区规模第一、等级最高的高速公路。中资企业参与建设的第二条高速公路为莫焦至哈瓦萨公路。由中国路桥工程有限公司以 BOT 模式与肯尼亚政府合作开发的内罗毕快速公路途经乔莫肯雅塔国际机场和内罗毕中央商务区等区域。该项目于 2019 年 10 月开工，2022 年 7 月正式投入运营，极大地减轻了城市中心的交通拥堵和机动车运营成本。

在南部非洲，重点集中在莫桑比克和安哥拉。如中国铁建承建了安哥拉 120 国道第三标段，是连通首都罗安达和第二城市万博的主要交通干道，2019 年完工。中企承建的非洲主跨径最大的悬索桥——马普托跨海大桥于 2018 年 6 月正式通车，这也是中国在莫桑比克承建的最大基建项目。

在西非地区，公路建设集中在科特迪瓦、加纳及马里。由中铁集团承建的南起科特迪瓦波罗那镇，直达马里共和国边境的科马边境公路项目于 2016 年通车，该公路将科特迪瓦西部的重要城市连为一体，改善了公路沿线交通状况。由国家开发银行贷款，中非合作论坛北京峰会期间确定的重点合作项目——加纳滨海大道项目升级改造工程于 2022 年 8 月开工建设，该工程是西非滨海国际通道重要组成部分，被归类为 M3 级路线。此外，中铁大桥局承建了加纳滨海大道项目升级改造工程的沿滨海大道至特码港段。

在中部非洲，中国重点参与了刚果共和国的公路项目。在 2006 年中非合作论坛北京峰会期间，中国和刚果签署了"一揽子"经贸合作协议，包括一号国道改造项目。中国建筑集团有限公司于 2012 年完成了第一阶段的项目；二期工程由中建国际运营公司与法国一家知名公路运营公司合资运营，中、法、刚三方的持股比例分别为 70%、15% 和 15%，总投资 28.9 亿美元。2016 年 3 月，国家一号公路通车，全长 535 公里，是连接布拉柴维尔和黑角的唯一东西向通道，通车后单程时间从一周缩短到 6 小时。

3. 港口和机场建设

其一，在港口建设方面：一是在西非地区，中国企业承建了尼日利亚拉各斯莱基深水港、几内亚科纳克里码头以及毛里塔尼亚努瓦迪布港等项目。其中，尼日利亚莱基港是中国港湾工程公司、国家开发银行、拉各斯州政府、尼联邦港务局和新加坡 Tolaram 集团联合融资的项目，该项目是尼日利亚第一个集投资、建设和运营于一体化的综合试点项目，采取建设—拥有—经营—转让的 BOOT 模式，特许经营期 45 年，项目 2020 年启动，计划 2023 年完成。作为撒哈拉以南地区最大的港口，将大大提高拉各斯的集装箱收集和分配能力，提高尼日利亚经济的竞争力和整个西非的互联互通。在毛里塔尼亚，中国路桥和中国电建分别承建了友谊港 4 号、5 号泊位工程和努瓦迪布港项目。中交集团承建了几内亚科纳克里码头等项目。在加纳，由中国港湾工程有限责任公司承建的特马港新集装箱港口项目已于 2020 年 6 月全面完工，这是非洲最大的人造海港。二是在东非地区，中国企业积极规划和修复东非沿海的港口基础设施。早在"一带一路"倡议提出前，中国国有企业就资助建设了肯尼亚拉姆港口的扩建工程，扩建后拉姆港成为中国在非洲购买苏丹油气的重要出口。在坦桑尼亚，由中国港湾承建的达累斯萨拉姆港口 1~7 号泊位改扩建项目于 2017 年开工，完工后达累斯萨拉姆港年吞吐量将提升至 1765 万吨；另 2017 年中国中铁大桥局和中铁建工联合承建了坦桑尼亚南部海岸的姆特瓦拉港口。三是在北非地区，中国企业参与北非红海之滨的苏丹港建设，该港是中非港口建设的标志性案例,中港集团参与苏丹港建设的时间长,承揽项目多种多样,经过中苏 20 多年的密切合作,苏丹港成为"一带一路"辐射非洲的重要通道,从原先规模小、现代化水平较低的港口发展为现在具有较强软硬件优势的重要能源、货物输出集散基地;在南部非洲,2012 年中国港湾集团负责安哥拉洛比托港口改扩建项目;在中非加蓬,中交集团积极参与投资运营让蒂尔港建设项目。

其二,在机场建设方面:如 2018 年中建公司负责实施的阿尔及利亚的阿尔及尔机场新航站楼项目已经交付使用,成为北非地区的航空枢纽。中国水电建设集团公司承建了摩洛哥拉巴特机场新航站楼建设工程项目。中交集团承建了苏丹喀土穆国际机场工程和南苏丹朱巴国际机场改扩建工程。2016 年 7 月,由中企承建的纳米比亚沃尔维斯湾市国际机场新航站楼竣工。在西非的多哥,中国民航机场建设集团公司和威海国际经济技术合作公司承建的多哥洛美纳辛贝·埃亚德马国际机场新航站楼投入运营,由中国进出口银行提供优惠贷款。

(二)中国参与的非洲水利枢纽和能源设施

"一带一路"倡议提出后,中国企业也积极参与非洲水利和能源设施的建设,中国已成为推动非洲水利和能源设施建设的重要参与者。根据 2019 年国际能源署发布的《促进撒哈拉以南非洲电力发展:中国的参与》报告,在撒哈拉以南的 24 个非洲国家,中国参与的在 2014 年已经开工、预期到 2024 年前竣工的发电项目共有 49 个,占同期非洲装机总容量的 20%,中国在非洲参与建设的电力项目大多以水电项目为主,其中 25 个为水电项目,可再生能源项目 10 个,天然气发电项目 4 个,煤电项目 5 个,燃油发电项目 5 个。

1. 水利枢纽和水电建设

在北非的苏丹,中国电建承建了麦洛维大坝(被誉为苏丹的"三峡工程")、上阿特巴拉水利枢纽、罗赛雷斯大坝,以及 300 多座小型水坝在内的雨水收集项目。在东非尼罗河水能资源开发中,中企承建了纳莱—达瓦河水电站、埃塞俄比亚特克泽水电站、乌干达伊辛巴水电站和卡鲁玛水电站等项目。在西非地区,中国企业承建了尼日利亚的宗格鲁水电站、欧莫托休水电站、奥贡及帕帕兰多等大型电站项目,中国能建承建了尼日利亚阿比亚州至阿南布拉州的 330 千伏输电线路工程。在科特迪瓦,中国企业承建了苏布雷水电站。国机集团承建的西非加纳塞康迪—塔克拉底、苏尼亚尼等三大区域性供水项目解决了该国西部 50 万人的供水问题。

在南部非洲地区:在赞比西河水资源开发中,中国电建承建了津巴布韦和赞比亚的卡里巴南、北岸大型水电站工程,为该地区矿业、农业发展和次区域合作提供稳定的电力保障,其中中国电建集团在津巴布韦承建的卡里巴南岸水电站扩容项目,2014 年开工,2018 年并网发电;2015 年中国电建 15.66 亿美元签署赞比亚最大水电站合同——下凯富峡水电站项目,2021 年中国企业签约赞比亚卢福布水电站项目。

在中非地区:2010 年中国承建的刚果(布)英布鲁水电站竣工实现了该国电力的自给自足,2017 年中国承建的里韦索水电站竣工;由中国承建的科特迪瓦苏布雷水电站,2013 年开工到 2017 年投产发电,该项目推动了中国水电施工标准、施工技术和管理"走出去",是中非基建和产能合作的标志性工程。同时,中国还承建了刚果(金)宗戈水电站、喀麦隆的曼维莱水电站、颂东水电站都是该国重要的供电设施。

2. 其他能源电力设施建设

在其他能源电力设施建设方面，中国企业也积极利用先进技术开拓非洲光伏、生物质能等多种新能源发电项目市场，帮助非洲国家建立输变电、电网项目等电力工业体系，助力非洲改善电力短缺的现状。其中，比较重要的能源建设项目有：坦桑尼亚天然气处理厂及管线输送项目；埃塞俄比亚的阿达玛风电项目是中国第一个技术、标准、管理、设备整体"走出去"的风电项目，是我国目前在境外实施的最大的风电总承包项目；津巴布韦的旺吉燃煤电站，赞比亚曼巴一期 2×150MW 燃煤电厂；莫桑比克南北天然气管道项目是南部非洲第一条能源通道；2016 年中国和埃塞俄比亚以及吉布提三方共建天然气输送管道项目动工。数十家中资企业与非洲企业合作建设光伏电站，如中方企业承担了埃及阿斯旺本班光伏工业园太阳能电站项目等光伏发电，填补非洲光伏产业链空白，有效缓解当地用电紧缺问题并促进低碳减排。

（三）中国助力非洲数字基础设施建设

在"一带一路"框架下，中非数字基础设施合作成果丰硕，合作内容涵盖通信基础设施建设、社会数字化转型、物联网和金融科技等数字技术的应用多个领域，为推动非洲数字经济转型发展提供了"硬件"支撑。截至 2021 年，超过 15 个非洲国家的 17 个城市、1500 多家企业选择中国企业作为数字化转型伙伴，29 个国家选择中国企业提供的智慧政务服务方案；中非共同在南非建立了服务整个非洲区域的公有"云"，以及非洲首个 5G 独立组网商用网络。

1. 中国主要电信运营商积极布局非洲 ICT 行业

一是作为较早布局非洲市场信息化建设的电信运营商，中国电信已在非洲 25 个国家设立分支机构，其工程、技术及服务队伍遍布非洲近 30 个国家；2015 年，中国电信（中东非洲）有限公司正式成立，为深化中非数字基础设施合作奠定基础。"八纵八横"是指中国电信发起并联合多家非洲运营商及通信规管部门、规划建设多条从纵向和横向跨越非洲的、全长 15 万公里的陆地光缆，覆盖 48 个非洲国家，连通 82 个大型城市。同时，中国电信拥有环非洲主要国家的海缆资源，建成了肯尼亚、南非、埃及、尼日利亚等骨干传输和业务节点。SMW5 海缆将通达红海入口的吉布提，中国电信拥有其中的1.3T 海缆容量，可高速率低成本地将非洲和亚太、欧洲连接起来。二是 2018 年中国联通落户南非，致力于中国与非洲国家在信息通信领域的合作。中国联通已在南非布局 17个 PoP 点，并与喀麦隆电信合作投资了连接非洲喀麦隆与南美洲巴西之间的 SAIL 海缆。三是中国移动也以切实行动积极推进非洲网络基础设施的互联互通。2018 年中国移动南非子公司成立，以为非洲市场提供更好的服务；2020 年脸书联手中国移动等多家公司建设连接亚、非、欧三大洲的"2Africa"海缆海底项目，预计将于 2023 年或 2024 年投入使用。

2. 其他中国企业在非洲 ICT 行业

华为、中兴以及亨通集团是中国企业参与非洲信息基础设施建设的佼佼者。华为1998 年进入肯尼亚市场后，迅速成为非洲通信市场主要参与者，目前在非洲 40 个国家（地区）开展业务，成为非洲大陆电信网络建设的主要参与者。根据大西洋理事会非洲中心 2021 年 4 月的报告，过去 20 年里，华为建设了非洲约 50% 的 3G 网络和 70% 的 4G 网络。华为承建了非洲超过 5 万公里的通信光纤和 50% 以上的无线基站；2015 年 12 月，华为承建的尼日利亚—喀麦隆海底光缆系统（NCSCS）正式交付；2018 年 12 月，华为旗下的云服务品牌华为云在南非正式上线提供云服务，是世界第一个在非洲用本地数据中心提供服务的云服务提供商。2020 年 7 月，华为在南非参建了非洲第一个 5G 独立组网商用网络，为该网络提供了全融合核心网方案，对促进南非信息通信技术发展创新、走进数字时代十分重要。截至 2020 年底，华为云在非洲拥有 400 多家合作伙伴和 9000 多名用户，覆盖政府、金融、基础设施、矿业、教育和互联网等行业。中兴通讯自 1997 年进入非洲以来，累计为 50 多个非洲国家建设了信息通信基础设施；浪潮集团的云计算整体解决方案现已广泛应用于南非、坦桑尼亚、尼日利亚等多个非洲国家的政府、教育、医疗等社会服务领域。此外，亨通集团正在非洲建设一条连接非洲多国与法国的海底电缆，于 2020 年完工，全长 12000 公里，该项目连接亚洲、非洲和欧洲，对于非洲有着十分重要的意义。

三、中非间的"贸易畅通"进展

贸易畅通是中国与非洲国家之间实现贸易投资的便利化、自由化，参与国之间消除壁垒，形成多元平衡、安全高效和互利共赢的开放型经济体系。随着中非共建"一带一路"的深入推进，中非间的贸易畅通机制化建设不断完善，贸易畅通不断取得新进展和新成效。

（一）贸易畅通机制化建设不断完善

1. 经贸合作双边机制建设

经贸联委会是由中国商务部代表我国政府与外国政府建立的一种定期磋商机制，旨在全面探讨双边经贸合作，解决双边在经贸合作领域出现的问题，促进双边经济贸易关系的协调、健康发展。中非双边经贸联委会是中非间推进经贸合作及贸易畅通的重要的沟通机制。中国与非洲国家通过联委会召开经贸洽谈会议，为"一带一路"中非贸易合作做好顶层设计，解决实际难题。中国目前已同 51 个非洲国家建立经贸联（混）合委员会机制。如与埃及和坦桑尼亚间的经贸联委会机制早在 1985 年便设立，至今已召开多次会议。2018 年，中国与肯尼亚在经贸联委会机制框架下设立贸易畅通工作组机制，是中国与非洲国家建立的首个旨在推动双边贸易便利化、自由化的专项工作机制。总之，中国与非洲各国经贸联委会的举办使中非双边合作机制更加完善，"一带一路"倡议和中非合作论坛成果能够更好且因地制宜地落实在每个非洲国家，促进中非实现合作共赢。

2. 政企合作交流平台建设

在"一带一路"框架下，中非之间的政企合作交流机制也日益成熟，不仅有非洲商界对接中国中央和地方政府的交流机制，也有中国企业对接非洲各国政府的协商机制，中非之间的政企合作交流机制包括中非企业家大会、非洲投资巡展、中国在非企业社会责任联盟等。其中，2018 年中非合作论坛北京峰会上中国提出"支持成立中国在非企业社会责任联盟"，2020 年召开中国在非企业社会责任联盟筹备会议。

3. 企业间的互利合作平台建设

中非企业间的合作平台种类繁多，既有中资企业主动去参与非洲国家的经贸洽谈会，也有非洲企业来中国寻求商机的各类博览会、论坛等。中非企业间合作的机制化平台主要有中非中小企业大会、中非工业合作发展论坛、中国—非洲经贸博览会、中非民营经济合作论坛等成熟平台。这些企业间合作平台的设立为中国企业走进非洲和非洲企业来华提供了渠道，促进了中非"一带一路"贸易畅通的建设。

（二）多种跨境园区广泛覆盖

非洲的（境外/跨境）自贸区、经贸合作区、产业园区和工业园区都是中非共建"一带一路"的重要平台，多种跨境园区的布局广泛覆盖了非洲支点国家。经贸合作区同时兼具战略平台、发展模式、外交纽带和商业项目四种功能，具有基本的基础设施、明确的产业主导、健全的公共服务等特点，集中了政策、资金、资源、投资和技术等重要生产要素，实现了投资、生产、加工、经营和商贸一体化产业链，是高质量共建"一带一路"的重要引擎。截至 2022 年 2 月，根据通过确认考核的境外经贸合作区名录、中国贸促会境外产业园区信息服务平台、中国境外经贸合作区投促办公室发布的《"一带一路"沿线园区名录》等统计，中国共计有 40 家位于非洲的跨境园区，如表 7-4 所示。这些跨境经贸合作园区为中非经贸合作便利化提供了有力保障，同时也有利于改善非洲国家间及与外部世界间的贸易畅通水平。

表 7-4 中非共建的"一带一路"沿线跨境园区名录

序号	所在国家	园区名称	中方企业
1	阿尔及利亚	中国江铃经济贸易合作区	江西省江铃汽车集团公司
2	埃及	中国埃及·曼凯纺织产业园	宁夏曼凯投资有限公司
3	埃及	埃及苏伊士经贸合作区	中非泰达投资股份有限公司
4	埃塞俄比亚	埃塞俄比亚东方工业园	江苏永元投资有限公司
5	埃塞俄比亚	埃塞中交工业园区	中国交建集团
6	埃塞俄比亚	埃塞俄比亚—湖南工业园	埃塞俄比亚湖南工业园运营管理公司
7	埃塞俄比亚	华坚埃塞俄比亚轻工业城	赣州华坚国际鞋城有限公司
8	埃塞俄比亚	中非现代畜牧业循环经济工业区有限公司	新乡市币港皮业有限公司
9	吉布提	吉布提国际自贸区	中国招商局集团
10	津巴布韦	中津经贸合作区	皖津农业发展有限公司
11	津巴布韦	华锦矿业经贸园区	福建新侨商贸有限公司
12	肯尼亚	中国—肯尼亚经济贸易合作区	中国武夷实业股份有限公司
13	毛里求斯	毛里求斯晋非经贸合作区	山西晋非投资有限公司
14	毛里塔尼亚	中毛（宏东）海洋经济合作园	福建宏东远洋渔业有限公司
15	莫桑比克	莫桑比克—中国农业技术示范中心	湖北省联丰海外农业开发集团有限责任公司

序号	所在国家	园区名称	中方企业
16	莫桑比克	莫桑比克万宝产业园	湖北万宝粮油股份有限公司
17	莫桑比克	莫桑比克贝拉经济特区	鼎盛国际投资有限公司
18	南非	海信南非开普敦亚特兰蒂斯工业园区	青岛海信中非控股股份有限公司
19	尼日利亚	越美（尼日利亚）纺织工业园	越美集团有限公司
20	尼日利亚	尼日利亚宁波工业园区	宁波中策动力机电集团
21	尼日利亚	尼日利亚卡拉巴汇鸿开发区	江苏汇鸿国际集团
22	尼日利亚	莱基自由贸易区	中非莱基投资有限公司（北京）
23	尼日利亚	尼日利亚广东经贸合作区（又称奥贡广东自由贸易区）	中富工业园管理有限公司
24	尼日利亚	越美（尼日利亚）纺织工业园	越美集团有限公司
25	塞拉利昂	塞拉利昂农业产业园	海南橡胶集团
26	塞拉利昂	国基工贸园区	河南国基实业集团有限公司
27	苏丹	中苏农业开发区	山东国际经济技术合作公司
28	坦桑尼亚	江苏—新阳嘎农工贸现代产业园	江苏海企技术工程有限公司
29	坦桑尼亚	坦桑尼亚巴加莫约经济特区	中国招商局集团
30	坦桑尼亚	环维多利亚湖资源综合利用产业园	河南豫矿开源矿业有限公司
31	乌干达	乌干达辽沈工业园	张氏集团
32	乌干达	乌干达—中国农业合作产业园	四川科虹集团科虹（乌干达）实业发展有限公司
33	乌干达	非洲（乌干达）山东工业园	山东对外经济技术合作集团公司及昌邑德明进出口有限公司
34	乌干达	中乌姆巴莱工业园	天唐集团
35	赞比亚	中垦非洲农业产业园	中垦集团
36	赞比亚	赞比亚中国经济贸易合作区	中国有色矿业集团有限公司（北京）
37	赞比亚	中材赞比亚建材工业园	中材集团
38	赞比亚	赞比亚国际投资贸易合作区	江西国际经济技术合作公司
39	赞比亚	赞比亚农产品加工合作园区	青岛瑞昌棉业有限公司
40	苏丹	苏丹—中国农业合作开发区	山东新纪元农业发展有限公司

（三）贸易自由化与便利化更加深入

1. 口岸通关便利性

中非采取多种措施提高口岸通关的便利化水平，包括海关互助协定和 AEO 互认的签署以及中国和非洲国家使用的信息化通关方式，有效地提升了贸易便利化程度。目前，中国与部分非洲国家签订了《海关互助协定》，在通关执法时互助合作，进行信息共享，有利于"一带一路"贸易畅通的建设。例如，2006 年中国海关总署和南非税务总署签署《海关互助协定》，以强化在打击走私犯罪活动、联合建立新型现代化海关信息系统、海关电子数据交换等领域的合作。2009 年中埃两国海关签署《海关行政互助协定》。值得强调的是，在贸易便利化方面，中非 AEO 互认的签署是一重大进步。2021 年5 月，中国海关与乌干达海关签署《中乌海关关于"经认证的经营者"（AEO）互认的安排》，是中国在非洲地区签署的首个 AEO 互认安排；同年 12 月，中国海关与南非海关签署 AEO 互认安排。上述举措极大地提升了 AEO 企业通关便利化。同时，中国与非洲国家都在不断完善电子信息化通关方式，大大提升了口岸通关效率和便利性，有效促进了"一带一路"经贸合作。如埃及国家信息服务局将在 2022 年实现所有税务和海关程序的自动化和数字化。2006 年起，南非税务总署采用了欧洲海关"统一管理单证"的申报形式，目前多数海关可以办理电子通关手续。赞比亚早在 2012 年便使用海关数据和管理自动化系统，通关可以在数小时内完成。贝宁所有通关程序均采用电子化流程；摩洛哥政府为促进对外贸易，实施了一整套海关经济制度，除降低关税、简化通关手续、对某些进口商品实行估价制度等外，特别对商品的仓储、加工、使用和流转实行保税、免税和退税制度。中国海关也已经推行了一系列的贸易便利化政策，包括电子海关的运行、无纸化通关及单一窗口等，使非洲商品进入中国更加便捷高效，有利于推动中非贸易畅通建设。

2. 商品检验检疫便利化

中国与非洲国家在检验检疫方面开展了多种合作，有效地促进了商品检验检疫的便利化。一方面，非洲国家承认中国检验公司的认证，使中国商品进入非洲更加便捷，促进了中非"一带一路"贸易便利化建设进程。早在 2006 年中国国家质量监督检验检疫总局与埃塞俄比亚质量标准局签署《关于中国出口商品装运前检验合作协议》，规定对中国出口埃塞俄比亚的商品，埃塞俄比亚有关部门承认中国的装运前检验工作并凭检验证书放行进口商品。2012 年肯尼亚标准局（KEBS）与中国检验认证集团（CCIC）签署合作协议，在进出口产品的质量标准、计量、检验检测和认证等方面加强互认合作。博茨瓦纳标准局自 2016 年 7 月 20 日起正式承认中国认证检验集团检验有限公司对商品的检验结果。2016 年中检集团（CCIC）与坦桑尼亚标准局（TBS）签署了关于 PVoC 项目合作的协议书，标志着中检集团检验公司成为坦桑尼亚标准局授权的检验机构，实现了中国出口坦桑尼亚的商品由有中国自己的第三方检验机构参与质量把关的历史性突破。另一方面，非洲通过与中国签署检验检疫议定书，更多的非洲国家扩大了输华产品的范围，促进了双方的经贸往来。例如，2019 年中国与苏丹政府签署了苏丹脱壳花生输华检验检疫议定书，恢复苏丹脱壳花生对华出口。2021 年中国与南非签署了关于南非柑橘输华植物检疫要求的议定书，从而扩大了柑橘对华的出口。2019 年中国与肯尼亚签署关于肯尼亚冷冻鳄梨输华检验检疫议定书，肯尼亚鳄梨正式实现对华准入。2020 年中国与坦桑尼亚签署了坦桑尼亚大豆输华植物检疫要求议定书，从而实现了对中国的出口。2019 年中国海关总署还与埃塞俄比亚共同签署有关动植物检疫合作、绿豆输华检验检疫要求的合作文件。

3. 大幅降低关税壁垒

关税水平极大影响两国的贸易往来，也是贸易自由化的重要内容。目前，非洲大陆内部的贸易自由化进程在不断推进。2018 年 44 个非洲国家签署大陆自由贸易区协议（AFCFTA），2019 年跨过生效门槛，2021 年 1 月正式启动，各国计划在 5~10 年内消除域内 90% 的商品关税。截至 2021 年初，81% 的可贸易货物可根据 AFCFTA 进行贸易，因为这些货物已经商定了原产地规则，有关服装、纺织品、汽车和糖等更敏感产品的规则的谈判仍在继续。非洲对中国的进出口关税方面，因非洲国家众多，税种因国而异。非洲总体上是鼓励从中国进口原材料、半成品，但出于对本国工农业的保护，对于进口中国农作物和工业产品设置了较高的关税，这些举措是不利于"一带一路"贸易畅通的推进。为支持非洲地区的经济发展，中国对来自非洲的进出口商品大大降低关税壁垒，如中国出口非洲的产品大部分享受鼓励出口退免税优惠，而中国进口非洲的商品大部分享受免关税待遇，目前中国对非 33 个最不发达国家的 97% 的输华产品享受"零关税"。

4. 非洲国家贸易自由化与便利化水平评估

根据世界经济论坛和世界银行等一些国际研究机构的评估报告研究，近年来，非洲各国采取了简化通关、检疫等手续、开展对外资企业的"一站式"服务、缩短审批时间、使用线上服务、降低关税等一系列措施，在一定程度上提升了该地区的贸易自由化与便利化水平。然而依然存在贸易壁垒严苛、行政效率低下等问题，这些成为进一步推动贸易自由化与便利化进程的主要障碍。根据世界经济论坛发布的《全球竞争力报告》的评估，非洲地区的贸易自由化与便利化的总体水平是较为滞后的。我们选取与中国经贸往来密切的主要非洲国家进行分析，发现大多数非洲国家得分较低、排名普遍靠后。如果我们将参评的 140 多个国家粗略分成三档，50 名之前的视为水平较高，100 名之后的视为水平落后，中间一档视为中等水平，以此来分析非洲国家的贸易自由化与便利化水平，见表 7-5。

表 7-5 非洲主要国家贸易自由化与便利化评估

国家	年份	基础设施	排名	非关税壁垒	排名	关税壁垒	排名	边境通关效率	排名	司法解决争端	排名
阿尔及利亚	2019	63.8	82	3.7	127	15.12	138	2.1	127	4.1	54
	2017	3.6	93	4.0	103	14.0	127	3.4	110	3.8	55
	2014	3.6	102	3.7	135	14.5	134	2.8	137	3.2	108
安哥拉	2019	40.2	126	3.8	126	6.83	88	1.6	137	2.6	126
	2014	2.2	141	2.9	144	9.3	100	1.8	143	2.3	140
博茨瓦纳	2019	53.7	108	4.2	95	6.48	82	3.0	38	4.4	39
	2017	3.6	90	4.4	70	6.6	83	4.4	56	4.5	32
	2014	3.8	89	4.4	67	5.9	75	4.2	60	4.4	32
埃及	2019	73.1	52	4.5	67	14.48	136	2.6	76	3.9	66
	2017	4.1	71	4.2	85	14.9	131	3.9	81	3.5	77
	2014	2.9	125	3.9	121	16.0	136	3.8	81	3.3	105
埃塞俄比亚	2019	43.4	123	3.6	130	13.16	131	2.6	77	3.5	82
	2017	2.7	115	3.8	118	13.1	125	3.6	97	3.4	60
	2014	3.2	115	4.0	113	12.7	126	2.9	135	3.3	97
加蓬	2019	46.2	120	3.5	131	12.62	129	2.0	133	3.1	102
	2014	2.9	128	4.3	86	14.3	133	3.5	101	3.5	79

续表

国家	年份	基础设施	排名	非关税壁垒	排名	关税壁垒	排名	边境通关效率	排名	司法解决争端	排名
加纳	2019	46.6	118	4.4	76	10.32	112	2.5	94	4.2	43
	2017	3.3	103	4.3	74	10.9	112	3.9	83	4.4	37
	2014	3.4	110	3.9	127	10.4	106	3.4	113	4.1	45
几内亚	2019	41.7	125	3.4	133	10.19	104	2.4	95	4.8	27
	2017	2.4	125	3.7	122	11.9	120	5.3	19	2.4	127
	2014	2.1	143	4.0	108	11.5	120	3.3	117	2.3	142
肯尼亚	2019	53.6	110	4.1	104	10.35	113	2.7	66	3.5	62
	2017	3.5	96	4.2	87	9.9	101	4.1	69	4.0	50
	2014	4.3	65	4.0	110	6.8	98	3.5	92	4.1	47
毛里求斯	2019	68.7	64	4.9	34	0.57	4	2.7	59	4.5	33
	2017	4.8	40	4.8	37	0.8	3	4.6	45	4.5	33
	2014	4.7	49	4.6	33	0.8	4	4.7	38	4.9	22
摩洛哥	2019	72.6	53	5.0	20	9.82	101	2.3	112	4.3	41
	2017	4.4	54	3.9	107	10.5	106	4.5	55	3.6	67
	2014	4.6	55	4.7	25	11.7	122	4.3	57	3.7	73
尼日利亚	2019	39.7	130	4.8	36	10.56	117	2.0	132	3.1	103
	2017	2.0	132	4.8	36	11.2	115	2.9	128	3.0	99
	2014	2.7	133	4.6	42	11.4	119	3.0	132	3.3	98
南非	2019	68.1	69	4.3	88	7.07	90	3.2	34	4.6	31
	2017	4.3	61	4.4	69	6.3	78	4.2	66	4.6	31
	2014	4.5	59	4.8	23	6.0	76	4.1	62	5.2	15
坦桑尼亚	2019	44.9	121	4.0	113	10.91	121	2.8	53	4.1	49
	2017	2.8	114	3.9	111	10.2	103	3.8	88	4.1	43
	2014	3.2	117	3.9	125	9.7	104	3.2	123	3.7	64
赞比亚	2019	43.3	124	4.2	97	10.27	111	2.2	122	3.5	81
	2017	2.4	124	4.2	89	10.8	111	3.7	92	3.9	52
	2014	3.7	92	4.5	52	10.7	110	4.2	59	4.4	33
津巴布韦	2019	39.8	129	4.1	101	14.55	137	2.0	131	3.3	92
	2017	2.7	116	4.0	102	14.7	130	2.9	129	3.5	78
	2014	3.1	121	4.9	17	21.0	142	3.0	133	3.4	93

其一，北非地区国家整体贸易自由化与便利化水平尚可。阿尔及利亚除司法解决争端外的主要指标排名在 100 名之后，说明其整体贸易自由化与便利化程度较差，而其司法解决争端排名在明显上升，说明其司法体系逐渐完善，在贸易出现纠纷时能更好地利用法律解决问题。埃及的各项指标排名在几年时间里基本都有上升，说明其在不断推进贸易自由化与便利化进程，只有关税壁垒一直较高阻碍了贸易的自由化。摩洛哥除关税外的各项指标排名都尚可，但是非关税壁垒和边境通关效率的排名变动幅度较大，说明其政策连续性不好，影响贸易畅通的推进。

其二，东非地区国家的埃塞俄比亚、肯尼亚与坦桑尼亚的情况相似，整体贸易自由化与便利化水平较低,绝大多数指标排名在 100 名之后。但三国的边境通关效率排名都有明显提升,说明通关便利性方面都在逐步改善,司法解决争端排名尚可,能够用法律手段解决贸易纠纷。

其三,西非和中非地区国家的贸易自由化与便利化水平较低。如加纳的司法解决争端排名较高,说明法律手段可以解决贸易争端,非关税壁垒排名有明显进步,有利于推动贸易自由化进程。几内亚的各项指标排名基本都靠后,边境通关效率和司法解决争端的排名变动幅度较大,说明其政策连续性不好,影响贸易畅通的推进。尼日利亚除非关税壁垒外排名均较靠后,说明其整体贸易自由化与便利化水平较低。此外,中非加蓬的贸易自由化与便利化水平也较低,各项排名基本靠后。

其四,南非地区,毛里求斯和南非的贸易自由化与便利化程度在非洲地区处于最高水平,远超其他国家。中国与毛里求斯在 2019 年 10 月签署的《自由贸易协定》已于 2021 年 1 月 1 日正式生效,这是我国与非洲国家签署的首个自贸协定,也是毛方迄今在其服务领域开放水平最高的自贸协定。《自由贸易协定》涵盖货物贸易、服务贸易、经济技术合作、原产地规则、贸易救济、技术性贸易壁垒等多个领域;在货物贸易方面,毛方将通过最长 5 年降税期,将税目比例 94.2%、占毛自我国进口额 92.8% 的产品逐步降税到零。毛里求斯的关税极低,也有较低的非关税壁垒,而这两项指标南非处于中等程度,司法解决争端排名方面毛里求斯和南非都较高,说明两国的司法体系在解决贸易纠纷中发挥了重要作用。其他如安哥拉和津巴布韦的各项指标基本都在全球排名最后,说明两国贸易自由化与便利化程度极差。博茨瓦纳的各项指标排名除边境通关效率外都有明显下降,说明其贸易自由化与便利化进程在倒退,但其边境通关效率在不断提升,司法解决争端能力较好,有利于推进贸易便利化。赞比亚的各项指标排名基本都较为靠后,且在几年时间里有明显的下降趋势,这严重阻碍了贸易自由化和便利化的发展进程,也不利于和中国"一带一路"贸易畅通的合作。

(四)投资自由化与便利化持续推进

1. 中非间的双边投资协定(BIT)

双边投资协定(BIT)是投资者母国与东道国在制定关于外商投资规范方面的重要法律工具,以降低缔约一方投资者在另一缔约方境内的直接投资所面临的非商业风险,为投资者提供稳定且可预见的充分保护。其在推进投资自由化和便利化方面起到了重要作用。在非洲地区,中国更需要通过缔结高标准的双边投资协定以提升对中国企业海外利益的保护水平,促进中非"一带一路"投资合作更加畅通。中国与非洲国家开始签订 BIT 始于 20 世纪 90 年代,截至 2021 年 7 月,中国与 35 个非洲国家签署了 BIT(生效 19个),与 7 个非洲国家签署了监管合作谅解备忘录(生效 3 个,分别是埃及、南非、尼日利亚)。

2. 中非间的避免双重征税协定

避免双重征税协定是提高投资自由化程度的重要措施。避免双重征税协定是指国家间为了避免向同一纳税人在同一所得基础上重复征税,在平等互惠原则下签订的双边税收协定。避免双重征税协定在减轻纳税人负担、促进跨境投资贸易中发挥着重要作用。截至 2021 年 7 月,中非已签署 18 个避免双重征税协定,其中 13 个协定已生效。

表 7-6　中非避免双重征税协定一览

序号	国家	签署日期	生效日期	执行日期	序号	国家	签署日期	生效日期	执行日期
1	毛里求斯	1994 年	1995 年	1996 年	10	博茨瓦纳	2012 年	2018 年	2019 年
2	苏丹	1997 年	1999 年	2000 年	11	津巴布韦	2015 年	2016 年	2017 年
3	埃及	1997 年	1999 年	2000 年	12	尼日利亚	2002 年	2009 年	2010 年
4	塞舌尔	1999 年	1999 年	2000 年	13	摩洛哥	2002 年	2006 年	2007 年
5	南非	2000 年	2001 年	2002 年	14	加蓬	2018 年	未生效	
6	突尼斯	2002 年	2003 年	2004 年	15	安哥拉	2018 年	未生效	
7	阿尔及利亚	2006 年	2007 年	2008 年	16	乌干达	2012 年	未生效	
8	埃塞俄比亚	2009 年	2012 年	2013 年	17	刚果（布）	2018 年	未生效	
9	赞比亚	2010 年	2011 年	2012 年	18	肯尼亚	2017 年	未生效	

　　根据世界经济论坛发布的《全球竞争力报告》的评估，非洲地区的投资自由化与便利化的总体水平是较为滞后的。如果我们将参评的 140 多个国家粗略分成三档，50 名之前的视为水平较高，100 名之后的视为水平落后，中间一档视为中等水平。可以发现，与中国经贸往来密切的主要非洲国家，除了部分国家有所改善，大多数非洲国家得分较低、排名普遍靠后。

表 7-7　非洲主要国家投资自由化与便利化评估

国家	年份	基础设施	排名	雇工解雇难度	排名	东道国FDI规则严格度	排名	风险投融资可获得性	排名	投资创业审批时间	排名
阿尔及利亚	2019	63.8	82	4.0	55			3.5	49	17	99
	2017	3.6	93	3.3	104	3.1	133	2.8	78	20	96
	2014	3.6	102	3.1	122	3.3	128	2.2	108	25	101
埃及	2019	73.1	52	3.9	63			3.1	75	11	71
	2017	4.1	71	3.7	70	3.4	126	2.8	74	6.5	35
	2014	2.9	125	3.9	69	3.6	124	2.3	103	8	39
摩洛哥	2019	72.6	53	3.8	73			3.0	86	9	57
	2017	4.4	54	3.3	109	5.1	35	2.6	90	9.5	58
	2014	4.6	55	3.7	86	5.5	10	2.9	49	11	57
安哥拉	2019	40.2	126	3.7	91			1.7	141	36	126
	2014	2.2	141	2.6	137	2.6	141	2.3	96	66	134
博茨瓦纳	2019	53.7	108	4.0	60			2.7	98	48	132
	2017	3.6	90	3.9	60	4.5	68	2.9	68	48	126
	2014	3.8	89	3.8	82	4.3	83	2.7	67	60	132
埃塞俄比亚	2019	43.4	123	3.5	105			3.3	59	32	120
	2017	2.7	115	3.7	74	3.6	124	3.2	50	35	120
	2014	3.2	115	3.8	78	4.2	94	2.2	110	15	75

续表

国家	年份	基础设施	排名	雇工解雇难度	排名	东道国FDI规则严格度	排名	风险投融资可获得性	排名	投资创业审批时间	排名
加蓬	2019	46.2	120	3.6	93			1.9	136	31	118
	2014	2.9	128	3.4	108	4.2	89	2.0	123	50	131
加纳	2019	46.6	118	4.4	31			2.8	93	14	82
	2017	3.3	103	4.5	22	4.6	66	2.6	91	14	81
	2014	3.4	110	3.9	72	4.2	87	3.2	36	14	69
几内亚	2019	41.7	125	3.7	86			3.6	43	15	83
	2017	2.4	125	3.9	58	4.5	73	3.0	58	6	53
	2014	2.1	143	3.4	105	3.4	127	1.9	130	16	79
肯尼亚	2019	53.6	110	4.1	44			3.0	79	23	107
	2017	3.5	96	4.3	33	4.5	70	3.0	59	22	100
	2014	4.3	65	4.5	17	4.4	70	3.1	43	32	112
毛里求斯	2019	68.7	64	4.6	21			3.1	72	5	23
	2017	4.8	40	4.3	31	5.1	40	3.1	53	6.5	35
	2014	4.7	49	4.2	42	5.6	7	3.1	41	6	21
尼日利亚	2019	39.7	130	4.6	18			2.0	133	10.9	64
	2017	2.0	132	4.8	12	5.1	37	1.8	131	25.2	108
	2014	2.7	133	5.2	7	4.7	45	1.9	131	28	109
南非	2019	68.1	69	2.9	129			3.1	77	40	129
	2017	4.3	61	2.9	125	4.3	85	2.9	66	43	125
	2014	4.5	59	2.1	143	4.0	104	3.2	37	19	90
坦桑尼亚	2019	44.9	121	3.9	68			3.1	76	27.5	115
	2017	2.8	114	3.6	85	4.0	109	2.7	84	25	110
	2014	3.2	117	3.9	73	4.3	82	2.6	81	26	105
赞比亚	2019	43.3	124	3.9	69			1.8	139	8.5	53
	2017	2.4	124	3.9	55	4.9	51	2.2	122	8.5	49
	2014	3.7	92	4.5	16	5.0	24	2.4	95	6.5	31
津巴布韦	2019	39.8	129	2.8	132			2.1	130	32	120
	2017	2.7	116	2.8	128	2.3	137	1.8	130	91	134
	2014	3.1	121	2.2	142	1.8	142	1.6	140	90	137

其一，在北非地区，阿尔及利亚、埃及、摩洛哥投资自由化与便利化总体处于中等水平，相比较摩洛哥的营商环境中等偏上。

其二，在东非地区，肯尼亚和坦桑尼亚基本达到中等水平，而埃塞俄比亚处于较低水平。据世界银行最新发布的《2020全球营商环境报告》，肯尼亚在全球190个经济体中排名第56位，其劳动力市场较为灵活且企业较易获得融资，整体投资自由化与便利化水平尚可。坦桑尼亚的基础设施建设较为落后，投资创业所需审批时间较长，不利于推进投资便利化进程，但是整体发展水平中等偏后。埃塞俄比亚的各项指标排名除风险投融资可获得性较好外，都在较靠后位置，其总体投资自由化与便利化程度较低。

其三，在南部非洲地区，毛里求斯投资自由化和便利化程度明显高于其他国家。2021年初生效的中毛自贸协定有效提升了中毛间的投资自由化便利化水平。根据世界经济论坛发布的《全球竞争力报告》的评估，毛里求斯的各项指标排名靠前，投资自由化与便利化水平高，其所有行业均对外资开放，外资可100%控股。南非是外国投资在非洲地区的首选目的地，整体基础设施水平还好，然而其劳动力市场不够灵活，投资审批时间较长，投资便利化程度有待加强。其他如安哥拉和津巴布韦的各项指标排名均在100附近，说明两国投资自由化与便利化程度低。博茨瓦纳整体投资自由化与便利化处于中等偏后水平，但是投资创业所需审批时间较长，不利于投资便利化的发展。赞比亚除基础设施和风险投融资可获得性指标较差外，其余指标排名尚可，政府在不断推动投资自由化与便利化进程，如赞比亚政府将出口局、出口加工区管委会、小企业发展局、投资中心和私有化署5个部门合并成立发展署，为投资者提供"一站式"投资服务。

其四，在西非地区，几内亚、加纳和尼日利亚三国均对招商引资高度重视，三国对外资都实行国民待遇，因此三国的投资自由化与便利化程度均尚可。然而三个国家的基础设施建设都较为落后，成为阻碍投资自由化与便利化发展的重要因素，且尼日利亚企业较难获得融资，也不利于与中国的投资合作。此外，在非洲中部区域，整体的投资自由化与便利化水平较低。

（五）中非间贸易畅通存在问题

1. 非洲国家的营商环境普遍较差

首先，保护主义、单边主义、东道国不完善的法律和政策已经成为中国企业尝试"走出去"到非洲国家的主要障碍。对外资的优惠和限制准入政策在非洲国家之间差异很大，而且缺乏相互承认，这降低了外资企业在非洲大规模投资的意愿。

其次，非洲本地缺乏技术人才并且对外企有一定本地劳工比例限制。非洲拥有优秀人力资源的巨大潜力。据联合国统计，非洲35岁以下人口比例占总人口的74.5%。但薄弱的职业教育体系无法提供足够的具有工业化所需技能的人力资源，在当地的外国企业也很难招到他们所需要的人。因此，运营效率受到严重限制。为了更好地发展职业教育体系，非洲各国政府应加大政策支持和资金投入，并结合国际机构和其他国家的援助，重点建设职业教育体系。中国企业也需要继续支持员工的职业培训。

2. 中国企业"走出去"经验不足

中国企业"走出去"经验不足主要表现在以下几个方面：

首先，中国企业对非洲的投资缺乏长期规划，存在一定的短视现象。大量中小民营企业对当地的法律法规和风俗习惯了解不够，无法支持其投资决策，导致缺乏方向性，贸然行动导致高风险。

其次，中国企业之间协调不足，内部竞争激烈。一些企业受自身短期利益的限制，较难建立大规模的产业集群或整合上、中、下游的产业链条。

再次，缺乏海外业务经验和风险管理能力，缺少专业服务机构的支持。一些中国企业对本土化重视不够，对当地的社会环境、劳工和外商投资政策缺乏了解。在金融、法律、商业事务、税务、人力资源、安全、应急、公共事务等方面缺乏网络、机构和服务。

最后，国有企业长期依赖政策和优惠资金支持其发展，而中国民营企业尚未建立可持续的支持体系。

四、中非间的"资金融通"进展

资金融通是以项目为载体，重点通过金融机构及金融市场合作为项目提供投融资服务，促进中非经贸合作高质量发展。

(一) 金融合作机制化建设逐渐完善

在"一带一路"倡议下，中国与非洲国家间主要通过中非合作论坛和中非银联体建立起高层次的金融对话及融资机制。

其一，中非合作论坛作为中非合作机制性平台指引金融合作的重点和方向。中非合作论坛是中国与非洲国家在 2000 年设立的在南南合作范畴内的集体对话机制，自 2000 年中非合作论坛成立以来，中非金融合作不断拓展和深化。中非合作论坛第一届部长级会议后，中非金融合作开始启动，尤其是在 2018 年中非合作论坛北京峰会上提出了《中非合作论坛——北京行动计划（2019—2021 年）》，其中包含了中方对非贷款、投融资，中非金融机构合作以及本币结算合作等多方面内容的合作计划，使中非资金融通合作迈向新台阶。

其二，中非金融合作银联体机制助力非洲经济社会可持续发展。2018 年，中国与非洲国家间的首个多边金融合作机制——中非金融合作银行联合体正式成立。该银联体由国家开发银行牵头，非方创始行包括南非联合银行、毛里求斯国家银行、南非标准银行、埃及银行等 16 家金融机构。各成员行在银联体框架下发挥各自优势，积极落实和服务中非合作论坛的相关发展规划，尤其加大对基础设施等重点领域的支持力度，发挥融资促进和风险防范、分担、化解作用。

其三，与非洲区域性金融机构的交流机制不断深化。中国人民银行不断深化与非洲区域性金融机构的双边合作，利用多边金融平台，充分履行金融外交职能。中国自 1985 年加入非洲发展基金和非洲开发银行以来，向非洲发展基金累积承诺捐资 9.38 亿美元，已按期拨付 6.27 亿美元。2000 年，中国人民银行正式加入东南非贸易与开发银行，约占该行总股本的 6.49%，成为最大的非洲域外的国家股东。2004 年，人民银行入股西非开发银行，成为该行非本地区成员中的最大股东。2014 年 5 月，人民银行与非洲开发银行联合成立规模为 20 亿美元的"非洲共同增长基金"，总资本全部来自中国，期限 30 年，面向全非洲提供融资，由非洲开发银行推荐项目。

其四，各类开发性、政策性金融机构及合作基金架起中非资金融通的多元渠道。中国的国家开发银行成为对非合作的主力，在其推动下建立中非发展基金和非洲中小企业发展专项贷款基金，引导和鼓励中国企业对非投资。中国进出口银行作为"开路先锋"的角色担当政策性银行对非投融资合作，在其推动下成立中非产能合作长期开发投资基金，通过以股权为主的多种投融资方式，服务于非洲的"三网一化"建设。同时，推动建立的跨国区域开发性金融机构成为资金融通机制化建设的重要平台。如亚洲基础设施投资银行是一个政府间性质的亚洲区域多边开发机构，是首个由中国提出创建的区域性金融机构，旨在推动区域基础设施建设和互联互通。亚投行自 2015 年成立以来，到 2020 年共有 103 个成员国加入，其中非洲成员国数量为 19 个（如埃及、南非、埃塞俄比亚、苏丹、几内亚等）。亚投行越来越成为连接亚洲与世界的开发性银行，非洲国家的加入将使亚洲与非洲新成员建立更牢固的关系，共同努力实现长期可持续发展。亚投行 2018 年 5 月与非洲开发银行（AfDB）签署了一份谅解备忘录，与非洲开发银行达成的协议有望开启整个非洲大陆基础设施建设的新机遇。2014 年成立的金砖国家新开发银行（NDB）旨在为金砖国家以及其他新兴经济体和发展中国家的基础设施和可持续发展项目提供融资。此外，2019 年中国财政部和世界银行、亚投行、亚洲开发银行、欧洲投资银行、欧洲复兴开发银行、泛美开发银行、拉丁美洲开发银行、国际农业发展基金在京签署备忘录，共同成立多边开发融资合作中心（MCDF），支持包括"一带一路"倡议在内的基础设施互联互通，2020 年非洲开发银行、新开发银行签署备忘录，正式加入 MCDF。

其五，金融监管合作取得初步进展。目前中非在金融监管方面实质性的合作还较少，发展潜力巨大。中国已和南非、埃及、尼日利亚等 7 个国家签署了金融监管合作谅解备忘录。金融监管领域的合作将为"一带一路"中非资金融通合作提供重要的保障。在证券期货监管合作方面，2000 年中国证监会与埃及资本市场委员会签署《证券期货监管合作谅解备忘录》，是中国证监会在非洲地区签署的首个证券期货监管合作协议。此后，中国证监会相继于 2002 年和 2005 年与南非和尼日利亚签署该类协议。在反洗钱和反恐怖融资金融情报交流合作方面，中国相继与南非（2015 年）、尼日利亚（2017 年）和纳米比亚（2017 年）签署了《关于反洗钱和反恐怖融资金融情报交流合作谅解备忘录》。

（二）金融中介机构互设分支机构

1. 中资银行在非设置的分支机构

国有商业银行早在 2013 年之前就进入非洲市场，自"一带一路"倡议提出以来，中资商业银行在非洲国家新增多家机构。

其一，国有金融机构布局非洲市场。如表 7-8 所示，截至 2021 年，中国银行共在南非、赞比亚、肯尼亚、安哥拉、毛里求斯、坦桑尼亚和摩洛哥 7 个国家设立分支机构，如中国银行是首家在南非注册成立的中资银行，现拥有约翰内斯堡分行（2000 年）及下辖的德班分行两家经营性机构，其中中行约翰内斯堡分行在 2015 年被中国人民银行指定为非洲大陆首家人民币清算行；同时，中国银行系首家在毛里求斯经营的中资银行（2016 年），也是安哥拉第一家以分行（2017 年）形式设立的外资银行。2008 年，中国工商银行收购南非标准银行 20% 的股权，以并购方式进入非洲市场；2011 年，工行在南非约翰内斯堡设立非洲代表处，是工行在非洲的唯一分支机构。2015 年，中国农业银行与刚果（布）政府、国家石油公司和私营企业合资成立中刚非洲银行，成为与中部非洲国家开展金融合作的第一家中资商业银行。同时，中国建设银行、国家开发银行和中国出口信用保险公司等金融机构也在非洲设立了分支机构。

其二，部分中国民营企业也开始在非洲设立商业银行。2013 年中国民营企业 TOP FINANCE 在乌干达成功获得银行营业执照；2015 年中国在坦桑尼亚的首家民营银行中国商业银行营业；2017 年丝路亿商等中资企业联合吉布提共和国设立了丝路国际银行。2018 年在坦桑尼亚发起成立的中资独资股份制银行——中华大盛银行股份有限公司营业。

表 7-8　中资金融机构非洲网点分布（截至 2020 年 12 月）

序号	国家	中资金融机构	成立时间
1	埃及	国开行开罗代表处	2009 年
2	安哥拉	中行罗安达分行	2017 年
3	刚果（布）	中刚合资非洲银行（中国农行）	2015 年
4	肯尼亚	中行内罗毕代表处	2012 年
5	摩洛哥	中行摩洛哥代表处	2016 年
6	摩洛哥	中国进出口银行西北非代表处	2015 年
7	毛里求斯	中行毛里求斯有限公司	2016 年
8	南非	中行约翰内斯堡分行	2000 年
9	南非	建行约翰内斯堡分行	2000 年
10	南非	工行非洲代表处	2011 年
11	南非	中行德班分行	2015 年
12	南非	建行南非开普敦二级分行（中国建设银行约翰内斯堡分行在南非设立的二级经营性机构）	2015 年
13	南非	中国进出口银行东南非代表处	1999 年
14	坦桑尼亚	中国商业银行（民营银行）	2015 年
15	坦桑尼亚	中行坦桑尼亚代表处	2016 年
16	坦桑尼亚	中华大盛银行股份有限公司（中资独资民营银行）	2018 年
17	乌干达	中国民营企业 TOP FINANCE 成立首家民营银行	2013 年
18	赞比亚	1997 年赞比亚中国银行成立（中国银行在非洲大陆设立的第一家全资子行，拥有全面银行经营牌照），2012 年设立基特韦分行	1997 年
19	吉布提	中国丝路亿商公司设立丝路国际银行	2017 年

其三，中资商业银行在非洲积极创新拓展相关金融业务合作。2010 年，中国工商银行与南非标准银行联合推出首个中非跨境现金管理平台，使中非实现了跨境直连的现金管理模式。2016 年，中国农业银行与刚果共和国签署《深化金融战略合作及跨境人民币金融服务协议》，有力推动双方金融合作深度。中国银联卡自 2008 年开拓非洲市场以来，现已开通在非洲 50 个国家和地区的银联卡受理业务，其整体受理覆盖率达 75%，其

中南非、肯尼亚、毛里求斯等国的受理覆盖率接近 100%。

2. 非洲银行在中国设立的分支机构

埃及、摩洛哥、南非、尼日利亚等非洲国家的银行金融机构也在中国积极设立分支机构。例如，2008 年，埃及国民银行在上海设立分行；2017 年，该分行首次获准经营人民币业务。2019 年，摩洛哥外贸银行在上海设立分行。此外，摩洛哥的阿提扎利瓦法银行与中国银行签有合作谅解备忘录，其中涉及跨境人民币业务的相关内容。

（三）中非间投融资合作进展显著

1. 中非金融机构投融资合作力度不断加大

中国的政策性金融机构和商业金融机构以务实行动积极支持中非共建"一带一路"。一是政策性、开发性金融机构是中非"一带一路"发展的主要支撑，包括国家开发银行和中国进出口银行。国家开发银行 2015 年明确定位为以开发性金融业务为重点的金融机构，主要发展对外投融资合作，在非洲相关项目上国开行发挥长期、大额资金优势不断扩大对非的融资和金融服务，支持多个非洲重点项目建设。在中非合作论坛框架下，国开行承办设立了中国第一只专注于非洲投资的股权基金——中非发展基金，旨在鼓励中资企业赴非投资；同时，还承办设立了非洲中小企业发展专项贷款，以强化非洲各国的融资能力。中国进出口银行作为支持中国对外经济贸易投资发展与国际经济合作的国有政策性银行，在"一带一路"倡议、中非"十大合作计划"、非洲"三网一化"等对非经贸合作框架下积极承办、落实相关金融业务，且主要以发展性项目为主。

二是各商业金融机构积极与非洲金融机构探索多元化合作。中国银行为非洲提供了320 亿元人民币的公司贷款；中国建设银行为非洲 14 个国家的 22 个基础设施建设项目提供了融资支持；中国工商银行通过收购南非标准银行股份为在非 40 家中资企业提供融资援助 85 亿美元，涉及金额达 300 亿美元，使中非资金融通合作进入新时期，2016—2017年，双方已在非洲共同完成 13 宗银团贷款交易，涉及金额超过 20 亿美元。2020 年中国银行约翰内斯堡分行和伦敦分行共同与非洲进出口银行签署 2 亿美元贷款合同，用于支持非洲进出口银行为抗击疫情对非洲各国经济影响而启动的 PATIMFA 计划。

中国出口信用保险公司是中国唯一的政策性保险公司，积极配合国家"一带一路"建设，履行政策性职能，通过与非洲相关政府和金融机构的合作为主权借款和主权担保项目提供融资保险，进一步促进中非经贸合作，也为中资企业参与非洲项目拓展新的融资渠道。

2. 中非区域多边金融机构和股权投资基金的投融资合作

中非共同参与的区域多边金融机构主要有亚投行、新开发银行和非洲金融公司。亚投行作为首个由中国倡议设立的多边金融机构，为非洲地区提供的项目融资不断增加。如 2018 年 12 月为埃及两个基础项目投资 5.1 亿美元。金砖国家开发银行是中非参与合作的重要的金融合作多边机制，2017 年在南非约翰内斯堡成立了非洲区域中心，2019 年为南非基础设施建设提供了超过 100 亿兰特的贷款。非洲金融公司作为非洲地区重要的多边金融机构，主要为非洲境内的基础设施建设和进出口贸易提供融资服务，中国相关金融机构为该公司的经济活动提供融资。

中国倡导建立的"一带一路"相关基金主要有丝路基金、中非发展基金、中非产能合作基金、非洲中小企业发展专项贷款基金及非洲共同增长基金。其中,丝路基金是由中国外汇储备、中国投资有限责任公司、中国进出口银行和国家开发银行联合出资400亿美元设立的中长期开发投资基金,其为中非资金融通合作提供了大量融资支持。中非发展基金成立于2006年,是我国第一只专注于对非投资的股权投资基金,旨在支持中国企业开展对非合作、开拓非洲市场,截至2022年9月,该基金已累计对37个非洲国家决策投资超过64亿美元,带动中国企业对非投资310亿美元。非洲中小企业发展专项贷款基金(2009年设立)与中非发展基金同属中非合作论坛框架,该基金总额度60亿美元,旨在为非洲中小企业提供融资支持,现已覆盖非洲32个国家。中非产能合作基金是在中非"十大合作计划"框架下由外汇储备、中国进出口银行共同出资设立的中长期开发投资基金,截至2021年10月,该基金累计在非投资22个项目,涉及产能合作、基础设施建设等多个领域的投资项目。非洲共同增长基金是2014年为改善非洲基础设施、促进当地民生发展由中国人民银行与非洲银行合作设立的贷款项目,截至2021年10月已跟投36个主权贷款项目。为支持中国企业从非洲进口产品,2018年中国进出口银行设立了从非洲进口贸易融资专项资金50亿美元,截至2020年末,该专项资金已超额完成目标。此外,中国人民银行与非洲开发银行和西非开发银行等非洲国家组织设立了双边技术合作基金,支援了非洲国家的能力建设。上述基金的股权投资为"一带一路"建设提供了全方位的资金保障。

(四)双边货币互换和本币结算发展

随着经贸往来逐渐加深,中非之间对货币互换和本币结算的需求不断扩大,人民币在非洲的国际化之路逐步推进。中国人民银行累计与南非、摩洛哥、埃及和尼日利亚的金融当局签署或续签规模超过1000亿元人民币的货币互换协议,对改善双边贸易投资便利化水平,维护区域金融稳定发挥重要作用。此外,南非、肯尼亚、尼日利亚、坦桑尼亚和卢旺达等8个非洲国家已经将人民币纳入其外汇储备,对推动人民币在非洲国际化迈出重要一步。

表7-9 中国人民银行与非洲中央银行或货币当局双边货币互换一览

国家	协议签署时间	互换规模	期限
南非	2015年4月10日	300亿元人民币/540亿南非兰特	3年
	2018年4月11日(续签)	300亿元人民币/540亿南非兰特(续签)	
摩洛哥	2016年5月11日	100亿元人民币/150亿摩洛哥迪拉姆	3年
埃及	2016年12月6日	180亿元人民币/470亿埃及镑	3年
尼日利亚	2018年4月27日	150亿元人民币/7200亿奈拉	3年

资料来源:中国人民银行。

本币结算的发展使中非"一带一路"资金融通建设更加便利和高效,有利于人民币的国际化进程。2010年中非之间首笔采用人民币结算的跨境贸易发生在南非。此后,来自肯尼亚、乌干达、赞比亚、埃及等多个国家的非洲银行也开始提供跨境贸易人民币结算服务,特别是2019年后多数埃及主要商业银行已获准开通人民币业务。2016年人民币将作为津巴布韦法定货币流通。在中非贸易中,人民币的结算比例已从2015年的5%升至 2018 年的 12%。截至 2019 年底，27 个非洲国家的银行机构均在境内银行开设人民币同业往来账户，来自 42 个非洲国家的公司在中国开设了人民币 NRA 账户。截至 2021 年 10 月，人民币跨境支付系统（CIPS）已覆盖非洲 19 个国家，间接参与者达 42 家。非洲地区共有两家人民币清算行，即中国银行南非约翰内斯堡分行为非洲首家人民币清算行，2015 年中国银行赞比亚分行成为人民币清算行。

（五）资本市场合作进展

中非间资本市场合作包含债券市场合作和保险市场合作两部分，由于非洲大部分国家金融体系落后，债券和保险市场都处于萌芽阶段。

1. 债券市场合作

中国与南非的证券市场合作方兴未艾。上海证券交易所与约翰内斯堡证券交易所）通过"南非—中国资本市场论坛"等定期交流机制推动资本市场合作。2015 年 12 月，中国工商银行委托南非标准银行以发行兰特欧洲债券的方式融资 100 亿兰特，工行据此成为亚洲首家兰特欧洲债券发行机构。2015 年，宁波建工公司收购南非安兰证券 100% 的股份，有利于为中资企业提供在非本地化的投融资服务。

2017 年中国银行约翰内斯堡分行成功发行非洲首只离岸人民币债券"彩虹债"，标志着离岸人民币债券市场继其余四大洲之后进一步扩展至非洲。此外，中国银行约翰内斯堡分行在 2022 年成功定价 3 亿美元的绿色债券。这是中国金融机构在非洲发行的首只绿色债券。尽管南非的主权信用评级较低，但约翰内斯堡分行的债务评级却大幅突破主权上限，反映出国际机构对中国银行信贷的高度信心。

2. 保险市场合作

在保险市场合作方面，2010 年平安保险集团和南非最大的健康险公司 Discovery 签署合作协议，共同开发中国健康险市场。2020 年中国太保旗下中国太保寿险与中非民间商会在第三届进博会现场签署合作框架协议，双方进一步加强在团体保险保障业务上的交流合作。

（六）中非间资金融通存在的问题

中国进入非洲总体上是非常积极和有效的，成为许多非洲国家巨大融资来源。与传统的官方发展援助相比，中国的资金融通合作通常不参与当地政治，这受到非洲人的欢迎；中国能够投入大量人力和技术资源，基础设施项目成为中国对非投资的重点。截至 2018 年，中国企业在非洲参与了 300 多个独立项目，建造了非洲 1/3 的建筑工程，提供了 1/5 的融资。截至 2021 年底，中国累计对非洲直接投资超过 500 亿美元，为促进非洲国民经济发展做出重要贡献。

其一，金融合作机制尚不完善。中非之间的金融合作更多地停留在了具体项目的投融资方面，缺乏长远发展的整体战略规划。中非金融机构互动相对滞后，缺乏论坛、组织等定期交流机制，这对协调中国与非洲国家银行间或金融业务的合作就有些不足。此外，金融信息共享水平低下，尚未建立起政府、企业和银行间的数据交流体系，以共享中非双方合作信息和未来发展的趋势信息成果，其原因在于信息共享机制建立还没有引起高度重视。

其二，金融分支机构设立不足。1997 年中国银行才踏足非洲，建立第一家中资银行分支机构。目前中资商业银行在非洲仅有 12 个分支机构,其中分行个数仅为 8 个。非洲国家的商业银行在中国未设立分行,仅少数银行在大陆设立了代表处。因此中非的金融分支机构数量不足,发展较晚,这在一定程度上影响了中非"一带一路"资金融通建设的效率,使中非投融资合作缺乏便利性。

其三,资金融通合作主要由中央政府主导和引领,地方政府、社会资本和企业缺乏自主性。参与其中的企业多为开发性银行、政策性金融机构等为代表的国有金融机构,地方政府、企业和民间资本参与的积极性明显不足。

其四,金融监管合作薄弱,缺乏有效监管协议。当前,中非间的金融监管合作仍停留在监管合作协议和谅解备忘录等体现双方合作意愿的务虚合作层面,尚未深入强制执行等具有约束力的务实合作层面,极大地减弱了金融监管合作的效果。

五、中非间的"民心相通"进展

习近平主席提出"真实亲诚"理念和正确义利观,成为新时代中非合作的总体指导原则。为新时代大力促进中非人文交流和文明互鉴提供了根本遵循。中非民心相通为"一带一路"建设固本强基,助力实现构建中非人类命运共同体的伟大目标。中非"一带一路"建设不仅是物质性的,也是精神性的,既需要中非经贸合作的"硬"支撑,也离不开文明互鉴的"软"助力。

(一)中非人文交流机制日益完善

在"一带一路"框架下,中非文化合作交流机制不断完善。中国目前已与所有建交的非洲国家签署了政府间文化合作协定。建立了结对友好城市,搭建了中非民间友好组织交流与合作的集体对话平台,为双方开展人文交流合作,实现民心相通提供了重要保证。

1. 中非国家层面的文化交流合作机制

截至 2020 年 12 月,中非签署并落实了 346 个双边政府文化协定执行计划。比如 2021 年中国和阿尔及利亚签署了《文化协定 2021—2025 年执行计划》。2019 年中国与津巴布韦签署《2020—2023 年中津文化合作执行计划》。近年签订的文化合作协定执行计划还有《2017—2019 年中国与塞内加尔文化合作执行计划》《2015—2018 年中国与埃及文化合作协定执行计划》等。同时,中国在毛里求斯、贝宁、埃及、尼日利亚、坦桑尼亚、摩洛哥等国设有中国文化中心。此外,2012 年以来,中非双方积极推动落实《中非大学"20+20"合作计划》,为中非大学交流合作搭建平台。

2. 中非地方层面的文化交流机制

以国际友好城市为载体进行文化交流,受到外国地方政府的青睐。中国各级城市与非洲国家很多城市签署了多样化的交流合作协定,包括友城关系、国际友好交流关系、签署结好意向书和建立意向性友城。截至 2021 年 7 月,中国各地方政府与非洲 41 个国家,建立了约 128 对友好城市关系。南非以 28 对友好城市关系位居与中国建立友城关系数最多的非洲国家榜首,其次是埃及、纳米比亚、摩洛哥均与中国城市建立了 10 对及以上的友好城市关系。

3. 民间交流实现机制化

民间交流合作的各种机制化论坛、研讨等平台，搭建了中非民间友好组织交流与合作的集体对话形式，为中非传统友谊注入了新的活力。在机制化建设方面有"中非民间论坛""中非民间友好组织负责人会晤"、中国非洲人民友好协会、"丝绸之路沿线民间组织合作网络"平台、中非文化交流分论坛等，还有中非工会和非政府组织及社会团体之间的交流，采取的形式包括团组互访、专题研讨、援助、人员培训、信息共享等。

（二）媒体及艺术文化交流合作日益频繁

中非艺术文化交流合作形式多元丰富，包括互设文化中心，中非文化艺术团相互参与对方举办的国际性艺术节，非洲国家加入丝绸之路国际剧院、博物馆、艺术节等联盟。一方面，中非之间的表演和艺术团体经常互访。2016 年以来，原文化部派 32 个艺术团共 863 人赴非洲 41 国（次）的 60 个城市举办演出 116 场、展览 6 个，仅 2018 年直接受众即达 270 万人次。"中非文化聚焦"活动邀请非洲 8 国 11 个艺术团共 196 人来华演出。过去十多年，中国国家芭蕾舞团、中国东方歌舞团和中国杂技团等数千名艺术家、演员、其他艺人先后访问非洲国家；同时，埃及民间艺术团、南非合唱团和刚果共和国国家舞蹈团等非洲艺术团相继受邀来华表演。另外，中非双方积极在对方国家举办各类艺术展览。如中国在埃及、南非、津巴布韦和突尼斯等非洲国家举办了中国绘画与雕塑展、水彩展和工艺美术展等。同时，摩洛哥、毛里求斯、佛得角等非洲国家在中国举办了书画展等其他各类艺术综合展。

另外，媒体交流合作成效显著。中国为非洲诸多国家的电视播出机构提供影视剧，支持非洲国家制作影视节目，帮助非洲影视作品进入中国。目前中非双方互相分享了数千部影视剧，建立了长期合作模式，并互相参加在对方国家举办的影视节展，积极开展纪录片、影视剧的联合制作，在非洲形成看中国影视剧的热潮。比如中国企业四达时代 2002 年进入非洲，目前已在 30 多个非洲国家注册公司，建立了节目中继、直播卫星、地面电视、互联网视频四大基础网络服务平台，形成了节目集成、节目译制、节目制作为一体的内容生产体系，实现了中国声音 24 小时不间断对非洲播出。

此外，中国和非洲国家通过举办文化日、文化周、文化月、电影周、书展等活动，通过开展非洲通用语种图书出版项目，中国出版单位参加在非洲举办的重要国际书展，中国出版企业向非洲知名公共图书馆、大学和中等学校图书馆赠送卫生、农业技术、文化和教育等领域的对外汉语教材及其他中文出版物，促进了文化交流。

（三）中非教育合作取得新进展

教育合作是中非关系的重要组成部分，在孔子学院、来华留学、科研合作和职业教育合作方面都取得显著成果。

1. 对非教育援助不断推动来华留学规模的扩大

中国大力支持非洲教育发展，为非洲国家提供了大量政府奖学金，来华留学生规模不断扩大。自 2014 年以来，中国一直被认为是非洲学者的首选留学目的地之一，排名低于法国，但高于美国。吸引无数非洲学生学者来华留学交流。2018 年，非洲来华留学生人数占外国来华留学生的比例高达 16.57%，总人数达 81562 人。此外，中国还积极参与国际组织对非洲的教育援助项目，如 2019 年中国与联合国教科文组织签署出资 800 万美元设立中国信托基金协议，以支持非洲国家的教育发展，尤其是优质教师教育与培训。

2. 中非孔子学院建设成就显著

随着"一带一路"建设的开展，许多民众渴望学习汉语、了解中国和中华文化，甚至期望未来能够通过谋求与汉语相关的职业而提高薪资待遇，这都为汉语教学和中华文化传播带来了机遇，孔子学院建设在非洲乘着"一带一路"倡议顺势而行。当前，中国在非洲 46 个国家设立 61 所孔子学院和 48 所孔子课堂；并形成了"非洲孔子学院农业职业技术培训联盟（ATACIA）"倡议，自倡议提出三年来，在肯尼亚和莫桑比克蒙德拉内大学孔院、赤道几内亚国立大学孔院和贝宁阿波美卡拉维孔院合作在当地进行农业职业技术培训、推进联盟试点工作取得了成功实践。孔子学院为促进中非"一带一路"民心相通建设做出积极贡献。

2000 年，中国在非洲没有文化机构，非洲留学生不足 2000 人。目前，中国在非洲的孔子学院等文化机构数量仅次于法国联盟，超过了自 1883 年、1934 年和 1960 年以来分别在非洲运营的英国文化协会、德国歌德学院和美国中心。在中国文化机构学习的非洲学生人数已激增至 6 万人，使中国文化机构成为说英语学生的首选目的地。

3. 中非学术交流合作不断深化

学术交流一方面体现为中非之间的科研合作。主要是以中非联合研究中心为平台，围绕非洲国家的农业、生物保护和地理信息系统等研究领域开展多元化的科研合作。中国与非洲国家联合创建了中非联合研究中心、中非创新合作中心等一批高水平的联合实验室。其中，位于肯尼亚的中非联合研究中心是中非共同建设的第一个大型综合性科研教育机构，从 2013 年开始，先后与肯尼亚、坦桑尼亚与埃塞俄比亚 20 家科教机构开展了合作，开展了 45 个科研项目的合作。此外，近年来，中国通过实施"一带一路"国际科学组织联盟奖学金、中国政府奖学金、"国际青年创新创业计划"等项目帮助非洲培养大量科技人才。此外，空间探索和航天合作取得新突破，如中国在埃及援建卫星总装集成及测试中心项目。另一方面，中非学术交流还表现为日益重视发挥智库的作用。中非智库论坛自 2011 年创立以来，已举办 11 届会议，成为双方智库学者交流合作的重要平台。2013 年启动的中非智库"10+10 合作伙伴计划"旨在推动中非思想知识界建立"一对一"长期合作关系。

4. 中非职业教育合作前景光明

自"一带一路"倡议提出以来，中非职业教育合作加速发展。截至 2018 年，中国在非洲设立了 20 多个地区性职业教育中心和能力建设学院，累计为非洲国家培训各类职业技术人才 20 多万名。旨在为非洲青年提供职业技能培训的"鲁班工坊"也是中国资助非洲职业教育的重要形式，2018 年中非合作论坛北京峰会期间，中方宣布将在非洲设立 10个鲁班工坊，为非洲培养经济发展迫切需求的高素质技术性人才；2019 年中国在非洲建设的第一个鲁班工坊——"吉布提鲁班工坊"在吉布提商学院开始运营。

（四）双方旅游交往取得一定成就

在"一带一路"倡议下，随着中非经贸往来的增多，人员交流活动越发频繁，近年来中非旅游合作取得了一定的成就。

其一，非洲国家对中国游客的签证政策日益便利。如毛里求斯、塞舌尔、突尼斯、摩洛哥等非洲国家对中国公民实施了免签政策；埃塞俄比亚和肯尼亚对中国游客实行电子签证；埃及和坦桑尼亚对中国游客实施落地签。签证等旅游通道的畅通促进双边旅游人数累增。在《"一带一路"：中国出境自由行大数据报告2019》中，摩洛哥、埃及和突尼斯是非洲最具旅游热度的国家。

其二，中非旅游基础设施合作已达成共识。国家政策支持中非企业在旅游基础设施领域开展合作，改善和优化非洲旅游环境，提高非洲国家的旅游接待能力和质量。《约翰内斯堡行动计划（2016—2018年）》进一步呼吁中国企业到非洲投资，加快酒店、景点等旅游基础设施建设。随着"亚的斯亚贝巴—吉布提铁路"和"蒙巴萨—内罗毕铁路"的开通，东非旅游可达性得到改善，有望在不久的将来实现东非区域内非洲国家间的旅游合作。此外，日益丰富的航空航线和不断完善的航空基础设施为双边游客提供了便利。

（五）公共医疗卫生合作不断走深走实

作为中非共建"一带一路"的重要组成部分，公共医疗卫生合作事关非洲人民的幸福与健康，也是推动中非民心相通建设的重要抓手。中方以务实行动推动和改善非洲医疗卫生水平，深刻诠释着中非命运共同体的深刻内涵。

1. 中国医疗队有效提升当地医疗水平

2021年底发布的《新时代的中非合作》白皮书显示，自1963年中国向阿尔及利亚派出首支中国对非援助医疗队以来，中国已累计向非洲派出医疗队员2.3万人次；当前，在非洲45国派有医疗队员近千人，共98个工作点。同时，助非专科医学建设取得长足进展，截至目前，中国已帮助18个非洲国家建立了20个专科中心，涉及心脏、重症医学等多个专业，同40个非洲国家45所非方医院建有对口合作机制。

2. 中国助力非洲多种疾病防控

2014年2月在西非几内亚暴发埃博拉疫情，波及几内亚、利比里亚、塞拉利昂、尼日利亚、马里等，中国政府紧急向西非国家抗击埃博拉疫情提供第4轮援助，提供急需物资和现汇援助，派出更多中国防疫专家和医护人员，中国还为塞拉利昂援建了固定生物安全实验室，为利比里亚援建了治疗中心，为非洲国家战胜埃博拉疫情发挥了关键性作用。

非洲的疟疾和艾滋病疫情是全球卫生治理的最大挑战之一，给非洲国家带来沉重负担。中国科学家研发的青蒿素为非洲疟疾的控制提供了有力的药物，并且中国政府支持非洲艾滋病防控人才的培养，为当地艾滋病的诊断救治做出了重要贡献。近年来，中国与科摩罗合作实施青蒿素复方快速控制疟疾项目，8年内将该国疟疾死亡人数降至为零。

3. 中非新冠疫情防控合作

2020年初暴发了严重的新冠疫情，后来新冠疫情成为全球范围内传播速度快，防控难度大的重大突发公共卫生事件。在抗击疫情的过程中，中非坚定地站在一起，在疫情暴发初期，非洲国家主动援助中国医疗物资，而在非洲被新冠疫情波及后，中国在医用口罩等防疫用品和疫苗公平分配方面重点照顾了非洲的需求，并且在埃及、阿尔及利亚、摩洛哥等非洲国家联合进行疫苗本地化生产。当中国政府和人民正在进行一场防控新冠疫情的阻击战时，不少非洲国家在力所能及的范围内主动向中国伸出援手，如2020年2

月埃及向中国提供 10 吨医疗物资支持，赤道几内亚向中国政府捐款 200 万美元，加纳政府紧急向湖北武汉捐赠 1 万只 N95 口罩，吉布提决定向中国政府捐款 100 万美元等。

总之，中非间的"民心相通"进展卓越，设置了多样化的人文交流机制，重视民间交流合作，在旅游、教育、医疗等领域的合作成果斐然。但国际上对中非之间的友谊也存在很多抹黑的声音，中非需要继续深化双方互信理念，用中非的实际行动消除不和谐的传播声音，优化中非间的信息传播渠道和手段。目前中国国有媒体的传播内容和方式固化，尚难打开局面融入非洲民间大众生活，非洲许多国家的舆论仍然受西方主流媒体的影响。尽管中国的新华社海外分社遍布非洲，中央电视台的中文国际频道和法语频道也在非洲可以收看，但中国国有媒体在非洲仍然缺乏非洲视角，但像 France24、BBC、CNN 等在非洲较有人缘的电台，都能较好地提供非洲当地资讯，以及有关非洲文化的节目。中国民营企业在非洲的传媒行业取得了相当大的成就，但抗风险能力较弱，中国政府对其支持力度有待提高。

第二节　未来 3~5 年中非共建"一带一路"面临的风险和挑战

一、非洲国家面临多重严峻的政治风险及影响

政治风险是指由于东道国、母国或东道国与母国之间的政治关系、政策法规、法律制度等非常规变化，而导致的企业在海外经营及投资活动时面临无法实现预期目标的风险。非洲大部分国家实现民族独立和解放的时间不长，许多国家自身积贫积弱，对内面临领导人交接、民主政治转型、部族冲突等多重矛盾，对外深陷大国地缘政治博弈的战场，加之新冠疫情和俄乌冲突的冲击，非洲复杂的政治环境使中非共建"一带一路"充满了不确定性与较大的挑战。

（一）未来 3~5 年非洲国家政局稳定性与政策变动风险加剧

非洲国家的政局动荡主要源于非常态政权更迭、换届选举、治理缺陷带来的管理不善、经济增长缓慢或经济衰退、其他地区政变的传染、腐败、宗教和种族冲突、外国政府支持与干预、经济周期引发的大宗商品价格冲击、严重两极分化与长期贫困化积累等诸多问题的影响。这些问题有的某一时期发挥主要作用，更多的是相互交叉且综合作用的结果。在 2020 年突如其来的新冠疫情持续冲击下，不仅疫苗鸿沟加剧非洲经济社会发展的不均衡和极化，而且疫情与 2022 年初爆发的俄乌冲突的双重冲击锐化了非洲国家固有内外矛盾，成为未来非洲国家政局动荡的深层次根源，由此导致政局动荡更是频发爆发。这种政治秩序的重建过程导致的政治环境不稳定，成为中非共建"一带一路"过程中面临的重大政治风险。

1. 非常态政权更迭与换届选举经常引发政局的巨大动荡

其一，已有的冲突和危机热点将延续，"军人干政"可能成为非常态政权更迭主要特征。从 20 世纪 60 年代到 90 年代，非洲土地上平均每十年发生 25 次政变，但在 21 世纪初，许多非洲国家接受民主、组织选举并加入国际人权法和其他国际准则，似乎这一数字大大减少。然而，在过去十年中，违反宪法的政权更迭和"宪法危机"逐渐渗透到

非洲政治领域，马达加斯加、科特迪瓦、多哥、马里、几内亚比绍、毛里塔尼亚和最近的几内亚都发生了宪法危机。非常态政权更迭经常与临近换届选举年交织在一起。2021年至今，一些临近换届选举的国家，频繁爆发了多起非常态政权更迭，仅在2021年的半年之内，马里、苏丹、几内亚相继发生非常态政府动荡。进入2022年1月，布基纳法索发生军事政变，总统、议长、部长都被军队扣押。2022年2月，几内亚比绍发生的未遂政变引发长达5小时交火，出现了较大伤亡。由此引发人们普遍对非洲其他国家可能出现的军事政变感到担忧，种种迹象预示着非洲迎来了政局动荡不安的时期。

在新冠疫情和俄乌冲突双重压力下，部分非洲国家在选举前后爆发"宪政危机"，这在西部非洲国家表现得尤为突出，其外溢影响必须应引起高度关注。如近一年来，马里、苏丹、几内亚相继发生多起军事政变；进入2022年，1月布基纳法索发生军事政变，总统、议长、部长被扣押；2月1日，几内亚比绍发生未遂政变，引发长达5小时交火，出现较大伤亡。除了西非，乍得和苏丹的军事过渡也进展缓慢。

其二，未来几年非洲国家的政治风险会因选举年的到来而急剧增加。一方面是未来3~5年非洲国家的领导人换届选举将迎来高峰。由表7-10可知，在2026年之前非洲国家的领导人换届选举将频繁发生。其中，尼日利亚、利比里亚、津巴布韦、加蓬等国都计划在2023年进行选举，阿尔及利亚、博茨瓦纳、毛里求斯、几内亚比绍、突尼斯、南非、刚果（金）等国计划在2024年进行选举。2020年国家元首在任时间超过10年的非洲国家有12个，分别是南苏丹、科特迪瓦、加蓬、多哥、卢旺达、摩洛哥、吉布提、刚果（布）、厄立特里亚、乌干达、喀麦隆、赤道几内亚，预计这些国家在遇到选举年的时候，更可能发生暴力骚动事件。2021年进行全国选举的非洲国家中有多个国家受新冠疫情等问题影响而延期，比如利比亚、索马里、乍得和埃塞俄比亚等国。

表7-10 非洲国家元首的选举年

选举年	该年选举国家元首的非洲国家
2021年	11个：贝宁、冈比亚、乍得、刚果（布）、吉布提、埃塞俄比亚、乌干达、赞比亚、加纳、圣多美和普林西比、中非共和国
2022年	6个：安哥拉、索马里、埃及、利比亚、肯尼亚、乍得
2023年	7个：尼日利亚、利比里亚、津巴布韦、加蓬、赤道几内亚、塞拉利昂、马达加斯加
2024年	13个：阿尔及利亚、博茨瓦纳、毛里求斯、几内亚比绍、突尼斯、南非、刚果（金）、纳米比亚、塞内加尔、毛里塔尼亚、马拉维、科摩罗、卢旺达
2025年	9个：突尼斯、塞舌尔、坦桑尼亚、加纳、科特迪瓦、喀麦隆、多哥、莫桑比克、苏丹
2026年	11个：贝宁、冈比亚、刚果（布）、吉布提、埃塞俄比亚、乌干达、佛得角、赞比亚、尼日尔、圣多美和普林西比、中非共和国
2027年	2个：布隆迪、安哥拉

资料来源：网络新闻收集整理。

另一方面是选举年的到来可能引发的政治风险急剧增加。自1990年以来非洲总体上实现了平稳的权力交接，大多数非洲总统都在任期届满后辞职。近十年来，非洲国家的内战次数有所减少，但局部的政变冲突仍在继续，在选举年前后会进入高潮，许多国家爆发了"宪法危机"。除了部分非洲国家的选举风险极小，当前种种迹象表明，非洲政局总体平稳态势在后疫情时代可能被打破,步入疫情、恐情和选情及与俄乌冲突所引发的国际局势高度不确定叠加的政局动荡期。特别是随着俄乌冲突进一步分散全球大国和国际组织因新冠疫情、供应链挑战及气候变化等多重冲击而被透支的注意力,将加剧"非洲政变传染病"的蔓延。由于世界大国忙于应对接连不断的冲击,其他非洲国家的军事领导人未来或将效仿马里或苏丹发动政变概率越来越高。美国和平研究所非洲中心副总裁约瑟夫·桑尼认为,非洲政变的长期结果取决于外部干预,除非国际社会参与进来,否则非洲将会出现长期不稳定,政变孕育政变。未来3~5年要重点关注三大区域的政局走势:一是谨防俄乌冲突的溢出效应冲击大湖地区国家的政局与地区安全,这是由于位于非洲中东部的大湖地区有11个国家形成错综复杂关系,这里人口密集(约2亿)、资源富集,也是战乱、饥荒、瘟疫和难民最集中和持续时间长的地区,被称为"非洲的火药桶"。经过国际社会和地区国家的长期努力,近期非洲大湖区社会局势呈现积极态势,但是大湖地区冲突的解决是通过停止冲突各方的对抗状态来实施,而非通过纠正历史恩怨、族群、跨界民族问题、发展问题等这些冲突的根源,这些问题一旦与俄乌冲突所导致的日益严重的粮食危机、能源消费成本的提升等联系起来,就有可能因民众不满情绪的积累而加剧地区紧张局势。二是非洲之角将成为政局安全挑战显著增强和不稳定的区域。埃塞俄比亚提格雷地区的武装冲突严重破坏地区稳定;索马里国内长期处于军阀武装割据的状态;乌干达的穆塞韦尼政权已独裁统治35年,历次竞选均出现严重暴力事件,从未实现和平的权力交接;肯尼亚逢选必乱,选举暴力事件层出不穷;苏丹有着多次爆发军方逮捕、推翻文官政府首脑政变活动的惯例。三是非洲中部狭长地带的萨赫勒地区2022年以来恐将成为长期不稳定"弧形地区",该区域冲突频发,政变卷土重来,破坏邻国稳定的溢出效应明显增强,并呈现向几内亚湾沿岸的国家蔓延的趋向,可能改变地缘政治格局。

2. 非洲国家的政局动荡给共建"一带一路"带来较大风险

进入2020年以来,撒哈拉以南非洲,武装冲突和不安全局势不断升级,军事政变卷土重来使整个大陆民主实践倒退,共建"一带一路"面临要加强防范政治风险挑战的严峻形势。无论是政变上台的新政府还是换届选举造成的社会秩序动荡极大破坏企业活动,使原有的贸易投资项目被迫延期,部分国家的新政府上台单方面终止合同或严格审查,在民主化浪潮盛行时,一些非洲国家政府先后出台了征用、没收的政策,没收中国企业在其境内的资产,并且对中国企业在非洲的投资进行了严格限制。疫情之前非洲多个国家都曾出现过此类事件,如2008年尼日利亚新当选的政府单方面宣布终止前政府与中方签署的铁路建设合同,导致之前的所有中国投资项目合同面临失效风险;2011年北非地区政局出现动荡,因利比亚、尼日尔、阿尔及利亚的新政府终止项目,给长城钻探工程公司造成了高达12亿元的损失。疫情以来类似事件同样发生,如西非马里在2020年8月至2021年2月的短短半年多的时间里经历了两次军事政变,造成了严重的社会秩序动荡,严重破坏企业活动。2021年10月发生的苏丹军事政变,互联网被切断,军方关闭了桥梁,对于货物的流通造成了极大阻碍。疫情以来,一些非洲重新燃起的内战对非洲地区产生较大的外溢影响,也给中非"一带一路"合作带来不小的困扰。

(二)非洲部分地区分裂主义、极端主义猖獗及恐怖主义泛滥

萨赫勒不稳定弧、非洲之角、大湖地区等非洲部分地区分裂主义、极端主义猖獗及恐怖主义泛滥，成为严重威胁中非共建"一带一路"的安全隐患。非洲开发银行的数据显示，2020年，非洲社会动荡及冲突战乱明显增多，相关政治暴力与袭击冲突事件在非洲43个国家呈现明显的上升趋势。加纳国防部长多米尼克·尼蒂沃尔在2022年5月召开的西非国防部长会议上表示，过去三年，西非地区共发生了5300多起与恐怖活动有关的袭击，造成至少1.6万人丧生，数百万人流离失所，其中仅2022年前三个月，就发生了840多起袭击。从2020年到2021年，伊斯兰激进组织在萨赫勒地区的袭击增长了70%。同时，非洲大陆的恐怖主义呈现扩张态势，非盟委员会主席穆萨·法基表示，非洲大陆的恐怖主义此前主要活跃于萨赫勒北部和非洲之角两个小区域，而现在恐怖主义的触角已伸向萨赫勒南部，甚至延伸到非洲大陆的北部地区。

1. 非洲部分地区分裂主义、极端主义猖獗

反政府、分裂主义和极端主义势力不同于恐怖组织，前两者具有地理上的不确定性和随机变化性，往往在历史上埋藏着深层次矛盾，短时期不会显现，但随着国内外形势的变化，多党派国家和多部族的国家有极大概率发生内部纠纷，甚至演化为骚乱暴动，企业难以在混乱的社会秩序之下立足，也无法抵御社会秩序的缺失带来的经营风险。尽管外国来非投资企业都有意避开了这些分裂主义、极端势力泛滥的地区，但是由于其成员流动的不确定性特征，极端主义和分裂势力对于企业正常经营的风险仍不可忽视。近年来，分裂主义势力在部分非洲国家兴起，一些国家开始挑战殖民时代建立的现有政治边界。在非洲大陆，对基于独特国家身份和历史关系的新主权国家的需求继续迅速上升。

非洲西部、东部、北部的部分地区长期盘踞着分裂主义和极端主义势力，主要是埃塞俄比亚北部的提格雷和阿姆哈拉地区、索马里和索马里兰、摩洛哥和西撒哈拉、莫桑比克北部的帕尔马和坦桑尼亚的斯瓦希里海岸、尼日利亚的比亚夫拉地区。在埃塞俄比亚北部的提格雷地区，最近二十年来频繁出现外国企业或国际组织在埃塞俄比亚受损的记录。2007年4月，约200名全副武装的埃塞俄比亚叛军袭击了中原油田勘探局，杀害了9名中国工人，绑架了另外7人，并摧毁了价值近1亿元人民币的设备。2021年6月29日有报道称，埃塞俄比亚军队甚至抢劫了联合国儿童基金会位于提格雷首都梅凯勒的一个办事处，国际组织分支在提格雷地区的安全都无法得到保障，企业的生产经营活动更是如此，在2020年底的提格雷州冲突中，中资企业在提格雷州承建的瓦尔凯特糖厂遭炸弹袭击，并有630余名中国公民从该州撤离，中资企业在提格雷地区的撤离造成的沉没成本无法得到补偿。斯瓦希里海岸的分离势力活跃度提升，该地区受到伊斯兰教的强烈影响，与以基督教为主的西部大湖区形成鲜明对比。例如，连接肯尼亚港口城市蒙巴萨以及坦桑尼亚的桑给巴尔港的蒙巴萨—桑给巴尔走廊，分离主义的狂热尤为强烈。西部非洲地区存在局部的分离倾向，如尼日利亚东南部再现比亚夫拉分离运动，2021年该地区再次发生了针对警察和地方政府办公室的袭击事件。

2. 非洲局部区域的恐怖主义泛滥对有关合作项目存在潜在威胁

非洲向来是全球恐怖主义的重灾区。世界五大恐怖组织中有4个在非洲发动过恐怖袭击，其中3个组织的大本营在非洲。目前，非洲局部区域有基地组织、伊斯兰国、博科圣地等几股相互交杂在一起的恐怖主义组织。尼日利亚的伊斯兰宗教激进主义博科圣地恐怖组织与索马里青年党、伊斯兰马格里布基地组织并称非洲的三颗毒瘤，总部位于尼日利亚的恐怖组织"博科圣地"和索马里的青年党被列为造成死亡人数最多的四大组织之一。最近10年来，非洲恐怖主义风险呈上升和蔓延趋势。非洲战略研究中心的数据显示，2013—2022年，非洲与伊斯兰激进组织有关的暴力事件激增300%；尤其是2019年以来，新冠疫情叠加俄乌冲突、粮食危机和极端气候等多重危机的影响，与伊斯兰激进组织有关的暴力事件翻了一番（2019—2022年），其中2022年与伊斯兰激进组织有关的暴力事件达到创纪录的6255起，比2021年增长21%。2022年3月经济与和平研究所最新发布的《2022年全球恐怖主义指数》报告显示，2021年，全球恐怖指数最高的前20个国家中，非洲国家占12个，排名前50的国家中，非洲国家占20个，其中撒哈拉以南非洲恐怖主义死亡人数约占全球总数的一半（48%），恐怖主义死亡人数增幅最大的9个国家中4个位于撒哈拉以南非洲［尼日尔、马里、刚果（金）和布基纳法索］。正如非洲联盟轮值主席、塞内加尔总统麦基·萨勒2022年10月所言，非洲大陆已开始成为全球恐怖活动中心。此外，恐怖组织的活动范围由北非逐渐南移，当前集中活跃于东非之角、萨赫勒西部地区、乍得湖盆地和最南已蔓延至坦桑尼亚、莫桑比克等国，其中前二者为"重灾区"，2019年以来发生的恐袭暴力事件95%集中在萨赫勒西部和索马里两个区域。总体而言，各区域的恐怖主义风险呈现不同态势。

其一，在东非地区，索马里、肯尼亚、埃塞俄比亚等国都长期受青年党等伊斯兰极端势力的困扰，青年党作为设在索马里和肯尼亚的基地组织分支，随着2021年美国军队的撤出，青年党反叛分子不断在索马里和邻国肯尼亚发动袭击。中资企业同样是青年党袭击的对象，仅在最近的2022年1月23日，一家中国企业在肯尼亚拉穆郡的一个停车场项目被青年党组织武装分子袭击。其二，在西非区域乍得湖流域恐怖组织活跃。影响较大的是活跃在尼日利亚的原教旨恐怖主义伊斯兰极端组织"博科圣地"，目前仍是撒哈拉以南非洲地区最致命的恐怖组织。博科圣地最初在尼日利亚活动，现已对邻国的喀麦隆、乍得和尼日尔地区构成重大威胁。其三，位于非洲撒哈拉沙漠南部边缘和苏丹中部草原之间的非洲中部的狭长地带萨赫勒地区，油气及其他矿产资源丰富，长期气候环境恶化，是世界上最贫穷、经济最不发达区域之一，加之政局动荡，极易滋生恐怖势力，是非洲恐怖主义力量最猖獗的地区之一，这里已成圣战组织新基地。马里分布着错综复杂的恐怖组织，是中东恐怖组织在非扩大势力的重要基地，2021年马里政变，这可能加速了圣战恐怖武装组织的蔓延。马里有不少中资企业和华商，如中国海外工程公司承担了马里桥梁基建工程，江苏舜天船舶公司在马里中标船舶建造。2015年中国铁建国际集团3名高管人员在马里酒店遭穆拉比通组织恐怖袭击遇害。其四，伊斯兰国、基地组织等恐怖组织加强渗透北非各国。北非地区的重点国家埃及的反恐形势严峻，隶属于伊斯兰国和基地组织的恐怖组织影响较大。基地组织在埃及的分支或追随者仅2014年就制造和认领了近20起爆炸和枪击案，2018年以来，埃及安全部队在全国范围内展开多次反恐行动，已打死至少1000名恐怖分子。北非区域是中国企业承包基建项目的重点区域，中企面临的潜在风险巨大。其五，在中部非洲区域的刚果民主共和国的恐怖主义袭击风险较高。刚果自2003年内战结束以来，境内不仅仍有120多个反叛组织在活动，而且恐怖事件频繁发生，活动最多的恐怖组织是联合民主力量，是圣战组织伊斯兰国在中非的分支。2019年，ADF袭击了刚果民主共和国东部贝尼领土、北基伍和伊图里南部地区的刚果平民、刚果民主共和国武装部队和联合国刚果稳定团维和人员。

（三）非洲国家政治腐败程度普遍较高

腐败问题在非洲国家普遍存在，每年非洲因腐败遭受数千亿美元的损失，非洲国家的腐败正在阻碍经济、政治和社会发展。一般来说，裙带资本主义和糟糕的治理现象导致了非洲国家令人震惊的腐败形式，特别是存在比较严重的国家俘获。有罪不罚使非洲腐败情况变得更糟。例如，在博茨瓦纳人们对政府高级官员涉嫌抢劫国家石油基金等有罪不罚的担忧。莫桑比克一直受到2016年曝光的隐性债务腐败丑闻的影响。在一些国家和部门，发展援助基金是腐败活动的共同目标。近年来，贝塔斯曼基金会有关非洲的国别报告指出，非洲不少国家存在对外国援助的滥用。这些事件及其后果说明非洲现有的政治治理制度存在行政越权、缺乏有效制衡的危险，尤其是议会监督薄弱等问题较为严重。同时，贿赂和腐败风险极大威胁中国企业在非洲生产经营活动的安全、利益、公平效率。根据"透明国际"组织（简称TI）公布的2021年腐败印象指数（CPI）报告，非洲国家普遍清廉程度较低，超过77%的国家的清廉程度低于世界平均水平43分（采用百分制），说明非洲摆脱普遍存在的腐败问题面临极大的挑战。在非洲，普通公民主动或被迫参与行贿非常普遍，且大多数人因担心遭到报复不敢举报腐败行为。

近几年，非洲国家为了提振经济社会发展，加强了政府治理的正规化和制度化，政府开始注重腐败治理问题，还有的国家建立了专门的反腐败机构。尽管如此，腐败风险依然给中非"一带一路"合作增加了较高的成本。中国企业和个人在非洲经常遇到索贿问题，腐败给中国投资者带来了很大困扰，很容易使中方企业在非洲经营活动陷入不给钱就无法办事的困境，并带来很多经济损失。根据相关对非洲通关调研，许多中国公司抱怨海关官员索贿，对中国商品的检查过于严格，或者违反协议任意征收关税；同时，经常出现个人过关时，边检员无端纠缠，时常需要付出比正规标准多得多的费用，进入国门后，也会经常遇到警察在街上炮制各种理由拦着要钱的情况发生。尽管如此，对于在非洲的中资企业，不能忽视非洲国家存在的腐败问题，要防范腐败风险，廉洁自律，一旦因行贿卷入其中，将面临严重的法律风险，包括刑事罚款、首席执行官和员工监禁以及损害赔偿，而且会对企业的后续社会形象产生巨大负面影响，公司可能会因此被禁止参加国内公开招标，或被列入非洲开发银行、世界银行和其他国际金融机构的禁入名单而无法参与相关合同。

（四）非洲面临严峻而复杂的地缘政治风险

中国在非洲推进基础设施建设，有利于非洲经济进一步发展，一定程度上重塑了非洲国家各领域的地理空间，减少了欧美等大国在非洲的垄断性影响，削弱了非洲国家对于欧美的依赖，这必然冲击原有的地缘利益结构而加剧地缘政治风险。有学者认为，撒哈拉以南地区因其能源和矿产资源成为西方与中国间竞争的核心目标，这里也因内部深刻分裂且处于地缘辖区的大国竞争的夹缝中求生的战略导向地区，被称为非洲重要的破碎地带。一系列域外大国以自身利益诉求为导向，在非洲的地缘政治博弈层出不穷，这既为非洲国家创造了更多的战略选择和外交回旋空间，也引发了非洲的政治安全问题。

1. 俄罗斯主要是在军事方面发力想重返非洲

许多国家要求莫斯科提供军事援助，以打击基地组织和伊斯兰国，或以此方式消除美国和法国等西方国家对其事务的干涉。俄罗斯在近五年中与 20 多个非洲国家签订了防务协议。疫情下美国局势混乱，俄罗斯趁机与苏丹达成红海军事基地协议，在苏丹港附近建立海军的物流中心，期限为 25 年，这是俄罗斯在非洲的第一个军事基地，苏丹邀请俄罗斯建立基地，希望平衡西方国家对苏丹事务的干涉。在军事方面，非洲已成为美俄等国展开竞争的重要场所。有学者认为，美俄在非洲地区的竞争关系是短期和小范围的，美国和俄罗斯在非洲的对抗不能决定非洲局势。但也有学者认为俄罗斯是为了缓解地缘政治压力中与美国在乌克兰问题上的失利，选择加速重回非洲。

2. 美国在非洲的政治、军事、经济影响力远超其他国家

美国对外关系委员会 2021 年 5 月发布的《大国在非洲博弈》报告认为，大国对非洲的争夺已经成为不可否认的地缘政治现实。其一，美国利用 2000 年推出的《非洲增长与机遇法案》（AGOA）宣扬资本主义的民主价值观。冷战结束后，美国在 2000 年 5 月推出《非洲增长与机遇法案》。这是一项综合性的贸易政策，维系非洲国家对美国商品进出口依赖，为在反腐、人权和经济自由方面符合美国条件的非洲国家提供免税输美待遇。AGOA 是不需要非洲国家签署的贸易优惠法案，也是协调非洲利益的重要工具，美国可以根据自身利益变化，随时取消非洲国家的使用资格。种种迹象表明，AGOA 法案 2025 年到期后美国对待非洲的政策可能有所不同。其二，在军事方面，非洲已成为美俄等国展开竞争的重要场所。美国在非洲派遣的特种部队数仅次于中东地区。据南非媒体称，美国在北部非洲地区的 27 个前哨基地部署了 6000 名左右的军事人员，美军非洲司令部计划在 2021—2025 年投入 3.3 亿美元，继续加强其在非洲的军事基地建设。其三，美国遏制中非合作不松懈。美国一直用"债务陷阱"和"新殖民主义"抹黑中国与非洲的合作。拜登执政以来，尽管难以腾出手来给非洲分配更多的资源进行大国间的博弈，但更加可能倾向于以议题为导向有所侧重的施加压力，即推行"价值观"外交，开展意识形态博弈，联合国际盟友，借助国际规则和国际话语权来干扰中国在非洲的活动。未来，中美在非洲的竞争加剧。

3. 欧盟国家长期插手非洲事务

法国和英国与非洲具有长期的历史根源，葡萄牙、西班牙、荷兰等国都先后在不同时期、不同程度上主导过非洲的发展秩序。欧盟的主要大国都怀有"非洲情结"，甚至将非洲当作欧洲的"后花园"。欧洲总体与非洲的关系是稳定不变的。欧洲国家对非洲的影响力仍在其政治经济生活的方方面面发挥作用，比如非洲国家多数认同和采用欧美的项目标准和产品标准，对我国与非洲的标准对接造成了挑战。号称"非洲宪兵"的法国在非洲安全事务中发挥着重要作用。长期以来，欧洲通过在援助中附加政治条件干涉非洲国家内政，致使非洲国家对欧盟及其成员国"家长式"的作风颇为不满，双边关系发展受限。

4. 日本、印度等其他大国对非洲的重视有所提高

2017 年 5 月日本与印度一致行动正式出台了"亚非增长走廊"远景文件，在文件中，重点提示了非洲国家要注意中国的"一带一路"倡议所带来的"债务陷阱"。日本在 2019 年 8 月举办的第七届东京非洲发展国际会议上通过了《横滨宣言》及行动方案，宣布会在考虑非洲偿还债务的能力以及财政支撑性的基础上，推行对非洲国家的"高质量基础设施"投资项目。"亚非经济走廊"与"一带一路"在合作领域、路线规划和重点区域等多方面都有相似之处，中国与非洲国家共同建设"一带一路"的过程中很可能会面临更为复杂的大国博弈。

二、双重冲击下非洲经济发展及面临的挑战

（一）双重冲击使非洲脆弱的经济复苏放缓

2020年新冠疫情向全球扩散以来，非洲经济遭受空前打击，各国纷纷出台政策刺激经济复苏。在疫情对全球经济影响仍在持续的背景下，2022年初突如其来的俄乌冲突又给非洲的经济复苏蒙上一层阴影。

1. 经济增速放缓，但仍是一个具有韧性的大陆

非洲开发银行2022年5月发布《2022年非洲经济展望报告》指出，2020年受疫情影响，非洲的GDP增长率为负的2.1%，这与危机前预计的增长率为4%差距显著。2021年各国刺激政策实施，撒哈拉以南非洲GDP实现快速反弹，增长率达4.6%，略低于发达经济体5.2%和新兴市场和发展中经济体6.8%的平均水平。根据IMF《世界经济展望》2022年10月的数据，2022年初受俄乌冲突影响，预计撒哈拉以南非洲经济增速2022年、2023年将分别回落至3.6%和3.7%。在该地区的三大经济体中，南非的经济增长率预计将在2022年降至2.1%，2023年为1.1%。《2022年非洲经济展望报告》同时指出，疫情导致非洲2021年就业机会减少，新增3000万极度贫困人口；2022年俄乌冲突爆发后，预计2022年、2023年将分别新增180万、210万极度贫困人口。概言之，持续发酵的俄乌冲突成为加剧阻碍非洲复苏的重要外生因素，尽管包括世界银行、国际货币基金组织等在内的主要国际研究机构发布的研究报告都在下调非洲经济增长预期，但较低的发展基数和多样性使非洲仍是一个具有韧性的大陆。

2. 持续攀升的通胀滞缓非洲经济复苏步伐

俄乌冲突爆发以来，在能源、小麦等大宗商品价格快速上涨的背景下，非洲国家通货膨胀率持续攀升。2022年2月，CPI超过10%的非洲国家已达13个，其中苏丹的CPI最高，达到260%；埃塞俄比亚为27.28%；安哥拉为33.6%。其主要有两个方面原因：

（1）疫情和俄乌局势推升全球大宗商品价格新一轮上涨

过去两年，疫情因素已使全球大宗商品价格大幅上涨，其中能源价格出现了自1973年石油危机以来的最大涨幅，食品类大宗商品和化肥的价格涨幅为2008年以来最大。俄乌冲突则进一步成为推波助澜者。自2022年2月下旬冲突爆发以来，到4月10日全球小麦价格已上涨27%，化肥的价格指数飙升42%，其中4月化肥价格较疫情前的水平上涨约260%，达到创纪录的高点。在此背景下，作为高度依赖粮食、化肥等大宗商品进口的区域，面临更为严重的输入型通货膨胀压力，使非洲经济再度面临严峻的滞胀风险。其中首当其冲的便是与俄乌贸易联系较为紧密的国家。俄乌两国作为全球主要的谷物、化肥供应大国，两国约40%的小麦和玉米出口销往中东和非洲，有23个非洲国家依赖俄罗斯或乌克兰进口小麦、玉米及葵花子油等一种主要商品的一半以上。如对小麦进口而言，非洲近一半的进口量来自俄罗斯和乌克兰，有18个非洲国家小麦进口量50%以上依赖俄乌国家，而厄立特里亚、埃及、贝宁、苏丹、吉布提和坦桑尼亚小麦进口量70%以上依赖俄乌；埃及、突尼斯、苏丹和阿尔及利亚的葵花油进口量90%以上依赖乌克兰和俄罗斯。俄乌冲突打破既有供应格局，粮食进口依赖俄乌的上述非洲国家将同时面临供应链中断和粮价飙升的双重打击；同时，由于乌克兰农业生产的大片地区与俄罗斯接

壤，2022 年的正常种植因冲突而被中断，供应链中断的影响也不会在短期内消失。即使与俄乌两国贸易联系小的非洲国家虽然面临相对较小的供应链中断风险，但同样难以免于全球粮价上涨带来的影响。对于食品支出占消费篮子 40% 左右的撒哈拉以南非洲国家而言，该地区约 85% 的小麦供应来自进口，大幅飙升的全球粮食市场价格，对这些国家的粮价有相当大的传导作用，高粮价将直接影响该地区的通货膨胀率，较高的燃料和化肥价格也会影响国内粮食生产。

（2）俄乌冲突导致石油价格上涨，将进一步冲击非洲经济复苏的步伐，而部分非洲石油净出口国从油价上涨中受益有限

非洲经济增长水平对石油价格的波动较为敏感，国际货币基金组织的历史分析表明，每桶油价上涨 5 美元将会使全球产出水平下降约 0.25%，但对非洲非石油出口国而言，这一数字将上升至 0.6%。油价上涨将加剧非洲地区的贸易失衡，推高运输和其他消费成本。IMF 预测，俄乌冲突导致的石油价格上涨将使撒哈拉以南非洲石油进口国的进口费用增加约 190 亿美元，其中，石油进口依赖度高的非洲国家将受到更为严重的冲击，其国内生产总值将因此而萎缩 0.8% 左右（以 2021 年 10 月 IMF 的预测值为基准），萎缩幅度是非洲其他石油进口国的 2 倍。此外，虽然非洲地区的石油出口国可能会受益于俄乌冲突导致的原油价格上涨，但受益有限。牛津经济研究院发布的研究报告显示，在俄乌冲突背景下，虽然非洲石油净出口国将搭上油价上涨的顺风，但并非所有国家都能从更大的出口量中受益，由于缺乏对扩大石油产量规模的投资能力，或因内乱而中断生产（如埃塞俄比亚），大部分非洲产油国无法提高产量并达到"欧佩克+"的生产配额。虽然能源价格上涨可能使安哥拉和尼日利亚等非洲大宗商品出口国受益，但其中大部分额外收益可能会在很大程度上被精炼石油产品进口成本的增加所抵消；同时，许多非洲产油国也是大宗商品净进口国，其对各种食品保持的大量补贴将会挤占（抵消）一大部分预算。例如，尼日利亚和安哥拉的外汇储备并未因油价飙升而显著增加，部分原因是石油产量受到限制（两者的产量均低于欧佩克配额），以及高额外债偿还和燃料补贴的影响。2022 年 5 月，摩根大通已将尼日利亚从投资者应该"增持"的新兴市场主权建议清单中删除，原因是该国高油价使该国受益有限。

（二）俄乌冲突加剧非洲原本脆弱的债务风险且债务困境逆转艰难

非洲向来是全球债务问题集中的区域。新冠疫情暴发前的非洲国家已处于债务危机的边缘。在世界银行的"重债穷国倡议"和"多边债务减免倡议"等机制的推动下，2006 年取消对非洲国家的大部分债务，非洲的债务重新回归可持续水平。2008 年国际金融危机后，非洲国家债务规模再次出现大幅增长，尤其是 2014 年以来，非洲开始进入困难期，财政支出高企、负债率上升。根据相关统计，2009 年至 2019 年 10 年间，非洲债务规模增长近 140%，达 8410 亿美元。根据世界银行的数据，即使是当前被认为债务不可持续风险较低的国家，在 2019 年时，其外债也高达其国民收入的 41%，并且大量预算将用于偿还债务。

1. 新冠疫情冲击下的非洲债务可持续性问题凸显

为应对 2020 年暴发的新冠大流行，世界不少国家采取了非常规财政政策，导致 2020 年财政赤字和公共债务激增。

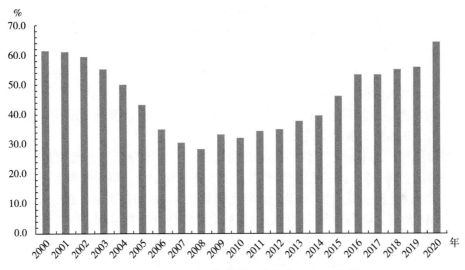

图 7-1　2000—2020 年非洲政府债务占 GDP 比例

撒哈拉以南非洲成为世界范围内债务增长最快的地区。根据国际货币基金组织和世界银行的最新数据显示，12 个撒哈拉以南非洲国家债务总额占 GDP 比率，不仅突破国际货币基金组织建议的中低收入国家 45% 的阈值，而且都超过了各自 GDP 的 70%，较为严重的赞比亚的公共债务总额与其 GDP 总量相当，成为 2020 年新冠疫情期间第一个被列入主权债务违约名单的非洲国家。2021 年已有 20 多个低收入非洲国家处于债务困境或面临债务困境的风险。这主要是疫情锐化了非洲国家固有内外矛盾。新冠疫情暴发以来，非洲大部分地区复苏之路缓慢而脆弱，诸多问题在疫情冲击下暴露得更为彻底，如持续存在的财政压力、债务水平升高、失业率高企和疫苗推出有限；经济周期引发的大宗商品价格冲击；政局动荡频繁、政府治理能力赤字与腐败；严重两极分化与长期贫困化积累；民族派系矛盾及外国政府支持与干预等多方面的影响。

表 7-11　非洲不同债务风险等级国家数量统计

风险等级	2014 年	2015 年	2016 年	2017 年	2018 年	2019 年	2020 年	2021 年
低风险国家	11	6	6	5	5	4	2	2
中风险国家	17	21	19	15	14	15	16	12
高风险国家	4	6	7	9	9	9	12	18
债务困境国家	2	2	3	6	7	7	5	6

资料来源：刘晨，葛顺奇.中国贷款与非洲债务可持续性：现实与前景［J］.国际经济评论，2022（4）：73.

2. 俄乌冲突进一步加重非洲债务风险的脆弱性

俄乌地缘政治冲突正在推升包括非洲国家在内的全球各国业已存在的通胀压力，导致发达国家央行提前加息，且加息速度明显高于预期。在欧美国家加息缩表抗击通胀成为主导性操作的背景下，加速全球金融环境收紧，导致非洲资本外流，并减少了流入非洲地区的外国投资，使仍处于疲弱的非洲经济复苏困难增大，增加债务风险的脆弱性。截至 2022 年 8 月底，国际货币基金组织将 8 个非洲国家归类为陷入债务困境，另外 15

个列入濒临债务困境的高风险国家。按照世界银行估计，部分非洲国家的实际债务状况可能更为糟糕，因为许多非洲国家的债务透明度差，公开债务估计与实际债务量差距巨大，在某些情况下，其债务当局公开的数据与多边开发银行报告的数据存在高达30%的差距。2022年4月初，国际货币基金组织和世界银行呼吁对非债务采取果断行动，否则23个非洲国家要么破产，要么处于债务困境的高风险之中。当前，非洲的债务水平达到近10年的高位，随着偿债在预算和收入中所占的比例越来越大，世界上最脆弱国家的违约浪潮可能会比预期更快地发生。究其原因，主要是三个方面：第一，全球金融环境大幅收紧刺激国际资本逃离非洲，造成进一步的融资困难和借贷成本上升，对非洲债务问题形成严峻挑战。第二，非洲国家的外币债务和可变利率债务占比较大，更容易受全球金融环境收紧的影响。为吸引国际投资者，非洲国家在举借外债时大多以美元或欧元计价发行，其中美元计价占57%。这种高外币债务结构加剧了非洲经济的脆弱性。第三，在持续通胀和外部金融环境加速紧缩的背景下，非洲国家脆弱的财政平衡变得更加困难。

3. 国际债务减免和国际援助难以逆转非洲债务困境

第一，非洲的债务结构决定了仅针对官方双边债务的国际债务减免难以逆转非洲债务困境。G20为应对非洲债务挑战所采取的措施正在失灵。新冠疫情暴发以来，G20先后制定了《暂缓最贫困国家债务偿付倡议》（以下简称"缓债倡议"，DSSI）和《缓债倡议后续债务处理共同框架》（以下简称"共同框架"，CF）来缓解全球低收入国家的债务难题，但恐难以逆转非洲国家已滑向"至暗深渊"的债务困境。2022年3月28日，世界银行负责宏观经济、贸易和投资的全球主管马塞洛·埃斯特沃承认，G20"缓债倡议"和"共同框架"作用有限，未能帮助脆弱经济体渡过难关。世界银行研究报告指出，临时性的DSSI已于2021年12月到期，意味着参与该倡议的32个非洲国家将从2022年起继续支付利息，同时还要结清前两年暂缓支付的利息欠款；CF进展缓慢，目前仅有赞比亚、乍得以及埃塞俄比亚三个非洲国家申请了救济，其他更多的非洲国家则担心加入"共同框架"后被"污名化"而导致其主权信用评级下降，并进一步推升外部融资成本。更重要的是，当前G20提供的DSSI和CF等债务解决方案仅针对官方双边债务，尚未涵盖商业债务和多边债务，而后两者才是非洲外债的主要部分，这意味着非洲通过G20债务减免得以缓释的债务规模有限。根据世界银行研究报告，对于非洲的38个DSSI国家，其2020年度61%的还本付息流向了未提供债务减免的私人债权人、债券持有人和像世界银行这样的多边机构，到2024年，该比例将上升至67%（见图7-2）。

第二，当下正饱受新冠疫情、俄乌冲突、蝗灾、干旱和内乱等多重冲击的非洲大陆比以往任何时候都更加脆弱，也更需要国际社会的援助。然而俄乌冲突挤占国际社会对非洲的关注度及发展援助。联合国《2022年可持续发展融资报告》指出，俄乌冲突导致全球主要大国及国际组织机构的注意力从非洲等脆弱区域转向乌克兰，已经担忧对非洲等最贫穷国家的援助的削减。由于向乌克兰人道主义援助的倾斜，美国、德国、英国和欧盟四大国际援助资助者对非洲脆弱地区的人道主义支持随之减少，且在援助类别上都比过去几年都要少。

第三，中国在非洲贷款面临风险增加且来自国际社会的多边债务减免压力显著增强。从贷款行业流向看，根据CLA数据分析，中国对非洲贷款主要流向了交通、能源、采矿业和信息通信行业，占中国对非贷款总额的 74.3%。如表 7-12 所示。

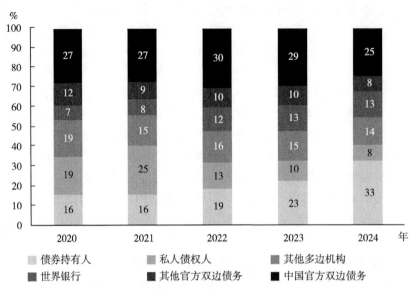

图 7-2　非洲 DSSI 国家 2020—2024 年所欠债务状况

表 7-12　2000—2020 年中国对非洲贷款行业流向

行业	金额（百万美元）	行业	金额（百万美元）
交通	46767	财政预算	2078
能源	40510	教育	1649
采矿业	17960	商业	1472
信息通信	13529	健康	1040
水	7429	贸易	139
其他社会性的	5581	其他商品	100
工业	3569	食品	46
政府支出	3465	环境	38
国防	3490	多领域的	3829
银行业	2473	未分类的	2466
农业	2239	合计	159869

资料来源：根据 CLA 数据统计。

　　从贷款的国别流向看，中国对非洲债务的参与在不同国家有很大差异。根据 CLA 数据统计，2000—2020 年中国对非贷款流量总额是 1598.69 亿美元，贷款呈现高度集中的特点。其中，中国对安哥拉、埃塞俄比亚、赞比亚、肯尼亚、埃及前五大国家的贷款占中非之间贷款总额的 52.3%，前十大国家贷款总额 1131.46 亿美元，占比 70.8%；2000—2020 年中国对非贷款的前 20 个主要国家贷款总额为 1426.44 亿美元，占中非之间贷款总额的 89.2%（见表 7-13）。

表7-13 2000—2020年中国对非洲贷款国家流向

国家	金额（百万美元）	国家	金额（百万美元）
安哥拉	42638	苏丹	4793
埃塞俄比亚	13698	科特迪瓦	3652
赞比亚	10065	乌干达	3587
肯尼亚	9272	津巴布韦	3017
埃及	7872	赤道几内亚	2951
尼日利亚	7266	几内亚	2696
喀麦隆	6192	莫桑比克	2395
南非	5489	刚果（布）	2329
刚果（金）	5387	坦桑尼亚	2080
加纳	5267	塞内加尔	1998

根据国际货币基金组织统计，截至2022年8月，8个陷入债务困境的非洲国家是：乍得、刚果（金）、莫桑比克、索马里、苏丹、津巴布韦、圣多美和普林西比；15个濒临债务困境的国家是：布隆迪、喀麦隆、中非共和国、科摩罗、吉布提、埃塞俄比亚、冈比亚、加纳、几内亚比绍、肯尼亚、马拉维、毛里塔尼亚、塞拉利昂、南苏丹、赞比亚。可见，中国对非洲贷款的前20大对象国家，已经有9个国家陷入债务困境或濒临债务困境，其中刚果（布）、莫桑比克、苏丹、津巴布韦4个国家已陷入债务困境，埃塞俄比亚、赞比亚、肯尼亚、喀麦隆、加纳5个国家作为中国的前十大贷款对象国濒临债务困境。

从非洲国家的债务结构看：根据世界银行的报告，对于非洲的38个DSSI国家，2020—2024年所欠中国官方的双边债务占非洲DSSI国家总债务的比例分别是27%、27%、30%、29%、25%，而其他官方的双边债务占总债务比例分别是12%、9%、10%、10%、8%。这意味着在未来3~5年，G20提供的仅针对官方双边债务的DSSI和CF债务解决方案对中国构成了较大的多边压力。因为尽管非洲所欠的债务中私人商业债务和多边债务占大头，在60%~70%浮动，而官方双边债务比例缩减至30%~40%，但官方双边债务的大头主要来自中国的融资，说明中国在应对全球债务减免方面面临较大压力。

三、非洲区域面临严重的社会风险

非洲作为人类文明的发祥地之一，由于殖民、移民等历史因素，非洲文化融合了本土文化、阿拉伯文化和西方文化等，由此形成非洲错综复杂的社会结构，其对中非的合作影响不容忽视。本书认为，中非共建"一带一路"面临的社会风险可以分为宗教文化冲突、民族主义、收入不平等、公共卫生、教育和粮食等方面。

（一）殖民历史带来的宗教冲突风险

非洲的宗教传统是与殖民历史交织在一起的。目前非洲传统宗教、基督教与伊斯兰教形成了非洲宗教生态的三大巨头，其中基督教与伊斯兰教信徒人数相当，共计约占非洲人口的90%，传统宗教所占份额较少。各类宗教文化塑造了非洲人的价值观，使其对待宗教的态度激进狂热。20世纪80年代以来，教会已经逐步发展成为非洲最强大的市民社会组织，并且拥有集权政府难以企及的社会威望，宗教领袖的意见甚至能够影响政治选举过程，很多非洲国家的领导人在政策制订过程中也会主动征询、吸纳教会领导人的建议。非洲伊斯兰教与基督教等方面的教派斗争导致非洲国家内部长期的不统一，并引发严重的宗教冲突风险和社会动荡。特别是"基地组织"及其北非分支等极端宗教势力在非洲大肆扩展，给当地社会治理和经济发展构成了极大威胁，破坏了国家投资环境。在新冠疫情和俄乌冲突的背景下，外国援助减少，很多非洲国家面临物资短缺的困境。这会进一步加剧非洲的贫困状况，造成更加复杂的宗教和种族冲突，进而威胁中非"一带一路"合作，未来几年中资企业进入非洲需加以防范。

（二）中非文化风俗差异

1. 中非语言文化差异加剧经贸摩擦

非洲是世界上语言多样性最丰富的大陆，拥有1500多种不同的语言，大约占世界语言的1/3。语种繁多的原因是非洲国家有着众多的部落，许多部落都有自己独特的语言，再加上非洲历史上被殖民等因素，形成了较为复杂的语言环境。非洲使用程度前三名的语言是阿拉伯语、豪萨语和斯瓦希里语。非洲广泛使用的官方语言是阿拉伯语、法语、英语和葡萄牙语等，但实际上仅有少数上层阶级会说官方语言，一般民众不能掌握，只会说当地的土著语。同时，大部分非洲国家要求较高的本地员工比例，增大了中非合作的企业风险。根据《企聚丝路：海外中国企业高质量发展调查》的调研，在坦桑尼亚，约一半的中资企业在招聘时，都曾遇到与求职者沟通困难的问题。语言习惯的差异也会造成当地中资企业内部本土员工和中方员工的思维方式和做事风格的不同，造成当地中资企业的内部中国员工和本地员工之间缺乏凝聚力和向心力，很容易产生沟通障碍和信息不对称，增加不必要的误解，影响企业的运营和中非"一带一路"的建设进程。

2. 社会风俗各异对企业管理提出挑战

社会风俗是一定区域内人们自发形成，并为社会大多数人经常重复的行为方式。中国人所习以为常的做事方式和生活习惯在非洲可能是异类的表现，最常见的就是节假日、家庭观念、性别歧视、个人自由度高导致对于管理者缺乏认同等。非洲国家的人们守时观念淡薄，但有"拖延不碍事，只会让事情变更好"的谚语。所以，非洲人工作经常会迟到，工作效率较低。而在传统中国，准时是美好品德，人们崇尚"今日事，今日毕"。时间观念的差异导致中非在进行"一带一路"合作时，在非洲的中国企业不愿意雇用非洲当地员工，但是按照法律和社会舆论要求却必须雇用一定比例非洲员工，造成了企业管理困难，员工和管理层之间容易发生矛盾，影响企业的经营效率，也对"一带一路"合作的顺利进行和可持续发展造成了不良影响。

此外，宗教信仰的不同会导致人们生活方式与行为习惯存在较大差异，带来了中非交流的障碍与隔阂。如伊斯兰信徒会用大量时间去做祈祷，影响中国在非企业的工作效率。若误触犯宗教禁忌可能会给中国在非员工的人身安全和企业在当地的运营带来障碍，进而阻碍中非"一带一路"合作的深入发展，这就需要我们加强在项目层面消除宗教文化差异风险的预期影响。

（三）双重冲击加强了非洲社会的经济民族主义风险

在反全球化浪潮的影响下，大部分处于社会底层的非洲国家的民众将失业、贫穷等社会冲突归咎于外资的流入，挤占了本地人的工作机会和生存空间。因此，"矿产资源民族主义""全球化危害非洲""街头民主争取社会权利"等思潮涌现，并呈现出进一步扩大的趋势。这些因素导致一些东道国的民族主义者把目标对准了在非投资的中国公司。他们认为，廉价的中国商品对非洲脆弱的民族产业构成了严重威胁，中国企业的商业活动和竞争方式构成了对非洲企业的不公平竞争。他们鼓吹"中国威胁论""中国新殖民主义"，抵制中国货和中国品牌，甚至采取非理性、破坏性的行动。同时，经济民族主义者和利益集团还通过游说和抗议对政府施加压力，一些中国承包的建设项目也因此类思潮受到影响。如 2000—2020 年作为中国对非贷款的前 10 大主要受贷国家的尼日利亚，政界人士呼吁对中国向该国提供的每一笔贷款进行审计，如果经济和债务危机恶化，这种敌意将蔓延到更多非洲国家。此次新冠疫情中，西方媒体将责任归咎于中国，导致非洲国家民众的排华情绪加深。尼日利亚医学协会就公开拒绝联邦政府邀请中国医疗队对该国疫情的帮助，认为中国医生到意大利后增加了意大利新冠的死亡率，非洲国家民众对中国的敌意增加了中资企业在非的社会风险，对中非共建"一带一路"形成了一定的障碍。

（四）收入不平等及人道主义危机有加剧趋势

1. 收入不平等趋势加剧

收入不平等，也被称为经济不平等，是一个国家财富分配的不平等。非洲大部分国家处于极度不平等之中，且部分国家未来贫富差距仍将扩大。联合国开发计划署（UNDP）2017 年的报告发现，非洲的新财富越来越集中在少数人手中，世界上最不平等的 19 个国家中有 10 个在撒哈拉以南非洲。2020 年非洲各国受新冠疫情和气候变化的影响，绝对贫困人口预计将会增加。2021 年 10 月联合国开发计划署称撒哈拉以南非洲过半人口处于贫困状态。参照 2021 年"综合贫困指数"标准，全球贫困人口共 13 亿。按地区划分，撒哈拉以南非洲贫困人口最多，共 5.56 亿，贫困率为 53%。究其原因，主要是非洲大部分国家处于高度不平等的社会环境中，性别不平等、教育普及率低、商业环境恶劣是非洲国家民众缺乏平等的获得收入机会的主要原因。值得强调的是，原本非洲国家普遍受教育程度低，教育风险在疫情中更加严重，加剧收入不平等。根据《企聚丝路：海外中国企业高质量发展调查》的调研，中资企业在南非的当地员工中，中学或专科学历及以下的员工占比超过 90%，在坦桑尼亚这一比例超过 80%，在吉布提，有约 30% 的本地员工从未受过教育。而 2020 年以来的新冠疫情使非洲国家的受教育情况更加恶化，这将对非洲青年的前景产生更广泛的影响，教育的衰退将影响劳动力市场的就业能力，提升青年失业率。

　　同时，社会资源向贫困人口倾斜在非洲国家难以得到实现，对许多国家来说，国际货币基金组织或世界银行的结构调整计划项目扩大了贫富差距，而不是促进了宏观经济稳定。因为大部分非洲国家的财政政策受到 IMF 或 WB 的结构性贷款计划的约束，非洲国家的社会福利支出被极度压缩。如果继续高度依赖西方主导的国际组织的贷款，非洲国家的贫困率在未来 5 年内会继续恶化。另外，非洲的经济增长没有明显改善社会收入不平等现象。根据非洲开发银行统计，非洲只有约 30%的国家实现了降低不同人口阶层之间的不平等，有 70% 的国家未实现包容性增长，国内的收入差距未随着经济增长而改善。受 2020 年以来的疫情大流行与俄乌战争的影响，非洲国家经济复苏放缓，失业人口显著增加，通胀持续攀升，由此进一步扩大了贫富差距。在持续的疫情冲击下，非洲经济的系统性脆弱更加凸显。非洲安全研究所预测，就算乐观情况下，非洲国家的人均收入也要到 2024 年才能恢复至接近 2019 年的水平，最坏的情况下可能要到 2030 年才得以恢复。受疫情影响，在撒哈拉以南地区，2020 年就业人数下降了约 8.5%，又新增 3000 多万人陷入贫困。不断上涨的食品价格将对非洲家庭的生计产生广泛影响。世界银行估计，受俄乌冲突的持续影响，撒哈拉以南非洲国家 2022 年额外的 7500 万至 9500 万人生活在极端贫困中。

　　我们要高度重视非洲国家严重分化的收入不平等问题所引发的影响。一方面，收入不平等最直接的结果就是市场有效需求不足，阻碍非洲经济和金融的发展，影响企业的持续经营，也抑制了中非"一带一路"的合作。另一方面，无力维持温饱的贫困人口大量增加将会加剧社会治安的不稳定，被剥夺权利的人会反抗不平等，隐藏着社会骚动的可能性，而混乱的社会秩序破坏非洲国家政府改善营商环境的根基，这在宏观环境上不利于中国企业在非的生产运行，同时不稳定的社会环境很大可能会直接威胁中国员工在非的人身安全。此外，非洲地区普遍的受教育水平低是造成收入不平等的重要影响因素，而疫情带来的非洲地区教育衰退更是会加大教育风险的次生影响，使在非中资企业较难雇用到高素质本地员工，更多青年难以就业，增加了企业的运营成本，需要加以关注。

2. 双重冲击加剧非洲社会的人道主义危机

　　非洲国家未来 3~5 年可能会面临严重的人道主义危机。俄乌冲突破坏了全球大宗商品市场的供应链稳定，加剧了非洲的通胀压力和粮食安全问题，对于已遭受疫情、极端气候和地区暴力冲突等多重危机蹂躏的非洲弱势群体而言，无异于雪上加霜。

　　俄乌冲突爆发前，非洲部分地区已陷入严重的人道主义危机。根据联合国粮农组织、世界粮食计划署和难民署的统计数据，2020 年，全球受粮食不安全影响的人群中有三分之二来自非洲大陆。其中西非和中非萨赫勒地区的饥饿人数在过去三年翻了两番，从 2019 年的 1070 万增加到 2022 年的 4100 万，萨赫勒地区流离失所的人数增加了 4 倍。在非洲之角，从 2019 年下半年持续至今的极端干旱已导致该地区超过 1500 万人面临严重的粮食安全和缺水问题（遭受饥饿）。在东非，恶劣且持续的多重危机冲击下，该地区人道主义物资正在被耗尽，难民问题正加速恶化，数百万流离失所的家庭将陷入更严重的饥饿之中。同时，疫情严重阻滞了非洲国家的减贫进程，使因病致贫、因病返贫现象集中释放，并将更多底层民众推入极端贫困中。

俄乌冲突进一步加剧非洲的人道主义危机。其一，俄乌冲突进一步冲击非洲脆弱的粮食安全系统。大部分非洲国家严重依赖粮食进口，其中北非和萨赫勒等严重依赖从俄罗斯和乌克兰进口小麦的马格里布地区国家，干旱迫使其更加依赖进口，其粮食危机将更为严峻；撒哈拉以南非洲约85%的小麦供应来自进口，14个非洲国家一半以上的小麦进口依赖俄罗斯和乌克兰。由于俄乌冲突严重影响全球粮食供应链和供应前景，非洲的粮食安全问题将会受到直接冲击。世界粮食计划署2022年4月警告，受持续恶化的旱情和俄乌冲突的影响，非洲之角在2022年将有2000万人面临饥饿危机。世界粮食计划署（WFP）和国际农业发展基金警告，在布基纳法索、毛里塔尼亚和尼日利亚等西非国家，当前的基本主食价格比五年前平均水平高出40%。在东非，近三千万人面临严重的粮食不安全问题，740万人面临突发性粮食不安全，意味着急性营养不良和饥饿死亡人数将会激增。其二，俄乌冲突推升人道主义援助成本，加剧脆弱群体面临的饥饿威胁。由于供应链中断，燃料等大宗商品价格上涨，导致援助成本上升和资金加速枯竭，援助行动受到限制，世界粮食计划署表示将不得不削减对东非难民和其他人群的粮食援助。对于已经依赖人道主义粮食援助的部分非洲国家而言，意味着其面临的饥饿威胁将更加严峻。

（五）疫情下公共卫生风险加剧

非洲大部分地区由于排水、污水处理和垃圾处理等基础设施的落后和缺失，为各种传染病的反复出现提供了"温床"，政府对于疟疾、霍乱、埃博拉、新冠等流行性疾病的防治缺乏资金和医疗设备，导致管制不力，一旦出现新的病毒变种极易引发世界性的流行，造成巨大经济损失和衰退。在非企业雇用的非洲员工也经常会受到疾病影响，公共卫生问题对我方走入非洲带来巨大的风险挑战。

1. 非洲地区新冠疫情严重而疫苗接种率严重不足

非洲疾病预防控制中心的数据显示，非洲新冠确诊病例累计超过1158万例，死亡病例累计超过25万例。非洲疾控中心主任约翰·肯格松2022年5月12日表示，未来，只有确保非洲地区至少70%的人口完全接种疫苗，才有可能控制住疫情。然而，截至2022年10月，只有24%的非洲人口接种了初级系列疫苗，远低于全球64%的平均水平，低疫苗接种率给非洲带来很大风险，使新冠病毒极易发生变种传播，加剧了非洲的公共卫生风险。非洲较低的疫苗接种率使在非中资企业员工更易感染新冠病毒，威胁到员工的人身健康，"一带一路"在非洲地区的合作也将因此受到影响。

2. 非洲大多数人负担不起也无法获得医疗保健

所有非洲国家政府都承诺到2030年实现全民健康覆盖，但在2021年，只有10个国家（阿尔及利亚、博茨瓦纳、布基纳法索、加蓬、毛里求斯、纳米比亚、卢旺达、塞舌尔、突尼斯和赞比亚）向其公民提供了免费的全民医疗。疫情暴发前，撒哈拉以南非洲的平均国内公共卫生支出仅占其国内生产总值（GDP）的比例不足2%，该指标仅高于南亚的1.0%，远低于5.9%的全球平均水平。这表明，非洲国家政府的公共卫生支出还远远不足。非洲国家政府对公共卫生的预算支出不足使民众无力负担医疗保健费用，这对社会稳定来说是一巨大隐患。医疗卫生是民众的基本生活保障，缺乏对健康的保障会极大影响民众的生活质量，容易产生反社会倾向，危害社会稳定，增加非洲地区的社会风险，也不利于中非"一带一路"的建设。

3. 新冠疫情阻碍了与其他疾病和卫生挑战的斗争

受气候潮热、经济落后和医疗资源匮乏等因素影响，撒哈拉以南的中非和西非地区迄今依然是流行性传染病传播最广、最严重的地区。在首次发现新冠疫情两年后，它正威胁着几十年来在抗击疟疾、结核病和艾滋病方面取得的进展。在非洲，目前将本已有限的资源重新集中用于新冠疫情可能导致100多万例其他疾病的额外死亡。在抗击疟疾方面，撒哈拉以南非洲占全球疟疾死亡人数的94%，由于新冠疫情使疟疾病人害怕去诊所、政府的封锁限制和基本疟疾商品供应链的中断，疟疾预防运动和治疗工作都被推迟了。在结核病的防治方面，全球140万人死于结核病的病例中，撒哈拉以南非洲占25%。与疟疾一样，新冠疫情对结核病病例跟踪以及用于防治结核病的供应链和预算产生了不利影响，导致数百万人未能得到诊断。新冠疫情影响了艾滋病的预防与治疗。在全球3800万艾滋病毒感染者中，近2600万人生活在非洲大陆，2019年全球60%的死亡病例来自撒哈拉以南非洲。由于新冠疫情，治疗和预防艾滋病运动受到了严重干扰。

除新冠疫情外，其他疾病包括传染病的普遍存在是中国企业在非洲不得不面临的问题，这使企业员工的人身健康受到了威胁，而疫情更是加剧了这种公共卫生风险，需要企业采取有效的预防措施以避免疾病影响企业的正常运营，给企业增加了成本，也阻碍了"一带一路"中非合作的顺利进行。

第三节　中非共建"一带一路"面临的机遇及发展方向

中非合作发展互有需要，互有优势，互为机遇，未来合作空间较大。该部分从双方的合作意愿、合作能力匹配、合作时机、潜在合作领域4个角度分析中非共建"一带一路"的发展潜力。

一、中非合作意愿强烈

（一）双方在长期战略层面互有需求

1. 双方在政治层面互为长期战略需求

中非在"一带一路"框架下开展合作，有利于保障中国和非洲主权国家在与美国等西方大国的战略竞争中争取对称权益。

其一，双方在争取国际话语权、提升国际地位方面是互为倚重的国际力量。中非在世界政治舞台上同为"南方世界"及发展中国家，相同或相近的历史遭遇使双方在国际舞台上存在较多利益诉求上的契合点；中国作为联合国安理会常任理事国和全球最大的发展中国家，代表着多数发展中国家的广泛利益，而非洲国家数量众多，是国际组织投票表决中的重要"票仓"，双方深化合作对于提升彼此在世界格局和国际政治舞台中的地位和话语权具有重要作用。

其二，在中美博弈持续加剧，中国外交和战略空间不断受到挤压的背景下，非洲在中国外交全局和发展大局中的重要性不断凸显。强化对非关系可稳住中国外交的"基本盘"，有效拓展中国与美国博弈的战略纵深和回旋余地，进而强化中国在国际事务处理中的主动权和影响力。

2. 双方在经济层面互为战略需求

其一，非洲是中国重要的战略合作伙伴，既是中国实现能源多元化和获取原材料的重要来源地，还是"一带一路"倡议重要的战略贸易通道，同时也是全球经济增长最具活力和最具发展潜力的巨大消费市场，在中国构建"双循环"新发展格局中发挥着重要作用。中国同样是非洲重要的战略合作伙伴，重要的投资者、出口目的地、发展援助主要来源以及非盟《2063 年议程》的重要参与者。

其二，在当前全球化渐成碎片化趋势下，中非高质量共建"一带一路"有助于进一步夯实中非友好合作基础，树立"南南合作"典范，提升发展中国家在全球治理中的话语权和影响力，构筑全球和平发展统一战线。

（二）双方在多层次的合作意愿较为强烈

中非双方从政府到民间都有进一步深化合作的强烈意愿与共识，这是双方共建"一带一路"的最大动力和保障。

其一，中非政治互信持续深化，双方合作的政治意愿较为强烈。21 世纪以来，中非关系完成了"新型伙伴关系"（2000 年）、"新型战略伙伴关系"（2006 年）、"全面战略合作伙伴关系"（2015 年）和"中非命运共同体"（2018 年）四重飞跃，当前中国的 14个"全天候朋友"中，非洲国家占 8 个。同时，中非高层互动频繁，政治互信持续深化，自 2013 年以来，习近平主席四次出访非洲，多次出席中非合作论坛或致电非洲联盟峰会等重要会议；疫情以来，习近平主席先后同非洲各国元首通话 17 次，双方政治交往的频率、广度和规模有增无减，共建"一带一路"更是成为中非高层对话的高频词。在2021 年 11 月举行的中非合作论坛第八届部长级会议上，中非双方首次共同制订中长期务实合作规划《中非合作 2035 年愿景》，确定了新形势下中非各自发展战略对接的总体框架，彰显中非务实合作的强烈意愿。同时，非洲各国参与共建"一带一路"的政治意愿同样强烈。截至 2022 年底，中国已和 52 个非洲国家及非盟委员会签署共建"一带一路"合作协议，基本实现"一带一路"建设对非全覆盖。2022 年 10 月，非盟驻华大使拉赫曼塔拉·穆罕默德·奥斯曼在接受采访时表示，"一带一路"框架下的合作为非洲国家拓展市场和经济空间创造了更多的资源；进一步强化非盟《2063 年议程》和非洲各国发展战略，同"一带一路"倡议的协调对接是非洲国家的共同愿望，非洲渴望中非关系得到延续。

其二，中非民间的合作意愿同样强烈。多家国外智库及民调机构的调研结果显示，中国在非洲民间的影响力较为积极，非洲大部分民众看好中非关系，期待与中国深化合作。2022 年 6 月，南非伊奇科维茨家庭基金会针对 19 个非洲国家青年人的调研结果显示，中国已超越美国成为非洲年轻人心目中对非洲产生最大积极影响的国家；其中 76% 的受访者认为中国对其生活产生积极影响，超过美国的 72%，尤其卢旺达（97%）、马拉维（95%）和尼日利亚（90%）三国的年轻人对中国的积极情绪最为强烈。而在 2020 年的首次调研中，美国（83%）的这一数字高于中国（79%）；同时，Ichikowitz 家庭基金会的主席 Ivor Ichikowitz 表示，大多数非洲青年人认为中国以实际行动参与非洲的发展是一种双赢的局面，13% 的非洲青年预测中国未来将对非洲产生重大影响，因为他们赞赏中国对非基础设施的投资。此外，泛非权威民调机构"非洲晴雨表"近年来的调研结果同样显示，大多数非洲民众认为中国对非洲的影响力是显著而积极的，其最新一轮（2021年11月）调查显示，中国位列对非洲大陆具有积极影响的国家名单之首（63%），超过美国（60%）、联合国机构（57%）和非盟（53%）。2022年10月，英国民调机构YouGov的全球民意调查结果同样显示，非洲国家民众近年对华好感度显著提升，表明中非合作实实在在惠及非洲民众，得到非洲民众的充分认可。因此，中非合作有较好的民意基础。

二、双方具备相应的合作能力

非洲国家资源禀赋优越，人口红利巨大，市场广阔，发展潜力无限，其凭借自身资源要素比较优势，在"一带一路"框架下与中国探索产能合作大有可为。

（一）中非经贸合作基础牢固且潜力无限

中非长期互为重要的贸易伙伴，双方经贸合作基本面稳中向好；中国对非投资稳中有进，随着"一带一路"框架下合作的不断深入，中非经贸合作潜力大、空间广。

1. 中非经贸关系优势互补，合作基础牢固，这既是双方合作能力的体现，也是进一步推动中非经贸合作发展的积极因素

其一，中非贸易规模持续扩大，贸易结构互补性强。如图7-3所示，2000—2021年，中非贸易额增长了20倍，尤其自2009年以来，中国已连续13年稳居非洲第一大贸易伙伴国地位；其中2021年，中非双边贸易总额同比增长35%，突破2542亿美元，创历史新高（也是2014年以来的新高），是美国与非洲贸易额的4倍多，彰显中非贸易的活力、韧力与潜力。同时，因发展阶段、产业结构、市场特点的差异，双方贸易结构互补性强，中国对非出口以消费品为主，包括电气设备、工程机械、车辆、日用品和医药产品等，而非洲对华出口多为矿产资源、能源等资源性大宗商品和木材、橡胶等初级产品。这种强互补性使中非在"一带一路"框架下进一步提升经贸合作的质量和水平成为可能。根据中非双方在2021年底共同制定的《中非合作2035年愿景》，到2035年，中非年贸易额将达到3000亿美元。

其二，双方在投资合作方面互为需求，中国对非投资规模稳步提升，投资领域不断拓展、深化。非洲国家向来渴望引进外资、技术和管理经验以促进自身经济的发展，而中国扩大对非投资既能改善非洲投资短缺问题，给非洲带来更多发展机会，同时也有利于我国基建等优势产业和产能向外输出，实现互利共赢。自2000年中非合作论坛成立以来，中国对非投资存量增长了100倍（2000—2021年），对非直接投资流量年均增长超过25%，其中2021年对非全行业直接投资额达37.4亿美元，同比增长26.1%（见图7-4）。迄今为止，已有3800多家中资企业赴非开展投资，基础设施、能源、经贸园区建设等稳步推进。投资领域不断拓展，涉及资金、技术、管理、基础设施等多个方面，成为非洲经济发展的重要推动力之一。

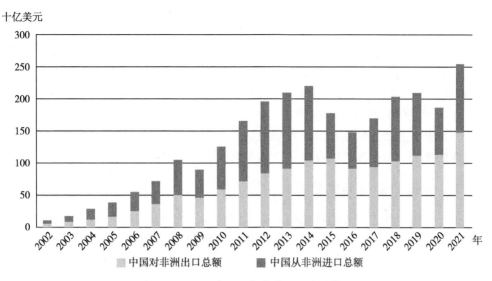

图 7-3 2002—2021 年中非双向贸易额

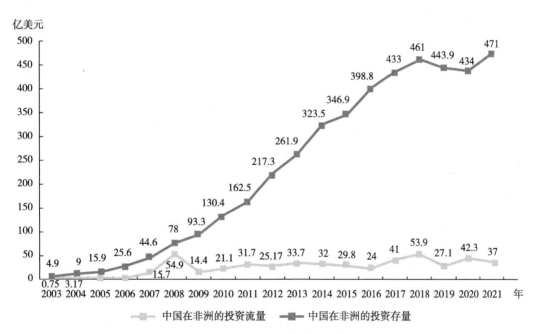

图 7-4 2003—2021 年中国对非投资流量、存量

其三，前期合作成果及经验为进一步扩大和深化在非投资夯实了基础，同时各层级的中非经贸交流机制持续发挥作用，地方和企业的合作平台日趋完善，有助于中非经贸交流对接进一步走深、走实。

2. 非洲巨大的消费潜力与我国的制造业优势相匹配

一方面，非洲有着不可估量的人口红利与消费市场，其对中国商品与投资的需求还将不断扩大。美国智库布鲁金斯学会的数据显示，非洲是世界上增长最快的消费市场之一，自 2010 年以来，非洲大陆消费者支出的复合年增长率保持在 3.9%以上，并在 2015 年达到 1.4 万亿美元，到 2025 年和 2030 年，预计该数字将分别达到 2.1 万亿美元和 2.5

万亿美元。非洲开发银行的数据显示，非洲中产阶级人数已达到 3.13 亿，约占非洲总人口的 34%，其蕴含的消费潜力巨大；同时，随着非洲大陆自由贸易区单一大陆商品和服务市场的不断推行，到 2030 年，非洲大陆将形成一个消费人口规模高达 17 亿的单一消费市场。此外，随着非洲消费者从非正式消费形式（路边市场）转向更正规的消费形式（包括购物中心、超市、电子商务等），以及非洲城市化率、互联网与数字终端普及率的提高，非洲大陆的消费潜力将得到进一步释放。另一方面，物美价廉的中国商品能够满足非洲本地制造业匮乏的缺口。非洲制造业落后，生活物资主要依靠进口，而中国生产的产品质优价廉，深受非洲民众欢迎，其本地近 90% 的产品都来自中国制造。

（二）中非产能合作优势互补

当前，中国正处于产业结构转型升级的调整期，大量的优势产业和产能亟须走向海外，而非洲国家正谋求工业化转型以实现经济结构的多元化发展。同时，非洲的资源禀赋优势与中国的产能、技术优势互为需求和补充，为中非开展产能合作提供了客观上的条件支持。

一方面，工业化是非洲发展的必由之路，且近年来非洲国家对中非合作的诉求已上升至工业化发展和农业现代化等更高层次。虽然非洲大部分地区尚处工业化的起步阶段，但其资源和劳动力优势突出。联合国统计数据显示，非洲拥有全球约 30% 的矿产储量、12% 的石油储量和 8% 的天然气储量，全球 40% 的黄金和高达 90% 的铬和铂均在非洲，并占有全球 65% 的耕地和地球内 10% 的可再生淡水资源。同时，非洲人口结构年轻，适龄劳动人口充足，75% 的人口年龄在 25 岁以下。根据联合国和世界银行的推算，2015—2025 年非洲将新增适龄工作人口 2.1 亿，占全球的 42%，到 2035 年，非洲适龄劳动人口将增加至 4.5 亿，未来 50 年内，非洲将成为全球最大的劳动力市场。此外，12 亿人口的市场规模，以及内部区域一体化进程的加速，都是非洲实现工业化转型的有力支撑。而如何利用上述优势加速实现工业化和现代化成为非洲各国迫切的愿望。

另一方面，我国目前已建立起具有一定技术水平、门类齐全、独立完整的现代工业体系，能够提供非洲国家工业化发展所需的技术、人才、装备、资金和经验。同时，在基建、部分资源密集型和劳动密集型等优势产业领域，中方拓展海外市场的需求较为强烈。中非在"一带一路"框架下开展产能合作，可促进非洲工业化进程，将其自身的资源禀赋优势转化为"非洲制造"优势，释放人口红利和发展潜力，提升资源附加值，实现包容性和可持续发展。同时，对中国而言，扩大对非投资有利于畅通全球产业链条，在化解高质量发展背景下，产业结构转型升级过程出现的产能过剩问题。

三、中非合作正当时

双重冲击叠加百年变局对中非合作造成冲击的同时，也为中非共建"一带一路"创造了新机遇，赋予了新动能；此外，还应该看到当前及今后一段时期内，中非合作仍然处于重要战略机遇期。

（一）百年变局下中非合作仍处于重要战略机遇期

面对全球政治经济形势的变化，非洲谋求更高层次发展的诉求更加强烈，中国正加快构建"双循环"新发展格局以推动经济高质量发展，中非共建"一带一路"处于优势互补、共同成长的黄金机遇期。

其一，中非间互补性的战略机遇不变。当前及今后一个时期内，中非之间经济优势互补、产业互补、需求互补的客观基本面不会发生改变，这种战略性、历史性的机遇决定着未来3~5年，中非在"一带一路"框架下互利共赢的合作局面仍将持续。

其二，中非发展战略高度契合，为彼此携手共建"一带一路"创造前所未有的历史机遇。当前，中非都进入新的发展阶段，非盟已制定《2063年议程》，非洲大陆自贸区（AfCFTA）建设持续推进，但跨境基础设施不足仍是制约非洲自贸区建设的重要因素，这为中非携手共建"一带一路"，推进非洲基础设施互联提供有利契机。此外，随着AfCFTA的实施，非洲区域经济一体化进程加速，将使非洲具备更多同中国在优势互补基础上实现互利共赢发展的条件，为双方在"一带一路"框架下拓展数字经济、绿色经济、金融服务等多领域的合作提供更大的发展空间。同时，中国正致力于构建的"双循环"新发展格局将为非洲提供更多的"中国机遇"。一方面，国内大循环的推动将充分激发中国内需潜能，预计未来十年，中国累计商品进口额将超过22万亿美元，这一全球最具潜力的消费市场将为非洲对华出口创造更多空间。另一方面，产业结构调整升级作为保障中国新发展格局高质量实现的必然选择，中方将加速推动部分劳动密集型、资源密集型产业向外转移，这将成为中非在"一带一路"框架下开展产业链对接融合的窗口机遇期。

（二）双重冲击为中非合作创造新机遇

第一，俄乌冲突强化非洲国家对华合作意愿。2022年6月，尼日尔前外交与合作部长艾莎图·明达乌杜撰文指出，俄乌冲突使非洲国家"如何看待全球其他区域"发生了范式转变，在传统国际合作伙伴为对抗非洲饥饿、安全威胁及新冠疫情而分配的资源与他们为支持乌克兰而动用的资源差异悬殊的背景下，非洲各国比以往任何时候都更加愿意与中国这样更加关心非洲国家自身利益的伙伴开展合作。此外，双重冲击强化了非洲国家的自主意识。俄乌冲突爆发时，近一半的非洲国家拒绝谴责俄罗斯，暴露出西方国家对非洲影响力不足的现状，且许多非洲国家已认识到世界的多极化趋势，因此不再局限于以西方为首的外交关系中，而是以更加平衡及多元方式开展国际合作。

第二，双重冲击为中非公共卫生、数字经济、绿色经济、发展治理等领域的合作创造了新机遇。

其一，疫情背景下，非洲的电子商务、移动支付和数字金融加速发展，数字化转型对社会经济发展的价值进一步凸显；后疫情时期，非洲各国纷纷出台鼓励政策支持数字经济等新业态、新产业的发展，迫切通过数字化转型为经济复苏提供动力。这为中非强化数字经济合作创造了机遇。

其二，近年来，持续频发的气候灾难日益成为严重冲击非洲正常社会经济发展的不可控因素；后疫情时期，绿色、可持续发展成为非洲各国的共识，2021年，54个非洲国家一致同意启动《绿色复苏行动计划》，致力于推动更低碳、更具韧性、可持续性及包容性的绿色发展新路径。中非绿色经济领域的合作空间较大。

其三，疫情以来，全球治理"赤字"问题日益凸显，西方国家自顾不暇，对非援助口惠而实不至，这为中国强化对非国际发展合作，尤其是公共卫生、脱贫减贫方面的合作拓展了新空间。

（三）中非关系处于历史最好时期

正如 2021 年发布的《新时代的中非合作》白皮书所言，当前，中非关系处于历史最好时期，合作成果遍布非洲大地，双方政治互信持续深化、经济合作快速发展、社会合作方兴未艾、人文合作日益扩大、和平安全合作稳步拓展。站在构建新时代中非命运共同体的历史起点上，中非关系的重要性不是降低了而是提高了，双方共同利益不是减少了而是增多了，中方发展对非关系的力度不会削弱、只会加强。双方合作具备天时、地利、人和。

四、中非间潜在合作领域

综合非洲国家的现实需求，彼此间的互补性优势、合作基础，以及中非间的战略规划对接情况，未来 3~5 年，中非共建"一带一路"潜在的重点合作领域包括：能矿、基建、数字经济、绿色可持续发展、减贫脱贫和医疗卫生合作六大合作领域。

（一）基础设施建设合作

基础设施匮乏和融资缺口大的现象在非洲较为突出，这是非洲各国迫切希望得到解决的现实问题，而中国在基建领域的比较优势较为明显，双方在需求和能力上形成互补，合作空间较大。

一方面，非洲各领域的基础设施建设严重不足，基建融资缺口较大。虽然非洲大陆占全球陆地面积的 23%，但其铁路长度仅占全球铁路总长度的 7%；非洲普通公路和高速公路的密度仅为全球平均水平的 1/4 和 1/10；40% 的居民缺乏安全饮用水；非洲仅有 30% 的人口可使用电力，远低于其他发展中国家的水平（70%~90%），撒哈拉以南非洲地区有近 6 亿人无法使用电力，占全球无电人口的 2/3 以上；非洲的互联网普及率仅为 36%，远低于全球 62.5% 的平均水平。此外，咨询公司麦肯锡估计，到 2025 年，非洲将有 100 多个人口超 100 万的城市，作为全球人口增长和城市化进程最快的区域，非洲国家未来对城市基础设施的需求仍将持续增加。但非洲基建领域的资金缺口较为严重，非洲国家每年需花费 130 亿~1700 亿美元来满足基础设施建设需求，但非洲开发银行的数据显示，其资金缺口达 68 亿~1080 亿美元。

另一方面，中国在基础设施建设领域兼具技术和成本比较优势，且该领域也是中非合作的传统优势领域，未来合作潜力较大。中国的基建实力和技术水平在全球处于领军地位，能够提供非洲国家所需的产能、技术和经验，全球工程建设领域权威学术杂志《工程新闻记录（ENR）》2022 年度发布的"全球最大 250 家国际承包商"名单中，79 家中国企业上榜，继续蝉联各国榜首。同时，中国基建还具有成本优势突出、建设速度快、性价比高、尊重东道国意愿等优势,且充足的外汇储备能够保证长期资金投入,更受发展中国家欢迎。此外,基建向来是中非合作的传统优势领域,尤其自"一带一路"倡议提出以来,中国一直是非洲基础设施建设的最大参与者,占据当地40%的份额,并且还在继续上升。双方合作经验丰富、合作基础牢固,为进一步拓展和深化基建合作提供了有力支撑。

(二)中非数字经济合作前景广阔

非洲广阔的数字经济前景为中非数字合作提供动力,中国数字经济领域发展的优势可弥补非洲数字转型的短板,双方优势互补,合作空间广阔。

1. 发展数字经济已成为非洲各国的共识,同时也是中国助非发展的新方向

近年来,非洲国家及非盟相继发布数字转型战略,对发展数字经济的政策倾斜程度不断加大,以期通过数字转型实现跨越式发展。2020年2月,非盟通过《非洲数字化转型战略(2020—2030)》,数字化转型列为非盟《2063年议程》的首要任务之列,成为非洲经济发展的重中之重。埃及出台"数字埃及建设者"计划(DEBI);南非发布《国家数字与未来技能战略》,并出台国家数据和云政策草案;肯尼亚启动2023年国家宽带战略;尼日利亚政府出台国家宽带计划(2020—2025)和5G数字经济国家计划。此外,阿尔及利亚、摩洛哥、埃塞俄比亚、加纳、塞内加尔和乌干达等其他非洲国家也相继出台数字化转型政策。

同时,数字经济正成为中非合作的新兴领域。中方通过中非合作论坛、"一带一路"框架和"数字丝绸之路"倡议,积极搭建各类数字经济合作政策框架和平台,携手非洲共同设计数字领域合作举措,为双方共建"数字非洲"提供机制保障。2021年8月,中方宣布将与非洲国家共同制定并实施"中非数字创新伙伴计划",旨在强化数字基建、数字经济、数字教育等六个方面的合作。2021年11月,中方提出中非共同实施"九项工程",以落实《中非合作2035年愿景》首个三年规划,"数字创新工程"作为九项工程之一,中方将为非洲援助实施10个数字经济项目。在上述合作战略规划的引领下,中非数字经济合作将迎来新契机。

2. 非洲数字经济发展底子薄,但潜力大;而中国数字化转型引领全球,双方优势互补,未来合作空间较广

虽然非洲的数字化转型起步晚,在数字技术集成、数字技术服务等方面相对落后,但其数字转型潜力无限。世界银行及其附属机构国际金融公司估计,非洲的数字转型可使其GDP增长每年提高近2%,到2025年,非洲的互联网经济规模可达1800亿美元,占其GDP的5.2%,到2050年,数字经济规模将达7120亿美元,占GDP的8.5%。同时,2022—2025年,非洲数字贸易的复合年增长率可达18.07%。Endeavor Nigeria发布的研究报告表示,虽然非洲的互联网普及率和宽带普及率低于全球平均水平,但随着移动普及率的快速上升,非洲的数字经济将进入指数级增长期,到2025年,全球1/6的互联网用户将在非洲,33%的新手机用户将来自撒哈拉以南非洲国家,而非洲大陆的手机普及率每增长10%,GDP将增长2.5%,数字化程度每提高10%,人均GDP将增长1.9%。这意味着未来非洲数字化转型的潜在动力较为强劲。

同时,中国作为全球最大的数字经济体之一,在数字经济规模、数字技术产业市场、数字基建和数字创新等方面都具有领先优势，这在一定程度上可弥补非洲数字转型的短板。2012—2021 年，中国数字经济平均增速达 15.9%，占 GDP 的比重从 20.9%上升至 39.8%，2021 年，中国数字经济规模达到 7.1 万亿美元，连续稳居世界第二。同时，中国的信息通信网络建设规模全球领先，拥有全球最大的光纤和移动宽带网络。此外，中国还拥有全球最大规模的数字技术产业市场，全球最大的电子商务市场。

未来 3~5 年，中国可利用自身数字经济发展的经验和优势，携手非洲国家共建"数字丝绸之路"，共享"一带一路"数字经济红利。具体合作领域可围绕数字基础设施建设、数字领域人才培养、社会数字化转型、5G、物联网等新技术应用、电子商务、移动支付、金融科技等多方面展开。

（三）中非绿色可持续发展合作

在绿色可持续发展领域，中非间的战略规划相契合，双方合作意愿强烈。绿色、可持续发展成为非洲战略发展规划的高频词，同时也成为中非合作的热点。非盟的《2063年议程》将应对气候变化和实现可持续发展列为长期发展目标；2021 年，非盟制订的《绿色复苏行动计划》致力于推动更低碳、更具韧性、可持续性及包容性的绿色发展新路径，以实现"绿色复苏"。同时，绿色转型发展在中非合作中的地位和战略价值不断提升。从 2015 年中非"十大计划"，到 2018 年的"八大行动"，再到 2021 年的"九项工程"，绿色发展均被单独列出。2020 年，中非环境合作中心正式启动，相继开展了"中非绿色使者计划"和"中非绿色创新计划"项目。2021 年 11 月，中方发表《新时代的中非合作》白皮书，提出中非在清洁能源应用、气候变化和生态环境保护等方面加强协调与合作；同年 12 月发布的《中非应对气候变化合作宣言》，提出建立新时代中非应对气候变化战略合作伙伴关系，开启中非绿色合作新篇章。成员国层面，安哥拉、肯尼亚等 7 个非洲国家相关机构已加入"一带一路"绿色发展国际联盟；同时，中国在气候变化南南合作框架下与 14 个非洲国家签署 15 份合作文件。双方合作意愿较为强烈。

双方在绿色转型、气候治理等领域互补性优势明显，可实现互利共赢。一方面，非洲大陆占全球总人口的 15%，碳排放量不到全球的 4%，但却是全球气候变化最大的受害者，也是应对气候变化最脆弱的地区。中国作为应对全球气候治理的行动派和实干家，2005—2020 年，中国碳排放强度下降 48.4%。在气候预警监测、遥感气候卫星应用、防灾减灾等方面积累了一定技术和经验，具有帮助非洲国家应对气候变化挑战的能力。另一方面，非洲的清洁能源资源得天独厚，太阳能、风能、水电、地热能等资源较为丰富，其发展潜力巨大。同时，近年来，非洲各国对能源转型的重视程度不断提高，埃及、摩洛哥、肯尼亚、尼日尔等国正加快可再生能源布局，确立了各自的清洁能源转型目标，并制定出台相关产业政策，吸引国际投资。而中国的绿色能源发展具有较强的全球竞争优势，可再生能源领域专利数、投资、装机和发电量连续多年稳居世界第一；风电、光伏的装机规模均占全球 1/3 以上。并以"低成本、高技术"的优势占据风电等可再生能源产业链的主导地位。中方有能力通过互利共赢助力非洲清洁能源的发展。

未来，双方在"一带一路"框架下的绿色可持续发展合作空间广阔。中方应继续通过绿色基建、绿色能源、绿色金融等一系列举措，帮助非洲国家加速绿色低碳转型；除援建绿色发展项目外，更应在技术、能力建设等方面为非洲绿色转型提供切实支持，助力非洲早日实现"绿色长城"计划。

（四）持续深化能矿领域产能合作

能矿领域产能合作在中非共建"一带一路"中扮演着重要角色，对保障双方能源资源安全和促进非洲经济发展具有重要作用，未来合作潜力巨大。

中非能矿领域产能合作的互补优势较为明显。非洲的矿产资源得天独厚，具有种类齐全、储量大、分布集中、总体品质高等优势，其矿产储备占到全球的2/3，且至少有17种矿产的储藏量居世界第一，素有"世界原料库"之称。然而，由于缺乏开采条件和技术，非洲国家在能矿领域参与的大部分活动仅仅是采掘，而不是冶金等增值环节；所以，虽然非洲矿产资源总价值约占全球的23%，但产值仅占全球的9%。而中国矿产行业经过多年发展，在地质研究、勘探、开采、选冶以及上下游加工制造等环节已拥有完整的产业链，在人才、技术、装备和经验等方面完全具备与非洲国家开展矿产合作的能力。

同时，中非能矿合作迎来新的发展机遇。一是在全球低碳转型的背景下，非洲拥有大量能源转型所需的锂、铜、钴、镍和锌等"绿色金属"，且尚未完全利用，开发潜力巨大。而中国作为全球新能源市场的领头羊，对上述"绿色金属"的需求量巨大。二是随着"一带一路"在非洲深耕多年，非洲基础设施互联互通水平得到极大改善，使原本受限于基础设施而未能开发的矿产资源迎来开发机会。三是以资源合作带动产能合作，将资源优势转变为发展优势，已成为非洲国家矿产合作的长期诉求，非盟《2063年议程》的7大愿景中即包括非洲矿业愿景，当前，非洲各国正积极改善当地法律、法规及投资政策，以吸引中国矿产企业赴非投资。

中非能矿领域合作前景广阔。一方面，矿产资源的开发需要水、电、路、港等相关配套基础设施的支持，而基础设施项目的规划和建设需要围绕经济发展需求和实际用途展开，中非未来可在"一带一路"框架下强化对接，形成矿产业投资和基础设施项目建设联动发展的良性互动局面。另一方面，联合中非合作伙伴和国际投资者，以矿业技术合作、矿物深加工、采选冶炼技术转移和合作、建设钢厂、铜铁制品下游加工等多种方式推动中非能矿领域产能合作升级，为非洲能矿开采创造更多的本地化产业环节、更高的产品附加值，将其资源优势转换为发展优势。

（五）持续深化中非减贫合作

开展减贫合作既符合中非双方共同利益，也具备良好的合作基础，未来3~5年，双方可在"一带一路"框架下继续推动中非减贫合作行稳致远。

强烈的减贫政治意愿与战略共识是中非减贫合作的利益契合点。贫困问题是非洲长期以来面临的最严峻挑战之一，各国都将消除贫困和实现包容性发展列为优先发展战略。例如，非洲方面制定了关于减贫的《瓦加杜古宣言》及其《行动计划》（2004年），2015年的非盟《2063年议程》明确提出到2025年实现消除饥饿、发展农业、制造业等减贫目标。成员国层面，南非的《2030年国家发展规划》、埃及的《2030愿景》、肯尼亚的《2030年远景规划》等同样将脱贫减贫和实现包容性发展置于中长期发展规划的首位。作为共建中非命运共同体的应有之义，中方历来重视非洲国家摆脱饥饿和贫困的现实紧迫需求，同样将减贫合作列为"一带一路"框架下对非合作的重要议题之一，以中国减贫经验助力非洲可持续发展。

相关合作成果的取得，为中非减贫合作进一步走深走实奠定了基础。在双边合作中，中方历来重视非洲国家的现实需求，搭建了"中非合作论坛—减贫与发展会议""中非青年减贫和发展交流项目"和"中非减贫与发展伙伴联盟"等减贫合作机制，并以务实行动推动非洲减贫事业的发展。2014年，中国和非盟联合发布《中国和非洲联盟加强中非减贫合作纲要》；2015年至今，借助中非合作论坛，中国相继推出系列务实行动计划，包含中非减贫惠民合作计划的"十大合作计划"（2015年）、产业促进行动等"八大行动"（2018年）、实施"减贫惠农工程"等"九项工程"（2021年）。

中非减贫合作前景广阔。一方面，通过专家交流、合作研究和技术援助等方式，开展减贫和社会发展领域的专项合作，深化发展理念、脱贫经验做法的交流分享。另一方面，可在"一带一路"框架下依托中非产业合作，加速非洲减贫进程，包括加强农业、减贫惠农工程、劳动密集型等产业的合作，为非洲国家创造就业岗位、培育内生发展动力、增强经济"造血"功能。

（六）中非公共卫生合作

新冠疫情凸显非洲公共卫生能力赤字，同时深刻揭示中非共建"卫生健康共同体"的必要性和紧迫性。由于历史和现实的诸多原因，非洲公共卫生体系落后、医疗卫生基础设施薄弱、公共卫生领域资金投入长期不足，应对传染病、流行病等重大突发公共卫生事件的能力较弱。2020年新冠疫情暴发以来，作为全球受疫情影响最为严重的地区之一，非洲国家医护人员不足、疫苗短缺等现象再次凸显，中方作为非洲重要的合作伙伴，主动伸出援助之手，与非洲国家并肩抗击疫情，深刻诠释了中非卫生健康共同体的深刻内涵，彰显中非共建"健康丝绸之路"的迫切性与特殊意义。同时，疫情背景在为中非公共卫生合作提供新契机的同时，也对中非在该领域的合作提出了更高要求，这也是未来3~5年中非高质量共建"一带一路"的重要组成部分。

公共卫生一直以来都是中非合作的重要议题之一，双方在该领域已奠定良好的合作基础。自20世纪60年代开始，中非之间就已经开启公共卫生领域的合作实践，2000年中非合作论坛成立以来，中非公共卫生合作不断向机制化迈进，双方合作的举措、内容及形式不断丰富，包括派遣医疗队、援建医疗基础设施、培养非洲医疗专业人才等，这些合作成果的取得奠定了双方进一步深化合作的基础。同时，无论过去、当下及未来，公共卫生领域都是中非合作的优先事项之一。从中非"十大合作计划"（2015年），到中非合作"八大行动"（2018年），加强公共卫生合作均赫然在列，在2021年《中非合作2035年愿景》的"九项工程"中，卫生健康工程更是居于首位，其在中非合作中的战略地位进一步提升。2020年6月，习近平主席在中非团结抗疫特别峰会上提出"中非卫生健康共同体"的新理念，这为中非共建"健康丝绸之路"注入了新内涵和新动力，也为中非高质量共建"一带一路"指明了发展方向。

未来3~5年，双方可从多方面入手深化医疗卫生合作，共建"中非卫生健康共同体"。包括加强顶层设计和政策对接，强化中非在公共卫生领域的政策沟通；以加强非洲公共卫生体系建设、公共卫生软硬件建设、人才培养和医疗产业发展为着力点，深化务实行动；同时，加强国际合作，会同联合国、世界卫生组织等国际组织，以及西方国家力量，共同推动非洲大陆的公共卫生能力建设，改善全球公共卫生治理。

第四节 中非高质量共建"一带一路"的举措

一、加强人文教育交流，以承担社会责任为抓手深化树立国家品牌形象

自 2013 年中国提出"一带一路"以来，在国际上普遍将"一带一路"作为中国的国家品牌，而国际上各认知主体受价值观的影响，对"一带一路"和中国的评价缺乏客观公正。美西方国家操控非洲国家媒体，对中国的污名化较大地影响了非洲公民和政府的认知，目前已经对中国企业在非的商业合作产生了负面影响。外界对中非共建"一带一路"的抹黑不能仅靠中方就事论事的反驳和声明澄清，中方应该主动构建有中国特色的话语体系和理论支撑。因此，增进中非双方信任，必须深化树立积极的国家品牌形象和亲诚友善理念。2021 年中非双方共同制定《中非合作 2035 年愿景》，习近平主席提出共同实施"九项工程"，未来中国同非洲国家密切配合相关工程都将关系到国家品牌形象塑造，也是中非双方树立亲诚友善理念的重要渠道。当下，做好能力建设、人文交流、卫生健康、减贫惠农工程对提升软实力建设有重要意义。

（一）加强中非智库、研究机构和高校以及职业教育的交流合作

一方面，智库、研究机构和高校是重要的树立中国国家品牌形象声音的来源。不可否认，目前中国的研究机构和高校对非洲国家的了解有所欠缺，对中非合作的深度融合也缺乏把握，中国的研究机构和高校需要深化与非洲的研究机构和高校的交流合作，使双方有机会形成更紧密的智慧集体，筑牢中非命运共同体的认识，深化"民心相通"。其一，中国学术界应联合非洲学术界主动发起各种有关涉及共建"一带一路"议题的共同讨论、联合研究，在科研项目立项和经费支持上给予重点保障，推动国际社会形成正确的中国观、非洲观、中非合作观。如中非减贫发展论坛就发展减贫达成诸多共识，也推动了较多的务实合作项目。其二，创造条件推动中非智库、研究机构和高校的人员交流合作，主动邀请非方研究人员来华交流，或者我方主动多频次派遣相关人员去非洲交流，真正实现双方研究人员的深度融合。其三，加强中非高校合作办学，在人才培育上发力，为中非共建项目储备人才。

另一方面，多主体发力高质量扩大中非职业教育合作。非洲面临的高素质人才短缺不是一朝一夕可以解决的事情，扩大中非职业教育合作在短期内是改善非洲人力资本见效最快、成本较低的最佳选择，有利于提高非洲学生的就业质量和非洲的减贫事业的发展，更重要的是每一位非洲来华留学生都是中非亲诚友善合作的活生生的传播媒介，让大部分非洲来华留学生融入中国、宣传中国，比报纸网站上的文章更有说服力，让在非洲接受培训的青年学生感受到中国的真实亲诚。自中非合作论坛召开以来，中非长期在职业教育领域的合作存在不少短板，如职业教育不足、合作培育水平较低、供需不符等。为此，亟须高质量的扩大中非职业教育合作。中国政府、中国高职院校和中国企业是中国对非洲的职业教育重要的主体，它们通过不同的渠道开展对非职业技术培训班、选派

职业教育援非专家、教师和志愿者、中非合作办学项目与境外办学以及建设鲁班工坊基地等不同形式的合作，其中鲁班工坊获得了非洲伙伴的普遍积极响应。未来五年内，中国与非洲的职业教育合作需要协调政府、企业和院校三个主体，要充分结合国家战略定位及东道国政府发展目标，保障经费充足，建立统一的职业教育援非的标准体系，规范和透明化中国对非洲职业教育的培养模式和培养目标，建设更多的鲁班工坊等职业教育援外基地。针对非洲国家对数字技能和人才需求庞大但人才短缺的问题，可在"一带一路"、中非合作论坛等框架内加强数字人才培养方面的国际合作，引导中国高校、科研机构、企业、社会组织等多主体进入非洲，推动实施中非数字领域人才交流和培训专项计划，打造中国对非洲职业教育的品牌。

（二）高质量在非布局文化交流中心和孔子学院文化教育交流平台

中国在非洲设立的文化交流中心和孔子学院是以汉语推广、文化传播、文化交流与促进当地发展为宗旨，也是提升中国国际话语权能力的重要话语品牌。目前，中国先后在毛里求斯、贝宁、埃及、尼日利亚、坦桑尼亚等国布局了文化交流中心，为当地民众开展了各类文化交流及培训活动；在非孔子学院已经布局48所。中国在非的文化交流中心和孔子学院存在总体数量偏少，尤其是孔子学院存在教学设施严重不足、本地化的师资力量相对薄弱、课程体系不够完善、网络信息授课技术水平低等问题。为此，需要高质量布局文化交流中心和孔子学院：其一，中国政府应积极探索在非洲增设更多文化中心和孔子学院，优化在非洲的孔子学院的区域布局，积极推进构建次区域协同合作网络；其二，将中国在非洲的文化交流中心和孔子学院的建设与中国对非洲的官方友好交往和使馆公共外交结合，与对非援助和企业"走出去"相结合，以建立健全多元化、民间化、公益化的办学运作机制，要发挥好中外方合作机构的主体作用，扩大开展中非联合办学的培养模式；其三，政府财政专项支持加快教师、教材、教法本土化进程，加快数字化建设，构建语言、文化和职业教育一体化的课程体系。

（三）加强影视传媒作品交流、旅游等其他方面人文交流合作

1. 影视作品交流是加强中非之间的"民心相通"的重要平台

中非之间的影视作品交流主要有两类平台，一是中国参与非洲自办的电视、电影商业展会，非洲电视节是非洲地区最具影响力的电视商业展会；二是中国主动开展在非洲的展播活动，比如四达时代结合非洲观众收视喜好，加强优秀影视剧海外展播季系列活动，将多部中国影视作品译制配音成英语、法语、斯语等语种。当前加强影视作品交流互鉴，需要做好以下工作：其一，我国影视作品进入非洲主要受限于语言障碍，需要培养一批优秀的翻译人才服务中国影视作品的非洲海外交流活动。其二，中国影视作品在非洲国家的流动缺乏系统性的统筹，建议中国政府建立专门对非影视作品传播的管理部门，比如在中国国家广播电视总局下设置专门对非影视合作部门，联合中国各公司和各单位参与向非洲的影视作品的传播宣传。其三，充分利用非洲各国的电影展会平台，鼓励中国创作团队走入非洲、与非洲人员合作拍摄、进行节目交流以及开展国际培训，中国政府也需要重视民营企业在非洲的影视作品营销能力，支持民营企业开拓非洲的文化作品市场。

2. 发挥在非广播、电视和网络媒体以树立中国负责任的大国形象

由于缺乏对中国信息的了解，出现非洲人民对中国的部分偏见。我国政府和企业不能忽视当地各种自媒体（如抖音、YouTube、Facebook 等网络媒介）的作用，及时回应误导性的歪曲报道和言论。要充分利用好当地传媒，找准双方的共同话语，如"脱贫""共同富裕""绿色发展""能力建设"，用非洲人听得懂的语言和喜闻乐见的内容，讲好中国故事。特别有针对性地介绍中国人在非洲的成就，从非洲人民最关注的民生问题切入，如打井抗旱、修建医院等。消除某些西方媒体关于中国"掠夺资源""新殖民主义""债务陷阱"等负面宣传的影响。

3. 鼓励中非间的旅游业发展

中国政府领导人公开提出愿支持所有非洲建交国成为中国公民组团出境旅游目的地国。为消除中非旅游安全隐患和非洲旅游设施投资不足问题，需要做好以下工作：其一，中非保持务实心态，落实好便利化的旅游政策；其二，中非建立旅行社、旅游交通、旅游景区和旅游饭店等旅游企业联盟，加强对旅游景区、线路、居所的各类安全评估；其三，加强中非跨国旅游警察合作，保障旅游企业安全；其四，加强旅游基础设施投资合作。

（四）在非中资企业积极承担社会责任，落实好减贫惠农与卫生健康项目

在非中资企业积极承担社会责任是中非高质量共建"一带一路"的重要措施，也直接关系到中国的国家品牌形象的建设。其一，中国的国有企业和大企业应该承担主要的社会公益支出，筑牢中企在非社会责任的底盘，未来需要探索更多支持本地社区发展的方式，为降低所在区域社会风险贡献力量。建立境外工业园区及其企业承担社会责任的机制。政府鼓励境外工业园区有序融入当地经济，承担社会责任，如在获取优惠融资时加以规定社会责任义务，当然政府在园区企业建立初期不应过高要求其承担社会责任，在企业发展期和成熟期设置不同的社会责任承担计划。其二，民营企业应在当地使领馆和商会、行业协会等组织机构下联合开展社会慈善事业合作。当前，在非洲的一些中小企业缺乏国家战略意识，承担社会责任的活动极少，极易对国家形象的塑造形成不良影响。对于在非洲的中小企业，需要建立中小企业联合体，外交部门探索符合非洲特点的中小企业社会责任监管体系，帮助企业认识到非洲社会责任的重要性。大力宣传中小企业社会责任优秀典型，通过多样化的联谊活动，展示在非洲企业社会责任担当。落实好在非洲中国企业社会责任联盟发起"百企千村"活动。

落实好减贫惠农工程和卫生健康工程也是深化树立国家品牌形象的重要抓手。一是积极落实《中非合作 2035 年愿景》规划的减贫惠农工程。有效贯彻中非发展减贫的理念，大力依靠农业技术和增加就业机会推动工程，减贫惠农工程的支持方需要多元化，发挥政府资源和企业资源相结合，有选择性地补充非洲国家所缺乏的社会福利制度，鼓励企业参与慈善事业。引导中国高校科研机构和企业协会在非洲建设中非农业与减贫示范家庭和社区，发挥模范引领作用，将中非间的减贫和发展合作落到实处。落实中国企业对接非洲农村的减贫计划，将减贫合作落实到民间社区。中非减贫领域的合作要尊重非洲国家在减贫和治理中的决定性作用，因地制宜地设计减贫方案和分享减贫模式，提高中国减贫经验在非洲的契合度，使中非发展减贫合作项目实现可持续性。二是积极落实《中非合作 2035 年愿景》的"九项工程"中的支持非洲卫生政策，帮助非洲完善传染病防控体系，为非洲降低艾滋病、结核病、疟疾等传染病感染率等方面提供直接的支持；帮助非洲实现药品、疫苗和防护装备等医疗物资的工业化生产，提升药品可及性和可负担性。

二、提升中非在国际安全治理领域的合作

未来3~5年中非共建"一带一路"面临政局动荡、分裂主义和恐怖主义等安全风险，为保障我方在海外利益，需要加强双方在反恐和维护地区稳定方面的合作。

其一，继续深化在联合国框架下的非洲维和行动。联合国维和是当今国际社会应对国际冲突与安全威胁最重要的方式。目前，中国是世界上向联合国派遣维和部队最多的10个国家之一，且中国80%的联合国维和部队驻扎在非洲，由此说明非洲的和平安全对中国所具有的重要性。中国需保持成为联合国领导的非洲维和行动的关键角色。在联合国维和计划改革的背景下，中国应该利用当前联合国维和转型的契机，积极推动中国方案与联合国维和方案的结合，提升联合国维和的公信力，增强中国在国际安全上的话语权。单纯地依靠军事行动无法解决非洲的恐怖主义和地区安全危机，中国可在非洲探索安全与发展的并行改革模式，推动非洲的维和行动变成可持续和平，即通过非洲经济发展来消除地区冲突的根源。中国应该发挥自身优势，加强与欧美国家在联合国框架下的反恐维和合作。

其二，协助非洲内部的维和努力。中国一贯相信非洲人有能力处理好自己的事务。继续在多边平台下反对北约国家过分干预非洲国家的人权和主权。非洲内部有能力做出维和努力的主体除了南非、尼日利亚等非洲大国外，还有非洲联盟和平与安全理事会，其下建立的非洲和平与安全架构（APSA）是非盟促进非洲和平、维护区域安全与政治稳定的重要机制，拥有基于人道主义原因对第三国进行军事干预的权力。它不仅促进了地区机制和非盟在促进非洲和平、安全与稳定方面的协调，还要求确保执行打击国际恐怖主义的关键公约。中欧在非洲应继续扩大三方安全合作，协助非洲内部的维和努力，确保中国和欧盟在外部干预时，促进而不是破坏非洲和平，如重点加强三方在海上安全和国际航道保护领域的合作。

其三，中国政府需要适时运用外交手段平衡不干涉内政原则与参与非洲内部事务的现实需求关系。非洲各国政局时有变动，大部分国家实行多党制，政党之间的轮换难以预测，随着非洲国家内部风险攀升，中国政府若不合理通过外交手段等主动参与非洲内部事务的发展，将可能对中国在非洲的企业和人员造成巨大损失。减少非洲的冲突，维护地区和平，不仅是非洲人民的目标，也是中国在非企业的切身利益之所在，中国政府需要平衡不干涉内政原则与参与非洲内部事务的现实需要，而对非援助作为一项重要的政策和外交工具在中非协调双方的利益需求方面发挥了重要作用。为保障我方在非投资利益，可对非洲政府持续使用软实力和经济激励并行的外交策略。

其四，合理扩大在非洲的军事部署。2017年之前，美国、法国、日本和意大利已经在吉布提建立了自己的武装部队基地。之后中国才抵达吉布提建立中国的后勤设施，为执行维和与人道主义任务的中国船只提供补给。未来3~5年是非洲政局动荡的高发期，扩大在非洲建立第二个基地将提高中国开展一系列行动的能力，包括在危机时期疏散中国公民，保护中国进入该地区关键海上交通枢纽的通道，保障中国的贸易和能源进口。

三、加强中国与非洲间的债务处理机制建设

在双重冲击背景下，任何一方都难以独立应对更加复杂的非洲债务问题，对此，需要债权方与债务国共同努力，防止非洲债务危机发生，确保债务的可持续性。

（一）从债权方视角帮助非洲国家减轻债务压力

债权方作为非洲国家贷款的重要来源，负有责任帮助非洲国家减少债务压力。

其一，在审慎管理下推动对非新增贷款，进一步防范陷入债务恶性循环。解决非洲债务问题，并不是要彻底限制对非融资，适度补充非洲国家债务资金缺口是一项重要选择，有助于实现债务可持续性。中方可积极深化以发展为中心的国际发展融资理念，联动IMF、WB 等国际金融机构，官方和商业债权人，积极响应非洲国家的融资请求，提高对其贷款能力。当然，新增贷款要注重优化贷款组合、建立完善的贷款评估体系，明确政府贷款、开发性贷款以及商业贷款不同的角色。同时，新增贷款做到贷前、贷后全流程风险控制，即做好贷前可行性分析，贷后审慎监管和持续跟踪，并强化贷款信用保险机制。

其二，对于存量贷款债务，应建立多元化债务处理机制。"重债穷国倡议"和"多边债务减免倡议"等传统的国际债务处理机制作为一种松散的、反应式、短期性的危机协调机制，主要是通过直接债务免除短期内改善非洲等低收入国家的债务可持续性指标，并未从根本上解决非洲国家的债务问题和可持续发展问题。所以，应当综合采取债务重组和债务减免等多种方式化解相关风险，真正建立起长期的、综合性的债务问题解决机制，避免出现债务风险传递和连锁违约的危机。债务重组主要是对出现支付困难的债务期限、支付方式和利息等进行重新安排，如利率优惠、展期、债务发展互换等；债务减免则以直接减少和免除发展中国家的债务负担为目的。目前，中方可积极推动四种方式的债务治理方式，即部分债务减免，继续履行推进 G20 暂缓最贫困国家债务偿付倡议，市场化的债务置换，适时推进债务发展互换。2020 年波士顿大学全球发展政策研究中心、伦敦大学亚非学院可持续金融中心和海因里希·伯尔基金会共同发布《面向绿色包容性复苏的债务减免》报告，提出通过"采取债务自然互换或债务气候互换机制"促进疫情后绿色复苏。中国还没有实施债务自然交换机制的经验，但它能够成为中国绿色发展承诺的重要工具。运用债务自然互换或债务气候互换机制，对债务国的部分未偿债务进行重组，以换取债务国政府以不同形式保护自然环境的承诺，推进债务国经济可持续发展。债务自然交换机制可用于有息贷款的重组，是债务国、债权国、环境保护信托基金（或联合国际非营利性环境保护组织组建）三方谈判达成的共赢方案，要求债务国长期持续地将应付利息以本币方式投资到国内的环保项目中（或支付给环境信托基金来使用），环境保护信托基金折价购买中国等债权人的未偿还债务，债务国偿还债务给第三方环保机构转化为环境保护方面的国内投资或者成为环境和气候相关的项目的资金来源。同样，可以在债务自然互换机制基础上衍生出其他债务互换机制如债务健康、教育等机制互换形式。另外，市场化的债务置换也是一种重要方式，即把原有国家间的债权债务关系转换至通过中间商进行商谈，债权打包卖给投资银行或其他金融机构。

除加强官方债务处理机制外，鉴于非洲商业性债务占比较大，还应敦促私人贷方参

与到有关缓债倡议和债务处理的共同框架中，以有效方案和务实行动缓解非洲的债务压力。如在 2022 年 10 月召开的 G20 财长和央行行长会议中，各方重申支持推动低收入国家经济复苏，肯定了落实转借特别提款权的进展，欢迎 IMF 韧性与可持续性长期信托投入资金运作，同时，各方重申将继续落实好关于债务处置的共同框架，强调私人债权人和其他官方债权人应以可比方式共同参与债务处置。

推进债务互换是存量债务问题长期的、综合性的解决机制。主要是债务与发展互换，即把债务转化为对非国际援助或其他发展性融资。2019 年 4 月我国财政部发布《"一带一路"债务可持续性分析框架》，此框架是在 LIC-DSF 基础上制定，适用于"一带一路"低收入国家进行债务可持续性评估。中国要在债务的可持续性和发展的可持续性之间寻求债务解决方案的平衡。中国要加强与 IMF、WB 等多边债权人的协调合作，利用多边框架进行债务处置；传统债务治理国和新兴债权国等双边债权人协调合作，除了尝试使用巴黎俱乐部的某些原则进行债务重组，积极探索以市场化的方式对到期贷款进行债券置换，鼓励符合条件的债务国把债务处置与其他可持续发展目标相结合，吸引公益机构、国际组织投资者等更多资本参与减债。

（二）建立具有中国特色的非洲主权债务数据库

考虑到美国等西方国家既有的债务报告体系难以接纳中国的债务原则，中国需要建立符合国际标准且具有中国特色的综合债务记录和管理系统，既可以规范债务信息的获取，也可以避免西方国家别有用心地收集数据对中国的债务陷阱等造谣。中国可以考虑建立非洲国家的主权债务数据库，再进一步整合各大洲的债务数据，通过系统性地公开主权债务数据，将有力地驳斥"债务陷阱论"。同时该数据库也搭建起中国与其他国家或国际组织全球债务治理对话交流合作平台。

（三）建立有约束力的主权债务风险监测评估管理机制

在搭建起具有中国特色的非洲主权债务数据库后，还需集智库高校和研究机构、"一带一路"相关部门、在非外资企业三方的力量，建立有约束力的主权债务风险事前监测评估、阶段性调整管理机制。事前监测机制主要是兼顾经济利益和政治利益，统筹政府债务和私人债务，可借鉴《"一带一路"债务可持续性分析框架》来制定对外投融资相关的指标评估和监测体系，动态评估债务国的债务风险，划定债务国的债务等级并提供指导性建议。阶段性债务风险调整管理机制是在综合评估基础上，继续对债务进行跟踪评估，融入约束与激励机制，对风险等级进行浮动式管理，从利率、期限等多方面制订针对性调整方案，促进债务国可持续融资，维护我国合法利益。

（四）从非洲视角提升自身的经济发展能力建设是解决债务问题的内在根本

"治本"的关键还在于非洲国家提升自身经济的可持续发展能力，国际社会要多为促进非洲自主可持续发展做些实事，提升非洲国家的能力建设。短期内，非洲各国应调整税收政策和公共支出，缓解外币偿债压力，保障用于可持续发展的财政资源，促进债务可持续。长期内，非洲各国应采取多元化的经济发展模式，增强经济抵御外部风险的能力，强化自身经济的"造血"能力。

四、加强全方位的第三方市场合作

第三方市场合作这一概念首次出现在 2015 年 6 月中法政府发布的《关于第三方市场合作的联合声明》中。此后,第三方市场合作在"一带一路"沿线国家有序推进并取得积极成果。第三方市场合作更加强调政府角色且具有明确的产业指向和地域目标,是政府意志和企业合作意愿有机结合的产物,是构建人类命运共同体、利益共同体和责任共同体发展目标下提出的"中国方案"和"中国智慧"。中国在非洲地区的第三方市场合作主要是与欧盟国家的合作,今后的工作重点应主要在以下几个方面开展。

(一) 完善沟通渠道与多元化对接平台机制,关注各方利益和诉求

其一,以高层对话为引领,强化中欧非三方在第三方市场合作领域的政策沟通与协调,增进彼此间政治互信;在尊重非洲国家发展意愿和需求的基础上寻得中欧在非开展第三方市场合作的最大公约数,避免产生恶性竞争。如可在中德可持续发展中心等现有三方倡议的基础上,建立中欧非三方可持续发展对话机制。其二,积极为中欧非三方企业搭建合作平台。包括建立三方工作委员会(工作组)专门处理合作事宜;联合搭建信息共享平台,对内可实现相互间的经营活动资源共享,对外可发布第三方市场合作情况,吸引更多国家和企业参与进来。其三,拓展多元化投融资途径,降低第三方市场合作的金融风险。

(二) 加强三方合作提升非洲地区的医疗卫生水平

中欧曾合作帮助非洲抗击埃博拉疫情奠定了良好的基础,同样中国和欧盟在应对新冠疫情中展现了国际团结,都以实际行动对非洲国家提供国际支持。疫情暴发以来,由中国资助建设了非盟非洲疾病控制和预防中心总部,欧盟和非盟启动了欧洲疾病预防控制中心(ECDC)和非洲疾病控制与预防中心(CDC)之间的新伙伴关系。未来中欧在"一带一路"框架下,可以在对非医疗卫生领域展开以下几个方面的合作:①中欧联合培养非洲当地医护人员,共同举办对公共卫生、医疗器械使用的培训;②中国援非医疗队与欧盟驻非医疗专家之间加强交流研讨;③邀请欧洲国家的卫生部官员、学者和企业员工等参加中非卫生国际合作研讨会,分享欧洲在非洲地区提供医疗服务的经验教训;④促进在非洲的中欧医疗企业合作交流,探讨在非洲本土生产医药产品的可能性;⑤加强与联合国机构、盖茨基金、全球疫苗免疫联盟等国际非政府组织的协调;⑥中欧联合建立非洲区域性药品监测中心,由欧盟权威医疗机构出具针对中国输非医疗产品的监测或验证报告。在新冠疫情下,中国、非洲和欧洲之间的合作可以最有效地确保非洲获得新冠疫苗。中国和欧盟承诺将新冠病毒疫苗作为全球公共产品,在国际上共同应对新冠病毒,并确保地缘政治竞争不会影响非洲疫苗的普及;知识产权可能会破坏发展中国家得到药品的机会,中国和欧盟应支持暂时放弃《与贸易有关的知识产权协定》(TRIPS)部分规则的建议,使非洲国家能够获得预防、抑制或治疗新冠至关重要的疫苗、药品和医疗技术。

(三) 中欧加强三方市场合作提升非洲地区的农业发展水平

中国和欧盟一直以来为非洲提供了大量的资金和技术,还派遣了技术人员来帮助非

洲加快农业发展。中欧可以利用资金优势组建中欧非农业发展基金，以改善非洲国家的农业基础设施；中欧联合培训非洲专业的农业技术人员；邀请欧洲国家加入中非农业合作论坛；中欧共同建立农业技术应用示范区，推进非洲农业技术研究，提高农业生产能力，增强粮食安全，延伸农业产业链；中欧在多哈回合、联合国粮农组织和联合国可持续发展议程等多边机制中协调合作，为非洲农业发展创造有利的外部环境。

（四）中欧加强在非产能三方市场合作促进非洲的工业化进程

其一，召开中欧非的行业峰会和论坛，邀请欧盟商会参与中非的工商业论坛，为三方企业提供有价值的信息，创造项目对接机会；其二，发挥中国驻非使馆经济商务参赞处和欧盟驻非各国代表团及欧盟商会的作用，为中欧企业家和官员创造沟通交流的机会；其三，邀请欧洲企业入驻中国在非洲建立的工业园区，促进中欧企业在非洲联合竞标，共同开发非洲市场，发挥中欧各自的优势，在产业链不同环节展开合作；其四，为产能合作提供多种资金途径的支持，如中国应带头发挥亚投行的功能，欧盟应加强欧洲投资银行在非洲的作用，促进欧洲投资银行、亚投行、非洲开发银行之间的三方合作，支持对非洲长期经济复苏的投资；其五，中国应与欧盟合作，缓解非洲和世界其他地区之间的数字鸿沟，援助非洲数字基础设施建设，包括数据库、数据中心、云链接等设施建设，帮助非洲制订自己的智慧发展计划，支持数字解决方案应对当前的发展挑战。

五、扎牢中非共建"一带一路"的风险防控网络

习近平主席在2021年"一带一路"建设座谈会上提道：要落实风险防控制度，压紧压实企业主体责任和主管部门管理责任；要探索建立境外项目风险的全天候预警评估综合服务平台，及时预警、定期评估。扎牢中非共建"一带一路"的风险防控网络具有极强的现实意义。

（一）完善和重构海外投资担保机制

完善的海外投资保险机制是应对海外投资非商业性风险（如政府征收、政府违约、资产转移限制、战争内乱），维护海外投资利益的重要方式。虽然我国早在2001年便成立了中国出口信用保险公司（以下简称中信保），但相较于美国的海外私人投资公司（OPIC）以及世界银行的多边投资担保机构（MIG）等国际知名的海外投资担保机构，中信保提供的海外投资保险业务仍存在透明度低、可预期性差、效率低下和投保成本高等诸多问题，其主要原因在于我国海外投资保险立法的缺失。对此，我国应加快制定《企业海外投资保险法》，重构海外投资保险制度，为中国在非投资的安全与回报提供切实有效的制度保障。

（二）有序启动更新双边投资保护协定的谈判

截至2021年7月，中国已与33个非洲国家签署了双边投资保护协定。鉴于国际投资领域出现的新法律问题越来越多，更新中国与非洲各国的双边投资保护协定势在必行。同时，中国政府可在非洲次区域性组织层面统筹双边投资保护协定的集体更新，建议与

非洲联盟、南部非洲共同体、东南非共同体等区域组织就双边投资保护机制进行区域性贸易投资双边协议的签订。

（三）完善"一带一路"国际商事争议解决的法律机制

中国最高人民法院设立国际商事法庭，健全了国际商事争端解决机制机构，但仍存在不足。中国需要继续推广仲裁领域有关国际条约适用，着力搭建新型合作平台，牵头建立《"一带一路"仲裁机构北京联合宣言合作机制》，为推动国际仲裁治理体系建设不断贡献智慧与力量。中国的最高人民法院和司法部等相关机构应建设更加高效的仲裁司法审查制度，形成更加统一的仲裁司法审查标准，打造更加友好的国际仲裁法治环境，推进仲裁制度的完善和国际公信力的提升。

（四）强化中非网络安全治理沟通，营造公平正义的合作环境

非洲互联网产业发展起步晚、普及快，与之相伴随的是网络犯罪猖獗、相关法律制度及执法能力滞后，地区和国家层面都缺乏完整、协调一致的法律框架，公众和企业网络安全意识相对薄弱，数字经济发展安全问题较为突出。对此，一方面，中非双方应强化治理对接，完善网络空间对话与协商机制，共同构建网络空间命运共同体。另一方面，中国应向非洲国家积极宣介互联网治理理念和实践，帮助非洲国家推进知识产权、个人隐私保护、跨境数据流动等信息安全领域的法规与政策机制工作。加强中非国际执法上的多边协作，构建大数据安全规则框架。

六、加强中非环境、气候治理合作建设

当前，非洲地区国家气候和生态环境脆弱，面临生物多样性危机、水资源匮乏和水污染、大气污染、土地退化以及极端气候变化等严峻挑战，甚至由此加剧地区国家冲突和社会动荡风险。加强中非环境、气候治理合作，推动绿色发展合作，有利于提高非洲地区国家抗风险能力以及发展韧性，是构建新型国际关系和人类命运共同体的有力支撑。

（一）加强中非环境治理合作

其一，完善中非环境合作机制平台。中非环境合作应充分利用好中非合作论坛和"一带一路"倡议的平台优势，并积极创新环境合作机制。2020年11月正式启动中非环境合作中心，这是目前中非环境合作的主要平台，现已在生物多样性保护以及生态环境监测技术等领域开展了多项务实合作。下一步继续完善中非环境合作中心机制化建设，在对非人力资源培训、环保政策法规对话与交流、环保技术交流等方面形成常态化，为中非绿色发展领域合作提供有力的知识保障。特别是重点完善中非环境人才的互动交流机制，为非洲孵化环保人才；加强中非环境法规与标准合作交流机制，要推动中非生态环保法律法规、技术标准合作。

为了提升非洲环境治理创新能力，中非还应共同建设生态环境治理中心和研究基地，培育非洲科技"造血"机制。进一步支持和推动民间环保合作交流活动，提高非洲公众对于环境保护的参与度，引导中国环保组织在非洲开展活动。

其二，强化在非企业环保标准、推进示范项目建设，加强环保产业技术标准务实合作。必须提升"走出去"企业履行社会环境责任，项目开发要配套环保技术与增强环境服务合作的意识，特别是为大型基础设施项目配套环保设备、环境治理服务。推进在非洲实施环保治理试点示范，利用援外资金，撬动社会资本，在环境与民生重点领域开展环境治理示范项目，树立中国绿色技术与产业的品牌效应，为中非合作走绿色发展道路提供动力。

（二）加强中非气候治理合作

其一，加强中非政策沟通，完善顶层设计。中国已经和多个非洲国家签订了应对气候变化的合作协议，未来中非双方应加强战略协作，设立气候合作委员会，增加气候治理经验交流，解决在气候谈判中对于减排责任、资金援助等问题上存在的分歧，确保中非在应对气候变化问题上达成共识、在国际气候谈判中保持立场一致，共同推动国际气候谈判取得突破性进展，以提升中非在国际政治中的影响力，同时为双方争取更多发展权益。根据气候变化需要，制订中非气候合作目标和分阶段的战略合作规划。在短期内，主要是解决经济快速复苏，推动"绿色复苏"为目标，经济复苏的同时促进绿色低碳转型，以绿色投资推动经济增长。从中期来看，要以中国2030年碳达峰为目标，注重发展前景广阔的低碳技术项目的合作。通过高层交往和官员交流，同非方分享中国应对气候变化体制机制改革的成功经验，帮助非洲建立和完善应对气候变化机制，帮助非洲国家设立专门管理机构，实现其气候治理目标。

其二，加强与国际开发性金融机构在气候领域合作。利用好中非发展基金、丝路基金、金砖国家开发银行、亚投行等区域平台，加强与非洲开发银行等非洲区域性金融机构在气候领域的投融资合作，对气候相关信息进行披露和交换，提升气候风险管理能力。加强与世界银行、亚洲开发银行、联合国开发计划署等国际机构在气候领域的合作，逐步扩大社会基金参与，引导在现有国际合作平台上对非洲经济体的绿色发展支持。

其三，提升非洲国家气候治理能力。一是帮助非洲国家完善应对气候变化的预警系统和灾害应急管理体系。如中国加强对非洲气候监测预警体系的援助，帮助非洲进行气候变化风险监测和评估，为非洲国家气候治理实践提供精准指导；完善防灾减灾救灾多层次合作对话机制，与非洲联合开展气象、遥感应用设施等有针对性的技术培训，提高非洲国家气象防灾减灾和干旱风险评估能力。二是中国在低碳技术方面取得较大突破，包括氢能、碳捕获利用和储存、能源储存、新能源汽车和智能电网等领域，应加强在非洲推广新型清洁能源项目和技术应用，提升非洲国家能源利用效率。三是与非洲国家定期开展气候人才的学术互访，中非联合进行气候研究，为气候领域课题提供科研经费支持，支持非洲应对气候变化人才队伍的建设，助力非洲提升气候治理能力。

其四，在未来的中非气候合作中，应扩大企业投资，加快技术转让，充分发挥非洲政府组织的作用，使社会各主体都积极参与，逐步形成政府引导、企业主导、公众积极参与的气候治理模式。

第三部分　专题篇

第八章　共建"一带一路"面临合规管理风险与应对

第一节　引言

国家领导人多次强调企业合规经营的重要性，鼓励企业将合规管理作为企业海外经营发展的落脚点，以规避海外经营风险，提升境外投资收益水平。2019年4月习近平主席在第二届"一带一路"国际合作高峰论坛上提道："引入各方普遍支持的规则标准，推动企业在项目建设、运营、采购、招投标等环节按照普遍接受的国际规则标准进行，同时要尊重各国法律法规。"2021年3月通过的关于国民经济和社会发展第十四个五年规划和2035年远景目标纲要，全文若干处涉及企业合规管理，尤其突出了民营企业合规经营的重要性。2021年5月李克强总理在政府工作报告中提道，高质量共建"一带一路"需要"强化法律服务保障，有序推动重大项目合作"，需要"遵循市场原则和国际通行规则"。2021年11月习近平总书记在第三次"一带一路"建设座谈会中强调："我国海外企业和公民自觉遵守当地法律，遵守当地风俗习惯。加快形成系统完备的反腐败涉外法律法规体系，加大跨境腐败治理力度。"由此可见，为有效控制海外经营风险，我国企业需重视涉及领域的国际通行规则、东道国法律法规及各项规范，提升企业内部合规管理水平，从而推动"一带一路"高质量建设。

根据国际标准化组织（ISO）37301文件，合规通常指"履行组织的全部合规义务"，包括合规要求和合规承诺。具体表现为法律法规、制度规则以及道德规范。企业要遵守国内和东道国法律法规及监管规定，要遵守业务领域的国际通行规则和非国际通行规则。在此基础上，企业应遵守职业操守道德规范，了解当地文化习俗，承担社会责任。需要注意的是，合规并非全盘接受所涉及的全部规则，特别是针对与国家主权安全及发展利益相抵触的规则，应做到规避甚至抵制。合规管理是企业为履行以上的合规要求和承诺而进行日常可控且全面的管理活动，合规管理的目的是帮助企业规避合规风险。

企业在多种境外商业活动中都有可能引发合规风险，并且一般是多种合规风险掺杂出现，合规风险是我国企业对外投资经营面临的较为严峻且不熟悉的风险。对外贸易、境外投资、对外承包工程及境外日常经营中的各个环节都可能会引发合规风险，合规要求涉及业务的方方面面。如在境外日常经营中，企业需要履行劳工权利保护、环境保护、数据和隐私保护、知识产权保护、反腐败等多方面合规义务。

综上所述，本书界定，当企业对外投资过程中能够遵循东道国法律法规和文化风俗习惯、履行国际通行规则及相关社会责任要求时即达到"合规"要求。故合规风险的内涵为，在境外经营活动中，企业自身及其在商业活动中的合作伙伴（包括代理、联营体、分包商、非政府组织和媒体等）因违反东道国的法律法规、国际条约公约、行业协会自律性守则、社会责任（如人权、环保）等受到法律制裁、监管处罚、重大财务损失和声誉损失的风险。另外，还包括企业未能有效规避和抵制一些与国家主权安全及发展利益相抵触的规则而引发的风险。

本书将主要从政治违约、劳工权益问题、环境污染、知识产权侵权、项目腐败及数字规制风险等角度，以我国同"一带一路"欧亚非各国的合作项目案例作为支撑，识别合规风险的类型、分析引发风险的原因。再据此提出可操作性强的路径建议，以提升我国企业投资"一带一路"的合规风险管控能力。

第二节 合规管理的发展进程与趋势

"合规"这一专业词语最早在金融行业里普遍适用。20 世纪 90 年代，随着金融行业的快速发展，频发的金融风险案例暴露出国际金融机构自身存在的合规风险管控问题。基于此，巴塞尔委员会最早提出了"合规"理念。巴塞尔委员会在 2005 年 4 月颁布的《合规与银行内部合规部门》详细界定了合规的内涵。随着美国对海外贿赂查处力度的不断加强，利用《反海外腐败法》对一些大型跨国公司违规行为采取执法行动，合规的概念也开始被其他行业广泛应用。

一、欧美国家及国际组织合规管理发展进程

合规管理一般认为起源于 1977 年的美国《反海外腐败法》，主要是对企业反腐败行为的合规管理要求。受美国影响，企业的反腐败合规管理也引起其他欧美国家及联合国、经济合作与发展组织（OECD）等国际组织的广泛重视。1997 年 OECD 正式签署《反贿赂公约》。2005 年，联合国通过了《反腐败公约》，将贿赂外国公职人员及国际公共组织官员等行为定为犯罪行为。同年 4 月，巴塞尔银行监管委员会发布的《合规与银行内部合规部门》为金融企业合规管理确立了一般性的原则。英国 2010 年出台《反贿赂法》，规定了比美国《反海外腐败法》更为严格的条款。同年，世界银行发布了《廉政合规指南》，并与其他几家多边开发银行签署了《共同实施制裁决议的协议》。2011年，OECD 又推出了《跨国公司指南》，要求跨国公司强化供应链合规管理。2014 年 2 月发布第一份《欧盟反腐败报告》，旨在收集各成员国在反腐败领域的对比数据，为欧盟制定未来的政策和举措奠定基础。2015 年欧盟委员会启动"反腐败经验分享计划"，以促进欧盟各成员国之间交流反腐败斗争的实践经验，鼓励各国更好地执行反腐败法律和政策、遵守国际承诺。

随着国际间投资交流越发频繁，跨国企业不断发展，对企业的合规要求也不再局限于反腐败领域，逐渐扩展至出口管制、劳工权益、知识产权、环境保护、数字跨境流动等多个方面。主要是从企业合规管理评估的角度，更加全面、综合、严格要求企业进行合规管理。1991 年美国量刑委员会在 1987 年《联邦量刑指南》的基础上增加的《机构量刑指南》成为美国全面合规体系有效性评估制度的"里程碑"。之后美国《萨班斯法案》（2002）、《反海外腐败信息指引》（2012）、《海外资产控制办公室合规承诺框架》

(2019)、《司法部反垄断局公司合规体系有效性评估》（2019）、《公司合规体系评估指南》（2020）、《工业和安全局出口管制合规管理指南》（2021）等制度丰富和发展了美国全面合规体系的有效性评估标准的内容。其他国家和国际组织也对全面合规体系的有效性评估的标准进行了积极的探索。英国的《反贿赂法案指南》（2010）、世界银行《廉政合规指南》（2010）等制度对全面合规体系有效性评估的标准进行了有效的充实。2010年11月，OECD发布了《跨国企业准则》，细化了跨国企业在经营过程中关于人权、劳工、环境、打击腐败等问题的标准，要求政府督促企业遵循。2013年国际商会发布了《国际商会道德与合规培训手册》，全方面地对企业合规实践提出指引。2014年，国际标准化组织发布了《ISO19600：合规管理体系指南》，以国际法律文件的形式确立了有效合规的基本标准，该标准为各类企业内部建立、开发、实施、评估、维护和改进合规管理体系提供指导性建议。

二、中国合规管理发展进程

我国国内最早也在是金融领域引入"合规"这一理念。2006年银监会发布《商业银行合规风险管理指引》，为商业银行合规风险管理做出指引。2014年，国务院国有资产监督管理委员会曾在"中央企业法制工作新五年规划"中明确提出大力加强企业合规管理体系建设。2015年国资委印发了《关于全面推进法治央企建设的意见》，明确要求央企参与"一带一路"建设需要依法合规经营，加快提升合规管理能力，并选定中石油、中移动等5家央企逐步试点合规管理体系建设。但这阶段的央企的合规管理工作仍处于小范围试点，并未全面推开。

2017年习近平主席在"一带一路"国际合作高峰论坛上强调，"要加强国际反腐合作，让'一带一路'成为廉洁之路"。2017年5月中央全面深化改革领导小组第三十五次会议通过《关于规范企业海外经营行为的若干意见》，要求加强企业海外经营行为合规制度建设。2017年12月，国家质量监督检验检疫总局、国家标准化管理委员会发布了《合规管理体系指南》（GB/T 35770—2017）。随着2018年中兴事件发酵引发关注，更加深刻认识到企业合规管理的重要性。2018年11月2日，国资委印发《中央企业合规管理指引（试行）》，对央企合规管理提出全面、系统的要求和指引，我国央企合规管理工作全面推开。2018年也被称为国有企业的合规元年，自此各类企业开始积极主动探索合规管理体系建设和合规风险应对。同年12月，国家发展改革委、外交部等七部委联合印发《企业境外经营合规管理指引》，强调合规是企业"走出去"行稳致远的前提，合规管理能力是企业国际竞争力的重要方面。2019年1月9日，中国银保监会发布《关于加强中资商业银行境外机构合规管理长效机制建设的指导意见》，强调了在境外设有经营性机构的中资商业银行在跨境合规方面的重要性。2020年10月发布的《中华人民共和国出口管制法》把"合规"写入之后，2021年8月发布的《个人信息保护法》也把"合规"写入其中。2021年11月国家市场监督管理总局发布《企业境外反垄断合规指引》为企业境外反垄断合规提供一般性指引。2019年至2021年国家领导人也多次强调我国企业对"一带一路""规则"的重视和适应性。

然而我国参与"一带一路"企业依旧面临严峻合规风险。2019年9月中国有1000

家企业被列入世界银行的"黑名单"且占比达到一半的比例。虽然目前状况有所改善，但是仍然有200多家中国企业在"黑名单"中。据调查，2020年中国民营企业500强中，对东道国政策、投资环境、市场信息了解不够的企业有210家；缺乏境外自我保护和维权能力、产品或服务缺乏竞争力的企业数量分别为76家和14家，民营企业在境外自我保护和维权等方面仍然有待提升。截至2021年12月7日，共有262名中国实体和个人被列入美国财政部OFAC的SDN名单，被切断与美国金融系统的联系。在涉军企业名单方面，从2020年6月12日起，美国国防部分五批将44家中国企业列入了军方企业名单，禁止任何美国主体与名单上的企业公开交易证券、任何衍生证券或进行旨在为此类证券提供融资的交易。作为全球贸易出口大国，中国企业和个人已成为包括美国在内的多个国家公开报道的腐败调查和指控对象，极大地降低了中国企业在海外进行全球贸易的商业信誉。因此推进中国企业合规管理、降低合规风险十分重要。

三、合规管理趋势

（一）国际组织不断完善和强化企业合规管理要求

随着企业全球化发展合规风险不断凸显，国际组织不断完善和强化企业各方面的合规管理的要求，特别是企业在劳工、环境等方面的社会责任。如OECD于1976年出台了《跨国公司行为准则》，经2000年和2010年多次修订，不断加强了对企业履行社会责任方面的重视。联合国在2000年建立联合国全球契约组织，截至2022年11月，已有来自179个国家20769个企业和其他利益相关方会员，其中有576家中国企业。联合国全球契约组织在2004年修订后形成了"全球契约十项原则"，这十项原则来自《世界人权宣言》（1948）、国际劳工组织的《关于工作中的基本原则和权利宣言》（1998）、关于环境和发展的《里约宣言》（1992）以及《联合国反腐败公约》（2003），涵盖劳工标准、环境、人权、反腐败四方面内容，该原则被公认是跨国公司应遵守的重要国际通行规则。

（二）合规动机从外部压力转为内生需求

企业合规管理动机从应对查处违规案件的外部压力，逐步转为自主建立合规管理体系的内生需求。2006年受到监察机关调查的西门子贿赂案是全球企业强化合规里程碑事件，该事件源于西门子公司向外国政府官员进行了广泛而系统的行贿以获取业务，并创下罚款16亿美元最高纪录。在该事件发生后，西门子对管理团队做出大幅度调整，专门组建合规管理团队，持续监管合规方面的改进情况。2018年中兴因违反美国出口管制法被罚，之后也进行全面整改、加强企业内部合规管理体系的建设。该事件的发生给国内企业起到警示作用，许多企业开始主动关注国际国内合规管理要求，积极主动建立企业内部合规管理体系。如吉利公司，在收购沃尔沃后重点关注企业合规文化管理。2014年逐步完成合规体系建设，运行3年后，2017年收购美国飞行汽车公司。美国军方对吉利进行安全审核，最终认定吉利符合合规要求，收购行为不会影响美国国家安全。2018年吉利收购德国戴姆勒公司，德国总理默克尔表示吉利入股戴姆勒没有任何违规行为。经过多年的努力，目前吉利公司合规体系较为完善和先进。

（三）从反腐败等专项合规到全面合规

合规管理范围不断延伸，合规管理内容从反腐败到逐步涉及更多方面，包括出口管制、贸易制裁、知识产权反侵权、反腐败反垄断、人权规则、数字保护规则等。因为企业的海外投资行为并非面临一种单一风险，一项投资活动往往涉及多项合规风险。如近年美欧不断完善供应链中针对强迫劳动产品的相关立法，涉及强迫劳动产品的出口风险进一步提升，企业同时面临用工风险和出口管制风险。而在涉及强迫劳动产品的溯源过程中，中国企业需要向境外披露相关数据，这在我国出境数据新规下又会引发数据跨境合规风险。因此，企业在进行海外投资时，需要加强前期部署和整体统筹工作，充分对一系列合规问题进行预先评估和判断。

（四）从对微观企业的合规要求延伸至国家间的合规博弈

2018年中美贸易摩擦以来，美国加大了对中国企业合规监管力度。国际经贸活动合规博弈范围扩大、力度加强，中国企业合规管理已经从微观企业的合规要求延伸至国家间的合规博弈，我国企业面临新的合规挑战。在合规博弈方面，一方面，国内重视和强化企业国际投资合规要求，国家领导人多次强调要求"企业遵循市场原则和国际通行规则"，"推动规则、规制、管理、标准等制度性开放"，"加快国内制度规则与国际接轨"。另一方面，我国也在也加大反制力度，出台了如《不可靠实体清单规定》（2020）、《阻断外国法律与措施不当域外适用办法》（2020）、《中华人民共和国反外国制裁法》（2021）等制度措施。但这些阻断规则会导致在海外运营的跨国公司越来越有可能在美国制裁和中国反制措施之间陷入困境，企业面临的合规管理环境更加复杂。

（五）国际政治经济环境变化对合规管理提出更高要求

自2018年以来，全球经贸秩序经历多种风险挑战，从特朗普发起贸易摩擦，到新冠疫情影响供应链中断，再到俄乌冲突后的美欧经济制裁和出口管制等。对于波动的外部环境，很多国家在经济和监管治理方面会更倾向于采取因国而异的措施以保证本国利益。在此背景下，企业境外投资的不确定性加大，因此需要提升合规风险识别和预警能力，增强合规管理弹性。另外，欧美在技术、道德、环境方面不断对中国施压。美国专门针对中国的法案趋多，其中代表性的法案如2021年通过的《美国创新与竞争法》，该法案集合了《无尽前沿法案》《战略竞争法案》《应对中国挑战法案》等，进一步强化在科技领域、产业政策、贸易和外交政策等方面与中国竞争的目标。美国更是在其主流媒体中普遍使用"强迫劳动""侵犯人权"批评中国。呼吁开展跨部门合作，禁止中国涉案产品进入当地市场。美国特朗普政府2020年推出的"清洁网络"计划，主要为实现争夺5G全球主导权、全面遏华、维护美国网络霸权三大目标，呼吁全球限制华为参与5G建设。2021年3月欧盟就通过了一项以"强迫劳动"为借口而采取限制性措施的决议，这是欧盟首次对中国实施制裁，此后欧盟通过不断严格的"技术规则"提高中国企业进入的门槛。另外，美欧加强对华政策协调。2021年6月，美欧贸易与技术委员会（TTC）成立，双方在出口控制、外资审查、供应链安全、技术标准和全球贸易挑战这五个领域加强美欧协调与合作。在此趋势下，我国企业需要加强各方面合规应对，重点关注投资区域的合规法案，及时调整在当地市场的投资战略布局。

综上所述，国内外都在加强企业境外经营合规管理的要求，且不仅局限于法律法规等硬要求，还有涉及人权、社会责任等软要求。在当前国际政治、经济格局不稳定、欧美进一步对华牵制的背景下，我国企业面临的对外投资环境的不确定性也在增加，企业面临的合规风险也更加复杂，这对我国企业境外合规管理提出更高要求。

第三节　共建"一带一路"面临合规管理风险的识别与传导

对于企业而言，合规管理最重要的一步就是识别项目业务领域的合规风险，这是能够有效预防和应对合规风险的基础。通过现实案例和数据研究，本章主要选取政治因素、劳工权益保障、知识产权保护、项目欺诈和腐败、环境规制以及数字规制六个方面，识别中国企业投资"一带一路"过程中面临的主要合规风险类别以及诱发风险的主要原因，为企业有效应对不同类别合规风险奠定基础。

一、政治因素引发违约风险

政治风险指东道国因政治因素变化引发该国政治、社会、政策和法律改变，从而对投资企业的利润或其他目标产生影响的潜在风险。"一带一路"沿线国家的政治风险是最大的潜在风险。达信 Marsh 发布的《2021 年政治风险地图》显示，2021 年随着各国纷纷采取行动以应对环境的急剧变化，其面临的政治挑战将进一步加剧。非洲、亚洲（除中国）等地区的政治风险仍较高。墨西哥、越南、埃及的合约废止风险急剧上升，土耳其的货币和主权信用风险进一步加剧，科特迪瓦的恐怖主义也在加剧。中国出口信用保险公司发布的2021 年《国家风险分析报告》预计，2022 年全球政治风险水平很难快速回落，局部冲突可能加剧。可见政治因素引发违约风险问题仍然严峻。引发政治风险的因素往往比较复杂，主要包括东道国政局环境不稳定、政策不确定、第三国干预或多种因素综合引发。

（一）东道国内部政局环境不稳定引发违约风险

其一，由于东道国内部政局动荡、政府更迭等不稳定因素，易产生内部动乱、暴力和战争等导致政府违约风险急剧上升的事件。如埃及、埃塞俄比亚、巴基斯坦、菲律宾、柬埔寨、肯尼亚、蒙古国、孟加拉国、缅甸、斯里兰卡等国家内部政局不稳定，国家现行民主体制较为脆弱，加之宗教矛盾导致社会矛盾较突出。在中东地区及非洲部分拥有丰富石油、矿产等资源的地区，争夺自然资源的控制权会增加冲突、暴力和战争发生的风险；一些区域由于种族和宗教暴力、领土争端等带来的破坏稳定的溢出效应使地区的安全局势不容乐观。随着越来越多"一带一路"项目在这些地区展开，中国公民和企业的安全、资产等利益将面临更大的风险。在非洲地区，疫情以来，部分非洲国家武装冲突频发和军事政变卷土重来，无论是政变上台的新政府还是换届选举造成的社会混乱，以及军阀武装割据冲突，使原有的贸易投资项目被迫延期，部分国家的新政府上台单方面终止合同或严格审查，严重的社会秩序动荡极大破坏企业活动，尤其是一旦发生战争，企业的损失无法得到补偿。疫情之前非洲多个国家都曾出现过此类事件，如 2008

年尼日利亚新当选的政府单方面宣布终止前政府与中方签署的铁路建设合同，导致之前的所有中国投资项目合同面临失效风险；2011年北非地区政局出现动荡，因利比亚、尼日尔、阿尔及利亚的新政府终止项目，给长城钻探工程公司造成了高达12亿元的经济损失。2011年利比亚内战爆发，导致中国在利比亚承揽的约50个大型项目受牵连，大量项目出现违约情况，涉及合同金额达到188亿美元，所受损失无法挽回，其中宁波世纪华丰控股有限公司在利比亚一项价值33.54亿元人民币的住宅项目因战乱被迫全部中止。此次内战后，我国企业逐渐加强了合规风险的规避，重视海外保险投保工作。疫情以来，类似事件同样发生，如西非马里在2020年8月至2021年2月的短短半年多的时间里经历了两次军事政变，造成了严重的社会秩序动荡，严重破坏企业活动，不少项目被迫延期。在亚洲地区，如2014年泰国反独裁阵线联盟与泰国政府军发生了严重冲突，使长城汽车在泰国的投资被无限期推迟，至今依然没有进展。哈萨克斯坦在2022年新年伊始也爆发了反政府的抗议，随后迅速转变为暴力活动，其内部政局的动乱也极大地增加了我国投资项目的不稳定性和不确定性。2022年12月蒙古国首都爆发了针对煤炭贸易腐败的大规模骚乱抗议活动，我国在蒙古国的投资面临较大的政治风险挑战。

其二，东道国政策波动性大和政策连续性差增加了违约风险。欧洲国家由于长期经济低迷、民粹主义盛行和极右翼政治力量抬头，部分国家政策不确定风险有所抬升。在欧洲地区，如2015年1月希腊新政府就职，当天即叫停了该国最大港口比雷埃夫斯港口的私有化计划，并表示将不会给中远集团出售比雷埃夫斯港的多数股份，将根据希腊人民的利益重新考虑港口的私有化方案，导致中远集团投资比雷埃夫斯港的计划被搁浅，直至2016年中远集团收购比雷埃夫斯港港务局多数股权后，新成立的中远海运比雷埃夫斯港口有限公司才接手港务局开始经营。罗马尼亚也曾因政局变动导致项目持续流产。一是中罗能源领域重大合作项目——罗马尼亚切尔纳沃达核电站项目，因罗马尼亚政局变动频繁，导致该项目不断被搁置，到2020年1月新政府总理卢德维克·奥尔班放弃该项目与中广核的合作。二是中罗的交通基础设施合作项目，因罗社民党政府下台，国家自由党政府上台后宣布终止该项目。2022年意大利兄弟党领袖梅洛尼当选意总理，在对待"一带一路"项目政策上反复无常。但欧洲国家政府总体信用高、政策执行力强，从而减少政策实际执行的折扣，这方面的合规风险相比欠发达国家较小。而在东亚和非洲国家政治和法律变动相对较大。受国际环境的影响，一些非洲国家在经贸领域的保护主义有所抬头。另外，部分国家疑华、惧华、排华心态严重导致投资项目面临的政策环境不稳定，如蒙古国、印度尼西亚、哈萨克斯坦、菲律宾等多次调整产业政策，尼日利亚、澳大利亚、阿根廷等频繁调整财税条款。

（二）第三方势力干预引发违约风险

近年来，"一带一路"建设被第三方势力干预的态势逐步增加，国际舆论直接或间接涉及"一带一路"建设时，各种负面观点、悲观情绪和唱衰声音明显增多。特别是非洲、东南亚及中东欧地区都不同程度受到中美、中欧关系的牵制和影响。

美欧不断强化干预中国与其他国家的合作，试图从国家安全、意识形态等各个方面"孤立"中国，抑制中国发展态度明显。2016年欧盟宣布不承认中国在WTO的完全市场经济地位，2017年欧盟对中国开展投资安全审查行动并最终在2020年实施，2018年美墨加三方协议（USMCA）引入了对"非市场经济体"进行限制的歧视性条款，而美国还以信息和经济安全为由极力拉拢欧洲国家排斥华为参与"5G"建设。2019年2月美国国务卿蓬佩奥访问中东欧等国，抹黑俄罗斯和中国对西方构成安全威胁，强调促进民主、法治和人权的重要性。受相关因素影响，波罗的海国家以及部分中东欧国家均在政策文件中将中国视为"安全威胁"，排斥中国企业参与通信和基建项目。更严重的是，2022年6月美国操控国际货币基金组织直接要求巴基斯坦停止参与中国的"一带一路"倡议，否则不会为其提供贷款。自2015年乌克兰马达西奇公司与中国航空公司北京天骄合作以来，美国政府始终干预中方进行收购事项。由于美国政府的压力，乌克兰临时变卦，并发布了对Skyrizon的制裁，2017年冻结Skyrizon已收购的股权，在2022年俄乌冲突期间乌克兰政府将马达西奇公司收为国家所有，中方股权利益面临巨大的风险。受欧美势力的干预，立陶宛新任总统塔纳斯·瑙塞达于2019年7月上任不久后也立即叫停与我国企业合作建设的克莱佩达港项目，理由是中企资金进入立陶宛会恶化与西方之间的关系，从而限制本国发展。例如受美西方国家干预，中缅铁路合作项目一波三折。2011年中国铁路工程总公司与缅甸铁道运输部签署中缅铁路项目的谅解备忘录并计划于2014年动工，然而受美西方国家阻挠，2014年缅甸单方面取消合同，直到2018年双方才得以签署中缅铁路木姐–曼德勒段铁路的可行性研究备忘录。

除美欧之外，印度对东南亚国家的干预也不容忽视。中印之间围绕互联互通开展的竞争也导致一些在斯里兰卡、孟加拉国的"一带一路"建设项目被取消。2016年2月，孟加拉国在印度的压力下，拒绝了中国提出的建设吉大港和索纳迪亚港的建议。不仅如此，中国企业在斯里兰卡建设港口、发电站，中国政府在马尔代夫开设大使馆，中资企业在尼泊尔建设发电站等，这些都曾引起印度的不满。2021年8月，印度媒体和俾路支省的一些政党在幕后煽动下，巴基斯坦西南部俾路支省瓜达尔举行了静坐抗议活动，反对所谓的中国在瓜达尔不断上升的经济影响力。

二、劳工权益保障引发用工风险

中国企业投资"一带一路"可雇用的劳动者包括外派人员及雇用当地员工。本部分主要研究企业雇用当地员工时引发的风险问题。劳工权益保障主要体现在对劳动者、劳务合同及劳工组织的保护上。若忽视东道国劳工立法规定及工会力量可能会导致罢工、人员伤亡等严重事件的发生，从而引发项目受阻、企业面临高额经济补偿、中国企业信誉受损等风险。中国企业投资"一带一路"时往往因为忽视工会组织、随意解雇员工、争议解决方式不当等问题而引发风险。另外，"一带一路"沿线国家宗教多元化，且与我国文化习俗差异较大，对宗教、文化的不熟悉也会引发劳工风险。近年各国都不断加强劳工立法中对劳工权益的保障，"一带一路"国家在用工环境和法律成熟度方面又有较大差异。因此，我国企业需要重点关注东道国强势工会、薪酬福利问题、用工制度和国际劳工标准以及文化习俗与宗教差异四方面引起的劳工权益保障问题，以规避用工风险。

（一）忽视工会力量引发用工风险

由于对"一带一路"国家工会力量的忽视，缺乏与工会的沟通而造成投资项目建设受阻。工会是促进和维护工人利益的组织，大多数东道国工会力量强大，可以通过组织罢工、集体谈判等方式干预企业的经营管理。一些东道国（如韩国、希腊）企业的工会组织往往享有实质上的"否决权"。中远集团在 2008 年就取得了希腊比雷埃夫斯港 67% 的股权，但该项目一直遭到港口工会的反对；杭州百艺服装（缅甸）仰光工厂的缅甸员工借由福利问题多次发起罢工，工厂在罢免其工会一位领袖后，于 2017 年 2 月爆发了严重的暴力事件，工厂设施破坏，部分中方工作人员遭到抢劫，而缅甸仰光仲裁委员会裁定企业对工会领导涉嫌报复性解雇。

东道国工会力量可以通过工会组织率、罢工和闭厂情况来判断。工会组织率表示工会中企业雇员人数占该企业总雇员人数的比率，该比率越高可认为企业工会对企业经营管理的影响力越大。由表 8-1 可知，整体上亚非欧"一带一路"沿线国家工会组织率较高，特别是欧洲大多数国家的企业都在 20% 以上。并且各国工会组织率波动不大，大多数呈现微弱下降趋势，少数如新加坡和土耳其呈现上升趋势。具体来看，工会组织率维持在较高水平的国家有乌克兰、马耳他、意大利、埃及、坦桑尼亚、哈萨克斯坦、亚美尼亚等国。

表 8-1　2011—2016 年"一带一路"国家工会组织率　　单位：%

区域	国家	2011 年	2012 年	2013 年	2014 年	2015 年	2016 年
欧洲	奥地利	28.3	28	27.8	27.7	27.4	26.9
	捷克	15.4	15.4	15.4	15.4	15.4	15.4
	爱沙尼亚	7	6	5.6	5.3	4.5	
	阿尔巴尼亚	13.3	14.1	13.3			
	保加利亚	13.9	11.4	14	13.9	13.6	13.7
	希腊			23			18.6
	克罗地亚			29.4	27.4	26.7	25.8
	匈牙利	11.8		10.2	9.4	8.5	11.8
	意大利	35.8	36.3	36.8	36.4	35.7	34.4
	立陶宛	9.7	9	8.4	8.1	7.9	7.7
	卢森堡		35.3		34.1		32
	拉脱维亚	13.6	13.1	12.8	12.7	12.6	
	摩尔多瓦			28.3			23.9
	马耳他	52.6	53.1	52.7	51.6	51.4	
	波兰	13.6	12.7	12.9	12.4	12.1	12.1
	葡萄牙	18.8	18.9		17.1	16.3	
	罗马尼亚	30.5	26.7	25.2			
	俄罗斯	33.9	33.9	33.9	33.9	33.9	
	斯洛伐克	14.1	13.6	13.3	12	11.2	
	斯洛文尼亚			26.5	28	25.1	26.9
	乌克兰	55.3	54.7		46.8	43.8	

续表

区域	国家	2011 年	2012 年	2013 年	2014 年	2015 年	2016 年
亚洲	亚美尼亚	36.6	35.2	33.9		32.2	32.5
	印度尼西亚		7				
	以色列		25				28
	哈萨克斯坦	39.2	49.2				
	柬埔寨		9.6				
	韩国	9.9	10.1	10.2	10.2	10.1	
	斯里兰卡					14.4	15.3
	缅甸					1	
	马来西亚	8.5	9.3	9.4	9.2	8.8	8.8
	菲律宾	8.7	8.5	8.5	8.7		
	新加坡	18.9	19.4	20.4	20.8	21.2	
	泰国	3.4	3.5	3.9	3.4	3.5	3.5
	土耳其			6.3	6.9	8	8.2
	缅甸	14.6					
非洲	喀麦隆				6.9		
	埃及		43.2				
	埃塞俄比亚			9.6			
	加纳	22.9	22.4	21.8	21.4	21	20.6
	纳米比亚						17.5
	塞内加尔					22.4	
	塞舌尔	2.1					
	突尼斯	20.4					
	坦桑尼亚	20.4	35.4	34.1	31.5	27.5	
	南非	29.3	29.7	28.7	29	27.4	28.1
	赞比亚				25.9		

资料来源：国际劳工组织数据库。

罢工和闭厂数量可以体现员工对企业用工不满的程度。由表8-2可知，整体上各国罢工和闭厂具有突发性，数据并非呈现稳定趋势。其中，韩国、南非、立陶宛、波兰及葡萄牙罢工和闭厂案件频发，特别是波兰，在2017年、2018年数量均超过1500起，2020年更是达到9835起。

表8-2 2013—2020年"一带一路"国家罢工和闭厂情况 单位：起

区域	国家	2013 年	2014 年	2015 年	2016 年	2017 年	2018 年	2019 年	2020 年
欧洲	匈牙利	0	0	0	0	0	0	0	0
	捷克	0	2	1	2	2			
	爱沙尼亚	0	0	0	0	0	1	0	0
	匈牙利	1	0	2	7	5	6	12	
	立陶宛		78	296	242	1	196	2	
	拉脱维亚	0	0	250	0	15	0	0	
	波兰	93	1	14	5	1556	1520	7	9835
	葡萄牙	119	90	75	76	106	28	144	
	俄罗斯	0	2	5	3	1	2	0	2
	斯洛伐克	0	1	1	2	2	0	4	
	乌克兰			5		23			
亚洲	格鲁吉亚							5	
	以色列	25	26	38	32	48	46	45	
	韩国	72	111	105	120	101	134	141	105
	斯里兰卡	40	38		52	35	50	22	30
	蒙古国					239	90	2	1
	马来西亚	0	0	0	0	0	0	0	0
	菲律宾		2	5	15	9	14	18	5
	新加坡	0	0	0	0	0	0	0	0
	泰国			6	6	4	2	7	2
	土耳其	21			21	25	12	3	5
	印度		287	150	102				
非洲	南非	114	88	110	122	132	165		117

资料来源：国际劳工组织数据库。

此外，东南亚地区的菲律宾、柬埔寨、缅甸、印度尼西亚、越南具有罢工传统。如大唐集团在缅甸克钦邦建设的胶布水坝项目，建设不久就遭到了当地强烈的反对和武力阻挠，大唐集团被迫额外支付了2000万元人民币（370万美元）的环保税才化解矛盾。2016年柬埔寨发生了1000多起示威、罢工活动。2016年印度尼西亚出租车司机与公交车司机也举行了大规模罢工。印度尼西亚工会大联盟的主席萨义德·伊克巴尔就曾组织万名工人在雅加达和22个省示威游行，抗议中国工人持非法签证到印度尼西亚务工，他还曾公开表示，厨师、会计和叉车操作员等非技术工种的中国劳工不得进入印度尼西亚。另外，南亚地区的印度、孟加拉国、尼泊尔均具有罢工传统。

（二）薪酬福利问题引发用工风险

我国企业在参与"一带一路"建设时，容易专注于本国的投资目标，从而忽略东道国的诉求，比如常因薪酬福利问题导致东道国当地民众不满而引发风险，薪酬福利主要体现在福利待遇和解除劳动用工等方面。此类风险常发生于企业并购投资的情况下，当地民众担心被中国企业收购后雇员的工资待遇、福利、社会保障水平等会降低。

整体而言欧洲对劳动力属于一个强势保护的姿态。如法国劳动法长达近四千页，规定、保护细则繁多。近年来，欧洲各国虽进行改革加强了劳工市场的灵活性，但主要是短期合同工灵活性增加，长期合同工解雇程序仍然复杂，成本高昂，企业仍然不愿长期雇用新人。据《欧盟投资环境报告》，欧盟的劳动力市场缺乏灵活性，欧盟在合同终止、养老金责任等方面规定严苛，投资后企业跨文化管理和整合难度较大，导致劳动力成本过高。

亚洲是全球劳动力最活跃的地区，其对于劳动力的保护也在逐年加强，同时随着经济的发展，其劳动力成本也因各项福利的发展而上涨。2013 年，在科威特的中资企业发生了 23 起源于员工对薪酬和工作环境不满意的罢工和劳务纠纷事件。复星国际有限公司为拓展全球保险业务，计划于 2015 年并购以色列保险行业的领导者凤凰保险公司，此事开始便受到以色列民众的反对和抗议，原因在于凤凰保险公司负责大部分以色列民众的养老金业务，员工担心公司被中国企业收购后，原有的薪酬福利得不到保证，以色列国内强大的反对声音使 2016 年 2 月复星国际宣布放弃收购。此外，非洲工人对于工作的各方面待遇也持一个较为强硬的态度。如 2010 年 10 月，在赞比亚南部中资的科蓝煤矿，矿工们聚集抗议恶劣的工作条件并要求提高工资。2013 年赞比亚政府因为健康、安全和环境问题撤销了 3 个中国企业所有的科蓝煤矿的执照。南非境内多家中国工厂因违反最低工资标准而遭受数百万元人民币罚单。

（三）中企存在不符合东道国用工制度的行为引发风险

根据经合组织（OECD）定义，劳工标准是指规制劳动条件和产业关系的标准和规则。国际劳工组织的劳工标准具有权威性，其核心劳工标准被普遍引用于国际贸易协定中作为国际标准。截至 2022 年 1 月，国际劳工组织成员国 187 个，通过的国际劳工组织文书 402 项，其中包括 190 项公约、206 项建议、6 项协议。

尽管国际组织出台了明晰的规则建议，但我国企业仍缺乏对相关管理制度的了解或存在主观忽视当地与我国用工制度差异等行为，这些加剧了企业违反相关法律制度的风险。用工制度包括工时、当地雇员比例、外籍员工管理等方面。为保证当地就业，一些国家会要求外企满足当地雇员用工比例，也会对外籍人员在当地就业设置一定限制条件。如在俄罗斯，外籍员工管理规定一个工种只能由一个工人工作，但实际上中国籍员工往往能胜任多种不同的工作，而导致工卡上的记录与实际不符，如在 2016 年 8 月，某中国建筑公司因实际工种与工卡不符问题导致 20 人被抓，其中 17 人被遣返。2015 年，以中国国际信托投资公司为首的六家企业联合体中标缅甸皎漂经济特区建设项目，中信财团起初承诺港口和工业园区在最初的经营期内每年将为当地居民创造超过 10 万个就业岗位，但实际上当地社区获得的工作岗位很少，大部分白领都是华人，本地的蓝领工人几乎没有，不仅造成全国民主联盟政府与若开邦人民之间的对抗，也对中国企业产生较大的负面看法。

三、知识产权保护引发侵权风险

知识产权是企业提高核心竞争力的关键要素，各国都越发重视知识产权保护。2021年习近平总书记在第三次"一带一路"建设座谈会上强调，要加强知识产权保护国际合作。世界知识产权组织仲裁和调解中心数据显示，中心共处理了超1200起调解、仲裁和专家裁决（统称 WIPO ADR）案件，如图8-1所示，其中大部分是近几年发生的，2021年数量大幅增加。另外，"一带一路"国家或地区的知识产权保护标准不断提高，有些甚至与 WTO 的《与贸易有关的知识产权协议》（TRIPS 协议）相比要求更高更全面。加之"一带一路"各国知识产权保护程度差异性较大，加剧了我国企业在贸易投资时防范知识产权风险的难度。

图 8-1　世界知识产权组织 2012—2021 年处理案件（WIPO ADR）量

知识产权一般涵盖版权、商标、地理标志、专利、工业设计、商业秘密六方面内容，另有一些双边和多边协定（如中韩 FTA、RCEP 等）中还增加了遗传资源、传统知识和民间文艺等其他内容。知识产权风险从企业行为角度来看，一方面，在投资活动中易引发侵权和被侵权的风险，主要是由于缺乏对知识产权保护的重视以及对"一带一路"东道国知识产权制度的了解。另一方面，在贸易活动中易遭受知识产权壁垒风险，主要是因为一些国家以保护知识产权为借口，采取措施限制相关产品进口，或滥用自身知识产权地位，导致贸易行为受到不合理阻碍。

（一）知识产权被侵权及诉讼应对不力风险

企业对于目标市场的知识产权环境、制度、诉讼规则等未做充分调研就盲目行动，而建立风险长效防控的企业更是少之又少，导致企业在知识产权陷阱前束手无策。如东盟国家大多数是发展中国家，这些国家知识产权保护力度较弱，模仿他国专利或品牌的情况较为普遍，加之我国企业申请海外商标专利不积极，导致我国商标被抢注、仿冒等情况时有发生。如广西南宁手扶拖拉机厂生产的"规划"牌农用拖拉机在越南被大量仿冒侵权而得不到保护。"飞鸽牌"自行车商标被印度尼西亚抢注，导致中国品牌形象严重受损等。

另外，面对东道国的知识产权侵权指控，我国企业往往抱着消极态度应对，或存在侥幸心理，缺乏积极应诉的态度和实力，导致我国企业败诉率很高，这不仅挫伤了企业应诉的信心，甚至还会助长恶意侵权指控之风。如何在诉讼发生之前和诉讼发生之后进行有效的应对，是中国企业需要关注的难题。

中国企业在进入欧洲市场时，经常会碰到竞争对手利用专利诉讼的手段（包括临时禁令和永久禁令）谋取经济利益。典型的案例如 TCL 和瑞典爱立信的专利纠纷。在通讯标准必要专利领域很有定价话语权的爱立信，按照自己制定的费率向全球手机终端厂商收取专利许可费。TCL 收到爱立信报价时，做了一个反报价，由于这个报价不符合爱立信的预期，爱立信 2015 年 7 月起以 TCL 手机使用了爱立信的专利为由，在全球至少 17 个国家起诉了 TCL。亚洲新兴市场以印度为例，由于全球的企业都试图在印度占有一席之地，这势必会导致激烈的市场竞争。作为压制竞争对手的重要手段，知识产权相关的诉讼争议必不可少（如 OPPO 和杜比案中，杜比公司就采用了临时禁令等多种手段向 OPPO 等公司提起诉讼）。印度由于沿袭了英国的大量制度，因此在司法体制上与英国有共通之处。以专利为例，专利权人可以向印度法院请求临时禁令和永久禁令，如何进行有效的应对是中国企业在印度进行经营活动时需要重点考虑的因素。

（二）知识产权壁垒和安全审查程序引发风险

东道国的知识产权壁垒和安全审查程序严重阻碍我国企业进入市场，导致我国企业必须以高额成本和代价才能顺利进入市场。这种壁垒有时是以专利、商标、版权等知识产权单独存在的，更多情况下是与技术标准、安全标准和环境保护标准等相结合而成的。美国贸易代表办公室自 2011 年 2 月起每年针对美国之外市场发布的侵权知识产权或知识产权保护不力的企业和市场名录，即恶名市场名单，一般在年度《特别 301 报告》中会确定恶名市场名单。诸如此类，由欧盟委员会主导，在欧盟知识产权局及相关欧盟成员国等支持下发布的《侵权假冒观察清单》（于 2018 年首次发布）也有类似的作用。

安全审查风险多产生于企业海外并购进程中。出于对本国政治和经济安全的考虑，越来越多的海外并购交易受到东道国关于国家安全的审查，而且呈现出"国家安全"概念扩张和审查过程中政治考量因素增加的态势，使我国企业海外并购风险不断加大。如在中海油收购美国优尼科石油公司一案中，因涉及深海勘探核心技术不得不惨淡收场。华为公司收购美国 3Com 公司、鞍山钢铁公司收购美国钢铁发展公司，也都因涉及国计民生和核心技术而受到美国外资投资委员会审查，收购计划最终以失败收尾。在 2020 年 8 月美国商务部工业安全局再次收紧对华为的出口管制，阻止华为及其被列入实体清单的关联机构取得利用美国技术生产或开发的产品。

（三）全球知识产权保护体系的不确定性加剧风险

1994 年 4 月 WTO《与贸易有关的知识产权协议》（TRIPS 协议）签署后，大多数国家遵循该协议设立知识产权保护机制，该协议在 2017 年 1 月进行修订。长期以来，以欧美为代表的发达国家掌握着全球知识产权的话语权。但在中国等新兴国家的发展与推动下，世界知识产权格局已由欧美主导转变为欧美与东亚两足并立。因此发达国家致力于建立独立于 TRIPS 协议的知识产权保护新体制，主张较 TRIPS 以更强的保护力度来获取全球技术垄断优势。甚至通过单边制裁处理国际知识产权争端，为全球知识产权保护体系带来极大的不确定性。

此外，"一带一路"沿线的发展中国家知识产权保护体系尚不完善，加之其内部政策法律的不稳定性，加剧了知识产权保护体系的不确定性。主要体现在，其一，东南亚、南亚、中亚和中东地区许多国家政局变化频繁，内战冲突不断，导致知识产权保护政策变动性较大；其二，沿线部分国家的知识产权相关政策和法律不尽完善，对待外资企业所采取的知识产权管理政策容易受到域外因素的干扰；其三，不同成员国政府间关系错综复杂，所参与的知识产权保护国际公约、国际条约以及国内知识产权法律法规差异性较大。如东盟地区，以新加坡为代表的"老东盟六国"知识产权保护体系相对比较完善，"新东盟四国"经济相对落后，相关体系建立的程度有差异。此外，东盟国家大多有被西方资本主义国家殖民统治的历史。如菲律宾、马来西亚、新加坡等继承英美普通法，在知识产权体制中重视判例法地位；而越南、泰国、柬埔寨等继承大陆法系，以成文法为主。

综上所述，"一带一路"知识产权合规风险主要是由于欧美发达国家高度重视知识产权保护，加之全球知识产权保护体系的不确定性逐渐加剧。中国应对此类风险的意识和能力急需提高。2022 年 2 月 5 日中国也已正式加入海牙体系和《马拉喀什条约》，这标志着中国设计界将更容易保护其设计并将其推广至全世界。中国主动对标知识产权国际标准的姿态也充分体现了其保障高质量共建"一带一路"的决心。

四、项目欺诈和腐败引发制裁风险

随着我国"一带一路"建设的推动，诸多中国企业参与了"一带一路"沿线国家的建设承包工程项目，其中不乏世界银行集团、亚洲开发银行等机构资助的项目。世界银行在 2018 年曾直言，任何大型基础设施项目都存在潜在的腐败风险，包括精英投机行为。这些风险在参与"一带一路"倡议的国家可能尤其显著，这些国家的治理往往相对薄弱。2021 年世界银行制裁中国企业的数量占到总数的 17.54%，源于项目欺诈或潜在的腐败风险、胁迫等问题。被世界银行制裁和纳入"黑名单"不仅会影响企业项目进度，阻碍"一带一路"项目合作的推进，同时也会影响中国企业的声誉。

（一）世界银行对我国企业主要制裁行为

世界银行制裁企业的行为包括欺诈、腐败、串通、胁迫及妨碍行为，如表 8-3 和表 8-4 所示。《世界银行集团诚信合规指南》《世界银行反腐败指导方针》《世界银行反腐败使用者指南》等制度文件中均阐述了腐败的危害性以及反腐败的迫切以及重要性。《世界银行反腐败使用者指南》在背景中指出腐败会破坏发展的有效性，欺诈和腐败损害发展的所有方面。通过欺诈和腐败将资金从发展项目转移，损害了政府、捐助者和世界银行实现减贫、吸引投资和鼓励善政目标的能力。联合国在 2000 年出台了全球契约组织十项原则，涵盖了人权、劳工标准、环境保护、反腐败四个方面的内容，其中反腐败是其中最重要的部分。1977 年美国出台了《反海外腐败法》，2005 年联合国实施《联合国反腐败公约》，对企业在海外行贿行为进行规范约束。而自 2006 年起，世界银行开展了一系列改革以打击欺诈和腐败等行为。除此之外，全球反腐败格局最明显的变化之一是反腐败法律、监管机构和执法行动的激增，这些法律、监管机构和执法行动试图跟上欺诈和腐败日益跨国化的步伐，2010 年，国际反腐败组织牵头召开了国际反腐败猎人联盟（ICHA）第一次两年期会议，该会议召集了来自 120 多个国家的主要反腐败从业人员，交流反腐败经验并建立合作伙伴关系。

表 8-3　世界银行制裁的不正当行为

欺诈	故意或不顾后果地误导或企图误导一方以获取经济或其他利益，或逃避义务的任何作为或不作为，包括歪曲事实、虚假陈述
腐败	直接地或间接地提供、给予、收受或索要任何有价财物以不正当影响另一方的行为
串通	两方或多方为达到不正当目的而做出的某种安排，包括不正当影响另一方的行为
胁迫	直接地或间接地伤害或者破坏，或威胁伤害或者破坏任何一方或其财产，以不正当影响另一方的行为
妨碍	故意破坏、伪造、篡改或隐瞒调查所需证据材料，或向调查人员做出虚假陈述，以严重妨碍世界银行对被指控的腐败、欺诈、胁迫或串通行为进行调查，和/或威胁、骚扰或胁迫任何一方，以阻止其披露与调查相关的信息或参与调查，或实质性妨碍世界银行的审计合同权或信息获取权的行为

资料来源：根据《世界银行反腐败指导方针》《世界银行反腐败使用者指南》《世界银行制裁程序》等整理。

表 8-4　2017—2021 财年世界银行制裁行为统计情况

	欺诈	腐败	串通	胁迫	妨碍	总数
2021 财年年末有效%	52	46	30	3	0	78
	67	59	38	4	0	
2021 财年完成%	21	9	4	1	0	28
	75	32	14	4	0	
2020 财年完成%	30	11	8	0	6	43
	70	26	19	0	14	
2019 财年完成%	39	16	13	0	6	47
	83	34	28	0	13	
2018 财年完成%	61	29	21	0	3	70
	87	41	30	0	4	
2017 财年完成%	39	33	19	3	3	52
	75	63	37	6	6	

资料来源：根据《世界银行集团制裁体系 2021 年报》2021 财年禁止的公司/个人表格整理而得（由于案件可能包括一种以上的指控，因此按指控类型划分的计数总和通常超过案件总数）。

1. 对欺诈行为的制裁

近 95% 的中国企业是因为"欺诈"而被制裁，如表 8-5 所示。欺诈的原因主要包括：提供虚假材料；在"招投标程序中"为赢得投标项目而虚报过往业绩，谎报子公司的相关类似经验、人员配置和资金设备配备；承诺已经获取相关供应商或者承包商的授权等虚假陈述行为。如在 2019 年中铁建等公司参与的"格鲁吉亚东西高速公路走廊改造项目"中，相关中国公司在世界银行资格预审和招标过程中，拿子公司工程经历当做母公司的资历，从而被世界银行认定从事了"欺诈行为"。

表 8-5　2018—2022 财年中国企业被制裁原因统计　　　　　单位：家、%

年份	制裁原因	数量	占比
2018	欺诈	5	100.00
	总计	500	
2019	欺诈	15	88.24
	串通	200	12
2020	总计	17	
	欺诈	900	100
2021	总计	9	
	欺诈	1000	100
2022	腐败	1	10.00
	总计	1000	

资料来源：根据 2018 财年至 2022 财年《世界银行集团制裁体系年报》整理而得。

2. 对腐败行为的制裁

腐败作为我国企业被世界银行制裁的第二大原因也不容忽视。"一带一路"倡议跨越 70 多个国家，具有不同的发展阶段，法律、政治和经济制度以及历史和文化传统也有所不同。根据透明国际官网，许多"一带一路"司法管辖区被透明国际的腐败感知指数标记为"高风险"。最新的清廉印象指数（CPI）评分表明，"一带一路"走廊沿线经济体的腐败感知程度高于全球平均水平，在中低收入走廊沿线经济体中最高。2021 财年，世界银行 INT 完成了对中国一个 8000 万美元项目下的腐败、欺诈和阻挠指控的调查，主要集中在五家公司，据称这些公司被不当授予了价值超过 4500 万美元的银行融资合同。除此之外，世界银行采取制裁措施，如停止涉及所有受污染合同的支付来保护资金。这项调查代表了近十年来首次证实了中国的腐败指控，并提供了有关腐败的可诉信息。近年对"一带一路"项目腐败问题的调查和报道逐渐增多。欧美国家常以"腐败"为由对"一带一路"项目合作设置障碍。布鲁塞尔中国研究院教授 Duncan Freeman 等专家认为中国—中东欧国家的相关合作透明度不足，或违反欧盟法律和规则。

（二）世界银行对我国企业制裁的不利影响

1. 被迫终止在建项目

2010 年，中国中建集团曾因为被世界银行制裁，不得不终止在越南的"疏通和改造志明市运河"的世界银行援建工程，即使该集团已用 3 年时间保质保量地完成了项目的 90%。2014 年 8 月，缅甸媒体披露，当时的仰光首席部长 Myint Swe 未经招标就将新城市的合同授予了一家缅甸公司 Say Ta Nar Myothit，而这家公司由两名与 Myint Swe 关系密切的中国商人控制。立法者批评该决定缺乏透明度，迫使仰光政府撤回合同并宣布新的招标程序。

2. 关联公司连坐，丧失国际市场

非洲开发银行、亚洲开发银行、美洲开发银行、欧洲投资银行、欧洲复兴开发银行、国际货币基金组织及世界银行宣布成立打击腐败的国际金融机构（IFI）联合工作小组（2006）。此后，一旦受到世界银行制裁超过一年的个人或企业将同时被 IFI 的其他成员联合制裁，并且失去这些机构资助项目的投标资格。联合制裁加大了对违规方的惩处力度，有效督促企业和个人主动降低违规风险。

3. 遭遇全球信用危机，影响"一带一路"项目建设

例如，2016 年中国港口工程公司与几内亚政府签订的港口建设合同，即使该合同资金并非源自世界银行或其他国际多边银行，但由于中国港口工程公司被列入了世界银行制裁名单中，各方不仅对该公司信用表示担忧，而且对于中国在"一带一路"建设中的角色提出质疑。

（三）中国企业容易遭遇制裁风险的原因

1. 未认识到制裁的严格和严重性

中国企业本身存在一些不规范操作，存在侥幸心理。"一带一路"沿线国家腐败程度高、合规风险大，各国反腐败联合执法将成为常态，金融机构对企业的规制日趋严格。世界银行的制裁规则异常严格，其本身对于"腐败""欺诈"门槛较低，而且对此等行为采取"零容忍"态度。许多中国企业在招投标过程中提交虚构的专家资历或虚假证明，甚至将子公司工程经验归于母公司等，很容易成为世界银行制裁的"铁证"。此外，中国企业缺乏对世界银行制裁程序和相关制度的了解，无法有效应用降低企业损失。例如，2021 财年中，世界银行 SDO 判定一家中国公司在两个城市交通项目的投标中从事欺诈行为，包括歪曲了其过去在三次投标中的经验，而且在确定这一制裁时，SDO 考虑了被申请人的重复行为模式应当作为一个加重处罚的因素。

2. 项目透明度较低

我国企业的一些基础设施项目透明度较低，而在基础设施项目中最易出现滥用职权谋取私利等腐败行为，包括对预算编制、项目遴选和抽取租金等施加不当影响，从而获取运输许可证、建筑合同、租约或者特许权。透明度低则易滋生腐败问题，因此企业可能会受到东道国国家和民众的反感。2017 年 5 月，欧盟 28 个成员国拒绝签署北京为纪念"一带一路"论坛结束而准备的声明，原因是在透明度、可持续性和招标程序方面缺乏保障。哈萨克斯坦投资的中国石油矿业公司，曾被爆出贿赂当地官员、涉入土地争议等问题，引发当地民众的不满。《新苏黎世报》发表的客座评论称，建成通车的中老铁路的许多项目的贷款条件都对外秘而不宣，这是一个非常严重的问题，因为一旦投资失败，当地的公众社会将不得不为此承担后果。香港《南华早报》英文版报道也引述专家称，中国是发展中国家最大的双边债权国，但西方经常批评中国在贷款方面没有提供足够的透明度，国际货币基金组织更严格的债务监控正迫使借款人披露更多有关中国贷款的信息。"可持续性"和"透明度"已成为国际货币基金组织和世界银行等组织的流行语。

3. 积极应诉意识不强

从理论上讲，在"一带一路"争端中，"中国有权支持中国投资者的主张，要求东道国接受违反这些习惯国际法标准的待遇。其国民参与这些项目的第三国将享有类似权利。但是在这样的案例中,中国和有关"一带一路"国家并没有选择法律解决方案。相反,这些政府主要依靠幕后外交来解决它们之间的争端。然而,中国应该从上述情况中吸取的教训是,在推进"一带一路"倡议时,它应该开始"在基础设施发展方面实施国际最佳实践,以便在其伙伴国家建设急需的基础设施,为它们的经济发展和区域一体化做出贡献"。为此,中国应越来越多地转向更正式、更合法的争议解决方式。实际上,中国企业申诉的比率远远低于世界平均水平。通常,因不满世界银行制裁结果而选择申诉到第二级制裁委员会程序的案件,约占世界银行制裁案件的33%,然而中国却没有一例申诉案件。世界银行的两级体系设计之初,就是为了避免世界银行对每一个案件进行详尽而费时的审查。第一级程序是用来过滤掉那些简单、额度不大的案件。因而,第一级程序因为效率等原因,不可避免地存在一些肆意或武断的决定。而选择申诉到第二级制裁委员会阶段,企业被减少处罚或者免除处罚的可能性达到75%。近年来,一些"一带一路"倡议的争议提交给了国际仲裁机构和法院。例如,香港国际仲裁中心(HKIAC)处理了许多此类纠纷,这些纠纷通常源于中国企业与其当地对手方在"一带一路"沿线国家的中资项目。2019年10月1日以来,香港国际仲裁中心已处理49件申请,并收到31件来自中国内地法院的保全资产,总价值约17亿美元。从2016年1月1日至2021年5月31日,HKIAC共登记了1248件仲裁,涉及至少一个来自"一带一路"司法管辖区的当事人。但即使是在处于我国香港的仲裁中心,只有41.3%的仲裁案件申请人为中国内地当事人,而被申请人为中国内地当事人的比例高达55%。

五、项目污染引发环境规制风险

环境保护包括承担环境责任、采取预防性方法、采用有利环境的技术和实践、循环经济、防止污染、可持续消费、气候变化、保护和恢复自然环境等。"一带一路"沿线地区的生态环境相对复杂且十分脆弱,中国—印度支那半岛经济走廊(CIPEC)和中蒙俄经济走廊在过去15年里,大面积遭遇了森林采伐问题。因此,环境保护是诸多"一带一路"参与国家尤为重视的问题,同时也是中国企业在初期投资过程中容易忽视的问题。引发此类风险的原因主要有以下三点。

(一)投资项目本身环境风险较高

中国海外投资很多分布在环境风险较高的行业,如钢铁、传统能源等污染较重的领域,这些境外投资项目本身的性质决定与东道国环境保护有密切关系。世界银行也曾指出,任何大型基础设施项目都存在潜在的环境风险。例如,这些可能包括生物多样性丧失、环境退化。这些风险在参与"一带一路"倡议的国家可能尤其显著,这些国家的治理往往相对薄弱。环境污染问题也常引发当地居民的指责和强烈反对,因而企业在规避环境保护方面的风险面临较大的挑战。哈萨克斯坦投资的中国石油矿业公司,曾被爆出引发环境污染、涉入土地争议等问题,引发当地民众的不满。乍得撤销了向一家中国公司发放的5份勘探许可证,并在2014年就环境违规问题要求该公司罚款12亿美元连续提起诉讼。2021年6月27日英国《卫报》报道,津巴布韦的Dinde社区正在通过游说政府与当地居民来阻止中国公司 Beifa 投资的一个煤矿项目，此外，该国还有 100 多个民间社会组织表达了对 Dinde 社区的支持。还比如，2014 年，铁路途经地区的缅甸居民抗议中缅皎漂—昆明铁路工程项目带来的负面影响，公民组织以此为由发起反对运动。

（二）企业环保意识薄弱且能力不足

参与"一带一路"的主体，如政府、企业等在统筹发展的经济性、环境性和效率性等方面还存在一定差距。我国中小企业在"一带一路"的投资持续增多，但其环保意识薄弱，环保能力不足。如中铁公司因忽视环保问题在波兰投资高速公路项目造成了直接经济损失 2 亿~3 亿美元。中缅密松大坝水电项目曾因环境争议和公众谴责在 2011 年暂停，源于该项目影响该国的生命线水道，虽然近期中国要求恢复大坝建设，但民众的对抗情绪仍在上升，这表明缅甸人民对该项目的厌恶情绪。在 2015 年 1 月墨西哥联邦环境保护署全面叫停位于该国坎昆市郊的中资"坎昆龙城"项目，原因也是该项目触犯生态平衡与环境保护规章。由中国某央企承包的造价 20 亿美元肯尼亚首个煤电厂项目，因没有充分考虑应对气候变化法案相关条例，2019 年肯尼亚国家环境法庭下令暂停该项目，项目被迫搁置。重新进行环境影响评估并遵守所有必要的法律是项目重启的前提，项目延期或停滞将让某中资银行的 12 亿美元出口信贷融资陷入风险。

（三）国际社会密切关注碳排放问题

"一带一路"沿线国家碳泄漏、碳排放等问题长期被西方国家攻击。"一带一路"沿线国家劳动生产率普遍不高，除东南欧碳达峰国家与少数岛国以外，沿线多数国家碳减排的压力较大。根据联合国环境规划署每年的《排放差距报告》，在提出有条件减排目标的国家中，包括"一带一路"沿线国家在内的 53 个国家提出了高达 4.4 万亿美元资金需求，平均每年约需要 3000 亿美元。以排放压力较大的南亚国家为例，印度提出的资金支持需求为 2.5 万亿美元、巴基斯坦为 1450 亿美元、孟加拉国为 670 亿美元，而在现有国际合作机制下，根本无法解决这些国家与地区减排的资金需求。但与此同时，"一带一路"建设却面临发达国家和区域组织更高的排放"标准"要求，对相关国际合作越来越严格的约束。比如，2019 年 12 月欧盟委员会正式发布《欧洲绿色协议》，提出 2050 年在全球范围内率先实现碳中和并且提出气候税金等新要求，其在 2020 年 12 月 2 日与欧盟外交事务与安全政策高级代表（HR）共同发布了《对欧洲议会、理事会和欧洲理事会的联合通讯：全球变局下的欧美新议程》，提出要在气候变化等方面协调立场、建立跨大西洋绿色技术联盟，采取调整碳边界、避免碳泄漏的相关措施。与欧美等发达国家相比，中国环境产业核心竞争力仍存在不足，但绿色"一带一路"建设需要与时俱进的创新思路和举措。受国际社会碳排放形势推动，2021 年 9 月习近平主席在第 76 届联合国大会上宣布，中国"将大力支持发展中国家能源绿色低碳发展，不再新建境外煤电项目"。涉及中方融资或 EPC 协议参与的大约有东南亚、南亚、西亚、非洲等 26 个国家的 104 座燃煤项目。相关研究表明，这一举措有助于每年减少 3.41 亿吨的二氧化碳排放，相当于英国能源领域 2021 年全年的二氧化碳排放量。禁令要求要么转换为可再生能源（RE）项目，要么可重新协商以使用最环保、最有利于气候的能源；已建成电厂的需根据中国国家发改委指导建议，努力升级减排技术，达到最高效率水平并遵守国际最佳惯例。根据相关资料，2021 年 9 月禁令颁布至 2022 年 4 月期间有 15 个中方参与投资或建设的煤电项目被取消，其他已签约和实现融资关闭但还未开工的项目，以及位于工业园区的自备燃煤电厂项目，中方与东道国仍在协商解决方案。中国政府的行动，表明中国为应对全球气候变化和减少碳排放以及践行绿色"一带一路"理念的主动作为与担当，这对中国规划中的境外煤电项目建设产生了重大影响。

六、数字规制冲突引发合规风险

数字经济的概念早期出现在 1996 年 Don Tapscott 撰写的《数字经济：智力互联时代的希望与风险》上。1998 年，美国商务部发布了《新兴的数字经济》报告，由此数字经济的提法正式成型。2016 年，杭州二十国集团领导人峰会发布了《二十国集团数字经济发展与合作倡议》成果文件，明晰了数字经济的概念。近年来，数字经济正加快驱动产业融合变革，拓宽和提升经济发展空间。数据流动在数字经济发展中发挥着重要作用，数据要素的市场化配置上升为各国宏观战略考量。为了平衡"数据安全"与"数据红利"，建构和凝聚数字经济优势，主要国家和地区纷纷推进、强化数据跨境内部规则的完善，积极推动、参与数据跨境国际规则的制定，形成了不同的数据跨境流动合规规制圈。据 TAPED 数据库统计，截至 2021 年 6 月，全球共有 188 个已签署的区域贸易协定含有与数字贸易相关的特定条款。区域贸易协定成为全球数字治理及规则制定的重要载体。

（一）"一带一路"区域主要数字规制

1. 欧美国家主要数字规制

欧盟将捍卫数字主权作为其参与国际地缘政治竞争的重要组成部分。2020 年 7 月 14 日，欧洲议会发布《欧洲数字主权》报告，向国际社会进一步宣示了其建立数字主权的决心。整体来看，欧盟数字规制计划的总体布局为：在数字单一市场的环境下，通过《通用数据保护条例》设置数据保护标准，借助《数字市场法》和《数字服务法》加强监管，完善欧盟对内部的数字市场的治理模式，力图获得全球数字经济规则的制定权。

打造数字单一市场方面，欧盟注重促进内部数据自由流动、整合研发力量。由于欧盟各成员国相关法规尚未统一，数据难以在欧盟内部自由流动，研发力量分散，规制设置上存在较多跨境壁垒。基于此，2020 年 3 月欧盟通过了《更好地实施和执行单一市场规则的长期行动计划》，着力解决欧盟法律规制上存在的对单一市场的阻碍。该计划还提出建立由欧盟委员会和成员国组成的联合工作组，以加强在单一市场规则执行方面的合作。2020 年 3 月，欧盟发布《欧洲数据战略》，明确在战略部门和公共利益领域建立 9 个共同欧洲数据空间，搭建有关欧盟数据流动共享的顶层设计。2021 年 3 月，欧盟委员会发布《2030 数字罗盘：欧洲数字十年之路》，呼吁欧盟各成员国克服数据标准及接口等方面通用性问题，在欧盟内部打破数字壁垒。2022 年 4 月，欧盟议会通过《数字治理法案》，该法案注重处理公司、消费者和公共机构之间的跨部门数据业务规则，旨在为欧洲单一数据市场创造基本框架条件，促进各部门和成员国间的数据共享。

构建数据保护标准方面，欧盟向来重视对个人数据的充分保护。早在 1981 年 1 月签订的《关于自动化处理的法人数据保护公约》，被公认为是最重要的关于个人信息保护的国际公约性法律文件，为欧洲现代的隐私与个人数据保护立法与实践奠定重要基础。1980 年 9 月公布的《关于保护隐私和个人数据国际流通的指南》确定了著名的"八大原则"，这些原则随后被吸收演化成如今全球通用的数据保护原则。1995 年欧洲议会和欧盟理事会通过了《数据保护指令》，进一步加强对个人信息的保护。欧盟区域层面的数据治理规制体系逐步建立。2012 年，欧盟委员会公布的《欧洲数据保护条例》将欧盟数据保护法的管辖范围扩大到所有处理欧盟居民数据的外国公司。2018 年 5 月通过了被称为"史上最严格数据保护法"的《通用数据保护条例》（GDPR），该法规条例几乎成为全球通行标准，该条例特别是在数据跨境自由流动规制方面，通过"充分性保护认定"、标准合同、公司约束性规则、行业认证等方式进行个人数据出境安全管理。

市场数据监管方面，欧盟进一步加强规范数字市场秩序，以防止大型数字平台形成垄断。欧盟作为全球数字经济的重要市场，却没有孕育出与其规模相称的数字企业。而美国数字巨头如谷歌、苹果、脸书、亚马逊和微软却在欧盟市场中居于主导地位，攫取了巨额商业利润，造成了对行业的垄断，使欧洲中小企业无法与其竞争。2020 年 12 月欧盟委员会针对美国数字巨头进行规制，提出《数字服务法》和《数字市场法》两项立法动议，这两部数字监管法案有望在 2023 年生效。其中，《数字市场法》聚焦于大型在线平台（"看门人"）对正常的数字经济市场秩序的影响，阻止其凭借垄断地位实施限制创新和竞争的行为；《数字服务法》注重对超大型在线服务平台的严格监管，而对中小型科技企业则采取不同监管标准。相较于 GDPR 侧重个人隐私保护，适合各种规模企业。《数字服务法》和《数字市场法》则聚焦互联网巨头的反垄断，侧重采取事前监管方式。2022 年以来，欧盟及成员国已对美国科技巨头处以多次罚款。2022 年 1 月至 3 月，荷兰消费者和市场监管局以苹果公司未能满足开放第三方支付系统的相关要求，先后 10 次对其处以总金额达 5000 万欧元的罚款。2022 年 3 月，欧盟以违反欧盟隐私规则对 Facebook 母公司 Meta 罚款 1700 万欧元。2022 年 5 月，欧盟正式指控苹果公司限制竞争对手使用其移动支付技术。

与欧盟不同，美国在数据治理领域更加重视数据的自由流动所带来的经济效益。美国坚持"效率优先"的数据政策导向，目的在于保持其以五大互联网巨头企业 GAFAM 为首的企业集群在各国数字市场的高占有率以收割全球数据红利。因此，美国数字规制侧重于促进数据的跨境自由流动。如美国主导的《跨太平洋伙伴关系协定》《美墨加协定》和《美日数字贸易协定》中，"禁止数据本地化措施"和"鼓励数据跨境自由流动"已经成为美式数字贸易规则的核心诉求，也是美国极力对外输出的"黄金标准"。为推动以商业逻辑为核心驱动的数据资本巨头在全球范围内的扩张，美国法律对数据流动和数字服务中间商采用相对宽松的规制方式。2018 年美国政府发布《云法案》，赋予了美国政府与服务提供商调取全球跨境数据的权限，如美国政府索取所有美企必须将储存在境内外的数据提交给政府，以此打破各国数据本地化政策的数据保护屏障，形成美国主导的数据主权规则体系。同时，联邦层面隐私保护立法较为滞后，对个人数据权利保护采取保守的规范态度。

美欧在数字领域的治理理念和侧重点一直有所差异，但近期美欧在数字领域关系在逐步缓和。虽然美欧双方基于数据跨境流动签订的《安全港协议》和《隐私盾框架协议》先后被欧盟法院判决无效，认为美国法律与司法实践无法有效保护欧盟公民数据权利。但拜登上台后，欧盟调整了特朗普时期在数字领域与美国针锋相对的态度，强化了与美国在数字问题上沟通协调。2021 年 6 月，美欧共同成立贸易和技术理事会（TTC），旨在促进欧美在数字技术标准、数字监管等方面的政策协调。2021 年 9 月，TTC 举行首次会议，强调美欧双方将扩大关键和新兴技术方面的合作，同意采取更加一致的立场来监管科技巨头。2022 年 5 月，TTC 举行第二次会议，主要成果包括为创建美欧标准化信息战略机制及建立半导体供应链风险预警系统等，加强欧美在数字技术全球标准与规则制定方面实现紧密联动。2022 年 3 月，欧美就跨大西洋数据隐私框架达成初步协议，协议明确数据能够在欧盟与美国之间自由流动，美国承诺实施改革以加强信号情报活动的隐私和公民自由保护力度。这些协议的达成标志着欧美在跨境数据流动问题上的争论暂告段落。此外，美欧日等国共同推动 WTO 机制改革，在电子商务谈判中提出联合方案。美欧部分国家在 G7 框架下达成《数字贸易原则》。总之，美欧达成的《跨大西洋数据隐私框架》和组建的 TTC，都表明美欧国家的战略调整为加强双方紧密联动，并向多边框架推广其数字规制，以提升在数字领域的"控制力"。

2. 中国主要数字规制

不同于主张数据自由流动、以"自由贸易"为核心的美国规制模式，也不同于倡导人权保护、以"人权保障"为理念的欧盟规制模式，中国是以维护国家安全，"主权保护"为重点的规制模式。2017 年 6 月正式实施的《中华人民共和国网络安全法》、2021 年 9 月正式实施的《中华人民共和国数据安全法》和 2021 年 11 月正式施行的《个人信息保护法》等所确立的数据跨境流动制度以及对个人信息的保护原则等构成我国目前主要数字规制框架。

中国数据跨境规则体现出分层管理特征，对重要数据和个人信息的合规管控进行了差异化设计。对于特定行业的特定类型数据，明确本地化要求；数量较大的个人信息和重要数据进行境内存储，经监管机构审批出境；一般个人信息出境，规定了标准合同、安全认证等多样化合规措施。

个人信息保护方面，《个人信息保护法》是我国个人信息保护的基础性法律，主要对个人信息的界定及处理的基本原则进行了规制，从法律层面赋予个人信息主体的知情权、决定权、请求更正补充权、删除权等基本权利，同时也提出了安全保障、合规审计、保护影响评估、安全事件通知，以及平台特殊义务。2022 年 6 月 30 日，国家互联网信息办公室发布《个人信息出境标准合同规定（征求意见稿）》，该标准合同是为确保个人信息出境后保护水平不低于本国标准而要求数据传输方和境外接收方签署的一个官方指定的合同模板。通过合同的约束力将境内的管辖权"延伸"至境外，达到一定"境内法域外适用"的效果。

数据跨境流动方面，现阶段数据的完全跨境自由流动会危害网络安全和国家主权，因此我国在此基础上开始制定相应的数据本地化政策来维护自身发展。对涉及政府信息安全、国家秘密、征信业、互联网地图服务、网络借贷、个人金融和人口健康等领域产生的特定相关数据规定了不同程度的本地化要求和跨境限制。针对跨境数据流动相关部门会进行安全评估，在《网络安全法》规定基础上，《个人信息保护法》中对个人信息跨境流通的合法性依据和相关评估审查进行了体系性的建构，允许数据在相关部门完成安全评估的情况下可以跨境输出。2022 年 9 月 1 日，《数据出境安全评估管理办法》

正式实施，明确了数据出境安全评估的目的、原则、范围、程序和监督机制等具体规定。此外，跨境数据流动的另外一个前提是"个人主体知情同意"。《网络安全法》中强调处理者在未经数据主体同意的情形下，不得向第三方转移个人数据。该条款只是对个人同意进行了框架性规定。最新出台的《个人信息保护法》对"个人在个人信息处理活动中的权利"做出专章规定，规定处理者在处理个人信息前，应明确地告知其相关事项，在取得个人同意的前提下方可处理。并在个人信息后续处理的各个环节中，对于不同情形也设立了"单独同意—重新同意—撤回同意"的全新机制。总之，我国数据跨境流动的立法以谨慎安全为主要考量，加强对个人信息处理的安全保护。

3. 东盟地区主要数字规制

东盟数字规制标准和规则尚未统一，协同效率较低。东盟各国因经济发展水平不同，国家间存在巨大的数字鸿沟。近年来各国政府均已采取措施促进本国数字经济的发展，但各国数字经济国际竞争力依旧存在较大差距。为减少域内国家间数字合作存在的障碍，东盟不断完善区域层面数据治理的规制框架。2016年东盟出台的《东盟个人数据保护框架》是东盟区域层面数据治理规制的开端。此后东盟相继发布了一系列框架协议，为东盟加强域内数据治理构筑了较为完善的政策基础。2018年通过《东盟数字一体化框架》，作为指导该地区数字治理和数字一体化建设的综合性文件，欲采取"数字一体化"治理机制。2021年，东盟发布了《东盟数据管理框架》和《东盟跨境数据流动的示范合同条款》，这是东盟在数据治理一体化领域做出的最新努力。东盟数据治理注重加强域内的个人数据保护，注重在安全的前提下促进数据跨境自由流动。由于欧盟是东盟第二大贸易伙伴和最大的外国直接投资来源地，因此在数据跨境流动的规制方面，东盟十分重视对接欧盟的数据监管规则，对接欧盟的GDPR等域外数据治理规制，以期协调域内域外的数据流动规则，从而为东盟企业降低更多贸易壁垒和合规成本。此外，东盟还效仿美国和欧盟，在RCEP中提出了数据治理规则和理念，增加了其在区域贸易协定层面的数据治理实践。东盟在今后签订的区域贸易协定中将更灵活地纳入符合"多元共治"理念的数据规则。

但由于网络基础设施和经济发展水平差异，东盟成员国跨境数据流动治理机制构建的进程存在差异性，对东盟跨境数据流动治理机制的态度呈现出多元样态。尽管东盟目前已经出台了众多数据治理规制，但多属于指导性规则，对于东盟各成员国而言并不具有强制性实施的法律约束力。数据跨境流动方面，相较于其他东盟国家，互联网建设和数字经济相对发达的新加坡对跨境数据流动持较开放的态度。2012年新加坡推出《个人数据保护法》，经过多年的完善而在2020年颁布修正案，逐步形成了新加坡跨境数据流动的监管机制。而越南、柬埔寨、缅甸等网络基础设施发展较晚的国家，更加重视网络主权和本土化保护，对于东盟机制则采取立足自身、有保留对接的态度；对老挝、文莱等正在进行网络基础设施建设或本身市场规模较小的国家而言，规则制定则处于一种跟跑状态，目前优先考虑使用东盟已有机制。在个人数据保护的国内立法方面，文莱、老挝、缅甸尚未制定专门的数据保护法，柬埔寨、印度尼西亚仅在部门条例中列明了"保护个人数据安全"的相关规定，泰国的《个人数据保护法》仍在制定中，只有新加坡、马来西亚、越南和菲律宾制定了专门且全面的《个人数据保护法》。东盟各成员国之间对于数据保护的重视程度不同，且在数据立法实践方面的步伐也缺乏一致性，各成员国差异较大的数据治理水平增大了东盟统一协调域内数据监管规则的难度。

4. 主要多边机制数字规制

虽然目前国际社会仍缺乏统一的数字规制框架，但随着大国对外战略的转变，多边机制获得了更多的关注，在推动数字规制方面开始发挥更大影响力。多边机制的数字规制现状具有以下三个特征（该部分主要参考中国通信研究院《全球数字经贸规则年度观察报告（2022年）》。

其一，多边数字规制加快构建。美欧重视向多边组织推行自己的数字机制模式。美国不断重返多边组织机制，加强对国际电信联盟（ITU）、二十国集团等多边机制的领导，扩展亚太经合组织（APEC）机制下的《全球跨境隐私规则》（GCBPR），提出《未来互联网宣言》、推动"未来互联网联盟"的组建，2022年组建印太经济框架，试图依托上述机制推广自己的数字治理规则。同时，欧盟也在强化在数字规制领域的全球示范作用，要依托《数字服务法》和《数字市场法》推动《数字治理法案》。美欧还在G7框架下达成《数字贸易原则》，尝试在数字治理规则方面形成联动并向多边框架推广。

2019年76个WTO成员签署《关于电子商务的联合声明》，启动WTO电子商务诸边谈判。2021年，WTO电子商务谈判合并案文出台，细化并覆盖了数字贸易各环节相关规则。2021年12月，86个WTO成员宣布在电子商务谈判方面取得实质性进展，计划在2022年底前就大多数议题达成协议。2022年6月，WTO第12届部长级会议在瑞士日内瓦举办，达成《关于电子商务的工作计划》，将电子传输临时免征关税的做法延续到下一届部长级会议。

其二，"同心圆"效应推进数字治理已达成国际共识。"同心圆"效应是指，主要国家、国际组织先在小范围新增议程，逐步推动至更大范围达成多边共识。目前已成为数字规制框架构建的主要路径。主要有两种类型：一是先在小范围内达成协议后再向外围扩展，推动协议在更大范围达成。如数字货币议题，2021年5月，G7财长会议发布关于数字支付的宣言，强调央行数字货币应由政策透明的常设公共机构管辖，受制于法律监管、经济治理和隐私保护。2022年5月，G20财长会议发表联合声明，敦促各国对加密货币实施金融和技术监管。二是先在部分组织内初步设立议程框架，再在其他组织进一步完善相关规则并推动落实。如可信数据流动，2019年G20发布《大阪数字经济宣言》，提出基于信任的数据自由流动，2021年G7发布《数据互信合作路线图》，通过《数字贸易原则》细化可信数据自由流动规则，并提出《G7促进数据互信自由流动行动计划》。

其三，亚太数字伙伴关系网络逐步形成。近年数字经贸规则谈判范围逐步从发达国家拓展至增长最快的亚太地区发展中国家，主要经济体围绕亚太地区数字市场开拓、数字规制构建的政策部署加速推进。一是亚太地区经贸协定频繁达成，数字经贸规则不断增多。2018年12月CPTPP正式生效，其电子商务专章包含个人信息保护、跨境数据流动、互联网接入、源代码等18个条款。2021年包含16个数字经济模块的《数字经济伙伴关系协定》在三个发起国全部生效。2022年1月正式生效RCEP，其中就包含电子商务专章。自以上协定签署和生效以来，已有多个经济体提出或计划加入上述协定。二是亚太相关合作机制对数字经贸重视程度大幅提升。APEC聚焦数字经贸发展与数据隐私保护合作。2017年APEC通过了《互联网和数字经济路线图》，提出发展数字基础设施、制定全面的政策框架等11个重点领域框架，并在2018年创建了数字经济指导小组。

APEC 为了推动区域内个人信息跨境流动，建立了 APEC 隐私框架和跨境隐私规则体系（CBPR），目前澳大利亚、加拿大、日本等 8 个成员已将其隐私法与 APEC 隐私框架接轨。此外，APEC 出台了《推进数字贸易促进包容性增长》《促进数字贸易中的消费者保护》《数字内容贸易中的知识产权保护》等多个倡议，强化成员国对数字贸易重点规则的共识和合作。

（二）引发合规风险的原因

其一，各国数字规制纷繁复杂，全球尚未形成统一的数据跨境治理框架。各国以本国利益诉求为出发点，在跨境数据流动等国际数字规则上争相布局。据不完全统计，在全球总计 231 个国家（地区）中，已经有超过 135 个国家（地区）出台数据保护法，其中大多数有跨境数据流动法律或政策，而现有规则主要仍以欧美为首的发达国家引领。欧盟实施数字化单一市场战略，以数据保护高标准引导全球重建数据保护规则体系。美国是以维护产业竞争优势为主旨，构建跨境数据流动与限制政策。受欧美影响，其他各国也纷纷制定数据规制。

但受国家安全、数据主权、人权保护、地缘政治、贸易模式等因素影响，各国制定了侧重点不同、各个层次的数据跨境规则，数据治理和数据跨境流动政策具有很大差异，企业数据跨境规则研究和遵从难度显著增加。国际社会相关规制复杂多样，存在不同法域间的规制冲突问题。企业在开展数据跨境流动活动时，需要同时考虑数据输出地和输入地的数据跨境规则，但不同法域数据跨境规则的不同，对企业"双向合规"带来困难；由于长臂管辖等因素，同一法域的数据处理行为也可能需要满足多法域规则，存在法律冲突隐患，对企业数据跨境合规应对和治理能力提出考验。如果企业事先对跨境数据法律风险准备不足，事中对风险又不善应对，就可能会导致"走出去"后因触犯当地有关数据传输的限制性规定而遭受巨额罚款。

此外，发达国家与欠发达国家间的数据鸿沟不断加剧。欧盟和美国等国力图推动各自标准成为全球规范，欠发达国家缺乏参与国际数字经济规则重构的话语权。美国试图依托其数字巨头在全球数字市场的领先地位，谋求建立全球数据霸权。而欧盟建设数字主权的核心意图之一就是要将自身价值观和原则融入数据保护、人工智能及网络安全等领域，并引领全球数字治理变革。2021 年 1 月，美国"数字科技与创新基金会"发布了美国全球数字经济战略，其目的是为确保美国在全球数字治理体系的领导地位，同时通过相关政策与盟友合作来限制对手、打压竞争他国的话语权，其特别强调了中国的存在。2021 年 12 月 9 日，美国召开了一场为期两天的"民主峰会"，企图为自己的数字标准拉拢盟友。美国以峰会之名缔结数字科技网络，与被排除在外的国家进行科技脱钩，强制要求一些国家采取美国标准，试图通过数字技术将这些国家和地区置于美国的监控之下。中国和俄罗斯还被美国贴上"数字威权"的标签。美国还不断指责中国关于"重要数据"等概念过于宽泛，不公平地限制美国在华开展云计算等高科技服务贸易。当前，我国由于缺乏跨境数据流动领域的国际互信机制，实践中较少参与跨境数据流动国际谈判机制，缺乏话语权，导致我国企业缺乏良好的外部投资环境。

其二，限制数据跨境流动的本地化措施成为趋势，不同国家数据跨境管控强度和范围不同，易引发合规风险。与数据跨境流动相对的是数据本地化存储。虽然数据跨境流动可以创造出巨大的经济利益，但出于对保护本国数字行业、网络安全和个人隐私保护等问题的考虑，采用限制数据跨境流动的本地化措施已经成为一种国际趋势。大部分国家限制数据流动时都会使用不同强度的本地化存储规定。根据信息技术与创新基金会（ITIF）统计，全球数据本地化措施数量四年内增加 1 倍。截至 2021 年 7 月，62 个国家实施 144 项限制性措施。

如欧盟是数据事前监管的典型代表，即事前对一国数据保护水平进行评估，仅在该国或组织能够提供充分保护水平的前提下，才允许数据跨境传输，该机制已被俄罗斯、印度、马来西亚等国所借鉴；俄罗斯《关于信息、信息技术和信息保护法》《俄罗斯联邦个人数据法》要求个人数据应当境内存储，且还要求信息拥有者、信息运营者应当在俄罗斯建立数据中心；印度《个人数据保护法草案 2018》《印度电子商务国家政策框架草案》等对个人数据及其他数据规定了广泛的数据本地化要求。如埃及，仅能传输到充分性认定的国家或需要监管机构的批准才能出境。在赞比亚，必须通过监管机构参与才能达成合规条件。

在此背景下，一方面，倡导数据自由化，减少贸易壁垒成为各国新一轮多边、双边谈判的重要议题；另一方面，基于维护国家安全和社会公共秩序、保护个人隐私、提升执法效率、促进本土产业发展等，各国掀起有关数据本地化的立法浪潮，应对数据跨境可能引发的安全风险。如何有效平衡个人隐私保护、国家安全保障等安全利益与数据跨境流动所产生的经济价值的冲突成为各国面临的共同难题。

其三，我国数据规制与国际规制存在难以兼容的问题。当前，中国积极推动融入《全面与进步跨太平洋伙伴关系协定》（CPTPP）和《数字经济伙伴关系协定》（DEPA），但中国现有的数据规制和标准难以与这两个协定对数据跨境监管高水平规则要求完全对接，甚至存在冲突。以跨境数据流动限制为例，CPTPP 虽然允许缔约方对数据跨境流动进行一定限制，但设置了非常严格的条件：如果缔约方要对数据跨境流动采取限制性措施，必须是为实现合法的公共政策目标，该限制措施应当采取合理有据、非歧视、非变相限制贸易的方式进行，且"合法公共政策目标"是一个例外条款，仅在极少数特定情况下才能援引。但我国的《网络安全法》《数据安全法》则明确规定"核心数据不得出境"，对于重要数据和核心数据的具体范围和种类目前没有正式的规定。另外，在 RCEP 中实际赋予了缔约方自主决定何为"合法公共政策"的权力，为确保国家产业发展和数据安全留下了较大的政策调整空间。在数据跨境流动限制上存在一些冲突，整体上还难以满足 CPTPP 关于数据跨境流动规则的要求。

另外，国内不同层级的规制和监管也存在不一致的情形。根据《数据安全法》和《个人信息保护法》的规定，重要数据和个人信息在满足安全评估、标准合同等条件下可以跨境提供，但是部分行业或领域的管理现状仍然是禁止数据出境。如《地图管理条例》要求互联网地图服务单位应当将存放地图数据的服务器设在中国境内。《人口健康信息管理办法》规定，"不得将人口健康信息在境外的服务器中存储，不得托管、租赁在境外的服务器"。前述规定完全禁止跨境传输，也没有留下制度衔接的空间，造成法律规定上的不一致。国内相关法律制度和安全技术手段尚不完善，在数据跨境流动监管能力和网络安全保护水平方面都面临较大的考验。

第四节 "一带一路"主要区域合规风险特征

本节通过分析"一带一路"主要区域（亚非欧）的企业投资环境，结合当前国际经贸合作趋势，分析不同区域突出的合规风险特征，为企业针对性应对区域合规风险奠定基础。

一、非洲地区合规风险特征

中国已连续 13 年成为非洲最大贸易合作伙伴，自 2013 年以来中国对非投资已超过美国对非投资，2020 年中国对外国直接投资的五大非洲目的地是肯尼亚、刚果民主共和国、南非、埃塞俄比亚和尼日利亚。但我国企业在非洲仍面临较为严峻的合规风险。一方面是由于非洲国别差异显著，主要体现在非洲法律和文化环境多元化。由于历史原因，非洲既有如安哥拉、埃及等大陆法系国家，又有加纳、肯尼亚等属于英美法系的国家，伊斯兰法系、印度教法等宗教法也构成了非洲法律体系的一部分。很多非洲国家传统风俗习惯与西方文明交织并存。非洲某些地区购买土地不仅需要政府部门审批，还需当地部族首领举办相关仪式后才真正拥有土地使用权。而我国企业在非洲投资中往往缺乏对当地法律、法规、习俗的熟悉从而容易引发合规风险。另一方面，美国等发达国家加大对非洲的关注，利用"现代殖民主义""债务陷阱外交""政治民主化"等议题，借助国际舆论手段，意图激起非洲国家对中国企业的负面情绪。这就需要我国企业在对非洲投资中进一步关注环境、劳工等领域的规则标准和道德规范，缓解国际舆论带来的不利影响。

（一）非洲地区政治因素引发违约风险突出

非洲地区经济放缓叠加疫情和俄乌冲突冲击背景下，社会矛盾激化容易诱发骚乱乃至政治动荡，不稳定因素长期存在。部分国家进入政治过渡期，恐怖主义带来的非传统安全威胁难以消除。非洲仍然面临许多冲突，脆弱国家指数处于警戒和警告级别的国家数量在各大洲中最多。这主要是由于两极分化的政治问题和严重的社会经济问题，例如青年失业，导致心怀不满的民众要么支持政变，要么像在几内亚比绍和科特迪瓦等国发生的一样，参加各类国内反叛组织。另外，非洲国家频繁政局更迭、政策波动，2015 年至 2019 年，非洲经历了超过 27 次领导层换届。2018 年，15 个非洲国家举行了大选，2019 年至少有 20 个国家进行选举。种种迹象表明，非洲地区政局总体平稳的态势在未来几年内可能被打破，非洲将迎来疫情、选情、俄乌冲突多重叠加冲击的政局动荡时期。新政府上台后会重新审查上届政府批准、签订的项目合同，一些非洲国家政府对企业的行政监管干预和法律条例的频繁变更，加剧企业经营环境的不确定性。此外，受国际环境影响，一些国家在经贸领域的保护主义有所抬头。中非民间商会 2021 年 5 月对非洲会员调研显示，非洲对中国企业产生误解的主要原因，政治原因占 42.6%，媒体负面报道占 24.6%。

（二）非洲地区用工合规风险突出

非洲大多数国家工会组织的力量强大。由于非洲国家政府治理能力相对较弱，因此以结社自由为基础的集体谈判机制起着重要的作用。根据国际劳工组织数据库，非洲大多数国家工会组织率较高，经常发生罢工和闭厂情况，其中南非 2015 年至 2020 年期间罢工案件均高达一百多起。刚果（金）的《劳动法》明确了雇员和雇主拥有加入相应组织的权利，双方在结社自由的基础上可以开展集体谈判。基本上非洲各国都赋予集体谈判结果的法律效力。津巴布韦《劳动法》规定，劳资双方通过谈判制定的书面的集体谈判协议具有法律效力，并且没有加入工会的雇员以及没有加入行业协会的企业同样也受该协议的约束。另外，每个非洲国家的劳动法及相关规定对外籍员工都有各自严格的要求。如刚果（金），某些项目要求外籍员工的比例不超过 2%，个别情况下经部长批准可以提高到 50%。对于到刚果（金）工作的外籍员工，需要与当地的企业签署劳动合同，并由此企业向刚果（金）的劳动局申请劳动许可，然后再向移民局申请工作签证。但仍有许多在刚果（金）经营的中资企业对其在刚果（金）工作超过 6 个月的中国籍员工，并没有履行此程序获得工作签证，因此面临众多风险及潜在的纠纷。

在劳工权益方面，企业面临的不仅是法律法规，更有人权等道德规范要求。国际劳工组织表示劳工权利就是人权，将通过联合国秘书长的人权行动呼吁等举措与联合国系统密切合作，以完善国际劳工标准，将其作为 2030 年基础议程中人权规范和标准的一部分。因此，我国企业在非洲投资经营中需进一步重视并加强劳工权益方面的合规管理。

（三）非洲地区环境合规风险突出

非洲地区环境保护立法日益完善，中国企业对非洲的投资涉及大量能源、矿产项目，此类项目具有对环境的高度依赖性和影响性，因此受到环境保护法规的约束更加突出。

首先，非洲是环境权入宪国家最多的地区。超过 2/3 的国家将环境权纳入宪法权利的相关章节，其中南非和肯尼亚是非洲国家环境权入宪的典范。南非将宪法环境权作为相关立法的基石，以《国家环境管理法》为核心，形成了有关水资源、大气废弃物等 8 个方面的环境基本法，并出台多项环境单行法规。南非已将环境保护提升至人权高度，倘若中国企业在投资矿业过程中，由于污染环境遭受南非政府和民众的抵制，可能会因侵犯南非公民"无害于健康与幸福"的环境权而遭起诉。

其次，非洲面临比较严峻的环境问题，且受到广泛的国际关注。据英国广播公司报道，"预计非洲将成为受气候变化影响最严重的大陆之一，严重干旱、洪水和风暴的增加将威胁到人口和经济的健康"。非洲国家的民众环保意识不断上升，对于给当地生态环境带来不利影响的外国项目的容忍度降低，引发的社区抗议会加剧东道国项目违约风险。2018 年我国同加纳签署了价值 20 亿美元的项目，双方协议中国水利水电公司将项目资金用于投资农村电气化、医院和道路建设等基础设施项目，加纳将在 12 年内通过销售精炼铝土矿偿还。但因铝土矿的开采会产生粉尘、破坏生物多样性和生态系统，从而对水质、个人健康等产生不良影响，项目引发了民众对环境和社会影响的担忧。一些非政府组织普遍认为当前政府的监管并不足以防止铝土矿开采所造成的环境和社会后果。在刚果

（金）、肯尼亚、乌干达和坦桑尼亚发生的抗议事件，表明中国企业面临越来越多的环保合规风险。乌干达和坦桑尼亚政府 2021 年 5 月批准了在两国之间修建一条石油管道的计划，中国海洋石油总公司及其合作伙伴道达尔是该项目及其所服务油田的主要投资者，当地环保人士一直敦促取消这条管道。2021 年 9 月 14 日数百名抗议者在刚果（金）南基伍省南基伍小镇基图图抗议一座中国人拥有产权的金矿，要求该矿因严重破坏环境而立即停止运营。在肯尼亚的拉穆群岛，当地居民和企业最近设法阻止中国的一个燃煤电厂计划，他们认为该项目会损害当地的旅游业。冈比亚人民抗议中国的鱼厂，因为工厂将废弃物排入附近的野生动物保护区，损害了当地的渔业和环境。

（四）非洲地区反腐败合规风险突出

腐败问题在非洲地区普遍存在，据透明国际组织 2021 年最新清廉指数报告，非洲国家普遍清廉程度较低。中东及北非国家清廉指数平均为 39 分，撒哈拉以南非洲地区平均则为 33 分，在各大区域中平均分最低，其中得分最高的是塞舌尔 70 分，最低的是南苏丹 11 分。根据该组织统计，乍得、布隆迪、刚果（金）、刚果（布）、几内亚比绍、利比亚、赤道几内亚、苏丹、南苏丹和索马里被列为非洲十大腐败国家；而塞舌尔、毛里求斯、南非、博茨瓦纳、塞内加尔、突尼斯、纳米比亚等是非洲大陆清廉度最高的国家。

导致非洲反腐败合规风险突出的原因有：从非洲内部政商环境来看，其一，非洲国家普遍存在单个官僚腐败或集体政治腐败的问题；其二，非洲国家具有不同的反腐败政策与制度，并且受文化宗教的影响，不同国家对腐败行为有不同的认知和判断。比如在尼日利亚贪污公款、偷税漏税等腐败行为会被视为聪明的表现，这一认知助长当地腐败风气。从我国内部来看，其一，国内反海外腐败的相关立法发展滞后，主要依靠反不正当竞争法和刑法及部分党内法规来规范腐败和贿赂行为。其二，项目透明度低，缺乏对腐败行为弊端的充分认识。2017 年 9 月我国同几内亚签署了一项价值 200 亿美元的基础设施项目，该项目协议将资金用于几内亚建设急需的基础设施，如扩建科纳克里港口、修建城乡道路、电力系统等。但由于协议内容尚未公开，引发了民众和社会的关注。在调查中，几内亚几位受访者将政府与中国的关系描述为"非常密切"，他们还对政府官员与某些矿业公司之间的特殊关系和腐败表示担忧。其三，因不同国家反腐败制度规范的复杂性，国内企业缺少对东道国相关腐败问题的深入了解，存在由于文化原因导致的商业行为差异而被认定为腐败的情况。

二、欧洲地区合规风险特征

2021 年末中国对欧盟的投资流量达 78 亿美元，中国共在欧盟设立直接投资企业超过 2700 家，覆盖欧盟全部 27 个成员国，在欧洲的境外企业覆盖率达到 87.8%，仅次于亚洲。但近年来中国企业在欧洲地区投资面临各领域的高标准高规制，有较高的投资门槛。欧盟及其成员国法律非常复杂，企业需要付出巨大的时间和资金成本来达到合规要求。欧盟及其成员国经济发展水平高，法律体系完善，具有各项完备的规则、标准。但欧盟每个政府都有独立的司法管辖区，欧盟标准化的法律体系并不意味着欧盟国家的法律都是相同的。尽管当下许多规则都是欧盟级别制定的，但其在解释、实施、监管和执法方面仍存在许多差异。而欧盟还在持续提高外资企业准入门槛，加强对多领域的规制或制裁。欧盟近年来出台多项法律法规，对数据保护、标准制定、外资准入等多方面规制。2021年，欧盟13个成员国根据《外资审查条例》共向欧盟委员会提交了414个可能损害成员国安全和公共秩序的投资的通知。其中涉及中国投资者的通知占7%，仅次于美国的40%和英国的10%，对中国的投资审查有逐步加强趋势，以及在外资审查、数据保护、金融、环境等领域的过度规制和不清晰不明确的政策环境导致营商环境退步，加大了外资企业在欧盟经营和投资的难度。据《2020年营商环境报告》，大部分欧盟成员国营商环境排名位于30名之后，这对我国企业在欧盟投资经营合规管理提出更高要求。

（一）欧洲地区知识产权壁垒引发合规风险突出

欧盟发达国家常以知识产权壁垒阻碍我国企业进入市场。知识产权壁垒是国际贸易技术壁垒的一种新形式，一国可以通过法律、法令、条例、规定等建立起来的技术标准、认证制度、检疫制度等，对国外进口产品制定过分严苛的进口标准，以达到限制进口的目的。欧盟建立了完善的知识产权立法保护，种类繁多且内容细致深入，主要相关法律包括《欧洲专利公约》（1973）、《欧共体商标条例》（1993）、《信息社会的著作权及邻接权指令》（2001）。欧盟提倡实施严格的知识产权保护，注重对侵权行为的惩罚。欧盟有严格的知识产权海关保护制度，知识产权海关执法是西方发达国家对知识产权保护的一种重要手段，是指海关依据国家法律授权，在边境采取的制止那些侵犯了受国家法律和行政法规保护的知识产权的货物进境或出境的行为。欧盟税务与海关同盟总司协调和指导各成员国在知识产权执法方面的实物和政策，具体由各成员国海关实施。主要依据法律有《欧洲共同体海关法典》和《欧盟知识产权海关执法条例》。同时还需要重视在全球规则下欧盟的知识产权保护标准和要求。

（二）欧洲地区加强人权等道德规制引发合规风险

近年来，美欧等国家日益加强对人权、民主、价值观等问题的关注，面对如棉纺织行业、光伏产业等特定劳动密集型行业领域，在向欧美等发达国家出口时，如今越发受到外国监管市场特殊法律法规和国际条约等设置新的监管要求的挑战，例如美国发布了所谓《维吾尔族强迫劳动预防法》、欧盟《禁止销售强迫劳动产品条例》草案、经济合作与发展组织《关于来自受冲突影响和高风险区域的矿石的负责任供应链尽职调查指南》等。2020年12月8日，欧洲理事会宣布批准欧盟版本的《马格尼茨基法案》，确定建立全球性人权保护机制，并对侵犯人权的个人、实体、机构及国家实施制裁。2021年3月欧盟首次对俄罗斯实施了人权制裁，表明欧盟已经计划对全球各地侵犯人权的官员实施更广泛的制裁。同月欧盟、英国和加拿大采取行动，以所谓人权为借口制裁了负责新疆警方和安全工作的前任和现任高级官员，以及新疆生产建设兵团的公安部门，这是欧盟近30年首次对华实施制裁。

未来2~3年内欧洲预计将建立起一套涉及欧盟和成员国两个层面的新监管机制，专门审查在欧盟企业的供应链和价值链。该机制一旦成型会对中资企业赴欧盟生产、经营和投资产生极大影响，因为它极有可能成为欧盟操纵"人权"和"环保"议题以对华施压的工具。2021年，欧洲议会审议并通过《欧盟强制性人权、环境和可持续治理尽职调查指令》。目前，欧盟委员会正在起草立法提案，预计 2023 年会正式成为欧盟法律。该指令要求所有在欧盟注册企业以及受欧盟法律管辖的域外法律实体审查自身的供应链是否存在侵犯人权或危害环境的问题。2022 年 2 月 23 日，欧盟委员会通过了一项关于企业可持续发展尽职调查指令的提案。该指令旨在建立一套规制大型企业环境和人权尽职调查的法律框架，以实现欧盟在全球范围内推进绿色转型和保护人权的目标。该指令将涵盖约 13000 家欧盟公司，约 4000 家第三国公司。2022 年 9 月，欧盟委员会发布《欧盟禁止销售强迫劳动产品条例》草案；建议欧盟采取措施禁止在欧盟市场上使用所谓的"强迫劳动产品"。该条例草案强调企业自身的供应链尽职调查和提前准备事项。因此，若企业在合规管理和溯源应对方面准备不充分，可能会导致较为严重的退运损失及后续商业违约风险。需要企业加强自身的供应链合规体系建设及提高企业现代化管理水平，对供应链所涉企业自身管理及合规水平提出更高要求。

（三）欧洲地区跨境数据高标准引发数字合规风险突出

欧洲地区数据保护和信息安全等数字规制方面要求较高，欧盟已将捍卫数字主权作为其参与国际地缘政治竞争的重要组成部分：对内助推本土数字企业的成长，发展关键数字技术以保护供应链的安全；对外防御境外数字巨头对欧洲数据安全的侵犯，打击它们在欧洲市场的垄断行为。整体来看，欧盟数字规制计划的总体布局为：在数字单一市场的环境下，通过《通用数据保护条例》设置数据保护标准，借助《数字市场法》和《数字服务法》加强监管，完善欧盟对内部的数字市场的治理模式，力图获得全球数字经济规则的制定权。

欧洲对任何涉及政府、企业或机构的个人数据采集行为，具有高度的敏感性和警觉性，对隐私保护和数据主权的立法比其他国家更加保守和严格。2018 年 5 月《通用数据保护条例》（GDPR）在欧盟生效，将欧盟数据保护和信息安全提升到更高水平。该条例在欧洲国家和地区的适用范围极为广泛，任何采集、传输、留存或处理涉及欧盟成员国内的个人信息的企业、机构或组织均受到该条例的约束。GDPR 旨在将个人信息的最终控制权交还给用户本人。我国企业在立法和管理方面与欧美仍然存在一定差距，目前较为薄弱的部分主要集中在数据跨境传输、隐私安全设置等运营当中的外部威胁上。着眼于欧盟 GDPR 的数据保护规范，中国企业在面对 GDPR 的高标准都面临着不同程度的合规风险。

（四）欧洲地区对俄罗斯制裁引发合规新风险

我国企业当下需要高度重视俄乌冲突引发的欧盟对中国企业境外合规新风险。俄乌冲突下欧盟针对俄罗斯加强出口管制等各项经济制裁，引发中国企业境外合规新风险，对中国企业开展涉俄、乌业务带来新的合规要求。目前欧盟聚焦能源、运输、科技领域对俄罗斯加强出口管制，其他国家如英国、日本、加拿大、澳大利亚也追随欧美加强对俄罗斯的制裁，欧美针对俄罗斯实施的出口管制、金融制裁等层面的经济制裁，旨在通过遏制俄罗斯的全球供应链来对其实施打击。虽然目前欧美与中国针对此问题未产生正面冲突，但我国仍可能在跨境投资中触及相关合规风险，从而引发次级制裁风险。中国企业需及时将美欧对俄罗斯实施的出口管制新要求纳入公司合规指引中，管控企业相关行为，避免引发相关出口管制合规风险。

三、东南亚地区合规风险特征

随着 RCEP 生效，中国与东南亚经贸合作不断深化。中国企业在东南亚投资面临着较多的不确定因素。据中国社科院世界经济与政治研究所发布的"中国海外投资国家风险评级"报告，东南亚地区中仅有新加坡属于低风险级别，其他国家均属于中等或高等风险级别。一方面，东南亚国家经济法律发展水平差异较大。大多数国家法治体系不够完善，市场体系不够成熟，营商环境较差。尚不健全的法治体系导致政府寻租行为普遍。加之东南亚国家复杂多元的政治结构，特殊的地理区位吸引了国际势力介入，整个区域深受民主化浪潮影响，导致政治局势变动频繁，罢工浪潮不断。加之拜登政府加大对东南亚地区的投入，印太战略日趋走向机制化，东南亚地区安全形势面临一定压力。另外，宗教已经融入东南亚国家的政治经济和人民日常生活中，与国内语言、传统、文化等方面的差异导致企业常出现不适应或违反当地风俗习惯的行为。而能源矿产和基础设施建设是中国与东南亚地区合作的主要项目，由于其属于敏感和高风险的行业，中国企业进行大规模能源投资面临较大阻力，甚至菲律宾、缅甸等一些国家的民间存在反华情绪导致项目更加难以推进。

（一）劳工合规风险突出

一方面，东南亚国家不断提高劳工标准。东南亚国家本身对劳动者，特别是当地雇员，都提供了较为充分的保护。加之国际组织近年高度关注东南亚地区用工问题，一些国家受西方发达国家政治力量干预，不断推动民主化改革，甚至参照西方发达国家的劳工标准制定，导致我国企业在劳资关系中处于不对等地位。如 2014 年缅甸同国际劳工组织、欧盟及美国发起一项倡议，旨在提高缅甸劳动立法水平，改善对国际劳工标准的遵守状况。另一方面，东南亚许多国家的工会在职工权益事项中扮演着重要角色，具有工会运动和罢工传统。尤其在服装、纺织、制鞋等劳动密集型行业中，工会活跃，罢工较多。此类组织在劳工问题上的影响力较大，常借劳工问题引导舆论、制造事端。如印度尼西亚工会大联盟的主席萨义德·伊克巴尔曾组织万名工人在雅加达和 22 个省示威游行，抗议中国工人持非法签证到印度尼西亚务工。缅甸国内也形成一些政治化倾向的工会运动和 NGO 组织，进一步干预中资企业对缅甸的投资。其中密松大坝项目、中缅石油管道项目和莱比塘铜矿项目都在建设过程中受到 NGO 的阻碍。

（二）资源及基建类项目引发环境合规风险

中国对东南亚投资中能源相关领域占比较大，且多分布在环境依赖性强的行业，行业本身比较敏感，且有突然被国有化的可能。东南亚生态环境较脆弱，法律法规不完善，一些中企自身环保意识不强，忽视与相关利益者的沟通，导致面临环境合规风险较大。如中缅密松水电站项目引发民众不满，缅甸政府最终宣布中止项目。另外，西方一直利用舆论指责中国投资旨在掠夺资源，导致东南亚国家民众"资源民族主义"思潮高涨。印度尼西亚政府 2014 年开始实施颇具争议的矿石出口禁令，要求原矿石必须在本地进行冶炼或精炼后方可出口，严重影响了矿产投资企业在印度尼西亚的收益。

（三）政权更迭及政策不确定性引发合规风险

东南亚国家普遍存在政党轮替、政权更迭风险，由此衍生政策不连续、政治暴力、政府合同违约、没收、征用等风险，严重影响着"一带一路"倡议在东南亚地区的顺利实施。政权频繁更迭会导致国家难以建立稳定和有效率的政府，执政部门在推行经济发展过程中倾向采取符合其利益的短期行为，从而缺乏长期规划；更迭后新政府往往会检讨和修改原有政策以稳固地位，导致政策出现非连续性，从而加剧政府违约风险。如菲律宾自1986年逐步建立了多党制，政府由多个党派组成，内部派系林立，政党之间协调性较差，增加了政党轮替过程中的风险。泰国政党普遍缺少长远规划，只要能够获取眼前利益，党纲可以随时修改。2018年马来西亚政局发生变化后，东海岸铁路线项目和两个天然气管道项目被叫停。2018年，当选的马哈蒂尔明确表示将重新审视中资项目，为中马关系和"一带一路"倡议在马来西亚的合作蒙上阴影。

（四）腐败引发合规风险

世界银行报告显示，2018年至2022年世界银行制裁委员会受理案件中的48%来自东南亚地区。据透明国际2021年最新清廉指数报告，东南亚国家中新加坡和马来西亚排名靠前，柬埔寨连续多年得分最低。根据亚洲开发银行数据，2020年东南亚国家的政府治理指数显示：新加坡治理指数最高，柬埔寨最低。东南亚国家腐败行为的基本特点是腐败活动一般是通过政治庇护人—被庇护人关系进行。2016年启动的马来西亚东海岸铁路线项目因其审批流程缺乏透明度而被质疑。为了改善形象，中国应该提高"一带一路"交易的透明度。世界银行和其他机构也呼吁提高透明度将大大增强美国和其他国家对中国"一带一路"倡议意图的理解。

第五节 共建"一带一路"合规管理风险应对路径

一、国家层面

（一）政府多部门统筹管理，健全合规管理顶层设计

首先，政府可以采用"条块结合，整合四力"的模式来实现多部门配合管理。"条"指国家发展改革委、银保监会、最高检等积极促进企业合规的中央各个部门，"块"指辖区，各地方政府也应重视企业合规建设，争取把各监管部门强化合规要求整合到党委政府工作统一部署中。在地方治理时，才能形成合规治理合力。"条块结合"即通过在区一级组建多个部门参与的合规委员会，让中央各部委促进企业合规的政策、措施落地实践。"四力"则是指司法力、行政力、组织力、道德力，"整合四力"即指"刑事合规+行政合规+行业组织合规+诚信合规"的实施路径。司法机关与行政部门要从刑事、行政、要素获取便利、荣誉奖励等方面激励企业开展合规管理，让企业从"被动合规"向"主动合规"转变。各司法部门还需加强企业法律培训和法律人才建设，将企业自身

合规管理落实到位，定期进行合规体系审查，进一步强化跟踪监控，以提升合规机制的适应性和有效性。检察机关在推进企业合规不起诉或合规从宽处理的合规整改机制同时，还应建立鼓励企业对违法行为的自我披露机制和对企业内部人举报企业违法行为的举报人保护机制，将三大机制统一于检察机关的合规改革制度构建与立法进程中，让所有企业在发展中享受到合规改革的制度红利。

其次，中央政府需进一步健全境外合规管理顶层设计。逐步针对性完善不同合规风险类型的相关立法、合规管理规定及相关流程，并且按照业务操作定期更新合规管理手册，完善国家整体合规管理治理框架。在建设过程中还需特别重视帮助企业减少在海外投资时面临的信息不对称、法律规则双标准等因素带来的潜在合规风险，针对各东道国劳工关系、知识产权、环境评估、反腐败等重点领域和环节的法律法规需要尤其关注。如针对海外腐败问题，国际组织和大多数西方国家都已有较为完善的立法体系。"一带一路"建设非洲和东南亚区域大多面临较高腐败风险，我国企业被世界银行制裁的数量仍呈现上升趋势，为了缓解此类合规风险以及提升我国企业境外声誉，我国也应尽快出台类似的"反海外腐败法"。

（二）完善境外合规体系评估标准，建立有效激励机制

政府需进一步完善境外合规管理体系评估标准，探索建立境外项目风险的全天候预警评估综合服务平台，全面梳理并分析投资活动中存在的各类合规风险，及时预警、定期评估，可以有效预防和规避潜在的合规损失。该方面可以借鉴国际组织和欧美的做法，在实践中不断改进完善以适应我国的发展现状。如国际标准化组织（ISO）2021年4月正式发布的《合规管理体系要求及使用指南》国际标准中，对如何开展合规管理体系绩效评价做出了规定：一是监视、测量、分析和评价合规管理体系的绩效和有效性；二是有计划地开展内部审核；三是定期开展管理评审。美国司法部2020年发布的《企业合规方案评价》中，合规方案的评价包括三个方面：一是方案是否经过设计良好；二是方案运转是否经过充分的资源和授权；三是方案在实践中经过检验是否有效。在对合规方案有效性进行评价时包括审计和审查。审计主要针对具有高风险项目和领域，重点在于项目的财务合规性。审查主要是由合规职能部门对控制不当行为有关领域的合规方案进行审核。我国《企业境外经营合规管理指引》中明确了合规审计要求企业审计部门对企业合规管理执行情况、合规管理体系适当性和有效性进行独立审计。

合规主管部门可以联合合规管理体系建设较为成熟的企业，共同进行合规体系有效性评价试点工作。如可以借鉴《浙江省推进外贸企业合规体系建设三年行动计划（2022—2024）》，对企业分类分层评估。首先，重点培育一批合规先行企业，如行业龙头优质企业、高新技术企业、本土前50强跨国公司等，丰富合规管理经验。其次，针对涉外业务规模大、合规风险突出的企业，要求其合规部门定期合规审查，主要审查某一些重点项目的合规管理。最后，研究开发出适合特定企业的合规审计模板，建立企业合规绩效评估检测系统、外贸企业合规经营指数指标体系，推动开展分领域、分区域企业全面合规评估，定期发布监测报告、年度建设报告等。

（三）重视全社会合规工作，推动国内与国际规则标准对接

2021年11月习近平总书记在第三次"一带一路"建设座谈会中强调："要教育引导

我国在海外企业和公民自觉遵守当地法律，尊重当地风俗习惯。各类企业要规范经营行为，绝不允许损害国家声誉。"培育全社会合规意识就需要政府相关部门，如中国国际贸易促进委员会、中华全国工商联联合各行业组织、学术界对企业进行大力引导，尤其要引导对外经贸合作企业加强合规管理，提高法律风险防范意识。包括促使企业建立合规管理组织架构、制度体系和运行机制，提升合规管理能力；鼓励企业开展线上线下法律培训，定期举办合规国际论坛，做好企业国际化经营合规风险排查，组织专家团队出具专属评估报告，帮助企业提升合规经营水平。

另外，国家层面要加强与联合国、世界贸易组织等框架和多边机制的国际合作，加强国内市场规则与国际通行贸易规则对接，做好贸易政策合规工作，在贸易自由化便利化、知识产权保护、电子商务、招标投标、政府采购等方面实行更高标准规则，更好地连通国内国际市场，促进企业拓展内外贸业务。国家层面要主动积极参与国际规则制定，尤其是数字经济、气候变化等重点前沿领域的国际规则和标准制定。如数据合规方面，目前我国数据信息保护和跨境流动规制仍相较滞后于欧盟国家，其高标准高要求对于我国企业开展涉欧业务时会面临数据问题难以接轨的情形。这就需要加快实现与"一带一路"国家或地区重点区域的跨境数据流动等相关规则的对接与合作。再如，环境合规方面，2021年7月商务部与生态环境部联合发布《对外投资合作绿色发展工作指引》。该指引要求企业应遵循绿色国际规则，对于东道国缺少相关法律法规或者环保标准过低时，鼓励企业采用国际组织、多边机构通行标准或国内标准来开展投资。强调企业要遵守联合国气候变化框架公约、生物多样性公约、2020年可持续发展目标和"一带一路"绿色投资原则等一系列在环境保护上的国际最新要求。

（四）加强国际金融合作，完善不良投资退出机制

加强与国际金融机构、东道国金融机构及第三方金融机构的合作，通过更好地获得资金支持、风险分担及知识共享，使"一带一路"投资项目从更广泛的融资渠道受益，特别是一些从中国大型金融机构获得融资具有较大负担的非国有企业。而中国的金融机构也可以通过扩大国际金融合作来降低所承担的项目融资风险。如哈萨克斯坦的扎纳塔斯风电场，当时虽然由中国国际电力控股公司建设和运营，但是由欧洲复兴开发银行、亚投行、GCF和中国工商银行共同出资的。随着欧盟倡导的"全球联通欧洲"计划和G7的"重建美好世界"（B3W）倡议推广，"一带一路"倡议似乎面临更大的竞争，特别是在公共财政方面，因此中国投资企业要加强与来自不同经济体的公共和私人金融机构的合作。

针对"一带一路"投资中一些由于资金链或供应链问题而难以推进的项目，为了避免因项目停止或取消而损失声誉、引发社会问题和产生环境风险，金融机构应联合相关政府部门、投资方针对相关利益方制订并实施损失赔偿方案，特别是确保停止项目周围的自然环境能够得到补救。此外，也要加快推进我国法域外适用的法律体系建设，围绕促进共建"一带一路"国际合作，推进国际商事法庭建设与完善，进一步推动我国仲裁机构与共建"一带一路"国家仲裁机构合作建立联合仲裁机制。

二、企业层面

(一) 贯彻国内合规管理要求，把握国际合规监管趋势

企业在开展业务前需提前做好合规布局，对业务与未来发展进行前瞻性和系统性梳理，把握国际国内合规监管与立法动向，加快开展合规管理体系建设。企业需熟悉东道国法律规范，提高对东道国法律法规的遵守意识，根据当地的法律法规要求及国际通行规则，对可能涉及的合规风险进行全面分析评估，构建完备的风险预警机制，进而采取有效手段进行风险防控。并且密切关注东道国新设合规相关法案及合规案例，及时调整在当地市场的投资战略布局。

(二) 对标国内外合规标准，建立系统有效的合规管理体系

建立有效合规管理体系前应参考主要海外业务区域的合规管理标准与要求。如美国有效合规与伦理管理体系的 7 条黄金标准。我国也出台多项合规管理体系依据，包括《合规管理体系要求及使用指南》《中央企业合规管理办法》《企业境外经营合规管理指引》《涉案企业合规建设、评估和审查办法》。

创建合规管理体系步骤如下：

1. 调查研究，识别合规风险

根据 ISO 37301 文件，组织应通过将其合规义务与其活动、产品、服务及其运营的相关方面联系起来识别合规风险。企业建立合规管理综合部门，负责组织开展合规分析识别评估工作，其他部门对日常工作中潜在的合规风险定期自查，及时反馈合规管理综合部门，构建企业合规风险库。并定期进行评估，至少一年开展一次，特别在环境或组织环境发生重大变化时进行评估。在评估中对风险发生的可能性、影响程度、潜在后果等进行系统分析，并进行分级管理。具有典型性、普遍性、可能产生严重后果或影响范围大的风险纳入合规管理重点领域并及时发布预警。另外，重视在评估过程中及时保留关于合规风险评估和解决其合规风险的措施的文件化信息。

企业应围绕内外部环境、合规义务、风险分布等方面开展合规风险识别，包括法律法规、监管机构的强制性、禁止性规定；企业通过信息披露、签订协议、广告宣传等方式做出的相关承诺；巡视、巡察、审计等监督检查指出的问题；本企业因违法违规受到的监管处罚或发生法律纠纷案件，以及监管机关、司法机关、媒体公开的同类型、同行业企业受到监管处罚、发生重大案件或存在的其他问题等。

2. 风险导向，建立合规制度

合规制度包括合规纲领准则、规范类制度体系及合规管理工具和程序。具体包括合规建设工作方案、合规行为准则、合规管理办法、合规管理专项制度和合规管理手册等。其中企业行为准则的编写可以参考经合组织建立的跨国企业行为准则，涉及信息公开、人权、就业和劳资关系、环境、打击行贿、索赔和敲诈勒索、消费者的权益、科学技术、竞争、税收多方面内容。在编写前认真研究公司业务，对标国际公司、行业内先进企业的行为准则，内容应覆盖所识别的所有合规风险区域。梳理公司已有制度，查漏补缺，用简单易懂的语言进行撰写。进一步完善企业舆情应急管理机制，做好企业境外突

发事件的新闻舆情工作，控制、减轻或消除企业境外重大突发事件的负面影响，保护企业正当权益，维护企业品牌形象，保障企业"走出去"战略顺利实施。办法包括通过召开新闻发布会、接受媒体采访、传播新闻稿件等形式在报纸、杂志、电视、广播、网络、手机等公众媒体发布企业信息、回应社会关切、解答公众疑惑、表明观点立场、传播企业价值理念等，从而开展舆情危机公关、开展公司形象修复等。

3. 管理协调，强化合规职责

完善合规管理组织层级，董事长、总经理作为合规管理第一责任人，下设合规管理委员会，合规管理委员会内设首席合规官，完成从上至下的组织决策和从下至上的报告反馈工作。合规管理体系有效运行的关键是合规管理负责人对合规工作的重视。合规管理负责人应具有管理、独立汇报、决策参与、获取信息、拥有资源等五项权力，从而保障能够有效推进合规管理工作。在合规管理过程中突出发挥企业领导力作用。企业领导应增强合规意识，发挥表率作用。注重业绩和合规的平衡，合规管理能够帮助理顺企业管理机制、培育企业文化，从而强化企业福利。协调业务部门支持配合合规管理工作。

业务部门、牵头部门和监管部门落实在日常工作中的合规风险防控工作。整体强化全员合规责任。另外，可将合规业务和审计业务合并设立"合规审计部"，针对海外业务可设置独立的海外"合规部"。合规部覆盖面一般较广，政策层面规定的重点合规监管领域包括市场交易、安全环保、产品质量、劳动用工、财务税收、知识产权和商业伙伴等。受当前国际环境影响，实践产生的较多合规需求的领域往往包括反垄断、反腐败、反洗钱、出口管制与制裁、数据安全等。合规管理部门加强和其他重点部门的协同工作，梳理管理边界。

4. 持之以恒，完善合规机制

合规管理包括六大机制：精准的风险预警机制、专业的合规审查机制、全面的培训沟通机制、严格的责任考核机制、通畅的举报查处机制、有效的改进优化机制。注重培育企业的合规文化。通过培训员工采用有效合规决策进行工作决策，即引导员工做出决定前自问以下五个问题：是否对公司有利，是否符合公司价值观？是否符合法律法规？公司形象是否会因外媒的报道而受到影响？我们关心的人会如何看待这个决定？是否准备好为此承担责任？

5. 效果评价，推进持续合规

定期进行合规管理效果内部评价，主要对合规监控监督的落实效果、合规管理体系、合规管理层进行评审评价，针对评估结果及时进行改进优化。

一般围绕四个维度进行评估：组织体系、制度完备、机制设计、文化建设。组织体系维度主要评估合规管理组织架构设置是否完备，是否有相应的组织图和制度文件；企业主要负责人是否履行第一责任人的职责，是否有相应的制度文件；管理层是否对合规进行公开承诺，是否官网公示或公开讲话中提及等。制度完备维度主要评估是否设立主要的制度文件，包括行为准则、管理办法等，以及制度文件是否落实在各项业务工作中。机制设计维度主要评估企业的合规风险识别、评估机制、合规审查机制、合规风险反馈机制等是否有相应的制度文件、责任人、会议纪要等。文化建设维度主要评估各个部门支持合规工作的文件材料，合规管理工作的考核和评价工作材料以及合规激励与约束材料等。

（三）深化企业合规意识，加强海外投资保障

合规管理体系有效运行的关键是从制度建设到文化建设跃升，尊重规则、敬畏规则，把合规作为一种做业务的方式，形成全员合规的企业文化。在合规建设过程中注重塑造企业合规文化，形成诚信合规的核心价值观。从上至下，高级管理人员以身作则践行合规文化，加强员工合规培训，开展法律培训，定期组织参加企业合规国际论坛，邀请专家团队定期评估，以不断提升合规经营水平，形成企业竞争软实力。通过合规培训，要让企业成员理解企业的合规目标，自觉遵守企业的合规要求。培训包括合规理念的介绍、企业合规制度文件解读、合规管理基本知识教授、合规履职技能培训等。并配合考核机制验证培训效果，将培训机制制度化、常态化、动态化。培训也要有针对性，根据培训对象的不同针对性设计培训侧重点。

积极配置海外投资保险，保障投资者利益。跨境投资项目涉及的风险除一般的商业风险外，还包括汇兑限制、政府征收、战争及政治暴乱、政府违约等政治风险，中国企业可以通过购买海外保险的形式降低风险。考虑到对外投资的诸多不确定性，企业应积极利用保险、担保、银行等金融机构提供的相关服务保障自身利益。可供选择的海外保险主要包括两种：一种是中国专门承办跨国投资政治风险的保险机构，即中国出口信用保险公司承保的海外投资保险业务，主要针对中国投资者在海外投资时面临的政治风险，险别包括征收险、汇兑险、战乱险以及政府违约险；另一种是多边投资担保机构（MIGA）承保的海外投资，其在《多边投资担保机构公约》下设立，是世界银行集团的一员。

参考文献

[1] 巴里·布赞，韩宁宁，王文华．后西方世界秩序下的核武器与核威慑 [J]．国际安全研究，2018，36（1）：53-72．

[2] 保建云．西方新自由主义的内生型危机 [J]．人民论坛，2019（1）：34-37．

[3] 陈琪，柳惊耀．国际规则视角下的修正主义：特朗普政府对国际秩序的态度分析 [J]．当代亚太，2020（3）：69-96．

[4] 程铭，刘雪莲．共生安全：国际安全公共产品供给的新理念 [J]．东北亚论坛，2020，29（2）：71-83．

[5] 高程．中美竞争与"一带一路"阶段属性和目标 [J]．世界经济与政治，2019（4）：58-78．

[6] 高奇琦，陈志豪．从安全困境到全球治理：量子科技的国际政治博弈 [J]．国际展望，2021，13（4）：49-72．

[7] 葛红亮．"不确定"时代国际安全的"确定性"重塑 [J]．国际安全研究，2018，36（2）：23-48．

[8] 郭宏，张嘉斐，郭鑫榆．西方国家经济政策内倾化及其影响 [J]．现代国际关系，2021（2）：23-30．

[9] 蒋沁志，吴维旭，林冈．新冠肺炎疫情时期中美在全球卫生安全中的权力变更 [J]．当代亚太，2021（3）：137-166．

[10] 金灿荣．如何深入理解"世界正面临百年未有之大变局" [J]．领导科学论坛，2019（14）：66-77．

[11] 李滨．"百年未有之大变局"：世界向何处去 [J]．人民论坛·学术前沿，2019（7）：39-47．

[12] 李佳，徐鹏博．论新兴经济体对去中心全球化的驱动力 [J]．国际关系研究，2020（4）：67-78．

[13] 李丽，董昕烨．全球矿业治理的现实困境与中国的未来选择 [J]．国际经济评论，2019（5）：123-14．

[14] 李晓，陈煜．疫情冲击下的世界经济与中国对策 [J]．东北亚论坛，2020，29（3）：43-57．

[15] 梁怀新．深海安全治理：问题缘起、国际合作与中国策略 [J]．国际安全研究，2021，39（3）：132-155．

[16] 林利民，李莹．试论新冠疫情对世界政治的深远影响 [J]．现代国际关系，2021（3）：15-23．

[17] 刘建飞．新时代中美关系的发展趋势 [J]．美国研究，2021，154（4）：9-23．

［18］马涛，盛斌．亚太互联经济格局重构的国际政治经济分析——基于全球价值链的视角［J］．当代亚太，2018（4）：86–112，158–159.

［19］马雪．疫情对美元国际地位的影响［J］．现代国际关系，2021（11）：35–42.

［20］阚天舒，张纪腾．人工智能时代背景下的国家安全治理：应用范式、风险识别与路径选择［J］．国际安全研究，2020，38（1）：4–38.

［21］施震凯，诸梦婕，武戈．新冠疫情冲击下的世界经济及江苏开放型经济发展——2020年江苏省世界经济学会年会暨理论研讨会综述［J］．世界经济与政治论坛，2020（6）：167–170.

［22］史本叶，马晓丽．后疫情时代的全球治理体系重构与中国角色［J］．东北亚论坛，2020，29（4）：60–71.

［23］邰丽华，徐宝剑．构建人类命运共同体为新型全球化指明了方向［J］．红旗文稿，2019（19）：37–38.

［24］唐永胜．2020年国际安全形势：动荡失序、风险叠加［J］．当代世界，2021（1）：21–27.

［25］汪仕凯．资本主义工业化、生产剩余国际分配与政治转型［J］．世界经济与政治，2019（4）：129–153.

［26］王发龙．全球公域治理的现实困境与中国的战略选择［J］．世界经济与政治论坛，2018（2）：128–142.

［27］王联合．美国区域性公共产品供给及其变化——以美国亚太同盟体系及区域自由贸易协定为例［J］．复旦国际关系评论，2018（1）：89–108.

［28］王明国．从制度竞争到制度脱钩——中美国际制度互动的演进逻辑［J］．世界经济与政治，2020（10）：72–101.

［29］王文．500年？400年？300年？200年？100年？如何理解"百年未有之大变局"［J］．人民论坛·学术前沿，2019（7）：32–38.

［30］王亚军．亚洲安全新格局的历史性建构［J］．国际安全研究，2018，36（1）：4–18.

［31］吴兆礼．南亚恐怖主义态势对中巴经济走廊建设的影响及其应对［J］．南亚研究季刊，2021（4）：1–17.

［32］杨鲁慧．百年变局下的国际格局调整与中国引领新型周边关系［J］．理论探讨，2021（1）：38–45.

［33］杨娜．全球经济治理机制的革新与探索——以RCEP的构建为例［J］．国际经贸探索，2020，36（12）：67–81.

［34］杨双梅．制度地位、"退出外交"与美国的国际制度选择［J］．外交评论（外交学院学报），2020，37（4）：95–123.

［35］余南平，严佳杰．国际和国家安全视角下的美国"星链"计划及其影响［J］．国际安全研究，2021，39（5）：67–91.

［36］张发林．中美金融竞争的维度与管控［J］．现代国际关系，2020（3）：22–30.

［37］张杰．中美战略竞争的新趋势、新格局与新型"竞合"关系［J］．世界经济

与政治论坛，2020（2）：1-20.

　　［38］张明.新冠肺炎疫情会显著削弱美元的国际地位吗？——基于美国次贷危机后特征事实的分析［J］.国际经济评论，2021（1）：87-101.

　　［39］张宇燕.理解百年未有之大变局［J］.国际经济评论，2019（5）：9-19.

　　［40］张云.新冠疫情下全球治理的区域转向与中国的战略选项［J］.当代亚太，2020（3）：141-165.

后 记

自 2013 年"一带一路"倡议被提出以来，国内外对此给予了高度关注。2019 年我作为首席专家申请了国家社科基金"一带一路"重大专项课题《未来 3~5 年共建"一带一路"面临的机遇、风险及挑战研究》，得到了全国哲学社会科学规划办的批准，本书就是这一项目的研究成果。本书的研究和写作历时三年，也是我在长期研究区域国别问题、国际政治经济关系问题基础上形成的一部著作。

本书的研究思路和写作体系由我设计，全书主要由我和我的博士生夏周培、陆剑雄来完成，在我失眠严重的情况下，他们自始至终坚持陪伴我对书稿进行撰写、反复修改并最终成稿。该书的完成，同样离不开课题组成员的支持和三年来我们每周坚持不懈的热烈讨论。如中国社科院林跃勤研究员、江苏师范大学张小峰教授，以及我指导的研究生陆剑雄、夏周培、王昊、王怡凡、兰迪、庞玲芳、程林、刘丽君、李昭昱、张思琪、韩捷、张锐等，他们在一些资料搜集、整理或初稿观点形成等方面做了许多工作，在此一并感谢他们的辛勤付出。本书是集体合作的产物，其中参与各章初稿的资料搜集或写作分工的具体成员是：第一章（米军、庞玲芳），第二章（夏周培、米军），第三章（陆剑雄、米军），第四章（陆剑雄、米军、韩捷），第五章（米军、夏周培、庞玲芳、程林），第六章（王昊、米军），第七章（米军、夏周培、刘丽君、李昭昱、张小峰），第八章（王怡凡、兰迪、米军、张思琪）。

非常感谢中国金融出版社吕楠编辑为此书出版的倾力付出！同时，该书的成功出版还得益于四川大学经济学院领导班子一直以来给予的关心和经费的支持，出版经费一部分来自四川大学经济学院双一流建设经费，另一部分是四川大学经济学院蒋永穆院长个人科研项目经费的鼎力支持，在此特别感谢蒋院长如此宽厚的关心关爱！

由于水平有限，本书难免存在不足和错误，欢迎学界同行批评指教，以使我们的研究不断得到完善。最后特别指出的是，限于出版篇幅限制，文中只保留了少量中外文参考文献，恕不能提及以示致歉。

米军 于四川大学望江校区
2023 年 4 月